U0922591

图书在版编目（C I P）数据

凉山年鉴.2012 / 《凉山年鉴》编纂委员会编. -- 北京 : 方志出版社, 2012.12
ISBN 978-7-5144-0785-3

Ⅰ. ①凉… Ⅱ. ①凉… Ⅲ. ①凉山彝族自治州－2012－年鉴 Ⅳ. ①Z527.12

中国版本图书馆 CIP 数据核字(2013)第 003448 号

凉山年鉴（2012）

编　　者：《凉山年鉴》编纂委员会
责任编辑：罗　滔
出 版 者：方 志 出 版 社
（北京市东城区夕照寺 14 号院富瑞苑公寓 6 层）
邮编　100061
网址　http:// www.fzph.org
发　　行：方志出版社发行部
（010）67120966-6008
经　　销：新华书店总店北京发行所
法律顾问：北京市大禹律师事务所
设计制作：四川省天隆文化传播有限公司
印　　刷：四川和乐印务有限责任公司
开　　本：889×1194　1/16
印　　张：25.75
字　　数：849 千
版　　次：2013 年 2 月第 1 版　　2013 年 2 月第 1 次印刷
ISBN 978-7-5144-0785-3/K・637　　定价：320.00 元

凉山彝族自治州行政区划图

图例

市州行政中心
县级行政中心
乡镇政府驻地
高速公路
国道
省道
县乡道
铁路
省界
市州界
县界
旅游景点
山峰及高程点
河流、湖泊

比例尺 1：1370000

此图名称不作实际界定依据，资料截止2006年。

凉山建州
60周年
1952—2012

2月2—7日，中共中央政治局委员、国务院副总理回良玉在昭觉县视察，向彝族群众赠送板凳

8月16日，省委书记、省人大常委会主任刘奇葆在德昌县麻栗乡大坝村调研，向彝族群众赠送板凳

12月29日，省委副书记、省长蒋巨峰出席凉山州60个重点项目集中开工仪式

4月12—13日，省政协主席陶武先在州委书记翟占一，州委副书记、州长张支铁，州政协主席周文安的陪同下，深入西昌、德昌、普格等县市调研

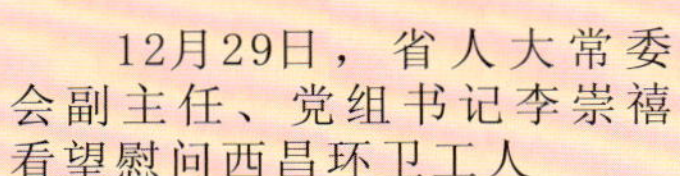

12月29日，省人大常委会副主任、党组书记李崇禧看望慰问西昌环卫工人

州委书记翟占一在州公安局调研并考察警用装备展示

州人大常委会主任阿什老轨在宁南县调研烤烟工作

州委副书记、州长张支铁在雷波县海湾新村调研

州政协主席周文安在美姑县调研大小凉山综合扶贫工作

州委副书记、州政府代理州长罗凉清在邛海湿地保护区调研

州委副书记赵世勇在德昌县调研

州委副书记苏嘎尔布出席州政协老领导座谈会

州委常委、州纪委书记张强在盐源县调研

州委常委、州委统战部部长达久木甲在昭觉县调研彝家新寨建设

州委常委、州委政法委书记杨文泉接见公安英模

州委常委、凉山军分区政委赵中书在会东县人武部调研

州委常委、州委秘书长龙伟在川烟公司西昌分厂调研

州政府副州长仰协调研消防工作

州政府副州长杨朝波出席全州教育大会

州政府副州长许正模陪同省金融部门领导调研

州政府副州长、州公安局局长袁刚在甘洛县指挥抗洪抢险

州政府副州长唐浩在宁南县调研

州政府副州长周德文在普格县调研

州政府副州长施遐在基层调研医疗卫生教育工作

州政府副州长、州公安局局长余毅在盐源县检查抗震救灾工作

11月11日，中国共产党凉山彝族自治州第七次代表大会在西昌隆重开幕，翟占一同志代表六届州委向大会作工作报告

中国共产党凉山彝族自治州第七次代表大会开幕式

11月15日，州委七届一次全会选举产生州委书记翟占一，州委副书记罗凉清、赵世勇、苏嘎尔布，州委常委张强、滕中平、胡坤、王阿呷、冯斌、达久木甲、杨文泉、赵中书、龙伟

省委副书记、省长蒋巨峰代表省祝贺团向凉山赠送锦旗

建州60周年开幕式盛况

州人大常委会主任阿什老轨在副州职督导员郝维的陪同下考察州中级人民法院

党组书记、院长李俊在越西县委书记袁洪的陪同下看望慰问越西县法院职工

州中级人民法院举行“法院开放日”活动

刑二庭在普格开庭审理案件

行政法官和蔼倾听群众心声

对民商事事件诉讼调解成绩突出的彝族民间“德古”进行表彰

军分区司令员倪军在会理县人武部调研

州委常委、军分区政委赵中书等领导看望慰问干休所、军干所老干部及遗属

军分区副司令员郭友谊在宁南县人武部检查正规化建设

军分区参谋长崔伟在美姑县人武部蹲点调研

军分区政治部主任朱安平检查布拖县基层武装部“三年”规划建设

军分区后勤部部长陈硕在雷波县人武部蹲点调研

军分区领导与州、市国教委领导走上街头宣传国防教育法规

10月22日，军分区举行军史馆暨会议中心奠基仪式

军分区开展作风纪律教育整顿

凉山民兵在全省军事三项比武竞赛中夺得冠军，军分区领导为民兵佩戴红花

州委常委、州纪委书记张强陪同州委书记翟占一在盐源县调研

州委常委、州纪委书记张强在西昌市四合乡调研

州委常委、州纪委书记张强到联系点美姑县典补乡赠送板凳和文体用品

团结奋进开拓创新的领导班子

州纪委副书记、州监察局局长李东明到联系点美姑县典补乡中心校赠送学习用品

2月16日，中共凉山州纪委七届二次全会在西昌召开

全州新任县级领导干部廉政谈话

州委常委、州委组织部部长、州委党校校长冯斌在甘洛县调研

“苏施”支部挂牌仪式

州委常委、州委组织部部长、州委党校校长冯斌在盐源县调研

州委常委、州委组织部部长、州委党校校长冯斌在木里县调研

基层党组织分类提升大行动雷波县启动仪式

全州"两新"组织党的建设工作会议

凉山基层干部培训中心揭牌仪式

省委常委、省总工会主席李登菊慰问凉山困难职工

州委常委、州委秘书长、州总工会主席龙伟春节慰问困难职工

州总工会党组书记、常务副主席王英深入基层工会调研

与州直工委、州体育局联合举办州级机关第七届职工运动会

与西昌市总工会联合举办"庆五一、迎州庆"晚会

1月，中央编办研究中心主任洪都、省委编办副主任张明一行在州委组织部副部长、州委编办主任苏燕凌的陪同下，考察调研彝家新寨建设

8月，省政府机构改革评估小组第四组一行到凉山检查指导机构改革工作

州委组织部副部长、州委编办主任苏燕凌率队赴联系点冕宁县曹古乡开展扶贫济困工作

3月，凉山州机构编制工作会议在西昌召开

西昌夜景

邛海湿地公园

西昌全景

西昌新貌

省委书记、省人大常委会主任刘奇葆在德昌调研

州委书记翟占一在六所乡花卉基地调研

州委副书记、州长罗凉清在德昌调研烤烟工作

县委书记王顺云、县长苏正清参加植树活动

群众文艺

县城首座电梯公寓

德州镇大坪新农村

德昌麻栗风电场

德昌凤凰园艺有限公司与荷兰公司花卉合作签约仪式

德昌士达炭素新一期工程竣工仪式

四川烟草有限责任公司德昌复烤厂

凤凰大道

西环路

西宁花园

乐跃傈僳水寨冲浪场

县委书记袁文林看望老党员

县长张伟调研城市建设

庆祝中国共产党成立90周年活动

重温入党誓词

会东镇鱼山村发放90岁以上高龄老人长寿津贴

尊老助老志愿服务活动

"母亲健康快车"送健康进彝区公益活动

二期经济适用房

9月27日，乌东德水电站移民实物指标调查成果认定会会场

地质灾害应急演练

防雹训练

感恩活动

姜州乡弯德村农业综合开发示范片

自行车绿色骑行活动

县自来水厂

4月12日，县委书记张硕、县长王显晖带领县四大班子领导到县城后山对宁南生产生活用水情况进行调研

11月18日，代理县长代兵代表宁南县人民政府与大唐集团四川分公司签订风力发电开发项目协议

建设中的干法水泥厂

县图书馆

城镇建设有序扩张　城镇设施日臻完善

金沙大道

保障性住房

休闲体育运动公园夜景

省委书记、省人大常委会主任刘奇葆考察普格县彝区“三房”改造工作

教育部副部长陈晓娅考察螺髻山中心校远程教育

县委书记刘长猛参加五道箐乡义务植树

县长沙英作工作报告

县十三届人大代表

豪吉集团车间

底古村优质蚕桑

马厂坪优质烟叶

沙合莫村文化广场

大槽河温泉瀑布

螺髻山彝寨广场

建党90周年歌咏比赛

群众文化生活

县委书记毛德忠、县人大常委会主任宋云、县长王荣华调研县磷化工产业发展情况

雷波荣获“中国优质脐橙第一县”称号

县城锦屏广场

建设中的金沙江溪洛渡水电站大坝

四川雷波洋丰肥业有限公司厂部

擎火把 、唱山歌、展文化、促旅游——中国彝族民歌之乡·雷波火把节

彝族女子演唱组合“三色索玛”在晚会上献艺

“中国·雷波2008孟获文化旅游节”开幕式在马湖之滨隆重举行

省级地质公园雷波马湖揭碑开园

大熊猫的家园麻咪泽

中共中央政治局委员、国务院副总理回良三在昭觉县四呷村视察新村建设

省委书记、省人大常委会主任刘奇葆在洒拉地坡乡上游村调研彝家新寨建设

省委常委、常务副省长魏宏在燕子洛调研彝家新寨建设

县领导在四开乡中心校调研

民族体育文化广场

县城夜景

经济适用房

彝寨旧貌换新颜

脱毒马铃薯培育网室试管苗

万亩马铃薯高产示范区

高山错季莲花白

“三棵树”建设

彝族服饰汇聚一堂

职中学生学缝纫技术

第二届服饰节主会场

县医院门诊及住院大楼

金鑫水泥有限责任公司水泥生产线竣工投产

计生“三查”

国家粮食局副局长张桂凤在金阳县医院调研

省林业厅厅长王平在派来镇光明村调研青花椒产业

州委书记翟占一在金阳调研彝家新寨建设

县委书记阿比合儿调研民生工程

县长毛正文调研教育工作

县委书记阿比合几作工作报告

县人大常委会主任勒尔伍哈作工作报告

中共金阳县委第十一届常委

县长毛正文作工作报告

县政协主席谭福宣作工作报告

彝家新寨

新区中学

金阳白魔芋

金阳青花椒

优质脐橙

索玛花开

金沙江大峡谷

金沙江岸

狮子山

金阳百草坡

国务院扶贫办主任范小建在美姑调研

副省长张作哈在美姑调研

州委书记翟占一考察大桥中学

县委书记曲木克古为群众发放桌凳

县长子克拉格在基层调研

美姑县城一角

毕摩文化艺术团在成都演出

美姑县获“彝族毕摩文化之乡”称号

州歌舞团到依果觉乡演出

农村书屋

农民工培训

新农村建设示范点勒布村

为农民工提供法律咨询

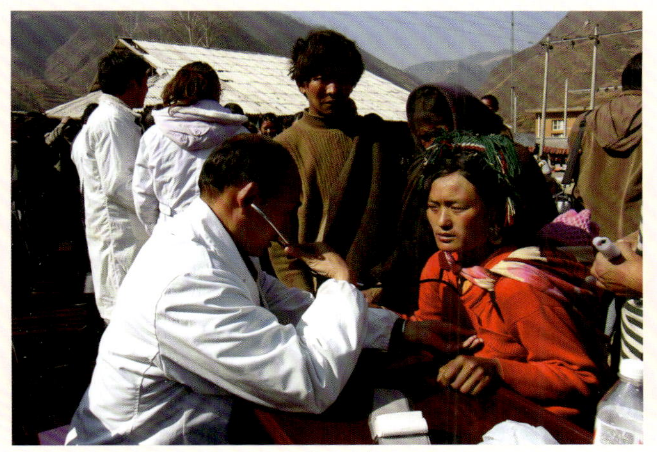

卫生下乡

图书下乡

科技下乡

甘洛县城

新市坝镇木古足彝家新寨

电解精铅厂生产的“国标1号精铅”

黑苦荞食品加工基地

海棠片区万亩高山荞麦种植基地

县城新貌

中央纪委和广东碧桂园集团援建的县职业技术学校

县新锐蓄电池厂铅锌系列产品生产线

220千伏变电站

尼日河流域装机10.5万千瓦的玉田电站

全国妇联副主席黄晴宜在李子乡洛乃格村考察新农村建设

国务院扶贫办主任范小建在拉克乡四合村调研

省委常委、副省长钟勉在喜德县冕山镇五合村调研

县委书记曲木伍牛在中南矿业公司调研

县长卓雪梅深入乡镇调研

拉克乡彝家新寨

火把液生产车间

县委书记赵勇陪同中组部部务委员陈向群考察冕宁党建工作

县长陈建生出席彝海景区开发协议签字仪式

县城新区修建性详规

新区街道

小东河

建设村夜景

灵山之冬

优质樱桃

冶勒水库

大桥水库

国家工商总局局长周伯华到盐源调研

省林业厅厅长王平、州委书记翟占一在草海湿地调研

州委书记翟占一检查指导泸沽湖大道建设工作

州长罗凉清调研盐源苹果产业

县委书记周乃祥、县长瓦西亚夫调研农业生产

《心中的泸沽湖》在成都锦城艺术宫成功演出

泸沽湖转山转海节

金铁矿业集团铁矿露天开采场

官地电站大坝

建设中的轻工业园区

高原优质苹果

特色花椒

优质烤烟

保障性住房

“三下乡”文艺演出

高山牛羊

生态鸡

县委书记张振国作工作报告

县长伍松作工作报告

新当选的县委常委

新当选的县人大领导班子

新当选的县政府领导班子

新当选的县政协领导班子

县城全貌

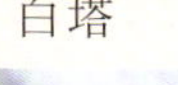

白塔

“村村通”工程

茶布朗镇中心卫生院

移民新居

东朗乡亚英藏族村

老年活动中心

广场锅庄晚会

民居

县人民医院

新闻录制

教育事业

“三下乡”活动

特产大红袍花椒

喜庆丰收

全国政协副主席、全国工商联主席黄孟复宣布“善行凉山”全国公益慈善联合行动正式启动

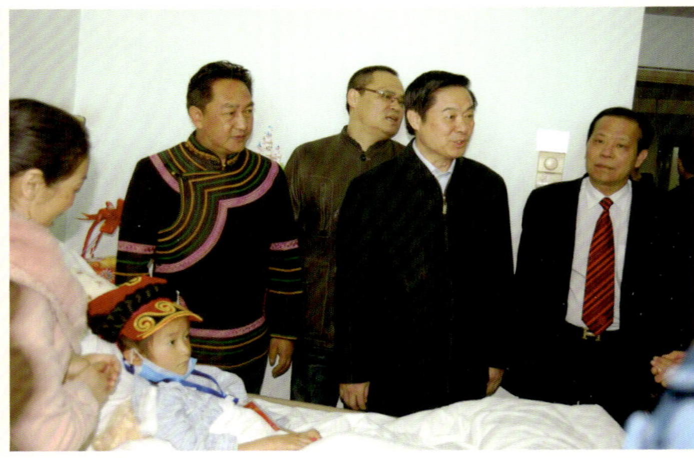

省委书记、省人大常委会主任刘奇葆在北京解放军空军总医院看望凉山州“先心病”患儿

州委书记翟占一在昭觉县雪灾现场看望慰问受灾群众

州长罗凉清在雷波县调研民政工作

州委常委、州委统战部部长达久木甲在冕宁县泥石流灾害现场研究抢险救灾和灾后重建工作

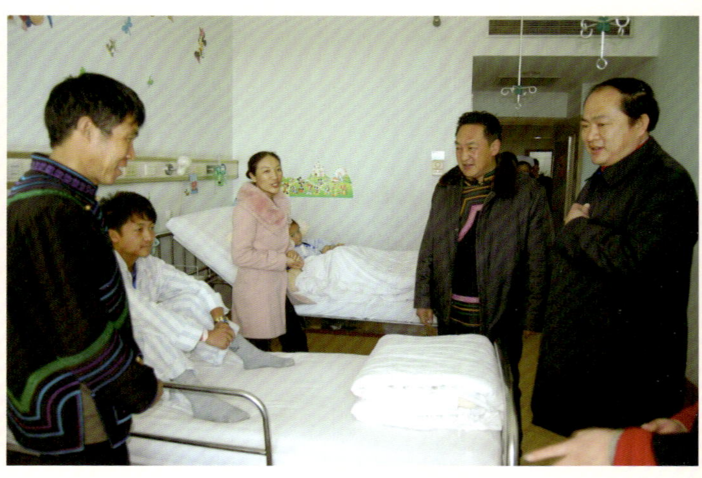

副州长白云在成都心血管病医院看望“先心病”患儿

国际儿童基金会形象大使张曼玉在金阳县为中国儿童福利示范项目村“儿童之家”挂牌

全州先天性心脏病儿童免费筛查治疗活动启动仪式

民政系统抗震救灾一线志愿者

州民政局在会理县河口乡搭建的第一所帐篷学校

刚刚领到儿童福利证的儿童

福彩公益金受益儿童

国家检查组领导在盐源县梅雨中学检查指导工作

教育部总督学顾问刘仲率“两基”国检组在盐源泸沽湖小学检查工作

凉山州“两基”工作顺利通过国检

四川省第七届中小学生艺术节凉山片区展演活动

“新华杯”凉山州第30届中学生运动会

黄凤局长陪同省住建厅副厅长田文到德昌调研新农村建设

为帮扶点捐赠板凳等物资

为帮扶点捐赠化肥

与帮扶点村级干部座谈

组织专家评审彝家新寨规划方案

省委书记、省人大常委会主任刘奇葆考察漫水湾水利枢纽

漫水湾水利枢纽

大桥水库

东河橡胶坝

海河生态堤防

新华水库

凉山州与荷兰花卉产业合作协议签字仪式

州苦荞麦产业协会成立大会

优质蚕桑基地

马铃薯病虫害统防统治

麦收启动仪式

马铃薯机械化播种

州委、州政府表彰人口计生工作先进单位

川滇暨川西片区流动人口计划生育区域协作会

创“优质服务”先进县市

人口计生“三下乡”

村级人口文化活动中心

州移民局局长康曦深入溪洛渡水电站金阳库区指导工作

德昌县麻栗乡移民集中安置点

盐源县古柏农场集中安置点移民忙于生产

锦屏一级水电站库区移民杨秀芳在木里县乔瓦镇的新家

1月19日，会东县召开白鹤滩乌东德水电站实物指标调查培训暨动员大会

白鹤滩水电站会东库区实物指标调查人员正在调查登记村民的经济林木

州人大常委会副主任马布都在岳雄华局长的陪同下到德昌童耳朵板鸭厂调研食品安全工作

副州长许正模在岳雄华局长的陪同下到州药检所调研

岳雄华局长一行到西昌航飞苦荞厂调研西昌市食品安全工作

全州餐馆服务示范市、县、街授牌

《凉山年鉴》编纂委员会

《凉山年鉴》编辑部

地　　址：四川省西昌市三岔口南路55号
凉山州人民政府4楼（州史志办公室）

电　　话：（0834）3865357　3865365　3866399

传　　真：（0834）3865357　3865365　3866399

邮　　编：615000

编辑说明

一、《凉山年鉴》是在中共凉山彝族自治州委领导下，由凉山彝族自治州人民政府主办、凉山彝族自治州史志办公室承办、《凉山年鉴》编辑部负责组稿、编辑，全面反映凉山州政治、经济、文化和社会发展情况的大型综合性工具书，旨在为各级领导和广大读者了解、认识凉山提供全面可靠的信息资料。

二、《凉山年鉴（2012・纪念建州60周年特刊）》坚持马列主义、毛泽东思想，坚持中国特色社会主义理论体系，适应新形势，迎接新挑战，力求新发展，全面体现地方特色、民族特色、时代特色，做到思想性、科学性、可读性相统一，全面、系统、综合地反映2011年度凉山彝族自治州各条战线、各行各业在“五个文明”建设中取得的新成就、新经验和出现的新问题。特载建州60周年来凉山经济社会发展的巨大成就、实践经验和发展前景。

三、《凉山年鉴（2012・纪念建州60周年特刊）》内容包括建州60周年特载、州级领导干部名录、大事记、专述、中国共产党、人大、政府、政协、军事、民主党派・工商联、群团、司法、工业、农业、商贸、旅游、财税、金融・保险、经济管理、科学、教育、社会事业、公共建设、县市概况等24个大类。

四、《凉山年鉴（2012・纪念建州60周年特刊）》文体结构由类目、分目、条目三个层次组成，类目、分目、条目标题分别用不同字体加以区别，条目标题均用黑体字加“【】”提示。

五、《凉山年鉴（2012・纪念建州60周年特刊）》卷首有中文目录和英文目录，卷末有按汉语拼音顺序排列的主题分析索引，全书所有信息均可由目录、索引获得，检索方便。

六、《凉山年鉴（2012・纪念建州60周年特刊）》所用资料、图片、数据均由有关单位撰写提供，并经所属单位领导审核送编。主要经济指标数据均采用统计部门年报数，并经统计部门审核。全书由《凉山年鉴》编委会审定，国内外公开出版发行。

七、《凉山年鉴（2012・纪念建州60周年特刊）》采用现代语体文记述，力求言简意赅、文风朴实、语言流畅、设计新颖、图文并茂；内文采用双色印刷，装帧美观大方，特点突出，特色鲜明。

八、《凉山年鉴（2012・纪念建州60周年特刊）》的编辑出版得到了全州各级领导的关心重视，得到了各地各部门、企事业各单位和社会各界的大力支持，在此谨表谢意。同时真诚欢迎社会各族各界人士提出宝贵意见，以便帮助我们改进工作。

《凉山年鉴》编辑部

2012年10月

目　录

建州60周年特载

2011年凉山州州级领导干部名录

大事记

专　述

中国共产党

人　大

政　府

政　协

军　事

民主党派·工商联

群　团

司　法

工　业

农　业

商　贸

旅　游

财　税

金融·保险

经济管理

科　学

教　育

社会事业

公共建设

县市概况

CONTENTS

Special feature for 60th anniversary of the founding of Liangshan Prefecture

State leading cadres list of Liangshan Prefecture, 2011

Memorabilia

Special

The Communist Party of China

The National People's Congress

Government

The Chinese People's Political Consultative Conference

Military

Democratic Party. Association of Industry and Commerce

Alliance

Justice

Industry

Agriculture

Commerce and trade

Tourism

Finance and tax

Finance. insurance

Economic management

Science

Education

Social undertaking

Public construction

City and town profile

建州 60 周年特载

Special feature for 60th anniversary of the founding of Liangshan Prefecture

贺电

四川省人大常委会、省人民政府并转凉山彝族自治州人大常委会、州人民政府：

值此四川省凉山彝族自治州成立 60 周年之际，谨向你们并通过你们向全州各族干部群众、驻州人民解放军指战员、武警部队官兵、公安民警致以节日的祝贺和亲切的慰问！

60 年来，凉山彝族自治州经济发展，民族团结，社会稳定，人民生活不断改善，各项事业取得了可喜的成就。希望你们在以胡锦涛同志为总书记的党中央领导下，高举中国特色社会主义伟大旗帜，以邓小平理论和“三个代表”重要思想为指导，深入贯彻落实科学发展观，继续解放思想，坚持改革开放，促进社会和谐；深入贯彻落实国务院批复的《乌蒙山片区区域发展与扶贫攻坚规划（2011—2020 年）》，推动经济社会实现科学发展；坚持共同团结奋斗、共同繁荣发展，不断推进民族团结进步事业，不断巩固和发展平等、团结、互助、和谐的社会主义民族关系，为全面建设小康社会、构建社会主义和谐社会，做出新的更大贡献！

祝凉山彝族自治州繁荣昌盛！

祝凉山彝族自治州各族人民幸福安康！

全国人大常委会

国 务 院

2012 年 9 月 23 日

在凉山彝族自治州成立60周年庆祝大会上的致辞

（2012年9月23日）

中央有关部门祝贺团团长、国家民委副主任　丹珠昂奔

尊敬的奇葆书记、巨峰省长、武先主席，各位领导、各位来宾，同志们、朋友们：

今天，凉山各族人民满怀无比喜悦的心情隆重集会，热烈庆祝凉山彝族自治州成立60周年。在这吉祥喜庆的时刻，受党中央、国务院委派，我们中央有关部门祝贺团全体同志，来到古老神奇的凉山，与各族干部群众共同庆祝这个美好的节日，共同见证凉山六十年的辉煌与豪迈。首先，我代表中央有关部门祝贺团，向凉山彝族自治州各族干部群众，向人民解放军驻凉山州部队指战员，向武警驻凉山州部队官兵和公安干警，致以热烈的祝贺和亲切的慰问！向所有为凉山的革命、建设、改革、发展作出贡献的同志们、朋友们，致以崇高的敬意！

60年前，凉山彝族自治州的成立，掀开了凉山历史发展的新篇章。60年来，特别是改革开放以来，在党中央、国务院的亲切关怀下，在四川省委、省政府的正确领导下，历届凉山州委、州政府团结带领全州各族人民，高举马克思列宁主义、毛泽东思想、邓小平理论和“三个代表”重要思想的伟大旗帜，深入贯彻落实科学发展观，成功地走出了一条中国特色、凉山特点的发展道路，改革发展取得辉煌成就。地区生产总值由建州之初的不足5000万元到2011年突破1000亿元大关。公共财政总收入由建州之初的477万元到2011年达到115.6亿元。两项指标分别跃居全省21个市州的第七位和第二位，在全国30个民族自治州中均名列第一。今天，站在新的历史起点上，凉山各族人民正信心百倍地推进凉山全面开发开放和跨越式发展，为建设美丽、富饶、文明、和谐新凉山而努力奋斗。我们为凉山各项事业取得的辉煌成就而备受鼓舞，为凉山各族干部群众身上展现出来的团结一心、自力更生、锐意进取的精神风貌而倍感振奋！

从1952年到2012年，是一条跨越六十年的漫长道路，几多艰辛与探索，几多豪情与执著。今天，当历史的脚步跨越恰朗多吉雪山的这一刻，必将激荡起凉山大地尘封的记忆——凉山今天的辉煌成就是几代人心血和汗水的结晶！今天，当祝福的礼炮震彻金沙江畔的这一刻，必将振奋起凉山各族儿女的凌云壮志——只要在党的正确领导下继续团结奋斗，凉山的明天将会更加美好！

凉山彝族自治州60年的光辉历程，是我们党的民族政策巨大优越性的集中体现，是我国民族区域自治制度成功实践的光辉典范，是我国各族人民和睦相处、和衷共济、和谐发展的典型缩影。60年的实践再次雄辩地证明：只有在中国共产党的领导下，全面贯彻落实党的民族政策，坚持和完善民族区域自治制度，不断巩固和发展平等、团结、互助、和谐的社会主义民族关系，紧紧把握各民族共同团结奋斗、共同繁荣发展的时代主题，才能实现少数民族和民族地区经济社会又好又快发展，不断开创我国民族团结进步事业的新局面。

同志们，朋友们，当前，我国正处于全面建设小康社会的关键时期，凉山正面临新一轮

西部大开发和扶贫开发攻坚的重大机遇。我们坚信，有党中央、国务院的亲切关怀，有四川省委、省政府的正确领导，有凉山州委、州政府团结带领全州各族人民的不懈奋斗，凉山，这片藏彝走廊上的大美之地，必将在全面建设小康社会、全力推进中国特色社会主义的伟大征程中，绽放出更加绚丽夺目的光彩！

让我们更加紧密地团结在以胡锦涛同志为总书记的党中央周围，高举中国特色社会主义伟大旗帜，深入贯彻落实科学发展观，解放思想，改革开放，凝聚力量，攻坚克难，以改革发展的新成就迎接党的十八大胜利召开！

祝凉山彝族自治州兴旺发达！

祝凉山各族人民孜莫格尼、幸福安康！

共同团结奋斗 共同繁荣发展 加快建设美丽富饶文明和谐新凉山

——在凉山彝族自治州成立60周年庆祝大会上的讲话

（2012年9月23日）

中共四川省委书记、省人大常委会主任、四川省祝贺团团长 刘奇葆

尊敬的丹珠昂奔团长，各位领导、各位来宾，同志们、朋友们：

今天，我们欢聚在美丽的西昌，隆重庆祝凉山彝族自治州成立60周年。这是凉山各族干部群众政治生活中的一件大事。首先，我代表四川省委、省人大、省政府、省政协及省军区和全省人民，向凉山州各族工人、农牧民、知识分子、干部和各界人士，向人民解放军驻州部队指战员、武警凉山部队官兵和公安干警，致以热烈的祝贺和诚挚的问候！向长期以来为凉山州革命和建设事业作出突出贡献的离退休老同志，向关心支持凉山州改革发展和现代化建设事业的各族各界朋友，致以亲切的慰问和崇高的敬意！为庆祝凉山州成立60周年，国家民委丹珠昂奔副主任率中央有关部门祝贺团专程来到凉山，带来了中央的亲切关怀和巨大支持，我们表示热烈的欢迎和衷心的感谢！

凉山是一片红色热土，具有光荣的革命传统。凉山人民对党、对祖国、对中华民族怀有深厚的感情，无论是在民主革命时期，还是在社会主义建设时期，都为民族解放和国家强盛作出了重要贡献。1935年，中国工农红军巧渡金沙江，在凉山境内行程800多公里，凉山儿女踊跃参军、投身革命，“彝海结盟”更是成为中央红军在长征途中坚决贯彻执行党的少数民族政策的光辉典范，为红军长征胜利起到了重要作用，在中国革命史上写下了光辉一页。在此，我们怀着特别崇敬的心情，深切缅怀为革命事业献出宝贵生命的凉山英烈们，他们的丰功伟绩将永垂青史！

新中国成立后，凉山州各族人民响应党的号召，积极推进民主改革，全力支持国家建设。建州60年来，在党中央、国务院的亲切关怀和省委、省政府的坚强领导下，历届州委、州政府团结带领全州各族人民，认真贯彻执行党的民族政策，自力更生、艰苦奋斗，古老凉山发生了翻天覆地的变化，各族人民彻底推翻了奴隶制社会和封建农奴制社会的剥削压迫，取得了民主革命的伟大胜利，翻身成为国家和社会的主人，走上了社会主义的康庄大道，实现了从奴隶社会直接进入社会主义社会的历史性跨越；全州各族人民积极投身波澜壮阔的改革开放和社会主义现代化建设，经济社会发展取得了巨大成就，实现了人民生活水平从贫困到温饱再到奔向全面小康的历史性跨越；全州各族人民共同团结奋斗、共同繁荣发展，巩固和发展了平等、团结、互助、和谐的社会主义新型民族关系，在社会主义大家庭里和睦相处、和衷共济、和谐发展，谱写了从落后走向进步、从贫穷走向富裕、从封闭走向开放的恢宏诗篇。

凉山在四川发展大局中占据重要地位，拥有十分丰富的水能资源、得天独厚的矿产资源、丰富多样的农业资源、绚丽多彩的旅游资源、独具魅力的民族文化资源。全州各级党委、政府和各族干部群众高举中国特色社会主义伟大旗帜，坚持以邓小平理论和“三个代表”重要

思想为指导，深入贯彻落实科学发展观，认真落实中央重大决策部署，全面实施省委、省政府推进凉山跨越发展的“一个意见、两个规划”，坚持优势资源开发与保护并重，一手抓安宁河谷地区率先发展，一手抓大小凉山和木里藏区扶贫攻坚、跨越发展，规划实施一批事关全局和长远发展的重大项目，去年全州经济总量、地方公共财政收入分别突破1000亿元和80亿元，位居全国30个少数民族自治州首位，综合实力和区域竞争能力显著提升，呈现出经济快速增长、社会全面进步、民生显著改善、民族团结和睦的大好局面。这些成绩的取得，是党中央、国务院亲切关怀和正确领导的结果，是全国、全省人民热情关心和大力支持的结果，是凉山州各族人民团结奋斗的结果。凉山60年发展巨变，充分展现了中国特色社会主义制度的巨大优越性，充分印证了民族区域自治制度的旺盛生命力，充分彰显了民族团结进步焕发的强大推动力。历史雄辩地证明，只有坚持中国共产党领导，坚持中国特色社会主义制度，坚持民族区域自治制度，凉山才有繁荣进步的今天和更加美好的明天。

经过60年的建设发展，凉山已站在新的历史起点，进入全面开放开发、跨越发展的黄金时期。要全面贯彻中央决策部署，认真落实省第十次党代会精神，始终围绕“共同团结奋斗、共同繁荣发展”的民族工作主题，以经济建设为中心，以改善民生为出发点和落脚点，以民族团结为保障，更加注重资源科学开发，更加注重生态环境保护，更加注重增强自我发展能力，探索资源富集地区科学发展、跨越提升之路，走出民族地区改善民生、富民和谐之路，加快建设美丽富饶文明和谐新凉山。

我们要坚定不移推进跨越发展，努力走出民族地区科学发展的新路子。认真落实新一轮西部大开发和支持民族地区跨越发展的一系列重大政策措施，充分发挥资源优势发展特色产业，以交通和水利为重点加强基础设施建设，深入推进改革开放，提升持续发展能力，加快建设攀西战略资源创新开发试验区和现代化的生态田园西昌，加快建设金沙江下游经济带和长江上游生态屏障，把凉山建成我省重要的区域经济增长极、全国民族地区科学发展的“排头兵”。

我们要坚定不移保障和改善民生，努力促进民族地区各族人民富裕幸福。要更好地为各族人民谋福祉，加大扶贫攻坚力度，加快推进以建设“彝家新寨”和禁毒防艾为重点的彝区综合扶贫开发，深入实施藏区“三大民生”工程，认真做好移民扶贫工程，要统筹推进社会事业全面进步，大力实施民族地区教育、卫生发展计划，积极传承和发展民族优秀传统文化，深化彝区健康文明新生活运动，不断改善群众生产生活条件，让各族人民得到更多实惠，过上更加美好的生活。

我们要坚定不移全面贯彻落实党的民族政策，努力实现民族地区和谐稳定、长治久安。要高举爱国主义和民族团结旗帜，认真实施民族区域自治法，坚持和完善民族区域自治制度，深入开展民族团结进步宣传教育，牢固树立“两个共同”、“三个离不开”和“四个认同”思想，不断巩固和发展平等、团结、互助、和谐的社会主义民族关系，加强和创新社会管理，努力维护民族地区和谐稳定、长治久安的社会局面。

我们要坚定不移加强和改善党的领导，努力增强民族地区跨越发展组织保障。要坚持以党的执政能力建设和先进性建设为主线，坚持党要管党、从严治党，以改革创新精神全面加强党的建设，坚定理想信念，保持党同人民群众的血肉联系，积极发展党内民主，深化干部人事制度改革，加强基层党组织和政权建设，培养造就一支高素质的民族地区干部人才队伍，加强反腐倡廉建设，始终保持党的纯洁性，不断夯实党在民族地区的执政基础和工作基础。

各位领导，各位来宾，同志们，朋友们，凉山60年伟大成就令人鼓舞，未来发展蓝图催人奋进。我们一定要紧密团结在以胡锦涛同志为总书记的党中央周围，高举中国特色社会主义伟大旗帜，以邓小平理论和“三个代表”重要思想为指导，深入贯彻落实科学发展观，抓住机遇，团结拼搏，开拓进取，为推进凉山州跨越发展和长治久安而努力奋斗，以优异成绩迎接党的十八大胜利召开！

让我们一起，祝伟大祖国繁荣昌盛！

祝凉山各项事业兴旺发达！

祝凉山各族人民幸福安康、孜莫格尼！

在凉山彝族自治州成立60周年庆祝大会上的致辞

（2012年9月23日）

中共凉山州委书记　翟占一

尊敬的中央部委祝贺团、省祝贺团各位领导，尊敬的各位嘉宾，同志们、朋友们：

今天，6万平方公里凉山大地千山起舞、万水欢歌，举州同庆凉山彝族自治州60华诞。值此喜庆时刻，我谨代表中共凉山州委、州人大、州政府、州政协、凉山军分区和487万各族人民，向中央部委祝贺团、省祝贺团各位领导致以崇高的敬意！向莅临今天庆祝活动的各位嘉宾、各位朋友表示热烈的欢迎！

风雨兼程60载，薪火相传铸辉煌。1952年10月1日，在党中央、国务院的亲切关怀下，凉山彝族自治州正式成立，开启凉山历史新纪元。1958年，艰苦卓绝的彝区民改平叛斗争取得全面胜利，百万翻身农奴走上社会主义康庄大道。1978年，“西凉合并”，翻开凉山各民族团结进步事业新篇章。六十年来，沐浴党的民族政策的阳光雨露，在党中央、国务院和省委、省政府的坚强领导下，历届州委、州政府团结和带领全州各族人民励精图治，在这片曾经书写“彝海结盟”光辉历史的红色土地上，创造了一个个艰苦创业、改天换地的人间奇迹，描绘了一幅幅恢弘壮丽、欣欣向荣的发展画卷，实现了从“一步跨千年”到“经济跨千亿”的历史性跨越，一个全面开发开放、跨越式发展的凉山豪迈站在推进全域全程全面小康建设的崭新起点。

60年矢志奋斗，60年波澜壮阔，60年春华秋实。

凉山60年奋斗历程，是一部由一穷二白走向富民和谐的跨越史。60年来，伴随社会主义建设与改革发展的铿锵步伐，凉山各族人民矢志不渝地推动扶贫攻坚、富民强州进程，硬是在这片曾经“刀耕火种”、现代工业空白的土地上建立起特色鲜明、优势突出的现代产业体系，构建起一手抓安宁河谷地区率先发展，一手抓大凉山和木里藏区扶贫攻坚、跨越发展的统筹区域城乡协调发展格局，不仅彻底改变了群众缺衣少吃的落后面貌，而且实现了经济社会发展质的飞跃，奠定了凉山长远发展的坚实基础。2011年全州地区生产总值、全口径财政收入分别突破千亿、百亿大关，地区生产总值、地方公共财政收入跃居全国30个少数民族自治州第一位。今天凉山一天创造的财富相当于建州时全年的总和，全州地区生产总值较1952年增长105倍（按可比价），城镇居民人均可支配收入和农民人均纯收入分别增长94倍、263倍，城乡人居条件和群众生活水平大幅提升，千亿水电、千亿矿冶、百亿绿色农业、特色旅游“四大产业集群”加速集聚，工业凉山和现代化的生态田园西昌渐具雏形，全国重要的清洁能源基地、钒钛稀土资源综合利用基地、战略性优质烟叶花卉基地加快建设。

凉山60年奋斗历程，是一部由自我封闭走向全面开发的开放史。60年来，饱受封闭之苦、出行之难的凉山人民冲破群山大河的重重阻隔，坚毅走向外面的世界。从解放初期抢修恢复全州唯一一条简易公路，到1961年实现县县通公路、1970年成昆铁路建成通车，到攀西高速、雅西高速全线贯通，西昌青山机场跻身西南一流支线机场，金沙江雷波港规划建设正式启动，初步形成“三纵一横加航空水运”的现代立体交通运输网络和我省南向出川大通道综合交通枢纽，书写了凉山“深山绝壁通天路、历尽艰险架飞虹”的沧桑巨变。开放的凉山热情拥抱开放的时代，充分开放合作和“开放兴州”战略深入实施，成凉、攀凉、川滇黔12市州区域合作务实开展，同荷兰、津巴布韦、泰国开展国际产业合作，在凉山开“世界最美的花”、种植销售“世界最好的烟叶”，一批世界、中国500强企业入驻凉山，“大凉山”特色优质农产品声名鹊起，海内外游客纷至沓来，西部最佳阳光休闲度假旅游目的地建设聚焦世界目光。

凉山60年奋斗历程，是一部由蒙昧落后走向现代生活的文明史。千年奴隶制阴云笼罩下的凉山，曾经文盲充斥、迷信盛行，教育、文化、卫生等社会事业发展严重滞后，成为凉山深度贫困的重大根源。60年来，历届州委、州政府强力推进“科教兴凉”和“人才强州”，大力实施教育、医疗惠民工程，特别是民族地区教育、卫生发展两个“十年行动计划”和藏区“9+3”免费教育、彝区免费职教计划深入实施，有效阻断贫困的代际传递。古老凉山踏上“两化”互动、产村相融、统筹城乡的崭新征程，彝区健康文明新生活运动纵深推进，“板凳工程”引领现代文明新风，新村、新居、新产业、新农民、新生活“五位一体”实施“百乡千村”工程，彝家新寨、藏区新村、安宁河谷新村拔地而起，成为凉山一道靓丽的风景线。

凉山60年奋斗历程，是一部由民族隔阂走向平等和睦的团结史。解放前反动统治阶级奉行的民族歧视、民族压迫政策，让凉山各族人民长期深陷民族隔阂、民族冲突、家支械斗的苦难。解放后特别是民主改革后，党的民族政策和民族区域自治制度令凉山大地焕发勃勃生机，凉山各族人民秉承“三个离不开”的光辉思想，沿着“彝海结盟”这条民族团结大道，携手走向共同团结奋斗、共同繁荣发展的辉煌里程。凉山各族人民旗帜鲜明地反分裂反渗透，彝、汉、藏、回等14个世居民族亲如一家、情同手足，安宁河谷、大凉山彝区、木里藏区结对帮扶和干部交流大力推进，少数民族干部人才培养与选拔全面加强，平等、团结、互助的社会主义新型民族关系不断巩固和发展，全州各民族和睦相处、和衷共济、和谐发展，民族团结进步事业后继有人、发扬光大。

凉山60年辉煌巨变，生动印证了中华民族建设全面小康、走向伟大复兴的光辉历程，精彩浓缩了锦绣巴蜀特别是震后四川科学发展、跨越提升的辉煌成就，集中展示了西部民族地区从落后到进步、从贫穷到富裕、从封闭到开放的沧桑变迁，深刻凝练了“宁愿苦干、不愿苦熬，自力更生、艰苦创业”的凉山精神。

60年辉煌巨变让我们深切体会到：没有共产党就没有新中国，没有共产党就没有社会主义新凉山，少数民族和民族地区的成长进步离不开祖国大家庭的温暖怀抱。这60年，是党中央国务院、省委省政府深切关怀的60年。党中央三代领导人先后视察凉山并作出重要指示。历届省委、省政府大力支持凉山经济社会发展、扶贫攻坚。省委奇葆书记13次深入凉山17县市视察调研，深情勉励凉山“大有成效、大有潜力、大有机遇、大有希望”。巨峰省长、武先主席等省领导心系凉山、情系凉山各族人民。省委、省政府量身定制“一个意见、两个规划”，为凉山跨越式发展插上了腾飞的翅膀。487万凉山各族人民永远感党恩、听党话、跟党走，坚定不移地沿着中国特色社会主义道路阔步前进。

60年辉煌巨变让我们深切体会到：事业发展，关键在党，关键在人。我们将模范践行省委“四个特别”要求，坚持钢班子带铁队伍，充分发挥领导干部的标杆示范作用、基层组织的战斗堡垒作用、广大党员的先锋模范作用，团结带领全州各族人民不等不靠、自力更生、艰苦奋斗，“喊出一个声音，走出一个步调”，形成你追我赶、竞相发展、全域跨越的生动局面。

60年辉煌巨变让我们深切体会到：科学发展是推进民族地区跨越式发展和长治久安的根

本途径。我们将始终坚持发展第一要务，优势资源开发与保护并重，立足大资源、引进大企业、实施大开发，把产业做强、把城市做大、把基础做牢、把科教做优、把民生做实，建设工业凉山和现代化的生态田园西昌，努力探索资源富集地区科学发展、跨越提升之路，努力走出民族地区改善民生、富民和谐之路，争当全国民族地区科学发展“排头兵”，把凉山建成全国最平安、最稳定、最和谐的民族地区之一。

60 年辉煌巨变让我们深切体会到：人民群众是创造历史的主人，改善民生是建设和谐凉山的基石。我们将坚持把保障和改善民生作为一切工作的出发点和落脚点，着力产村相融、成片推进新农村建设，坚定不移地打好综合扶贫开发攻坚战，坚忍不拔地解决好极度贫困和突出民生问题，坚持不懈地推进城乡基本公共服务均等化，使改革发展成果惠及凉山各族人民，凝聚凉山全域全程全面小康建设的强大力量。

抚今追昔，饮水思源。凉山 60 年辉煌巨变，源自党中央、国务院的深切关怀和省委、省政府的坚强领导，得益于中央和省级部门，兄弟市州、社会各界的关心支持，归功于历届州委、州政府的艰辛努力和全州各族人民的团结拼搏，所有这一切，汇聚形成凉山跨越式发展和长治久安的强大持久动力，推动凉山从胜利走向新的胜利，由辉煌迈向新的辉煌。

此时此刻，我们深切缅怀为凉山解放、民主改革和社会主义建设英勇牺牲的革命先烈，倍加感谢为建设凉山、发展凉山做出重要贡献的老领导、老同志。他们的光辉足迹将浓墨重彩地载入凉山发展史册，他们的不朽功勋将永远铭刻在凉山各族人民心中！

尊敬的各位领导、各位嘉宾，同志们、朋友们：

“曾经一步跨千年，今朝跑步奔小康”。立足新起点，实现新跨越，我们将深入学习贯彻省第十次党代会精神，抢抓国家深入实施西部大开发战略、乌蒙山片区区域发展与扶贫攻坚规划、中国攀西战略资源创新开发试验区、省委省政府“一个意见、两个规划”、金沙江下游沿江经济带规划建设等重大机遇，深入推进工业强州、生态立州、开放兴州，在科学发展轨道上推进经济社会跨越提升，奋力实现凉山全域全程全面小康“三级跳”奋斗目标：2012 年地区生产总值力争实现 1200 亿元，地方公共财政收入突破百亿大关，完成“百千工程”；到 2015 年，经济总量突破 2000 亿元，挺进全省经济“第一方阵”，建成 2407 个新村和彝家新寨，让群众住上好房子、过上好日子、享受现代文明生活；到 2020 年与全国全省同步实现全面小康。

我们坚信，有党中央、国务院和省委、省政府的坚强领导，有社会各界的大力支持，勤劳勇敢、自强不息的凉山人民必将在全面开发开放、推进跨越式发展的宏伟征途中，再创新业绩、再铸新辉煌，一个美丽富饶文明和谐的新凉山必将以更加精彩壮丽的发展画卷呈现在世人面前！

最后，衷心祝愿伟大的祖国更加繁荣昌盛！凉山的明天更加幸福美好！

衷心祝愿各位领导、各位嘉宾身体健康、工作顺利！全州各族人民节日快乐、幸福安康！

孜莫格尼，卡莎莎！

攻坚克难创佳绩　奋力作为铸辉煌

凉山彝族自治州州长　罗凉清

1952年秋，凉山彝族自治区成立（1954年9月改称为凉山彝族自治州），从此开启了凉山历史的新纪元。60年来，在党的民族政策的光辉照耀下，凉山在满目疮痍、百业凋敝、民不聊生的基点上起步，历经硝烟弥漫的民改平叛、激情燃烧的三线建设、波澜壮阔的改革开放，彻底砸碎奴隶制枷锁，一步跨千年踏上社会主义康庄大道，抒写出各民族“共同团结奋斗、共同繁荣发展”的壮丽诗篇，迈进了全面开发开放、跨越式发展的崭新征程。如今，6万多平方公里的凉山大地，经济大发展、民族大团结、民生大改善、社会大和谐，呈现出一派欣欣向荣的景象，进入历史最好发展时期。

60年来，我们抢抓机遇谋发展，聚精会神搞建设，全州经济迅速发展。尤其是改革开放以来，全州经济年均增速达10.3%，其中“十一五”期间年均增速达15.5%。2011年，凉山跻身于四川“千亿GDP”市州行列，经济总量达1000.13亿元，比1952年的0.44亿元增长105.2倍（可比价）；人均地区生产总值由25元增加到22044元；公共财政总收入突破百亿大关，由477万元增长到115.6亿元。全州经济总量、地方公共财政收入分别跃居四川21个市州第7位、第2位，居全国30个少数民族自治州第1位，在全省、全国民族地区发展格局中的特殊地位和重要作用愈加凸显。

60年来，我们不断调整产业结构，优化产业布局，初步形成了支撑发展新跨越的特色优势产业体系。三次产业竞相发展，经济结构由1952年的91.9∶7.0∶1.1调整为2011年的19.5∶52.3∶28.2。凉山农业从生产原始、经营粗放、广种薄收的传统农业，加速向区域化布局、规模化生产、产业化经营的现代农业迈进，基本建成国家重要的战略性优质烟叶及花卉基地、绿色食品原料马铃薯标准化基地、苦荞麦生产基地、优质高原水果生产基地、优质茧丝基地和四川最大的草食畜生产基地、重要的农产品输出基地，凉山绿色特色农产品享誉全国。凉山新型工业化进程步履铿锵，从建州之初仅有6户设备简单、工艺落后的小型工业企业，到2011年总投资243亿元的攀钢西昌钒钛资源综合利用项目竣工投产，目前已建成产业园区、工业集中区18个，形成以水电、钒钛、稀土、铜镍、铅锌、钢铁、水泥、磷化工、以烟草为重点的特色农产品深加工等九大优势产业为代表的工业产业体系；全部工业增加值按可比价计算比1950年增长1880倍。以旅游业为代表的现代服务业蓬勃兴起，2011年第三产业增加值较1952年增长1651倍，社会消费品零售总额较1952年增长1533倍，接待游客2128万人次、收入80.5亿元。

60年来，我们始终坚持打基础抓长远，强力突破瓶颈制约，全面改善发展条件，城乡面貌显著变化。从古南方丝绸之路上的“山间铃响马帮来”，到成昆铁路和雅攀高速公路南北纵贯崇山峻岭、青山机场成为西南一流的支线机场、以金沙江为重点的黄金水运航道规划建设全面启动，再到“十二五”以来“五高三铁”前期工作加快推进，凉山“五纵两横加航空水运”的交通运输主骨架初步成形。农田水利基本建设全面推进，农业综合生产能力显著提高。新型城镇化加快推进，攀西城市群、现代化的

生态田园西昌及重点县城、特色集镇提质扩容，城镇化率由1952年的4.2%上升为2011年的28.2%。彝家新寨、藏区新村建设深入推进，累计建成新村847个，17.63万户、75.17万人入住新村。现代信息通讯网络、电力等基础设施实现全覆盖。城乡环境综合治理、国土管理和生态环境建设不断加强，森林覆盖率达43%，持续保持着天蓝、水清、地净的生态优势。

60年来，我们强力推进改革创新，扩大开放合作，发展活力显著增强。积极探索创建了“优势资源、优先发展，科学规划、持续发展，民生为本、利益共享，就地转化、深度加工，保护资源、保护环境”的资源开发新模式。国有企业改革取得新进展，投融资体制改革取得新成效。所有制结构改革步步深入，民营经济快速发展，近五年年均增长19.4%。行政审批改革深入推进，政府职能加快转变。坚持不懈地推进开放合作，成都凉山、攀枝花凉山和川滇黔十市地州区域合作成效明显。国际交流合作迈出重大步伐，津巴布韦凉山、荷兰凉山、新加坡凉山、泰国凉山的烟草农业、花卉产业和资源开发合作进展顺利。招商引资成效明显，瑞士雀巢、香港华润、江铜、云铜等27户世界500强、中国500强和民营500强相继入驻凉山。

60年来，我们加快发展社会事业，大力保障和改善民生，人民生活水平显著提高。优先发展教育事业，“两基”目标全面实现，“两免一补”政策和彝区免费职教、藏区“9+3”免费教育计划全面落实，初中毕业生实现应招尽招，教育规模居四川第四位。文化事业日益繁荣，彝族火把节被遴选为世界“人类非物质文化遗产代表作名录”推荐项目，96项民族文化遗产被列入国家级、省级非物质文化遗产名录，州民族文化艺术中心成为国家级文化产业示范基地。卫生事业长足发展。初步建成覆盖全州的医疗服务体系，城乡低保户、农村五保户医疗救助实现全覆盖，新农合参合率达97.68%。扶贫开发成效明显。探索建立了“统筹型、捆绑式”和“1+9”扶贫开发机制，新阶段扶贫开发以来，累计减少贫困人口115万人。2011年，全州农民人均纯收入较1952年增长262.7倍，城镇居民人均可支配收入增长93.6倍。城乡居民恩格尔系数分别下降到44.3%、56.9%。社会保障体系不断完善，“五大保险”覆盖面不断扩大，城乡低保、五保供养实现应保尽保。

60年来，我们充分发挥民族区域自治制度的政策优势，促进民族团结进步，加强社会管理创新，平安和谐凉山建设取得显著成效。牢牢把握各民族“共同团结奋斗、共同繁荣发展”主题，广泛开展马克思主义民族观教育，建立了以“彝海结盟”纪念地为代表的一批民族团结教育基地，“三个离不开”思想深入人心，州人民政府荣获全国民族团结进步模范集体称号。大力加强民族团结进步事业，平等、团结、互助、和谐的社会主义民族关系不断巩固。不断加强政府法制建设，在全国市州级行政区中率先制定实施了《凉山州行政程序规定》和《凉山州行政问责办法》。不断加强和创新社会管理，实现了保稳定向促和谐的重大转变，木里持续成为“全省最稳定的藏区”，凉山成为全国最平安、最稳定、最和谐的民族地区之一。

六十载创业发展，一甲子春华秋实。回顾60年的峥嵘岁月，我们深深感到，凉山的发展进步，始终凝聚着党中央、国务院和省委、省政府的亲切关怀、悉心指导，倾注着各级各部门、各帮扶单位和兄弟市州的大力支持、无私帮助，浸透着老领导、老同志和侨胞台胞、企业家、社会各界人士的心血和汗水。60年的宏伟实践昭示我们：必须始终不渝地坚持中国共产党的坚强领导，坚持走中国特色社会主义道路，确保各项工作沿着正确的方向前进；必须始终不渝地坚持和完善民族区域自治制度，巩固和发展平等、团结、互助、和谐的社会主义民族关系；必须始终不渝地坚持解放思想、与时俱进，深入推进改革开放，不断增强经济社会发展的动力和活力；必须始终不渝地坚持把自力更生、艰苦奋斗与国家支持、多方援助结合起来，强化特色、放大优势，干在实处、争创一流，不断破解前进道路上的各种困难和问题；必须始终不渝地坚持以人为本、执政为民，维护好、实现好和发展好最广大人民的根本利益，不断增进民生福祉。

东风万里卷潮来，扬帆远航逐浪高。建州60周年，既是凉山发展史上的重要里程碑，更是续写辉煌的新起点。当前，凉山面临着国家实施西部大开发、乌蒙山片区区域发展与扶贫攻坚规划、攀西战略资源创新开发试验区建设和四川省委、省政府实施支持彝区跨越式发展“一个意见、两个规划”等政策“叠加”的重大历史机遇。我们将顺应全州各族人民过上更加幸福美好生活新期待，把握主题、贯穿主线，抢抓机遇、砥砺奋进，奋力实现“十二五”末“GDP、规上工业增加值、固定资产投资、地方公共财政收入‘四个倍增’，GDP、工业增加值、全口径财政收入分别突破2000亿元、1000亿元、200亿元，进入四川经济发展‘第一方阵’”的战略目标，加快建设四川西部经济发展高地的重要增长极，争当全国民族地区经济发展“排头兵”，争创全国民族团结进步模范州。

2011 年凉山州州级领导干部名录

State leading cadres list of Liangshan Prefecture, 2011

中共凉山州委

书　记：翟占一

副书记：张支铁（8 月止）　赵世勇

　　罗凉清（11 月起）

　　苏嘎尔布（11 月起）

常　委：张　强　王金铁（11 月止）

　　罗凉清　邓显祥（11 月止）

　　滕中平　苏嘎尔布（11 月止）

　　康　俊（10 月止）　胡　坤

　　刘继承（11 月止）　王阿呷

　　冯　斌（10 月起）

　　达久木甲（11 月起）

　　杨文泉（11 月起）

　　赵中书（11 月起）

　　龙　伟（11 月起）

凉山州人大常委会

主　任：阿什老轨

副主任：洪长伟　沈明祥（1 月止）

　　张锡煊　沈铁石（1 月止）

　　张家让　马布都　戚天福

　　熊正林　杨　卉

凉山州人民政府

州　长：张支铁（9 月止）

　　罗凉清（11 月起任代理州长）

副州长：罗凉清　滕中平（9 月起）

　　仰　协　杨朝波（11 月止）

　　达久木甲　许正模　杨文泉

　　袁　刚（11 月止）

　　唐　浩（6 月起）

　　周德文（9 月起）

　　施　遐（11 月起）

　　余　毅（11 月起）

凉山州政协

主　席：周文安

副主席：潘清富　毕志强　刘建蓉

　　阿侯蜀革　尔欧伍哈　香根·边玛仁青

　　谢宇才　黄志富　熊仿秋

　　季晓静

凉山军分区

司令员：倪　军（10 月起）

　　刘继承（10 月止）

政　委：赵中书

凉山州中级人民法院

院　长：李　俊（11 月起任代理院长）

　　郝　维（11 月止）

凉山州检察院

检察长：米　滨（9 月起任代理检察长）

　　蒋世林（9 月止）

大事记

Memorabilia

2011 年 1 月

1 月 1 日

四川、云南两省人民政府颁布“封库令”，自 2011 年 1 月 1 日零时起，金沙江白鹤滩、乌东德两电站建设征地范围内禁止新增建设项目和迁入人口，标志金沙江水电开发前期工作取得重大进展。

1 月 4 日

州扶贫开发领导小组召开会议，强调坚持把抓好当前与谋划长远有机结合起来，科学规划、统筹兼顾、合理安排，认真完善相关规划方案，积极搞好对接，推动《大小凉山综合扶贫开发规划》顺利实施，确保扶贫开发工作取得实效。

1 月 5 日

州委、州政府与二滩公司在西昌举行座谈会暨锦屏官地水电站施工区管理委员会工作会议。双方表示将进一步加强交流、扩大共识、深化合作，共同推进锦屏一二级、官地等水电站建设，加快雅砻江流域水电开发。

1 月 7 日

全州烟叶工作会议在西昌召开，会议强调要坚持以科学发展为主题，以加快转变经济发展方式为主线，牢牢把握“跳起摸高、跨越发展”工作基调，在新的起点上继续推进凉山现代烟草农业科学发展、持续发展，全面推进全国重要的战略性优质烟叶基地建设。

△州委、州政府与上海市食品协会贸易分会签订战略合作协议，标志凉山州特色绿色农产品进入上海和长三角、珠三角的市场大通道开通，“大凉山特色农产品”成功抢滩大上海。

1 月 10 日

州委、州人大常委会、州政府、州政协机关分别举行向困难群众捐赠活动。州红十字会收到捐款 35362 元、棉被衣物 21393 套（件）。

1 月 11 日

西昌汽车运输（集团）有限责任公司成立。公司系由原西昌汽车运输公司按照市场要求和凉山交通事业发展需要，改制组建的规范性国有独资公司。

1 月 12 日

凉山军分区党委十四届五次全体（扩大）会议在西昌召开。州委书记、凉山军分区党委第一书记翟占一出席会议并作讲话，强调要着眼履行使命任务，努力推动凉山军分区部队和后备力量建设，为推进凉山跨越式发展作出新的更大贡献。

1 月 13 日

州委、州政府与新加坡盛世企业、立邦涂料（中国）有限公司在西昌举行座谈会。州委书记翟占一，州委副书记、州长张支铁，新加坡盛世企业总裁张青贵，立邦涂料（中国）有限公司采购部副总裁李青，山东东佳集团总经理孙鹏，川威集团公司董事长王劲出席会议。新加坡盛世企业执行董事符师鋆、营运总裁卓有国，山东东佳集团销售部副总经理余志平，川威集团公司董事、矿业公司总经理余兴元，州委常委邓显祥、康俊参加座谈。

1月14日

由中共四川省委常委、省国资委党委书记王少雄任团长，省政府副省长张作哈任副团长的省委、省政府慰问团深入西昌、喜德等县市开展春节慰问活动，亲切看望困难群众、老党员，慰问驻州部队和公安干警。

△州长张支铁主持召开州禁毒防艾工作联席会议，强调要认真落实温家宝总理在凉山州视察时的重要指示精神，以科学发展观为指导，事不避难、迎难而上，通过2~3年的努力，坚决遏制毒品、艾滋病在凉山的蔓延，为实现全面开发开放，奋力推进跨越式发展，加快建设美丽富饶文明和谐新凉山创造良好环境。

△以“四川好玩·快乐凉山”为主题的2011年凉山旅游产品推介会在重庆举行。

1月25日

中国人民政治协商会议第十届凉山彝族自治州委员会第五次会议在西昌邛海宾馆开幕。大会应到代表399人，实到代表366人。州委书记翟占一，州委副书记、州长张支铁，州人大常委会主任阿什老轨参加开幕式。州政协主席周文安代表政协凉山州第十届委员会常务委员会作工作报告。

△州委书记翟占一，州委副书记、州长张支铁在西昌会见四川省机场集团有限公司董事长李伟一行，就西昌青山机场的建设和发展交换意见。四川省机场集团有限公司副总经理李灵翔参加会见。

1月26日

凉山彝族自治州第九届人民代表大会第六次会议在西昌邛海宾馆国际会议中心开幕。州人大共有代表406名，出席开幕大会390名。州长张支铁在会上作政府工作报告。

1月27日

州委、州政府召开迎春茶话会，州四大家在家领导与在西昌部分州老领导和省政协委员，各民主党派、工商联负责人，无党派人士代表，宗教界、侨属以及各族各界人士代表欢聚一堂，共话凉山美好未来。

1月28日

中央“四川省大小凉山扶贫开发工作协调小组”在京召开第一次全体会议，传达温家宝总理重要指示和批示精神，研究《大小凉山综合扶贫开发规划》和《四川省大小凉山扶贫开发与艾滋病综合防治试点工作方案》，布置工作。会议的召开，标志着国家层面正式启动《大小凉山综合扶贫开发规划》试点。

△共青团四川省委、省青联彝区健康文明新生活运动“百千万”工程启动仪式在西昌举行。州委书记翟占一、共青团四川省委书记张彤出席并讲话。

1月29日

中国人民政治协商会议第十届凉山彝族自治州委员会第五次会议闭幕。

1月30日

凉山彝族自治州第九届人民代表大会第六次会议闭幕。

1月31日

州委书记翟占一，州委副书记、州长张支铁代表州委、州人大、州政府、州政协、凉山军分区看望慰问武警凉山州支队新兵训练基地的新战士，向为新兵训练付出辛劳的武警教官和全体保障人员表示亲切问候。

2011年2月

2月2日至7日

中共中央政治局委员、国务院副总理回良玉带着党中央和国务院的深切关怀深入凉山西昌、冕宁、昭觉等县市考察，慰问基层干部群众，并同干部群众共度新春佳节。省委副书记、省人大常委会党组书记、副主任李崇禧，省政府副省长张作哈，州委书记翟占一，州委副书记、州长张支铁陪同考察。州人大常委会主任阿什老轨，州政协主席周文安，州委副书记、州政府常务副州长赵世勇参加有关活动。

2月9日

州委书记翟占一到西昌、冕宁调研，强调要牢牢把握“跳起摸高、跨越发展”工作基调，深入实施提速增量、提质增效“双提升”战略，扑下身子抓落实，真抓实干求跨越，保持经济平稳较快发展势头，确保一季度各项工作起好步、开门红。

2月10日

州委书记翟占一主持召开六届州委第137次常委会议，传达中共中央政治局委员、国务院副总理回良玉在凉山视察时的重要讲话精神，研究贯彻意见。会议强调，要深入贯彻回良玉副总理的重要讲话精神，以国家启动《大小凉山综合扶贫开发规划》试点为契机，围绕建设全国重要的清洁能源产业基地、钒钛资源综合利用基地、战略性优质烟叶基地“三大基地”，突出资源科学开发、扶贫攻坚、健康文明新生活“三大重点”，加快建设美丽富饶文明和谐新凉山，谱写“跑步奔小康”新篇章。

2月11日

州畜科所与省畜科所签订《畜牧行业科研单位科技合作协议》。

△共青团中央、教育部决定选派15名高校团干部到凉山有关县市共青团机关挂职工作。

2月12日

州长张支铁主持召开州政府专题会议，传达全省保障性安居工程电视电话会议精神，研究贯彻意见，决定2011年在西昌开工建设1000套廉租住房，解决符合条件的州属企业困难职工住有所居的问题。

2月14日至16日

国务院扶贫办副主任王国良带领由国家发改委、国家民委、卫生部等14个国家部委相关同志组成的国务院大小凉山扶贫开发联合调研组，深入昭觉、布拖等县乡镇、农村、学校、卫生院调研。

2月16日

李宁一、蔡天美、赵成凤、柳子色、池启芳、张海涛、张国蓉等8人获2010年度全国和全省“第三届孝亲敬老之星”称号。

△2010年度感动凉山人物和进被省政府批准为革命烈士。

2月17日

由14部委组成的国务院联合调研组在成都召开座谈会，听取工作汇报。国务院联合调研组组长、国务院扶贫办副主任王国良强调，要进一步加强组织领导，强化沟通衔接，完善充实规划，切实把大小凉山综合扶贫开发工作抓紧抓好抓实，确保大小凉山与全国同步实现小康。省委常委、副省长钟勉出席会议并讲话，省政府副秘书长赵学谦主持会议。州委书记翟占一，州委副书记、州长张支铁，乐山市委副书记、市长蒋辅义，省卫生厅厅长沈骥，省扶贫移民局局长何大清出席座谈会。

2月18日

四川省西昌现代职业学校在西昌市小庙乡破土奠基。四川省西昌现代职业学校由西昌市与四川现代教育集团以民办公助的形式联办，计划2011年9月开始招生。

2月22日

州政府与中国广东核电集团在西昌举行座谈会，双方就依托全州丰富的水能、风能、太阳能和生物质能源资源优势，加快新能源开发，建立更加紧密的战略合作伙伴关系深入交换意见，形成广泛共识，并就联合举办“凉山州新能源发展战略研讨会”相关事宜进行磋商。

2月23日

凉山州歌舞团59名演员及10余名工作人员从西昌出发经香港到台湾演出，2月24日至3月5日将在台湾高雄、台南、彰化、苗栗等地巡演。

2月25日

州委、州政府与攀钢集团公司在西昌举行攀钢西昌钒钛资源综合利用项目建设指挥部会议，就推进项目建设相关事宜进行研究。双方表示将进一步加强沟通合作，全力加快推进项目建设进度，着力抓好生态环境保护，确保攀钢西昌钒钛资源综合利用项目工程在2011年10月投产。

2月28日至3月4日

省林业厅厅长王平深入美姑、金阳、昭觉、西昌、木里、盐源等县市，调研林业产业发展、生态建设、护林防火等情况，强调要把林业工作作为改善凉山生态环境、加快脱贫致富奔小康、实现可持续发展的战略任务来抓，作为富民惠民、增加农民收入的民生工程来落实，保持林业持续、快速、健康发展，为凉山经济社会发展作出更大贡献。

2011年3月

3月2日

中共凉山州第六届纪律检查委员会第六次全体会议在西昌召开，会议强调要模范践行党的根本宗旨，牢固树立以人为本、执政为民的理念，把党风廉政建设和反腐败斗争推向深入，为全面完成全年经济社会发展预期目标、实现“十二五”发展良好开局提供有力的纪律和组织保障。

△州委召开首次新闻发布会，州委常委、秘书长、州委新闻发言人康俊在发布会上通报州委建立新闻发言人制度、全州经济工作、彝区健康文明新生活运动、党建工作等方面的相关情况。

3月3日

州委藏区工作会议在木里召开，会议强调要深入贯彻省委藏区工作专题会议精神和省委书记、省人大常委会主任刘奇葆重要讲话精神，充分认识木里在凉山经济社会发展全局中的地位和重要作用，全面谋划、全力推进木里藏区跨越式发展和长治久安。

3月8日

州政府妇儿工委和州妇联组织州级行政机关、企事业单位的妇女在西昌月城广场开展健身活动，庆祝国际妇女节。

3月9日

州委书记翟占一会见荷兰驻华大使馆农业参赞欧福旭、荷兰贸易促进会昆明首席代表罗兰特一行。双方在友好的气氛中进行深入的交流，并就开展花卉合作交换意见。

3月10日

凉山州首次荣获四川省粮食生产“丰收杯”奖。西昌市同时获此殊荣。

3月11日

西昌市创建省级生态城市通过验收。

△全州“农民读书月”活动启动仪式在德昌县小高乡高峰村活动中心举行。

3月15日

州委、州政府与中国长江三峡集团公司在北京举行金沙江下游水电开发工作第三次联席会议，双方就相关问题进行了研究，进一步扩大共识、深化合作，加快推进金沙江水电开发。州委书记翟占一，州委副书记、州长张支铁，三峡集团公司董事长、党组书记曹广晶，三峡集团公司总经理陈飞出席会议。

3月16日

36个省级金融部门支持凉山跨越发展对接会在西昌举行。省政府副省长黄小祥出席会议并作讲话。州委书记翟占一致辞。州委副书记、州长张支铁就2011年凉山州重点项目作说明。省金融办主任陈跃军主持会议。国家开发银行四川省分行、华夏银行成都分行、招商银行成都分行、浦发银行成都分行、民生银行成都分行、光大银行成都分行、包商银行成都分行、工行凉山分行、农行凉山分行、中行凉山分行、建行凉山分行、农发行凉山分行、凉山州农村信用联社、凉山州商业银行等金融机构分别与凉山州18家企业签约。

△省级金融机构向凉山州彝区健康文明新生活运动“板凳工程”捐赠仪式在西昌举行。省政府副省长黄小祥代表金融机构捐赠。

3月17日

中国人民银行副行长杜金富一行赴凉山调研，并与州委、州政府进行座谈。杜金富指出，各金融机构要增强责任意识和大局意识，积极发挥金融在现代经济中的核心作用，合理配置信贷资源，密切政银企沟通联系，进一步提高金融服务水平，有效推进民族地区经济跨越发展。

3月18日

省直部门对口帮扶凉山工作座谈会在成都举行。

3月20日

法国、意大利、西班牙等国葡萄酒企业和福建企业赴凉山考察座谈会在西昌举行。州委书记翟占一，州委副书记、州长张支铁及省政府驻福建办事处主任徐朝晖，四川省人民政府驻福建办事处副主任李峰，法国卡巴伊酒庄吉恩，意大利卡斯特罗酒庄里奥纳罗，西班牙圣芭莱罗酒庄玛尔塔，西班牙嘉西亚酒庄罗蒂卡，智利安第斯太阳酒庄贡萨罗，斯洛文尼亚卡巴伊酒庄马修，福建省四川商会常务副会长、厦门迈士通集团董事长赵剑青，福建省四川商会常务副会长、厦门优传供应链有限公司董事长宁晓晖，四川省驻福建办事处对台经济事务处处长、福建省四川商会秘书长陶建宏，福建省四川商会常务副会长、福建兆财投资集团董事长张杰军，福建省四川商会常务副会长、厦门恒万投资有限公司董事长赵家贵出席座谈会。

3月21日

安宁河谷地区2011年一季度重大项目集中开工典礼在西昌举行。全州一季度集中开工的重大项目40个，总投资63.5亿元。

3月22日

省委第二巡视组巡视凉山工作情况反馈会在西昌举行。省委第二巡视组组长朱定国反馈巡视凉山情况。州委书记翟占一作表态讲话。

3月25日

全州保障性安居工程暨住房城乡建设工作会议在西昌召开。会议强调要抓住国家和省委、省政府加大对凉山扶持力度的重大机遇，把实施保障性安居工程与推进新型工业化、推进新型城镇化和推进农业现代化紧密结合起来，与“彝家新寨”建设、新村建设、藏区牧民定居行动计划紧密结合起来，切实解决人民群众住有所居的问题。

3月31日

四川省第一个风电项目——安宁河风电场一期示范工程在德昌县投产。工程项目位于德昌县麻栗乡境内，一期工程建设规模为16兆瓦，安装单机容量2兆瓦的风力发电机组8台，并建设一座110千伏升压变电站。

△ 四川省山西商会投资考察团到西昌、德昌、喜德、美姑等县市考察，并在西昌召开考察座谈会。

2011年4月

4月1日

州委召开各民主党派、工商联调研成果汇报会，听取民革、民盟、民建、九三学社、工商联调研成果汇报。州委书记翟占一出席会议并讲话，强调各民主党派和工商联要牢牢把握团结和民主两大主题，紧扣全州经济社会发展大局，选择具有综合性、全局性、前瞻性的重大课题开展专题调研，建睿智之言、献务实之策、尽助推之力，为加快建设美丽富饶文明和谐新凉山作出贡献。

4月3日

州政府与淄博市博山区暨山东东佳集团在西昌邛海宾馆座谈，就加强凉山与博山合作，实现优势互补、资源共享，推进钛深加工项目合作达成共识。

4月5日至6日

省委常委、副省长钟勉深入西昌、越西、喜德等县市，调研大凉山综合扶贫开发、彝家新寨建设和产业发展情况，强调要以彝家新寨建设和产业发展为重点，全面推进大凉山综合扶贫开发，让群众共享跨越发展成果，确保与全省同步实现全面建设小康社会目标。省扶贫移民局局长何大清、省畜牧食品局局长杨昌明、省财政厅副厅长帅克、省民委副主任甘映平陪同调研。

4月8日

省国资委系统为凉山州“彝区健康文明新生活运动”捐款仪式在成都举行，省国资委系统69家企业共为凉山州彝区健康文明新生活运动“板凳工程”捐款1044万元。省委常委、省人大常委会副主任、省国资委党委书记王少雄代表省国资委系统捐赠。省人大常委会副主任、省国资委主任彭渝，副省长张作哈，州委书记翟占一，省国资委党委副书记雷建出席捐款交接仪式。

4月11日

省政府大小凉山综合扶贫开发工作领导小组会议在成都召开。会议强调，要把“彝家新寨”建设作为综合扶贫开发工作的重要平台和抓手，认真组织实施好各项工作，全力推进大小凉山综合扶贫开发工作。省委常委、常务副省长魏宏，省委常委、副省长钟勉，副省长张作哈出席会议。

4 月 12 日

中华红丝带基金昭觉县抗病毒治疗关爱中心奠基仪式在昭觉举行。全国政协副主席、全国工商联主席、中华红丝带基金名誉理事长黄孟复发来贺信。全国工商联副主席、中国光彩事业促进会副会长、中华红丝带基金理事长谢经荣，全国工商联副主席、全国政协委员、世茂集团董事局主席、中华红丝带基金执行理事长许荣茂，四川省委统战部副部长、省工商联党组书记钟家霖出席奠基仪式。

△凉山与全国工商联考察团企业家座谈会在西昌召开，22 家企业对接 27 个项目，涵盖一、二、三产业和交通基础设施等，对接金额约 500 亿元。全国工商联副主席、中国光彩事业促进会副会长、中华红丝带基金理事长谢经荣，四川省委统战部副部长、省工商联党组书记钟家霖出席会议。州委书记翟占一主持座谈会。

4 月 12 日至 13 日

省政协主席陶武先一行深入西昌、德昌、普格等县市，调研新型能源产业发展、新村建设情况，看望慰问州政协干部职工。

4 月 15 日

资阳市向凉山彝区健康文明新生活运动“板凳工程”捐赠 300 万元。

△会理县在成都举办以“千年名城·财富会理”为主题的巴蜀画派画家画会理作品展暨招商推介会，共签署合作协议 12 份，引进投资项目 18 个，项目总投资 102 亿元。

4 月 16 日至 17 日

省委常委、省军分区政委叶万勇在州委书记翟占一，州委副书记、州长张支铁陪同下到布拖调研。

4 月 18 日

州长张支铁在西昌会见国家发改委能源研究所副所长、中国资源综合利用协会可再生能源专业委员会主任委员李俊峰一行，双方就做好全州新能源发展规划进行了座谈。

4 月 18 日至 19 日

副省长王宁一行在州委书记翟占一，州委副书记、州长张支铁的陪同下，深入西昌、德昌等县市，调研全州能源产业发展情况，强调要加快调整能源结构，积极发展新能源、可再生能源、低碳能源，构筑稳定、经济、清洁、安全的能源供应体系，加快建设全国重要的清洁能源产业基地，以能源的可持续发展保障经济社会跨越发展。

4 月 19 日至 21 日

卫生部调研组到凉山检查指导工作，并于 21 日听取全州艾滋病防治工作汇报。

4 月 21 日至 22 日

副省长张作哈带领省民政、人力资源与社会保障等部门负责人，在州长张支铁的陪同下，深入越西县的城镇、农村、学校调研经济社会发展情况。

4 月 22 日至 24 日

中央直属机关工委常务副书记孙淦在省委常委、省委宣传部部长黄新初，州委书记翟占一，州委副书记、州长张支铁的陪同下，深入西昌、德昌等县市，看望基层干部群众，调研彝区健康文明新生活运动和新村建设情况。中央直属机关工委组织部巡视员、副部长马勇明，省委副秘书长马波，省直属机关工委常务副书记王宗榜，省委组织部副部长周国庆，省直属机关工委副书记刘永剑，州委副书记赵世勇陪同调研。

4 月 25 日

四川省市州人大外侨工作座谈会在西昌召开。省人大常委会党组副书记、副主任郭永祥，州委书记翟占一，州委副书记、州长张支铁，州人大常委会主任阿什老轨，省人大外侨委主任委员罗林书，省人大外侨委副主任委员向玉明、陈华江、刘家铎出席会议。

△州委、州政府与台资花卉企业在西昌座谈，共商花卉合作事宜。州委书记翟占一、省政府驻云南办事处主任胡晓、台资昆明芊卉种苗有限公司总经理田景发、省政府驻云南办事处副主任郭庆出席座谈会。

4 月 26 日

全州 334 个彝家新寨建设启动仪式在昭觉县举行。

会议强调要以更加昂扬的斗志、更加努力的工作、更加务实的作风，全力推进大凉山综合扶贫开发彝家新寨建设，推动彝区扶贫攻坚、跨越发展，开创大凉山综合扶贫开发新局面，以建设彝家新寨的新成效、加快凉山跨越式发展的新业绩，为建设凉山全域全程全面小康奠基，为中国共产党成立90周年献礼。

4月29日

成都—凉山区域合作联席会第三次会议在成都召开，听取2010年两市州区域合作情况汇报，对进一步做好2011年区域合作各项工作进行部署。省委常委、成都市委书记李春城，成都市委副书记、成都市政协主席唐川平，州委书记翟占一出席会议。州委副书记、州长张支铁主持会议。成都市委常委、常务副市长孙平，州委副书记赵世勇，成都市委常委、秘书长邓全忠，成都市副市长白刚、王忠林、刘家强及州领导邓显祥、康俊、王阿呷、杨朝波、达久木甲、杨文泉出席会议。

4月30日

州长张支铁在西昌邛海宾馆会见新加坡市区重建局高级署长黄继英、规划师黄琪芸一行，共叙情谊、加强交流、深化合作、共谋发展。

2011年5月

5月1日

《凉山州大桥水库工程管理条例》（修订）颁布实施。

5月3日至7日

省关工委执行主任谢世杰一行到凉山检查指导工作，并于6日召开全省民族地区关心下一代工作座谈会。

5月4日

中国·昭觉第二届彝族服饰文化节隆重举行。来宾代表中共青海省委常委、省委宣传部部长吉狄马加致辞。州委副书记、州长张支铁宣布开幕。原四川省委副书记、省政协主席冯元蔚，原四川省委常委、省政协副主席史志义，原四川省人大常委会副主任孙自强，原云南省民委主任马立三，四川省扶贫移民局巡视员杨宁超，省商务厅巡视员施正华，省民委巡视员曲木车和，西南民族大学副校长沙马拉毅，成都军区78029部队副司令员马卡书古，成都军区78029部队副司令员邓代海等出席开幕式。

5月5日

全州科学技术大会在西昌召开，隆重表彰荣获2008—2009年度全州科学技术奖的单位和个人。

△西昌市人民政府与成都中医药大学合作推进中医药产业发展框架签字仪式在西昌举行。双方将在促进医疗交流、推进中药研究、发展中药产业、培育中医药人才等方面进行多层次、全方位的合作。

5月6日

州委、州政府与省科学技术厅举行凉山科技成果转化对接推进会，30个科技成果转化项目的主持单位和合作单位签订合作协议。

5月9日

国家民委经济发展司副司长吕天明率调研组赴凉山州实地调研民族地区帮扶工作和重大民生工程实施情况。

5月10日

州政府举办“全州政府系统加强廉政建设预防腐败行为”专题学习电视电话会议，邀请省预防腐败局专职副局长刘光辉作反腐倡廉专题学习报告。

5月17日

武警凉山州支队正规化建设工作现场会议在西昌举行，会议强调要着眼全面履行新时期新阶段历史使命，自觉服从服务于全州工作大局，切实加强部队正规化建设，不断提高部队遂行多样化任务能力。州领导翟占一、罗凉清、邓显祥、康俊参加会议。

5月18日

川渝中烟四川烟草工业有限责任公司西昌分厂整体技术改造投产典礼在西昌隆重举行。

△四川烟草技术中心奠基仪式在西昌举行。项目总占地面积110亩，其中一期项目建设用地65亩，建筑面积近5万平方米，总投资约5亿元。

5月18日至19日

国家烟草专卖局党组成员、纪检组长潘家华在州委书记翟占一，州委副书记、州长张支铁的陪同下，深入会东、会理、德昌等县，调研现代烟草农业发展和烟田基础设施配套建设情况。

5月19日

会理县被省委、省政府命名为四川省第二届文明城市。

5月24日

珠海市对口帮扶凉山州项目建设启动仪式在普格县举行。州委书记翟占一，州委副书记、州长张支铁，珠海市委副书记、市委秘书长钱芳莉，州委副书记赵世勇，州委常委苏嘎尔布、康俊，副州长达久木甲，珠海市副市长金展扬出席启动仪式。

5月25日

凉山州与珠海市扶贫协作座谈会暨捐赠仪式在西昌举行。

5月27日

国务院参事室党组书记、主任、第十一届全国政协常委陈进玉率调研组到凉山就全州贯彻落实国家中长期教育改革和发展规划纲要进行考察调研。

2011年6月

6月2日

州委书记翟占一深入西昌、冕宁、德昌，专题调研安宁河谷地区农业产业化发展情况，强调要充分发挥安宁河谷特色资源优势，发展特色效益农业，加快转变农业发展方式，提高农业生产组织化程度，大力提升农业产业化经营水平。

6月2日至3日

州委副书记、州长张支铁在美姑县调研“彝家新寨”建设情况，强调要把“彝家新寨”建设作为当前和今后一个时期扶贫开发工作核心，抢抓机遇，科学规划，加快实施，强力推进“彝家新寨”建设，着力改善群众生产生活条件，让群众住上好房子，过上好日子。

6月8日

全州部署第10个全国安全生产月活动。活动主题为“安全责任，重在落实”。

6月8日至9日

副省长李成云深入西昌、冕宁等县市，调研工业经济情况，强调要坚持“一主、三化、三加强”的基本思路不动摇，转变经济发展方式，加快推进新型工业化进程，打造工业凉山，加快建设美丽富饶文明和谐新凉山。省政府副秘书长蔡竞、省经信委副主任张国斌、省国资委副主任李继郁、省科技厅副厅长罗治平、省安监局副局长刘健陪同调研。

6月9日

由省检察院组织的“全国优秀公诉人、全省十佳公诉人”巡讲活动在州检察院举行。州检察院及18个基层院、攀枝花检察院及所辖区县院、西昌铁路检察院等公诉部门150多名干警参加巡讲活动。

6月10日

省政协率成都企业家赴凉山投资考察座谈会在西昌召开。省政协副主席、致公党四川省委主委陈杰，州委书记翟占一出席座谈会并讲话。州政协主席周文安出席座谈会。州委副书记赵世勇主持会议。成都城建投资管理集团董事长杨祖华、成都交通投资集团党委副书记涂勋、成都投资控股集团副总经理赵海、成都工业投资集团副总经理徐彪出席座谈会并发言。州领导王金铁、杨文泉、刘建蓉出席会议。

6月11日

阿坝州纪念“5·12”汶川特大地震三周年感恩演出大型专题文艺晚会《汶川奇迹》在西昌金鹰大剧院上演。

6月13日

云南省迪庆藏族自治州州委书记张登亮一行在州委书记翟占一、州委副书记赵世勇的陪同下，对全州城市和生态建设进行考察。

6月14日

西昌市委、市政府决定每年补贴200万元，从2011

年7月1日起，全市年满70周岁以上老年人免费乘坐公交车。

6月16日至17日

凉山部分地区相继出现强降雨天气，其中冕宁、越西、甘洛、美姑等县遭受严重暴雨袭击和山洪泥石流灾害，造成重大人员伤亡和财产损失，成昆铁路甘洛段、越西段和国道108线、雅西高速公路冕宁段交通中断。灾情发生后，省委书记刘奇葆，省委副书记、省长蒋巨峰，省委常委、副省长钟勉，副省长李成云，州委书记翟占一就做好抢险救灾工作作出重要指示。州委副书记、州长张支铁第一时间率队前往冕宁县指导抢险救灾工作。

6月16日至25日

应荷兰经济、农业与创新部和荷兰花荷公司的邀请，州委书记翟占一带队赴荷兰考察。考察团先后前往花荷公司、安祖公司、范登博思公司、百合之家公司、方德波尔格玫瑰公司、德路易特玫瑰育种公司、斯代米拉农业集团公司、克拉克斯公司等知名花卉企业，参观花卉拍卖交易中心、花卉研发中心，实地考察大棚花卉育苗基地，并与荷兰经济、农业与创新部召开座谈会，洽谈开展花卉产业合作相关事宜，推动凉山与荷兰花卉产业合作，着力将凉山花卉打造成为世界知名品牌。州人大常委会副主任杨卉等参加考察。

6月19日

按照省委书记、省人大常委会主任刘奇葆，省委副书记、省长蒋巨峰的指示要求，省委副书记、省人大常委会副主任、党组书记李崇禧率省直有关部门负责人，在州委副书记、州长张支铁的陪同下，深入遭受严重暴雨袭击和山洪泥石流灾害的甘洛、冕宁等地，看望慰问受灾群众和救灾人员，指导抢险救灾工作。

6月22日

成都军区政委田修思中将一行莅临会理县，在州委副书记、州长、州国防动员委员会主任张支铁的陪同下，沿着当年红军长征过会理的足迹，重走长征路。

6月24日

州政府召开纠风工作会议，对加强纠风工作、深化廉政建设进行再部署、再落实。会议强调要深入贯彻落实科学发展观，当好人民公仆，做到清正廉洁，努力改进作风，自觉勤奋学习，刹歪风、治贪腐，建设廉洁政府、人民满意政府，以纠风工作新的成效，促进廉政建设，为加快建设美丽富饶文明和谐新凉山营造风清气正的良好环境。州委副书记、州长张支铁，州委常委、州纪委书记张强，副州长仰协、达久木甲出席会议。

6月28日

凉山州庆祝中国共产党成立90周年大会在西昌举行，隆重表彰全州先进基层党组织、优秀基层党组织书记、优秀共产党员和优秀党务工作者。

6月29日

西昌邛海湿地（二期）“梦里水乡”举行开园仪式。

△西昌青山机场改扩建工程新航站楼竣工启用仪式在西昌举行。州委书记翟占一、省国资委党委副书记雷建、四川机场集团有限公司总经理潘校军出席启用仪式并讲话。州委副书记、州长张支铁主持启用仪式。州人大常委会主任阿什老轨、四川航空集团有限责任公司总经理王凤朝、州委副书记赵世勇出席启用仪式。州领导邓显祥、康俊、刘继承、王阿呷、洪长伟、杨朝波、杨文泉、黄志富，63790部队副参谋长孙建成，成都军区合同战术训练基地副司令员马卡，二滩公司副总经理祁宁春，华西集团副总经理孙前元参加启用仪式。

6月30日

州委副书记、州长张支铁主持召开会议，专题研究政府网站建设管理工作，强调汲取会理县政府网站“悬浮照”事件的深刻教训，以强烈的服务意识和责任感，加强政府网站建设和规范化管理，强化政务信息公开，自觉主动接受监督，加强和创新社会管理，提高政府公信力。

2011年7月

7月1日

州政府专题研究西昌市政设施建设，要求州级各部门要开绿灯、设路标，充分履行职能，全力支持西昌市做好邛海湿地恢复工程和西昌主城区到马道、经久片区快速通道建设。

△州检察院侦查监督二处处长骆丽荣获全国“三八”红旗手称号。

7月5日

州审计局荣获全国“巾帼文明岗”称号。

7月7日

中国共产党凉山彝族自治州第六届委员会第十四次全体会议在西昌召开。州委委员50人、州委候补委员7人出席全会。全会审议通过了《中国共产党凉山彝族自治州第六届委员会第十四次全体会议关于召开中国共产党凉山彝族自治州第七次代表大会的决议》，决定2011年9月在西昌召开中国共产党凉山彝族自治州第七次代表大会。

△州委召开17县市、州直部门、企事业单位主要负责人严肃换届纪律集体谈心谈话会议，强调要严格按照中央、省委、州委决策部署，以高度政治责任感抓好州县乡领导班子集中换届工作，用铁的纪律保证换届风清气正，确保换出活力、换出干劲，换出凉山跨越发展新气象、新局面。

7月8日

州委举行中心学习组学习（扩大）会议，北京大学国际关系学院教授、博士生导师、院学术委员会副主任、国际政治经济学主任王正毅，中国西部国际博览会秘书长、四川博览事务局党组书记、局长慕新海作专题辅导报告。

7月9日至10日

国家工商总局党组书记、局长周伯华在省政府副省长黄小祥，省工商局党组书记、局长李柏云，州委书记翟占一的陪同下，深入西昌、盐源等县市，调研工商系统全面推进基层规范化建设情况，看望慰问干部职工，强调各级工商部门要立足职能，充分发挥优势，围绕推动、促进、服务科学发展，进一步提高市场监管水平，创造公正公平的竞争环境，促进当地经济社会又好又快发展。

7月14日

州委书记翟占一在西昌会见津巴布韦烟草研究院副院长伊诺克一行，双方进行了友好的交流，进一步落实在2010年西博会上凉山州与津巴布韦烟草研究院签订的《烟草生产技术合作协议》，深入推进烟草生产技术合作。津巴布韦烟草研究院植保部经理苏珊博士、津巴布韦烟草研究院院长助理黛莉娅参加会见。

7月15日

全国人大常委会委员、农业与农村委员会副主任委员孙文盛率调研组一行到凉山，就农村社会保障工作开展情况进行调研。

7月17日

2011年全国拳击精英赛在凉山州民族体育馆开幕。

7月18日

州委、州政府与二滩公司在西昌举行官地、锦屏水电站下闸蓄水发电工作部署暨动员大会。州委书记翟占一，州委副书记、州长张支铁，二滩公司总经理陈云华出席会议并讲话。州委副书记赵世勇主持会议。二滩公司副总经理祁宁春、吴世勇、冉懋鸽及州领导熊王林、达久木甲、杨文泉、袁刚参加会议。

△在意大利举行的世界尾波滑水锦标赛中，代表中国参赛的邛海水校运动员韩秋、段振坤从众多欧美选手中脱颖而出，分别获得尾波女子组冠亚军。

7月19日

全州教育工作会议在西昌召开。州委书记翟占一，州委副书记、州长张支铁主持，州政协主席周文安，州委副书记赵世勇，省教育厅副厅长姜树林及州领导王金铁、罗凉清、邓显祥、滕中平、苏嘎尔布、胡坤、王阿呷、马布都、杨朝波、季晓静等出席会议。会议宣读了《四川省人民政府关于授予孙锐等400名同志为四川省中小学特级教师称号的决定》，表彰了2001—2010年实施《凉山州民族教育发展十年行动计划》工作先进集体和先进个人。

7月20日

攀钢集团西昌钢钒有限公司成立授牌仪式在西昌举行。

△州长张支铁专题听取凉山日报社、凉山电视台工作汇报，强调要适应新时期党对新闻工作的新要求，抢抓省委、省政府实施“一个意见、两个规划”等重大机遇，把发展主流媒体作为重点，切实加大支持力度，全力办好州主流媒体，不断扩大覆盖面和影响力，为凉山跨越式发展提供强大的舆论支持。州领导王金铁、杨朝波出席。

7 月 21 日

州委召开全州援藏干部人才工作座谈会，传达贯彻全省援藏干部人才工作年度总结座谈会精神。会议强调援藏干部人才要牢记使命、珍惜机遇，积极投身藏区工作实践，以更加努力的工作、更加出色的业绩，推进藏区跨越式发展和长治久安。

7 月 22 日

成都—凉山工业园区西昌泰格瑞环保有限公司首期环保项目竣工投产，并举行竣工投产仪式。

7 月 24 日

凉山州与珠海市东西扶贫协作招商项目座谈会暨捐赠仪式在西昌举行。

7 月 27 日

州委书记翟占一在西昌会见外交部欧洲司司长李瑞宇，双方进行了深入交流，并就推进凉山与荷兰开展花卉产业合作交换了意见。外交部欧洲司二处处长李军、外交部欧洲司二处荷兰主管李尧参加会见。

7 月 29 日

2011 年中国西昌凉山彝族火把节点火仪式隆重举行。州委书记翟占一、外交部欧洲司司长李瑞宇、63790 部队政委孙保卫、云南省德宏州州委副书记唐文祥出席点火仪式。

7 月 31 日

州委、州政府、凉山军分区共同举行凉山州暨西昌市 2011 年“八一”军政座谈会，共同庆祝中国人民解放军建军 84 周年。

2011 年 8 月

8 月 1 日至 2 日

全省大小凉山综合扶贫开发彝家新寨建设现场会在凉山举行。省委常委、省政府常务副省长魏宏，省委常委、副省长钟勉，省政府副省长张作哈出席会议并作重要讲话。省委宣传部常务副部长侯雄飞，省政府副秘书长赵学谦，省扶贫移民局局长何大清出席会议。州委书记翟占一致辞。州委副书记、州长张支铁，乐山市委副书记、市长蒋辅义出席会议并发言。州政协主席周文安、州委副书记赵世勇出席会议。

8 月 2 日

由省委宣传部和凉山州委、凉山州人民政府共同举办的“走进彝家新寨”大型采访报道活动在西昌启动。省委宣传部常务副部长、省委外宣办主任、省政府新闻办主任侯雄飞，州委书记翟占一出席并讲话。

8 月 8 日

全省林业棚户区改造工作现场会在凉山举行。省林业厅厅长王平主持会议并讲话，州委书记翟占一致辞，省林业厅副厅长罗增斌、省林业厅副巡视员包建华出席会议。

8 月 9 日

凉山州与三峡集团公司座谈会在西昌举行。三峡集团公司董事长曹广晶，州委书记翟占一，州委副书记、州长张支铁，州人大常委会主任阿什老轨，州政协主席周文安，州委副书记赵世勇，三峡集团公司副总经理樊启祥，三峡集团公司总经理助理梁福林及州领导罗凉清、康俊、杨文泉、袁刚出席会议。

△宁南县葫芦口至白鹤滩专用公路暨相关项目开工仪式在西昌举行。

△州委书记翟占一，州委副书记、州长张支铁在西昌会见中国电信集团副总经理孙康敏，双方在友好的气氛中进行了深入交谈，就进一步推进凉山经济社会发展和信息化建设交换意见。

8 月 9 日至 11 日

国务院扶贫开发领导小组副组长、国务院扶贫办主任范小建一行深入冕宁、喜德、越西、甘洛等县调研贫困民族地区扶贫开发工作。

8 月 12 日

浙江森禾控股集团有限公司赴凉山投资考察座谈会在西昌举行。通过认真座谈沟通，凉山州与浙江森禾控股集团达成初步共识，表示将进行进一步的实质性接洽，争取共同发展花卉产业，开发世界最好的花卉。

8 月 16 日

省委书记、省人大常委会主任刘奇葆在凉山州调研，强调要深入贯彻落实省委、省政府支持凉山发展的“一个意见、两个规划”，坚持新型工业化新型城镇化互动发展，带动农业现代化加快发展，继续抓好安宁河谷地区率先发展，继续抓好大小凉山和木里藏区扶贫攻坚，继续抓好新村建设和新农村综合体建设，加快推进凉山跨越发展。省委常委、秘书长陈光志，副省长黄彦蓉和省直有关部门负责人参加调研。州委书记翟占一，州委副书记、州长张支铁陪同调研。

8 月 18 日

州委书记翟占一，州委副书记、州长张支铁在西昌会见中国移动通信集团四川有限公司总经理简勤，双方在友好的气氛中进行深入交谈，就进一步加强合作，共同推进凉山信息化发展交换意见。

8 月 19 日

州政府召开会议专题研究德昌稀土资源综合开发利用相关工作，强调稀土资源作为国家战略资源，在世界经济发展中占有极其重要的战略地位，德昌稀土开发利用必须坚持科学开发、综合利用，保护与开发并重，实现稀土产业的可持续发展。

8 月 27 日

全州加快推进邛海湿地、泸沽湖湿地申报国际重要湿地工作会议在西昌召开，强调要把申报工作作为全州实施“生态立州”战略的重大举措，进一步统一思想，高度重视，对照要求，采取切实有效的办法措施，整合各方资源和力量，有力有序地开展申报工作，争取早日申报成功。

8 月 27 日至 28 日

州委书记翟占一在成都与四川华西集团有限公司、四川省旅游产业集团分别进行会谈。省国资委党委副书记雷建、四川华西集团有限公司董事长陈贵林、四川省旅游产业集团董事长曹兰剑参加会谈。

2011 年 9 月

9 月 1 日

全州招商引资工作会议强调，全州上下要增强机遇意识和紧迫意识，大胆创新体制机制，招商选资、招大引强，推动特色产业集群发展壮大，不断提高招商引资工作的水平和实效，开创全州招商引资工作新局面。副州长杨文泉主持会议。

9 月 2 日

全州“两化”互动带动“三化”联动工作会议在西昌召开。会议强调要干在实处、争创一流，加速推进新型工业化新型城镇化互动发展，促进新型工业化、新型城镇化和农业现代化联动发展，确保圆满完成 2011 年经济社会发展目标任务。会议对安宁河谷地区、木里藏区、大凉山彝区推进重大项目进行了安排部署。

9 月 5 日

州委副书记赵世勇在西昌会见泰国驻成都总领事馆副总领事张泽玺一行，双方在友好的气氛中进行了深入的交流，并就开展旅游和经贸合作等事宜交换了意见。

△中纪委驻环保部监察局正厅级监察专员、国家第十二检查组副组长王清华率检查组一行来到凉山检查全州环境保护与节能减排工作，并听取相关工作汇报。

9 月 6 日

凉山州与省博览事务局在成都举行会谈。州委书记翟占一、省博览事务局局长慕新海出席并讲话。省博览事务局副局长吴显奎、杨庆龙、李名刚、王晓光，州委常委、秘书长康俊，州人大常委会副主任杨卉参加会谈。

9 月 7 日

“彝海结盟·善行传承”凉山爱心助学项目启动仪式在西昌举行。州委书记翟占一，刘伯承元帅之女、解放军总医院副主任医师、北京医学会核医学专业委员会委员刘雁翎，刘伯承元帅女婿张驰少将出席项目启动仪式。

9 月 8 日

州委书记翟占一在第 27 个教师节来临之际，专程到西昌一中俊波外国语学校、西昌市川兴中学看望慰问教师，向全州教师、教育工作者以及离退休教师致以节日的问候，强调要始终坚持教育优先发展战略，全面推进素质教育，加快提升全州教育事业发展水平，为加快建设美丽富饶文明和谐新凉山作出贡献。

9月9日

凉山矿业股份有限公司举行成立十周年暨“8·30”地震灾后恢复重建三周年纪念活动。

9月13日至15日

州委书记翟占一率凉山州党政代表团赴阿坝州考察。在阿坝州委书记侍俊，阿坝州委副书记、州长吴泽刚，阿坝州人大常委会主任王福耀，阿坝州委副书记白理成的陪同下，代表团三天行程1200公里，先后考察了九寨沟县漳扎镇中查村、白河乡芝麻家村、永丰乡菜园村，松潘县古城松州、川主寺镇、川主寺镇牧场村、山巴乡上磨村，红原县色地乡、瓦切乡，若尔盖县唐克乡、班佑村幸福美丽家园建设、旅游产业发展、城镇风貌打造等情况。

9月14日至16日

州委书记翟占一、州委副书记赵世勇分别带队赴资阳市、眉山市考察。资阳市委书记、市人大常委会主任李佳，市委副书记、市长罗勤宏，市政协主席罗雪松，市人大常委会党组书记、副主任郭云放，市委副书记、秘书长苟正礼；眉山市委书记、市长李静，眉山市委副书记、市委组织部部长宋朝华陪同考察。

9月21日

全州公安侦破工作表彰大会在西昌召开，会议要求全州公安机关牢记宗旨，不负重托，打造忠诚为民的公安铁军，深化平安凉山建设，为凉山经济社会跨越式发展保驾护航。

9月22日

凉山州与华润集团投资合作座谈会在西昌召开。州委书记翟占一，华润电力控股有限公司执行副总裁、华润电力（水电）开发有限公司总经理姜利辉，州领导滕中平、邓显祥、康俊、杨文泉，华润电力（水电）开发有限公司副总经理高博，华润燃气控股有限公司成都大区投资总监邓昌权，华润电力（水电）开发有限公司发展总监欧阳红，华润雪花（西昌）啤酒有限公司负责人出席座谈会。

9月22日至23日

国家统计局党组成员、副局长谢鸿光在省统计局局长刘晓华、国家统计局四川调查总队总队长滕采模的陪同下深入凉山调研，强调各级统计机构和广大统计工作者要以对党和人民高度负责的态度，深入调查研究，为党委、政府科学决策提供优质统计服务，助推地方经济社会跨越式发展。

9月26日

州委、州政府与攀钢集团公司在西昌举行攀钢西昌钒钛资源综合利用项目建设第十二次指挥部会议，就推进项目建设的相关事宜进行研究。双方共同商定：奋战90天，加快推进项目建设，确保施工进度、施工质量、施工安全和环境保护，确保钒钛项目在2011年年底竣工并全线投产。

9月27日

凉山州与省冶金地质勘查局战略合作协议签署仪式在西昌举行。

△州委、州政府与江西铜业集团公司座谈会在西昌举行。

9月28日

全省生态保护暨城市生态建设现场会在凉山召开。省环境保护厅厅长姜晓亭参加会议并讲话。州委书记翟占一致辞。省环境保护厅副厅长钟勤建主持会议。州领导邓显祥、许正模参加会议。

△凉山州与碧桂园集团在西昌召开座谈会。州委书记翟占一、碧桂园集团董事局主席杨国强出席并讲话。中纪委扶贫办主任钱武军出席。

9月29日

西昌市举行海河“天街”、海门镇建设开工仪式。

△驻州部队、武警“集团式”参加支援彝家新寨和彝区健康文明新生活运动捐赠仪式在西昌举行。省军区副司令员沙正华，州委书记、凉山军分区党委第一书记翟占一，63790部队政委孙保卫出席并讲话。赵世勇、滕中平、马布都、达久木甲、季晓静等州领导及凉山军分区、63790部队、78029部队、武警凉山州支队、95423部队、武警凉山州消防支队、武警凉山州森林支队、成都军代处领导参加捐赠仪式。

△西昌现代职业技术学校举行竣工暨开学典礼。

△州委、州政府专题研究全州“百乡千村”新村建设工作，强调要以科学规划为前提，以改善民生为核

心，责任到人、规划到户，分类推进安宁河谷地区新村、大凉山彝家新寨和木里藏区新村建设，推动全州“百乡千村”新村建设取得实效。

2011 年 10 月

10 月 9 日

凉山州与三峡集团公司金沙江下游水电开发工作第四次联席会议暨工作动员大会在成都举行。三峡集团公司董事长曹广晶、州委书记翟占一、省发改委巡视员李亚平出席会议并讲话。三峡集团公司总经理陈飞、州委副书记赵世勇出席会议。会议由三峡集团公司副总经理毕亚雄主持。州领导罗凉清、邓显祥、滕中平、胡坤、达久木甲、杨文泉，省能源局副局长梁武湖，省扶贫和移民工作局副局长张文彪，三峡集团公司总经理助理梁福林、蔡绍宽、张建国、王锦程出席会议。会上，雷波、金阳、宁南、会东、会理等县和州政府与三峡集团公司分别签订了《金沙江下游水电开发工作 2011—2012 年度目标责任书》。

10 月 13 日

省委常委、副省长钟勉在州委书记翟占一的陪同下，深入西昌、德昌、冕宁等县市，调研新村建设和农业产业化发展情况，强调要注重科学规划，突出公共服务，强化产业支撑，扎实推进以“百乡千村”新村建设为载体的民生工程建设和基础设施工程建设，让群众共享跨越发展成果。省农业厅厅长任永昌、省委农工委副主任杨新元、省财政厅副厅长帅克、省水利厅副厅长张强言等陪同调研。

△全省推进新型城镇化建设工作会议在凉山举行。省政府副省长黄彦蓉出席会议并讲话。与会期间，参会代表前往邛海湿地保护区、攀钢西昌钒钛资源综合利用项目、西昌市经久乡合营村参观考察。遂宁市、西昌市、古蔺县在大会上发言。

△凉山州与西部矿业集团有限公司在西昌召开座谈会。

10 月 18 日

州委、州政府在成都举行西（昌）—泸（沽湖）、西（昌）—昭（通）高速公路项目推介会。

10 月 19 日

州委书记翟占一在成都会见欧洲理事会议会前议长、荷兰参议院上届议长、荷兰前欧洲事务大臣、荷兰议会资深参议员、荷兰马铃薯加工产业协会主席、荷兰食品及蔬菜加工产业协会主席、荷兰食品安全协会主席范德林登及夫人。

△州委书记翟占一在成都会见荷兰驻华大使馆临时代办河维廉一行。

10 月 20 日

凉山州与荷兰花卉产业合作协议签字仪式在第十二届中国西部国际博览会上举行。凉山州花卉协会与荷兰花荷花卉拍卖协会签订了《战略合作协议》；西昌市花卉协会与荷兰瑞恩公司签订了《全面合作协议》；与荷兰安祖公司签订了《技术合作协议》；德昌县凤凰园艺公司与荷兰安祖公司签订了《种苗引进协议》；冕宁县人民政府与荷兰范登博思公司签订了《百合育种基地建设投资合作协议》。

10 月 21 日

凉山州投资说明暨产业推介会在成都世纪城娇子国际会议中心举行。

10 月 22 日

欧洲理事会议会前议长、荷兰参议院上届议长、荷兰前欧洲事务大臣、荷兰议会资深参议员、荷兰马铃薯加工产业协会主席、荷兰食品及蔬菜加工产业协会主席、荷兰食品安全协会主席范德林登在州委书记翟占一的陪同下莅临凉山考察访问，诚挚交流、畅谈合作、共谋发展。

10 月 24 日

州委、州政府与省烟草专卖局（公司）、川渝中烟工业公司在西昌举行座谈会，双方诚挚交流，进一步推进互利共赢、合作发展。

10 月 26 日

四川省深入推进旅游标准化试点工作会议在凉山举行。国家旅游局监管司司长李任芷、四川省旅游局局长郝康理出席并讲话。

10月28日

中组部部务委员、组织二局局长陈向群在省委常委、组织部部长柯尊平，州委书记翟占一的陪同下，深入西昌、冕宁调研，强调要深入学习贯彻党的十七届六中全会精神，以改革创新精神全面加强和改进党的建设，为凉山跨越式发展提供坚实的组织保证。

10月31日

州委、州政府“走进大凉山”大型旅游促销活动在成都举行。省委常委、省政府常务副省长魏宏出席并讲话。省人大常委会副主任郭永祥、省政协副主席晏永和、省政府资政张作哈出席，州委书记翟占一致辞。省委宣传部常务副部长侯雄飞，省民委主任敬全林，省旅游局常务副局长陈加林，省招商引资局副局长易军，省博览局副局长吴显奎，成都市副市长王忠林，州委副书记赵世勇，州委常委、宣传部部长王阿呷等出席促销活动。

2011年11月

11月3日

西昌市邛海湿地恢复工程修建性详规评审暨邛海北岸城景协调区、高枧乡联合村旅游小镇规划方案交流会在西昌举行。专家组组长、中国科学院成都生物研究所研究员王跃招，中国城市规划设计研究院城乡规划所副所长、高级规划师靳成晓，中国城市规划设计研究院高级规划师程颖、白理刚，四川大学西部开发研究院副院长王益谦，省社科院研究员、博士肖云，四川省野生动物资源调研保护管理站工程师唐荣华，成都理工大学教授彭培好等专家组成员及翟占一、赵世勇、邓显祥、达久木甲等州领导参加评审会。

11月10日

中国共产党凉山彝族自治州第六届委员会第十五次全体会议在西昌召开。州委委员49人、州委候补委员7人出席全会，州纪委委员列席全会。全会传达了省委九届九次全会精神；讨论和审议了六届州委工作报告，对州委工作报告起草情况作说明；讨论了州纪委向第七次党代会的报告；酝酿七届州委委员、候补委员和州纪委委员候选人预备人选；审议州第七次党代会有关事项。

11月11日

中国共产党凉山彝族自治州第七次代表大会在西昌开幕。大会应到代表499名，实到代表493名。州委书记翟占一代表中国共产党凉山彝族自治州第六届委员会向大会作工作报告。省委组织部指导组安伟、朱蓉、先一、张瑾，省委第二巡视组唐才东、冯东列席会议。

11月14日

中国共产党凉山彝族自治州第七次代表大会在西昌闭幕。大会应到代表499名，实到代表494名。大会选举产生中国共产党凉山彝族自治州第七届委员会和中国共产党凉山彝族自治州第七届纪律检查委员会，通过了关于中国共产党凉山彝族自治州第六届委员会报告的决议、关于第六届纪律检查委员会工作报告的决议，大会批准翟占一同志代表中国共产党凉山彝族自治州第六届委员会所作的工作报告。大会号召，全州各级党组织和广大党员干部，要更加紧密团结在以胡锦涛同志为总书记的党中央周围，以邓小平理论和“三个代表”重要思想为指导，深入贯彻落实科学发展观，动员各族人民，凝聚各方力量，励精图治、开拓创新、干在实处、争创一流，为推进全域凉山全面开发开放、跨越式发展，谱写“跑步奔小康”新篇章，加快建设美丽富饶文明和谐新凉山努力奋斗！

11月15日

中国共产党凉山彝族自治州第七届委员会第一次全体会议在西昌举行。州委委员59人、州委候补委员9人出席会议。全会选举产生了中共凉山州第七届委员会常务委员、书记、副书记，翟占一任州委书记，罗凉清、赵世勇、苏嘎尔布任州委副书记。张强、滕中平、胡坤、王阿呷、冯斌、达久木甲、杨文泉、赵中书、龙伟任州委常委。会议批准了中共凉山州第七届纪律检查委员会第一次全体会议选举产生的中共凉山州第七届纪律检查委员会常务委员、书记、副书记，张强同志任州纪委书记。州委书记翟占一主持会议并作讲话，要求坚持钢班子带铁队伍，州委常委一班人要做全州干部的排头兵，喊出一个声音、走出一个步调，形成坚强有力的领导核心，聚精会神搞建设、攻坚克难促发展，创造性地开展工作，千方百计惠民生、大打扶贫攻坚战，始终把群众利益放在首位，牢记“两个务必”、践行“四个特别”，营造为政清简、为官清廉、政治清明的良好环境。

11 月 17 日

州委召开中心学习组学习（扩大）会议。省委、省政府决策咨询委员会主任、全国人大财经委委员甘道明作了题为《认真做人、踏实做事、执政为民》的专题辅导。

△黄河上游水电开发有限责任公司、四川北能能源投资有限公司与喜德县在西昌邛海宾馆举行喜德县米市水库和孙水河流域水电暨风电开发签约仪式。

11 月 28 日

攀钢西昌钒钛资源综合利用项目建设联合指挥部第十三次工作会在西昌举行，通报项目建设有关情况。

11 月 30 日

凉山州与上海烟草（集团）有限责任公司在上海举行座谈会。州委书记翟占一，上海烟草专卖局局长、上海烟草（集团）有限责任公司董事长、总经理施超出席会议并讲话。省烟草专卖局纪检组长肖瑞、上海烟草（集团）有限责任公司副总经理部强参加座谈。

2011 年 12 月

12 月 3 日

四川大学华西医院与凉山州合作协议签署仪式在西昌举行。

12 月 4 日

全州“六五”普法暨“12・4”法制宣传活动在西昌月城广场正式启动。州委副书记、州政府代理州长罗凉清强调要切实抓好以深入学习宣传宪法、大力弘扬法治精神为主题的“12・4”法制宣传活动，掀起全州新一轮法制宣传热潮，全面推进“六五”普法工作，为建设美丽富饶文明和谐新凉山营造良好的法治环境。

12 月 6 日至 12 日

州委副书记赵世勇率州级相关部门负责人赴泰国与正大集团洽商合作事宜。

12 月 8 日

省维稳综治目标考核组在西昌听取全州 2011 年维稳、综治工作目标执行情况汇报，认为凉山州委、州政府和各级党委、政府高度重视维稳综治工作，措施有力，办法有效，保障到位，取得了突出的成绩。

12 月 9 日

以“神奇壮美大凉山，优质特色农产品”为主题的 2011 年大凉山优质特色农产品成都展销周在蓉正式启动。省委常委、省委农工委主任李昌平，省人大常委会党组书记、副主任李崇禧，省政府资政张作哈，省政协副主席曾清华，省人大常委会副秘书长曾平，省人大农委主任邓剑，省农业厅厅长任永昌，省畜牧食品局局长杨昌明，省质监局局长刘云夏，省工商局局长李柏云，省博览局局长慕新海，成都市政府副市长谢瑞武，省委农工委副主任刘铁，省商务厅常务副厅长贾壮苗，省农业厅副厅长祝春秀，省林业厅副厅长郭亨孝，省民委纪检组长栗时勇，省水利厅副巡视员卜冀滨，省扶贫移民工作局巡视员覃虓虎，省水产局局长卿足平等出席启动仪式。

12 月 12 日至 13 日

省委常委、副省长钟勉，省政府资政张作哈在州委书记翟占一的陪同下，深入雷波县乡镇、农村、学校、医院等地，调研大凉山综合扶贫开发、彝家新寨建设和产业发展情况，强调要以彝家新寨建设和产业发展为重点，全面推进大凉山综合扶贫开发，努力改善群众的生产生活条件，加快脱贫致富奔小康进程。省民委主任敬全林，省扶贫和移民工作局局长何大清，省委农工委副主任宋全安，省发改委党组成员、省以工代赈办主任邓正权，省教育厅机关党委书记李卓明，省财政厅副厅长帅克，省交通运输厅副厅长鲜雄，省水利厅副厅长刘俊舫，省林业厅副厅长刘书贵，省扶贫和移民工作局副局长郭全喜，省水利厅农水局局长王华陪同调研。

△由教育部总督学顾问、宁夏回族自治区原副主席刘仲为组长的国家教育督导团检查组，在省政府副秘书长陈保民，州委副书记、州政府代理州长罗凉清的陪同下，深入盐源县，对“两基”工作进行督导检查，高度评价全州“两基”工作取得的成绩。

12 月 16 日

二滩水电开发有限责任公司杨房沟建设管理局（筹）成立揭牌仪式在西昌隆重举行。

12月20日

凉山州农村信用联社股份有限公司成立仪式在西昌举行。

12月22日

攀钢西昌钒钛资源综合利用项目竣工仪式在新建成的攀钢西昌钒钛基地举行。省委书记、省人大常委会主任刘奇葆出席竣工仪式并宣布项目竣工。中国钢铁工业协会名誉会长吴建常、省政府副省长刘捷出席仪式并讲话。省委常委、秘书长陈光志，省政府副省长王宁，国家发改委产业协调司副巡视员余东明出席竣工仪式。州委书记翟占一致辞，攀钢集团有限公司董事长樊政炜介绍项目情况。

12月28日至29日

由省委常委、省总工会主席李登菊任团长的省委、省政府慰问团在州委书记翟占一的陪同下，深入喜德县开展春节慰问活动，亲切看望农户、困难群众，慰问驻州部队和公安干警。省委、省政府慰问团秘书长、省委副秘书长马波，省委、省政府慰问团副秘书长、省民委副主任甘映平，省商务厅厅长谢开华，省工商局党组成员、机关党委书记孙强，省总工会副主席慕竹平参加慰问。

△四川省彝家新生活行动“四件套”凉山州发放仪式在喜德县拉克乡四合村举行。省委常委、省总工会主席李登菊，省委副秘书长马波代表省委、省政府向喜德县发放9691套“四件套”。

12月29日

凉山州德昌风电工程等60个重大项目集中开工仪式在凉山州德昌县德昌风电工程建设工地举行。省委副书记、省长蒋巨峰出席开工仪式并宣布项目开工。州委书记翟占一在开工仪式上致辞。州委副书记、代理州长罗凉清主持开工仪式。省国土资源厅厅长宋光齐、省环保厅厅长姜晓亭、省住房城乡建设厅厅长杨洪波、省发改委副主任吴光镭、省经信委副主任张玉山、省政府金融办主任陈跃军、省交通运输厅副厅长黄英权、省能源局副局长梁武湖出席开工仪式。

12月29日至30日

省委副书记、省长蒋巨峰在凉山督促指导项目投资工作，指出要把科学发展的主题和转变经济发展方式的主线贯穿于整个项目投资工作，发挥好资源优势，优化投资结构，实现又好又快发展。

（审核：余　民　尹克发/撰稿：周宗利　曾科技　何　梅）

专 述

Special

抢抓机遇 团结奋进
在新的起点上推进全域凉山全面开发开放跨越式发展

——2011年11月11日在中国共产党凉山彝族自治州第七次代表大会上的报告

中共凉山州委书记 翟占一

各位代表、同志们：

中国共产党凉山彝族自治州第七次代表大会，是在全州上下深入学习贯彻党的十七届六中全会和省委九届九次全会精神、奋力实现凉山“十二五”跨越发展良好开局的关键时刻召开的一次重要会议。大会的主要任务是：以邓小平理论和“三个代表”重要思想为指导，深入落实科学发展观，全面贯彻省委“谱写‘跑步奔小康’新篇章”要求，回顾总结州第六次党代会以来的工作，进一步明确今后五年的目标任务和发展举措，选举产生中共凉山州第七届委员会和纪律检查委员会，团结带领全州各级党组织和各族干部群众，解放思想、抢抓机遇，爬坡实干、团结奋进，奋力推进全域凉山全面开发开放、跨越式发展，为加快建设美丽富饶文明和谐新凉山而努力奋斗。

现在，我代表中国共产党凉山彝族自治州第六届委员会向大会报告工作，请予审议。

一、攻坚克难、砥砺奋进，推动全域凉山全面协调可持续发展的五年奋斗历程

过去五年，是凉山民族团结进步、社会和谐稳定，经济发展速度最快、城乡面貌变化最大、群众得到实惠最多的五年。面对经济形势的复杂变化、金融危机的严峻考验、“8·30”会理地震等自然灾害的严重影响，在省委坚强领导下，州委团结带领全州各族人民，攻坚克难、砥砺奋进，圆满完成州第六次党代会确定的各项任务，谱写了凉山发展史上的辉煌篇章。

五年不懈奋斗，经济发展跃上新台阶、综合实力大幅提升。2010年，全州实现地区生产总值784.2亿元，比2006年增加422.9亿元、年均增长15.8%；人均GDP达17560元，比2006年增加9189元、年均增长14.8%；固定资产投资总额660.5亿元，比2006年增加471.8亿元、年均增长36.8%；社会消费品零售总额244.9亿元，比2006年增加121.2亿元、年均增长18.6%；财政一般预算总收入90.8亿元，比2006年增加55.3亿元、年均增长26.5%，其中地方财政一般预算收入62.7亿元，比2006年增加41.4亿元、年均增长30.9%。经济总量由全省第8位升至第7位，地区生产总值、地方财政一般预算收入跃升至全国30个少数民族自治州第1位。

五年不懈奋斗，扶贫攻坚开创新局面、人民生活明显改善。大力实施“八大扶贫工程”和“十项民生工

程”，累计改善53.2万贫困人口生产生活条件，贫困人口从2006年的93.32万降至2010年的54.21万。扎实抓好彝区“三房”改造，累计改造“三房”8.9万户，全面完成“三房”改造任务。加快“8·30”会理地震灾区恢复重建，三年重建任务两年基本完成。大力实施“百村示范”、“百乡千村”工程，加快建设安宁河谷新村、彝家新寨和藏区新村，建成新村471个，5.69万户25.5万人入住新村。深入开展彝区健康文明新生活运动，小板凳推动了彝区思想观念、行为习惯和生活方式大转变，城乡居民素质和社会文明程度不断提升。全州农民人均纯收入由2006年的1927.4元增加到2010年的4565.4元；城镇居民人均可支配收入由2006年的6679元增加到2010年的14879元。

五年不懈奋斗，项目投资取得新突破、支柱产业逐步壮大。工业经济提速提质，累计投资1250亿元实施州级重大项目235个，深溪沟、瀑布沟水电站投产发电，溪洛渡、锦屏一二级、官地等水电站建设加速推进，会理昆鹏10万吨阳极铜、西昌烟厂整体技改等项目竣工投产，攀钢西昌钒钛资源综合利用、冕宁稀土资源整合开发利用等项目加快建设。产业园区建设取得突破，特色优势产业和战略性新兴产业迅猛发展。规模以上工业企业不断壮大，规上工业增加值年均增长37.2%。农业基础地位得到加强，全国重要的战略性优质烟叶基地、全国绿色食品原料马铃薯标准化生产基地、“大凉山”特色农产品品牌建设成效明显。现代服务业加快发展，旅游产业实现重大突破，旅游经济增幅排名全省第一，商贸、金融、信息等业态齐头并进，第三产业增加值年均增长11.5%。

五年不懈奋斗，基础建设迈出新步伐、城乡面貌深刻变化。加快建设区域性综合交通枢纽和四川南向大通道，全州公路通车里程2.14万公里，水运间断通航里程1290公里，攀西高速、雅西高速凉山段建成通车，青山机场成为西南一流的支线机场，“三纵一横两环加航空”交通运输主骨架建设有序推进。“攀西城市群”、现代化的生态田园西昌加快建设，重点县城、特色集镇建设取得成效，全州城镇化率达28.4%。加快建设综合性、现代化农田水利设施，新增有效灌面27.83万亩，解决80.23万农村人口饮水安全问题。深入推进退耕还林和天然林保护，实施邛海及西昌城区周边植被恢复工程，加大水土流失治理力度，全州森林覆盖率达43%，西昌成功创建国家森林城市。扎实推进污染减排，圆满完成“十一五”减排目标。切实加强城乡环境综合治理，大力实施“五十百千示范工程”，城乡面貌焕然一新。

五年不懈奋斗，开放合作拓展新空间、发展活力持续迸发。深入推进重点领域改革，积极创新资源开发模式，投融资体制改革取得成效，国企改革、集体林权制度改革、农村综合改革、医疗卫生体制改革扎实推进，政府机构改革基本完成，行政管理体制改革不断深化。大力优化发展环境，金融生态建设成效明显，凉山州被确定为中国农业银行总行联系点。实施充分开放合作，与津巴布韦、荷兰分别开展的烟草、花卉产业国际合作取得明显成效，与成都、攀枝花的区域合作，厅州、局州、银政、地企合作务实推进。招商选资、招大引强成绩突出，实际到位资金年均增长62%。

五年不懈奋斗，社会建设得到新加强、各项事业全面进步。深入实施“民族地区教育发展十年行动计划”，全面完成“两基”攻坚；大力发展职业教育，实施藏区“9+3”免费教育计划，以职业教育为重点的高中阶段教育得到加强。加快发展医疗卫生事业，健全城乡卫生服务体系，新型农村合作医疗制度全面建立，群众参保率达90.93%；启动实施艾滋病防治五年规划，重大传染病防控和突发公共卫生事件应急处置能力进一步增强。健全完善社会保障和救助体系，“五大保险”覆盖面不断扩大，城市低保、农村低保、五保供养实现“应保尽保”。加快发展文化体育事业，民族文化繁荣发展，体育竞技水平不断提高，凉山民族文化艺术中心成为国家文化产业示范基地，会理县被列为国家历史文化名城。加快推进科技创新，“三大科技洼地”建设初见成效，科技进步对经济增长的贡献率达41.8%。全面加强人口和计划生育工作，人口自然增长率控制在8‰以内。

五年不懈奋斗，民主政治实现新发展、社会大局和谐稳定。支持人大依法履行地方国家权力机关职能，人大代表依法履职和人大常委会制度建设成效明显。支持政府依法行政，政府推动科学发展的能力不断增强，人民满意度明显提升。支持政协围绕团结和民主两大主题履行职能，政协政治协商、民主监督、参政议政能力明显提高。爱国统一战线发展壮大，中国共产党领导的多党合作和政治协商制度全面加强。工会、共青团、妇联等人民团体工作和民族、宗教、侨务等工作富有成效。积极推进村务、厂务、政务公开，基层民主不断加强。加快依法治州进程，普法工作深入开展，司法保障体系不断完善。国防后备力量建设和“双拥”工作成绩突出，驻州部队作用得到充分发挥。切实加强维稳能力建设，推进“保稳定”向“创稳定、促和谐”转变，木里成为“全省最稳定的藏区”，凉山成为全国最平安、最稳定、最和谐的民族地区之一。加强和改进信访工作，畅通群众利益诉求表达渠道，及时化解社会矛盾纠纷。扎实推进平安凉山建设，深入开展禁毒防艾人民战争，健全社会治安防控体系，治安突出问题得到有效治理。

五年不懈奋斗，党的建设取得新成效、执政能力不断增强。坚持钢班子带铁队伍，州委常委会作出“带头践行科学发展观，当好全州排头兵”六项承诺，全面推行“五个一”工作联系制度，各级领导班子和广大党员干部在实干奋进中展现新面貌。切实加强党的思想建设，扎实开展深入学习实践科学发展观活动和“创先争优”活动，各级党组织战斗堡垒作用充分发挥，党员队伍整体素质明显提高。切实加强领导班子和干部队伍建设，围绕发展选干部、配班子、建队伍、聚人才，鲜明选人用人导向，深化干部人事制度改革，干部选拔任用工作科学化、民主化、制度化水平明显提高。切实加强农村、机关、社区和“两新”组织党建工作，认真开展“两抓四联两推进”、“一建带三建”活动，构建城乡统筹的基层党建新格局，执政基础更加稳固。切实加强反腐倡廉建设，制定实施县级领导班子和州管干部述职、巡视、评风、谈话“四个一”制度，健全完善惩治和预防腐败体系，全州上下风清气正、人心思进、人心思干。

五年发展巨变，体现了州委、州人大、州政府、州政协四大班子精诚团结、共谋发展的强大合力，彰显了凉山各族人民自力更生、追赢赶超的豪迈气概，折射了广大党员干部和各民主党派、工商联、无党派人士戮力同心、攻坚克难的坚强意志，展示了驻州部队、武警官兵、公安干警不畏艰险、无私奉献的优良作风，凝结了中央省州企业、广大投资者建设凉山、推动跨越的突出贡献。在此，我代表中共凉山州第六届委员会，向所有参与、支持、关心凉山发展的同志们、朋友们，表示衷心的感谢并致以崇高的敬意！

五年奋斗历程取得的成就辉煌瞩目，为全域凉山全面开发开放、跨越式发展奠定了坚实基础；五年创新实践积累的经验弥足珍贵，是我们实现全域全程全面小康、建设美丽富饶文明和谐新凉山的宝贵财富。

——推进凉山跨越式发展，必须大力解放思想，创新思路、开拓奋进。我们牢牢把住解放思想这个“总开关”，在传承中发展、发展中创新，确立一手抓安宁河谷地区率先发展，一手抓大凉山和木里藏区扶贫攻坚、跨越发展，推进全域凉山全面协调可持续发展的战略思路，提速增量、提质增效，工业强州、开放兴州、生态立州，探索出符合凉山实际的跨越发展路径，全州各地你追我赶、竞相发展，“两手抓”战略思路得到省委肯定。实践证明，发展思路决定发展出路。只有始终坚持“两手抓”、“双提升”、建设“全域凉山”，才能破解区域城乡发展不平衡、“一条腿长、一条腿短”等突出问题，不断开创凉山全面协调可持续发展新局面。

——推进凉山跨越式发展，必须抢抓发展机遇，超前谋划、主动作为。我们积极争取省委、省政府为大小凉山量身定制“一个意见、两个规划”，积极争取大小凉山综合扶贫开发规划上升为国家层面支持，积极争取更多重大项目进入中央和省推进藏区跨越式发展和长治久安规划，顺势而为、乘势而进，谋划和推进了一批管当前、利长远的大事实事。实践证明，机遇是流动的资源。只有始终坚持“干中争、争中干”，把争取外部支持与激发自身潜能紧密结合起来，才能抓住机遇、创造机遇、转化机遇，在新一轮发展中抢占先机、赢得主动。

——推进凉山跨越式发展，必须坚持以人为本，改善民生、增进民利。我们始终把保障和改善民生作为一切工作的出发点和落脚点，办成了一批顺民意、解民忧、增民利的好事实事，人民群众的满意度和幸福感不断提升，投身全域凉山建设的自觉性、积极性空前高涨。实践证明，民生连着民心，民心凝聚民力。只有始终坚持“抓民生就是抓发展，抓民生就是促和谐”，才能更好地凝聚全州各族人民的智慧和力量，形成共建和谐、共促跨越的生动局面。

——推进凉山跨越式发展，必须放大比较优势，明确定位、打造特色。我们准确把握凉山投资拉动型、资源驱动型经济特征，着力优势资源科学开发、综合利用、链条延伸、就地转化，全力打造全国重要的清洁能源产业基地、钒钛稀土资源综合利用基地、战略性优质烟叶花卉基地，一批重大项目加快实施，特色优势产业不断壮大。实践证明，特色就是优势，特色就是竞争力。只有始终坚持“优势资源开发与保护并重”，加快资源优势向经济优势转化，才能深度挖掘发展潜力、形成强大竞争优势，推动经济发展不断迈上新台阶。

——推进凉山跨越式发展，必须创优发展环境，开放合作、借梯登高。我们高度重视发展环境建设，全力营造开明开放的政策环境、优质高效的政务环境、诚实守信的人文环境，立足一流资源、引进一流企业、实施一流开发，凉山正逐步成为投资创业的热土。实践证明，抓环境就是抓发展，抓环境就是抓生产力。只有始终坚持“超常规服务企业、零障碍推进项目”，不断优化发展环境，才能吸引更多项目、资金、技术和人才，激发经济发展的活力。

——推进凉山跨越式发展，必须勇于攻坚克难，自力更生、艰苦奋斗。我们坚持以科学发展观指导实践，从容应对国际金融危机、重大自然灾害等严峻挑战，“不比条件比办法，不比困难比干劲”、“再大的困难也要上，最好的办法就是干”，坚定信心、迎难而上，在真抓实干中不断破解凉山改革发展中的难题。实践证明，干事创业的过程，就是攻坚克难的过程。只有始终坚持“自加压力、不等不靠”，才能变劣势为优势、变不能为可能，不断开辟经济社会发展的广阔空间。

——推进凉山跨越式发展，必须加强党的建设，凝聚合力、强化保障。我们充分发挥领导干部的标杆示范作用、基层组织的战斗堡垒作用、共产党员的先锋模范作用，全面推进党的建设，各级党组织和广大党员干部凝聚力、创造力、战斗力、执行力明显增强，“拼干部、比工作、赛作风、争一流”的氛围愈加浓厚。全力支持人大、政府、政协开展工作，各级领导班子讲大局、讲团结、讲奉献，“喊出一个声音、走出一个步调”，形成了凝心聚力、共谋发展的良好局面。实践证明，事业成败，关键在党、关键在干部。只有始终坚持“钢班子带铁队伍”，干在实处、走在前列，才能团结和带领各族干部群众把凉山各项事业推向前进。

在充分肯定成绩的同时，我们也清醒地认识到我们的工作与广大党员、人民群众的期待还有一定差距，全州经济社会发展还存在一些突出问题：一是资源开发比较粗放，综合利用率低，产业链条短、产品附加值不高；二是外向型经济实力较弱，对外贸易规模小、质量不高；三是缺乏农业产业化龙头企业，品牌建设滞后，企业研发能力、抗风险能力不强；四是区域、县域发展不平衡，“一条腿长、一条腿短”的状况尚未根本扭转；五是交通、水利等基础设施建设滞后，与经济社会快速发展要求不相适应；六是贫困面大、贫困人口多、贫困程度深、贫困类型多样，扶贫攻坚任务艰巨；七是社会事业发展不足，禁毒防艾形势严峻、创新社会管理需进一步加强；八是少数党员干部创新意识缺乏，工作作风不实。在今后工作中，我们将采取切实有效措施认真加以解决。

二、抢抓机遇、乘势而进，展望凉山未来五年全面开发开放、跨越式发展的美好前程

今后五年，是凉山全面开发开放、跨越式发展的战略机遇期，大凉山和木里藏区综合扶贫开发的攻坚期，全域全程全面小康建设的关键期。我们必须抢抓发展机遇、把准前进方向、锁定奋斗目标、创新推进举措，在新的起点上更加奋发有为地推进凉山经济社会又好又快发展。

一要坚持“双提升”，科学发展、开放发展、跨越发展，牢牢把握全域发展的战略主线。实施提速增量、提质增效“双提升”战略，是州委立足凉山实际和发展阶段性特征作出的重大部署，是符合科学发展、加快转变经济发展方式要求的战略决策。在新的起点上推进全域凉山全面开发开放、跨越式发展，必须坚持“双提升”，把科学发展、开放发展、跨越发展作为全域发展的战略主线，坚定不移调结构、促转变、增效益，矢志不渝抓发展、惠民生、促和谐，切实提高发展的全面性、协调性和可持续性。要在推动科学发展中落实“双提升”，坚持发展第一要务，始终把抢抓机遇、加快发展作为做好凉山工作的头等大事，好字优先、快字当头，抓质量、创品牌、重特色，推动经济增长由规模扩张型向规模质量效益并重型转变。要在推动开放发展中落实“双提升”，坚持充分开放合作，始终把招商选资、招大引强作为对内对外开放的首要任务，坚决破除“关门建设”、“坐等上门”的封闭意识，以招商扩增量，以选资促转型。要在推动跨越发展中落实“双提升”，坚持跳起摸高、高位求进，始终保持干在实处、争创一流的奋斗激情，坚决摒弃“等靠要”、“跟着走”的消极心态，着力“两手抓”，“三线”并战、矩阵式推进，推动城乡、区域、经济社会、人与自然协调发展、同步跨越。

二要发挥放大比较优势，投资拉动、产业支撑、优势突破，鲜明突出全域发展的战略重心。坚持优势优先，走差异化特色化发展之路，是经济欠发达地区追赢赶超、后发先至的必然选择。凉山水能、矿产、农业、旅游、民族文化五大资源得天独厚，开发潜力巨大。自然资源禀赋是凉山最重要的比较优势，推进资源转换是凉山最现实的跨越途径。发挥放大比较优势，必须坚持优势资源开发与保护并重，打生态牌、走绿色路，着力投资拉动、产业支撑，大力发展循环经济、低碳经济，变资源优势为产业优势、发展优势和竞争强势；必须紧

紧围绕国家产业、财税、金融政策支持重点，建设大项目、实施大开发、打造大基地、发展大产业；必须强化金融生态建设，推进银政、银企深度合作，打造经营规范、充满活力的投融资平台，突破项目建设资本困局；必须充分运用市场杠杆和政策调控，推进优势资源向优势企业集中、优势企业向产业园区集中、配套企业向产业链条集中，在西部资源富集地区探索一条资源节约型、环境友好型、产业集聚型发展之路。

三要锁定“三级跳”，抢抓机遇、创新工作、倒逼推进，更加强化全域发展的战略举措。州委六届十三次全会确立了凉山全域全程全面小康建设“三级跳”跨越式发展目标：两年完成“百千工程”、五年实现“四个翻番”、十年实现“四大跨越”。这是我们紧扣同步全面小康要求，深刻剖析现实基础、战略机遇、发展潜力作出的科学规划，是凉山未来十年发展的行动纲领，是我们必须肩负的历史使命。当前，凉山既有西部大开发这样的普惠性政策，更有“一个意见、两个规划”、“攀西战略资源创新开发试验区”、“大小凉山扶贫开发与艾滋病综合防治试点”这样的针对性政策，项目覆盖广、投入资金多，力度之大，前所未有。特别是近年来全州经济持续呈现稳健运行、良性发展态势，随着雅西高速全线贯通，一大批重大项目陆续开工或竣工，基础保障更加充分，产业配套更加完善，科技支撑更加有力，资源优势、区位优势、后发优势更加凸显，今后五年必定成为凉山积蓄动能释放期、发展势能转化期。锁定“三级跳”，就是要准确辨识机遇、主动转化机遇，把中央和省的特殊关怀及时充分转化为推进凉山科学发展、开放发展、跨越发展的强大动力，借势发力、撑竿跳高，赶超升位、富民强州，加速挺进全省经济发展“第一方阵”；就是要敢于突破常规、勇于创新创造，把上级的宏观要求与本地区本部门的具体实际紧密结合起来，因地制宜、因时制宜，创造性地开展工作、推动发展；就是要时间倒逼、任务倒逼、责任倒逼，一届接着一届干、一张蓝图绘到底，确保阶段任务如期完成，把凉山全域全程全面小康宏伟事业不断推向前进。

今后五年工作的总体要求是：高举中国特色社会主义伟大旗帜，以邓小平理论和“三个代表”重要思想为指导，以科学发展为主题、加快转变经济发展方式为主线，抢抓新一轮西部大开发、“一个意见、两个规划”等重大机遇，坚持优势资源开发与保护并重，“两手抓”、“双提升”，“两化”互动、“三化”联动，工业强州、生态立州、开放兴州，充分放大“西昌经济圈”、“两会”增长极的辐射作用，大力提升安宁河谷、“三江”开发的带动作用，打造“大凉山”特色品牌，建设全国重要的清洁能源产业基地、钒钛稀土资源综合利用基地、战略性优质烟叶花卉基地和四川旅游发展次中心，加快推进富民强州、全面小康进程，加快建设美丽富饶文明和谐新凉山。

今后五年的奋斗目标是：科学发展、全域推进、重点突破，实现“三级跳”前两级跨越，进入全省经济发展“第一方阵”，为2020年与全国全省同步全面小康奠定坚实基础。

一是经济综合实力明显增强。2011年财政一般预算总收入突破百亿大关，2012年地区生产总值跃上千亿台阶，完成“百千工程”；2015年地区生产总值、规上工业增加值、固定资产投资、地方财政一般预算收入四项主要经济指标比2010年翻一番，全州经济保持平稳较快发展势头，产业结构调整和优化升级不断取得新进展，初步建成安宁河谷地区全省区域发展增长极，大凉山和木里藏区扶贫攻坚、跨越发展取得重大成效。二是人民群众生活质量明显改善。2011年基本实现所有初中毕业生“应读尽读”；2015年完成“百乡千村”工程，22万户、30%以上农业人口入住新村，安宁河谷地区、大凉山彝区和木里藏区城镇化率分别达到45%、25%，实现农村养老保险全覆盖和劳务开发“双百”目标，极度贫困和突出民生问题得到有效解决，基本公共服务均等化水平明显提高，城乡居民收入年均增长12%以上。三是可持续发展能力明显提升。基础设施条件明显改善，资源综合利用水平不断提高，单位地区生产总值能耗明显下降，主要污染物排放总量得到有效控制，2015年全州森林覆盖率达到47%，凉山的天更蓝、山更青、水更绿，人与自然更加和谐。

三、全域推进、重点突破，豪迈踏上凉山全域全程全面小康建设的跨越征程

思路既定、目标已明，全州上下务必统一思想、坚定信心，紧扣主题不偏向、锁定目标不动摇、攻坚克难不松劲，全力推进凉山经济社会发展全面跨越，为2020年与全国全省同步实现全面小康打下具有决定性意义的基础。

（一）实施优势资源开发与保护，依托优势资源、发展特色产业，强化跨越发展的支撑。坚持优势资源开发与保护并重，“既要金山银山，又要绿水青山”，把发挥市场配置资源基础性作用与加强政策引导、政府调控有机结合起来，积极探索资源有偿使用、生态补偿、资

源入股、受益当地留存等资源开发新模式，促进资源开发直接惠民；把资源开发与对外开放、科技创新、产业培育结合起来，大力提高资源开发水平，加快发展特色优势产业，走出一条与凉山经济社会发展相适应、与群众利益相衔接、与生态环境保护相协调的资源开发路子。依托优势资源大力发展特色优势产业。以建设全国重要的清洁能源产业基地、钒钛稀土资源综合利用基地、战略性优质烟叶花卉基地为目标，培育一批集中度大、关联性强、集约化水平高的产业集群。要加快水电资源开发，扎实推进“三江”及中小河流域水电梯级开发，统筹电源点、电力送出平台、负荷供应平台建设，积极发展高载能电冶工业，打造千亿水电产业集群。要加快矿产资源开发，全力推动攀钢西昌钒钛资源综合利用项目、冷轧项目链式集聚、集群发展，集中力量抓好轻稀土加工应用、10万吨阴极铜、30万吨电锌、10万吨电铅、200万吨磷化工、西南铸业150万吨铸件等一批带动性强、支撑力大的工业项目，采、选、冶、加、应用产品“一条龙”，打造千亿矿冶产业集群。要加快农业资源开发，大力发展优质粮食、马铃薯、特色水果、蔬菜、花卉、苦荞等特色效益农业和现代畜牧业、现代林业，打造五百亿绿色特色农业产业集群。要加快旅游资源开发，加强景区景点、人文景观、精品旅游线路建设和旅游标准化、旅游人才队伍建设，深度开发旅游产品，提升旅游宣传营销水平，推进旅游产业集团化、品牌化、城乡一体化发展，建设四川旅游发展次中心，打造百亿旅游产业集群。要加快民族文化资源开发，大力发展民族文化产业。要加快太阳能、风能、生物质能资源开发，培育发展新能源、新材料、生物制药等战略性新兴产业。注重资源节约大力加强生态建设和环境保护。以节约使用资源和提高资源利用效率为核心，推动经济增长从资源消耗型向资源节约型转变。加大矿产资源监管力度，进一步规范矿产资源市场秩序，促进矿产资源保护与合理利用的规范化、科学化和法制化。切实加强环境保护，最大限度降低资源开发对生态环境的影响。大力推进生态文明建设，打造邛海、泸沽湖“国际重要湿地”，加快构筑长江上游重要的生态安全屏障。

（二）实施充分开放合作，全域开放、招大引强，拓展跨越发展的空间。坚持把实施充分开放合作作为富民强州的先导工程，立足国际国内两个市场，着力招商选资、招大引强，积极承接产业转移，培育发展外向型经济，构建全方位、多层次、宽领域开放合作新格局。大力拓展国际区域部门合作。深化与津巴布韦烟草生产技术合作、与荷兰花卉产业合作，推进马铃薯、葡萄酒产业国际合作，打造世界知名的凉山品牌，生产销售“世界最好的烟叶”、“世界最好的花卉”。深化成都凉山区域合作，强化成凉工业园区建设、农特产品精深加工、旅游市场联动等多领域合作，加速融入成渝经济区。深化凉山攀枝花区域合作，加快攀西战略资源创新开发试验区建设，促进两市州优势叠加。要积极探索建立川滇黔10市地州互利合作长效机制，构筑我省“南向开放”桥头堡，加速融入泛珠三角和中国—东盟自由贸易区。加强厅（局）州、银政、企地合作，实现共同发展、互利共赢。强化招商选资、招大引强。坚持全域招商、全员招商、全力招商，多渠道、多形式建设专业高效的招商引资队伍，鼓励市场化投资中介机构、社会组织及社会引资人引进开发项目，充分利用西博会、火把节等节会招商平台，大力实施资源招商、产业链招商、园区招商、专业化招商，依托一流资源招大引强，引进一流企业、实施一流开发、推动一流发展。全面提升凉山对外开放形象。坚持“走出去”与“请进来”相结合，高质量、特色化宣传和推介凉山，充分展示凉山“大山大水大资源”、大开放、大开发、大发展的特色与魅力，着力塑造资源宝地、旅游胜地、投资洼地、民族文化等“四大名片”，提升凉山知名度、美誉度和影响力，让世界了解凉山，让凉山走向世界。

（三）实施大企业大集团带动，培育市场主体、提升核心竞争力，打造跨越发展的引擎。围绕打造工业凉山，以资源为纽带、市场为导向、项目为载体，承接引进、培育发展、整合重组多措并举，抓大育小、扶优扶强，加快形成一批规模优势明显、带动作用大、市场竞争力强的大企业大集团。深化与大企业大集团战略协作。要以全国重要的清洁能源产业基地建设为平台，深化与水电开发大企业战略协作，加速推进总装机2340万千瓦的溪洛渡、锦屏一二级、官地等水电站建设，加紧开展总装机2647万千瓦的白鹤滩、乌东德、卡拉、杨房沟、孟底沟等水电站建设前期工作，以流域开发带动流域经济。要以全国重要的钒钛稀土资源综合利用基地建设为平台，深化与冶金大企业战略协作，加快建成一批钒钛制品项目和稀土综合应用项目，带动中小企业配套发展。要以全国重要的战略性优质烟叶基地建设为平台，深化与卷烟大企业战略协作，推进凉山“清甜香”型烟叶更多进入主流市场、主要工厂、主料配方。要以“诚信凉山”建设为平台，优化发展环境，定期召开企地恳谈会，开展“回访大企业”活动，精心打造“超常规服务企业、零障碍推进项目”服务品牌，让企业放心投资、安心发展。大力培育发展大企业大集团。瞄准对接世界500强、中国500强、中国民营500强企业招企引厂，有针对性地聚集一批资源深加工企业和装备制造业、现代服务业、现代农业大企业，使之成为带动区域经济加快发展的产业旗舰。坚持抓骨干、育龙头，分产业选择和确定重点培育的优势骨干企业，加大项目安排、要素保障、环境配套等倾斜力度，鼓励支持企业通过实施兼并重组、股份制改造、技改扩能、上市融资、引入战略合作伙伴等方式做大做强，培育产业领军企业，使之成为带动中小企业加快聚集、快速成长的行业龙头。大力支持中小企业加快发展。要像抓大型骨干企业一样抓好中小企业和民营企业。实施“放水养鱼”、扶优扶强、“小巨人”战略，注重从优化发展环境、破解融资难题、加大财税扶持、增强创新能力等方面着力，鼓励支持中小企业和民营企业采用先进技术、工艺和设备，走“专、精、特、新”发展道路，形成大中小企业相互依存、共同发展的生动局面。

（四）着力“两化”互动、“三化”联动，三产融合、城乡统筹，提升跨越发展的质量。坚持把“两化”互动、“三化”联动作为加快推进凉山跨越发展的重大任务，全域发展、分类推进，产城一体、同步演进，推进全域凉山全面协调可持续发展。大力推进新型工业化。坚持把特色产业园区建设摆在“两化”互动发展的突出位置，以攀西战略资源创新开发试验区建设为载体，打造产业聚集新高地、城市发展新组团。要依托城镇建园区，按照“一园一主业、园区有特色”要求，加快把西昌钒钛产业园、冕宁稀土高新产业园建成国家级重点产业园区，把成凉工业园、会理有色产业园、雷波磷化工产业园、盐源循环经济工业园、德昌银厂工业园建成省级重点产业园区，统筹抓好会东、甘洛、喜德、美姑等工业集中区发展，促进上下游企业产业衔接、分工协作，关联产品企业抱团式、规模化发展，建成一批特色鲜明的产业集聚区。要依托园区建新城，按照“一个产业园区、一个城市新区”思路，在城镇规划中优先考虑园区布局，加大水、电、路等基础设施建设力度，配套完善公共服务设施，促进产城一体、园城共融，把产业园区建成功能齐全的现代产业新城。大力推进新型城镇化。坚持做大城市，以大力发展区域中心城市、增强城镇综合承载能力为重点，加快形成具有凉山特色的大中小特协调发展的城镇体系。要围绕“生态田园、和谐亲水”定位，加快建设现代化的生态田园西昌，突出抓好邛海生态环境保护和城市园林绿化，促进自然生态景观与城市建设有机衔接和融合，做大做强西昌生态旅游、休闲度假城市品牌；加快规划建设“西昌新区”，构建“一轴一带多组团、山水田园连城区”发展格局，“再造一个产业西昌”，力争2015年建成50万人口以上的大城市。要围绕全省“攀西城市群”定位，加快构建“一圈四群”城镇体系，增强“西昌经济圈”带动力，推动西昌、德昌、冕宁同城化发展，支持会理“撤县建市”和“两会”一体化发展，着力培育一批重点集镇、特色集镇、旅游集镇，塑造鲜明的城市个性和风貌特色，促进南北东西4大城镇群协调发展。要围绕“川滇结合部重要的商贸物流中心”定位，加快城市综合体、区域金融中心、物流园区、文化教育园区规划建设，培育发展冶金、建材、机电等产业带动型生资市场和农产品、日用消费品、农业生产资料批发市场，发展壮大一批商贸流通骨干企业，加快现代服务业发展，提升城市现代化水平。大力推进农业现代化。加强“大京山”特色农产品品牌建设，争创一批“中国名牌产品”、“中国驰名商标”、“四川省名牌产品”、“四川省著名商标”。加快特色农产品基地建设，加快建设全国重要的战略性优质烟叶花卉基地、国家级优质茧丝生产基地、全国绿色食品马铃薯标准化生产基地、全国苦荞生产基地、全国优质高原水果基地。大力发展特色农产品加工业，推进产加销、农工贸一体化经营，提高农产品加工转化能力和附加值。着力提高农民进入市场组织化程度，引导龙头企业、专业合作组织与农户建立紧密合理的利益联结机制，加强“农超对接”和产销衔接，推进国家农产品现代流通体系建设综合试点，提高农产品综合商品率。

（五）着力基础先行，完善网络、健全功能，改善跨越发展的条件。坚持做牢基础，把加强基础设施建设作为扩大内需、增强后劲的重要举措，加快交通、水利、能源、信息等基础设施建设，促进基础设施与经济社会发展相协调。加快区域性综合交通枢纽建设。按照“围绕西昌、对接成昆、突出南向、畅通北向、连接东西、完善路网”思路，以“四高三铁”和境内南北环线为重点，全面推进高速公路、铁路、航空、干线公路、农村公路建设，打通进出口，畅通内循环，初步形成“五纵两横两环加航空水运”的现代立体交通体系，把西昌建设成为四川南向大通道重要的交通枢纽。五年内力争开工建设西泸、宜攀、西昭、乐西高速公路和成昆铁路新建双线、昭攀遵铁路、雅安至甘洛铁路，实现对外通畅、对内通达。加快农田水利基本建设。围绕全省“再造一个都江堰灌区”规划，加快推进以大中型水利工程、大中型灌区、防洪体系建设和病险水库整治、农村安全饮水工程等为重点的农田水利基本建设。完成会东新华水库、甘洛斯觉大堰、会理大海子水库、盐源老沟水库、德昌茨达河灌区建设，力争开工建设盐源龙塘水库、会理横山水库、喜德米市水库、西昌东河水库等大中型水利骨干工程和大桥二期灌区工程等项目，加强“五小”水利工程建设，提高水利防灾减灾能力和水资源保障能力。大力实施山水田林路综合治理，加强标准农田建设，加大中低产田土改造力度，提高农业综合生产能力。加快能源信息基础建设。落实与省电力公司“123”工程战略合作协议，以800千伏特高压直流换流站、500千伏输变电工程、220千伏输电骨干网架建设为重点，加快建成辐射全州、联通全国的骨干电网，提高电力保障水平。推进电信网、广播电视网、互联网三网融合，提高农村和边远地区信息覆盖率。加快建立以西昌为中心的快递集散中心。

（六）着力创新驱动，深化改革、做优科教文化，增强跨越发展的动力。坚持把改革创新作为加快转变经济发展方式的内生动力，深入实施“科教兴凉”和“民族文化品牌”战略，为全域凉山全面开发开放、跨越式发展奠定坚实的科教文化和人力资源基础。深化体制机制改革。加大重点领域和关键环节改革力度，构建充满活力、富有效率、更加开放、有利于科学发展的体制机制。深化国企改革，建立完善现代企业制度，支持优势企业上市。推进土地管理制度改革，建立城乡用地增减挂钩机制，促进农村土地依法有序流转。推进财税体制改革，健全公共财政制度，优化财政支出结构，促进财税科学化精细化管理。推进投融资体制改革，探索建立与凉山发展需求和建设重点相配套的多元投资主体和多种投资方式的新型投融资体系。积极推进事业单位分类改革，加快构建新型公共服务体系。深化行政管理体制改革，努力建设人民满意的服务型政府。科学优化区域发展布局，实施主体功能区规划，逐步形成人口、经济、资源、环境相协调的空间开发格局。优先发展教育事业。完善教育发展“三个优先”保障机制，大力实施第二个民族地区教育发展十年行动计划，全面推进素质教育，大力发展学前教育，提高义务教育水平，加快发展以职业教育为主的高中阶段教育，提高高等教育质量，积极发展其他各类教育，建成覆盖城乡的基本公共教育服务体系，大力促进基本公共教育服务均等化。要重点加强民族聚居地区“双语”教育，深入实施藏区“9+3”免费教育和彝区免费职教计划，力争新建一所高职院校，全面实现初中毕业生“应读尽读”，培养文化高、素质高的一代新人。加快建设文化强州。深化文化体制改革，培育壮大文化市场主体，加强文化人才队伍建设，推动民族文化资源大州向文化强州跨越。要加强优秀文化产品创作生产，深入挖掘凉山特色优势文化资源，推出更多富有凉山特色、民族风格的优秀文艺作品，把凉山歌舞团打造成全国一流的民族歌舞团。要加快发展公益性文化事业，着力构建公共文化服务体系，让文化深入基层、覆盖城乡、服务群众。要做大做强文化产业，促进文化与旅游、经济社会深度融合，把文化产业培育成凉山的支柱产业。推动科技进步与创新。以重大关键共性技术为重点，着力实施一批重大科技攻关、企业技术创新、高新技术孵化、产学研合作项目。突出新产品、新工艺、新装备的引进、开发、推广和应用，强化企业节能减排，加快科技成果向现实生产力转化。深入推进水电、钒钛稀土、现代烟草“三大科技洼地”建设，支持“三江”水电开发企业建立国家级实验室，钒钛、稀土战略资源开发企业创建国家高新技术企业或省级创新型企业，建设烟草、花卉、水电、矿冶等技术研发中心，加速突破一批核心关键技术，增强企业核心竞争力。

（七）着力改善民生，强化扶贫攻坚、实施民生工程，凝聚跨越发展的合力。坚持把保障和改善民生作为加快转变经济发展方式、推进跨越式发展的出发点和落脚点，突出抓好最紧迫、最现实、上级支持力度最大的民生项目，集中力量解决极度贫困群众的生产生活问题，力争实施一个项目、惠及一片群众、带动一方发展，全面提升人民群众的生活水平和幸福指数。整体推进扶贫攻坚。坚持标本兼治、综合治理，连片开发、整体推进，禁毒、防艾、职教、扶贫、倡导现代文明生活方式“五管齐下”，“治穷、治愚、治病、治毒”相结合，大力实施统筹型捆绑式扶贫开发，整合大小凉山扶贫开发与艾滋病综合防治试点、藏区“三大民生工程”、全省“十项民生工程”等政策资源，中央国家省级机关国有大型企业定点帮扶、东西扶贫协作、“百乡教育扶贫”、安宁河谷县市与国家扶贫开发工作重点县“4+4”对口帮扶等社会资源，专项扶贫、行业扶贫、社会扶贫“三位一体”，统筹推进“八大扶贫工程”和10万贫困群众易地扶贫搬迁工程，夯实贫困地区发展基础，提升自我发展能力，打好新一轮扶贫开发攻坚战。成片推进新村建设。坚持把以彝家新寨为重点的新村建设摆在扶贫攻坚和新农村建设的首位，落实“三打破、三提高”要求，大力实施“百乡千村”工程，积极探索建设“新农村综合体”和新型农村社区，突出住房改造、基础设施、产业发展、公共服务，集中连片推进安宁河谷地区152个乡镇、整体推进彝区藏区1237个新村建设，“一年抓示范、两年成规模、五年大变样”，全面建成1190个彝家新寨。扎实推进民生工程。要实施更加积极的就业政策，加强技能培训、支持自主创业、广开就业门路，推进劳务开发“双百工程”。要健全城乡医疗卫生服务体系，全面实施国家基本公共卫生服务项目和重大公共卫生项目，提高重大疫情和突发公共卫生事件应急处置能力，深入实施艾滋病综合防治五年规划，有效遏制艾滋病疫情。要构建覆盖城乡的社会保障体系，完善城镇职工养老、医疗等保险制度，实现城镇居民社会养老保险制度和新型农村社会养老保险制度全覆盖。要加大保障性住房建设力度，努力实现城市低收入住房困难家庭“住有所居”。要扎实推进文化惠民工程，大力发展文化体育和广播电影电视事业，积极申办2014年第十二届省运会。要继续实施“少生快富”工程，促进人口均衡发展。要大力保障妇女儿童合法权益，重视和关心下一代工作。要积极发展老龄服务事业和产业、社会福利和慈善事业，加大对低收入群体、老年人和孤残人员的救助帮扶力度。要积极稳妥开展水电站“先移民后建设”试点，推进地质灾害易发区避险搬迁安置和重特大地质灾害防治工程。深入推进彝区健康文明新生活运动。深入持久抓宣传、抓载体、抓结合、抓示范引导，广泛开展“新家园、新生活、新风尚”主题活动，推动“讲文明、尚科学、改陋习、树新风”宣传教育进学校、进村寨、进彝家，继续从送板凳、送餐桌、送床铺、送洗漱用品等实事做起，继续从娃娃抓起、从党员和村组干部抓起、从有文化的彝族青壮年抓起，引导彝区群众“不坐地上坐板凳、不睡地上睡床铺”，树立勤劳节俭、清洁卫生、自尊自强、厚养薄葬等新观念，主动移风易俗、勤劳致富、建设美好家园。坚持以彝区健康文明新生活运动推动城乡精神文明建设，加强社会主义核心价值体系和公民思想道德宣传教育，努力培育诚实守信、自尊自强的社会主义道德风尚。持之以恒开展城乡环境综合治理，积极争创全省环境优美示范城镇、乡村，使城乡风貌与凉山优美的自然环境更加协调、充分融合。

（八）着力构建和谐，创新社会管理、打造平安凉山，增强跨越发展的保障。发展是第一要务，稳定是第一责任。要以创新社会管理体制机制为重点，以解决影响社会和谐稳定突出问题为突破，不断提高社会管理科学化水平，争创全国民族团结进步模范州，把凉山建成全国民族地区最平安、最稳定、最和谐的地区之一。大力加强和创新社会管理。搭建全面覆盖、动态跟踪、联通共享、功能齐全的社会管理平台，完善党委领导、政府负责、社会协同、公众参与的社会管理工作格局。坚持以群众工作统领信访工作，巩固完善信访问题排查机制、社会矛盾纠纷调处机制和“三调联动”衔接机制，畅通、规范群众诉求表达渠道，及时有效化解各种社会矛盾。健全完善突发事件应急管理体制机制，有效预防和妥善处置群体性、突发性事件。切实加强社会管理综合治理，推进“打、防、控”一体化，严密防范和依法打击各类违法犯罪，深入推进禁毒“摘帽”攻坚行动，增强人民群众安全感。深化司法体制改革，提高依法治州、依法行政和公正司法水平；深入开展“六五”普法教育，提高公民法律素质。加快推进基层民主建设，提高群众民主参与、民主决策、民主监督、民主管理水平。狠抓安全生产，扎实做好重点行业和领域安全监管与隐患排查整治，加强食品药品安全监管。全力推进木里藏区长治久安。始终把维护藏区稳定作为维稳工作的重中之重，大力实施藏区跨越式发展和长治久安规划，抓发展惠民生，抓基层打基础，始终保持对境内外民族分裂势力的严打高压态势，扎实推进平安藏区建设，确保木里持续成为“全省最稳定的藏区”。巩固发展民族团结进步事业。广泛深入开展民族团结宣传教育活动，大力支持民族聚居地区经济社会加快发展，让“三个离不开”思想深入人心，巩固发展平等团结互助和谐的社会主义新型民族关系，促进各民族共同团结奋斗、共同繁荣发展。

四、钢班子带铁队伍，以改革创新精神全面推进党的建设新的伟大工程

推进凉山科学发展、开放发展、跨越发展，关键在党、关键在人。要坚持钢班子带铁队伍，州级领导当好全州干部的排头兵，“一名领导一根标杆、一个支部一座堡垒、一名党员一面旗帜”、“拼干部、比工作、赛作风、争一流”，以改革创新精神全面推进党的建设新的伟大工程，把党的政治优势和组织优势转化为推进凉山全域全程全面小康建设的强大力量。

（一）坚定理想信念、打牢思想根基，深入推进思

想政治建设工程，大力创建学习型党组织和学习型领导班子。用科学理论武装党员干部特别是党员领导干部头脑，增强执政意识、提高执政能力。深入推进学习型党组织和学习型领导班子建设，引导党员、干部深入学习中国特色社会主义理论体系，真正做到学以立德、学以增智、学以创业，以学习型党组织建设带动学习型社会建设。切实加强党员干部理想信念教育，“讲党性、重品行、作表率”，增强为党和人民事业不懈奋斗的自觉性和坚定性，把思想和行动统一到推进全域凉山全面开发开放、跨越式发展工作大局上来。

（二）钢班子带铁队伍，深入推进领导班子和干部队伍建设工程，着力增强凝聚力、创造力、执行力、战斗力。坚持把提高执政能力作为领导班子和干部队伍建设的核心内容，从严教育、从严要求、从严管理、从严监督，打造坚强领导集体和执政骨干。要加强领导班子建设，健全完善民主集中制和党委集体领导下的分工负责制，领导干部干在实处、走在前列，带领干、带头干、带动干，积极创建“学习型、竞争型、创新型”班子。要加强干部队伍建设，坚持德才兼备、以德为先的用人标准，公道正派、五湖四海的用人原则，鲜明崇尚实干的用人导向，加大竞争性选拔干部工作力度，健全完善干部差异化考核评价体系，加强对重点部门、关键岗位干部的管理和监督，大规模培训干部，大力培养选拔优秀年轻干部、妇女干部、少数民族干部和党外干部，加强后备干部队伍建设，做好新形势下的老干部工作。要加强人才队伍建设，落实“党管人才”原则，优化调整人才结构，加大高层次、急需紧缺人才的培养引进力度，构建符合市场经济规律的人才培养开发、评价发现、选拔任用、流动配置和激励保障机制。

（三）固本强基、创先争优，深入推进党的基层组织和党员队伍建设工程，全面提升基层党的建设科学化水平。要把创先争优活动作为加强基层党建的一项经常性工作，引导各级党组织和广大党员争科学发展之先、创社会和谐之优，形成学先进、赶先进、创先进的长效机制，使基层党组织成为推动发展、服务群众、凝聚人心、促进和谐的坚强战斗堡垒。要创新党组织领导机制，坚持“四公开一逗硬”，落实党委（党组）抓基层党建工作责任，强化阵地建设和队伍保障，积极发展党内民主。要创新党组织设置方式，推进党的组织、工作、凝聚力全域有效覆盖。要创新城乡党建互帮互助、优势互补机制，积极探索不同领域、不同行业基层党组织发挥作用的有效途径。要加强基层党组织带头人队伍建设，选好配强党组织书记，深入推进“千村党建富民、共建美好家园”行动，倾力打造“彝乡示范村”、“彝乡领先村”，全面推广“文建明工作法”及“四议两公开一监督”工作法，进一步规范乡镇、村运行机制。要加强党员队伍建设，做好新形势下发展党员工作，建立健全教育、管理、服务党员的长效机制和党内激励、关怀、帮扶机制，不断激发党员永葆先进性的内在动力。

（四）以人为本、执政为民，深入推进党的作风建设工程，更加密切党群干群的血肉联系。要大力弘扬“四个特别”的优良作风，始终站在群众立场上想问题、作决策、办事情，高度重视并切实做好新形势下的群众工作，依法保障人民群众各项权益，做群众的主心骨、贴心人。要坚持领导干部“五个一”工作联系制度和“一线工作法”，扎实开展“领导挂点、部门包村、干部帮户”活动，在同群众朝夕相处中增进对群众的感情、增强服务群众的本领，汇聚和形成推进各项事业发展的深厚力量。要坚持从说短话、开短会、发短文做起转变作风，说了算、定了干、干就干好，雷厉风行、令行禁止，议定的事项迅速行动，部署的工作扭住不放，认准的事情一抓到底、抓出成效。

（五）标本兼治、注重预防，深入推进反腐倡廉建设工程，努力营造风清气正的良好环境。要把反腐倡廉建设放在更加突出的位置，完善惩治和预防腐败体系，按照“一岗双责”要求落实领导干部党风廉政建设责任制和“四个一”述职述廉制度，扎实推进教育、制度、监督、改革、纠风、惩治等工作，不断拓展从源头上防治腐败工作领域。要深化廉政文化建设，强化对党员干部的经常性教育、管理和监督，使各级干部牢固树立廉洁自律意识。要创新反腐倡廉工作体制机制，严格执行规范程序、阳光操作的各项制度措施，形成用制度管权、按制度办事、靠制度管人的有效机制。要加大“治庸治懒治散、问事问效问责”力度，坚决纠正损害群众利益的各种不正之风，坚决查处各类违纪违法案件，以反腐倡廉实际成效取信于民。

（六）总揽全局、协调各方，深入推进民主政治建设工程，充分凝聚推进全域凉山跨越发展的强大合力。要充分发挥各级党委的领导核心作用，加强和改善党对人大、政府、政协工作的领导，进一步发挥其职能作用，做到“喊出一个声音，走出一个步调”。要密切同各民主党派、工商联、无党派人士的团结合作，巩固和壮大最广泛的爱国统一战线，充分发挥工会、共青团、妇联等人民团体和各类社会组织的作用。要坚持党管武装根本原则，推进部队和民兵预备役建设，不断巩固军政军民团结。要加强党对宣传工作的领导，坚持正确的舆论导向，发挥新闻媒体的作用，把全州人民的思想、意志和行动高度统一起来，把各方面的积极性充分调动起来，以饱满的工作激情，在推动凉山全域全程全面小康建设伟大实践中建功立业。

各位代表、同志们，目标催人奋进，发展任重道远。让我们紧密团结在以胡锦涛同志为总书记的党中央周围，以邓小平理论和“三个代表”重要思想为指导，深入贯彻落实科学发展观，动员全州各族人民，凝聚各方力量，励精图治、开拓创新、干在实处、争创一流，为推进全域凉山全面开发开放、跨越式发展，谱写“跑步奔小康”新篇章，加快建设美丽富饶文明和谐新凉山而努力奋斗！

名词解释：

1. 百村示范工程：在全州交通沿线、基础条件较好、产业基础较强的区域，以农业现代化、基础设施配套化、村庄民居特色化、公共服务均等化、基层管理民主化为标准，相对连片、连线地建设107个民富村美、文明和谐的示范性新农村村庄。

2. 百乡千村工程：2015年前集中连片推进安宁河谷地区152个乡镇的新村建设、整体推进彝区藏区1237个新村建设。

3. 五十百千示范工程：全省选择5个城市、10个县城、100个镇乡、1000个村庄作为城乡环境综合治理示范点，开展“五市十县百镇千村环境优美示范工程”，简称“五十百千示范工程”。

4. 五大保险：基本养老保险、失业保险、基本医疗保险、工伤保险、生育保险。

5. 五个一：每名州级领导干部分别联系1户企业、1个项目、1个乡镇（街道办事处）、1个村、1户贫困户。

6. 两抓四联两推进：开展“创先争优”活动，抓先进典型发挥示范带头作用，抓反面典型发挥警示教育作用；落实州联县市、县市联乡镇、乡镇联村、村联组的“四联”举措；整体推进美丽富饶文明和谐新凉山建设，整体推进基层党建工作。

7. 一建带三建：党建带工建、团建、妇建。

8. 三级跳：2012年完成“百千工程”；2015年实现“四个翻番”；2020年实现“四大跨越”。

9. 百千工程：2011年财政一般预算总收入突破百亿，2012年地区生产总值冲刺千亿大关。

10. 四个翻番：2015年地区生产总值、规模以上工业增加值、固定资产投资、地方财政一般预算收入四项主要经济指标比2010年翻一番。

11. 四大跨越：2020年基本实现城乡基本公共服务均等化；基本消除绝对贫困现象；安宁河谷地区经济社会发展达到成都经济区发展水平，率先实现全面小康；民族聚居县与全省同步实现全面小康。

12. 一个意见、两个规划：省委、省政府《关于加快推进彝区跨越式发展的意见》，《安宁河谷地区跨越式发展总体规划》、《大小凉山综合扶贫开发规划总体思路》及10个专题方案。

13.“两化”互动、“三化”联动：新型工业化新型城镇化互动发展，新型工业化、新型城镇化、农业现代化联动发展。

14.“4+4”对口帮扶：安宁河谷地区西昌、德昌、会理、会东4县市对口帮扶昭觉、金阳、布拖、美姑4个国家扶贫开发工作重点县。

15. 三调联动：人民调解、司法调解、行政调解相互衔接、整体联动。

16. 四公开一逗硬：党委（党组、工委）抓基层党建工作述职评议公开承诺、公开述职、公开测评、公开结果，逗硬奖惩。

17. 文建明工作法：简称乡镇党委“三二”工作法，“三”即“三制”（指根据乡镇工作的内容和特点，把乡镇工作分为三类，实行业务工作常抓制、中心工作分组制、应急工作集中制）、“三定”（指根据乡镇党委政府承担的职责任务，按照现有领导和工作力量，实行定岗、定员、定酬）、“三教育”（指围绕强化乡镇管理和任务落实，对党员、干部、群众进行分类教育，实施党员党性教育、干部爱民教育、群众“十好”教育）；“二”即“两下”（指围绕推进工作，引导干部眼睛向下、改进作风，实行下访寻问题、下村解难题）、“两集中”（指围绕方便群众办事、帮助群众理财，实行集中服务、集中理财）。

18. 四议两公开一监督：“四议”即村党组织提议、村“两委”商议、党员大会审议、村民会议或村民代表会议决议；“两公开”即决议内容公开、实施结果公开；“一监督”即重大事项的决议和决议实施全过程自觉接受党员、村民的监督。

19. 一线工作法：领导在一线指挥、干部在一线工作、情况在一线掌握、工作在一线落实、问题在一线解决、业绩在一线创造。

凉山彝族自治州第九届人民代表大会常务委员会工作报告

——2012年2月12日在凉山彝族自治州第十届人民代表大会第一次会议上

凉山彝族自治州人民代表大会常务委员会主任　阿什老轨

各位代表：

我受凉山彝族自治州第九届人民代表大会常务委员会的委托，向大会报告州九届人大常委会五年来的主要工作，请予审查。

五年来主要工作回顾

过去的五年，州九届人大常委会在中共凉山州委坚强领导下，在上级人大常委会精心指导下，以邓小平理论和“三个代表”重要思想为指导，深入贯彻落实科学发展观，始终坚持党的领导，紧紧围绕科学发展这一主题，积极实施依法治国方略，大力加强民主法制建设，认真行使宪法和法律赋予的职权，切实履行法定职责，勤于实践，勇于探索，求真务实，开拓进取，不断推进人大工作的创新和发展，为保障和促进凉山全域全程全面小康社会建设，作出了积极的贡献。

一、突出特色，注重质量，大力推进民族地方立法工作

州九届人大常委会以促进科学发展、构建和谐社会为目标，坚持从凉山实际出发，坚持科学立法、民主立法，坚持“立、废、改”相结合，准确把握当前和长远、局部与全局的关系，突出时代要求、实际需要和民族特色，增强立法的针对性和可操作性，加快民族自治地方立法步伐，为全域凉山全面协调可持续发展提供了可靠的法制保障。一是大力开展地方立法工作。完成了《凉山彝族自治州自治条例》及《凉山彝族自治州彝族语言文字工作条例》、《凉山彝族自治州义务教育实施办法》、《凉山彝族自治州大桥水库工程管理条例》的修订工作。制定了《凉山彝族自治州水资源管理条例》、《凉山彝族自治州非物质文化遗产保护条例》。《凉山彝族自治州会理历史文化名城保护条例（草案）》、《凉山彝族自治州施行〈兽药管理条例〉的变通规定（草案）》已经州九届人大常委会两次审议，认为基本成熟，决定提交本次人民代表大会审议。二是加强地方法规清理工作。根据上级人大的要求，对州人民代表大会成立以来所制定的地方性法规进行了全面清理，其中1984年颁布实施的《凉山彝族自治州施行〈中华人民共和国全国人民代表大会和地方各级人民代表大会选举法〉的变通规定》，经州九届人大六次会议决定予以废止。三是认真开展立法工作调研。对《凉山彝族自治州邛海保护条例》、《凉山彝族自治州东西河飞机播种林区保护管理条例》等地方法规的修订工作开展了调研和论证。四是积极参与上级人大立法活动。对上级人大下发征求意见的防震减灾法、代表法、监督法实施办法等80多个法律法规草案（修订草案），认真组织讨论修改，并及时整理上报修改意见建议。

二、突出重点，注重实效，不断加大监督工作力度

州九届人大常委会共举行了35次全体会议，听取和审议了“一府两院”专项工作报告146个，对29部法律法规的实施情况进行了执法检查，对22部法律法规实施情况开展了执法调研。常委会牢记使命，始终把促进发展作为第一要务，积极融入、主动对接、竭诚服务于发展这个大局。坚持宏观监督与微观监督相结合、工作监督与法律监督相结合、全面监督与重点监督相结合、初次监督与跟踪监督相结合、听取专项工作报告与执法检查相结合、会前调研与会中审议相结合，突出监督重点，创新监督方式，深化监督内涵，加大监督力度，增强监督实效。有力保证了宪法和法律法规在本行政区域内的遵守和执行，有效促进了“一府两院”各项工作的开展，为凉山经济发展、社会稳定以及保障民生等发挥了积极作用。

（一）着力加强对经济社会发展重点工作的监督。常委会坚持从宏观上关注经济社会发展态势、微观上抓住关键环节，扎实有效开展监督工作。为认真落实代表

大会通过的决议，督促政府工作报告落到实处，常委会坚持每年年初听取州人民政府各位副州长关于落实政府工作报告、切实做好分管工作的思路和打算；年终听取和审议他们关于落实政府工作报告的情况报告，并进行民主测评，有力地促进了政府工作报告中各项目标任务的全面落实，有效地推进了全州经济社会发展各项重点工作的开展。根据监督法的规定，坚持每年年中听取和审议州人民政府关于本年度上半年国民经济和社会发展计划执行情况的报告、上年度财政决算和本年度上半年财政预算执行情况的报告、上年度州本级财政预算执行和其他财政收支的审计工作报告，审查批准上年度州本级财政决算。听取了州人民政府关于年终超收收入安排使用情况以及审计结果落实情况的报告。常委会制定了预算审查监督试行办法，进一步规范了预算审查监督的内容、程序和办法，切实加强对州本级预算审查监督。五年来，结合凉山实际，还听取和审议了州人民政府关于“十二五”规划纲要草案、国有资产监管工作，“十一五”规划实施中期评估报告、商务工作、新农村建设、抗震救灾和支援重灾区工作、科技工作、农村公路建设、地质灾害防治工作、农业综合开发、帮助州内散杂居少数民族经济社会发展等专项工作报告。并加大对落实审议意见的监督力度，常委会会议和主任会议分别听取和审议了州人民政府关于各专项工作报告审议意见落实情况的报告，认真督促各项审议意见落到实处，切实提高监督实效。2009 年，为积极应对国际金融危机冲击，确保全州经济“保增提速，爬坡上行，加快发展”，常委会还适时召开了经济形势分析会，督促和支持州人民政府审时度势，抢抓机遇，积极应对，砥砺奋进，加快发展。

重点工程建设项目对当地经济社会发展起着巨大的拉动作用。常委会依法加强对本行政区域内重点工程建设项目的监督。五年来，先后组织了对锦屏一、二级电站建设，西昌钒钛资源综合利用项目、昆鹏铜业等重点建设工程的视察，开展了对会理灾后恢复重建及水泥产业发展、农业产业化、农业机械化、烤烟生产、重要水利设施建设等专项工作调研。要求依法科学施工，强化工作措施，加快工程进度，确保按时、按质、按量完成工程项目，提高投资的经济、社会和生态效益。根据州委安排，常委会各位领导认真做好“五个一”工作联系，积极开展“挂包帮”工作，深入开展大凉山综合扶贫开发调研工作，并配合州政府着力抓好全州工业经济、烟草产业发展及农业招商引资工作，寓监督于参与中，为促进全州经济社会发展作出了积极贡献。

（二）着力加强对法律法规实施情况的监督。五年来，常委会先后开展了对环境影响评价法、审计法、矿产资源法、义务教育法、税收征管法、畜牧法、动物防疫法、食品安全法、工会法、职业教育法、防震减灾法及邛海保护条例、艾滋病防治条例、东西河飞播林区保护管理条例等 29 部法律法规贯彻实施情况的执法检查，常委会会议及时听取和审议了各执法检查组关于执法检查情况的报告，提出了有针对性的审议意见，要求州人民政府及有关执法部门认真落实办理。同时切实加强对执法检查报告和审议意见落实办理情况的跟踪监督，维护法律的尊严和人大监督的权威。积极配合省人大及其常委会在我州开展的民族区域自治法、道路交通安全法、归侨侨眷权益保护法、统计法、农业机械化促进法、档案法等法律法规实施情况的执法检查。开展了对节约能源法、循环经济促进法、残疾人权益保障法、森林法、气象法、人民防空法、测绘法、人口与计划生育法及住房公积金管理条例、宗教事务管理条例等 22 部法律法规实施情况的执法调研。努力为凉山科学发展新跨越、加快小康社会建设营造良好的法治环境。

常委会高度重视和加强对规范性文件的备案审查工作，讨论通过了关于规范性文件备案审查的规定，依法开展了对州人民政府关于经济适用房管理办法、人工影响天气管理办法、测绘管理办法、艾滋病防治管理办法及凉山州行政规章程序等规范性文件备案审查工作，同时对各县市人大常委会的决议、决定进行了书面审查。努力维护法制统一，促进依法行政、依法行权。

（三）着力加强对司法工作的监督。公正司法是维护社会和谐稳定的基石，也是广大人民群众普遍关注的焦点。常委会把维护司法权威和保证司法公正作为监督工作的重要内容，五年来，先后开展了对治安管理处罚法、国家安全法及人民调解条例等法律法规实施情况的执法调研，听取和审议了“两院”关于民事调解、查办贪污贿赂犯罪案件、执行、侦查监督、对诉讼活动开展法律监督、公诉、行政监察、行政审判、对刑事诉讼活动中“另案处理”等专项工作报告，并切实加强对审议意见落实情况的跟踪监督。组织了对全州公安、法院、检察院工作的专项视察，努力促进秉公执法、文明执法，维护司法独立和司法公正，促进社会和谐稳定。

（四）着力加强对保障民生工作的监督。常委会高度重视和关注民生，始终恪守为民之责，切实加强对以改善民生为重点的社会事业各项工作的监督，着力解决人民群众最关心、最直接、最现实的利益问题，推进和谐社会建设。州九届人大常委会听取和审议的第一个专项工作报告就是州人民政府关于社会救助体系建设情况的报告。五年来，还先后听取和审议了州人民政府关于教育、城镇住房保障、扶贫、医疗卫生、城乡环境综合治理、食品安全、艾滋病防治、打击整治外流贩毒活动、妇幼保健、社会保障、城镇职工基本医疗保险制度改革等专项工作报告；开展了对彝区“三房”改造、农村义务教育、生态环境保护、城镇化建设、湿地保护等专项调研，要求州人民政府认真研究解决我州各项社会事业发展中存在的突出问题，切实落实好惠民行动，让全体人民群众共享改革开放的成果，促进和谐社会建设。受州委委派，常委会领导还担任了全州彝区健康文明新生活运动、禁毒“摘帽”攻坚行动的督导工作。2008年，我省汶川和我州会理相继发生强烈地震，抗震救灾成为全省、全州头等大事。常委会紧紧围绕工作大局，立足人大工作实际，依法监督和大力支持全州抗震救灾工作的开展。分别听取和审议了州人民政府关于全州开展抗震救灾和支援重灾区工作的情况报告、关于防震减灾法贯彻实施的情况报告，要求州人民政府进一步加强对地震知识的宣传普及，提高临灾避险能力，加强对救灾物资全方位监管，完善落实应对各种自然灾害预案，切实做好灾前预防和灾后恢复重建工作；并授权州人民政府在抗震救灾工作中的资金使用。由常委会领导带头，机关全体共产党员积极缴纳特殊党费，全体干部职工踊跃捐款捐物，以实际行动支援灾区。同时结合我州实际，还开展了对全州防灾减灾、地质灾害防治、次生灾害防治情况的专题调研，组织了对会理灾后恢复重建情况的专题视察。受州委委派，常委会领导还负责对会理灾后恢复重建工作进行督导。为支持和促进全州抗震救灾和灾后恢复重建，发挥了地方国家权力机关的积极作用。

（五）着力加强对重点信访案件的监督。信访工作是体察民情的窗口，是倾听人民群众呼声的有效渠道。常委会高度重视人民群众来信来访工作，把信访工作纳入重要议事日程，坚持依法办访，为民办访，制定了机关信访工作的规定，进一步规范了信访工作程序，完善了信访接待制度、重要信访信息通报制度，坚持定期听取工作汇报，加强信访件的转办、交办和重点信访件的跟踪监督，努力搭建畅通反映社情民意、表达群众利益诉求的平台，认真督促有关部门解决信访热点问题和社会关注的焦点问题，切实维护人民群众合法权益，有效化解社会矛盾、维护社会和谐稳定。五年来，共受理来信来访7000多件次，其中办理来信3300余件，接待来访3700多人次，做到件件有着落、事事有交代。其中全国人大、省人大交办信访案件完成率达100%。同时加强对重点信访案件的督查，对一些影响较大、久诉不息的群体涉法案件，常委会领导亲自接待、亲自批阅，落实办理责任，强化结果跟踪，督促依法尽快处理。并坚持定期对信访动态进行综合分析，筛选出群众关注的热点、难点问题，重点分析执法和司法中带倾向性的问题，为常委会开展监督提供可靠依据。

三、围绕中心，服务大局，认真行使重大事项决定权

依法讨论决定重大事项是宪法和法律赋予地方人大及其常委会的一项重要职权，是将党的主张转变为国家和人民意志的重要途径。五年来，常委会紧紧围绕州委重大战略决策，牢牢抓住事关全州经济社会发展根本性、全局性、长远性的重大事项，密切关注与人民群众切身利益相关的重大问题，认真听取和审议有关工作报告，依法作出决议、决定30多个，内容涉及财政、经济、普法、司法、人大工作等，努力把党的主张通过法定程序上升为国家意志和全州各族人民共同遵守的行为规范，着力推进“一府两院”决策科学化、民主化。为推进“六五”普法的深入开展，常委会及时作出了《关于进一步加强法制宣传教育的决议》，要求以中国特色社会主义法律体系的形成为契机，在全州掀起新一轮法制宣传教育高潮，为“十二五”时期经济社会发展营造良好法治环境。为支持和监督检察机关切实履行侦查监督、对诉讼活动法律监督的职能，维护司法公正和司法权威，常委会作出了《关于加强诉讼活动法律监督的决议》，并听取和审议了州人民检察院关于决议落实情况的报告，做到“决而有行，行而有果”。

四、坚持原则，规范程序，依法做好人事任免工作

常委会始终把依法任免国家机关工作人员作为坚持党的领导的重要内容，坚持党管干部和依法任免干部相统一的原则，严格执行人事任免办法，始终坚持对拟任人员任前法律知识考试制度、对提请人事任免案审查制度、拟任人员任前供职报告制度、对人事任免案认真审议和无记名表决制度、任命通过后颁发任命书制度和公示制度，使党组织推荐的人选经过严格的法定程序成为国家机关工作人员。五年来共依法任免国家机关工作人员278人，其中任命199人，免职74人，接受辞职5人。圆满实现了州委人事安排意图，充分反映了广大人民的意愿，为全州改革开放和现代化建设提供了坚强的组织保证。同时通过建立履职档案、听取和审议专项工作、开展专项工作评议、要求报送年度书面述职报告等形式，加强对干部的任后监督，督促履职尽责、廉洁勤政、服务人民、奉献事业。

五、搭建平台，强化服务，代表工作扎实有效推进

常委会把做好代表工作作为一项重要的基础性工作，认真实施代表法和中央〔2005〕9号文件精神，更新理念，健全制度，明确责任，加强联系，竭诚为代表履职做好服务和保障工作，充分发挥代表在管理地方国家事务和社会事务中的主体作用。

（一）加强培训，着力提高代表履职能力。州九届人大换届后，常委会及时举办培训班，对新当选的州九届人大常委会全体组成人员、州内18个选举单位的170名州人大代表及州人大常委会机关、各县市人大常委会、凉山军分区有关方面负责同志集中进行培训，认真组织学习有关代表方面的法律法规，开展代表履职经验交流，进一步增强了代表责任意识和履职能力。还举办了省、州人大代表培训会，邀请专家到会授课。同时深入到全州各县市，加强对代表培训工作的指导和辅导。安排了50余名各级人大代表参加全国人大、省人大开展的代表业务知识培训活动。

（二）竭诚服务，为代表知情知政提供信息保障。常委会坚持邀请州人大代表列席常委会会议制度，五年来共有150余名代表列席了州人大常委会各项会议。并推荐了多名代表分别担任司法监督咨询员、人民陪审员和人民监督员。常委会坚持定期向州人大代表寄送有关学习资料，通报常委会的重大活动和重要工作安排情况，使每位州人大代表及时了解人大工作信息，监督和支持州人大常委会的工作。

（三）完善制度，密切与代表的联系。进一步健全和完善了常委会组成人员联系代表制度，通过定期走访代表、召开代表座谈会、开通“人大网站”、建立“代表热线”、接待办理代表来信来访等渠道，保持与代表的密切联系，认真听取他们的意见建议，不断改进人大工作。扩大公民有序的政治参与，五年来共有40多人次公民旁听了州人大常委会会议，提高了人大工作透明度。

（四）周密安排，精心组织好代表闭会期间的活动。常委会组织的执法检查、执法调研等活动，坚持安排有关代表参加。五年来共组织代表开展了18次专题视察和专题调研活动。并坚持每年年终组织代表进行集中视察，为代表参加各级人代会审议各专项工作报告、提交议案和建议作好充分准备。同时积极发挥各代表小组的作用，认真组织好闭会期间代表的各项活动。

（五）狠抓落实，认真做好代表议案及建议督办工作。州九届人大期间，共列有代表议案14件，收到代表建议、批评和意见583件。每次人代会结束后，常委会认真做好交办工作，落实承办单位，明确办理责任，规定办理期限，要求高质量、高效率做好办理工作。列入会议的14件代表议案已在规定期限内办理结束，州人大有关专门委员会分别对议案办理结果进行了认真审查，并向代表大会提交了议案审议结果的报告。583件建议、批评和意见也全部办理完毕，及时答复了代表。常委会着力加强对办理情况的跟踪监督，每年列出一批重点督办的建议、批评和意见，组织州人大代表对办理情况进行视察，督促各承办单位认真负责做好办理工作。由于各承办单位领导重视、责任明确、措施有力、办理认真，办理进度和质量不断提高，一大批代表和人民群众关注的热点、难点问题得到或还在得到解决。常委会及时听取和审议了州人民政府及常委会有关工作机构关于代表建议办理情况的报告，对办理工作表示满意。

（六）认真负责，依法加强对换届选举工作监督指导。常委会认真贯彻实施修改后的选举法和代表法，依法加强对全州县市、乡镇人大换届选举工作的监督和指导。常委会党组制定了关于做好全州县市、乡镇人大换届选举工作的意见，以州委文件转发全州各县、市认真贯彻执行。要求把加强党的领导、充分发扬民主和依法办事有机结合起来，依法有序按期完成换届选举各项工作。常委会成立了选举工作办公室，通过召开工作联席会、举办培训班，认真贯彻落实省、州委部署，统筹安排换届选举各项工作。加强对全州县市、乡镇人大换届选举工作的调研、督促和指导，切实保障选民权利，严格依法办事，坚持公开透明。全州县市、乡镇人大换届选举工作按期圆满完成，为新一届代表大会的召开奠定了良好的基础。同时根据本届人大代表的变动情况，及时做好代表补选工作。

六、发挥优势，深入实际，调研工作取得显著成效

实践出真知，调研出良策。常委会紧紧围绕全州工作重点、改革发展难点、社会关注热点，选准议题，深入开展调查研究，积极为全州经济社会跨越发展与和谐社会建设建言谋策。五年来，共列出120多个重点调研课题，内容涉及工业经济、“三农”工作、生态环境保护、扶贫、职业教育、科技工作、医疗卫生、民族文

化、社会保障、法律实施、民生工程、司法公正及人大工作等各个方面。各调研组在常委会分管主任带领下，深入基层、深入实际、深入群众，“把脉”群众生活，“问诊”社会需求，反映社情民意，凝聚人民智慧，形成了一批有见地、有深度的调研报告，提供州委决策参考，交送州人民政府研究落实。这些调研报告受到州委的高度评价和州人民政府热忱欢迎，一批重要调研成果分别被州委以“州办通报”及“领导参阅”印发全州各县市党委、政府及州级各部门党组（党委），所提出的许多对策建议已纳入了全州经济社会发展规划，成为“一府两院”改进工作的具体措施。在凉山州哲学社会科学优秀科研成果评奖活动中，常委会报送的优秀调研成果获得多项奖励，取得了丰硕成果，为凉山科学发展新跨越作出了积极的贡献。

七、突出特点；完善机制，人大宣传工作再上新台阶

法制宣传教育是人大工作重要组成部分。常委会听取和审议了州人民政府关于“五五”普法实施情况报告，要求广泛深入开展法制宣传教育，弘扬法治精神，着力推进依法治州进程，构建法治凉山。并积极探索人大宣传工作的特点和规律，完善工作机制，改进宣传方式，提高宣传实效。一是继续加强人大工作宣传报道。常委会密切与党委宣传部门的联系，注重发挥新闻媒体的作用，及时宣传报道州人代会、常委会会议、主任会议及常委会开展的各项重要活动，全方位宣传人大履职行权的具体实践，使全社会全面了解人大工作，监督和支持人大工作。二是认真组织好法制宣传教育活动。先后召开了食品安全法、防震减灾法及旅游条例、彝语文工作条例（修订）、水资源管理条例、非物质文化遗产保护条例、义务教育实施办法（修订）、大桥水库工程管理条例（修订）等法律法规颁布实施座谈会。特别是监督法及监督法实施办法颁布实施后，常委会把学习贯彻实施监督法和实施办法作为法制宣传教育重中之重，通过自学、组织集体学、进行专题辅导、举办学习培训会等形式，认真学习、深入宣传，切实加强和改进人大监督工作，着力提高人大监督水平和实效。三是不断深化人大制度的宣传。州九届人大常委会任期内，完成了《凉山州人大志》第二卷的编纂工作，并认真做好《凉山年鉴》人大篇目的编写工作。继续办好《凉山人大》内部刊物，编纂好《凉山州人大常委会公报》、《凉山人大工作信息》、《人大工作信息专报》。并创办了《人大工作动态》，及时介绍全国各地人大在依法履职中的新经验、新做法、新亮点。开办了凉山人大网，广泛传播凉山人大工作动态。《中国人大》及《人民权力报》、《民主法制建设》等上级人大杂志在我州订阅量也不断增加，多次获优秀组织奖。我州报送的人大工作信息量和采用率也在逐年提高。

八、内强素质，外树形象，自身建设迈出新步伐

五年来，常委会及机关按照州委的部署，结合新形势、新任务对人大工作的新要求，认真贯彻落实州委人大工作会议精神和州委关于加强人大工作的意见，按照“政治坚定、业务精通、务实高效、作风过硬、团结协作、勤政廉洁”的要求，以提高履职能力为出发点，以夯实基础为重点，深入扎实开展领导干部作风整顿建设、机关效能建设、保持共产党员先进性教育、学习实践科学发展观、创先争优等活动，不断加强常委会及机关的思想、作风和制度建设。

（一）加强思想建设，坚定正确方向。始终坚持把思想政治建设放在首位，组织常委会组成人员和机关广大干部职工认真学习中国特色社会主义理论体系，坚定正确的政治方向，增强做好人大工作的历史使命感和政治责任感。认真学习党的路线、方针、政策和省委、州委重要会议精神，牢固树立党的观念、大局意识、政治意识，始终把常委会工作置于党的领导之下，紧紧围绕党的中心工作、全州工作大局有效开展人大工作。深入学习人大制度和法律法规及人大工作业务知识，不断提高履职水平和工作能力。

（二）加强制度建设，规范履职行为。主动适应形势发展新变化，按照继承、改革、创新的要求，认真研究和总结人大工作实践的新经验，围绕行使职权、提高效能，进一步健全和完善了各项会议制度和履行职责、发挥作用的相关制度，加强人大及其常委会各工作办事机构之间协作配合，提高综合协调、参谋服务、促进发展能力，不断提高人大工作效率和成效。进一步健全和严格机关管理规章制度，使机关各项服务工作实现任务职责个体化、标准要求高质化、工作程序规范化、督促检查经常化。

（三）加强作风建设，坚持求真务实。常委会组成人员和机关广大干部职工以高度的政治责任感、奋发有为的精神风貌、求真务实的工作作风，积极投身社会主义民主政治建设的伟大实践。坚持深入基层、贴近群众，倾听群众呼声，了解群众意愿，集中群众智慧，在履职行权中充分表达民愿、体现民意、反映民声。坚持人大工作公开透明，不断健全和完善人大工作通报和公

示制度，自觉接受人大代表和社会各界的监督。坚持解放思想、与时俱进，探索实践、锐意进取，创造性开展人大工作。常委会机关创先争优活动、“四好”领导班子建设、精神文明创建活动、党风廉政建设和老干工作等都取得了显著成效，多次受到州委和州直工委表彰奖励。

（四）密切工作联系，加强工作交流。常委会密切与县市人大常委会的工作联系，开展的执法检查、执法调研、专题调研等活动，坚持上下联动，形成推动人大工作创新发展有效合力。坚持每年举办一次全州人大常委会主任学习会，深入研讨交流新形势下人大工作，努力开创全州人大工作新局面。州人大及其常委会各工作办事机构也适时举办专项工作座谈会，对人大相关工作进行研讨和交流。同时每年坚持召开人大对口工作联系会，加强与“一府两院”的沟通联系，营造良性互动、和谐合作的工作氛围。积极参加上级人大举办的相关工作座谈会、理论研讨会和学习培训会，广泛开展地方人大工作的联系和交流，热情接待来州考察的省内外各级人大系统的客人，相互交流经验，共同推进工作。

回顾五年走过的历程，州九届人大常委会肩负全州各族人民的重托，认真履行宪法和法律赋予的职责，在传承中发展，在实践中创新，在历届常委会奠定的良好工作基础上，各方面都取得了新的进步，圆满完成了州九届人大常委会的历史使命，向党和人民交上了一份满意的答卷。这是中共凉山州委正确领导的结果，是“一府两院”密切配合的结果，是常委会全体组成人员和人大代表辛勤工作的结果，是人大及其常委会各工作办事机构全体同志共同努力的结果，是全州各县市人大及其常委会大力支持的结果，是全州各族人民和社会各界热情关心的结果。在此，我谨代表州九届人大常委会，向全州各族人民及各级人大代表，向全州各级国家机关和社会各界所有关心和支持人大工作的同志们，致以诚挚的敬意和衷心的感谢！

在肯定成绩的同时，我们也清醒地看到，州九届人大常委会的工作离宪法和法律对人大工作的要求、离全州各族人民的期望和改革开放新形势的需要，还存在不少差距。主要是：地方立法工作在适应全州经济社会发展的要求上还有差距，监督工作实效有待进一步增强，行使重大事项决定权有待进一步实践和探索，代表的主体作用有待进一步发挥，机关办事效率和服务水平有待进一步提高。我们要自觉接受人民的监督，虚心听取代表的意见，不断完善和改进各项工作，推动人大工作不断取得新的成效。

五年工作实践的主要体会

州九届人大五年的实践和探索，使我们进一步加深了对人民代表大会制度和人大工作的认识，积累了许多宝贵的经验，得到了许多重要的启示。主要有以下几点：

一、必须始终坚持以科学理论为指导

中国特色社会主义理论体系是马克思主义中国化的最新成果，是我们党最可宝贵的精神财富，是新时期全国各族人民团结奋斗的思想基础，也是做好人大工作的强大精神动力和行动指南。要深入学习准确把握中国特色社会主义理论体系，不断增强走中国特色社会主义政治发展道路的自觉性和坚定性。要坚持用中国特色社会主义理论体系指导人大工作实践，用科学发展观统领人大各项工作。进一步理清工作思路，明确工作方针，改进工作方式，努力开创人大工作新局面。

二、必须始终坚持党对人大工作的领导

中国共产党是中国特色社会主义事业的领导核心。自觉坚持和紧紧依靠党的领导，是发展中国特色社会主义民主政治的根本内涵，是坚持和完善人民代表大会制度的本质要求，是人大工作必须遵循的根本政治原则。要始终坚持把党的领导作为推动人大一切工作的旗帜和灵魂，牢固树立党的观念，坚决执行党的路线、方针、政策，全力维护同级党委的核心领导地位，自觉地把坚持党的领导贯穿到人大依法履职全过程，落实到人大各方面工作中去。努力把党的主张通过法定程序转化为全州各族人民的共同意志和自觉行动，从法律上、制度上保证党的路线、方针、政策的贯彻落实，保证党委重大决策部署的贯彻落实，使人大工作始终沿着正确的政治方向发展。

三、必须始终坚持围绕中心、服务大局

人大工作是党和国家工作的重要组成部分。发展是我们党执政兴国第一要务。人大及其常委会必须紧紧围绕同级党委的部署、围绕发展目标，积极有效开展工作。以服务大局为重，以促进发展为要，牢牢把握人大工作与经济发展的结合点，牢牢把握权力机关服务经济社会发展大局的着力点。抓住科学发展这个主题，立足人大工作的性质和特点，突出重点，主攻难点，关注热点，有效行使好立法权、监督权、重大事项决定权、人事任免权，努力为全州改革开放和现代化建设营造良好的法治环境，着力推动经济发展方式转变，提升经济发展速度和质量，实现凉山科学发展新跨越。

四、必须始终坚持以人为本、履职为民

人大及其常委会受人民的委托，代表人民行使国家权力，必须对人民负责，并自觉接受人民监督。坚持人民利益高于一切，始终把关注民生作为人大工作重中之重，始终把实现好、维护好、发展好最广大人民根本利益作为人大工作出发点和归宿，着力解决好人民群众最关心、最直接、最现实的利益问题。要始终保持同人民群众的密切联系，真诚倾听群众呼声，真实反映群众意愿，真情关心群众疾苦，真心帮助群众解难，努力做到权为民所用、情为民所系、利为民所谋，依靠人民、代表人民、服务人民，使人大工作获得最广泛、最可靠、最牢固的群众基础和力量源泉，把人大工作深深植根于人民的沃土之中。

五、必须始终坚持依法治国方略

依法治国是党领导人民治理国家的基本方略，是社会主义民主政治的基本要求。要以发展社会主义民主、健全社会主义法制为己任，把社会主义法治理念贯穿到人大工作的全过程，把依法治国方略落实到人大工作的各个方面，保证宪法和法律法规在本行政区域内的遵守和执行，确保公民、法人和其他组织的合法权益得到尊重和保护，坚持法律面前人人平等，捍卫国家法制的统一和尊严，维护社会的公平正义。督促和支持“一府两院”依法行政、公正司法，确保国家机关充满活力、协调有序、廉洁高效运转，推进各项工作的法治化管理，加快法治凉山建设。

六、必须始终坚持与时俱进、开拓创新

解放思想、开拓创新是人大工作的永恒主题，是新时期做好人大工作的内在要求和不竭动力。人大工作要在深化思路中履职，在创新有为中进取。紧紧把握时代脉搏，坚持用时代的要求来审视人大工作；紧紧跟随时代步伐，坚持用发展的眼光来研究人大工作；勇于面对工作难题，坚持用创新的精神来推动人大工作。认真总结过去、把握现在、开拓未来，把坚持行之有效的做法与积极探索结合起来，把坚持依法依序办事与创造性开展工作结合起来，充分尊重和依靠人大代表的首创精神，不断开辟人大工作新途径，拓展人大工作新领域，取得人大工作新成效，使人大工作与时代同步，与发展合拍，更加符合党的要求、国家意志和人民愿望，永葆蓬勃生机和旺盛活力。

今后工作的建议

“十二五”是全面建设小康社会的关键时期，也是凉山全面开发开放、跨越发展的战略机遇期。州第七次党代会对凉山州“十二五”发展作出了战略部署，提出了科学发展、全域推进、重点突破、实现“三级跳”前两级跨越的奋斗目标。新一届州人大在保障州委发展战略的实施、加快建设美丽富饶文明和谐新凉山的过程中，肩负着十分重大的政治责任。我们要高举中国特色社会主义伟大旗帜，以邓小平理论和“三个代表”重要思想为指导，深入贯彻落实科学发展观，认真学习贯彻州第七次党代会精神，在中共凉山州委的坚强领导下，把坚持和完善人民代表大会制度与加强人大工作紧密结合起来，把依法履职行权与服从服务于全州工作大局紧密结合起来，以保障和促进全域凉山开发开放跨越式发展作为人大工作的第一要务，使“围绕中心，服务大局，促进发展，推动跨越”成为人大工作最强音，开拓创新、砥砺奋进，更好地发挥地方国家权力机关的职能作用，最大限度地调动全州各族人民建设新凉山的积极性、创造性，为全面推进凉山全域全程全面小康社会建设做出新的业绩、建立新的功勋。

一、进一步增强党的观念，始终坚持和自觉维护党的领导

坚持党的领导、人民当家作主和依法治国的有机统一，牢固树立党的观念、政治观念、大局观念，把坚持党的领导贯穿于人大依法行权的全过程，落实到人大工作的各个方面，在思想上、政治上和行动上与党委保持高度一致。要认真贯彻落实省委、州委人大工作会议精神，坚持和完善重要工作和重大事项向同级党委请示报告制度，认真贯彻落实州委的重大决策部署，及时把党的主张经过法定程序成为国家意志，确保党组织推荐的人选经过法定程序成为国家机关的工作人员，实现党的主张和人民意志的有机统一，保障党委战略目标任务和人事安排意图的实现，努力使人大工作与党委的决策同步，与“一府两院”的工作合拍，与人民群众的愿望相符。要充分发挥常委会党组核心领导作用和机关党员的先锋模范作用，团结带领常委会组成人员和机关全体同志做好人大各项工作。

二、紧紧围绕中心，依法行使人大各项职权

一要充分行使好民族自治地方立法权。把保障和促进全域凉山全面协调可持续发展作为立法重点，坚持“质量为上，急需为先，特色为重”的立法原则，建立健全科学、民主、高效的立法运行机制，加强推进科学发展方面的立法，加强保障和改善民生方面的立法，加强促进民族团结、社会进步方面的立法，逐步完善与凉

山经济社会发展相适应的地方性法规体系。继续做好地方性法规清理工作，及时修订和完善现有的地方性法规。充分发挥人大代表在立法工作中的作用，多渠道扩大公民对立法活动的有序参与和意愿表达，加强调研、论证、听证，广泛听取各方面的意见，统筹兼顾好各方面的利益，正确体现党的主张，真实反映人民意志，不断提高立法质量。继续加强对规范性文件的备案审查，坚决维护法律的尊严和统一，努力为我州科学发展新跨越营造良好的法制环境。二要依法加强对“一府两院”的法律监督和工作监督。进一步强化人大监督职责，科学把握监督重点，准确抓住切入点、着力点，实现全程全域全面监督，全力推进“一府两院”依法行政、公正司法和各项工作有效开展。紧紧围绕全州工作大局，把加快转变经济发展方式、推进凉山科学发展作为监督工作的重点，把促进省委、省政府“一个意见，两个规划”的贯彻落实作为监督工作的着力点，通过听取和审议专项工作报告、开展执法检查、组织视察、专项调研及专题询问、质询等各种形式，加强对法律法规实施情况的监督，加强对事关全州改革发展稳定重点工作的监督，加强对人民群众普遍关注的热点、难点问题的监督，加强对政府行政行为、审判和检察机关司法行为的监督，促进依法行政、公正司法，维护广大人民群众合法权益，依法推进全州经济社会发展，确保“十二五”规划的圆满完成，推进全域凉山在新的起点上实现新的跨越。三要积极探索重大事项决定权的行使。坚持以科学发展观为统领，紧紧围绕全州经济社会发展重大战略，进一步加强对全局性、战略性、前瞻性问题的深入调研和思考，及时听取和审议“一府两院”有关专项工作报告，适时作出决议、决定，努力把州委重大战略决策通过法定程序变为国家意志和全州各族人民的自觉行动，并加强对决议、决定落实情况的跟踪监督，确保决议、决定落到实处，推进各项工作的有效开展。四要依法做好人事任免工作。坚持党管干部和依法任免相结合的原则，坚持对党负责和对人民负责相统一，依法行使好任免权。做到任前知情严把素质关，任中知人严把表决关，任后知行严把监督关，不断增强人事任免工作实效。

三、进一步加强和改进代表工作，充分发挥代表主体作用

人大工作的基础是代表，潜力在代表，水平看代表，创新靠代表。要进一步深化对代表工作的认识，充分尊重代表的主体地位。坚持以完善制度、创新机制为切入点，深化代表履职服务，加强代表履职管理，激发代表履职热情，鼓足代表创业干劲，充分发挥代表在推进全州经济社会发展中的重要作用。坚持和完善政情公开制度，提高信息服务质量，拓宽代表知识视野，扩大代表知情知政渠道。加强和改进代表培训工作，着力提高培训效果，增强代表的政治业务素质和依法履职能力，夯实代表履职根基。坚持和完善常委会组成人员联系代表、代表联系原选举单位和选民制度，全方位、多渠道听取代表和人民群众的意见建议，不断改进创新人大工作。建立健全代表活动平台，不断拓展代表参与人大工作的广度和深度，丰富和活跃代表闭会期间的活动。积极探索和完善代表履职激励机制，激发代表履职热情和积极性。健全和完善代表议案和建议办理机制，扎实抓好对代表议案办理结果的审议，进一步加大对代表建议、批评、意见的督办力度，提高办理效率，确保办理质量，做到办理答复和办理结果“双满意”，切实维护代表的民主权利。继续坚持公民旁听常委会会议制度，不断扩大公民有序的政治参与。充分凝聚全州各族人民的智慧和力量，聚精会神搞建设，齐心协力谋发展。

四、着力加强自身建设，不断开创人大工作新局面

新一届州人大常委会要坚持以思想建设为重点，以作风建设为抓手，以制度建设为基础，着力提高组成人员的依法履职能力和机关的工作效率。要深入开展调查研究，为人大及其常委会依法履职奠定坚实的基础。进一步加强对县市人大工作的联系和指导，增强全州人大工作合力。认真开展“创先争优”活动，巩固和发展学习实践科学发展观成果，以强烈的使命感和高度的责任感，切实担负起党和人民赋予的光荣使命。着力营造勤于学习进取的氛围，始终保持昂扬向上精神风貌，以忠诚奉献事业，以激情燃烧生命，履职尽责创先进，立足岗位争优秀。以卓有成效的工作业绩，谱写凉山人大工作新篇章，开创凉山人大工作新局面。

各位代表，新时代赋予新使命，新起点呼唤新作为。推动凉山科学发展新跨越，我们责无旁贷；谱写凉山民主法制建设新篇章，我们重任在肩。我们坚信，新一届州人大及其常委会一定会肩负起全州各族人民的重托，担当起这一历史重任。让我们紧密团结在以胡锦涛同志为总书记的党中央周围，在中共凉山州委坚强领导下，凝心聚力，共识共为，承前启后，继往开来，干在实处，争创一流，更好地行使宪法和法律赋予的各项职权，着力增强履职实效，把我州社会主义民主法制建设继续推向前进，为实现“三级跳”跨越发展的宏伟目标、建设美丽富饶文明和谐新凉山作出新的更大的贡献。

政府工作报告

——2012年2月10日在凉山彝族自治州第十届人民代表大会第一次会议上

凉山彝族自治州人民政府代理州长　罗凉清

各位代表：

我代表九届州人民政府，向大会报告工作，请予审查，并请州政协委员提出意见。

九届州人民政府工作回顾

过去五年，在省委、省政府和州委的正确领导下，在州人大及其常委会和州政协的监督支持下，九届州人民政府团结和依靠全州各族人民，深入贯彻落实科学发展观，有效应对国际金融危机的严重冲击，全力抗击各种重大自然灾害，圆满完成了各项目标任务，凉山在全省发展格局中的战略地位显著提升，阔步迈进了全面协调可持续发展的崭新阶段。

五年来，全州经济在克难奋进中强势崛起，迈进了实力跃升的新阶段。地区生产总值相继突破400亿、500亿、600亿、700亿和1000亿大关，达到1000.1亿元，年均增长15.7%，实现了五年五大步、总量跨千亿的重大历史性突破。2011年人均GDP达22044元，年均增长14.5%。财政一般预算总收入突破百亿大关，达115.6亿元，年均增长26.6%，占GDP比重由9.8%提高到11.6%；其中地方财政一般预算收入80亿元，年均增长30.3%。县域经济强势崛起，西昌、会理跻身中国西部最具投资潜力百强县市之列，7个县市先后被评为全省县域经济发展先进县市。

五年来，三次产业在放大优势中竞相发展，迈进了结构趋优的新阶段。三次产业比重由27.3∶34.4∶38.3调整为19.5∶52.3∶28.2。工业主导经济发展的格局基本形成，2011年全部工业增加值达411.9亿元，年均增长27.2%，对经济增长的贡献率达54.4%；其中规模以上工业增加值达394.4亿元，年均增长31.6%。重大项目建设成效明显，深溪沟、瀑布沟水电站投产发电，攀钢西昌钒钛资源综合利用、会理昆鹏10万吨阳极铜、西昌烟厂整体技改等项目竣工投产，冕宁稀土资源整合开发利用和溪洛渡、锦屏一二级、官地水电站等项目加速推进。2011年产业园区、工业集中区达15个，产业集中度达58%；全州规模以上企业达372户。农业农村经济持续健康发展，2011年农业增加值达194.6亿元，年均增长5.2%。粮食产量达224.4万吨、肉类65万吨、烤烟287万担、蚕茧44.4万担，累计建成107个无公害、绿色农产品基地；农业产业化经营水平不断提高，龙头企业达175户，各类专合组织达2198个；转移输出农村劳动力65.9万人，实现劳务总收入55.8亿元，分别是2006年的1.9倍、3.6倍。现代服务业蓬勃兴起，2011年第三产业增加值达282亿元，年均增长11.2%。旅游经济迅猛发展，2011年接待游客2128万人次，旅游收入80.5亿元，分别是2006年的4倍、3.2倍；金融服务能力显著增强，2011年末各项存款余额870.7亿元、贷款余额409.9亿元，保费收入16.7亿元，证券交易额209.7亿元，担保余额29.5亿元；市场体系和流通网络不断完善，城乡消费同步增长，2011年社会消费品零售总额达287.9亿元，年均增长18.4%。

五年来，城乡面貌在统筹建设中焕然一新，迈进了协调发展的新阶段。累计投资2448亿元，建成了一批事关长远发展的重大基础性项目。交通建设全面推进。雅攀高速凉山段全线贯通，打通了会攀路、泸亚路、两盐路和通阳大桥等一批出州通道，新建改建国省干线公路1028公里，建成通乡油路1898公里、通村公路8495公里，通车里程达2.2万公里，其中等级公路1.57万公里、占71%；青山机场改扩建工程竣工投用，成为西南地区一流的支线机场。农田水利基本建设扎实推进。大桥水库灌区一期工程、会东新华水库渠系配套、甘洛斯觉大堰等重点水利工程基本建成，烟水配套等工程建设成效显著，一批“五小水利工程”建成投用，共整治病险水库58座，新建加固堤防64公里，新增有效灌面27.8万亩、节水灌面73.2万亩，解决了74.3万人的饮水安全问题，治理水土流失面积1029.4平方公里，改造中低产田土77万亩，新建沼气池15.4万口、乡村机耕道2755.9公里，新增耕地1万亩。城镇建成区面积134.9平方公里。西昌成功创建国家森林城市，一批重点城镇建设得到加强，城镇基础设施不断完善，城镇功能进一步提升。累计建成新村847个，17.63万户、75.17万人入住新村。基本建成覆盖全州的光纤传输、移动通信网络。生态环境建设和国土管理工作不断加强。天然林保护、退耕还林、退牧还草、石漠化综合治理恢复工程扎实推进，森林覆盖率达43%；建成邛海湿地一、二期工程，成功创建51个省级环境优美示范单位和11个省级生态示范单位，西昌市成为省级环保模范城市，并通过省级生态市达标验收；城乡环境综合治理成效明显，人居环境不断改善；完成第二次土地调查和州、县市土地利用总体规划编制，基本农田和土地环境保护进一步加强；实施76处重大地质灾害治理工程，搬迁安置农户5144户，惠及23万余人；地质找矿项目新增钒钛磁铁矿等重要战略资源储量20亿吨以上；省下达的各项约束性指标全面完成。

五年来，改革开放在开拓创新中不断深化，迈进了活力焕发的新阶段。积极探索创新资源开发利用模式，资源开发与保护并重走出新路。国企改革深入推进，完成企业改制13户，2011年国有资产总量达433亿元，年均增长61%。投融资体制改革取得新成效，州国投公司总资产达45.85亿元，注册资本金20.95亿元；组建州商业银行，并成立西部地区第一家获银监会批准持牌经营的小企业信贷中心；发展了一批小额贷款和融资担保公司；完成全省第一家市州级农村信用社统一法人社改革，州农村信用联社股份有限公司挂牌营业；会理成功创建省级金融生态环境示范县。财政、农村综合配套、医药卫生体制等各项改革扎实推进。政府机构改革基本完成，分类推进事业单位改革全面启动。开放合作成果丰硕，与津巴布韦、荷兰开展烟草、花卉合作取得实质性进展，成凉、攀凉等区域合作成效明显，厅州、局州、银政、地企合作务实推进，农总行凉山"三农"产品创新基地建设迈出实质性步伐。招商选资、招大引强成效明显，累计引进项目476个，到位资金920亿元。进出口总额累计达1.87亿美元。民营经济蓬勃发展，2011年实现增加值551.2亿元，年均增长19.4%。科教兴凉战略深入实施，科技对经济增长的贡献率达42.3%。财政科技经费稳定增长机制不断完善，技术创新体系初步建立，实施州级以上重大科技计划项目175个，获授权专利368件，转化科技成果126项，创建国家高新技术企业3户、省级创新型企业14户，"三大科技洼地"建设加快推进，4个县市荣获全国科技进步考核先进县市称号。品牌建设强力推进，创建国家级品牌1个、省级品牌15个，国家级、省级农业标准化示范区27个；"大凉山特色农产品"标志获得国家工商总局核准登记，21个农产品获得国家地理标志保护认证，96种农产品获得全国无公害农产品、绿色食品、有机农产品认证。

五年来，民生事业在加大投入中成效卓著，迈进了普惠共享的新阶段。累计投入276.5亿元，持续推进"八大扶贫工程"和"十项民生工程"，人民群众生产生活条件明显改善。2011年城镇居民人均可支配收入17218元，年均增长15.4%；农民人均纯收入5538元，年均增长15.3%。扶贫攻坚强力推进，累计改善25.92万贫困人口的生产生活条件；改造彝区"三房"7.63万户，基本结束贫困群众居住"三房"的历史。"8·30"会理地震灾后恢复重建、对口支援德阳市罗江县金山镇灾后恢复重建任务胜利完成。劳动就业和社会保障体系不断完善，累计新增城镇就业6.9万人，城镇登记失业率控制在4.12%以内；"五大保险"参保人数达96.8万人次，城镇居民、新型农村社会养老保险基本实现全覆盖；64.2万名城乡居民纳入最低生活保障，2.6万名农村五保户纳入财政供养，基本实现应保尽保；城镇居民医疗保险全面实施，城乡低保户、农村五保户实现医疗救助全覆盖；累计建成保障性住房22716套、改造棚户区23061户、发放租赁补贴43816户。社会事业全面进步。"两基"攻坚工作顺利通过国家验收和认定，"两基"人口覆盖率从80%提高到100%；每年有70余万名义务教育阶段学生免除学杂费和教科书费，20余万名寄宿制贫困学生享受生活补助；彝区免费职教和藏区"9+3"免费教育计划深入实施，初中毕业生基本实现应读尽读。医疗服务体系建设进一步加强，公办基层医疗卫生机构实现国家基本药物制度全覆盖，艾滋病等重大传染病防控和突发公共卫生应急事件处置能力不断增强；373.2万人参加新型农村合作医疗，参合率达95.8%，人均筹资标准达到230元。成功举办两届彝族国际火把节和民族艺术节，成功申报国家级非物质文化遗产名录10项、省级名录86项，彝族火把节被国务院推荐申报2012年联合国教科文组织"人类非物质文化遗产代表作名录"；州民族文化艺术中心成为国家级文化产业示范基地，会理县成功创建国家历史文化名城。竞技体育屡创佳绩，群众性体育广泛开展，成功举办第三届州运会，共获得国际、国家级赛事奖牌167枚，其中金牌47枚。人口与计生长效工作机制不断完善，计生惠民工程扎实推进，人口自然增长率控制在8‰以内。

五年来，社会管理在系统推进中切实加强，迈进了和谐共建的新阶段。各民族共同团结奋斗、共同繁荣发展的大好局面进一步巩固，州人民政府荣获全国民族团结进步模范集体称号，全州社会大局保持和谐稳定。群众工作不断加强，矛盾纠纷化解率达96.8%。“五五”普法任务圆满完成。社会管理综合治理全面加强，“平安凉山”创建深入开展，建成省级平安建设先进县（市）14个，州级平安乡镇、单位755个；打黑除恶、扫黄打非、“清网行动”等专项行动扎实开展，刑事案件破案率达63.7%，治安案件查处率达99.5%；禁毒人民战争深入推进，禁毒“摘帽”攻坚行动扎实开展，会理县成为四川省无毒害县；公安、武警战斗能力建设切实加强，建成“两所一庭”741个。安全生产管理进一步加强。食品药品监管工作有效推进。精神文明创建活动深入开展，成功创建国家级文明单位3个、文明村镇4个，省级文明城市2个、文明单位101个、文明村镇17个，西昌市获全国文明城市提名资格；彝区健康文明新生活运动成效明显。“双拥”共建和国防动员“五个一”活动深入开展，交通战备、人民防空、国防教育扎实推进，国防后备力量建设不断加强。外事侨务、统计、移民、物价、档案、史志、供销、宗教、语言文字、国家安全、保密、气象、邮政、妇女儿童、红十字会、科协、老龄、残疾人等工作取得新成绩。

各位代表，过去五年，是凉山经济发展速度最快、质量效益最好，城乡面貌变化最大、群众得到实惠最多的五年。所有成绩的取得，是省委、省政府和州委正确领导的结果，凝聚着历届州人民政府的不懈努力，饱含着全州各族人民的辛勤汗水。在此，谨向全州各族人民、各位人大代表、政协委员，向各民主党派、工商联、无党派人士，向各人民团体、中央和省驻州单位、解放军驻州部队指战员和武警部队官兵、全州政法干警，向所有关心、支持、参与凉山建设与发展的投资者以及各界朋友，表示衷心的感谢并致以崇高的敬意！

总结五年的实践，我们深切体会到，在推进凉山跨越发展的进程中：

——必须坚持把解放思想作为为政之先，将国际国内经济社会发展大势、中央和省的重大决策部署与凉山实际紧密结合，超前谋划、抢抓机遇、主动作为，不断完善推进全域凉山全面协调可持续发展的战略思路、战略路径、战略举措，努力做到在传承中发展、在发展中创新、在创新中跨越。

——必须坚持把加快发展作为为政之要，坚定不移地实施资源本地化加工发展和“双提升”战略，明确定位，打造特色，放大优势，做大总量，提升质量，实现又好又快发展。

——必须坚持把改革开放作为为政之策，全力推进重点领域和关键环节改革，不断深化开放合作，依靠改革创新破解发展难题，依靠开放合作提升竞争优势，不断创优发展环境、激发发展活力、增强发展动力。

——必须坚持把保障改善民生作为为政之本，顺应全州各族人民过上更加幸福美好生活新期待，全力推进扶贫攻坚，深入实施民生工程，加快发展社会事业，切实增进各族人民福祉，提升群众幸福指数。

——必须坚持把维护稳定作为为政之责，积极探索完善促稳定、创和谐的社会管理体制机制，坚决纠正损害群众利益的行为，凝聚全州各族人民力量，共同建设平安凉山、和谐凉山。

我们也清醒地看到，全州经济社会发展仍然存在一些突出矛盾和问题。主要表现在：一是区域发展不平衡，城乡“二元”结构矛盾依然突出；二是经济发展方式还比较粗放，资源综合利用效率低、产业链条短、产品附加值不高；三是对外贸易规模小、质量不高；四是交通、水利、电力等基础设施建设滞后，特别是交通瓶颈制约仍然非常严重；五是贫困、艾滋病、毒品问题交织，扶贫攻坚任务艰巨；六是城乡居民收入水平还比较低，持续增收难度大；七是社会事业发展不足，政府公共服务能力还不强；八是部分地方社会治安问题还比较突出。我们将高度重视这些问题，切实增强使命感、责任感，知难而进，攻坚破难，把各项工作做得更好。

十届州人民政府总体任务和2012年工作意见

未来五年，是凉山全面开发开放跨越式发展的战略机遇期，大凉山彝区和木里藏区综合扶贫开发的攻坚期，全域全程全面小康建设的关键期。尽管国际经济形势严峻复杂，国内经济运行面临诸多挑战，我州经济社会发展的不确定因素增多，但经过多年努力，我们已具备加快发展的坚实基础，具备再上新台阶的有利条件，特别是大凉山综合扶贫开发和安宁河谷地区跨越发展分别上升为国家、省发展战略，攀西战略资源创新开发得到国家、省高度重视，为我州全面赶超带来了重大机遇。

站在新起点，谋划新跨越，我们深感使命光荣、责任重大。我们要科学研判形势，准确把握凉山经济社会发展的阶段性特征，锁定“三级跳”战略目标，直面挑战，破解难题，努力推进全域凉山全面开发开放跨越式发展。

今后五年，政府工作的总体要求是：高举中国特色社会主义伟大旗帜，以邓小平理论和“三个代表”重要思想为指导，以科学发展为主题、加快转变经济发展方式为主线，抢抓机遇，深化改革，坚持优势资源开发与保护并重，“两手抓”、“双提升”，“两化”互动、“三化”联动，工业强州、生态立州、开放兴州，充分放大“西昌经济圈”、“两会”增长极的辐射作用，大力提升安宁河谷、“三江”开发的带动作用，打造“大凉山”特色品牌，建设全国重要的清洁能源生产基地、钒钛稀土资源综合利用基地、战略性优质烟叶及花卉基地和四川旅游发展次中心，加快富民强州、全面小康进程，加快建设美丽富饶文明和谐新凉山。

今后五年，全州经济社会发展的主要目标是：全面完成“十二五”规划确定的各项目标任务，实现“十三五”良好开局。全州综合经济实力大幅提升，产业结构调整大见成效，人民群众生活质量明显改善，可持续发展能力明显增强，民族聚居地区经济社会发展主要指标达到“十一五”末全州平均水平，安宁河谷地区初步建成全省区域发展增长极，全州经济总量跻身全省第一方阵。

今年是建州60周年，是实施“十二五”规划承上启下的重要一年。我们将按照州第七次党代会、州委经济工作会的安排部署，牢固树立科学发展、开放发展、跨越发展理念，牢牢把握“稳定增势、高位求进、加快发展”工作基调，紧紧围绕“总量扩张、质效双增、富民惠民、和谐稳定”总体目标，坚定信心、拼搏奋进，努力在转变经济发展方式上取得新进展，在深化改革开放上取得新突破，在改善民生上取得新成效。今年发展的主要预期目标是：地区生产总值确保增长14%，力争增长15%以上；全社会固定资产投资确保增长15%，力争增长20%以上；财政一般预算总收入确保增长15%，力争增长20%以上，其中地方财政一般预算收入确保增长15%，力争增长20%以上；城镇居民人均可支配收入、农民人均纯收入分别增长13%、12%以上完成省政府下达的节能减排等约束性指标。

一、放大优势，做强产业，着力打造经济繁荣的新凉山

强化投资拉动、产业支撑，大力提高资源科学开发利用水平，加快构建具有区域特色和比较优势的现代产业体系。

全力推进新型工业化。坚持做大总量、提升实力，注重质量、优化结构，加快推进“工业凉山”建设，确保规模以上工业增加值增长23%以上。优化升级产业结构。以打造全国重要的清洁能源生产基地和钒钛稀土资源综合利用基地为着力点，加快产业和产品结构调整，延长产业链，发展高端产业和产业高端，推进资源精深加工，提高资源利用效率，壮大规模经济和范围经济。强化重大项目支撑。大力推进以水电为主的清洁能源项目建设，确保锦屏、官地水电站投产发电，加快德昌风电二三期、会理太阳能等新能源项目建设，加快推进白鹤滩、乌东德、杨房沟等水电站前期工作。大力推进以钒钛制品、稀土综合应用、有色金属、建材化工和机械制造为重点的项目建设，促进攀钢西昌钒钛资源综合利用等项目达产达效，推动西昌钢钒200万吨冷轧项目尽快上马；确保江铜冕宁稀土资源整合开发利用、宁南100万吨干法水泥等项目竣工投产；开工建设会理昆鹏10万吨阴极铜、会东西部矿业10万吨铅锌、雷波新都化工6万吨黄磷等项目；加快推进钒钛新材料新技术综合应用（西南铸业150万吨铸管铸件及配套）等项目，力争早日开工建设。加快打造园区互动平台。积极推动西昌钒钛、冕宁稀土产业园区创建国家级重点产业园区，成凉、会理有色、雷波磷化工、盐源循环经济和德昌银厂产业园区创建省级重点产业园区，加强会东、甘洛、喜德、美姑等县工业集中区建设。支持企业发展壮大。深入实施大企业大集团战略，扶优扶强中小企业，积极支持微型企业发展；加强银企、政企对接合作，全力帮助企业克服困难，降本增效，开拓市场，加快发展。力争新增规模以上企业60户。

全力推进农业现代化。全面落实强农惠农政策，加快农业农村经济发展，确保第一产业增加值增长3%以上。大力推进新增30亿斤粮食生产能力建设，产粮226.7万吨以上。加强绿色特色农产品基地建设，加快打造全国重要的战略性优质烟叶及花卉基地、绿色食品原料马铃薯标准化生产基地、苦荞麦生产基地、优质高原水果生产基地、优质茧丝生产基地和全省最大的草食

畜生产基地、重要的特色农产品输出基地，做强“大凉山”特色品牌，产烟310万担、马铃薯380万吨、苦荞麦10.6万吨、特色水果94.2万吨、蚕茧45万担、优质蔬菜226.1万吨，种植花卉2万亩。深入开展现代畜牧业深化试点和提质扩面，推进新增出栏150万头生猪和150万头草食畜生产能力建设，大力发展适度规模标准化养殖，肉类总产量达65.6万吨以上。扎实推进林业产业强县建设，健全森林灾害科学防治体系，培育现代林业产业基地26.1万亩。大力提高农业产业化经营水平，力争新增农业产业化龙头企业15户、农民专业合作组织100个以上。加强农企、农超对接和产销衔接，提高农产品综合商品率。积极实施农特产品原产地保护，加快推进农业标准化，确保农产品质量安全。

全力发展现代服务业。研究制定现代服务业发展指导目录，切实提升服务业发展水平，确保社会消费品零售总额增长15%以上。大力发展旅游业，加强景区景点、精品旅游线路和旅游标准化建设，积极推动邛海创建国家级旅游度假区，螺髻山、泸沽湖、灵山寺等创建省级旅游度假区，深度开发旅游产品，不断完善旅游公共管理服务平台，强化宣传营销，加快建设四川旅游发展次中心，力争旅游总收入突破90亿元。大力发展以第三方物流为重点的现代物流业，加快规划建设凉山“两烟”智能物流体系、国家农产品现代流通体系综合试点等重大物流项目，搭建专业物流平台，打造西昌商贸物流中心和一批区域性物流节点城镇。深入实施金融发展“四区”战略，加快农总行“三农”产品创新基地建设，大力支持地方金融机构发展，积极引进各类金融机构和金融服务组织，加快发展银行、保险、证券、担保等金融服务业。巩固扩大传统消费，积极培育信息、养老等消费热点，扩大消费需求。

全力推动文化大发展大繁荣。制定实施文化产业发展规划，加强民族文化、红色文化等文化资源的保护和开发利用，大力发展文化旅游、文化演艺、新闻出版等主导文化产业，培育新的经济增长点和支柱性产业。整合文化资源，推动文化产业与相关产业融合发展，引导社会资本以多种形式投资文化产业，培育具有行业代表性、区域影响力的大型文化企业和文化战略投资者，提升文化产业的集中度和集约化经营水平。把州歌舞团打造成国内知名、民族地区一流的歌舞团。积极促成凉山文广传媒与新加坡报业集团共建文化产业园区。加强非物质文化遗产和文物的保护利用，大力发展民族文学艺术。深入实施广播电视“村村通”、农村电影放映、广场音乐会等文化惠民工程，加快构建覆盖城乡的公共文化服务体系。办好建州60周年庆祝活动。

二、统筹区域，联动城乡，着力打造互动共荣的新凉山

深入实施“一个意见、两个规划”，强化区域、城乡统筹，构建一体化发展新格局。

加快区域统筹发展步伐。加快推进安宁河谷地区170个重大项目建设，推动西昌、德昌、冕宁同城化发展，支持“两会”一体化发展，全力构建“西昌经济圈”，培育壮大“两会”增长极，加快建设安宁河谷经济发展带，倾力打造全省区域增长极，辐射带动大凉山彝区和木里藏区跨越发展。积极参与编制实施《乌蒙山片区（四川部分）区域发展与扶贫攻坚规划（2011—2020年）》，加快实施大凉山综合扶贫开发规划项目，完成投资83.59亿元；深化“4+4”对口帮扶，加强与珠海市东西扶贫协作，大力推进行业扶贫、社会扶贫。抓紧实施木里藏区规划的79个重点项目，继续抓好藏区“三大民生工程”，推进木里藏区跨越式发展和长治久安。

大力推进新型城镇化。加快编制完善州域城镇体系规划、区域次区域中心城市和城镇总体规划，以及各类专业规划和规划控制区详规，建立覆盖城乡的规划控制体系。大力实施中心城市带动战略，充分凸显生态田园、休闲度假城市品牌，加快建设海河天街等一批城市景观、园林绿化项目，启动建设以文化教育、物流、工业、科技园区为重点的城市新区，加快打造现代化的生态田园西昌。分类推进安宁河谷地区、大凉山彝区和木里藏区城镇特色化发展，塑造鲜明的城市个性和风貌特色，支持会理撤县建市，着力培育7个小城市、8个县城和62个重点集镇。落实国家房地产调控政策，促进房地产市场健康发展。不断完善城镇基础设施和公共服务设施，加强城镇管理，着力解决交通拥堵等突出问题，提升城市现代化水平。

全力推进新村建设。完善新村建设规划，加快实施“百乡千村工程”，统筹推进产业发展、基础设施、公益设施和村级组织建设，全面完成2011年334个彝家新寨建设任务，启动建设安宁河谷地区新村222个、彝家新寨234个、藏区新村12个。开展新农村综合体建设试点，推动新村建设与城镇化互动发展。

构建区域城乡协调发展机制。建立完善资源保障供给、共同开发和利益分配等区域联动发展机制，努力解决产业同构、同质竞争、资源浪费等问题，推进区域一

体化发展。探索制定工业反哺农业、城市支持农村，具有凉山特色的统筹城乡发展机制和政策措施，研究落实就业、社保、教育、医疗、住房等普惠共享政策，逐步建立城乡均衡发展的公共服务体系，促进人口和生产要素自由流动。

三、突破瓶颈，改善环境，着力打造宜居宜业的新凉山

突出抓好以交通为重点的基础设施建设，扎实推进生态建设和环境保护，不断提升人民群众工作、生活的便捷性和舒适度。

实施交通建设大会战。以超常举措破解交通瓶颈，加快建设四川南向国际大通道区域性综合交通枢纽，加快构建"五纵两横两环加航空水运"的现代立体综合交通运输体系。全力推进"四高三铁"建设，力争开工建设成昆铁路扩能、泸沽至黄联关高速公路扩建及永郎至会理高等级公路项目，争取雅攀高速公路在西昌马道等处增设出口，建设A级灵山景区服务站；积极推进攀昭遵铁路、川藏铁路雅安至甘洛段和西昭、西泸、宜攀、乐西高速公路项目前期工作，完成西昭高速公路凉山段和西泸高速公路BOT招商。加大国省干线公路改造力度，加快建设南北环线、溪洛渡电站还建路、白鹤滩和乌东德等电站对外通道、金沙江鱼鲊大桥和金东大桥，完成小相岭、小高山、椅子垭口、箐口隧道前期工作，新建改造干线公路639公里。大力推进通乡、通村公路建设，新建通乡油路200公里、通村公路1200公里。启动实施《凉山港雷波港区总体规划》，积极推进金沙江、雅砻江干线航道建设，加快对接长江黄金水道。争取开通西昌至上海、广州等航线，加快构建西昌干线航空体系。探索完善交通建设投融资机制，以争取国家投入、引进战略投资、银行贷款、BOT、BT、资源开发企业投资、发行地方债券等方式，全力突破资金制约。

大搞农田水利基本建设。坚持大中小微并举，扎实推进以水利为重点的农田水利基本建设，提高农业综合生产能力。开工建设盐源老沟水库、会东龙滩和雪山水库扩建工程，加快大桥水库灌区二期和盐源龙塘、喜德米市、会理横山、德昌和平等水库项目前期工作，推进"五小水利工程"和小农水重点县建设，大力发展节水灌溉，加强水资源和水利工程设施管理，切实提高水利防灾减灾能力、水资源调控水平和供水保障能力。利用天府新区基本农田补划契机，大力实施山水林田路综合治理，新建沼气池3万口、机耕道1400公里，改造中低产田土16.5万亩，整治病险水库33座，治理水土流失面积50平方公里，新增有效灌面5万亩、节水灌面7.5万亩，解决25万农村人口的饮水安全问题。

加快电力和信息等基础设施建设。以800千伏特高压直流换流站、500千伏输变电工程、220千伏输电骨干网架建设为重点，推进全州骨干电网建设。改造完善农村电网，解决3.68万无电户用电问题。加快电子政务、科技信息、公共服务等网络建设，积极推进"智慧城市、光网凉山"和农村信息基础设施建设，构建全域联通的信息网络。推进基层邮政服务网点建设，建成255个乡邮政所。

加强生态环境建设。坚持既要金山银山，又要绿水青山，深入实施天然林保护二期、碳汇造林等重点生态工程，力争森林覆盖率达到44%。加强重要生态保护区、水源涵养区、江河源头区等水生态和水环境保护、治理，推进邛海湿地恢复建设三期工程，全力打造邛海、泸沽湖"国际重要湿地"；突出抓好集中式饮用水源保护。实施水库移民安置区基础设施建设和库区生态恢复工程。全面启动地质灾害防治专项规划编制，认真实施重大地质灾害防治、避险搬迁安置工程，加强水土流失和矿山地质环境治理。深入开展城乡环境综合治理，实施环境优美示范工程，推进环保模范城镇创建活动。扎实推进节能减排。严格执行国家、省产业发展政策，坚决遏制高耗能行业过快增长；突出抓好工业节能减排，开展"千家企业节能行动"，实施节能减排重大支撑项目、重点示范项目，加快淘汰落后产能，广泛推进公共机构、交通运输、建筑、商贸等重点领域节能。全面实施排污许可证制度，推行环境污染强制责任保险试点和排污权交易试点，加强重点流域、重点区域、重点行业、重点企业的环境监管，突出抓好5个重点县(市)、56户重点企业重金属污染防治；加强农村面源污染、安宁河等重点流域及湖库污染综合治理。

四、深化改革，创新驱动，着力打造活力迸发的新凉山

全力推进各项改革，鼓励支持自主创新，不断增强科学发展的动力和活力。

加快推进重点领域和关键环节改革。探索合理确定当地留存收益、推进资源就地转化、地方依法参股等方式，建立完善资源开发有偿使用、开发补偿、资源节约和生态环境保护机制，促进资源开发直接惠民。继续推进州属国有企业改制重组，健全现代企业制度。加强国有资产监管，确保国有资产保值增值。加强和规范投融

资平台建设，支持有条件的企业在资本市场直接融资；规范发展民间借贷，积极防范和化解金融风险。完成农村集体土地确权登记发证和集体林权主体改革。加快户籍制度改革。建立健全城乡用地增减挂钩机制，科学配置土地资源。深化医疗卫生、教育文化等体制改革。强化部门预算、国库集中收付、政府采购和政府性债务管理，深化行政审批制度改革，启动县级公务卡改革，稳步推进“三公”经费公开。积极稳妥推进事业单位分类改革。

加快科技进步与创新步伐。完善科技进步奖励和扶持政策，研究确定战略资源创新开发技术路线和攻关项目，大力推进攀西战略资源创新开发试验区建设，抓好省烟草技术中心建设，加快打造“三大科技洼地”。支持重点企业建立国家级实验室、研发中心和创新中心，积极创建国家高新技术企业、省创新型企业，加快建立区域性技术创新体系。实施科技成果转化专项和高新技术产业科技支撑行动，搭建技术转移平台，做好航天培育烟叶新品种选育等工作，推动一批重点科技成果商品化、资本化、产业化。加强知识产权保护。深化城乡科技发展行动，推进科学技术普及，拓展对外科技交流合作。深入实施全州中长期人才发展规划，加强人才队伍培养。

加大品牌建设力度。完善品牌发展规划，建立健全产品质量、标准化管理、计量检测和企业质量信用体系，支持企业、专合组织和行业协会争创名牌，全力打造“大凉山”特色品牌，做大品牌经济。推动全州农业企业产品统一标注“大凉山特色农产品”标识，力争创建10个省名牌，创建全国第一个市州级优质烤烟标准化示范州、2个省级金融生态环境示范县（市）。

五、扩大开放，深化合作，着力打造开明开放的新凉山

大力实施充分开放合作战略，努力构建全方位、多层次、宽领域的开放合作新格局。

加强对外开放合作。深化与津巴布韦烟草生产技术合作、与荷兰花卉产业合作、与世界著名酒庄葡萄酒产业合作，推进与新加坡钒钛资源深加工合作、与泰国农业服务业合作，加快凉山国际化步伐。主动对接成渝、昆明经济圈，积极融入泛珠三角、长三角经济区和中国—东盟自由贸易区，深化成凉、攀凉、川滇黔10市地州、厅州、局州合作。加快农总行“三农”产品创新基地建设，全面落实与省级金融机构签署的合作协议。加强宣传推介，着力塑造“四大名片”，全面提升凉山对外开放形象。加强出口基地建设和出口产品培育，力争进出口总额增长15%以上。

高度重视和加强招商引资工作。充分利用建州60周年庆典、火把节、西博会、农交会等平台，充分发挥企业、商会、驻外机构和挂职招商干部的桥梁作用，大力实施资源招商、产业链招商和投资环境招商，推进专业化招商，注重招商选资、招大引强，狠抓签约项目落实，增强招商引资实效，确保到位资金260亿元，力争300亿元。

加快发展民营经济。坚持“非禁即入”，建立规范透明的市场准入标准，营造公开、公平、公正的发展环境，拓宽民间投资的领域和范围。全面落实促进民营经济发展的政策措施，积极支持民间资本投资实体经济，加强对民营企业的服务、指导和规范管理，切实保护民间投资的合法权益，让民营企业放心、放胆、放手发展，确保民营经济增加值增长16%以上。

六、保障民生，促进共享，着力打造幸福文明的新凉山

坚持民生优先，集中力量办好关系人民群众切身利益的实事，让人民群众生活更加幸福。

强化劳动就业和社会保障。落实更加积极的就业政策，强化就业援助，健全就业服务平台，提升公共就业服务水平，确保城镇新增就业1.36万人，下岗失业人员和被征地农民实现就业3800人，城镇登记失业率控制在4.2%以内。深入实施劳务开发“双百工程”，培训农民工10万人次，转移输出农村劳动力78万人，实现劳务收入70亿元。完善城镇职工养老、医疗和城镇居民、新型农村社会养老等保险制度，构建覆盖城乡的社会保障体系。建立财政投入自然增长机制，逐步提高城乡低保、五保对象的保障标准和医疗救助水平。发展老龄服务、社会福利和慈善事业，开展“双百”进凉山和城乡困难群众临时生活困难救助工作，新建改扩建敬老院11所。健全投资、建设、分配、管理机制，力争开工建设保障性住房2532套、改造棚户区4574户、发放租赁补贴12360户、改造农村D级危房36834户。严格执行最低工资制度。着力保持物价基本稳定，缓解价格上涨对低收入群体生活的影响。

优先发展教育事业。实施教育改革发展中长期规划和民族地区教育发展第二个十年行动计划，推进基本公共教育服务均等化。巩固发展义务教育成果，加强薄弱学校建设，切实解决留守儿童、贫困家庭和农民工子女入学问题。大力发展寄宿制教育，推进寄宿制学校标准

化建设，提高学生生活补助标准，扩大办学规模。大力发展学前教育，新建改扩建公立幼儿园22所，支持社会力量新建改扩建幼儿园10所。加快发展职业教育，深入实施彝区免费职教计划和藏区“9+3”免费教育计划，将新扶贫标准以下农村贫困家庭子女纳入免费中职教育；启动西昌职教园区建设，加紧筹建一所高职院校，统筹高中阶段教育资源，实现初中毕业生应招尽招的目标。积极发展高等教育，支持西昌学院办出特色、办出水平、扩大影响，加快筹建凉山医学院。积极发展民族教育，重点加强民族聚居地区“双语”教育。重视支持特殊教育，加快发展继续教育。突出师德建设，加强教职工队伍的教育、培养和管理，清理整治乱办班、乱收费等行为。高度重视学校安全工作，推进依法治教，治理校园周边环境，确保学校安全稳定。

大力发展医疗卫生事业。实施民族地区卫生事业发展十年行动计划，推进国家基本公共卫生服务项目和重大公共卫生项目建设，健全医疗卫生服务体系，逐步配齐基层医疗卫生服务人员，提高医疗服务水平。加大综合医院管理评价体系实施力度，确保70%的县级医院达二甲标准。在州、县（市）两级公立医院全面推行预约挂号等便民服务措施。支持民营医院发展，优化医疗执业环境。巩固完善基本药物制度，切实降低基本药物虚高价格。完善新型农村合作医疗制度，力争将所有村卫生室纳入支付范围，确保农民参合率达96%以上。积极发展中医药和民族医药事业，推动州中西医结合医院项目建设。加强妇幼保健工作，提高孕产妇住院分娩率。深入实施艾滋病防治规划，加大重大疾病防控力度，有效遏制艾滋病等重大传染疾病传播蔓延。

统筹发展人口与计生等社会事业。大力实施人口与计生“六大工程”，全面落实计生惠民政策，切实稳定低生育水平，统筹解决人口问题，确保人口自然增长率控制在8.5‰以内。依法保障妇女儿童合法权益，重视和关心下一代，大力发展青少年事业。加强体育基础设施建设，广泛开展全民健身活动，不断提高竞技体育水平。积极发展社会科学事业，加强语言文字规范使用，推进档案、地方志等工作。

切实加强精神文明建设。扎实推进社会主义核心价值体系建设，实施公民道德建设工程，深化文明城市、文明村镇、文明单位创建活动。积极开展社区志愿服务和关爱农村留守妇女儿童、空巢老人、残疾人等活动。加强诚信体系建设，加大失信行为惩戒力度，巩固社会信任心理，推进诚信凉山建设。巩固提升彝区健康文明新生活运动成果，大力倡导健康文明的生活方式。

七、完善机制，强化管理，着力打造平安和谐的新凉山

努力提高社会管理科学化水平，维护社会公平正义，保护人民群众利益，促进社会和谐稳定。

加强和创新社会管理。强化乡镇社会管理服务职能，健全群众自治机制，加强民间组织工作，推进和谐社区建设。加强流动人口服务管理，逐步实现基本公共服务全覆盖。巩固完善信访问题排查、社会矛盾纠纷调处和“三调联动”机制，畅通群众利益诉求渠道，积极回应群众关切，及时有效化解社会矛盾。加强政务微博等平台建设，正确引导媒体特别是网络舆情，更好地运用新媒体联系群众、服务群众、改进工作。健全完善突发事件应急管理体制机制，提高公共安全防范意识，有效预防和妥善处置各类突发事件。推进社会管理综合治理，深入开展禁毒防艾三年攻坚等专项行动，继续抓好重点县禁毒“摘帽”工作，推进“两所一庭”、盐源“绿色家园”、城市天网工程和智能交通管理体系建设，严密防范、依法打击各类违法犯罪。切实加强国家安全和保密工作。全面开展“六五”普法教育，提高公民法律素质。扎实推进法治县（市）创建，做好行政复议、法律服务、法律援助工作，引导公民理性、合法表达利益诉求，维护司法公正。全面落实安全生产责任制，强化重点行业、重点领域隐患排查整治，坚决遏制重特大安全事故发生。抓好水电站等工程项目“先移民后建设”试点。逐步建立完善食品安全市场准入和可追溯制度，加强食品药品安全监管。切实做好外事侨务、防震减灾、供销、气象、测绘、水文监测等工作。

做好民族宗教工作。认真贯彻落实党的民族宗教政策，深入开展民族团结宣传教育活动，旗帜鲜明地反对民族分裂，巩固全州各族人民共同团结奋斗、共同繁荣发展的大好局面，努力建设最平安、最稳定、最和谐的民族地区。依法管理宗教事务，充分发挥宗教界人士在促进经济社会发展中的积极作用。

全面加强国防建设。扎实推进“双拥”共建，切实做好国防教育、国防动员、征兵、民兵预备役、拥军优属和人防工作，进一步做好转业复员退伍军人接收安置工作。

努力建设人民满意政府

过去五年，州人民政府始终坚持“立党为公、执政

为民”，不断健全决策、执行、监督机制，切实增强了政府执行能力和为民服务能力，取得了显著成效。一是法治建设取得新成效。向州人大常委会提请审议地方性法规6件，制定行政规范性文件81件，在全国市州级行政区中率先制定实施行政程序规定。办理州人大代表建议548件，州政协委员提案1116件、意见295件。政府信息公开全面推进，州人民政府门户网站建设持续走在全国、全省前列。政府工程招投标、土地出让、产权交易、政府采购、财政资金管理使用等各项制度不断完善。二是行政效能实现新提升。简化办事程序，精简会议，改进文风，行政效率和服务水平不断提高。政务服务中心建设得到加强，电子政务大厅投入试运行，州政务服务中心行政审批事项按时办结率、现场办结率、群众满意率分别达100%、99.85%、100%。三是廉政建设取得新突破。惩治和预防腐败体系建设扎实推进，监察、审计和财政监督力度加大，公共资源交易以及重大工程、重点行业、重点领域、重要环节资金监管不断加强，一些损害群众利益的不正之风得到纠正。坚持厉行节约，反对铺张浪费，行政成本性支出占一般预算支出的比重较2006年下降2.7个百分点。

面对新形势，肩负新使命，迈向新征程，我们将倍加珍惜人民赋予的权力，倍加珍惜难得的机遇，进一步加强政府自身建设，继往开来，奋力开拓，向全州各族人民交出合格答卷。

践行科学发展理念。围绕科学发展主题和转变经济发展方式主线，加强学习、深入调研，不断深化对社会主义市场经济规律和州情的认识，科学研判宏观经济运行形势，注重前瞻性安排部署。不断健全公众参与、专家论证和政府决策相结合的决策机制，加强对事关长远发展的重大问题研究，集思广益、科学决策，提高政府工作科学化水平。

落实依法行政要求。深化法治政府建设，严格按照法定权限和规范程序履行职责，切实落实行政执法责任制，强化执法监督，规范行政行为。自觉接受州人大及其常委会的法律监督、工作监督，主动接受州政协的民主监督，虚心接受人民群众和舆论监督，强化监察、审计监督，重视司法监督，认真办理人大代表、政协委员的建议、提案和意见，始终把政府工作置于依法规范的轨道之上和人民群众的广泛监督之下。

勇当跨越发展先锋。坚持解放思想、实事求是，敢抓善管、敢于担责，以谋发展的新思路、抓发展的新举措、促发展的新手段，推进全域凉山全面协调可持续发展。坚持钢班子带铁队伍，全力打造团结、拼搏、协作、奉献的工作团队，保持昂扬向上的精神状态、锐意进取的工作激情、拼搏奉献的意志品质，自我加压、奋发图强，干在实处、争创一流。

甘为勤政为民公仆。始终把群众利益放在最高位置，把为全州各族人民谋幸福作为最大的执政责任和根本追求，深入基层、深入一线、深入群众，问政于民、问需于民、问计于民，千方百计解决群众最急、最盼、最忧、最怨的实际问题。全面加强服务型政府建设，着力办好州、县（市）政务服务中心和乡镇便民服务中心，强化信息公开，深化行政效能建设，进一步提高行政效率和服务质量。加快建立公共财政体制，把更多的财力物力用到为人民群众提供公共服务上来。

争做廉洁奉公表率。认真落实“一岗双责”，严格执行党风廉政建设各项制度。加强公共资源交易、财政资金使用监管，严肃查处各类违法违纪案件。深化纠风治乱，坚决纠正损害群众利益的不正之风。坚决制止铺张浪费，严控行政成本，建设节约型政府，树立清正廉洁形象。

各位代表，回首过去，我们携手创造了奋进跨越的辉煌历史；展望未来，我们共同肩负着“跑步奔小康”的神圣使命。让我们更加紧密地团结在以胡锦涛同志为总书记的党中央周围，在省委、省政府和州委的正确领导下，团结一心，励精图治，加快建设美丽富饶文明和谐新凉山，以优异成绩向建州60周年献礼，迎接党的十八大和省第十次党代会胜利召开！

名词解释：

1. 五小水利工程：即小水窖、小水池、小泵站、小塘坝和小水渠工程。

2. 三大科技洼地：即我州以水电开发为主的新能源科技洼地、以钒钛稀土综合开发应用为主的新材料科技洼地和以现代烟草为主的现代农业及生物产业科技洼地。

3. 八大扶贫工程：即产业扶贫、基础设施扶贫、教育扶贫、卫生扶贫、社会保障扶贫、生态扶贫、劳务扶贫和新村扶贫工程。

4. 十项民生工程：即就业促进工程、扶贫解困工程、民族地区帮扶工程、教育助学工程、社会保障工程、医疗卫生工程、百姓安居工程、基础设施工程、生态环境工程、文化体育工程。

5. 五大保险：即基本养老保险、失业保险、基本医疗保险、工伤保险、生育保险。

6. 藏区“9+3”免费教育计划：即在藏区实行9年义务教育和三年中等职业学校免费教育。

7. 两所一庭：即公安派出所、司法所和人民法庭。

8. 国防动员“五个一”活动：即抓好一个国防教育，建强一支应急应战队伍，建好一个国防动员综合教育训练基地，搭建一个国防动员信息指挥管理平台，完善一个国防动员运行机制。

9. “三级跳”战略目标：即六届州委第十三次全会及州第七党代会提出的两年完成“百千工程”、五年实现“四个翻番”、十年实现“四大跨越”。“百千工程”，即2011年财政一般预算总收入突破100亿元，2012年地区生产总值突破1000亿元；“四个翻番”，即2015年实现地区生产总值、规模以上工业增加值、固定资产投资、地方财政一般预算收入四项主要经济指标在2010年基础上翻一番；“四大跨越”，即2020年基本实现城乡基本公共服务均等化，基本消除绝对贫困现象，安宁河谷地区经济社会发展达到成都经济区发展水平、率先实现全面小康，民族聚居县与全省同步实现全面小康。

10. 两手抓：即一手抓安宁河谷地区率先发展，一手抓大凉山彝区和木里藏区跨越发展。

11. 双提升：即提速增量、提质增效。

12. “两化”互动、“三化”联动：即新型工业化、新型城镇化互动发展，新型工业化、新型城镇化、农业现代化联动发展。

13. 规模经济：即同一地方同行业企业增加，多个企业共享生产要素，或一个企业随着产品产量的增加，从而实现降本增效。

14. 范围经济：即同一地方单个企业生产活动专业化，多个企业分工协作，组成生产系统，或单个企业随着产品品种的增加，从而实现降本增效。

15. 金融发展“四区”战略：即我州打造金融资源聚集区、金融服务创新区、金融运行安全区、经济金融互动共赢示范区的发展战略。

16. 一个意见、两个规划：即省委、省政府《关于加快推进彝区跨越式发展的意见》，《安宁河谷地区跨越式发展总体规划》、《大小凉山综合扶贫开发规划总体思路》及10个专题方案。

17. 藏区“三大民生工程”：即牧民定居行动计划、“9+3”免费教育计划、卫生事业发展计划。

18. 百乡千村工程：即2015年前集中连片推进安宁河谷地区152个乡镇的新村建设、整体推进彝区藏区1237个新村建设。

19. 五纵两横两环加航空水运：“五纵”即成昆铁路、108国道、雅攀高速公路、成昆铁路复线、宜攀高速公路，“两横”即307省道、西昭和西泸高速公路，“两环”即西昌—德昌—会理—会东—宁南—普格—西昌南环线和西昌—昭觉—越西—喜德—冕宁—西昌北环线。

20. 四高三铁：即西昌至昭通高速公路、西昌至泸沽湖高速公路、宜宾至攀枝花高速公路、乐山至西昌高速公路，成昆铁路扩能、攀枝花经昭通至遵义铁路、川藏铁路雅安至甘洛段。

21. BOT、BT：BOT即“建设—经营—移交”，是以政府和投资方之间达成协议为前提，由政府允许投资方在一定时期内筹集资金建设某一基础设施并管理和经营该设施，特许期限结束后，投资方按约定将该设施移交政府部门经营和管理。BT即“建设—移交”，是政府利用非政府资金来进行非经营性基础设施建设项目的融资模式。

22. 智慧城市、光网凉山：即运用现代信息技术手段，以超高速全光网络为依托，对公众服务、社会管理、产业运作等活动的各种需求做出智能响应，打造我州城镇发展的智能环境，构建全新的城市形态。

23. “三公”经费：即公务出国（境）经费、公务用车购置及运行费、公务接待费。

24. 四大名片：即资源宝地、旅游胜地、投资洼地、民族文化。

25. “双百”进凉山：即100户全国100强企业“善行凉山”工作。

26. 六大工程：即人口文化、诚信阳光计生、优质服务、计生惠民、人口信息、强基提质六大工程。

27. 三调联动：即人民调解、司法调解、行政调解相互衔接、整体联动。

中国人民政治协商会议凉山彝族自治州第十届委员会常务委员会工作报告

——2012年2月9日在政协凉山彝族自治州第十一届委员会第一次会议上

政协凉山彝族自治州委员会主席　周文安

各位委员，同志们：

我代表政协凉山彝族自治州第十届委员会常务委员会，向大会报告工作，请各位委员审议，请同志们提出意见。

一、五年工作回顾

过去五年，是我州发展进程中很不平凡的五年。面对极为复杂的发展环境和艰巨繁重的发展任务，中共凉山州委团结带领全州各族人民，全面贯彻中共十七大和十七届历次全会精神，以邓小平理论和“三个代表”重要思想为指导，深入贯彻落实科学发展观，解放思想、开拓进取，抢抓机遇、跨越发展，美丽富饶文明和谐新凉山建设迈出坚实步伐。

过去五年，也是我州政协事业取得创新发展的五年。政协第十届凉山州委员会常务委员会高举爱国主义、社会主义旗帜，牢牢把握团结、民主主题，紧紧围绕全州工作大局，坚持把助推科学发展作为第一要务，把促进民生改善作为履职之本，把维护社会和谐稳定作为重要责任，认真组织并充分调动广大政协委员，坚持依法律按章程履职，力求抓特色出亮点，为助推全州经济快速发展、民生持续改善、民族团结进步、社会和谐稳定作出了积极贡献。十届州政协履职的五年，是解放思想、开拓进取，勇于担当、奋发有为，各项工作取得新发展的五年；是风雨同舟、肝胆相照，团结合作取得丰硕成果的五年。

（一）继承发扬自觉学习传统，强基固本增共识

传承和发扬人民政协自觉学习、自我教育的优良传统，把加强学习作为夯实思想基础、明晰着力方位、提升履职能力、汇聚发展力量的先导性任务摆在突出位置，成为促进政协工作蓬勃发展的强大推动力。

夯实思想基础。通过各种例会和专题座谈会、报告会、专题讲座等形式，组织和推动政协各参加单位、各界别、广大政协委员和全州各级政协组织，深入学习中国特色社会主义理论体系、中共十七大及十七届历次全会精神，学习胡锦涛总书记在庆祝人民政协成立60周年大会和纪念辛亥革命100周年大会上的重要讲话精神，学习《中共中央关于加强人民政协工作的意见》以及省委、州委贯彻实施意见精神，深刻把握新形势下人民政协的使命和任务，不断深化对中国特色社会主义理论、统一战线理论和人民政协事业发展规律的认识，进一步筑牢共同团结奋斗的思想政治基础。

明晰着力方位。十届州政协刚组建，主席会议就认真学习、全面掌握《中共中央关于加强人民政协工作的意见》和《政协章程》的精神实质，在此基础上结合凉山实际，提出了十届州政协“一二三四五”的工作思路，即：“始终坚持把助推发展作为政协履职的第一要务，牢牢把握团结、民主两大主题，认真履行政治协商、民主监督、参政议政三项职能，切实发挥协调关系、汇聚力量、建言献策、服务大局四方面作用，积极促进政党、民族、宗教、阶层、海内外同胞五大关系和谐，不断开创凉山政协事业新局面。”五年来，我们坚持这一工作思路，适时对接阶段工作重点，切实保证了政协工作与全州工作大局目标一致、方向一致、行动一致。

提升履职能力。针对换届后新任委员较多的实际，举办了为期一周的新任委员培训会，为其尽快进入角色、正确履行职责，做一个称职尽责的政协委员打下了良好基础。届中，为帮助委员提高履职能力水平，将委员培训工作制度化、规范化、常态化。以一年一次的政协全体会议和四次常委例会为平台，组织开展专题培训，旨在帮助委员知情明政、拓宽视野，把握重点、做好对接，进而增强履职的前瞻性、针对性和实效性。五年来，先后邀请省委党校、省政协理论研究会等单位的多位专家学者在政协全委会和常委会上开展了16个专题讲座，使委员们开阔了视野，拓展了履职思路。

汇聚发展力量。认真贯彻落实中央和省委、州委的决策部署，引导政协各参加单位和广大委员充分认识推

进全域凉山全面协调可持续发展、加快建设美丽富饶文明和谐新凉山，是全州各族人民的共同利益和共同事业；准确把握全域全程全面小康建设战略和工业强州、开放兴州、生态立州发展路径，切实把思想和行动统一到州委的决策部署上来，把智慧和力量凝聚到各项目标任务和工作举措上来，以履行职能的实效来助推跨越发展、促进民生改善、维护社会和谐。

（二）紧紧围绕全州工作大局，齐心协力谋发展

坚持把服务科学发展作为人民政协履行职能的第一要务，坚持“主题”、贯穿“主线”，对接重点，发挥优势，务实建言，助推全域凉山全面协调可持续发展。

助推“双提升”战略实施。充分认识州委实施提速增量、提质增效“双提升”战略的极端重要性，把握深刻内涵，明晰着力重点，务实履行职能，提出对策建议，促进经济又好又快发展。围绕提速增量建言。十届十五次常委会议专题协商“推进项目建设、实施提速增量战略”，提出“增强抢抓项目意识、加强项目规划及项目库建设、做好项目前期工作、优化产业区域布局、强化资金土地电力交通等要素保障、改善项目建设环境、加大招商引资力度”等建议。围绕提质增效献策。十届十六次常委会议专题协商“深入实施品牌战略”，提出“加大宣传力度、增强品牌意识，制定技术标准、加强保护管理，大力宣传推介、彰显文化内涵，完善创建机制、提高服务水平”等建议；为助推加快转变经济发展方式，提升发展质效，组织主席学习会议成员赴内蒙古考察学习“实施资源本地化战略”经验，考察报告中提出的一些建设性意见建议引起州委重视；为促进科学开发资源，组织开展“矿产资源开发与保护并重”专题调研，提出“采探并重、深度加工、利益共享、开发与环保并重”等建议；运用政协反映社情民意“直通车”渠道，通过省政协、全国政协有关部门向国务院办公厅转报《关于建立健全民族地区资源有偿使用制度和生态环境补偿机制的建议》。围绕优化发展环境履职。强化民主监督职能，拓展民主监督渠道，促进州委重大决策的贯彻落实，为实施“双提升”战略营造优良政务环境。报经州委同意，组织开展了对州经信委、州农业局、州旅游局、州发改委、州水务局等五部门的民主评议，实现了帮助查找问题、推动科学决策、转变部门作风、促进依法行政、提升工作质效的预期目的。评议工作得到省政协和州委的充分肯定。

助推全域全面发展。准确把握州委“两手抓”战略，积极入位，主动作为，促进全域凉山全面协调可持续发展。促进安宁河谷地区率先发展。十届十八次常委会议专题协商“加快安宁河谷地区率先发展”，提出“规划引导、项目推进，调整结构、转变方式，健全体制、创新机制，坚持发展、强化环保，改善民生、促进和谐”等建议；组织驻州省政协委员和州政协常委赴成都考察学习“统筹城乡发展”经验，为加快建设美丽富饶文明和谐安宁河谷建言献策，提出“以城乡统筹为思路、以科学规划为龙头、以市场运作为动力、以科学方法为手段、以工作机制为保障”等建议。促进大凉山和木里藏区扶贫攻坚、跨越发展。十届十九次常委会议专题协商“大凉山综合扶贫和木里藏区跨越发展长治久安”，提出“强化自力更生、积极争取帮扶，强化产业支撑、坚持综合扶贫，强化公共服务、坚持民生优先，强化统筹规划、坚持结合实际，强化综合治理、坚持禁毒防艾”等建议；十届十二次常委会议专题协商“助推‘彝区三房改造’和‘藏区牧民定居行动计划’工程实施”，提出“争取政策支持、解决资金瓶颈，完善规划设计、增强实用功能”等建议；牵头大凉山综合扶贫开发调研，向州委呈报专题调研报告；参与“彝区健康文明新生活运动”督导；积极向上呼吁，争取政策支持，通过省政协、全国政协有关部门向国务院办公厅转报《关于请求将凉山彝族自治州纳入特殊类型贫困地区予以特殊扶持的建议》。

助推产业结构调整。准确把握工业强州、开放兴州、生态立州发展路径，着力助推产业结构调整，基础设施建设，夯实跨越发展的动力基础。促进工业强州。十届二次常委会议专题协商“实施工业强州战略”，提出“深化认识并把握资源开发型和投资拉动型的凉山经济发展特色；着力引进优势企业开发优势特色资源；积极争取政策支持，努力做到开发一方资源，造福一方百姓；坚持开发与保护并重，走资源节约型环境友好型发展道路，务求实现科学发展”等建议；十届七次常委会议专题协商“农产品加工”，提出“培植龙头企业、狠抓产业集群，推动科技创新、发展精深加工，加强基地建设、完善利益联结机制，实施品牌战略、狠抓标准化体系建设，注重轻工业发展、促进农业结构调整”等建议；主席会议成员参与联系协调重大项目建设，务实履职，积极作为；配合省政协完成民族地区工业发展、钒钛基地建设、冕宁稀土开发等专项调研。促进对外开放。十届十一次常委会议专题协商“实施开放兴州战略”，提出“进一步明确区域定位、理清发展思路，创新发展模式、完善开发机制，扩大对外开放、推进区域

合作，强化领导力度、创造优良环境”等建议。促进交通先行。十届六次常委会议专题协商“深入推进交通先行发展战略”，提出“进一步完善规划、积极争取项目，坚持强化管理、确保工程质量和干部廉洁，多方筹资、着力解决资金瓶颈制约难题，跟紧管护、确保公路通畅通达，妥善处理公路建设中的涉民问题”等建议。促进旅游产业发展。组织驻州全国政协委员、省政协委员和州政协委员赴福建、湖南、吉林考察学习旅游业发展经验，提出“理顺体制机制、实现高效管理，引进先进经营模式、创新资产运营机制，强化旅游执法、整顿规范旅游市场”等建议；调研泸沽湖旅游资源开发与保护，向州委报送《关于加强泸沽湖凉山景区建设和管理的几点建议》。促进生态环境保护。提交《关于加强安宁河流域及邛海周边生态保护的建议》、《关于西昌创建国家级生态城市的建议》等重点提案，引起州委、州政府高度重视。

助力科学制定“十二五”规划。围绕制定“十二五”规划，深入全州各县（市）和州级部门调研，组织主席学习会成员分组带着课题赴全国不同类区学习考察，开展不同层次协商讨论，提出“加快工业发展、做优现代农业、提升旅游产业、提速交通发展、深化扶贫攻坚、推进生态文明建设”等22条意见建议。

（三）认真践行履职为民宗旨，尽心竭力惠民生

坚持把以人为本、履职为民作为政协工作的出发点和落脚点，体察民情，表达民意，助解民困，协助党委、政府做好保障和改善民生工作。

体察民情建真言。围绕群众最关心、最直接、最现实的利益问题，深入了解民情，及时反映民意，多谋利民之策，多办利民之事，助推民生工程深入实施。促进教育均衡发展。十届八次常委会议专题协商“巩固提高‘普九’成果”，提出“尽快出台《凉山教育科学发展纲要》、加快中小学危房改造、加大‘控辍保学’工作力度、着力抓好教师队伍建设、推进素质教育、提高教育教学水平”等建议；视察“农村学校饮用水安全”；开展“全州职业教育发展情况”调研；督办《关于尽快落实西昌城南片区学校建设用地的建议》重点提案，使问题及时得到解决。促进医疗条件改善。开展“新农合”实施情况专项调研，向州委呈报《关于我州新型农村合作医疗工作的调研报告》、《凉山州部分群众未参加“新农合”原因分析》，引起高度重视；针对我州基层医务人员量少质弱问题，向州委提交《关于破解我州医务人员紧缺问题的建议》。促进劳务产业开发。十届十次常委会议专题协商“促进我州农村劳务产业发展”，向州委呈报专题报告；组织驻州省政协委员和州政协委员赴福建、遂宁、自贡考察学习劳务产业开发和促进返乡农民工稳定就业经验，向州委报送2个专题报告，提出“着力落实工作责任、建立健全劳务平台、加大劳务培训力度、强化服务保障机制”等10条建议。促进社会保障体系建设。开展“养老事业发展情况”、“《劳动合同法》实施情况”调研；提出“进一步建立贫困危重病人再救助机制”建议。促进文化体育事业发展。开展“促进文化产业发展”调研；向州委呈报《推进我州全民健身运动的建议》、《切实加强彝文古籍的保护和传承》等建议案；督办《关于开办彝语电视频道的建议》重点提案，及时得到办理落实。促进民众生活不断改善。视察调研邛海环境保护、农资价格监管、城乡环境综合整治、西昌市饮用水安全、城镇居民住房困难状况、城镇棚户区改造、食品药品安全等热点问题，组织委员提交提案，反映社情民意。

心系灾区献爱心。发动我州医卫界、群团界、政法界、军队界委员，奔赴“5·12”汶川特大地震、“8·30”会理地震灾区抢险救灾；组织我州各级政协委员、政协机关干部职工捐款捐物献爱心。据统计，全州政协系统向汶川地震灾区捐款捐物总值1370余万元，捐赠总额在全省市州政协名列前茅。向会理地震灾区捐款捐物总值100余万元；充分发挥政协“人才库”、“智囊团”作用，主动为灾区恢复重建献计出力，提出的《关于进一步规范志愿者服务活动的提案》、《关于加强政府管理、规范捐赠活动的提案》、《关于会理“8·30”地震灾后农房建设的建议》、《关于加强我州中小学校安全隐患排查的建议》等，受到省政协和州委、州政府的重视和吸纳。

搭建平台办实事。发挥联系广泛优势，牵线搭桥，竭力为民办实事、办好事。引进社会扶贫资金及物资价值总计2914万元，投入改善贫困地区农业、医疗、教育等基础设施，开办孤儿班、女童班49个，资助贫困学生4792人。扎实开展“五个一”联系和“挂包帮”活动，主席会议成员带领常委、发动委员为“五个一”联系点协调落实项目29个，协调项目资金2300余万元；向贫困农户捐赠款物价值119万元。州委、州政府启动实施“板凳工程”后，各级政协组织及时发动、快速跟进，州、县（市）政协和州政协常委捐赠板凳39592根，受益农户14556户。州政协机关为扶贫联系点协调解决资金及物资价值总计350余万元，机关干部

职工个人捐款9.3万元。

（四）着力发挥联系广泛优势，凝心聚力促和谐

高举爱国主义、社会主义两面旗帜，坚持团结、民主两大主题，充分发挥政协独特优势，调动一切积极因素服务社会管理，为促进形成各民族团结进步、社会和谐稳定的良好局面发挥了独特作用，作出了应有贡献。

突出团结民主主题。积极为各民主党派、工商联和无党派人士履行职能搭建平台、创造条件。支持各民主党派、工商联和无党派人士参与制定全州重大方针政策的协商及其履行职能的各种活动。重点安排各民主党派、工商联在政协全体会议和常委会议上作大会发言78人次，邀请他们参加视察考察和联合调研69次，及时向全国政协、省政协和州委、州政府及有关部门报送他们反映的社情民意。

倾力维护和谐稳定。充分发挥政协协调关系、化解矛盾的作用，促进社会和谐稳定。建言平安凉山建设。十届十七次常委会议专题协商“助推新一轮平安凉山建设”，把握“禁毒防艾形势严峻、信访维稳情况复杂、社会管理难度增大、基层基础有待加强、队伍建设还需强化”等特点，向州委报送“着力禁毒攻坚、强化矛盾化解、加强社会管理、强化队伍建设、完善保障机制”等建议；主席会议成员联系全州“禁毒摘帽”、“维稳促和”专项工作，督导“五五”普法检查验收。协力维护藏区稳定。协助党委政府做好藏区稳定工作，主席会议成员深入木里藏区宣讲党的民族宗教政策，积极参与民族团结教育活动，旗帜鲜明反对分裂，为维护藏区持续稳定尽责出力。增进各族各界团结。重视发挥民族界、宗教界委员的独特作用，引导和鼓励民族界、宗教界有较高声望的政协委员参与民事调解，协力做好宣传政策、化解矛盾工作，促进民族团结、宗教和睦，收到了事半功倍的效果；积极参与群众上访接待，妥善处理政协委员和各族各界群众来信来访，着力协调关系、理顺情绪、增进团结、凝聚人心。

广泛开展联谊工作。召开庆祝人民政协成立60周年暨州政协成立53周年座谈会，回顾光辉历程，总结宝贵经验，弘扬优良传统。举办迎春茶话会、中秋联谊会，开展走访慰问，加强同各族各界人士的联系与交流，增进共识，凝聚人心，聚集力量。热情接待全国政协和省政协视察调研组，以及来凉山考察的省、市、自治区和市、州政协的领导和朋友，为宣传凉山，提高凉山知名度，反映民族地区困难，积极争取上级支持，发挥了积极作用。

文史工作成果丰硕。整合资源，突出特色，充分发挥政协文史工作存史、资政、团结、育人重要作用。出版彝海结盟文史专辑《永恒的丰碑》、凉山民三改革文史专辑《让历史告诉未来》、纪念改革开放30周年专辑《风雨兼程铸辉煌》，并将三部专辑选送参加“四川省政协庆祝人民政协60周年成果展”，分获一、二、三等奖。

（五）坚持不懈加强自身建设，提升能力转作风

以开展学习实践科学发展观活动为统领，以推进党派、界别、委员、机关“四位一体”建设为内容，以加强制度化、规范化、程序化“三化”建设为目标，以开展机关效能建设、创先争优活动为抓手，强化自身建设，提升能力水平，转变工作作风，不断提高政协工作科学化水平。

抓学习提升能力。深入开展学习实践科学发展观活动，突出主题、坚持标准，精心组织、稳步推进。州政协党组、主席会议成员运用科学发展观武装头脑、指导实践、推动工作的能力和水平明显提升。

抓制度规范行为。认真落实州委政协工作会议精神，进一步完善机制制度，推动政协工作制度化、规范化、程序化建设取得新进展。制定出台《关于进一步加强自身建设，不断推进政协工作新发展的意见》、《关于加强对州政协常委、委员履职活动管理的暂行规定》、《关于开展“五个一”活动的意见》、《关于进一步加强政协反映社情民意信息工作的意见》等一系列制度规定，政协履职程序进一步规范，制度体系日趋完善。党派工作、专委会工作、界别活动、委员小组活动有序有效开展，机关服务工作科学有序、高效运转，保障能力明显增强。

抓管理营造环境。强化知情明政，加强服务管理，营造良好履职环境。坚持情况通报制度，畅通知情明政渠道。听取州委、州政府、州纪委、州法院、州检察院通报全州经济社会发展、党风廉政建设、提案办理、法检工作等情况；召开知情明政通报会，邀请相关部门通报年度工作重点难点。加强委员服务管理，为委员创造履职条件。坚持走访看望委员，密切与委员及所在单位联系沟通，协助解决困难；建立委员履职档案，系统总结委员开展“五个一”活动情况，对被评为先进的进行表彰；委托国家统计局凉山调查队对委员组成结构、履职环境、履职成效等情况进行随机抽样调查，为换届优化委员结构、提升委员履职质效提供参考依据。强化宣传信息工作，增进社会各界对政协组织的认知认同。深

化与新闻媒体的协作，为政协履行职能营造良好氛围；搞好载体建设，建立17个县（市）政协通联站，改版《凉山政协》会刊；加强州政协网站建设，上报信息累计被省政协办公厅采用5711条，连续五年保持全省市州政协首位名次；州政协连续五年被评为“四川省政协新闻宣传工作先进单位”。

抓效能转变作风。发挥政协开展群众工作的优势，鼓励广大委员深入实际、深入基层，密切联系所代表的界别群众，了解和反映各界群众的愿望和诉求。严格执行“州政协全体会议、常委会议请假与考勤办法”和“五个一”工作规定等制度，会议和活动质量明显提升；全面推进“四型机关”建设，扎实开展效能建设和创先争优活动，推动机关工作提质增效；综合整治机关环境，新建州政协办公大楼和职工改善型住房，优化工作生活条件；加强政协机关干部队伍建设，倡导“比工作、赛作风、争一流”，治理“庸、懒、散”。积极向党委争取，加大政协机关干部培养选拔使用和交流力度，畅通选人用人渠道，充分调动政协机关干部的工作积极性、主动性和创造性。

五年来，州政协围绕关系全州经济社会发展的重大问题和人民群众关心的热点难点问题，开展各种层次的协商议政活动86次，提交专项建议报告33份；开展专题调研116项，提交调研报告68份；开展常委、委员视察93次，提交视察报告78份；得到州委、州政府领导肯定性批示91件次；协助全国政协、省政协有关部门完成专题调研88项；征集提案1511件，立案1169件，办复率100%，满意和基本满意率达90%以上。十届州政协的这些履职成果被吸纳到州委、州政府的重大决策中，为促进民主决策、科学决策，助推全域凉山全面协调可持续发展和社会和谐稳定起到了不可替代的作用。

各位委员、各位同志，十届州政协所取得的成绩，是中共凉山州委坚强领导的结果，是州人大、州政府大力支持的结果，是各级各部门和社会各界关心协助的结果，是州、县（市）政协组织、政协各参加单位和广大政协委员团结奋斗、奋力拼搏的结果。在此，我代表十届州政协常委会向大家表示衷心的感谢和崇高的敬意！

总结五年的工作，我们清醒地看到，与新形势新任务的要求和广大委员、人民群众的期望相比，我们的工作还有许多需要改进和提高的方面：常委会工作机制还需要进一步健全完善，服务科学发展的能力和水平还需要进一步提升；政治协商的内容和程序还需要进一步规范，民主监督的形式和内容还需要进一步拓展，议政成果的反馈和转化还需要进一步加强；民主党派、工商联和无党派人士在政协开展活动的机制和制度还需要进一步完善；委员主体作用、专委会的基础作用和政协界别优势还需要进一步发挥等，这些问题有待在今后的工作实践中重点研究和逐步解决。

二、五年实践经验总结

十届州政协五年的工作实践，加深了我们对人民政协性质、地位、作用的理解和认识，深化了我们对政协工作规律、特点的探索和把握。回顾和总结五年工作，我们主要有以下五点体会：

（一）汇聚力量一定要增进思想共识

人民政协是中国人民爱国统一战线的组织，促进各族各界人士的大团结大联合是重要使命，增进广泛的思想共识是实现团结民主的基本前提。我们始终坚持以社会主义核心价值观引领多元思想，通过深入开展学习科学发展观活动，学习领会十七大和省、州委重要决策部署，着力增强政治意识、发展意识、民生意识，引导各族各界认清共同利益，促进感同身受，把州委的决策部署转化为全社会广泛认同和自觉行动，共同致力于中国特色社会主义事业。实践证明，人民政协作为联系各界群众的桥梁纽带和促成共识的重要平台，只有在工作谋划中重视增进共识，在工作推进中着力促成共识，才能充分发挥政协的组织优势，汇聚起推进科学发展、促进社会和谐的强大合力。

（二）政治协商一定要促进各方和谐

人民政协在开展协商过程中，必须按照政协章程规定，充分体现党派特点和界别特色，努力营造民主和谐、合作共事的政治氛围。我们始终坚持“长期共存、互相监督、肝胆相照、荣辱与共”方针，充分发扬团结合作、平等协商传统，有针对性地做好社会各界的宣传引导，通过政协全体会议、常委会议、专题视察、联合调研等多种途径为其履行职能、发挥作用提供平台、创造条件，努力使政治协商过程成为促进参加政协的各党派团体和各族各界人士之间团结合作的过程，成为各种利益、各种关系协调一致的过程。实践证明，政治协商愈充分，团结合作愈紧密，民主和谐愈发展。只有形成知无不言、言无不尽的协商格局，才能充分激发和凝聚各党派团体和各族各界人士的智慧和力量，才能不断巩固和发展最广泛的爱国统一战线。

（三）参政议政一定要围绕中心出力

人民政协参政议政必须立足于围绕中心、服务大局，始终坚持把促进发展作为履行职能的第一要务，把精力放在对经济社会发展趋势的总体把握上，放在对改革开放发展稳定深层次、带规律性矛盾的分析上，放在对党委政府关注的大事难事对策研究上，找准履行职能的结合点和切入点，多谋长远之道、多建前瞻之言、多献务实之策。实践证明，政协围绕中心、服务大局，就是要自觉与党委方向一致、目标一致、步调一致，在行动上协同，在工作中协力。只有着眼大局谋事、对接重点干事，才能在服务科学发展、促进社会和谐中成事，做到围绕中心不偏离、服务大局有作为。

（四）民主监督一定要拓展监督渠道

民主监督是人民政协的主要职能之一，也是我国社会主义民主政治建设不可忽视、不可缺少的重要组成部分。我们在运用政协提案、建议案、委员意见开展民主监督的同时，积极探索实现民主监督的有效途径和方式，通过开展对政府职能部门的民主评议，实现了以点促面、推动全局的目的，取得了党委政府满意、社会各界认可、广大群众好评的良好效果。实践证明，政协人才荟萃、智力密集、位置超脱，在实施民主监督过程中，勇于讲真话、建诤言，善于出实招、献良策。政协开展民主评议，适合政协的性质特点，能够充分发挥政协组织和委员的优势，是实现民主监督的一种有效形式，有利于加强和改善党的领导，有利于推进中国特色社会主义事业，维护党和政府的良好形象。

（五）有效履职一定要加强自身建设

能力水平决定质量效果。在提高政协履职质效过程中，我们始终把加强自身建设作为提升能力水平的基础保障，着眼于新形势新任务新要求，充分发挥中共政协党组在政协工作中的领导核心作用、党派团体的参政议政作用、界别的纽带作用、委员的主体作用、专委会的基础作用、机关的服务保障作用，积极倡导勤于学习之风、务实进取之风、团结和谐之风、清正廉洁之风，促进“素质明显增强、效能明显提高、风气明显好转”。实践证明，唯有保持与时俱进、永不懈怠，求真务实、崇尚实干的精神面貌，努力形成“拼干部、比工作、赛作风、争一流”的浓厚氛围，才能强基固本、永葆活力，把政协事业不断推向前进。

三、对今后工作的建议

中共凉山州第七次代表大会提出了今后五年我州经济社会发展的目标任务，描绘了凉山更为壮阔的发展蓝图，开启了科学发展、富民强州、全面小康社会建设的新征程。站在新的历史起点上，面对新形势新任务新要求，人民政协责任重大、使命光荣、大有可为。在此，我们向十一届州政协提出以下工作建议。

（一）高举伟大旗帜，筑牢共同的思想政治基础

中国特色社会主义伟大旗帜是当代中国发展进步的旗帜，是全党全国各族人民团结奋斗的旗帜。要始终高举中国特色社会主义伟大旗帜，筑牢共同团结奋斗的思想政治基础，进而把各方面的积极性引导到建设有中国特色社会主义发展道路上来，把各党派团体和各族各界的智慧和力量凝聚到全域全程全面小康建设的社会实践中去，共同致力于建设美丽富饶文明和谐的新凉山。

（二）助推科学发展，为推进全域凉山全面开发开放、跨越式发展献计出力

坚持把助推科学发展作为政协履行职能的第一要务，切实增强贯彻落实科学发展观的自觉性和坚定性，把科学发展观贯穿于人民政协事业发展的全过程，落实到履行职能的各个方面，使之成为各党派团体和各族各界人士的广泛共识和自觉行动。要准确把握州委的战略决策和重大部署，紧扣科学发展主题和加快转变经济发展方式主线，锁定“三级跳”战略目标，把握“稳定增势、高位求进、加快发展”工作基调，围绕“优势资源开发与保护、充分开放合作、大企业大集团带动”主攻方向，立足“坚持‘两化’互动带动‘三化’联动、突出‘投资拉动、产业支撑’”着力重点，选择具有综合性、前瞻性、全局性的重大课题，认真开展调查研究和协商议政活动，多献务实之策，多建前瞻之言，多立科学发展之论，为助推全域凉山全面开发开放、跨越式发展贡献力量。

（三）服务民生改善，为促进和谐凉山平安凉山建设夯实基础

始终坚持把维护好、实现好、发展好最广大人民群众的根本利益作为政协工作的出发点和落脚点，充分发挥联系广泛、渠道畅通优势，深入基层、深入实际，倾听群众呼声、了解群众疾苦，及时准确、客观全面地反映各阶层、各界别、各群体的意愿和诉求，为党委政府了解真实情况、实现科学决策提供依据和参考。要更加关注民生，聚焦民生热点难点和社会事业发展重点，深入开展调研视察、评议监督和咨政建言活动，推动政府各项保障和改善民生的政策措施落到实处，维护群众合法权益，促进社会公平正义。要充分发挥党派、界别和委员与广大群众联系紧密的特点和优势，深入细致做好思想政治工作，做好宣传政策、解疑释惑、理顺情绪、化解矛盾、增进共识的工作，推动社会管理创新，促进

社会和谐稳定。

（四）加强团结联谊，为推进富民强州、全面小康进程，加快建设美丽富饶文明和谐新凉山聚力凝智

牢牢把握团结和民主两大主题，充分调动各党派团体和各族各界人士的积极性主动性创造性，汇聚各方面的智慧和力量，形成推动加快美丽富饶文明和谐新凉山建设的强大合力。要努力扩大团结面，增强包容性，促进政党关系、民族关系、宗教关系、阶层关系、海内外同胞关系的和谐，巩固和发展我州安定团结的政治局面，切实为推进富民强州、全面小康进程营造良好的社会环境。要进一步加强对外联谊，充分发挥人民政协的独特资源优势，开展全方位宽领域多层次联谊活动，积极推动招商引资引智和对外宣传，为助推全域凉山全面开发开放、跨越式发展作出新的贡献。

（五）强化自身建设，不断增强政协工作的生机和活力

要进一步加强人民政协履行职能的制度化、规范化、程序化建设，适应政协工作发展需要，继续做好各项制度的修订完善和执行落实工作，努力形成内容完备、结构合理、功能健全、科学管用的制度体系，确保各项工作协调统一、规范有序、高效运转。要注重体现参加政协的各党派团体和各族各界人士的界别优势，积极探索行之有效的方法和途径，切实发挥专委会和界别的作用。要强化委员的主体观念和责任意识，做好委员服务管理工作，促进提高自身素质，鼓励和引导他们在做好本职工作的同时，履行好委员的职责。要推进“学习型、服务型、创新型、和谐型”机关建设，着力提高全局观念，服务意识，增强政务性服务能力和统筹协调能力，为政协有效履行职能、顺利开展工作提供有力保障。

各位委员，各位同志，政协第十届凉山彝族自治州委员会的职责任务业已完成，十一届州政协即将肩负起承前启后、继往开来的光荣使命。回首过去，我们为十届州政协所取得的成就感到欣慰和自豪，展望未来，我们对人民政协事业的发展充满信心和期待。让我们更加紧密地团结在以胡锦涛同志为总书记的中共中央周围，坚持以邓小平理论和“三个代表”重要思想为指导，深入贯彻落实科学发展观，在中共凉山州委的坚强领导下，勇于担当、锐意进取，同心协力、扎实工作，不断开创我州人民政协事业新局面，为推进全域凉山全面开发开放、跨越式发展，加快建设美丽富饶文明和谐新凉山作出新的更大贡献！

凉山州统计局 国家统计局凉山调查队
2011年国民经济和社会发展统计公报

2011年是实施“十二五”规划的开局之年，在州委、州政府的正确领导下，全州上下坚持以科学发展为主题，以转变经济发展方式为主线，紧紧围绕“跳起摸高、跨越发展”工作基调，大力实施提速增量、提质增效“双提升”战略，着力增强投资拉动、产业支撑，全州经济保持平稳较快增长势头，成功实现“千亿GDP”、“百亿财政”双突破，跃上一个新的发展平台。

一、综合

经济总量突破千亿大关。2011年全州地区生产总值（GDP）达到1000.1亿元，增长15.2%。其中：第一产业增加值194.5亿元，增长4.4%，对经济增长的贡献率为6.3%；第二产业增加值523.6亿元，增长23.7%，对经济增长的贡献率达到73.4%；第三产业增加值282.0亿元，增长10.0%，对经济增长的贡献率为20.3%。人均GDP达到22044元，比上年增长13.4%。一、二、三产业占国内生产总值的比重，由上年的21.9∶47.3∶30.8调整为19.5∶52.3∶28.2，第二产业比重上升5个百分点，首次突破50%。

民营经济发展加快。全年民营经济实现增加值551.2亿元，增长18.5%。其中，一产业增加值66.7亿元，增长4.4%；二产业增加值343.3亿元，增长25.1%；三产业增加值141.2亿元，增长12.2%。民营经济增加值占地区生产总值的比重为55.1%，比上年提高1.9个百分点，对经济增长的贡献率达64.4%。

居民消费价格上涨。全年居民消费价格总指数同比上涨5.2%，其中：服务项目价格指数上涨2.9%，消费品价格指数上涨6.0%。居民生活消费八大分类指数呈“五升三降”的态势，其中食品类上涨13.5%，居住类上涨4.0%，医疗保健和个人用品类上涨2.1%，烟酒及用品类上涨4.8%，娱乐教育文化用品及服务类上涨0.4%，家庭设备用品及维修服务类下降2.3%，衣着类下降0.5%，交通和通讯类下降1.2%。

工业品出厂价格持续攀升。全年工业品出厂价格指数上涨8.3%，其中：轻工业产品上涨10.8%，重工业上涨8.2%；生产资料上涨8.1%，生活资料上涨10.7%。

二、农业

以农业增产、农民增收为主线，加大农业投入，深入实施农牧业“四大生产能力”建设工程，加强优势特色产业基地建设，推进农业产业化进程。全年实现农业总产值323.74亿元，增长4.4%。

粮食生产再创新高，经济作物增产增效。粮食生产稳定增长，全年粮食作物播种面积50.75万公顷，增加0.48万公顷，增长1.0%，占农作物总播种面积的比重为69.8%；全年粮食总产量再创历史新高，达到224.41万吨，增长2.5%，平均亩产294.8公斤。主要经济作物中，油类作物产量4.39万吨，增长8.2%；烤烟产量14.35万吨，增长12.6%；蔬菜产量221.1万吨，增长11.0%；园林水果产量86.5万吨，增长9.8%。

生态建设进展顺利。巩固和扩大以天然林保护和退耕还林工程为重点的生态建设成果，全年完成造林面积2.66万公顷，其中：完成退耕还林造林面积3314公顷，年末全州森林覆盖率达42.38%。森林保护工作继续巩固，森林火灾损失控制在0.17‰以下，森林病虫害防治率达到100%。

畜牧业发展加快，渔业生产稳步增长。全年出栏肉猪596.4万头，下降3.0%；羊出栏428.6万只，增长0.9%；牛出栏45.2万头，增长0.8%；家禽出栏2590.5万只，增长1.2%。全年肉类总产量达54.98万吨，下降1.7%，其中猪肉产量46.4万吨，下降2.8%；羊肉产量8.7万吨，增长0.7%；牛肉产量5.3万吨，增长1.0%；家禽肉产量4.2万吨，增长1.2%；牛奶产量4.1万吨，增长3.0%；蚕茧产量2.2万吨，增长7.9%；水产品产量2.3万吨，增长7.7%。实现畜牧业产值148.55亿元，增长1.5%，占农林牧渔总产值的比重达45.9%。

农田水利建设成效显著，生产条件进一步改善。年末累计农田有效灌溉面积13.45万公顷，新增0.67万公顷；全年农用化肥施用量（折纯）14.2万吨，增长

2.9%；年末农业机械总动力242.3万千瓦时，增长14.3%。

三、工业和建筑业

坚持新型工业化道路，强力推进“工业凉山”建设。全部工业实现增加值411.85亿元，增长22.4%，对经济增长的贡献率为54.4%。年末规模以上工业企业达到372个，规模以上工业增加值增长23.70%，销售产值增长64.7%。

规模以上工业主要产品产量中，铁矿石原矿产量7141万吨，增长49.9%；铜选矿金属量6.2万吨，增长6.0%；铅选矿金属量30.9万吨，增长68.9%；锌选矿金属量41.6万吨，增长61.4%；钢材产量125.4万吨，增长4.2%；水泥产量476万吨，增长7.3%；磷酸一铵49.9万吨，增长95.7%；农用化肥15.9万吨，增长13.7%；发电量86.7亿千瓦时，增长6.7%。

规模以上工业企业实现主营业务收入971.1亿元，增长54.5%；盈亏相抵后的利润总额为101亿元，增长56.4%；利税总额为185.2亿元，增长52.2%；企业经济效益综合指数为413.9%，比上年上升75.0个百分点；总资产贡献率24.5%，比上年提高2.6个百分点；流动资产周转率3.0次/年，比上年提高0.62次；成本费用利润率12.8%，提高1.0个百分点；全员劳动生产率达到42.2万元/人，增加11.2万元/人；年末规模以上工业企业亏损面为13.2%，比上年下降2.7个百分点；亏损额4.1亿元，上升83.6%；产销率97.1%，下降0.7个百分点。

建筑业稳步增长。全社会建筑业实现增加值111.7亿元，增长28.2%。全州资质等级四级及四级以上的建筑企业30个，完成建筑业总产值31.6亿元，增长49.8%。

四、固定资产投资

大力推进项目建设，以重大产业、重大基础设施和民生设施项目为重点，增强投资拉动。年末全州500万元以上施工项目达到767个，完成固定资产投资额719.8亿元，比上年增长23.3%。

在投资构成中，第一产业投资13.7亿元，下降6.9%，第二产业投资550.4亿元，增长21.3%，第三产业投资155.7亿元，增长35.3%。基本建设投资完成583.8亿元，增长24.3%；更新改造投资完成92.9亿元，增长17.9%；其他投资完成20.5亿元，增长16.5%。房地产开发投资完成22.7亿元，增长29.6%。

重点项目建设进展加快，锦屏、溪洛渡、深溪沟电站和攀钢西昌钒钛基地等八个最大项目就完成投资301.8亿元，占投资总额的41.3%，同比增长29.5%，对投资总额增长的贡献率达到50.4%。一批具有战略意义的重大基础项目建成使用，雅攀高速公路凉山段全线贯通，青山机场扩建工程投入使用，制约凉山经济社会发展的交通瓶颈得到明显改善。

全年基建和更新改造项目建成投产率达到56.3%，新增固定资产589.9亿元，增长132.7%，固定资产交付使用率82.0%，比上年上升32.4个百分点。

五、国内贸易和旅游

在国家扩大内需、提升消费的政策效应下，消费品市场繁荣活跃。全年社会消费品零售总额287.9亿元，比上年增长17.6%。其中：批发业零售额10.6亿元，增长31.5%；零售业零售额230.2亿元，增长17.4%；住宿业零售额4.4亿元，增长26.8%；餐饮业零售额42.7亿元，增长15.0%。

从城乡市场看，城镇市场零售额为219.4亿元，增长18.0%；农村市场零售额为68.5亿元，增长16.2%。

批发零售贸易企业完成销售总额497.9亿元，增长26.9%，其中：批发业销售额237.6亿元，增长32.6%；零售业零售额260.3亿元，增长22.1%。

深入实施资源聚合型和精品带动型旅游发展战略，促进旅游产业转型升级。全年共接待国内外旅游者2201.7万人次，增长24.2%；旅游总收入80.46亿元，增长24.3%；旅游外汇收入37万美元。

六、对外经济

对外经济合作不断扩大。广泛开展国际经贸交流合作，务实推进成凉、攀凉区域合作，启动昆凉区域合作，促进厅州、局州紧密合作，不断拓宽对外经济合作领域。全年共签约招商引资项目153个，比上年增加71个，其中总投资在亿元以上的项目有14个；协议引进资金443.0亿元，增长229.2%；实际到位资金273.56亿元，增长39.2%。其中外商直接投资项目1个，外商投资实际到位资金2.7亿元。

全年出口创汇5559万美元，增长46.6%。

七、交通、运输、邮电

交通运输稳步发展。雅攀高速凉山段全线贯通，青山机场改扩建工程竣工投用。年末全州公路通车里程达到22246公里，增长2.8%，其中等级公路通车里程15898公里，增长7.4%，高速公路通车里程达到213公里。全年完成公路货物周转量553987万吨公里，增长4.7%；旅客周转量319013万人公里，增长7.9%。

邮电通讯业快速增长。全州邮电通讯企业全年完成主营业务收入16.31亿元，增长16.9%。通讯企业当年新增光纤8674皮长公里，年末光缆总长度达到51717皮长公里，增长20.2%。年末国际互联网上网用户数19.9万户，增长29.0%；公网电话用户达302.46万户，增长23.2%；其中：固定电话用户41.15万户，下降2.7%，移动电话用户261.31万户，增长28.6%。全州电话普及率达到62.68%，比上年提高11.10个百分点。

八、财政、金融、证券和保险

地方财政收支持续增长。全年地方财政一般预算总收入完成115.61亿元，增长27.3%；地方财政一般预算收入完成80.04亿元，增长27.7%。地方财政一般预算支出249.93亿元，增长31.0%。

金融业稳步发展。年末全社会金融机构各项存款余额869.67亿元，增长24.1%。年末各项贷款余额409.74亿元，比上年净增65.71亿元，增长19.0%。其中：短期贷款余额110.98亿元，增长11.1%；中长期贷款余额291.67亿元，增长23.3%。

年末全州证券经营机构2个，全年证券交易量209.65亿元，下降27.8%，日均交易量8593万元。

保险业稳步增长。保险机构保费收入9.34亿元，增长7.98%；其中财产保险保险费收入4.85亿元，增长11.24%；人寿保险保险费收入4.49亿元，增长4.67%。处理各种赔案支付金额3.23亿元，增长4.53%，其中财产保险赔款金额2.30亿元，增长3.14%，人寿保险赔款金额0.90亿元，增长4.66%。

九、教育和科学技术

教育事业积极推进。全面落实义务教育政策，“两基”攻坚成果得到巩固提高，实施彝区免费职教计划和藏区“9+3”免费教育计划，职教攻坚初见成效。年末全州有各级各类学校1801所，在校学生数84.35万人，比上年增加0.47万人；其中少数民族学生51.02万人，比上年增加4.62万人；专任教师3.94万人，比上年增加0.07万人。

义务教育成效显著。年末全州小学学校数1575所，在校学生54.55万人，学龄儿童入学率97.1%，其中少数民族学龄儿童入学率97.5%。普通中学207所，在校学生25.88万人，增加0.38万人。

职业教育不断加强。中等专业学校6所，在校学生1.24万人，职业中学12所，在校学生1.76万人。

高等教育稳步发展。西昌学院本年度招生3845人，在校学生14235人，其中少数民族学生1966人，毕业生3259人。

科技研究和应用能力增强。州级部门直属科研单位7个，州级各部门全年共承担科研项目129个，比上年增加50项。其中国家级项目2个，省部级项目28个，列入国家和省级“星火计划”项目2项，获得省级重大科技成果奖二等奖2项、三等奖4项。

十、文化和体育

文化艺术事业不断发展。年末拥有艺术表演团体4个，公共图书馆11个，藏书量63.12万册，文化馆18个，乡镇文化站610个，博物馆2个，文物保护机构15个。

文化产业发展加快，群众文化生活丰富多彩。文化“三下乡”活动、农村电影“2131”工程、“社区文化”活动稳步推进。全年艺术表演团体演出133场次，观众人数达19万人次；农村电影放映48361场次，电影观众597万人次，翻译民族语影片40部。

广播电视事业继续加强。全州有线广播电视用户25.89万户，电视人口覆盖率91.9%，广播人口覆盖率81.8%。

新闻出版事业持续发展。全州出版地方报纸彝、汉文版两种，发行量2967万份；出版地方杂志彝、汉文版两种，发行量7300册。

卫生事业不断进步。医疗服务体系、疾病预防控制体系和突发公共卫生医疗救治体系进一步完善。新型农村合作医疗制度不断推进，参合农民373.2万人，参合率达95.8%。年末全州有卫生机构1034个，其中医院、卫生院677个，病床位13410张，拥有卫生技术人员12986人，其中：医生5578人，护师护士4369人。在卫生机构中，疾病预防控制中心18个，卫生技术人员721人；妇幼保健机构18个，卫生技术人员456人；乡镇卫生院618个，拥有医生1839人。

体育事业蓬勃发展。参加国家、省级运动会7次，获得比赛奖牌93枚，其中：国家级运动会金牌2枚，省级运动会金牌27枚；体育人才培养力度加大，州业余体校在校学生达到5197人，比上年增加2344人。

十一、人口

据公安人口统计，全州年末户籍人口487.25万人，增长1.76%。其中：少数民族人口为260.66万人，增长2.93%，占总人口的53.5%；彝族人口为243.65万人，增长2.97%，占总人口的50.01%。全年出生人口6.75万人，出生率为13.98‰；死亡人口3.20万人，死亡率为6.63‰。

十二、人民生活和社会保障

城乡居民收入稳步增加。城镇居民人均可支配收入17218元，增长15.7%，人均消费支出12250元，增长14.1%。农民人均纯收入5538元，比上年净增973元，增长21.3%，农民消费支出3640元，增长15.4%。

城乡居民储蓄余额稳定增长。全州城乡居民年末储蓄余额434.98亿元，增长23.9%，其中：城镇居民储蓄余额311.35亿元，增长19.3%；农村居民储蓄余额123.63亿元，增长37.4%。

社会保障就业事业进一步推进。年末全州参加基本养老保险的人数达到21.7万人，参加基本医疗保险人数53.37万人，参加失业保险人数11.20万人。全年新增城镇就业人员15042人，年末城镇登记失业人员12640人，登记失业率4.12%。

社会福利与救助力度加大。最低生活保障面扩大，城镇纳入最低生活保障的人数8.15万人，增加0.09万人；农村纳入最低生活保障的人数56.04万人，增加17.6万人。全州共有各类福利院、敬老院73个，床位数8930张。

注：

1. 公报中各项数据为初步统计数，正式数据以《凉山州统计年鉴》为准。

2. 公报中生产总值及产值指标的绝对数按当年价格计算，增长速度按可比价格计算。

中国共产党
The Communist Party of China

综　述

【概况】　2011年，州委深入贯彻落实科学发展观，紧紧抓住国家西部大开发、扩大内需、灾后恢复重建、省委省政府支持凉山跨越式发展“一个意见、两个规划”等重大机遇，围绕全省“一枢纽、三中心、四基地”战略定位，“加快发展、科学发展、又好又快发展”总体取向，“一主、三化、三加强”发展路径，坚持优势资源开发与保护并重，工业强州、生态立州、开放兴州，大力实施提速增量、提质增效“双提升”战略，一手抓安宁河谷地区率先发展，一手抓大凉山和木里藏区扶贫攻坚、跨越发展，统筹全域凉山全面协调可持续发展，全州呈现经济快速发展、民生持续改善、民族团结进步、社会和谐稳定的良好局面。2011年全州地区生产总值突破千亿大关，达到1000.13亿元、增长15.2%，总量居全省第七、增速全省第六；规上工业增加值增长23.7%，增速全省第五；全社会固定资产投资731.6亿元、增长24.8%，总量全省第三、增速全省第四；财政一般预算总收入突破百亿大关，达到115.6亿元、增长27.3%，其中地方财政一般预算收入80亿元、增长27.7%，总量全省第二；城镇居民人均可支配收入17217.8元、增长15.7%；农民人均纯收入5538元、增长21.3%，增速全省第三。地区生产总值和地方财政一般预算收入稳居全国30个少数民族自治州第一位。

【工业凉山】　坚持大抓项目、抓大项目，除省级重大项目外，实施州级重大项目159个，完成投资518亿元。深溪沟水电站、美姑河流域梯级开发坪头电站和德昌麻栗风电一期工程投产发电，攀钢西昌钒钛资源综合利用项目、西昌太和铁矿采选扩建工程、西昌烟厂50万大箱技改、冕宁稀土贮氢动力电池、雷波磷化工项目磷铵分厂等项目建成投产，溪洛渡、锦屏、官地等水电站项目进展顺利。大力实施大企业大集团战略，切实加强与大企业大集团的对接服务，支持重点骨干企业做大做强，扶持优势成长型企业加快发展，大力培育工业经济新的增长点。全州规模以上企业372户，新增36户。加大产业园区建设力度，推进优势产业、优势企业向园区集中，西昌钒钛产业园、成都·凉山工业园、会理有色产业园被省政府列入全省100亿级成长型特色产业园区，冕宁稀土、雷波磷化工等产业园区基本建成。

【现代农业】　坚持把“三农”工作作为全部工作的重中之重，把促进农民持续增收作为农业农村工作的核心目标，把增强农业综合能力作为农业农村经济发展的首要任务，深入推进“三大能力工程”建设，创新思路求突破，加快发展增效益，加快构建现代农业产业体系，促进农业农村经济持续发展。2011年，粮食生产再创新高，经济作物增产增效，粮食总产量达224.4万吨，净增5.37万吨，增长2.5%；烤烟产量287万担，净增32万担，增长7.3%；蔬菜产量221.1万吨，增长11%；园林水果产量86.5万吨，增长9.8%；畜牧业发展加快，产量稳步增长，全年出栏生猪596.39万头；牛45.15万头，增长0.8%；羊428.65万头，增长0.9%；家禽2590.54万只，增长1.2%；肉类总产量达64.98万吨。农业产业化水平不断提高，农业龙头企业175家、各类专合组织2198个。大力实施品牌战略，“大凉山特色农产品”标识获得国家工商总局核准登记。

【第三产业】 加强城乡市场体系建设，大力发展旅游、商贸、物流、金融、信息等生产性、民生性服务业。2011年共接待国内游客2201.8万人次，实现旅游总收入80.5亿元，分别增长24.2%、24.3%；年末金融机构存款余额869.7亿元、增长24.4%，贷款余额409.7亿元、增长19%。深入实施“万村千乡”、“双百市场”、“农超对接”及家电、农机、汽车、摩托车下乡等工程，城乡消费同步增长。

【基础设施建设】 着力做牢基础，突出交通水利和生态建设，不断改善凉山跨越发展条件。一是构建区域性综合交通枢纽。全州地方交通设施建设完成投资25.3亿元，开工里程3163公里，建成里程2098.6公里。西昌青山机场改扩建竣工投用，成为西南一流的支线机场；雅西高速公路凉山段全线贯通，西昌客运西站建成投运，西昭、西泸、宜攀、乐西4条高速公路和成昆铁路扩能、攀昭遵、川藏铁路雅安至甘洛段3条铁路前期工作有序推进，一批县际骨干公路和通乡通村公路加快建设。全州公路通车里程达2.2万公里，其中等级公路1.6万公里、占总里程的71%；水运间断通航里程860.8公里，建成码头45个。二是大兴农田水利基本建设。围绕再造一个都江堰灌区的构想，持续掀起农田水利建设高潮。全州完成水利投资12.59亿元，实现新增和恢复蓄引提水能力4120万立方米，新增有效灌面12.19万亩，新增节水灌面9万亩，解决20.27万农村人口饮水安全，整治病险水库6座，新建堤防52.5公里，治理水土流失面积178.8平方公里，改造中低产田土16.5万亩，农业综合生产能力不断增强。三是加强生态建设和环境保护。坚持生态立州，扎实推进天保工程、退耕还林、自然保护区建设等林业重点工程，实施森林管护5668万亩，巩固退耕还林成果163.51万亩，完成营造林92.1万亩，改造低产林25.5万亩；扎实推进西昌邛海、盐源泸沽湖等湿地保护与恢复工程，邛海湿地恢复保护二期工程全面建成。加强节能减排工作，强化污染防治，淘汰落后产能，促进经济社会全面协调可持续发展。

【构建特色城镇体系】 加快推进新型城镇化进程，制定完善《凉山州推进新型城镇化建设规划》，以现代化的生态田园西昌为带动，着力构建以西昌为区域中心城市、会理为次区域中心城市、其他重点县城为依托、特色集镇为基础，布局合理、层次清晰、功能完善的新型城镇体系。全州完成城镇基础设施建设投资4.5亿元，村镇建设投资6.8亿元，房地产投资22.66亿元，新增城镇建成区3.5平方公里，城镇化水平进一步提升。

【全面开发开放】 始终把开放合作作为加快发展的强大动力，加快构建全方位、宽领域、多层次的对外开放格局，经济发展活力不断增强。全力营造开明开放的政策环境、优质高效的政务环境、诚实守信的人文环境，全州上下重商、亲商、安商、护商的氛围更加浓厚，凉山正逐步成为投资创业的热土。与津巴布韦烟草技术合作取得突破，引进8个优质品种进行小区对比试验，建立凉山—津巴布韦烟草合作园区，开展品种试验选育和技术示范推广。与荷兰花卉产业合作取得重大进展，在第12届西博会上成功举办“荷兰日”活动，签订了《凉山州与荷兰花卉战略合作框架协议》、《西昌市与荷兰种苗引进和技术合作协议》、《德昌县与荷兰种苗引进和技术合作协议》、《冕宁县与荷兰百合育种基地建设投资合作协议》等四项总投资达5亿元的合作文件，省委书记刘奇葆会见了荷兰前议长范德林登，共同见证协议签署，范德林登前议长还实地考察访问了凉山。与新加坡、泰国的交流合作和与法国、意大利、西班牙等国的葡萄酒产业合作有序推进。成—凉、攀—凉区域合作务实推进，与珠海市的扶贫协作首期项目启动实施，与川滇黔十地州市合作积极推进。厅州、局州合作不断深化，在加强与省农业厅、省商务厅、省质监局等部门合作的基础上，与省科技厅签订了科技成果转化项目合作协议。政企、银政合作更加紧密，与9家省级银行业金融机构签订总金额1749亿元的战略合作协议13个。积极推进招商引资常态化，瞄准大企业大集团，招商选资、招大引强，突出项目签约、项目落地等关键环节，着力引进大企业、大项目，切实增强招商引资实效。在第12届西博会上集中签约项目70个，总投资304.2亿元。全年全州履约招商引资项目188个，累计到位资金300.04亿元；新签约项目148个，协议引资685.43亿元。

【社会事业发展】 优先发展教育事业，巩固“两基”成果，“普九”人口覆盖率达100%，“两免一补”政策惠及广大学生。大力实施职教攻坚，藏区“9+3”免费教育和彝区免费职教计划全面落实，初中毕业生实现“应招尽招”，以职业教育为重点的高中阶段教育得到加强。深入实施劳务开发“双百工程”，全年转移输出农村劳动力65.9万人、实现劳务收入55.8亿元，分别增长20.6%、38.9%。大力发展卫生事业，健全完善县、乡、村三级卫生服务体系，新型农村合作医疗参合率95.8%，重大疫病发病率得到有效控制。健全完善社会保障和救助体系，扩大“五大”保险覆盖面，城市低保、农村低保、五保供养实现应保尽保。

【抗灾减灾和灾后重建】 会理“8·30”地震灾后恢复重建取得决定性胜利，累计完成政府性投资25.7亿元，占规划总投资26.88亿元的95.6%；规划重建项目7大类107个，完成97个、在建10个。被列为全省灾后恢复重建重点项目的会理昆鹏10万吨阳极铜项目建成投运，填补了四川无大型铜冶炼企业的空白。冕宁、越西、甘洛、美姑等县在汛期遭受严重暴雨袭击和山洪泥石流灾害，造成重大人员伤亡和财产损失。灾情发生后，州委常委会迅速研究部署应对措施，班子成员分工负责、靠前指挥，深入灾区一线协调指导，各地各部门奋力抗灾救灾，切实加强预警预测，最大程度减少了人员伤亡和灾害损失。全州成功避险12起，避免人员伤亡721人，避免经济损失535万元。

【改善民生】 坚持把民生事业摆在突出位置，扎实推进一批得民心、增民利的重大民生工程，人民群众的幸福感和满意度不断提升。大力推进扶贫攻坚，增强贫困地区自我发展能力。全面贯彻落实《大小凉山综合扶贫开发试点规划（2011—2015年）》，按照禁毒、防艾、职教、扶贫、倡导现代文明生活方式、城乡环境综合治理整体推进的要求，以“八大扶贫工程”为平台，建立健全“4+4”对口帮扶机制，整合各类扶贫资源，以特色产业培育、基础设施改善等为重点，扎实推进各项扶贫开发工作。全州投入各类综合扶贫开发项目资金40.3亿元，完成年度计划的105%。高度重视极度贫困问题，州委召开常委会专题研究部署，积极采取有力措施，加大救助力度，确保极度贫困群众有饭吃、有衣穿、有房住，孩子能上学、有病能医治。坚持把新村建设摆在新农村建设的首要位置，全面实施“百乡千村”工程，突出基础设施、产业支撑、公共服务和基层组织四个重点，加快建设新民居、新村落。全年整合投入各级各类资金58.34亿元，实施建设新村440个，完成155个，新建“1+N”村民公共服务中心159个。安宁河谷地区五县一市投入资金27.15亿元，启动建设新村120个，新建扩建农房14578户，其中完成农房新建3740户、扩建10838户。德昌河东、会理潭溪河两个省级新农村示范片顺利通过省工作领导小组的年度考核检查，分别荣获优秀奖和二等奖。大凉山彝家新寨建设投入资金9.1亿元，完成334个村规划设计，启动建设彝家新寨315个，完成农房新建扩建17710户。木里藏区启动新村建设5个、254户，完成2个、125户。

【深化彝区健康文明新生活运动】 坚持不懈抓宣传、抓载体、抓示范，巩固和深化板凳工程，广泛开展送板凳、送餐桌、送床铺、送洗漱用品等活动，切实解决群众实际困难，促进彝区生活条件改善。温家宝总理、回良玉副总理和刘奇葆、蒋巨峰、陶武先、李崇禧等多位领导为群众赠送了桌椅板凳。省委刘奇葆书记赞誉板凳虽小，意义很大，认为不坐地上坐板凳、不睡地上睡床铺，是彝区生活方式的一次革命。中央电视台、《人民日报》等媒体给予特别报道和充分肯定。各级各部门和社会各界捐款累计达6636.84万元，捐赠板凳153.9万根、床铺及床上用品3.85万套、餐桌1.2万套、洗漱用品7.1万套，彝区群众生产生活条件明显改善，文明素质明显提升。

【城乡环境综合治理】 着力抓创新、求拓展、建机制、促深化，推进治理工作常态化。深入开展“五乱”治理，大力整治城乡盲点、死角的脏乱差问题。扎实推进风貌塑造，狠抓背街小巷、城乡结合部、城中村、边远偏僻乡村等薄弱环节的容貌治理，城乡风貌明显提升。加强环卫公共设施建设，推进城镇保洁作业机械化，建立健全农村垃圾处理村收集、乡运输、县处理机制。扎实推进“五十百千示范工程”，强化示范带动，积极创建省级示范县、示范乡镇。西昌市被评为全省城乡环境综合治理先进单位，跻身“五十百千示范二程”示范县（市）行列。

【民主政治依法治州】 坚持和完善人民代表大会制度，支持人大依法行使职权，加强立法工作，增强监督实效，听取和审议政府部门工作报告，开展法律法规执法监督检查。坚持中国共产党领导的多党合作和政治协商制度，支持政协围绕全州发展大局开展专题调研、积极建言献策，围绕推动重大决策落实开展民主评议、实施民主监督。加强新时期统一战线工作，支持各民主党派、人民团体和无党派人士积极协商议政。加强民族宗教、侨务和对台工作，重视发挥工会、共青团、妇联、工商联等群团组织的积极作用。坚持依法治国基本方略，扎实开展“六五”普法工作，健全政务公开、村务公开、厂务公开等制度，积极发展基层民主。坚持党管武装原则，加强国防动员工作和国防后备力量建设，军政军民团结的局面进一步巩固。

【平安创建】 坚持抓平安就是抓发展、抓平安就是抓民生、抓平安就是抓执政能力，推进保稳定向创稳定、促和谐转变，努力把凉山建成全国民族地区最平安、最稳定、最和谐的地区之一。认真贯彻执行党的民族宗教政策和民族区域自治制度，进一步强化“三个离不开”的思想，经常性开展民族团结宣传教育活动，巩固发展各民族团结和谐的良好局面，积极争创全国民族团结进步模范州。认真贯彻中央和省委藏区工作会议精神，州委先后两次在木里县召开藏区维稳工作会议，州委、州政府主要领导、分管领导多次带队深入木里督促检查维稳工作，全面落实整合各种力量抓维稳等措施，确保了木里藏区重要节点和敏感时期大事不出、中事不出、出了小事能及时妥善化解，持续成为全省最稳定的藏区。建立健全信访稳定风险评估机制，积极开展用群众工作统揽信访工作试点，成立信访疏导调解中心，不断完善州、县市、乡镇、村四级大调解工作体系，推进领导接访、干部下访活动制度化、常态化，全州信访形势持续好转，来信来访总量、集体上访、联名信、越级上访均同比下降30%以上。以深入开展打黑除恶、拐卖妇女儿童、两抢一盗等专项行动为契机，扎实推进平安凉山建设，大力整治突出治安问题，社会治安明显好转，人民群众安全感不断增强。深入开展禁毒人民战争，金阳、昭觉两县成为禁毒先进地区。切实加强安全生产工作，坚持防范和遏制重特大事故发生，全州安全生产形势持续好转。

【宣传思想文化】 切实加强社会主义核心价值体系建设，坚持以社会主义荣辱观引领风尚，群众性精神文明创建活动蓬勃开展。围绕全州重大工作部署、重要节庆，组织开展重大主题宣传活动，唱响主旋律、打好主动仗，大力营造推进跨越发展的浓厚氛围。认真贯彻十七届六中全会精神，全面推进文化体制改革，广播、影视、报刊等文化资源整合重组取得明显成效。加快构建公共文化服务体系，扎实推进乡镇综合文化站、文化信息资源共享工程、农家书屋建设，农村和基层文化设施进一步改善。深入挖掘民族传统文化，积极开展文艺汇演和交流，州歌舞团赴台湾交流演出获得成功。

【党的建设】 坚持钢班子带铁队伍，扎实推进学习型党组织和学习型领导班子建设，结合庆祝建党90周年，广泛开展形式多样的纪念、教育和创建活动，全州涌现出一大批先进基层党组织、优秀基层党组织书记、优秀共产党员和优秀党务工作者。坚持德才兼备、以德为先的用人标准和崇尚实干、注重基础的用人导向，一批优秀干部得到提拔任用。严格执行换届工作纪律，认真落实“5个严禁、17个不准、5个一律”要求，鲜明提出“六个坚决”，坚决防止换届中的不正之风，州、县市党委、人大、政府、政协换届圆满完成，100%实现组织意图，各级领导班子换出了活力，换出了凝聚力、战斗力。深化人事制度改革，加大竞争性选拔干部力度，统筹公选副县级领导干部6名、科级领导干部65名。实施年轻干部培养“双千工程”，选派6名县级干部到省级机关上挂，选派23名科级干部对口挂职锻炼。坚持把创先争优作为加强基层党建的经常性工作，积极创建“四强”基层党组织。扎实开展乡学文建明、村学王家元活动，在全州重点打造了一批学习推广文建明工作法示范乡镇。组织全州611名乡镇党委书记和30名考入乡镇领导班子的干部到省委党校进行系统培训。在少数民族乡率先设立优秀青年人才党支部，着力解决一些地方优秀青年入党难、流动党员管理难、村级后备干部选任难等问题。深入推进大学生村干部工作，选聘124名大学生到村任职，150名大学生村干部进入乡村党组织领导班子。加大新经济和新社会组织建党和党建工作力度，建立“两新”党组织552个，规模以上企业和符合建党条件的“两新”组织建党率达100%。扎实推进“挂包帮”活动，全州联乡包村单位领导和挂职干部到点开展工作6万多人次，协调落实项目资金12亿多元，办成了一批顺民心、解民忧、增民利的好事实事。拓展和延伸“五个一”工作联系制度，各级领导干部认真落实“一线工作法”，一心一意为群众排忧解难。认真落实“一岗双责”和“四个一”述职述廉制度，切实加强对党员干部的经常性教育、管理和监督，深入开展公款出国（境）和小金库等专项治理及“勤廉双优”争创活动，加大案件查办力度，加强惩治和预防腐败体系建设。全州纪检监察机关接受各类举报2172件（次），初核案件线索333件，立案调查189件，结案160件，给予党纪政纪处分182人。

（审核：龙　伟/撰稿：郑宏杨）

纪检监察

【概况】　2011年，在州委和省纪委的坚强领导下，全州各级党委、政府和纪检监察机关认真贯彻落实党的十七大、十七届五中、六中全会、十七届中央纪委六次、七次全会、省纪委九届八次、九次全会和州委六届十四次、十五次全会精神，切实加强党员领导干部作风建设，积极推进惩治和预防腐败体系建设，着力解决反腐倡廉建设中人民群众反映强烈的突出问题，不断强化领导干部教育和监督，扎实推进反腐倡廉制度建设，全州党风廉政建设和反腐败工作方向更加明确、思路更加清晰、措施更加有力、成效更加明显，为推动全域凉山全面协调可持续发展发挥了重要的保障和促进作用。州纪委、州监察局荣获全州党风廉政建设责任制工作先进单位、“四好”活动先进班子、州政府目标管理考核一等奖、耕地保护暨国土资源管理目标考核一等奖、全州信访工作先进单位、全州安全生产目标考核一等奖、州直机关党建目标管理考核一等奖、百乡教育扶贫工程先进集体、党建目标管理考核一等奖、全州维稳工作先进集体、全州综治工作优秀成员单位、全州史志工作目标考核先进单位等先进殊荣。

【监督检查】　始终把强化重大决策部署贯彻落实的监督检查作为纪检监察机关紧贴中心、服务大局的首要职责。紧紧围绕科学发展主题、加快转变经济发展方式主线，围绕“一个意见、两个规划”的实施，对安宁河谷地区跨越式发展、大凉山综合扶贫开发、木里藏区跨越式发展和长治久安等重大决策部署加强监督检查，坚决纠正有令不行、有禁不止现象，切实保证政令畅通。针对彝家新寨建设的艰巨任务，制定了《凉山州大凉山综合扶贫开发彝家新寨建设监督检查办法》等五项制度，不断提高监督检查的针对性和有效性。进一步严明党的纪律特别是政治纪律，加大执行政治纪律的力度，严肃查处违反政治纪律的党员干部，坚决维护党的集中统一。

【党风廉政建设】　分解细化责任。年初，州委、州政府制发了《关于2011年党风廉政建设和反腐败工作的意见》，州纪委六届六次全会安排部署了2011年度党风廉政建设和反腐败工作，把党风廉政建设和反腐败工作分解为15个大项、94个小项，明确由州委书记、州长负总责，州委、州政府其他领导按照分工各负其责，州纪委组织协调，州直有关部门牵头、协办的领导体制和工作机制。强化检查考核和责任追究。坚持实行一年一考核、两年一表彰的奖惩制度。3月，州委、州政府对21个2009—2010年度党风廉政建设责任制先进单位进行表彰奖励。制定印发《凉山州党风廉政建设责任制检查考核办法（试行）》。7月，州纪委牵头派出8个检查组，对17县市2011年上半年执行党风廉政建设责任制情况进行检查；州直工委和州国资委抽查35个州直部门和14个州属国有及国有控股企业。8月，州委召开州委常委会，专题听取州纪委检查情况汇报，进一步研究部署全州党风廉政建设责任制工作。继续加大责任追究力度，一年来，全州共追究党员领导干部15人。以党务公开为推手，扎实推进农村、城市社区和国有企业等基层党风廉政建设。结合凉山实际，坚持示范引领，确定了州党务公开联系乡镇34个，实行“点题公开”，及时回应党员群众关切的问题。全州9879个基层党组织中开展党务公开工作达9726个，党务公开率达98.45%。认真学习贯彻落实《农村基层干部廉洁履行职责若干规定（试行）》，全州农村反腐倡廉教育培训达3834次、56711人。继续开展“勤廉双优”争创活动，全州农村基层干部勤廉双述人数达12084人，对农村基层干部进行任前廉政谈话5151人、诫勉谈话387人、经济责任审计631人。严肃查处涉农案件，共受理涉农信访举报719件，办结631件，立案查处139件、142人。加强制度建设，各地建立了农村“三资”管理、“三务公开”、民主决策和监督、农村综合改革等4个方面的制度，做到主要制度上墙，常用制度进村入户。认真贯彻落实《关于进一步推进国有企业贯彻落实“三重一大”决策的实施意见》，促进了国有企业民主决策、透明经营、规范管理；加强对《国有企业领导人员廉洁从业若干规定》执行情况的监督，着力解决国有企业领导人员廉洁从业方面存在的突出问题。加强城市社区党风廉政建设，创新工作载体，西昌市开展城市社区党风廉政建设试点工作取得新成效。

【领导干部廉洁自律和作风建设】　开展廉政风险防控机制建设试点，加快构建惩防体系。认真贯彻落实中央《工作规划》和省委《实施办法》，统筹教育、制度、监督、改革、纠风、惩治等各项工作，坚持点、线、面结合，以制约和监督权力为核心，以党政机关为龙头，以城乡基层和国有企业为两翼，按“品”字形积极构建惩治和预防腐败体系基本框架。在西昌市、昭觉县、会东县和州工商局、州交通运输局开展廉政风险防控试点工作，探索源头治本新途径，共查出权力风险点300多个，建立堵漏避险制度60余项，着力提升惩防体系建设质量和水平。强化教育宣传，严格执行《廉政准则》，强化领导干部廉洁自律意识。认真开展党员领导干部党性党风党纪教育，将反腐倡廉教育纳入领导干部培养、选拔、任用全过程。坚持实行领导干部到党校或机关上廉政党课制度。充分利用报刊、电视、网络等媒体深入开展反腐倡廉宣传教育。在《凉山日报》集中宣传2007年以来全州反腐倡廉成效，制作彝家新寨建设项目监督检查工作专题片在省电视台播放，进一步办好凉山党风廉政网，开展反腐倡廉知识竞赛和廉政短信征集活动。全州各级党政领导干部及广大党员干部认真学习《廉政准则》，把《廉政准则》纳入各级党委（党组）中心组学习，纳入各级领导班子民主生活会对照检查，纳入各级党校和其他干部培训教学计划。州政府先后召开廉政工作会议和预防腐败专题学习视频会议，加强政府系统廉洁从政教育。坚持钢班子带铁队伍，扎实推进干部作风转变。发挥领导干部的表率作用，进一步健全干部作风建设长效机制。严格执行州委《关于牢固树立以人为本、执政为民理念在面向群众改善民生中转变党员干部作风实施意见》，对作风建设进行全面部署。加强对《关于进一步从严管理干部的实施办法》执行情况的监督检查，营造拼干部、比工作、赛作风、争一流的良好氛围。积极推行一线工作法，大力整治庸、懒、散等不良作风。全州开展庸、懒、散治理专项监察督查41次、纠正问题14个、问责单位9个、组织处理2人。深入推进领导挂点、部门包村、干部帮户工作，切实为困难群众排忧解难，密切了党群、干群关系。全面落实党内监督各项制度，强化对各级领导干部的监督管理。认真落实党内监督条例、选人用人、“四项监督制度”、民主生活会、述职述廉、诫勉谈话和函询等监督制度。全年对乡科级以上领导干部开展诫勉谈话73名，对领导干部进行任前廉政谈话2975名、函询34名，有6352名乡科级以上领导干部进行了述职述廉。严肃换届纪律，确保换届风清气正。按照教育在先、警示在先、预防在先的要求，切实贯彻落实“5个严禁、17个不准、5个一律”等换届纪律要求。开展了换届纪律宣传月、对党员领导干部进行谈心谈话和警示教育等活动，对换届中苗头性、倾向性的问题做到了早发现、早提醒、早纠正。加强县市、乡镇领导班子集中换届的监督检查，州纪委派出9人参与了县市领导班子换届考察工作，各县市纪委也派员参与了乡镇换届考察工作。通过凉山电视台一把手上电视栏目和《凉山日报》等平台，加强换届纪律宣传教育。认真受理核查各类信访举报，防止选人用人失察失误，确保了州、县、乡换届工作风清气正。

【案件查处】 切实加强组织领导，加大查办案件力度，充分发挥办案在反腐斗争中的治本功能。全州纪检监察机关共收到来信来访和电话举报2338件（次），初核案件线索395件，立案调查230件，结案225件，给予党纪政纪处分258人，其中县处级领导干部8人，乡科级领导干部41人，涉嫌犯罪被移送司法机关处理8人；对错误轻微、认错态度好的49名党员干部给予批评教育，为受到错告的154名党员干部澄清了是非。全州共立案查处商业贿赂案件19件，涉及人员19人，涉案金额1461.9万余元。严肃查处木里县工程建设领域专项治理违纪违法案件（县委常委、常务副县长杨登明等领导干部被移送司法机关处理）；查处医疗卫生领域腐败案件，对州卫生局原局长胡玉川实施“双规”并移送司法机关处理。通过一系列案件的查处，震慑了腐败分子，增强了干部群众对反腐败斗争的信心。通过查办案件，为国家和集体挽回直接经济损失1070.2万元。加强信访举报工作，妥善处理信访事项，维护全州社会稳定。结合换届工作，组织初核了包括中央纪委、省纪委和省委考察组交办的大量信访件，为换届考察和干部选拔提供了重要依据。加强案件监督管理和审理工作，加强案件剖析。为了汲取木里案件的深刻教训，6月初，州委在木里开展为期一周的警示教育活动，深刻教育了广大党员干部，充分发挥了查处一案、教育一片、治理一线、规范一方的治本功能效果。

【执法监察】 完善政府采购制度，规范政府采购行为。全州政府采购预算4.87亿元，实际采购4.34亿元，节约资金5300万元，同步监督政府采购297项，专项检查94项，避免和挽回经济损失82万元，纠正违法违规问题4项，提出监察建议8项，督促建章立制5项，诫勉谈话4人。完善项目招投标机制，严格执行经营性用地、探矿权、采矿权招标拍卖挂牌出让规定，规范协议出让行为，同步监督 85 项，专项检查 9 项。全州招拍挂和协议出让经营性土地 232 宗 139.47 公顷，收益 16.55 亿元；拍卖或挂牌出让探矿权、采矿权 12 宗，收益 1.07 亿元，比出让底价增值 5488 万元。加强对国有资产产权交易行为的监管，公开转让国有产权 5 宗，收益 1876.4 万元，增值 896.6 万元，同步监督 37 项，专项检查 4 项。对概算总投资 59.7 亿元的 372 个国家投资项目进行公开招标，中标金额 44.8 亿元，节约概算资金 14.9 亿元。完善项目招投标监督机制，强化对招投标重点环节的监管。全州各级纪检监察机关同步监督重点建设工程招投标 410 项，专项检查 73 项，查处违纪违法企业 13 件，中介机构 2 件，纠正违法违规问题 21 项，避免和挽回经济损失 1275 万元，提出监察建议 66 项，督促建章立制 25 项，政纪处分 1 人，诫勉谈话 6 人；开展执法监督检查 185 次，发现违法违规问题 92 个，纠正违法违规问题 90 个，提出监察建议 31 项。坚持对现代烟草农业项目工程实施常年监管，促进了烟草产业的健康发展。进一步深化财政体制改革，落实部门预算、国库集中支付制度。严肃纪律，严格监督，进一步规范了津补贴工作。

【综合治理】 认真开展公务用车、小金库、工程建设、评比达标、庆典、论坛、研讨会等专项治理。坚决贯彻执行中央、省州决策部署，对 106 个系统单位的 5988 辆公务用车进行了清理，目前违规购置车辆和长期借用企业车辆正在纠正处理之中；对 150 个党政机关和事业单位、61 个社会团体和 20 个国有及国有控股企业小金库治理工作进行重点检查；对 294 个工程建设招投标项目进行重点排查，处罚违规项目 14 个；清理规范评比达标、庆典、论坛、研讨会等 126 个。结合凉山实际，狠刹一些地方、一些单位少数党员干部甚至领导干部中存在的“六股歪风”和送收红包等问题。通过专项治理，群众反映强烈的突出问题得到有效解决。

【行政效能建设】 认真贯彻执行《凉山州行政程序规定》，规范行政行为，提高行政效率，强化行政执法行为监督。不断完善电子监察系统，积极开展效能监察专项行动，重点围绕行政许可事项办理、省州惠民政策落实、重要信访事项办理、城乡环境综合整治、节能减排目标落实情况加强效能监察，强化首问负责制、限时办结制和责任追究制的落实。查处违反“三项制度”问题 18 件，对 3 个责任单位、4 名责任人进行了责任追究；开展城乡环境综合治理效能监察 85 次、提出整改措施 45 条、纠正问题 75 个；开展牧民定居和“三房”改造行动计划进展情况效能监察 27 次、提出整改措施 16 条、纠正问题 11 个；认真贯彻落实《四川省行政效能投诉处理办法》、《四川省行政效能告诫办法》等规章制度。受理行政效能投诉 12 件，查处 1 件。对一些关系民生、群众反映强烈的突出问题，以《行政效能督办通知书》的形式交办相关部门单位，督促限期解决或回复，并对事项办理情况进行全程督察、跟踪问效，实现群众咨询投诉件件有回音。

【领导班子和干部队伍建设】 州纪委常委会按照讲政治、重团结、能战斗的总体要求，围绕中心、立足岗位，着力推进政治、学习、工作、品行四个高标准工程建设，切实加强纪检监察领导班子建设。州委和各县市党委高度重视纪委换届工作，州纪委加强指导和协调，州、县、乡三级纪委换届工作圆满完成，纪委领导班子的年龄、学历、专业知识结构更趋合理。在换届中，全州有 12 名县市纪委书记得到提拔或交流，全州纪检监察系统共有 254 名干部提拔或平职交流到系统外任职（其中县市纪委监察局领导班子成员 25 名），32 名县市纪检监察干部在系统内得到提拔。扎实开展做党的忠诚卫士、当群众的贴心人主题实践活动。深入开展创先争优活动，带头弘扬正气，争当廉洁表率，西昌市纪委副书记、监察局局长张勇获得中央纪委表彰，会东县纪委和宁南县委常委、纪委书记杨斌等 2 人受到省纪委表彰。“七一”前夕，州纪委监察局表彰奖励 2007 年以来全州纪检监察系统先进集体 21 个、先进工作者 8 名。不断完善纪检监察干部资格准入、教育培训、日常管理和内部监督等机制，推动纪检监察机关自身建设规范化、制度化。加强纪检监察机关派驻机构的统一管理，坚持派驻机构向纪委常委会报告工作和述职述廉制度，推动派驻机构不断改进工作。

（审核：李东明/撰稿：王建春）

组织工作

【概况】 2011 年全州组织工作成效显著，有力促进了全州经济社会建设。州县乡换届工作扎实有力，成效明显；干部人事制度改革积极稳妥，纵深推进；创先争优活动亮点纷呈，富有成效；城乡基层党建统筹推进，联动发展；干部人才队伍素质提升，结构优化；组织部门自身建设措施得力，效果明显。

【州县乡换届工作】 认真贯彻鲜明导向、选准干部、配强班子、匡正风气的总体要求，周密部署，精心组织，州县乡换届顺利完成，100%实现组织意图。一是坚持德才兼备、以德为先用人标准，鲜明崇尚实干、注重基层用人导向，一大批在急难险重工作中表现突出的干部得到提拔重用。二是坚决匡正用人风气，坚持“三在先”，制定“六个坚决”钢性纪律，推行“四项承诺制”，四个100%要求全部落地。三是制定换届中解决干部待遇的政策，有效推进了领导班子新老交替、调动了干部积极性。四是做好思想工作，营造了心齐气顺抓发展、风正劲足干事业的良好氛围。通过换届，各级领导班子换出了活力，换出了凝聚力、战斗力。

【领导班子和干部队伍建设】 坚持德才兼备、以德为先的用人标准，崇尚实干用人导向，积极为州委选人用人当好参谋助手，注重选好配强县级党政领导班子，做好县级领导班子的跟踪考察和调整补充工作，增强班子整体功能，改善班子年龄、知识、专业、经历结构，合理使用不同年龄段干部。制定《中共凉山州委关于进一步做好培养选拔年轻干部工作的意见》等，认真做好年轻干部、妇女干部、少数民族干部和党外干部的培养选拔工作。1—12月，全年州委常委会共研究干部508人（不含县市换届涉及人员），其中：提拔为领导职务77人，提拔为非领导职务71人。常委会票决78人，实行试用期43人。

【干部人事制度改革】 一是认真贯彻落实《2010—2020年深化干部人事制度改革规划纲要》，确定9个重点突破项目开展分项试点。二是换届考察中运用三次推荐、两次票决方法决定差额考察人选，扩大了干部选拔提名环节的民主。三是加大竞争性选拔干部力度，统筹公选6名副县级领导干部和65名科级领导干部。四是认真实施年轻干部培养“双千工程”，选派6名县级干部到省级机关挂职锻炼，从州级部门、乡镇分别选派23名科级干部对口挂职锻炼。

【创先争优活动】 一是创新性提出为跨越发展作贡献、为基层党建增活力、为党的生日添光彩的活动主题。二是认真开展公开承诺和领导点评等工作，全州各级党组织公开承诺事项1.7万余件，党员公开承诺事项19.3万余件，9700个党组织接受点评，19万余名党员参加评议。三是狠抓窗口单位和服务行业为民服务创先争优，广泛开展党员示范行动。全州共命名300个州级共产党员示范岗、100个共产党员示范单位。同时，开展建党90周年十大系列庆祝活动。

【基层党建】 一是扎实开展乡学文建明、村学王家元活动，在全州重点打造一批学习推广文建明工作法示范乡镇。组织了全州611名乡镇党委书记和30名从体制外考录进入乡镇领导班子的干部到省委党校进行系统培训。二是在少数民族乡镇率先设立“苏施党支部”，着力解决一些地方优秀青年入党难、流动党员管理难、村级后备干部选任难等问题。三是深入推进大学生村干部工作，选聘124名大学生到村任职，150名大学生村干部进入了乡镇、村党组织领导班子。四是加大“两新”组织党建工作力度，建立“两新”党组织552个，规模以上企业和符合建党条件的“两新”组织建党率达100%。

【干部教育】 认真贯彻落实州委《2009—2012年大规模培训干部工作实施意见》，以提高领导干部思想政治素质和执政能力为根本任务，采用“党校培训+高校学习+异地考察”的三段式培训方式，积极推进专家百姓直通车、周末学堂、学习实践“1+1”、专家（领导）讲坛等培训形式，在办好主体班次的同时，加大专题培训力度，举办项目建设、经济转型与招商引资等专题培训8期。全州共培训各级各类干部4万余人次。

【干部监督】 认真贯彻州委从严管理干部实施办法26条规定，严格执行诫勉谈话和函询、述职述廉、个人有关事项报告等制度，加强与纪检监察、审计等职能部门的配合，突出重点岗位，加强干部监督管理。对17县市、州直部门进行“一报告两评议”工作检查；对9名离任县委书记进行任期内干部选拔任用工作检查；对300余名领导干部进行任前公示，对公示期间有反映的11名干部进行查核；委托州审计局对22名领导干部进行经济责任审计。同时，认真做好激励关怀工作，把州委对干部的关心关爱落到实处，制定2011年换届中解决干部待遇的一次性政策和正县级领导干部享受上一级职务层次非领导职务工资医疗待遇的政策。

【人才队伍】 一是多形式培训干部。采用“三段式”方式培训干部104人。全年培训各级各类干部4万多人次，培训农村实用人才和技能人才1万多名。二是借助成凉、局州合作平台，选派15名干部到省政府驻上海、广州等驻外办事处和成都市挂职锻炼。组织各类专家人才90人赴外疗养考察。三是充分发挥援藏干部人才派员单位优势，探索建立院地合作、校地合作模式。启动实施人才培养“百千万”工程，培训木里藏区小学骨干教师200名。

【远程教育】 按照以建为先、以管为要、以用为本的思路，扎实推进远程教育站点“管、学、用”。利用文化信息共享工程，为2658个远程教育站点配套投影仪等设备。确定首批凉山州党员干部现代远程教育示范站点34个，开展“五个一”教育培训活动。在北京中国传媒大学举办远程教育教学资源建设高端培训班，对全州20名远教业务骨干进行了为期20天的培训。以《先锋》栏目为依托，在州、县市电视台开辟纪念建党90周年党建节目联播专栏，在“七一”前后播出3辑共18个省级联播课件。进一步抓好彝语课件译制工作，共译制、制作彝语课件10小时20部（集）。加大本土化课件资源开发力度，《党旗下的映山红》、《藏乡人民的好医生》等多部课件被省远程教育中心采用。

【信息化建设】 一是对州委组织部网站进行不间断地改版，并不断丰富网站内容，使更多的人了解凉山组织工作情况。组织部网站点击率每天在200人次以上，最高达400多人次。二是建立健全了网站管理、信息收集、审核及发布等制度。制发《州委组织部网站信息收集、审核及发布管理办法（试行）》、《关于加强州委组织部网站图文信息采编进一步提高网站宣传效果的通知》、《凉山州组织系统网站信息采编工作考核暂行办法》等，加强了信息安全检查、保密等一系列工作，使信息化建设逐步走上了规范化、制度化轨道。三是大力推进“大组工网”建设。根据省委组织部统一安排和部署，凉山州组织系统“大组工网”已按要求单点接入省委组织部。

【自身建设】 一是深入学习李林森先进事迹，坚持“五带”要求，在全州组织系统响亮提出了带着责任、带着思想、带着原则、带着方法、带着感情工作。扎实开展牢固树立“四心”学习教育活动，在全州组织系统营造学先进、见行动、转作风、比工作、创一流的良好风尚。二是州委组织部9个科级领导职位人选实行竞争上岗，激励引导组工干部立足本职岗位创先进、争优秀。三是认真落实“从严治部”要求，严格执行“十严禁”和“五条禁令”，带头遵守换届工作纪律，树立公道正派、清正廉洁良好形象。

（审核：杨国敏/撰稿：杨　华）

宣传工作

【概况】 2011年，宣传思想工作在州委的领导和省委宣传部的指导下，坚持以邓小平理论和“三个代表”重要思想为指导，以深入学习宣传贯彻党的十七届六中全会、省委九届九次全会和州委第七次党代会精神为主线，以纪念建党90周年活动为契机，紧紧围绕州委、州政府中心工作，求真务实、开拓创新，扎实工作，在宣传党的路线方针政策、宣传全州各项事业的发展和取得的成就等方面取得新成效，理论武装、文化事业、精神文明建设等宣传思想文化工作取得新突破，为推进全域凉山全面协调可持续发展战略的顺利实施提供了强有力的理论指导、舆论支持和文化支撑。

【理论武装】 坚持理论与实践相结合，切实把理论学习宣传作为统一思想、凝聚力量、解决问题和推动工作的动力源泉。一方面，采取专家学者讲解辅导方式，提升中心学习组理论学习层次，拓展学习广度和深度。围绕学习胡锦涛在纪念建党90周年上的讲话精神，邀请北京大学国际关系学院学术委员会副主任、国际政治经济学系主任王正毅，四川博览事务局党组书记、局长慕新海分别以《全球化与中国政府转型》、《充分开放合作与四川的战略选择》为题作专题辅导；围绕学习党的十七届六中全会、省委九届九次全会精神，省委宣讲团主讲人、省新闻出版局党组书记、局长周国良深入凉山做专题辅导；邀请省商务厅党组书记、厅长谢开华，省委、省政府决策咨询委员会主任、全国人大财经委委员甘道明分别以《全球视野下的凉山开放取向》、《认真做人、踏实做事、执政为民》为题作专题辅导报告。另一方面，充分发挥新闻媒体的主渠道作用，广泛开展专题理论学习宣传。2011年3月以来，州级主要新闻媒体分别在重要版面、重要时段、重要频率，统一开设解放思想，抢抓机遇，跳起摸高，跨越发展，奋力推进“三个加快”——认真贯彻落实刘奇葆在国防大学所作的《四川：从悲壮走向豪迈》形势报告专栏、专题，先后刊播各地各部门学习、观看活动动态86条（篇），切实有效地把全州各级干部的思想统一到了省委书记刘奇葆的报告精神上来，起到了凝聚人心，鼓舞士气，团结力量，振奋精神的作用，推进了全州建设学习型党组织建设。此外，组建宣讲团，广泛宣传党的十七届六中全会和省委九届九次全会、州委第七次党代会精神，州、县宣讲团先后在17个县市和州级机关共组织专题报告会1000多场，听众逾300多万人次；深入田间地头开展宣讲活动近1万次，走访群众1万多户；召集村两委干部、农村党员举行座谈会100多场，参会人员近2万人；发放宣传单10多万份，张贴宣传标语1.2万余条，掀起了全州学习贯彻热潮。

【舆论引导】 坚持正面宣传为主，正确引导社会舆论，维护社会和谐稳定，营造全州改革、发展、稳定的良好舆论环境。一是州内宣传重点突出，高潮迭起。纪念建党90周年宣传报道，州内各主流媒体开设6个专题、18个专栏，宣传中国共产党的光辉历史、丰功伟绩和马克思主义中国化的理论成就，特别是对王瑛、王顺友、陈廷康、马海伙吉等优秀共产党员先进事迹的集中宣传报道，掀起全州纪念建党90周年和学先进、赶先进的热潮。州第七次党代会宣传报道，新闻媒体精心策划，制订方案，《凉山日报》推出扩大开发开放，加快凉山发展——迎接州第七次党代会、立党为公，旗帜先锋，构筑标杆——“十一五”凉山州党建工作回顾等专栏和访谈，凉山电视台开设走进彝家新寨——喜迎州第七次党代会、辉煌的五年——喜迎州第七次党代会等专栏，凉山人民广播电台用彝、汉两种语言进行宣传报道。刊播的358篇（组）稿件，全面系统地对六次党代会以来全州在党的建设、经济发展和社会事业等方面取得的成就、未来五年发展的目标任务以及近年来全州各行各业在推进党的建设中涌现出的先进典型进行了宣传报道，激发了全州干部群众的工作热情，增强了全面建设小康社会的决心和信心。二是对外宣传形式多样、特色鲜明。以火把节、西博会、凉山旅游推荐会、凉山优特农产品展销周等重大活动为契机，开展对外宣传。先后与央视《民歌·中国》合作拍摄并播出了多彩女儿国六集系列展示泸沽湖摩梭人文风情的专题片；与《探索·发现》栏目拍摄播出了展示凉山厚重历史文化的《凉山安宁河大石墓之谜》纪录片（上下集）；与《乡土》栏目拍摄播出了高清纪录片《走进俄亚》（上下集）；与《中华民族》栏目拍摄《彝海结盟》（四集专题片）；与央视合作推出六集火把节系列节目《西边的彩云》；策划组织中央电视台《欢乐英雄》凉山专场拍摄任务；完成了中央电视台新闻频道重访纪念地、中国国际广播电台新西行漫记、省级主流媒体重走长征路、四川广播电视台走进三州看变化等多个大型建党主题系列采访报道工作；与广西电视台合作拍摄制作了反应凉山彝族火把节选美的《谁是最美的索玛花》人文风情片；与北京电视台合作分别在西昌、盐源、普格、布拖等县市拍摄了七集反映邛海—泸山、泸沽湖、螺髻山及彝族原生态歌舞的风光风情片。与《成都商报》合作策划实施了“走，去五彩凉山晒太阳”——成都商报万名读者（市民）游凉山阳光之旅，万名成都市民走进凉山大型活动。邀请全国30余家主流媒体报道凉山州的资源优势和产业优势，宣传报道凉山加快建设成为西部经济发展高地重要增长极和挺进四川“第一方阵”的新思路、新举措、新突破，刊发了《凉山吹响挺进四川第一方阵集结号》、《聚宝盆全面开放，魅力凉山商机无限》、《凉山牵手荷兰打造“花花世界”》、《鲜花簇拥西博会，一枝红杏出墙来》、《凉山捧出“美味大餐”，迎接四海宾朋》等优秀的文章，综合展示凉山经济社会建设的重大成就。

【文化惠民】 组织开展科技、文化、卫生三下乡文化惠民活动。全州30多个单位、500多人参与，发送学习宣传资料和各类农业实用科技资料12.60万份，赠送文化科技卫生图书11.672万册，咨询服务达1万多人次，文艺演出50余场，放映电影90场，送药品药具价值12.10万元，为群众义诊7000多人次，举办图片展100多场次，推出周五月城之春文化惠民音乐会，丰富了群众精神文化生活。

【纪念活动】 以纪念建党90周年活动为契机，广泛开展爱国主义宣传教育活动。协调组织有关部门开展唱红歌、谈经典、讲故事、传红言活动；举办大型文艺汇演、辩论赛、演讲比赛，诗歌朗诵、图片展、成就展；召开座谈会、理论研讨会等，各项纪念活动2000多场次，参与人数30多万余人次。冕宁县红军长征纪念馆被省委、省政府命名为四川省爱国主义教育基地。

【三大创建】 以文明城市、文明单位、文明村镇创评为载体的三大创建活动扎实推进，取得成效。西昌市被推荐为全国文明城市提名资格城市；会东县姜州乡民权村、雷波县汶水镇马道子村被推荐为全国文明村；州国税局被推荐为全国文明单位。西昌市、会理县被省委、省政府命名为第二届四川省文明城市；中国工商银行股份有限公司凉山分行等三个单位、州委政法委等七个单位及德昌县德州镇、昭觉县普诗乡四呷村等九个村镇被省委、省政府命名为省级最佳文明单位、省级文明单位、省级文明村镇。

【扶贫开发】 圆满完成省委、省政府实施的大小凉山综合扶贫开发——倡导现代文明生活方式七大工程（精神文明创建工程、未成年人思想道德建设工程、文化设施建设工程、广电基础建设工程、全民健身工程、新闻出版工程、宣传教育工程）任务，并顺利通过省委、省政府检查组检查验收，有力推进了彝区健康文明新生活运动的开展。领导挂点、部门包村、干部帮户活动和教育扶贫工作扎实推进，先后向盐源县泸沽湖镇小学、多舍村困难群众捐助帮扶资金 1.8 万元、捐物折资 1.5 万元，被评为扶贫工作先进单位。

【队伍建设】 坚持钢班子带铁队伍，打造高素质宣传思想文化干部团队。一是配齐配强 15 个县委宣传部部长，各级宣传部和宣传系统各单位领导班子建设得到有效加强。二是深化学习实践科学发展观、机关行政效能建设活动，干部服务意识不断增强，办事效率明显提高。三是加大宣传文化干部的理论和业务培训，政治素质和业务能力进一步提高。四是加强党风廉政建设，树立宣传思想工作队伍清正廉洁良好形象。全面完成《2010 年凉山州贯彻落实〈四川省健全惩治和预防腐败体系 2008—2012 年实施办法〉目标任务》中由州委宣传部负责承担的七项工作目标任务。部领导班子保持“四好活动”优秀称号，形势教育、禁毒防艾、“挂包帮”等 11 项工作，先后被中宣部，省委宣传部和州委、州政府表彰。

（审核：王国强/撰稿：刘　斌）

政法工作

【概况】 2011 年，全州政法工作紧密结合“十二五”发展规划和一手抓安宁河谷地区率先发展、一手抓大小凉山彝区和木里藏区跨越发展的重大举措，以服务经济社会发展为主线，以促进民生改善为根本，以维护全州社会和谐稳定为目标，以三项重点工作为切入点，以平安凉山建设为抓手，不断深化“大调解”工作，深入开展突出治安问题专项整治，大力推进禁毒攻坚行动，切实加强社会管理创新，进一步夯实政法基层基础，推动了“保稳定”向“创稳定、促和谐”转变，为推进凉山跨越式发展、加快建设美丽富饶文明和谐新凉山创造和谐稳定的社会环境。

【法律保障】 全年全州各级政法机关开展综合整治“伪造矿难故意杀人骗赔”、“拐卖儿童妇女”专项工作和“清网行动”，侦破了一批刑事案件，整治了一批治安乱点，打击了一批涉黑、涉赌、涉毒违法犯罪，有效维护了全州市场经济秩序，社会治安面貌得到明显改观。全年全州共破获各类刑事案件 1885 起，查处经济案件 30 起，涉案金额 9894.58 万元，治安行政案件查处率达到 99%；全州检察机关共批准逮捕各类刑事犯罪 1890 件共计 2789 人、提起公诉 1943 件共计 2866 人；全州两级法院共受理各类案件 22017 件，审结 20992 件，结案率 95.35%，其中各类刑事案件 2124 件，审结 2085 件，结案率 98.17%，民商事案件 10988 件，审结 10495 件，结案率 95.52%。全州共办理法律援助案件 546 件，受援对象 5627 人次。经公众测评，群众安全感达 92.5%，与 2010 年相比上升 0.5 个百分点。同时，在“清网行动”中，全州共抓获本地在逃人员 569 名，清网下降率 77.6%，全额抓获省厅督捕重大案件逃犯。

【藏区稳定】 2011 年，州委书记翟占一先后 3 次主持召开州委藏区工作专题会议，全面贯彻落实省委藏区专题工作会议精神。州委、州政府领导先后 9 次深入木里藏区基层调研，狠抓各项工作措施的落实，为木里藏区跨越发展和长治久安提供保障。在藏区维稳工作中，进一步完善了州县两级主要领导联系木里藏区重点乡镇、寺庙制度和州县两级领导敏感时期值班制度，着力构建“整合五支力量抓稳定”的工作机制；县两级法制宣讲团深入木里藏区 29 个乡镇和 9 个牧场，运用“3·16”僧人自焚典型案例，广泛开展藏区法制教育，藏区群众受教育达 11 万人次。组建州县两级驻寺工作组，制定驻寺工作方案，对 14 座寺庙分别派驻州、县、乡工作组，全面开展木里藏区驻寺工作，切实加强木里藏区寺庙僧尼管理教育工作。针对境内外敌对势力、敌对分子煽动进行非法聚集游行示威活动以及敌对势力“草根运动”、“松土工程”的图谋，全州各级政法机关落实“四个防止、两个确保”的工作目标，防止敌对势力插手炒作群体性事件、司法个案、涉军等热点问题，确保了全州社会政治稳定。对州内敌对分子和重点人员的侦控和对来州境外媒体记者、境外非政府组织人员的监控工作，做到防于未然、止于未发。实现了全州藏区及涉藏县市“大事不出，中事不出，小事不出”的目标，木里藏区持续成为全省最稳定的藏区之一。

【创新社会管理】 2011年，州委、州政府确定西昌、冕宁两个县市为凉山州的社会管理创新综合试点县市，着力解决影响全州社会和谐稳定的源头性、根本性、基础性问题，为实现“十二五”发展良好开局营造和谐稳定的社会环境。全州将社会管理创新工作经费纳入财政预算，确保社会管理创新工作有人干事、有钱办事、有场地做事。同时，全州乡镇（街道）、村（社区）、组三级基层组织切实推动自身职能转变，将工作重心转向社会管理和公共服务。2011年，凉山州社会管理创新综合试点县市之一的冕宁县在试点村和社区均开设了便民一站式服务窗口，配备4名专职人员，设置计划生育、劳动保障、民政救助等10类便民服务；西昌市在全市37个乡镇和6个街道办事处均建立了便民服务中心，投资539万元新建、改扩建服务大厅2500平方米，设立服务窗口22个，进驻窗口单位36个，窗口服务人员达140余人，并按“七公开”要求，制定了规范的办事指南和服务代办项目，方便群众查询办事。全年全州登记暂住人口222175人，已登记备案出租房屋31742户，出租户责任书签订率100%。对46.14万余名凉山籍外出务工人员进行登记造册建档，实行了跟踪管理；全州已将15572名吸毒人员全部纳入管控系统，实行多层面管控。全州容量为1.6万人，集强制戒毒、身心康复、社区戒毒和园区安置“三位一体”的超大型综合禁吸戒毒基地的“绿色家园”建设项目已经启动；全州接受刑释解教人员2141名，安置2017名，安置率达94%；接受635名社区矫正对象，解除矫正261人；全州排查摸底闲散青少年6597人，排查高危人群956人，对所有高危人员全部落实帮教管控措施；全州4739户非公有制企业已全部实现了“3个100%”；全州登记在册的各级各类社会组织884个（其中社会团体598个，民办非企业单位286个）已全部纳入“三大目标、四个长效”管理。

【化解社会矛盾】 全年全州各级政法机关牢固树立“抓平安就是抓发展，抓平安就是抓民生，抓平安就是抓执政能力”的理念，切实加强组织领导，狠抓责任落实，始终坚持“抓源头、抓苗头、抓基础”的维稳工作思路，不断强化情报信息工作，健全完善涉稳情报信息研判、涉稳突出问题稳控化解、社会稳定风险评估、群体性事件处置、群众工作等各项维稳工作机制，夯实重点地区和基层政法综治维稳力量，开展清理涉法涉诉信访积案专项活动，提高了维护国家安全和社会政治稳定的能力和水平。全年全州共开展重大事项社会稳定风险评估45项（次）；排查化解涉法涉诉信访积案103件，化解率100%；收集舆情监控信息1105条，处置网上有害信息3244条；组织应急处突演练39次，参练人数达3513人，有效预防和制止各类群体性事件和苗头859起，全年全州未发生影响社会稳定的重特大事件。全州各级政法机关认真贯彻实施人民调解法，积极构建完善人民调解、行政调解、司法调解三位一体的大调解工作体系。全州613个乡镇（街道）均建立了矛盾纠纷“大调解”中心和综治维稳工作中心，建立村（社区）调解室3783个，落实调解员28623名，其中聘用彝族“德古”民间调解员5360名，各县市、乡镇（街道）“大调解中心”及专职副主任和村（社区）调解室及人员配备率达100%。全年全州开展矛盾纠纷大排查16126件次，成功调处各类矛盾纠纷26829件，调解成功率为96.8%，其中彝区90%以上的民间矛盾纠纷，均由“德古”民间调解员化解在基层；全州各级法院始终坚持“调解优先、调判结合”的原则，共调撤各类民商事案件8014件，占受理的民商事案件总数的78%，最大限度地实现了案结事了、定纷止争，有效化解了一大批矛盾纠纷。

【禁毒攻坚行动】 按照州委提出的“一年摘帽，两年上台阶，三年固成效”的禁毒攻坚行动总体要求，全州上下继续整合一切资源，发动一切力量，以“大宣传、大排查、大打击、大收戒、大清遣、大创建”为抓手，加大对毒品犯罪的打击力度，强化禁毒工作问责机制和责任倒查制度，全面推进全州禁毒攻坚行动再上新台阶。在2011年7月29日甘肃兰州“全国禁毒重点整治工作座谈会”上，凉山州重点整治工作取得阶段性成效的金阳、昭觉两县由“挂牌整治重点地区”降格为

"通报整治地区"。全年全州破毒品案件465件，破案率100%，收缴毒品海洛因217.635千克，强制隔离戒毒5140人。

【政法队伍建设】 2011年，全州政法系统全面推进"发扬传统、坚定信念、执法为民"主体教育实践活动和"警民亲"活动，着力健全"三项制度"，切实深化"三项机制"建设。全年全州各县市报送相关信息607期次，向省报送信息85期，推荐活动征文17篇；共举办各类教育培训322次，培训干警8693人，开展各类技能、岗位练兵活动208次，参训干警13518人；先后组织作风巡察工作组6个，对全州17个县市和州直政法各部门开展作风巡察，督办案件26件。州委主要领导先后两次对"警民亲"活动作出重要批示，并成立州、县市"警民亲"活动领导机构23个180余人，督导组23个210余人。把"警民亲"活动与开展"发扬传统、坚定信念、执法为民"主题教育实践活动、创先争优活动、加强和创新社会管理、深化"大调解"工作、健全"三项制度"、"三项机制"建设等工作紧密结合，共同推进。全年州上派出6个督查组25人，对全州政法基层单位开展"警民亲"活动进行全方位督查，督查、整改问题60余个，落实相关整改措施71条。

（审核：徐志全/撰稿：徐华智）

统战工作

【概况】 2011年，全州统一战线在州委的正确领导和省委统战部的指导下，坚持以邓小平理论和"三个代表"重要思想为指导，深入贯彻落实科学发展观，围绕中心、服务大局，以政治引导、加强团结为主线，以凝聚人心、汇聚力量为方向，以服务发展、维护稳定为重点，最大限度地调动统一战线成员的积极性和创造性，在协调社会关系、化解社会矛盾、构建社会和谐等服务社会管理方面做了大量工作。

【党对统一战线的领导】 一是认真贯彻全国、全省统战部部长会议精神。2月，州委召开全州统战工作会议，认真传达学习全国全省统战部长会议精神，总结2010年统战工作，安排2011年工作任务。制定《凉山州统战工作目标考核管理办法》，确保全年目标任务落实。二是完善机制，加强党对统战工作的领导。2011年换届，全州17县市中有16个县市的统战部部长由同级党委常委担任（比上届增加2名），未担任常委的任同级政协副主席，按规定列席同级党委常委会，统战部部长由同级党委常委担任的规定得到进一步落实。

【民主党派工作】 一是认真落实好多党合作各项制度。2011年，州委、州政府主持召开和委托州委统战部主持召开的征求意见会、通报会、座谈会、建言献策会、暑期学习谈心会，就全州政治、经济、文化、党风廉政建设、社会事业发展等方面的工作与民主党派进行通报、协商，征求意见，使民主党派成员做到知情知政，为推动党委、政府科学决策，发挥了较好作用。全年，各民主党派参加调研会、州政协常委会、双月座谈会、提案办理会等达35次。二是以民主党派换届为契机，切实加强民主党派组织建设。引导各民主党派坚持中国特色社会主义政治发展道路，把树立和践行社会主义核心价值体系学习教育活动引向深入，推进"同心"工程建设。起草关于协助做好各民主党派州（市）委员会换届工作的实施意见，严格按照相关规定和程序，指导和协助各民主党派推进换届工作。民革、民盟、民建、九三学社四家民主党派的换届工作已圆满完成，实现了新老交替和政治交接。三是协助民主党派积极参政议政、建言献策。4月，协助州委召开2010年民主党派、工商联调研成果汇报会，推动调研成果转化。安排了2011年各民主党派、工商联调研课题20篇，进一步完善落实党委出题、党派调研、政府采纳、部门落实的调研机制。2011年在中央、省、州、县市"两会"期间，各民主党派提交议案、提案、建议455件。进一步推动落实政府有关部门与民主党派对口联系及特约人员工作制度，发挥参谋咨询作用，履行民主监督职责。四是支持民主党派发挥优势，创新社会服务工作。引导各民主党派把践行社会主义核心价值与履行社会服务职能相结合，发动党派成员积极参与定点扶贫、社会慈善和献爱心、送温暖等公益活动。全年，各民主党派为贫困边远山区捐赠扶贫和教育、文化、医疗设备数十万元。民革、民盟、民建、九三学社分别被各党派省委评为"社会服务工作优秀集体"。

【民族宗教工作】 一是做好藏传佛教领域稳定工作。贯彻落实《关于建立健全藏传佛教寺庙管理长效机制的意见》和2010年全省藏传佛教规范管理现场会精神，深化藏传佛教寺庙依法管理、民主管理和社会管理。配合州委、州政府实施十大民生工程和藏区牧民定居行动计划，在藏区组织开展了“挂包帮”活动。认真开展法制宣传教育活动。按照省委深化藏区法制宣传教育活动的精神要求，成立深化藏区法制宣传教育工作领导小组，制定深化藏区法制宣传教育工作方案，组建州、县法制宣传教育宣讲团。在州委党校举办藏区区科级领导干部培训班，对全州58名区科级干部进行以案说法的宣讲培训。组建驻寺工作组进驻寺庙。配合州委全面开展木里藏区驻寺工作，全县14座寺庙都组建了驻寺工作组，共派出65名干部进驻寺庙。充分发挥代表人士作用。组织藏区寺管会主任外出参观学习考察，调训代表人士5人次，对软弱无力的寺管会成员进行调整。组织高僧大德组成教规戒律宣讲团，深入各寺庙讲经说法。二是开展“创建和谐宗教活动场所”的活动。坚持把开展创建和谐宗教活动作为新形势下做好宗教工作的关键环节和重要抓手，由州委统战部牵头每季度召开一次五大宗教团体负责人联谊会，总结交流活动经验和做法，指导五大爱国宗教团体加强自身建设。与州民宗委联合开展打击地下传教等非法活动，抵御境外势力利用宗教进行渗透，健全完善情报会商研判机制。协调解决天主教主教府建设用地，协助解决基督教教堂建设资金10万元。组织各宗教团体参加建党90周年庆祝活动。

【经济联络工作】 一是重协调、强合作，落实新机制。以深入贯彻《中共中央、国务院关于加强和改进新形势下工商联工作的意见》为契机，推动党委加强对工商联工作的领导和政府对工商联工作的指导和支持。起草《中共凉山州委统战部关于凉山州、县市工商业联合会（商会）换届工作的实施意见》，对全州工商联换届工作进行安排部署，指导和协助州工商联推进换届工作。二是创新载体，搭建平台，引导非公有制经济健康发展。着力打造促进非公有制经济健康发展的“五大服务平台”，加强与政府有关部门、金融单位的联系与协调，积极推动银企对接，帮助非公有制企业解决生产经营中遇到的困难和问题。协助州工商联促成中华红丝带基金凉山州防治艾滋病支持项目的实施，争取到援助项目资金近3000万元。三是加强宣传，典型示范，引导非公有制经济人士健康成长。开展优秀中国特色社会主义建设者、凉山州拔尖人才等评选活动，支持民营企业树形象、亮牌子。继续开展非公有制经济代表人士综合评价工作，做好对非公有制经济代表人士的政治安排。全州非公有制经济代表人士任全国人大代表1名，省人大代表3名，省政协委员4名，州人大代表6名，州政协委员59名。四是形式多样，帮扶到位，感恩行动初见成效。州县市统战部分别成立感恩行动领导小组，结合彝区健康文明新生活运动，做好帮扶工作。感恩行动实施后，全州帮扶贫困家庭、贫困学生、“三老”生活困难人员1000余人，开展技能培训400余人次，解决就业200余人，活动投入资金1300多万元。

【党外干部工作】 一是做好党外干部的统筹安排。以州、县市换届为契机，对全州党外干部任职情况进行调研，重点做好党外干部政治实职安排的推荐工作，向州委推荐14名党外干部。与州委组织部密切配合，完成州政协换届方案拟订和党外人选的推荐工作。督导各县（市）落实应保持四分之一以上政府工作部门领导班子配备党外干部的规定，各县市在党外干部安排上全面达标。二是加强党外后备干部队伍建设。建立完善由州委组织部、州委统战部联合参与的党外干部队伍建设工作联系会议制度。按照“一职二备”的要求，对已经掌握的党外后备干部进行动态管理，通过教育培训、挂职锻炼、政治安排、使用提高等措施加大培养力度，为省、州、县（市）换届中党外人士政治实职安排奠定基础。向省委统战部推荐10名无党派知识分子后备人选。三是做好党外干部教育培训。认真贯彻《2010—2020年党外代表人士队伍教育培训改革和发展纲要》，制定了凉山州教育培训长期规划。深入越西、冕宁等地调研，形成《凉山州统一战线干部培训情况》。加大党外干部培训力度，完成省上分配的23名调训任务。利用党外干部座谈会、民主党派暑期学习会等形式对党外干部进行教育培训。

【新经济组织党建工作】 一是理顺管理体制，夯实基础，加强自身建设。5月，州委新经济组织工作委员会作为州委正县级派出机构设在统战部。从理顺管理体制入手，一方面加强与州经信委、州建设局等部门联系，明确新经工委成员单位、工作职责、议事规则、工作规则等制度，形成以制度约束为核心的管理工作格局。另一方面，对原非公有制工委所属基层党组织进行划分清理，共清理划分出新经济组织基层党组织40户，新社会组织14户，改制企业6户，其他需上报州委组织部明确界定的8户，建立各基层党组织管理台账，为开展新经济组织党建工作奠定了坚实基础。对所属非公有制基层党组织中的贫困党员和老党员进行摸底调查，建立贫困党员和新中国成立前老党员台账，并进行走访慰问。二是以活动为载体，推进和谐企业建设。6月，州委新经工委与州委组织部、州委宣传部、州委新社会组织工委等5家单位联合举办州属“两新”组织庆祝中国共产党成立90周年“同心同向同行——颂歌献给党”歌咏比赛活动。8月，成立州属新经济组织党组织和党员开展创先争优活动领导小组，就创先争优活动进行安排部署。活动以来，各基层一线窗口单位积极为服务对象和人民群众办实事、解难题，惠及群众达6856人，化解矛盾纠纷45件，帮助企业解决难点问题43项，推动了非公有制企业的和谐健康发展。活动中，新经工委共推出5名州表彰的先进党务工作者、优秀共产党员、2名省委表彰的模范。

【基础工作】 一是加强机关效能建设，健全机关工作机制，转变工作作风，加强对统战干部队伍的培训教育。二是加强调研、宣传和信息工作。下发《关于下达2011年统战调研课题的通知》，将研究课题进行分解落实，共完成调研报告和理论文章25篇。注重抓好重大统战活动的宣传报道，支持四家民主党派办好各自刊物，完成统战刊物征订任务。完善《部机关统战信息工作目标考核办法》，纳入年度目标考核。三是把加强党风廉政建设与思想建设、组织建设、作风建设和制度建设结合起来，做好反腐倡廉工作。四是把“挂包帮”活动和健康文明新生活运动、百乡教育扶贫工程结合起来，开展对冕宁县哈哈乡帮扶，实现“板凳工程”全覆盖。

（审核：鲁绒日丁/撰稿：秦　莉）

州直机关党务

【概况】 2011年，州直机关工委和机关各级党组织在州委的坚强领导下，以邓小平理论和“三个代表”重要思想为指导，深入贯彻落实科学发展观，深入开展“创先争优”活动，认真学习贯彻党的十七届四中、五中、六中全会，省委九届九次全会和州委七次党代会精神，继续贯彻落实《中国共产党党和国家机关基层组织工作条例》及四川省《实施细则》，为推进全域凉山全面开发开放、跨越式发展为中心，主动服务全州工作大局，切实加强和改进新形势下的机关党建工作，扎实推进机关党的思想建设、组织建设、作风建设、制度建设和反腐倡廉建设，圆满完成各项目标任务。

【思想建设】 州直机关工委努力建设学习型党组织，抓思想建设不放松。工委和州直各部门坚持中心组理论学习制度，促进理论学习的制度化、正常化、规范化。通过中心组、组织生活会、职工会等方式，学习党的十七届六中全会、胡锦涛“七一”讲话、省九届九次全会、州第七次党代会精神，以及国民经济和社会发展第十二个五年规划，还学习《理论热点面对面2011》等读本，杨善洲、文建明等先进模范人物以及一系列的时事政治和业务知识。为丰富学习形式，还组织部分州级机关党务干部到会理考察学习，重走长征路，重温党的光荣历史。与州委党校共同举办州直机关第二期党务干部培训班，共培训直属党组织负责人44名，并组织40名党务干部异地交流考察。举办州直机关2011年度入党积极分子培训班，对州直机关191名入党积极分子进行系统培训。组织举办学习贯彻党的十七届六中全会暨州委七次党代会精神宣讲报告会。89个州直机关党组织、近200名机关党组织负责人和理论宣讲骨干听取报告。组织部分州直机关党委书记、党建理论骨干，以如何围绕中心，做好新时期机关党建工作为主题进行交流座谈。

【“挂包帮”工作】 “挂包帮”工作，即领导挂点、部门包村、干部帮户，凸显凉山特色、亮点纷呈。李崇禧书记对凉山州“挂包帮”工作作出重要批示。2011年是三年计划的第二年，十分关键，为打好攻坚战，州委副书记、州“挂包帮”活动领导小组副组长赵世勇两次召开州“挂包帮”活动领导小组会议。传达全省“挂包帮”工作推进会精神，研究部署全州贯彻落实意见。2011年3月18日，在成都召开省直对口帮扶部门对口帮扶凉山工作座谈会。州领导翟占一、张支铁、赵世勇、滕中平、苏嘎尔布、康俊、达久木甲，19个省直对口帮扶凉山部门的主要领导，州级相关部门，12个帮扶县领导以及下派到凉山挂职的人员参加会议。会上州委副书记赵世勇通报省直部门对口帮扶情况，省教育厅厅长涂文涛，省委组织部副部长、省人力资源社会保障厅厅长叶壮，国家调查总队队长滕采模，省委保密局局长陈其金作交流发言。州委书记翟占一代表州委、州政府向省直对口帮扶部门支持凉山经济社会发展表示感谢，并重点介绍了凉山经济社会发展情况，希望省直对口帮扶部门进一步创新帮扶方式、拓展帮扶领域，促进帮扶村长远发展、持续发展。会议还观看了省直部门对口帮扶凉山工作电视专题片。2011 年 9 月 19 日，召开全州“挂包帮”工作推进会。对 2010 年度“挂包帮”活动进行总结，安排部署 2011 年度“挂包帮”工作；通报表彰了全州“挂包帮”活动 57 个先进集体和 99 个先进个人。全年突出抓了六项工作：一是突出规划引领。按照省委以集中连片开发为方向，大手笔规划，大力度推进大小凉山综合扶贫开发和藏区整体扶贫开发的要求，着力在新村建设、交通水利基础设施建设、特色产业培育、社会事业发展等方面帮助受扶村制定总体规划。二是突出基础设施。各帮扶单位要帮助受扶村搞好水利、交通等项目规划，协调资金支持，加快项目前期工作。三是突出产业发展。大力发展特色产业，重点围绕“大凉山”品牌建设，大力发展苦荞、青花椒、脐橙、草食畜等特色优势产业，实现带动农民持续稳定增收。四是突出民生改善。以省级新农村示范片建设、新农村百村示范工程、彝家新寨和安宁河谷新农村集中连片建设为重点，加快新村建设步伐。全面完成 334 个彝家新寨建设、建成 131 个新农村百村示范村、完成农村危房改造 2.5 万户。奋力推进彝区健康文明新生活运动，完善和提升“板凳工程”，深入开展讲文明、尚科学、改陋习、树新风活动。截至 6 月 25 日，已向彝区群众捐赠板凳 158.9 万根，共计投入资金 1994.5 万元，实现了全州“板凳工程”全覆盖。五是突出作风转变。在实践中增强基层党组织推动发展、服务群众、凝聚人心、促进和谐的能力。变慰问式帮扶为蹲点式帮扶，增强服务意识，转变工作作风。六是突出组织建设。协助县、乡党委抓好村级组织建设工作，不断提高村级民主管理的科学化、制度化、规范化水平。

【创先争优活动】　创先争优活动继续全面深入开展。州直机关共有 95 个部门、568 个基层党组织、9382 名党员认真参与创先争优活动；党组织公开承诺事项 190 件，党员公开承诺事项 18764 件；成立党员志愿服务队 194 个，参与党员 5150 人，提供志愿服务 743 次；结合领导挂点、部门帮村、干部帮户等活动帮扶贫困乡村党组织结对 95 个，党员结对 1004 个；州直机关工委确定州直机关示范单位、示范岗位共 1156 个（其中窗口单位和服务行业 214 个），其中示范单位 15 个、示范岗位 1141 个（名），参与党员数 2117 人（其中窗口单位和服务行业 253 人）；向州推荐示范行业 3 个、示范单位 12 个、示范岗 26 个；机关党员干部下基层 92572 人次，为基层群众办好事实事 1280 件。为总结成绩，安排工作，召开州直机关两年一度的创先争优总结表彰会，总结创争活动，安排部署下步工作，表彰支持机关党务工作先进部门 10 个、先进基层党组织 90 个、优秀基层党组织书记 35 名、优秀共产党员 201 名、优秀党务工作者 90 名；11 个先进集体和个人代表在会上作发言交流和材料交流。对州直机关 15 个共产党员示范单位、1141 名共产党员示范岗进行命名授牌。

【反腐倡廉工作】　加强党风廉政建设，完善惩防体系。切实加强党风廉政宣传教育工作，继续抓好《建立健全惩治和预防腐败体系 2008—2012 年工作规划》的学习宣传活动，深入推进廉政文化建设；大力宣传十七届中央纪委六次全会和省纪委九届七次全会精神；着力宣传中央和省州委、纪委关于反腐倡廉的方针政策、决策部署和工作安排。州直纪工委结合机关实际，对州直机关 2010 年纪检工作进行总结，并对 2011 年度纪检工作进行安排和部署。认真受理机关干部职工来信来访来电，支持配合做好案件查处。2011 年查处违纪党员 5 名，给予开除党籍处分的党员 1 名，党内严重警告处分的党员 4 名。全面开展党务公开工作，制定下发《关于州直机关党的基层组织实行党务公开工作的指导意见》，确保党务公开工作的顺利起步、有效开展。对机关各部门和单位 2010 年度领导班子“四好”活动建设及党风廉政责任制建设情况进行考核考评。

【群众性文明创建活动】　积极开展主题鲜明、内容丰富的群众性精神文明创建活动。2011 年是建党 90 周年，州直工委组织了主题为“红歌唱响凉山　庆祝建党 90 周年”歌咏比赛。活动受到州直机关各级党组织和广大党员干部的积极支持和热烈响应，州级机关 77 个单位 5000 余人参加活动。经过紧张激烈的角逐，有 20 支队伍进入决赛，最后决出一等奖 3 个，二等奖 6 个，三等奖 11 个。举办州级机关第六届职工运动会。州直机关 70 个单位的 2000 余名职工参加男女乒乓球、拔河、迎面接力、跳绳、羽毛球、第八套广播体操等六个项目的比赛。举办州级机关第十五届职工长跑活动。州级机关 103 个单位的 3580 多名职工参加了这次活动。两次活动受到了领导和广大干部职工的好评。深入开展城乡环境综合治理进机关工作。制定下发《州直机关 2011 年城乡环境综合治理进机关活动工作安排意见》，并将各单位开展城乡环境综合治理“进机关”活动纳入2011年度保证目标考核的重要内容。

【目标考核工作】　加强党组织建设，提高机关党建科学化水平。做好党建目标和党群系统业务目标考核工作。在年初各考核组考核的基础上，对2010年度州直机关党群系统32个单位业务目标考核进行汇总、通报，公布2010年度党建目标考核结果。修订完善了2011年度机关党建目标考核细则，收集了2011年度党群系统32个单位业务目标，并编印成册下发到各考核单位。

【机关建设】　制定了州直机关2012—2015年党建工作规划。在州直机关全面推行党组织负责人述职报告制度。组织州审计局等10个单位，举行了2010年度州直机关党组织负责人述职报告会。2011年共完成了州发改委等9个单位党组织的换届审批工作；州检察院等6个单位党组织设置调整工作；州农业局等7个单位党组织专职副书记或党组织组成人员的调整配备工作。新建机关党组织1个。召开党员大会，选举产生州直机关出席州第七次党代会代表66名。完善州直机关党组织党员信息库工作。全年共发展新党员18名，党员转正16名，共接转党组织关系459人次。州直各部门全年共上报党建信息400篇，工委编发上网80余篇。省、州多家媒体也多次宣传工委工作，其中《四川机关党建》及其网站宣传9次，《凉山日报》10次、凉山电视台11次。加强全州“挂包帮”活动宣传报道，全年州活动办编发信息53期，省采用凉山州信息14期。2011年度机关党建宣传工作、信息工作获省直工委一等奖。党风廉政建设、“挂包帮”工作、法制宣传教育工作获州委、州政府先进集体称号。被州委表彰为优秀基层党组织。

（审核：杨太荣/撰稿：王　佳）

机构编制

【概况】　2011年，全州机构编制工作以十七大精神、邓小平理论和“三个代表”重要思想为指导，深入贯彻落实科学发展观，紧紧围绕州委、州政府中心工作，抓住工作重点，深入推进行政管理体制改革，强化机构编制管理，不断加强机构编制理论基础建设及机关自身建设，为推进全域凉山全面开发开放、跨越式发展，加快建设美丽富饶文明和谐新凉山提供体制机制保障作出了应有的贡献。

【机构改革】　精心制定部门“三定”规定，3月底基本完成州、县市政府机构改革工作。33个州政府工作部门（除州公安局外）“三定”规定按高标准、高质量完成并印发，单位职责明晰，内设机构、人员编制、领导职数准确无误，文字表述无差错。上半年州、县市编办对各部门“三定”规定落实情况开展评估。全州政府机构改革顺利通过省编办检查小组评估检查，并获得充分肯定。按照中央、省关于分类推进事业单位改革暨开展事业单位清理规范工作的总体安排部署以及州委、州政府的具体要求，及时学习贯彻、认真谋划，积极、稳妥、有序推进事业单位分类改革。成立由州委编委主要领导任组长、相关职能部门一把手为成员的凉山州分类推进事业单位改革领导小组。9月初召开凉山州分类推进事业单位改革暨事业单位清理规范工作电视电话会议。下发《凉山州关于开展事业单位清理规范工作的通知》，仿照政府机构改革的有益经验作法，结合分类推进事业单位改革工作的要求和州委编办工作实际，州委编办将全体工作人员分成四个小组，采取分片包干、分组负责的方式开展工作。全州事业单位分类改革涉及全州5200多个单位，从业人员遍及教、科、文、卫、农、林、牧、水等社会事业的各个领域、各个层面。到年底，基本完成州级261个事业单位的清理规范工作。

【机构编制管理】　研究制定并会同有关部门相继出台《中共凉山州委机构编制委员会工作规则》、《关于进一步加强借调人员管理严肃机构编制和组织人事纪律的通知》、《关于进一步规范机关工勤人员编制管理有关问题的意见》等政策性文件，进一步规范机构编制管理，对建立长期有效的机构编制管理机制打下基础。认真学习贯彻机构编制的重要法规、文件，积极加强机构编制对外宣传工作，全年编发《凉山机构编制》（含《分类推进事业单位改革专刊》）48期，省委编办内网、州委党政网、州政府门户网站、凉山日报等媒体发布机构编制信息30余条，开通凉山州机构编制门户网站。严格执行机构编制各项规定，不断完善日常管理体系。坚持和完善了审批机构编制事宜先行调研制度。严格执行机构编制审批“三个一”等审批制度，进一步建立健全机构编制动态管理机制。推行和坚持按单位总编制控编

5%的编制管理制度。加强对超编问题的研究，坚持和完善全州机构编制实名制管理，积极探索建立机构编制绩效考核、绩效评估等制度，全年办理州级行政单位下编123人（其中退休51人）、上编167人（其中县级以上领导干部66人，一般干部101人）。2011年审核全州行政单位公招、遴选工作人员用编18名，乡镇公招选调生和公务员用编158名，公选领导职数用编60名，政法系统公招、遴选工作人员用编23名。并向省委编办报2012年乡镇选调生计划107名（含定向20名）。跨层级调整行政编制96名，收回行政编制10名、乡镇周转编制15名、工勤计划数3名、机关后勤服务人员事业编制1名；结合实际为相关县市增加周转编制5名。全年受理州级单位要求机构编制事宜79件，要求增加编制441名，经研究，批复同意39件，增加112名；全年共收到州级事业单位使用空缺编制376名，实际批准发放空编卡177张；州级事业单位人员减少共254人（干部180人、工人74人），其中：死亡12人，离退休170人，调出州本级60人，辞职12人；州级事业单位人员增加共322人（干部270人、工人52人），其中：调入136人，公招和考核聘用175人，退役士兵安置9人，军转干部安置2人。17县市要求增加机构方面事宜27件，编制3916名，审核后办理机构编制事宜11件，增加机构编制324名。全州文化体制改革、教育、卫生等事业提供机构编制保障，动态调整增加17县市中小学教职工编制1280名，完成州、县市文化市场综合执法机构设置、人员编制分配工作，配合彝族火把节申报为国际非物质文化遗产工作，办理成立凉山州非物质文化遗产保护中心的相关事宜，完成17县市乡镇卫生院机构设置和人员编制核定的行文下达工作（全州增加乡镇卫生院编制1991名），完成17县市社区卫生服务中心机构设置和人员编制核定的行文下达工作（全州共增加21个社区卫生服务中心，增加编制400名）。完成全州食品药品监督稽查机构设置、职责任务和人员编制的核定工作；继公路体制改革后，配合人事部门核实、办理州路政系统的遗留问题。

【监督检查】　认真贯彻落实《机构编制违纪行为适用〈中国共产党纪律处分条例〉若干问题的解释》。将建立机构编制违规违纪行为预防机制作为监督检查的一项重要工作来抓，通过各种会议、培训、学习和活动，加强机构编制管理规则宣传。对全州政府机构改革工作开展检查评估，研究制定具体实施方案，认真开展调查研究，督促贯彻执行机构编制管理规定。对州级各项规划、文件和领导讲话认真审核，按照“三个一”制度，对涉及机构编制事项提出修改意见和建议，严禁部门干预机构编制管理工作。认真做好“12310”举报受理和机构编制违规违纪问题查处工作，全年受理机构编制管理问题2件，对“12345州长热线”反映的问题，认真调查处理。

【事业单位登记管理】　全面完成2011年度事业单位法人年检。截至2011年12月，全州共有事业单位4751个，已登记4589个，已登记数占全州事业单位总数的96.5%，共年检4486个，暂缓年检103个，年检率为97.7%。全州对设立、变更、注销登记的事业单位，严格按照《条例》的有关规定及时在相关网站及报刊上进行了公告，公告率达到100%。积极推进事业单位网上登记管理，完成全州事业单位网上登记工作的安排布置、业务培训、光盘订购、单机版数据库上报、光盘发放和绑定等工作。完成全州事业单位网上登记单机版数据统一汇总上报至国家事业单位登记管理局，顺利地进行了数据转换工作，州本级事业单位全部在网上进行登记，部署指导西昌、会理、德昌、冕宁、宁南等五县市在网上进行登记年检工作，登记年检合格的有：州级事业单位257个，年检率为94.8%；西昌、冕宁、德昌、会理、宁南五县市事业单位936个，年检率为66.2%。扎实推进全州政务和公益专用中文域名应用普及工作。积极做好县市委编办专用中文域名注册管理业务专题培训，州属单位登记申请指导工作，全州在政务和公益域名管理中心注册单位709家，申请域名623个，已申请成功432个。

【机关建设】　深入学习贯彻党的十七届六中全会、省委九届九次全会和州第七次党代会精神，不断提升机构编制部门服务文化体制改革发展和经济社会发展的能力，以抓学习强教育，做党性原则的践行者；抓规范严把关，做机构编制的守门员；抓纪律强作风，做廉洁自律的排头兵学习教育活动为载体，深入推进争先创优活动，加强和改进机关作风建设，加强自身建设。建立健全制度，进一步理顺工作机制。建立健全《办文工作制度》、《会议制度》、《保密工作管理制度》、《财务管理工作制度》、《请销假制度》、《考勤制度》、《学习制度》等制度，逐步建立健全教育、制度、监督三者并重的工作机制。

【"挂包帮"活动】　主动协调，积极工作，认真开展"挂包帮"，彝区健康文明新生活运动和教育扶贫帮乡工作。帮扶点遭受暴雨袭击，受灾严重，州委编办高度重视，第一时间组织人员赶往重灾区冕宁县曹古乡查看灾情，慰问受灾群众和学校师生。在"六一"儿童节期间，多方筹措，为冕宁县曹古乡中心校的全体师生送去价值近4000元的红领巾、篮球、羽毛球、乒乓球等活动用品。宴请全乡40余名教职员工欢庆第27个教师节。多方协调，筹措资金，向应林小学和扯羊村委会捐赠3台电脑，以实际行动帮助解决教育工作中的具体困难。

（审核、撰稿：周旭东）

政研工作

【概况】　2011年，凉山州委政策研究室紧紧围绕州委中心工作和重大部署，紧扣州委重大战略、重大政策、重大决策和重大举措，积极开展政策研究与调查研究，全年共完成州委、州政府政策性文件、领导讲话及署名文章、调研报告、重要会议文稿、情况报告等各类文稿96篇，审改各类文稿156篇，其中进入党委政府决策的81篇，形成州委、州政府政策性文件37个，在省州刊物发表23篇，为推动全域凉山全面开发开放跨越式发展作出了积极贡献，获州委、州政府2010—2011年度百乡扶贫二等奖，党建一等奖，州委2011年机要文件交换一等奖，史志工作、档案工作、公务员统计工作先进。

【文稿服务】　完成州委领导在省州重要会议上的讲话稿和会议材料40余篇，包括在2011走进大凉山旅游推荐会上的讲话、在凉山产业推介会上的讲话、凉山州两化互动三化联动典型经验、木里县廉政警示教育活动周和全州安宁河谷新村建设推进会、机构编制工作会、招商引资工作会、经济工作会、金融工作会、西博会等各类会议讲话。参加党代会报告、政府工作报告讨论修改、研究完善工作。完成州委领导在《调查与决策》、《县域经济》等刊物署名文章12篇。

【重大课题研究和专题调研】　一是抓好州级领导牵头重大课题的研究。围绕省委、省政府"一个意见、两个规划"和州委六届十三次全会重大举措及"十二五"发展规划，推进州级领导干部调研活动20个重大课题研究，负责完成抢抓机遇乘势而进、跳起摸高跨越发展的研究、凉山跨越发展路径的科学选择研究、着力实施"十二五"发展规划，实现凉山跨越式发展"三级跳"的研究、创新发展、转型跨越的研究、做优科教，推进教育创新发展的研究、建设现代化生态田园西昌的研究、大力实施发展振兴计划，推动凉山跨越发展新突破的研究等7个重大课题，重点参与调研与草拟贯彻落实"一个意见、两个规划"，加快建设美丽富饶文明和谐新凉山、建立健全资源有偿使用制度和生态补偿机制，推动实施主体功能区发展战略的研究、新形势下凉山跨越式发展面临的机遇、问题和措施的研究、建设美丽富饶文明和谐安宁河谷，放大区域经济增长极辐射效应的研究、加强监督检查，确保凉山跨越式发展重大项目建设顺利推进的研究、加强和创新社会管理，推进"保稳定"向"创稳定、促和谐"转变的研究、加强班子和干部队伍建设，确保州委重大决策部署落实见效的研究、凉山州开展领导挂点、部门包村、干部帮户活动的研究等13个重大课题。二是抓好省州重大课题的研究。围绕全域凉山全面协调可持速发展战略，重点开展认真贯彻"一个意见、两个规划"，加快建设美丽富饶文明和谐新凉山、大凉山扶贫攻坚规划、西昌市"十二五"发展规划十五个专项等重大课题研究。完成中央文献研究室、省委政研室、省委党校、团省委交办的研究任务，形成《凉山州卷烟工业发展情况报告》、《凉山州经济社会发展情况的报告》、《凉山州跨越发展战略、路径、成效的研究报告》、《以项目为载体、以活动为平台，凝聚团员青年服务凉山跨越发展》等专项研究报告。三是抓好专题调研。重点开展凉山"十一五"发展战略与政策研究、充分发挥政协职能作用的调研、安宁河谷新村建设调研、构建川滇结合部综合交通枢纽的研究、加快凉山林业产业发展的研究、凉山油橄榄产业发展情况的调查、以对口帮扶为切入点推动"挂包帮"活动取得新成效、攀钢集团西昌新钢业环保搬迁、越西县创新举措推动县域经济跨越发展、会理县灾后重建的启示、宁南县小水电开发相关问题的调研、雷波林业局信访问题的调研等19个专题调查研究。

【研究制定政策和文件】　围绕州委、州政府重大政策的决策，开展政策研究与调查研究，并及时将调研成果转化到政策文件起草的全过程。全年牵头或参与、协助起草37个对全州工作具有重要指导作用的政策性文件。特别是围绕中央、省州的有关政策和规划，查阅和研究省州和相关地区招商引资方面的意见、优惠政策等文件91个逾千页，突出政策的可操作性，完成州委、州政府《关于加快推进招商引资工作的意见》研究草拟工作，受到省委政研室、省招商局和兄弟市州的充分肯定。特别是重点参与调研和草拟关于贯彻中央和省委2011年1号文件精神的意见、安宁河谷地区2011年新村建设推进工作方案、2011年凉山州工业经济责任目标考核办法、凉山州“挂包帮”工作推进意见、关于加快转变经济发展方式的实施意见、关于进一步加强政法队伍建设的实施意见、关于加快推进全州惠民帮扶工作的意见、凉山州中长期教育改革和发展规划纲要、凉山州中长期人才发展规划纲要、大凉山综合扶贫开发2011年项目实施方案、关于加快推进标准化工作的实施意见、关于加快建设三大“科技洼地”的实施意见、关于推进企业上市融资工作的意见、关于进一步支持中小企业加快发展的实施意见、关于加快推进新型工业化新型城镇化互动发展的实施意见、关于推进大凉山综合扶贫开发彝家新寨建设的实施意见等政策的研究制定工作。

【提供信息服务】 围绕领导决策，密切关注并及时收集国内外经济发展动态和政策走向信息，为州委、州政府领导科学决策提供准确、快捷、具有参考价值的信息服务。一是抓实政策归集平台。编辑出版2010年《凉山州政策文件选编》。注重研究中央国务院、省委省政府的政策文件，将特别重要、与凉山发展有重大关联的政策编发《政研通报》20期，供全州各级主要领导参阅学习，为州委、州政府科学决策提供参考。二是抓实调研成果汇集平台。编辑出版40余万字的2010年《凉山州重大调研课题与优秀调研文汇》。印发《领导参阅》36期，及时将优秀调研成果转化为决策参谋、意见建议。三是抓实《政研网》信息平台。认真管理并及时更新《凉山政研网》网站信息，全年在网站各栏目上传新文章500多篇，网站点击率达8万多人次，方便各县市政研室及州外兄弟政研部门之间进行信息共享和工作经验交流。同时，全年撰写上报各类信息126条，完成州委下达的信息任务。通过抓实“三大平台”，多层面、宽领域地反映州内外经济社会发展的重大政策、重大举措、先进经验和良好做法，总结分析发展中存在的问题，提出对策建议，为州委、州政府领导从不同角度掌握上情、了解外情、知晓内情、做好决策，起到重要的参谋作用。

【提升干部队伍整体素质】 一是认真贯彻落实全会精神，以全会精神统领政研工作。认真贯彻落实州委六届十三次全会和州第七次党代会精神，结合凉山实际和“十二五”规划，围绕州委重大战略、重大部署、重大政策、重大产业、重大项目、重大举措、重大工作开展学习与研究，助推全州“十二五”发展良好开局。二是扎实开展创先争优活动，努力提高政研队伍战斗力。以拼干部、比工作、赛作风、争一流为凉山跨越发展献计献策为主题，以提升科学政研水平、创建先进党组织、争当优秀共产党员为主要内容，引导党员干部立足本职工作，充分发挥党组织战斗堡垒作用和党员先锋模范作用。三是加强队伍建设，不断提升队伍结构和整体素质。全年共安排6名副科级以上领导干部到省州委党校学习，切实提高干部的政治理论水平和工作能力。鲜明“干事创业”、“有为有位”的用人导向，想干事、能干事、干成事、不出事的干部得到提拔任用，输送1名科级领导干部到其他单位任副县级领导职务，使2名干部职务晋升和享受高一级职务待遇，从州内其他单位选调1名干部加入政研队伍，提升干部队伍活力与整体素质。四是借助利用“外脑”，建立一支没有编制、没有围墙的政研队伍。为丰富政研成果，拓宽政研领域，同省州高校、党校、研究机构、民主党派、职能部门、专家学者开展调研课题合作，与州委统战部研究形成民主党派重点研究的20个课题，形成一大批有真知灼见的调研成果，为推动全域凉山全面协调可持续发展积极建言献策。五是加强全州政研工作指导，建立一支服务县市党委的政研队伍。强化对县市政研工作考核指导，加强和规范各县市政研工作，促进了全州政研工作的发展；加强统筹协调，通过州级领导牵头课题调研活动的开展，带动各县市大兴调查研究之风，构建大调研的工作格局；通过州委政研室带动，各县市委政研室贴近县市党委和领导工作思路，认真研究，高质高效完成1520篇重要文稿的起草，为各县市经济社会发展作出了积极贡献。

【提高工作绩效与水平】 一是强化调查研究工作。坚持不唯上、不唯书、只唯实的原则，深入到西昌、会理、会东、德昌、冕宁、宁南、昭觉、布拖、越西、雷波、盐源、木里等县市、乡镇和锦屏电站、溪洛渡电站、攀钢钒钛基地等大型工程项目调研，不断研究新情况、分析新问题、提出新思路、寻找新对策，为州委、州政府领导科学决策搞好服务。二是加强内部建设与管理。完善各项规章制度，突出抓好办公自动化、信息化建设，规范公文处理，提高办事效率和政务服务信息化水平。三是扎实开展“挂包帮”活动。认真做好布拖县乌科乡的对口帮扶工作，落实2名兼职驻村干部开展驻村工作；落实帮扶资金（含职工捐赠）2.6万元，帮扶贫困户210户509人；启动和实施帮扶项目2个，已完成帮扶项目1个；发放传单2300份，张贴宣传标语15幅，有效地推动布拖县乌科乡健康文明新生活运动、彝家新寨建设和禁毒防艾工作。四是积极开展各项活动。以支部、工会活动为载体，大力开展健康向上、丰富多样的干部职工文体活动，积极参加州直机关和州总工会组织的各种活动，不定期地组织干部职工观看优秀影片、文艺演出等。五是扎实抓好相关工作。积极参加和服务川滇黔10市地州合作与发展大理峰会、州第七次党代会等；认真做好中央文献研究室、省委政研室、省委党校、省社科院、省经济学会、省县域经济学会和成都市、攀枝花市、广安市、达州市、南充市及云南昆明与大理、贵州六盘水、湖南湘西等考察组的接待工作，切实加强交流合作。

【全州政研室主任会议】 按照州委的安排，2011年1月19日下午在州委政研室会议室召开全州政研室主任会议，各县市政研室主任及州委政研室副科以上干部，共计30余人出席会议。州委副秘书长、政研室主任邹学军在会上讲话，要求与会人员认真传达学习康俊秘书长在全州党委系统办公室主任会上的讲话，认真贯彻落实全州政研室主任会议精神。州委政研室副主任王泽辉、李建军作会议发言。

（审核：邱宝奎　王泽辉／撰稿：江阿支）

保密工作

【概况】 全州各级保密部门和保密组织，继续按照强基础、抓重点、破难题、精队伍工作思路，完善“警钟”“整肃”“网安”“保障”四个体系建设，着力构建保密工作高效运行机制，全面完成了各项工作任务，为全州社会经济发展提供了有力的支撑和保障服务。

【“警钟”体系建设】 以学习贯彻新《保密法》为主线，全方位、多层次、宽领域地开展保密形势教育、保密政策法规培训、保密业务技能培训，全面提升领导干部、重点涉密人员保密意识和技能。启动“六五”法制宣传工作，制发了《凉山州“六五”保密法制宣传教育规划》，开展“12·4”法制宣传活动。3月，召开全州保密工作会议，播放警示教育片《孙允永间谍案》，观看“政府互联网门户网站保密检查”、“重点涉密单位互联网出口检测”两个平台的技术演示。州委副书记、州委保密委主任赵世勇出席会议并讲话。8月，组织参观全国窃密泄密案例警示教育展，全州17县市保密委领导和重点涉密人员共计44人（其中处级18人，涉密人员26人）前往成都观展。开展保密工作理论研讨活动，全州选评6篇论文参评，获省三等奖1篇。加大《保密工作》及保密法宣传资料的征订工作力度。组织订购和发放《国家秘密及其密级具体范围汇编》1920册。编制信息简报，上报《保密工作信息》21期。保密教育培训纳入全州干部教育培训规划，纳入公务员初任培训、任职培训和在职培训。一年来，州委党校在县干班、中青班、妇干班和拟任县处级考试培训班中，对7个班次，500余名干部进行了培训。扎实开展保密警示教育，播放《警钟长鸣》、《筑牢保密防线》等保密警示教育片，先后到州委办、州政府办、州纪委等7个州级部门开展保密宣讲。针对专项检查中查处的几起违法违规事件在全州进行通报，以身边的事警示教育身边的人。

【“整肃”体系建设】 认真贯彻《国务院全面推进依法行政实施纲要》，依法开展保密监督检查和管理，大力推进“整肃”工作，提升监督检查管理水平。贯彻《国务院全面推进依法行政实施纲要》，依法开展保密要害部门部位保密监督检查和管理工作，全年无行政诉讼、行政复议案件。加强涉密载体回收销毁管理，州涉密载体销毁中心按照《凉山州涉密载体回收销毁管理暂行办法》的规定，先后对州委办、州政府办、州检察院、州委组织部、州编办、州商务局、州政研室、州教育局、州安监局等州级部门和昭觉、布拖等县的涉密载体进行了回收销毁，对全州干部大会、州党代会等大型会议的文件资料进行回收跟踪服务，全年回收销毁纸质载体10余吨。开展文件清退工作，认真落实州委办《关于清退文件的通知》文件精神，从5月开始，集中清退州级各部门2010年度中央、省委以及州本级密级文件，清退情况在全州进行了通报，并作为评选保密工作先进集体和先进工作者的一项硬条件。抓好人事、财政、国土、卫生、司法、教育等部门组织的国家统一考试工作中的保密监督和管理，积极协同主办单位，搞好备考、巡考、试卷保密等工作。州招生委、州教育局、州公安局、州保密局新修订下发了《凉山州国家教育招生考试试卷安全保密管理制度》。全年参加国家统一考试巡考工作达100余场次。抓好换届保密工作。州委保密委下发了《关于做好换届保密工作的通知》，为换届工作顺利开展提供了有力保障，为全州保密工作在围绕中心、服务大局，积极实施保密管理方面尝试新方法、打开新局面。组织开展为期一个月以密码电报、涉密文件、保密电话、网络管理为主要内容的专项保密检查，成立了由州委副书记、保密委主任赵世勇为组长的全州专项保密检查领导小组。4月24日，召开全州专项保密检查动员会议，赵世勇副书记作了重要讲话。州保密局以会代训，对开展专项保密检查工作进行了培训。5月上旬，由保密部门牵头，州委办、州政府办、经信、机要等部门积极配合，州县市分别成立联合检查，深入机关单位、保密要害部门（部位）进行检查。针对问题和隐患，当场讲评反馈意见，发出整改通知，提出整改建议意见。同时，对问题较多的单位进行重点帮抓和复查。州县联合检查组共抽查883个单位；4481台计算机，其中2813台涉密计算机（含党政网、金财网），1668台非涉密计算机。清查4016份密码电报，4045份涉密文件资料。开展国家涉密测绘成果管理保密检查。州测绘局、州保密局联合下发《关于开展国家涉密测绘成果保密检查的通知》，以自查和抽查的方式，对全州相关单位2002年以来购买的涉密测绘成果电子版、纸质版使用、保管情况进行彻查。6月，自查工作结束；7月，州保密局、州测绘局抽调工作人员，会同省检查组在凉山州进行抽查，2个检查组，历时1个月，检查了14个县市、57个单位。先后对州物价局密码电报在互联网门户网站发布；会东县政府门户网站公开密级文件；北京联信永益信息技术有限公司互联网邮箱传输凉山大组工网竣工验收报告；州政府办、州民政局、州规划建设局、州武警支队、州委统战部等5个单位遗失密码电报、州发改委连接互联网的计算机处理涉密文件资料等事件进行依法查处。对责任单位提出整改要求，责令限期整改。处理责任人7名，其中警告处分2人，解除劳动合同1人，单位职工大会批评3人，系统内通报并扣除年终奖1人。

【“网安”体系建设】 加强和完善“四个平台”建设及应用，搞好技术防护，确保监督到位、管控有力。认真贯彻《信息系统和信息设备使用保密管理规定》，清理核查涉密（内部）信息系统和信息设备。认真贯彻《关于加强涉密网络测评审批工作的通知》。加强3G移动终端使用保密管理，提升重要地点、会议场所等保密防护能力。加强政务内外网建设和运用保密管理，做好电子政务内网“网络地址及域名系统重构”保密管理和服务工作，确保工作网络运行安全畅通。加强了计算机信息系统保密监管和指导工作，参与州委组织部门大组工网、州检察系统检察内网等业务网络建设。对西昌市电子政务内网建设工作进行了验收。开展保密技术防范专题培训2次。完成户籍管理系统客户端升级工作，解决了阻断不报警的问题和电子政务内网IP地址更改后阻断问题，确保了网络安全畅通。全面完成了移动存储介质管控平台设备选配和服务器搭建工作，对客户端安装信息及U盘配购数据进行了摸底统计，并结合实际，对全州推进平台建设工作进行了调整。政府门户网站检查检测和重点涉密单位互联网出口检测平台建成运行，对17县市及州级部门政府门户网站和州级重点涉密单位互联网出口实施检查和监管。建成运行以来，制止和纠正了多起网上违规行为，有效发挥了监管平台的作用。

【“保障”体系建设】 重点抓各县市保密委的领导作用，抓县市保密局和保密局长的履职能力建设，抓全州保密干部的工作能力建设。2011年，调整充实州委保密委领导小组成员，各县市保密机构进一步健全，保密干部整体素质大大提升。

【机关建设】 统筹安排百乡扶贫、禁毒防艾、万名干部下基层、彝区健康文明新生活运动等工作，圆满完成了上级部门及州委下达的目标任务。多次深入到所联系的昭觉县树坪乡，与乡党委政府协调协作，落实三年规划和年度计划的各项目标任务。认真听取乡党委政府项目报告，深入调研运作，组织力量，积极争取树坪乡坝尔村人畜饮水工程项目。积极响应州委州政府号召，开展职工牵手农民工被褥温暖行动等捐助活动。

（审核：邱发春/撰稿：刘　忠）

群众工作

【概况】 2011年，全州信访部门紧紧围绕州委、州政府工作主题和中心任务，认真做好领导干部接访、信访积案化解、体制机制创新工作，确保人代两会、州第七次党代会、西安世界园艺博览会、建党90周年等重大活动和国家法定节日等敏感时段凉山社会大局的稳定，全年信访总量、集体上访量、重复信访量大幅下降，全州信访形势进一步好转。

【来信来访和网络投诉受理】 全年全州信访部门共受理群众来信来访9102件次，同比下降39.5%，其中受理来信1150件，同比下降45.8%；接待来访1930批、8649人次，同比下降35.4%、33.0%，其中集体上访360批、5520人次，同比下降44.4%、38.7%。州级领导接待群众来访121批、582人次。成功劝返越级进京群众上访52批、63人次，到省非正常上访143批、383人次。受理省长信箱248件，办结246件，办结率99.2%；受理人民网地方领导留言板89件，办结率100%；受理国家信访局投诉受理中心直转网络信访件14件，办结率100%。

【督查督办和复查复核】 全年办理中央、省级交办件26件，到期结案率100%；州本级立案交办件245件，到期结案率100%。州信访事项复查复核委员会受理复查复核案件15件，已办结15件。全年矛盾纠纷排查化解率88.2%，信访积案化解率85.0%。

【州委州政府的重视】 全年州委常委会和政府常务会议听取信访工作汇报7次，及时研究解决重点、热点、难点问题。州委书记翟占一、原州长张支铁、代理州长罗凉清抓信访稳定工作，包案解决疑难信访问题，定期接待群众来访，多次作出重要批示、指示，并在州委、州政府重大会议上安排部署信访稳定工作。分管领导多次主持召开专题会议，研究积案化解、解决特殊疑难信访问题专项资金、甘洛县矽肺病、冕宁县非法集资案、自发迁居移民等专项工作，多次深入问题突出的县市调研，协调、推动重大信访问题解决。

【信访工作措施及成效】 第一，重大活动期间的信访工作平稳。按照州委、州政府领导批示指示精神和省联席会议的安排部署，深入研判形势，落实工作措施，推动各地各有关部门认真做好全国全省全州两会、州第七次党代会、西安世界园艺博览会、建党90周年等重大活动和国家法定节日等敏感时段的信访工作，有效维护社会和谐稳定。特别是全国全省全州两会、州第七次党代会期间，在州委、州政府分管领导的直接指挥下，州联席办紧紧围绕大事不出、中事不出，即使出现小事也能及时稳妥处置的工作目标，成立重大活动期间信访工作组，迅速启动调整工作方案和应急预案，多次召开专题会议，分析研判形势，在做好直接接待上访群众的同时，加强对相关县市和部门的统筹调度和督导检查，圆满实现了既定目标，为重大活动的顺利举办营造了和谐稳定的社会环境，多次得到省联席办、省信访局和州委、州政府主要领导的高度肯定。第二，领导干部接访成常态。国家信访局接访司刘克强司长、郭守松副司长先后到凉山州调研指导领导干部接访工作，并对凉山州严把四关力促领导干部定期接访见实效的做法给予高度肯定。落实州级领导每季度一次、县级领导每月一次定期接访的要求，保证了州四大班子每周1名州级领导、各县市每个工作日1名县市领导在群众工作中心接待来访群众，州、县市直各部门保证每个工作日有1名班子成员接待群众，乡镇（街道）领导干部保证随时接待群众。领导干部接访已经成为常态，较好地发挥了联系群众、了解情况、化解矛盾、促进和谐的综合效应。全年，州级领导接待群众来访121批、582人次（集体访25批、338人次），现场解决10件，交办98件，群众反映的突出信访问题大都得到有效解决。通过深化领导干部接访，带动各县市进一步下移工作重心，全面深入排查化解矛盾纠纷，全年全州突出矛盾纠纷化解率达88.2%。第三，领导包案促积案化解。认真贯彻落实中央、省信访积案清理交办和对已依法终结信访事项实行备案两个实施意见，重点对进京非正常上访的信访事项进行全面梳理交办。州委书记翟占一包案解决吴正芬反映龙泽生有关问题的信访事项、原州长张支铁包案协调吉布格古反映其妻触电死亡要求赔偿信访事项，代理州长罗凉清多次主持会商会议，推动信访问题解决。其他州级包案领导听取汇报，研判案情，督查指导，带动全州信访积案化解工作深入开展。全年，着力加强督查督办，多次派出督查组到5个重点县市进行督导，对相关重点县市进行约谈，并加强对“三跨三分离”信访事项的协调、调度。

【对非正常上访的整治措施】 强化对进京非正常上访进行集中整治，使凉山州越级上访呈下降趋势，成为全省进京非正常上访人次比较少的市州。一是筑牢教育稳控网络。严格落实县市党委、政府作为当地稳控工作的主体责任，上访人所在单位及其主管部门、居住地乡镇（街道）作为稳控工作的直接责任。进一步健全基层稳控四级网络，强化县市包案领导、乡镇驻村干部、村组（社区）干部和信访信息员联合稳控，努力把可能进京到省非访人员稳控在当地。二是完善劝返接回机制。建立健全劝返工作制度，制定处置预案，专人驻守北京、成都，及时按要求赶到省委、省政府及在京、在蓉稳控分流场所或指定地点处置劝返疏散上访群众，实行统一接出、集中稳控、分期送返、定点交接工作机制，在分流劝返途中从未发生人员脱管失控或重大不安全事故。全年成功劝返进京上访人员 25 批、63 人次；赴省上访人员 143 批、383 人次。三是加大依法处理力度。积极完善依法处理非访机制，对违法上访行为坚决依法规范、打击，着力维护信访秩序。2011 年，全州依法处理违法上访人员 148 人，其中逮捕 2 人，行政拘留 33 人，治安训诫 113 人次；组织处理干部 2 人，党纪处分 2 人，干部诫勉谈话 13 人次，对 5 个单位进行通报批评。

【信访疑难积案】 充分发挥好解决特殊疑难信访问题专项资金在化解信访积案中的杠杆作用，州联席办积极争取州财政配套资金 168 万元，并督导各地管好用好 2010 年度中央下达的解决特殊疑难信访问题专项资金，带动各县市筹措配套资金 450 万元，化解特殊疑难信访案件 80 余件。全州全年清理交办的 277 件重点信访积案，已化解 236 件，化解率达 85%。

【信访工作创新】 一是完善用群众工作统揽信访工作机制。会理县试点工作结合加强和创新社会管理，突出完善群众工作机构网络、畅通群众诉求表达渠道、源头预防和减少矛盾、整合力量解决群众合理诉求、联系群众密切血肉关系、完善群众工作长效机制等六个方面，取得了一定成效。同时，推动各县市创新信访工作理念，积极探索用群众工作统揽信访工作的途径和方法。二是完善联合接访机制。深入贯彻落实沈阳会议精神，继续推进县市群众工作中心建设，指导县级群众工作中心完善制度，规范工作流程，充分发挥好接待来访、汇集民意、整合各方力量、化解矛盾纠纷的职能作用，切实提高效能，减少群众信访环节，形成一站式接待、一条龙受理、一揽子解决的联合接访新机制。越西、会东、昭觉等县新建、扩建了群众来访接待中心。德昌、会理等 10 余县市探索形成了联合接访机制。三是完善信访稳定风险评估机制。对与群众利益密切相关的 15 件重大决策、重大项目和敏感事项进行了信访稳定风险评估，充分听取群众意见，凡是有明显不稳定风险的政策不出台、绝大多数群众不支持的项目不立项、劳民伤财的事情坚决不干。四是完善矛盾纠纷大调解工作机制。成立州群众来访疏导调解中心，积极探索接访力量联合、调处问题联动的机制，进一步建立科学合理的统计、考评和奖惩制度，认真总结推广典型经验和成功案例，努力实现工作效能最大化、解决问题彻底化。疏导调解中心成立以来，共成功协调化解重大疑难信访事项 66 批、351 人次。五是完善群众诉求表达机制。继续坚持领导干部阅批群众来信、带案下访、包案处理疑难复杂信访问题等制度，大力推行网上信访，充分发挥州委书记、州长信箱和县市长信箱及热线电话的作用。同时，积极推动信访信息系统的推广应用。5 月份实行每月通报制度，通过建立信访积案和终结信访事项两个数据库等措施，推动各县市加大应用力度。已实现了各县市信访数据中心和部分州直部门与全国信访数据中心的联通，信息系统应用率明显提高。

【机关建设】 一是切实强化领导。州委分管领导先后 2 次主持召开专题会议，安排部署信访系统创先争优·能力建设活动。州和各县市信访部门及时成立了领导小组，主要负责人担任组长，副职领导担任副组长，领导小组下设办公室，具体统筹“创先争优·能力建设”活动；班子成员结合彝区健康文明新生活运动和“挂包帮”活动，建立了 60 余个联系点，定期深入基层调研指导工作。州委副秘书长、州委群工局局长阿力尔木撰写的《凉山州自发移民信访问题的成因分析及对策建议》受到州委、州政府主要领导好评，州委办《内情通讯》全文转发；局机关撰写的《关于瓦吉木军事基地移民信访问题的调研报告》、《关于我州全国信访信息系统应用存在问题与对策的调研报告》等文章，对有普遍性、群体性的不稳定因素进行了科学分析研判，指导相关县市未动先知，牢牢把握工作主动权。对全州信访系统存在的普遍性问题进行会议培训、现场指导，推动全面工作正常开展。二是切实提高能力。以党员示范活

动、党员志愿服务活动、窗口单位和服务行业为民服务创先争优活动为载体，结合群众工作职能定位，认真落实公开承诺、岗位练兵、首办责任、点评点议、评先树标，积极营造创先争优、提升能力的浓厚氛围。三是切实促进工作。全州信访部门对年度内要完成的中心任务、重点工作、为民惠民等事项，提出定性与定量相结合的要求，并围绕领导接访、干部下访。强化为民服务意识，深入基层、深入活动联系点，深入群众，主动倾听民意，了解民声，帮助群众解决实际困难；切实加大信访积案化解力度，充分运用特殊疑难资金、最低生活保障、新型合作医疗、五保、民政救助等综合手段，帮助信访人解决生产、生活等困难。

（审核：杨成华/撰稿：张志杨）

精神文明建设

【概况】 凉山州2011年精神文明建设工作，围绕全州经济社会发展大局，以建设社会主义核心价值体系为根本，切实加强公民道德建设，全面开展彝区健康文明新生活运动，扎实推进未成年人思想道德建设，着力深化群众性精神文明创建活动，大力推进志愿服务活动，努力提高城乡居民文明素质和社会文明程度，州精神文明办被“历史的选择”全国青少年爱国主义读书教育活动组委会评为组织优秀奖；获全省精神文明创建工作先进单位；获全省2011年度精神文明建设宣传报到工作先进单位；获全省2011年度未成年人思想道德建设工作先进单位；获中华颂2011经典诵读大赛四川选拔赛最佳组织单位；获全州第二轮修志先进集体。

【彝区健康文明新生活运动】 2011年是彝区健康文明新生活运动整体推进的第一年，全州各级各部门紧紧围绕彝区群众现代文明意识明显增强、人居环境明显改善、生活质量明显提高、城乡社会文明和谐程度明显提升工作目标，整合各类资源，狠抓工作落实，推动彝区健康文明新生活运动深入开展。一是以提升文明素质为落脚点。通过开设专栏、展播专题片、制作彝语短剧、举办群众喜闻乐见的文体活动、深化城乡环境综合治理等工作，教育引导彝区群众从养成良好的个人卫生习惯和起居生活习惯做起，大力移风易俗，主动革除陈规陋习，树立勤劳节俭、清洁卫生、自尊自强、厚养薄葬等健康文明新观念；二是以示范点建设为重点，认真开展彝区健康文明新生活运动示范村、示范户、示范学校建设，发挥典型示范带动作用，辐射和影响更多的群众养成健康文明的现代生活方式；三是以整合资源建阵地为平台，结合彝家新寨建设、“一池三改五通”工程、农村“1＋N”综合功能室、农家书屋、妇女之家建设、广播电视村村通等项目建设，加快彝区公共基础设施建设力度，提高彝区公共服务能力；四是以拓展板凳工程为切入点，深入实施送板凳、送餐桌、送床铺、农民工被褥工程、百企联百村、共建新农村、共青团百千万工程、书海工程等工程，进一步改善彝区群众落后的生活条件，解决群众实际生活困难。新生活运动开展以来，共向彝区群众发放捐赠板凳总数达到158.9万根，达到州委提出的每户彝族群众三根板凳的标准，实现板凳全覆盖。发放床铺及床上用品3.85万套、棉被21467床，洗漱用品71098套，餐桌12519套、衣物近4万套、学习机260台、电脑250台。省级部门及成都市等兄弟城市，也先后向凉山州彝区健康文明新生活运动捐赠5118.4万元的物资和现金，有力地促进了全州彝区健康文明新生活运动的深入开展。

【公民道德建设】 继续抓好公民道德建设宣传月、公民道德宣传日活动。培育和践行社会主义荣辱观，大力加强文化建设，把先进文化渗透到广大群众的生产经营及学习生活中。先后举办了迎春晚会、登山环湖赛、祭扫烈士陵园、爱国歌曲大家唱歌咏比赛、感恩奋进大家唱、春暖送万家、红歌赛、民俗文化展演、广场大家跳、农民文艺汇演、社区文化节等活动，全面践行社会主义核心价值体系，培育民族精神和时代精神，丰富群众文化生活。开展道德模范推荐和学习宣传活动。以全国第三届道德模范评选和四川省第二届道德模范推荐评选为契机，深入开展道德模范故事汇、道德模范及身边好人微访谈等活动，并在《凉山日报》开设道德力量、文明新风专题，广泛宣传道德模范的感人事迹和高尚品格，发挥先进典型的示范引领作用，在全州迅速掀起了学习道德模范先进事迹，争做道德模范的新高潮，促进了全州精神文明建设的深入开展。凉山州推荐的赵艾德被评为四川省第二届诚实守信模范。广泛开展爱党、爱国、爱家乡主题活动。以纪念建党90周年为契机，开展多种形式的爱国歌曲大家唱、感恩奋进大家唱、文明单位文艺汇演等活动，进一步唱响共产党好、社会主义好、改革开放好、各民族团结好的主旋律，为建设全域全程全面小康社会凝聚起了强大的精神力量。同时，继续开展节日主题活动，通过丰富多彩的节日民俗文化体育活动，着力弘扬彝族节日文化。组织新闻媒体宣传报道节日活动盛况，营造浓厚的节日氛围。深入开展志愿服务工作。组建网络文明传播志愿者队伍，扩大宣传思想文化工作和精神文明建设工作在互联网上的影响力，并组织他们参加全省的业务培训工作，进一步提高网络文明传播志愿者的业务水平，充分利用互联网平台传播文明、引领风尚。同时，组织各类志愿者开展红红火火过大年主题志愿服务活动，为空巢老人、留守儿童、残疾人、农民工提供帮助和关爱。

【未成年人思想道德建设】 建立健全工作机制。制定凉山州2011年度未成年人思想道德建设保证目标考核细则。健全学校、家庭、社会“三位一体”的未成年人思想道德教育网络，开设青少年心理健康咨询热线。落实州级按照人均0.1元的标准设立未成年人思想道德建设专项工作经费。加强对县市的督促检查，指导督促各县市未成年人思想道德建设工作的落实和政策兑现。向省文明办积极争取“乡村少年宫”配套设施建设资金，全面完成8个乡村学校少年宫建设项目，启动9所中央专项彩票公益金支持的乡村学校少年宫建设，实现项目建设覆盖全州17县市的工作目标。2011年10月全州未成年人思想道德建设工作顺利通过省督查组的考评考核。净化社会文化环境。深化与相关部门的协调配合，保持对互联网、手机、淫秽色情有害信息依法打击的高压态势，加大整治互联网、手机低俗之风的专项行动力度。继续加强网吧的整治监管，充分发挥“五老”队伍和志愿者队伍义务监督网吧的作用，坚决取缔黑网吧和变相经营网吧，整治违规接纳未成年人行为。同时，加强校园周边环境治理，总结推广警校共育工作模式，优化校园周边秩序和学生学习环境。深化道德实践活动。扎实开展网上祭英烈、做一个有道德的人、童心向党歌咏活动、历史的选择读书活动、学党史、颂党恩、跟党走夏令营等主题活动，让广大青少年在活动中学习重温党的光荣历史，感受英烈的丰功伟绩，进一步坚定跟党走的理想信念，奋发学习，传承党的事业。同时，认真组织实施心海护航心理健康教育工程，积极建设未成年人心理健康辅导站，向全州中小学赠送2200份《未成年人思想道德建设专刊》。全年，全州各中小学举行各类专场演出或比赛3500余场次，参加学生达150余万人次，学生参与率达99.6%。

【文明工作会议】 2月21日，全州彝区健康文明新生活运动工作会在西昌召开，各县市党委宣传部长、政府分管领导、文明办主任、妇联主席、团委书记及州直机关、州属事企业单位负责人近200人参加会议。会上，各县市进行经验交流发言，州妇联、团州委分别围绕各自职能作工作安排，州政府副州长、州彝区健康文明新生活运动领导小组副组长杨朝波全面总结2010年工作情况，安排部署2011年的工作，州委常委、宣传部部长、州彝区健康文明新生活运动领导小组副组长王金铁就如何深化彝区健康文明新生活运动提出要求。全州文明办主任会议。2月21日全州文明办主任会在西昌召开，会议总结2010年度工作，对2011年工作进行安排部署，对17个县市文明办完成工作目标情况进行通报。其中，西昌市、金阳县文明办获一等奖，德昌县、会理县、宁南县、昭觉县文明办获二等奖，会东等10个县文明办获三等奖。并以会带训对17县市文明办主任进行党的十七大，十七届三中、四中、五中全会，省、州委全会精神的学习辅导和业务培训。

【三大创建】 把精神文明创建活动融入彝区健康文明新生活运动，进一步提高城乡社会文明程度，建设现代文明生活方式。“三大创建”扎实推进。以文明城市、文明村镇、文明单位创评为载体，进一步夯实基层群众性精神文明创建工作。2011年西昌市荣获全国文明城市提名资格城市；会东县姜州乡民权村、雷波县汶水镇马道子村被评为全国文明村；凉山州国税局被评为全国文明单位。西昌市、会理县被省委、省政府命名表彰为第二届四川省文明城市；中国工商银行股份有限公司凉山分行等3个单位；中共凉山州委政法委等7个单位；德昌县德州镇、昭觉县普诗乡四呷村等9个村镇被省委、省政府分别命名表彰为省级最佳文明单位、省级文明单位、省级文明村镇。同时，在全州范围内开展州级文明单位（村）重新登记工作，促进州级文明单位（村）的管理更加科学、规范，不断提高群众性精神文明创建水平。城市公共文明指数测评取得佳绩。2011年是全省开展城市公共文明指数测评工作的第一年，测评结果也将首次纳入省委对市州保证目标的考核。西昌市作为州府所在地代表全州参评，并取得全省第三名的好成绩。强化农村精神文明创建活动。以建设美丽富饶文明和谐的安宁河谷和彝区健康文明新生活为目标，广泛开展文明村、文明户、文明集市等创建活动，并深入开展丰富多彩的文体活动，进一步强化农村精神文明创建工作，将中办、国办《关于进一步加强新形势下农村精神文明建设工作的意见》精神落到实处。

【助文助学工程】 组织实施好西部开发助学工程，加强对受助学生的思想政治教育，认真做好就业跟踪和建立完善受助学生数据库。具体完成了省文明办下达的5名大学生、3名高中“宏志班”学生的推荐审核上报工作。积极争取上级支持，并将绿色电脑进西部工程所捐赠的260台电脑分配到基层最需要的地方，进一步提高精神文明建设宣传教育方式和手段。

【调查研究】 深入彝区乡镇、农户调查了解彝区健康文明新生活运动的实际情况，掌握群众实际生活需求，制定捐赠物资分配方案，确保各项物资落实到最需要的地区和群众手中，有力地促进了彝区健康文明新生活运动的开展。同时，办好各类信息简报，及时、准确地反映全州精神文明建设和彝区健康文明新生活运动的新特点、新规律、新经验。

【学习考察与扶贫工作】 一是州文明办副主任宋海音参加了中央文明办举办的为期一周的文明办主任培训班的学习。二是组织7县市文明办主任参加精神文明报社组织的赴江西、福建考察学习。三是会同州社科联、州讲师团对扶贫联系点盐源县金河乡开展“挂包帮”活动，为联系点捐赠价值6万元的电脑10台，以及篮球、羽毛球拍等文体用具。

（审核：李小雄/撰稿：杨　斌）

对外宣传

【新闻发布工作】 2011年，凉山州对外宣传坚持及时准确的信息发布机制，围绕全州经济建设与发展、重大节庆活动、重大治安事件、大型民生工程等热点难点问题组织新闻发布会，召开了17场新闻发布会，发新闻通稿80余篇，参加州内外媒体300余家（次），第一时间有效发布权威信息。建立党委新闻发言人制度。制定《关于建立党委新闻发言人制度的实施意见》，明确规定党委新闻发言人的职责和党委新闻发言人制度的具体要求，州委以及州纪委等14个州级党委部门、各县市党委全部设立了党委新闻发言人，并在各县市党委工作部门推广党委新闻发言人制度。积极探索网上新闻发布工作。州政府新闻办在腾讯、新浪、搜狐开通官方微博，发布权威新闻信息、释疑解惑，增强政府工作的透明度和公信力，2011年“微凉山”腾讯微博听众达11万余人、发布凉山州新闻信息1000余条（篇），受到省上的通报表扬。

【重要工作对外宣传】 一是历史主题宣传浓墨重彩。2011年是多个重要历史主题交汇的一年，凉山州着重做好了中国共产党成立90周年等涉及凉山的重大主题宣传，宣传凉山解放和改革开放以来取得的巨大成就、宣传凉山州彝区和木里藏区的崭新风貌，完成了中央电视台新闻频道重访纪念地、中国国际广播电台新西行漫记、省级主流媒体重走长征路、四川广播电视台走进三州看变化等多个大型建党主题系列采访报道工作，在中央和省级主流媒体形成了强有力的宣传声势，展现了凉山翻天覆地的变化。二是第十二届西博会宣传声势浩大。西博会期间，凉山州在四川日报报业集团西博览会会刊上刊发《凉山吹响挺进四川第一方阵集结号》专题文章，并推出介绍西昌、会理、会东等六县市发展优势、前景及思路的专题文章。《四川日报》、《华西都市报》、四川电视台等主流知名媒体在西博会期间刊发《聚宝盆全面开放，魅力凉山商机无限》、《凉山牵手荷兰，打造“花花世界”》等56篇（条）有影响力的新闻。人民网、新浪网、腾讯网等知名网站参加凉山在西博会上的全程报道活动，共刊（转）发凉山州新闻达1200篇（条）。三是彝家新寨宣传效果显著。为展示凉山彝家新寨建设和彝区健康文明新生活运动的成效，凉山州与省委宣传部联合于2011年8月开展了中央级和省级主流媒体走进彝家新寨大型采访活动，让记者切身感受彝区群众所思所想所感，全面展示彝区新面貌，全方位报道彝家新寨新发展、新风尚。新华社、中央电视台、人民日报等16家主流媒体同赴凉山，《四川日报》、四川电视台《四川新闻》等主流媒体开辟专栏进行专题宣传报道，播发《四川大凉山彝家新寨洋溢农家乐》等大量反映彝区新貌的新闻报道300余篇（条）。四是凉山旅游品牌宣传亮点纷呈。全力做好走进大凉山大型旅游促销周的宣传，突出在主流媒体上展示凉山特色旅游商品和非物质遗产项目，全景展现凉山旅游文化成果、旅游文化产品和旅游文化引资项目，大力宣传凉山建设西部最佳阳光休闲度假旅游目的地情况。新华社、中央电视台、《光明日报》、《四川日报》、《华西都市报》等46家媒体报道凉山州旅游推介会盛况，为掀起暖冬之旅活动高潮营造良好的外部舆论环境和氛围。

【对外文化交流】 2月23日至3月2日，州歌舞团到台湾地区进行为期八天的友好文化交流活动。州歌舞团先后在高雄、台南、彰化、苗栗等地举行6场演出，每到一地演出都形成一票难求的局面，据统计观看演出的观众达五万人。此次文化艺术交流活动得到台湾地方政府、政界人士和新闻媒体高度重视，中天电视、华视、台视、TVBS等多家电视台和《中国时报》、《联合报》等报纸对演出予以报道。中天电视录播制作一小时专题节目；《中国时报》以凉山风情感动台湾为标题，在显著位置刊发现场大幅彩色照片；《联合报》在报道中写道："带劲的舞蹈，搭配华丽彝族服饰，凉山彝族歌舞带给苗栗乡亲视觉与听觉的飨宴。"新华社、中央电视台、中新社、香港大公报、香港文汇报、香港电视台等媒体做全程跟踪报道。凉山州还精心策划组织中央电视台《欢乐英雄》凉山专场，于1月8日晚黄金时间在央视3频道首播，集中展示火把节、民族风俗、漆器文化、服饰文化等凉山彝族传统文化。西昌市与四川日报报业集团、北京海色天容传媒公司合作，联合拍摄以西昌为主背景的儿童励志电影《月亮船》，该片已在全国范围内上映，并在美国洛杉矶国际家庭电影节中获优秀影片入围奖。由州委外宣办和央视乡土栏目摄制组联合推荐的凉山彝族火把节、会理古城被联合国教科文民间国际组织、中国民间文化协会、央视农业频道评为中国最具人气的民间节庆、中国最具历史文化底蕴的文化名城。

【互联网新闻宣传与管理】 一是加强网上正面宣传。紧紧围绕全州工作大局，精心策划推出一批重大专题宣传项目，州内各重点网站均设立建党90周年、彝区健康文明新生活运动、"5·12"汶川地震纪念等各类专题、专栏。全年共组织上网专题160余个，上网信息量300兆以上，境外点击页面次数约170余万次。二是增强网上舆论引导实效。密切关注网上热点问题，做好信息的收集和分析工作，主动为上级决策提供参考，为网上引导提供支撑，形成网上网下、州县协同、部门配合的网上舆论引导协调机制。会理县领导悬浮视察照引发全国网民跟踪关注，境内外媒体广泛报道，由于应对得当，在极短时间内得到民众的谅解和网民的认同，被专家评为政府舆情应对、成功构建官民对话的实践范本。三是积极探索宣传新途径。组织四川知名网友走进会理、走进西昌活动，来自四川新闻网麻辣社区的33名论坛版主和资深网友分别来到会理县和西昌市，实实在在地体验会理、西昌的变化。他们从网友的视角撰写近50篇图文或游记，发图2000余张，图文并茂地介绍会理、西昌见闻，整个活动相关帖子的点击量累计在35万以上。此次活动依托互联网传播特性，借助网友独特视角，另辟蹊径来宣传凉山，成为凉山对外宣传工作的一次成功尝试。

【州外媒体管理服务】 一是大力拓展对外宣传载体。充分利用驻州媒体平台，发挥川报、川电台、川经报等省驻州媒体的外宣功能，全年通过川报凉山站在《四川日报》累计刊发凉山相关新闻报道1200余篇，其中上头版150余篇，头条及头条导读12篇；与川报新创办的《四川日报·攀西新闻周刊》在对外宣传中作用日益凸显，《华西都市报》、《成都商报》凉山联络点累计刊发相关报道也首次突破200篇。二是加强州外媒体协调服务工作。切实加强州外媒体管理与服务工作。用开放的姿态来善待记者，树立先声夺人、先入为主的观念，牢牢把握舆论的主动权和话语权。全州共接待、服务来访的州外记者1500余人次，为引导州外媒体舆论、正面宣传凉山州起到积极作用。三是强化外宣工作机制和阵地效能。进一步建立和完善外宣工作联席会和信息通报会等制度，增强工作的前瞻性、规划性、针对性和实效性。与相关部门的实际工作相结合，发挥职能和特点优势，积极主动地开展对外宣传。建立工作联席沟通机制，明确各县市、各部门、各新闻单位的横向联系机制，交流信息，整合资源，形成合力。

（审核：陈甫林/撰稿：阿俄小沙）

史志工作

【概况】 2011年，全州史志系统认真贯彻落实党的十七大及十七届五中、六中全会精神，深入贯彻落实科学发展观，把史志工作与建设和谐凉山、推进全域凉山全面协调可持续发展有机结合起来，充分调动广大史志工作者的积极性，推动全州史志工作科学发展，全面完成各项工作任务。党史工作获全省一等奖。

【出版发行《凉山州志》】 《凉山州志（1991—2006）》，自2006年初正式启动编纂工作，历时五载，经历了组织发动、资料收集、编写编辑、修改总纂、审查定稿等阶段。2010年10月18日通过凉山州人民政府审查验收。2010年11月4日，四川省人民政府市州志审查验收小组召开专题会议，通过终审验收。2010年12月25日，四川省人民政府正式批复，同意出版发行。2011年8月，《凉山州志》由方志出版社正式出版发行。全书设置32篇、168章、723节，2000多个大项，共260余万字，内容涉及自然、地理、政治、经济、军事、文化、社会事业、人物等各个方面，全面记述了凉山彝族自治州1991—2006年期间各行各业、各个方面、各条战线、各个类别暨全州政治、经济、社会发展变化的全部情况和过程。

【出版发行《凉山州史志工作大事记》】 2011年10月，《凉山州史志工作大事记》正式出版发行。全书42万字，主要记述了1980年至2010年的30年间，凉山州党史、地方志工作的基本情况，全面反映了全州30年来的史志工作历程，总结了史志工作的经验，对推进史志工作发展具有一定的指导意义。

【县级志书编纂】 2006年2月启动修志工作后，全州上下精心组织，强化措施，狠抓落实，修志工作取得了阶段性成果，宁南、喜德、德昌、冕宁、布拖、木里、会理、会东、西昌9部县（市）志，州人大、州政协、统计、地税、工会等13部部门志出版发行；普格、越西2部县志，物价等5部州级部门志交付印刷；盐源、昭觉、甘洛3部县志已送审；金阳、美姑2部县志和一批部门志正在编纂。

【年鉴编纂工作】 《凉山年鉴（2011）》编辑工作，紧紧围绕建党90周年进行组稿。《凉山年鉴》编辑部突破传统模式，对全书内容和布局进行较大调整，提高编辑出版质量。各县市和州级各部门按时按质为《凉山年鉴》提供资料。全州17个县市中，已经开展年鉴编辑工作的有西昌、德昌、会东、宁南、冕宁5个县市，正在积极启动年鉴工作的有喜德、木里、会理、盐源、雷波、普格6个县。

【旧志整理与地情资料】 开展县市历史资料的收集整理，西昌市、冕宁县分别启动旧志整理工作。地情资料的搜编工作进一步加强，特别是各县市工作成绩突出，西昌、冕宁等县市围绕党委、政府中心工作编写地情资料，为促进经济社会发展发挥了重要作用。

【贯彻全省党史工作会议精神】 2011年1月11日，州委常委、秘书长康俊专程到州史志办开展调研活动，按照2010年12月28日州委常委会关于贯彻全国、全省党史工作会议的议事要求，切实解决凉山州党史和地方志工作的实际问题，取得突出成效。2011年5月10日，中共凉山州委以凉委发〔2011〕12号文件，制定下发《中共凉山州委关于进一步加强和改进新形势下党史工作的实施意见》，对全州深入贯彻中发〔2010〕10号文件和川委发〔2010〕17号文件进行全面部署，对加强和改进新形势下全州党史工作提出一系列切实可行的贯彻意见，推动了全州党史工作的全面发展。

【全州地方志工作会议】 2011年7月4—5日，凉山州地方志工作会议在美姑县召开。全州17个县市史志办主任和地方志工作人员等60余人参加会议。会议听取美姑、喜德、德昌、会理等县地方志工作情况汇报，向美姑县地方志馆授牌。州政府副州长仰协出席会议并作重要讲话。州史志办主任李志华安排部署全州地方志工作。

【县市史志工作指导】 州史志办调研组先后前往德昌、会理、昭觉、美姑、金阳、雷波、喜德、越西、冕宁等9县指导史志工作，对盐源、木里、甘洛、会东、布拖、西昌等6个县（市）的工作进行专题研究，解决具体问题，促进史志工作健康发展。

【专题活动与交流合作】 9月22日至24日，中国社会科学院当代中国研究所与中央文献研究室组成调研组到凉山州调研三线建设课题，召开专题座谈会。10月，专题接待中央文献研究室调研组成员到凉山对天然林保护、林业建设、水利建设进行专题讨论。11月，专题接待中央党史研究室调研组成员到凉山，对儿童保护、凉山经济建设进行专题讨论。到攀枝花市盐边县、仁和区史志办查阅核实西昌地下党的有关史料，座谈加强凉山、攀枝花两地史志合作交流的有关事宜。

【机关建设】 积极争取州委、州政府的领导和支持，特别是在机构建设、经费落实等问题上得到州委、州政府的高度重视，予以认真解决，使史志工作得以顺利开展。凉山州史志馆的修建纳入州委、州政府重要工作议题，开展前期协商协调工作。加强领导班子建设与党风廉政建设，把领导班子创“四好”活动放在首位，认真过好领导班子民主生活会，扎实抓好反腐倡廉工作。加强基层组织建设和精神文明建设，狠抓党员思想作风教育，充分发挥党支部战斗堡垒作用和党员先锋模范作用。开展创先争优活动，党组织公开承诺事项2项，党员公开承诺事项18项。积极参加全州“红歌唱响凉山”歌咏比赛，与州编办、州外侨办、州台办、州档案局共同组队参加纪念建党90周年唱红歌活动，荣获州级三等奖。

【结对帮扶】 以越西县马拖乡为联系乡，以马拖村为帮扶村开展“领导挂点、部门包村、干部帮户”活动，结对帮扶党组织1个、党员18名，党员干部下基层14人次，为基层群众办好事实事10余件。帮扶领导小组认真开展调查研究，实施帮扶规划，选派帮村干部，联络、协调帮扶工作，开展“一帮一”结对帮扶。实施“板凳工程”，为越西县马拖乡马拖村、西河村200户农户捐赠板凳600根，引导群众改变陈规陋习，强化文明意识。

（审核：尹克发/撰稿：何 梅）

老干部工作

【概况】 2011年，全州老干部工作以十七大和十七届四中、五中、六中全会、省委九届八次、九次全会和州第十次党代会精神为指导，深入学习实践科学发展观，紧紧围绕服务全域凉山全程全面小康建设大局，以生活上照顾老干部、政治上尊重老干部、思想上关心老干部为工作主线，以党委放心、离退休干部满意为目标，坚持一手抓离退休干部生活待遇落实，一手抓离退休干部思想政治建设和党支部建设，在服务全域凉山建设中取得了明显成效。

【创先争优活动】 全力推进离退休干部党组织和党员开展创先争优活动，全面提升离退休干部队伍思想政治建设水平。各级老干部工作部门在州、县市委创先争优活动领导小组的统一领导、组织和部署下，对本部门离退休干部党支部和党员的创先争优活动进行同步安排部署、同步落实。把离退休干部党员和党组织创先争优活动与离退休干部党员发挥作用有机结合起来，与建党90周年的系列活动结合起来，与争创五好离退休干部党支部和争当“四好”离退休干部党员、“三好”老干部结合起来，与日常工作（通报情况、参观考察、重大节日走访慰问）等结合起来，取得显著成效。在突出思想引领和典型引导中，全州评选上报100名优秀离退休干部党员和50个先进离退休干部党支部，拟在2012年表彰。

【落实老干部生活待遇】 广泛深入调研，在完善离休干部“两费”保障机制的基础上，着力探索退休干部服务管理机制，以改革发展、科学发展的理念，确保了离退休干部生活待遇的落实。一是全面贯彻落实中共中央组织部、财政部、人力资源和社会保障部《关于提高离休干部生活补贴标准和扩大发放范围的通知》，全州965名离休干部按时足额兑现了增发生活补贴。二是结合全州实际出台了《关于提高离休干部因病住院雇请护理人员费用补助标准的通知》，离休干部因病住院雇请护理人员费用补助标准由原来的每天20元提高到每天50元。三是按照省上规定下发《关于建国初期参加革命工作部分退休干部给予的困难补助的通知》，经认定已有965名退休干部符合享受条件，并已兑现困难补助。四是全面贯彻了州委关于正县级退休干部享受上一职务层次非领导职务工资、医疗待遇规定，并建立全州副厅级退休干部的工资、医疗待遇机制。五是全面贯彻落实《关于调整艰苦边远地区津贴一至三类区标准的通知》的规定，部分县市离休人员按当地同职务在职人员津贴增加额增加离休费，退休人员按当地同职务在职人员津贴增加额的85%增加退休费。六是按照省委组织部、省委老干部局《关于贯彻中组部提高部分离休干部医疗待遇的通知》和省委组织部、省委老干部局《关于贯彻中组部提高部分离休干部医疗费报销标准的通知》的规定，对全州2名符合提高部分离休干部医疗待遇条件和2名符合提高部分离休干部医疗费报销标准条件的离休干部上报审批材料，经中组部批准提高待遇，并兑现提高待遇后应享受的离休费等生活待遇。按照省委组织部、省委老干部局关于适当提高部分离休干部待遇的通知规定，提高1名离休干部享受副厅级工资、医疗待遇。七是对特殊困难的离休干部及遗孀给予人性化的关怀和照顾。八是全面做好了以省委老干部局巡视员徐德松为组长的省委老干部工作调研组到凉山州的调研检查工作，全州老干部工作得到了调研检查组充分肯定和高度赞扬。九是进一步推动老干部工作进社区工作，利用社区资源更好地为老干部服务，特别是在“五老”志愿者进社区发挥作用上进行了有益的探索。

【离退休干部发挥作用】　把老干部发挥作用与关心下一代工作结合起来，大抓离退休干部为全域凉山建设发挥作用工作，取得明显成效。2011 年 3 月州委决定全州关工委挂靠各级老干部工作部门后，全州老干部工作部门与关工委一道，在组建老干部发挥作用团队和组织老干部发挥作用方面取得显著成效。对如何整合资源充分发挥老干部的作用，进行深入细致地调研。在全面推进关工委组织机构建设的基础上，实施创先争优；在广泛动员老干部的基础上，筹建老年志愿者协会。组建了环境整治宣讲团、法制教育宣讲团、电子网络监督团等 9 个宣讲团，州级单位 5860 多名老协会员和全州老年志愿者协会 3000 多名会员活跃在各个行业，各个领域发挥着积极作用。

【信息信访工作】　按照注重激励、提升质量、增强影响的思路，进一步加大宣传各级党委政府关心重视老干部工作的力度，进一步加大宣传各级老干部工作部门工作的力度，进一步扩大宣传面，让全社会深刻认识老干部和老干部工作，全力提升全州老干部工作的知晓度和影响力。全年各级各部门共报送信息 170 余期，州委老干部局编发《老干部工作信息》26 篇。全州共有 42 篇工作信息被省上采用，其中《四川省老干部工作信息》采用 7 篇，《晚霞》杂志采用 10 篇，省委老干部局门户网站登载 25 篇。各级老干部工作部门进一步完善了首问负责制、信访接待制、限时办结制、信息反馈制等信访工作制度。坚持共性问题靠政策去解决或规范，个性问题靠感情去解决的原则。主动作为、深入基层、了解劝和掌握老干部思想动态，解决问题，化解矛盾，消除集体上访隐患。始终坚持凡是能够解决的尽力争取解决，不能解决的，做好解释工作，把离退休干部的生活待遇落实与信访工作结合起来，把做离退休干部思想政治工作与信访工作结合起来、理顺情绪、化解矛盾，确保了老干部队伍稳定。全年无一起群体上访事件发生。来信来访做到件件有着落，事事有回音。

【参观考察】　全州各级老干部工作部门按照突出重点、分级负责、分级组织原则，有针对性地组织老干部就近就地参观考察。州委老干部局围绕州委、州政府的中心工作，于 5 月底组织驻蓉地厅级离退休老领导实地参观考察了绵阳北川新老县城；6 月初，组织驻西昌地厅级离退休老领导实地参观考察了西昌经久工业园区（钒钛稀土资源综合利用基地）和观鸟岛湿地公园。10 月，组织驻西昌地厅级离退休老领导参观考察了冕宁、越西、宁南彝家新寨建设、城市建设和雅攀高速公路冕宁段工程建设。各县市、州级各部门也围绕重大工农业生产项目建设，组织老干部参观考察，有效地调动了全州离退休干部参与凉山全域全面全程小康建设的积极性，助推老干部党员创先争优活动深入开展。

【庆祝建党 90 周年】　2011 年是中国共产党成立 90 周年。离退休干部为党的发展、壮大和新中国的建立、建设作出了重要贡献。全州各级老干部工作部门以庆祝建党 90 周年为契机，广泛举办了文艺演出、书画摄影展、征文活动，召开了庆祝大会、专题座谈会、“讲历史、忆传统、保本色、做贡献”报告会、创作诗词歌赋等，回顾 90 年来在中国共产党团结带领全国各族人民战胜各种艰难险阻，谱写中华民族自强不息壮丽凯歌的光辉历史，唱响共产党好、社会主义好、改革开放好、伟大祖国好的时代主旋律，激发了离退休干部爱党、爱国的热情，积极为凉山的跨越发展贡献力量。州委老干部局于 6 月底举办凉山州离退休干部庆祝中国共产党成立 90 周年大会暨永远跟党走的专题文艺演出。

【机关建设】　紧紧抓住政府机构改革和州、县市换届的机遇，以机构设置、人员配备、能力提升为抓手，强化老干部工作部门的自身建设。一是加强机构建设。截至 2011 年底，州政府所属部门中符合条件的均已设置离退休人员工作科，有效地解决老干部的事有机构管、有人办的问题。二是强化学习培训。采取总结、分析、学习、交流、外出考察等一体化的形式、多层面、抓好学习培训，大力提升老干部工作队伍的能力和服务水平。三是加强领导班子和人员队伍建设。截至 2011 年底，13 个县市按照 1 正 2 副的规定配齐老干部局领导班子，着力选优配强老干部局局长和工作人员，确保老干部工作有人做。四是深入开展老干部评价老干部工作，把老干部工作做得好不好交由老干部评价，有力地增强老干部工作人员的责任心，深化老干部评价老干部工作活动的开展。2011 年 9 月，会理县委老干部局副局长杨桂英被中组部授予全国老干部工作先进工作者的荣誉称号。2011年度，州委老干部局荣获全省离退休干部服务管理工作先进单位、全省老干部活动中心（馆、室）工作先进单位、全省老干部工作创先争优活动先进单位、全省老干部工作系统贯彻落实离退休干部待遇政策工作先进单位、全省老干部工作两个提高先进单位、全省老干部宣传思想工作先进单位。

【“挂包帮”工作】　认真落实州委、州政府安排部署，局机关中层以上干部多次深入越西县大花乡开展“领导挂点、部门包村、干部帮户”活动。以调查研究、结合实际和注重实效作为工作基本原则，推动地方经济社会发展，改善群众生活水平、改进机关干部作风为目标，切实为大花乡争取项目、资金支持，帮助解决实际困难问题。一是加强村支部建设。争取资金2万元作为村支部学习活动经费；二是送去了关怀和温暖。购买1100个价值2.4万多元的书包赠送全乡小学生。多方筹资为越西大花乡中心校平整操场、修警务室、改建厕所，解决了大花乡瑞元村、深沟村遗留的债务、捐助帮扶群众等。2010—2011年度，州老干局被州委、州政府评为“领导挂点、部门包村、干部帮户”活动先进单位。

（审核：杨国敏/撰稿：王人伟）

烟草工作

【概况】　2011年，围绕建设全国重要的战略性优质烟叶基地目标，凉山烟叶生产再创历史新高。全州收购烟叶279.19万担，完成计划收购总量的103.38%；烟农收入大幅增加，烟农现金收入25.28亿元，较2010年增加5.28亿元、增长26.4%；上等烟53.98%，较2010年增加6.6个百分点；烟叶工商交接合格率为66.38%、收购等级合格率为81.3%，分别较2010年提高1.88和1.5个百分点，实现地方政府、工业企业、烟农、公司“四满意”。卷烟销售实现量价齐增。卷烟营销取得新突破，全年销售卷烟14.3万箱，同比增长4.11%；单箱收入1.84万元，同比增长17.9%；重点品牌“娇子”销售1.65万箱，同比增长42.11%，全年“两烟”销售收入达80.21亿元，“两烟”实现税利24.27亿元，同比增长11.33%；西昌烟厂技改扩能全面完成。全年生产卷烟29万箱（其中“娇子”品牌达到10万箱）、增长3.57%，实现工业总产值20.37亿元、增长42.85%，实现划拨税费12.35亿元、增长36%。烟叶复烤加工正常开展。三益公司与17家工业企业签订加工合同，全年共加工烟叶244.09万担，实现产值2.5亿元，实现税利1.3亿元。烟草产业全面完成全年目标任务。

【烟叶生产】　强化基础配套，烟叶综合生产能力不断增强。2011年，全州烟草行业投入4.61亿元，圆满完成15个单元建设任务，并分别和11家工业企业、技术依托单位实现合作共建目标；全州建成烟水配套项目1165个，土地整治2.27万亩，新增基本烟田控灌面积13.12万亩，新增机耕道覆盖面积7.77万亩、新增密集烘烤面积11.59万亩，补贴配置烟草农用机具1.56万套。坚持“四化”建设，烟叶生产现代化水平明显提高。坚持和完善“两头工场化、中间专业化”的烟叶生产模式，以抓工业的理念抓现代烟草农业。坚持规模化种植，进一步规范农民土地承包经营权流转，土地规模经营水平和生产组织化程度显著提升。坚持集约化经营，深入推进“清甜香”烟叶标准体系建设，实现生产组织、生产技术、生产服务、经营管理等要素资源高效集约利用。坚持专业化服务，完善烟叶生产组织形式，积极推进烟农专业合作社发展，全州组建综合性烟叶专业合作社14个，互助型烟叶专业合作社940个、家庭农场142家、种植大户5476户。坚持信息化管理，依托国家局烟叶基础软件，初步构建起覆盖全州烟草专卖局（营销部）、烟叶仓储中心和烟叶工作站点的烟草信息化综合管理体系。着力创新推进，烟草“科技洼地”建设谱写新篇章。科技创新迈出新步伐。自主培育的“清凉3号”烟叶新品种经全国区试，通过全国烟草品种审定委员会农业评审，开始进行工业验证。选送的大凉山“清甜香”烟叶11个优良品种搭载“神舟八号”飞船进入太空进行育种试验，安全返回地面进行种子交接，开启凉山烟叶航天育种的先河；切实加强与中国农业科学院合作，在西昌市筹建“中国农业科学院西南烟草试验基地”，构建国家级烟草科技平台，推进农科院烟草农业科技力量、科技成果、科技信息、科技合作资源和人才培养基地向凉山烟区转移，打造凉山烟草“科技洼地”；切实加强与省局（公司）、川渝中烟公司协调合作，四川烟草技术中心奠基开工，卷烟仓储物流中心建设正式启动。国际合作取得新进展。推进与津巴布韦的烟草生产技术合作，精心打造“凉山—津巴布韦烟草合作园区”，试种KRK26品种1万亩，引进8个津巴布韦烟叶品种进行观察试验，3个初步认定表现优良的品种将进入2011年的小区试验，其余5个品种由津巴布韦替换补充新种进入试验。

【政策配套】 继续坚持惠农政策，稳定烟农队伍，确保烟农效益。州委、州政府《关于2011年现代烟草农业工作的指导意见》文件明确政策。烟叶收购价格。烟叶收购价在上年基础上上调12%，对实行专业分级、散叶收购方式的烟叶价另行给予适当补贴。生产投入补贴政策。烟叶生产投入补贴标准为收购基准价的13%，其中25元/担用于燃煤补贴，以县为单位统一采购、统一结算。州烟草公司对种植普通品种烟叶增加的大田物资成本由行业和烟农共同承担，行业承担主要部分；对种植特色品种烟叶增加的大田物资仍实行全额补贴。烟叶品质结构优化政策。按国家局要求和凉山烟叶生产实际，对卷烟工业不需要的7个低次等级烟叶不予收购，采取烟农在田管中适时打顶和打去两片下部叶不烘烤，烟草行业按政策给予适当补贴的方式解决（20元/担），确保烟农按42个级收入不减少。农特税转移支付资金政策。烟叶农特税转移支付资金继续用于现代农业包括现代烟草农业基础设施建设的配套投入，重点用于烟电配套建设。自然灾害救助政策。认真落实州政府《凉山州烟叶生产灾害救助资金管理暂行办法》，筹措自然灾害救助资金，降低烟农种烟自然风险。烟叶生产基础设施管护政策。烟区县市政府要严格落实将烟叶税收入的3%专项用于烟叶生产基础设施的维护和管理的政策。扶农惠农政策的落实，有效降低烟农生产投入，种烟纯收入大幅增加，极大地调动了烟农积极性。

【调查研究】 认真做好调查研究工作，撰写调研文章，为领导决策提供参考依据。如副主任戚天福的《对凉山烟叶生产组织形式探索创新的思考》、《凉山烟草产业发展的现状、问题、建议》、副主任伍斌的《烟区基层党组织“四抓”创先争优，全力促进凉山烟草产业科学发展》、副主任王飞架的《烟农生产积极性调查报告》、《2011年烟农烟叶生产增收情况调查报告》等。尤其是副主任王飞架针对2011年严重的烟叶病害，组织烟司烟办和科研院所深入现场调查会诊，形成《德昌等县发生烟叶卷曲病的调查报告》，拿出“补水解毒、药物修复、补充营养”的解决方案和措施，有效遏制住病害蔓延，把损失降到最低限度。

【办文办会】 全力以赴抓好办文办会工作。在州烟草工作领导小组统一部署下，与有关部门共同筹办全州烟叶生产育苗、预整地、移栽、田管与收购、全州“娇子”品牌市场培育工作会、全州烟叶工作大会、凉山与津巴布韦烟叶合作、与农业科学院等20余次会议。为州委、州政府主要领导和分管领导起草各类烟草工作会议讲话稿、向上级领导和部门的烟草工作汇报稿等20余篇，起草州烟草工作领导小组文件27件、州烟办文件31件、烟草工作简报13期、会议纪要5期，相关工作简报8期。

【“挂包帮”工作】 制定完善《州烟草工作办公室“挂包帮”活动制度》，坚持以抓好帮扶规划为先导，以促进发展为重点，精心组织，切实做到干部进村，工作到户，任务落实，努力实现“解决彝区贫困现状、扶贫解困明显推进、统筹城乡明显加快、干部作风明显转变、基层组织明显加强”的目标，确保活动取得明显成效。2011年，红莫镇收购烟叶1.1万担，仅烟叶产值就达828万元，果布村烟叶收入人均达2000元。重点抓好五项举措：一是烟办挂职包村干部周斌坚守岗位，履行职责，坚持驻点开展工作。二是组织果布村的村、社干部、党员及群众代表召开交流座谈会、技术培训会，提高认识，更新观念，为帮扶工作全面开展提供保障。三是重点把“板凳工程”做到家。2230根板凳预年初全部送到果布、司金两个村帮扶农户家中。四是2011年底向红莫镇果布村贫困群众送去大米、棉被等价值3000余元的慰问品；为帮扶联系贫困户（10户，每户送大米50斤、白糖10斤；帮助解决现代烟草农业规划补助经费2万元；协调解决烟叶生产救灾经费8万元。为红莫镇30名乡镇干部、8名帮扶村村社干部、10名党员帮扶户进行慰问并赠送了5000余元慰问品。

【机关建设】 一是重视和加强党建和党风廉政建设工作。加强理论学习，重视思想建设，健全完善制度，明确岗位职责，认真贯彻《条例》，加强廉政建设，预防违纪犯罪，巩固实践科学发展观活动成果，开展形式多样的组织生活，设立党员示范岗，进一步强化勤政务实作风，自觉履行党员义务，争当人民公仆，机关工作效能明显提高。二是重视和加强“四好”班子建设。坚持抓好以“政治素质好、经营业绩好、团结协作好、作风形象好”为主要内容的“四好”领导班子创建活动，以讲党课为载体推动学习，完善相关制度24个，重点对班子成员、党员进行理想信念教育、廉洁自律教育，树立大局意识、责任意识和忧患意识，严格遵守政治纪律。充分发扬党内民主，防止独断专权。加强制度建设和阳光监督，确保不违纪、不发案。充分发挥党支部的核心作用、战斗堡垒作用、党员的先锋模范带头作用，以人为本，凝心聚力，促进烟草工作有序开展。三是重视和加强保密工作。强化领导，明确责任，结合工作实际，组织学习宣传保密法规，提高干部职工保密意识，自觉遵守保守秘密规定，保守国家秘密。加强保密管理，完善保密制度，增添保密措施，防止秘密泄露。四是重视和加强文明建设。坚持践行“三个代表”重要思想，认真贯彻《公民道德建设实施纲要》要求，注重职业道德，发扬社会公德，爱岗敬业，努力工作，热情服务，争先创优，营造了家庭和睦的良好风范和团结和谐的工作氛围。

【集体荣誉】 2011 年，州烟草办荣获全省烟叶生产先进单位光荣称号，被州委、州政府评为全州烟叶工作先进集体，被评为全州“挂包帮”优秀单位，并荣获优秀干部下派奖，荣获文件交换工作优秀单位奖，荣获党群系统目标考核奖，荣获年鉴编写优秀单位，荣获公务员统计年报优秀单位，荣获党委系统信息工作完成单位。

（审核：伍　斌/撰稿：陈玉芳）

政务接待

【概况】 2011 年是实施“十二五”规划的第一年。接待工作在州委、州政府的领导下，充分宣传凉山、展示凉山、推介凉山，赢得支持，谋求发展，在全域凉山全面开发开放跨越发展中发挥了重要作用。全州完成各类接待 2687 批 42759 人次，州本级接待任务 494 批 7204 人次，圆满完成了国务院副总理回良玉和国务院扶贫办主任范小建、国家工商行政管理总局局长周伯华、中直工委常务副书记孙淦、成都军区政委田修思等部委领导，省领导刘奇葆、蒋巨峰、陶武先、李崇禧、魏宏、钟勉、陈光志和谢世杰、冯元蔚等老领导及省级相关部门领导的接待任务。同时，还高水平、高质量地完成了全国工商联考察团、韩国文化交流财团、中组部和团中央博士服务团以及全省大小凉山综合扶贫开发彝家新寨建设现场会、中星 10 号卫星发射、全省推进新型城镇化建设现场会、第十二届中国西部国际博览会、走进大凉山大型冬季旅游会、攀钢集团西昌钒钛有限公司投产庆典仪式、州第七次党代会等重大接待任务。接待工作得到了中央、省、州各级领导和来宾的肯定和赞扬。州接待办再次荣获全省 2011 年度接待先进集体和“1001”任务先进单位。

【管理】 严格按照国家和省州有关政务接待工作的规定和要求，健全完善《政务接待工作制度》、《财务制度》、《会议制度》等，科学制定并及时填写《凉山州接待办公室接待任务呈批表》、《接待任务登记册》、《接待费用登记册》、《凉山州接待办接待任务费用清单》、《物品采购申请单》、《在外就餐申请单》等各类报表，严格规范接待工作审批、操作程序，强化内部管理；严格公文运行程序，由综合科统一收集后及时送办领导阅示、送职工传阅，机要文件交换等工作无差错，做到了完全、及时、保密、准确。严格在外就餐、物品采办申请报批制度，实现经办人员申请、分管领导签字、单位领导批准的操作规范；严格执行公务用车派遣制度，强化安全行车教育，有效保障了政务接待用车和公务用车；树立细节决定成败的思想，以严谨、细致的工作态度，根据客人的要求、习俗和爱好，制定周密细致的接待方案，认真细分接待链上的每一个环节，把每一个环节的每一个细节都想到位、做到位，确保工作实现零差错。

【服务】 紧扣中心，服务全局，全力推进政务接待工作精品服务战略。强化大局意识、责任意识、服务意识、品牌意识和精品意识，用高效优质的接待服务，全方位、多渠道向客人展示全州经济社会发展新思路、新举措和新成就，广泛宣传和推介凉山州特色和亮点，使政务接待工作成为凉山形象的展示台、密切联系的润滑剂、加快发展的助推器，成为连接内外宾朋的桥梁、塑造公共形象的窗口、推介地方资源的平台，为凉山发展赢得政策、赢得信息、赢得支持。

【接待队伍建设】 一是强化集中调训。在政务接待的具体实践中，提高业务能力和工作能力。二是强化工作比拼。开展县市政务接待评比活动，按照总结、信息、简报和参与接待工作的质量等内容，全面考量工作绩效，形成政务接待竞争氛围。三是强化技能练兵。开展讲解技能比赛活动，打破政务接待瓶颈，克服接待工作短板，开展礼仪培训活动，使接待人员素质进一步提高，接待队伍整体形象得到进一步提升。

【机关建设】 严格按照州委“钢班子带铁队伍”和“拼干部、比工作、赛作风、争一流”的要求，切实加强自身建设。坚持党的民主生活会制度和民主评议党员制度。以党支部建设为核心，从思想、组织、作风、制度等方面开展机关党建工作。同时，把支部活动作为载体，全年组织开展一周一学、一月一讲、讲解技能比赛等为主题的党组织活动9次；全年向联系帮扶群众捐款捐物5次，累计捐款达25790元，捐冬衣物43件，过冬棉絮166床；支部学习12次，上党课3次；吸收预备党员5名，培养入党积极分子3名，党组织的凝聚力、向心力和号召力明显增强，党支部的战斗堡垒作用和党员的先锋模范作用不断加强。以建设学习型团队为目标，树立终身学习的理念，采取集中学习与个人自学相结合的方式，注重理论知识与业务知识结合、与实际工作结合，使班子和干部队伍理论水平和业务知识不断提高；全年办理副县级领导干部晋升到外单位任正县级领导1名，正科级提拔为副县级1名，调换安排1名正科级干部到美姑县觉洛乡挂职锻炼，招聘接待员2名，驾驶员3名。

（审核：王建蜀/撰稿：樊飞雄）

党校工作

【概况】 2011年，在州委、州政府的坚强领导和省委党校的正确指导下，州委党校认真贯彻落实党的十七届三中、四中、五中、六中全会精神以及胡锦涛总书记“七一”讲话精神、省委九届九次全会和州第七次党代会精神，以科学发展观为指导，以《中国共产党党校工作条例》、《行政学院工作条例》和《2010—2020年干部教育培训改革纲要》为指南，紧紧围绕省委“高位求进、加快发展”和州委“跳起摸高、跨越发展”的工作基调及“两化互动、三化联动”的发展大局，不断深化教学、科研、人才队伍、管理服务等各项改革，着力打造成凉山州干部教育培训一流学府。

【贯彻“两《条例》一《纲要》”】 结合工作实际，深入贯彻落实“两《条例》一《纲要》”精神。一是抓住党校作为学校、部门、主渠道、科研机构四位一体的性质和特点，坚持党校姓党原则，坚定地、创造性地把党的理论和路线方针政策贯彻落实到党校工作的各个方面，推动党校科学发展。二是深入县市委党校对“两《条例》一《纲要》”的贯彻落实情况广泛开展调研，形成《县市委党校贯彻落实“两〈条例〉一〈纲要〉”情况报告》，为推动党校科学发展提供了参考。三是制定实施党校“十二五”发展规划。围绕目标任务，深化改革，强化管理，实现了“十二五”良好开局。四是完善党政领导班子定期务虚制度，推动领导班子务虚工作规范化、制度化、科学化，务虚工作项目荣获凉山州干部人事制度改革重点突破项目试点成果三等奖。

【干部教育培训】 按照大规模培训干部，大幅度提高干部素质的要求，进一步扩大培训规模，拓展培训领域。举办了中青班、选调生培训班、推进藏区跨越式发展和长治久安专题培训班、招商引资系统干部专题培训班、党务干部培训班、入党积极分子培训班、拟任县处级理论考试辅导班等班次。全年共举办各级各类培训班12期，培训轮训干部1426人次。

【教学改革】 围绕干部教育特点不断深化教学改革，着力提高培训质量和办学水平。一是加强精品课建设，州委党校选送的《注重心理调适，塑造阳光心态》一课被四川省委党校评为全省党校系统精品课程。二是在坚持党校和异地现场教学“两段式”培训的基础上，首次在县级班和中青班推行党校培训、高校学习和异地培训考察相结合的“三段式”培训模式，得到学员一致肯定。三是突出学员能力素质教育。大力推行案例式、模拟式、体验式、课题调研式等互动式教学，努力开辟新、精、近、实课程，做到教学专题设计与州委州政府的工作思路和部署相对接，与干部素质的提升和解决实际问题的能力培养相结合。四是实行开放式教学，聘请相关部门领导专家和省委党校专家学者共52人次为主体班学员授课。五是强化学科建设，构建具有时代特征和党校特色的学科体系。

【科研工作】 强化科研管理，打造科研精品，充分发挥党校思想库作用。一是课题立项。全州党校系统立项省委党校调研课题22项；立项省委党校重大研究课题市（州）项目1项，重大研究课题市（州）委托项目1项；审核批准立项凉山州党校系统调研课题22项。全年共完成各类课题18项，其中省社科院研究课题1项，省委党校研究课题2项，调研课题5项，州级研究课题1项，调研课题2项，州委党校研究课题1项，调研课题6项。二是强化州情研究。紧扣凉山经济社会发展难点热点问题进行科研攻关，推出有新意、有分量、有影响的科研成果，为党委政府决策服好务；结合凉山实际，撰写出版了《四川省“十二五”经济社会发展战略丛书·凉山卷》。三是强化科研交流协作。成功举办加强社会管理创新，推进地方经济社会发展研讨会暨四川省社科院市县院所工作会议，州委党校提供的《重视民间社会资源开发，探索彝区社会管理创新》作为会议仅有的6篇交流论文之一，得到省社科院专家学者的高度评价；积极探索实践科研协作机制，汇聚集体力量，发挥集体智慧，打造科研精品。四是突出科研成效。推动科研成果进入党委政府决策，实现教学科研一体化。在全省两年一次的科研成果评比中，获得省委党校系统第七届科研工作进步奖、优秀科研个人奖各1项、优秀科研成果三等奖3项；四川省社会科学院优秀科研成果一等奖1项、二等奖2项、三等奖1项；州级理论研讨会二等奖2项、三等奖1项、优秀奖1项；发表理论文章37篇，其中省级7篇，市州级30篇。五是进一步办好《凉山党校》刊物，全年办刊4期。

【队伍建设】　大力实施人才强校战略，突出师资队伍培养。一是结合学科建设加大教师业务培训力度，先后派21名专兼职教师到中央党校、国家行政学院、北京大学马克思主义学院、省委党校、省行政学院等地学习培训；二是选派4名教师到省委党校和西昌市乡（镇）挂职锻炼，增强实践能力；三是公开招聘5名相关专业教师，充实了师资队伍的层次结构、知识结构及年龄结构；四是鼓励教师外出授课，全年全校高级讲师和骨干教师83人次应聘为各级各部门中心学习组和各县市委党校主体班作专题讲座，听课达8600余人次。

【学历教育】　坚持从严治学，规范管理，推动学历教育有序有效开展。函授教育共招新生249人，毕业学员349人，连续6年荣获省函院考务管理、教学管理、教材管理等目标考核奖。研究生报考人数超过100人，录取71人，在区域经济专业中录取率名列第一；严格教学，强化管理，连续七年荣获省委党校在职研究生综合管理优秀奖，连续三年荣获招生先进单位荣誉称号，2011年，在全省20多个教学点综合考核中名列第二。

【信息化建设】　为拟任县处级领导干部任职资格考试提供网络技术保障；充分利用中央党校远程教学C级站信息技术设备，提高视频资源利用率；为主体班学员采集、编辑、刻录教学节目24个，丰富远程教学节目库；充分利用中共西部开发远程学习网应用平台开展远程教学培训，切实增强培训的针对性和生动性。

【行政后勤管理】　强化保障，科学管理，推动行政后勤工作有效开展。一是创新思维，推动政务工作、人事工作、财务工作等行政管理服务工作规范化、科学化。二是加强基础设施建设。打造校园绿化带，进一步美化校园环境；新建的教职工经济适用房竣工，进一步改善了教职工住宿条件；改建的老年活动室竣工，为老干部提供了更加舒适的休闲场所。

【教育扶贫】　共筹集资金5万余元，深入开展百乡教育扶贫工作。为联系乡群众捐赠大米2050斤、食用油41桶、购买种猪41头、协调林业部门捐赠核桃树苗1.5万株；“六一”节为巴尔村小学捐赠50套课桌椅及篮球、跳绳等体育用品；教师节为中心校教师捐赠慰问金3000元；向定点扶贫联系村830户村民赠送板凳2490根，同时，捐赠脸盆、毛巾、香皂等生活用品；协调西昌市一小与巴尔小学开展手拉手活动，进行教学观摩与交流；推动禁毒防艾工作与教育扶贫工作相对接。

【机关党建】　围绕推动科学发展、建设一流党校、服务全域凉山全面协调可持续发展，开展“七个一流”建设工程活动主题，继续深化创先争优活动；结合学校实际，推进党务公开工作；举办形式多样的建党90周年纪念活动，提高党员理论素质，增强党组织凝聚力和战斗力；建立健全反腐倡廉教育、监督、预防、惩治机制，强化党风廉政建设。

（审核：吴锦屏/撰稿：马尚萍）

凉山日报社

【概况】　2011年，凉山日报社围绕州委、州政府的中心工作，坚持正确的舆论导向，扎实开展新闻宣传工作；按照读者和市场的需求，深化新闻改革，合理配置新闻资源，对报纸进行大幅调整扩版；根据一手抓公益性文化事业建设，一手抓经营性文化产业发展的要求，千方百计发展报业经济；加强内部管理，着力培养人才，着力锻造队伍，着力构建公平、公正、公开、透明的管理机制，使报社各项工作沿着健康轨道运行，实现了持续、平稳、较快的发展。

【新闻改革】 报社按照年初提出的五项重点改革内容，充分解放思想，大胆开拓创新，稳步推进改革，顺利实施《凉山日报·周末》全面改版为《都市凉山》，进一步树立社会新闻类的品牌；顺利实施《阳光攀西》的全面改版，进一步扩大和提高这张生活资讯类报纸的知名度和影响力；顺利实施各专刊品牌的强化，一批品牌专刊、品牌版面和品牌栏目大放异彩；顺利实施政务新闻改革，培育起一些品牌栏目，进一步增强政务新闻的可读性和吸引力。同时，大力改革经营服务水平，提升了经营水平。

【新闻宣传】 围绕州委、州政府的中心工作，践行责任与使命，主动服务全州大局，创造性地搞好舆论引导。如：围绕州委六届十三次全会精神，对交通枢纽、农田水利、生态文明、开放合作等，以及大凉山扶贫攻坚及藏区民生工程等重点工作进行深入报道。同时，做好一些重大事件报道的统筹策划，隆重推出了回眸“十一五”，凉山大跨越、展望“十二五”、击鼓奋进、跳起摸高、奋力推进凉山“十二五”又好又快发展、走彝寨、行藏区——见证美丽富饶文明和谐新凉山、走基层，蹲点调查等系列报道。关注天下大事、关心民生民情，对建党90周年、纪念辛亥革命100周年、西藏和平解放60周年以及日本大地震、利比亚战争等国际国内新闻进行了全面报道，为全州的读者提供了丰富的新闻大餐，得到了州委、州政府和社会各界的一致好评。

【品牌打造】 《都市凉山》和《阳光攀西》全新改版，配合改扩版举办了《凉山日报》首届读者节，开展有奖征文、优秀读者评选、万份报纸送读者、读者座谈会、泸沽湖采风等活动，再次提升了《凉山日报》的知名度和影响力。在专刊品牌打造上，到2011年，已经成功开辟11个专刊，办刊领域不断拓展，其中金土地、交通、健康等专刊已基本实现品牌化。在政务新闻的品牌打造上，议论风生、凉山政务等栏目已初具品牌效应。特别是参与策划和实施的诸如走彝寨、行藏区、走基层等大型系列报道取得了积极的宣传效果。

【彝文宣传】 《凉山日报》彝文版深入推进版面和栏目改革，让彝文版更加贴近彝族农牧民的生产生活实际，切实起到了他们生产生活好帮手的作用。特别是在全州彝区健康文明新生活运动、彝家新寨建设中，彝文版根据彝区农牧民的实际情况，开设了相应的专题专栏，深入细致地宣传报道起到很好的舆论助推作用，有效推动了移风易俗和彝家新寨建设在彝区的顺利开展。

【报网互动】 凉山新闻网积极配合要闻部、专刊部、阳光攀西工作室、都市凉山编辑室等部门，及时将各个时期的重点宣传、重点策划通过网络的形式进行发布，特别是围绕本土新闻和各个时期的重点专题报道，努力实现报网同步，较好地实现报网互动。2011年日均页面访问量达到1.8万次，每天的新闻信息更新量超过120条。

【报业经营】 凉山日报社提高报业经营的科学、有序、规范管理水平，特别是以各个节点为契机，大力拓展经营范围，一些领域的专题经营取得新突破，使凉山日报社的报业经营创下历史新高，达到1640多万元。印刷厂2011年也实现较好的利润指标。报纸发行上，截至2012年1月，《凉山日报》汉文版完成发行3.9万多份；彝文版完成5200多份。

【教育培训】 通过在职自学、以老带新、自三培训的形式，组织采编人员进行业务教育培训。如聘请西昌学院、凉山移动分公司的老师和领导到报社为年轻的编采人员授课，同时报社派出领导和资深编辑记者传授采编工作的要领。重新制定了《凉山日报社深入基层工作制度》，对社领导和编辑记者下基层进行了明确的要求和量化。继续实施记者驻县锻炼机制，培养年轻人肯吃苦、能付出的敬业精神。

【班子队伍】 深入开展杜绝虚假报道，增强社会责任，加强新闻职业道德建设专项教育活动和走基层，转作风，改文风活动，班子廉洁自律，高效务实地开展各项工作，在财务收支、干部选拔、招投标等方面始终做到公正、公开、透明。在州纪委、州委宣传部、州人社局、州保密局、州编办等部门的指导监督下，编辑部顺利实施了10人的公招工作。

【健康文明】 切实抓好党建带工建、团建、妇建工作，开展“五一”登山比赛活动，参加州级机关第六届职工运动会，组织“永远跟党走——庆祝建党90周年”文艺联欢活动，同时组织了80人的队伍参加凉山州直属机关“庆祝中国共产党成立90周年歌咏比赛——红歌唱响凉山”的活动等；继续开展好“挂包帮”活动和百乡教育扶贫、治安、计生、卫生等工作，加强精神文明建设。

（审核：龙德华/撰稿：宋兴龙）

人　大

The National People's Congress

综　述

【概况】　2011年是"十二五"开局之年，是全州抢抓机遇、加快发展的重要一年，也是州人大常委会开拓创新、砥砺奋进的一年。在中共凉山州委领导下，州人大常委会坚持以中国特色社会主义理论体系为指导，深入学习实践科学发展观，认真贯彻落实党的十七大和十七届五中、六中全会及省委九届八次、州委六届十三次全会精神，始终坚持党的领导、人民当家作主和依法治国有机统一，围绕"跳起摸高，跨越发展"工作基调，认真履行宪法和法律赋予的职责，在科学发展中放大优势，在主动融入中凸显特色，在服务大局中体现作为，不断推进人大工作的创新和发展，为推进凉山全域全面全程小康社会建设，作出了积极贡献。

【推进地方立法】　充分行使民族自治地方的立法权，把保障和促进凉山全面协调可持续发展作为立法重点，坚持质量为上、急需为先、特色为重立法原则，加快转变经济发展方式方面的立法，加强保障和改善民生方面的立法，做好促进民族团结进步、社会和谐稳定方面的立法。继续开展地方性法规清理工作，及时修改完善现有地方性法规。坚持科学立法、民主立法，充分发挥人大代表在立法工作中的重要作用，扩大公民对立法活动的有序参与。统筹兼顾各方面利益，正确体现党的主张，真实反映人民意志，不断提高立法质量。

【强化人大监督】　认真贯彻实施监督法和监督法实施办法，把加快转变经济发展方式、推进凉山科学发展作为监督工作的重点，把促进省委、省政府关于加快推进凉山跨越式发展的"一个意见，两个规划"的贯彻落实作为监督工作的着力点。通过听取和审议专项工作报告、开展执法检查、组织视察、专题调研等形式，加强对法律法规贯彻实施情况的监督，加强对事关全州改革发展稳定重点工作的监督，加强对人民群众普遍关心的热点、难点问题的监督，加强对政府行政行为、审判和检察机关司法行为的监督，注重跟踪督查，坚持公开透明，切实增强监督实效，促进和保障一府两院依法行政、公正司法，支持和推进一府两院各项工作有效开展，确保"十二五"规划开好局、起好步。

【规范人事任免】　坚持党管干部和依法任免相统一的原则，讲政治、讲党性、顾大局，充分发扬民主、严格依法办事。坚持对拟任人员任前法律知识考试制度、拟任人员任前供职报告制度、对人事任免案认真审议和无记名表决制度、任命后颁发任命书和公示制度，使党组织推荐的人选经过严格的法定程序成为国家机关工作人员，为全州改革开放和现代化建设提供坚强的组织保障。

【重视代表工作】　进一步深化对代表工作的认识，充分尊重代表的主体地位，努力提高为代表服务的工作水平。坚持和完善政情公开机制，为代表提供时政信息服务，切实保障代表知情权。坚持和完善常委会组成人员联系代表、代表联系原选举单位和选民制度，全方位、多渠道听取代表和人民群众的意见。坚持和完善代表参与人大工作机制，不断拓展代表参与人大工作的广度和深度，丰富和活跃代表在闭会期间的活动。切实做好对全州县乡人大换届选举工作指导，保障选举工作依法按程序进行和公开透明。扎实抓好代表议案的审议及建议、批评和意见的督办工作，提高办理效率，确保办理质量，进一步提高代表满意率。继续坚持人大代表列席和公民旁听人大常委会会议制度，扩大公民有序的政治参与。

【加强自身建设】 坚持钢班子带铁队伍，切实加强常委会及机关建设。一是加强理论武装，建设学习型机关。认真学习邓小平理论、“三个代表”重要思想，深入贯彻落实科学发展观，坚持用科学理论武装头脑、指导实践、推动工作。认真学习党的路线方针政策和法律、法规及人大工作业务知识，积极探索人大工作规律，掌握人大工作特点，不断提高围绕中心、服务大局的能力和水平。二是加强作风建设，提高履职实效。继续深入开展创先争优活动，进一步做好新形势下人大工作的使命感、责任感，始终保持锐意进取的思想品质和奋发有为的精神风貌，大兴调查研究之风，把握实情、了解民意、反映民声、维护民利，使人大工作深深根植于人民群众沃土之中。密切与全州县市人大工作的联系，加强人大工作交流，推进人大工作创新和发展。三是加强制度建设，促进科学履职。主动适应新形势新任务的发展变化，围绕科学履职、提高机关效能，进一步加强州人大各专门委员会、常委会各办事工作机构建设，充分发挥职能作用，推进人大工作开展。进一步健全和完善常委会机关规章制度，着力提升机关运转规范化、程序化、制度化水平。

州九届人大六次会议

【概况】 2011年1月25日至30日，凉山彝族自治州第九届人民代表大会第六次会议在西昌召开，394名代表出席会议。参加州十届政协五次会议的全体委员列席会议；不是州九届人大代表的州级领导、州人民政府组成人员、州委有关部门负责人、州人大及其常委会各办事工作机构负责人，州人民政府副州长、州长助理，州人民政府副秘书长、办公室主任，州政协秘书长，州人民政府直属机构及有关部门负责人，州两院负责人及派出机构负责人列席会议；不是州九届人大代表的县长、代理县长，不是州九届人大代表的县市法院、检察院负责人，中央、省驻州有关单位负责人，驻州部队主官，州群团系统负责人，州八届人大常委会副主任，特邀老领导列席会议。会议听取和审议政府工作报告、计划报告、财政报告、常委会工作报告、法院工作报告、检察院工作报告，表决通过上述六个工作报告决议，审查批准凉山州国民经济和社会发展“十二五”规划纲要，2011年凉山州国民经济和社会发展计划，2011年州本级预算；表决通过《凉山彝族自治州大桥水库工程管理条例（修订草案）》，报经省人大常委会批准后颁布实施。会议表决通过接受有关人员辞职的决定，表决通过废止有关地方法规的决定。会议完成各项议程后，州委书记翟占一作重要讲话，对新的一年全州人大工作提出希望和要求。

【会议议程】 一是听取和审议凉山州人民政府工作报告。二是听取和审议凉山州2010年国民经济和社会发展计划执行情况及2011年计划草案的报告，审查批准2011年凉山州国民经济和社会发展计划。三是听取和审议凉山州2010年财政预算执行及2011年财政预算草案报告，审查批准2011年州本级财政预算。四是听取和审议凉山州人大常委会工作报告。五是听取和审议凉山州中级人民法院工作报告。六是听取和审议凉山州人民检察院工作报告。七是审查批准凉山彝族自治州国民经济和社会发展第十二个五年规划纲要。八是审议《凉山彝族自治州大桥水库工程管理条例（修订草案）》。九是审议通过关于废止《凉山彝族自治州施行〈中华人民共和国全国人民代表大会和地方各级人民代表大会选举法〉的变通规定》的决定。十是人事事宜。

【代表议案及建议】 大会收到代表团及10人以上代表联名提出的议案26件，大会秘书处交由州人大各专门委员会审查，大会秘书处综合相关专门委员会的审查意见，报经大会主席团审议通过，将9件议案列为大会议案。一是金阳代表团提出的《关于制定〈凉山彝族自治州水资源开发扶贫基金征收条例〉的议案》（第1号）。二是喜德代表团提出的《关于加大〈东西河飞播林区保护管理条例〉执行力度的议案》（第2号）。三是宁南代表团提出的“关于确保全州畜牧业健康快速发展，建议修订凉山彝族自治州施行《四川省〈中华人民共和国动物防疫法〉实施办法》的补充规定的议案

（第5号）”。四是会理代表团提出的《关于请求州人大常委会将〈会理历史文化名城保护条例〉列入2011年立法规划的议案》（第11号）。五是屈国荣等10名代表提出的《关于将冕宁和爱藏族乡纳入藏区稳定扶持的议案》（第13号）。六是甘洛代表团提出的《关于制定〈凉山彝族自治州禁毒防艾工作条例〉的议案》（第17号）。七是会东代表团提出的《关于制定〈凉山州政府投资项目BT（或BOT）融资管理办法〉的议案》（第20号）。八是昭觉代表团、吉伙依里等10名代表提出的《关于撤销西昌川兴尔乌公路收费站的议案》（第24号、第26号）。其余17件议案改作代表建议、批评、意见，连同本次会议收到的代表建议、批评和意见72件，共计89件建议、批评和意见，会后州人大常委会按其内容分别交由州人民政府和有关机关、组织研究办理。

【会议决议决定】 一是关于《凉山彝族自治州人民政府工作报告》的决议。二是关于《凉山彝族自治州国民经济和社会发展第十二个五年规划纲要》的决议。三是关于《凉山彝族自治州2010年国民经济和社会发展计划执行情况及2011年计划》的决议。四是关于《凉山彝族自治州2010年财政预算执行情况和2011年财政预算》的决议。五是关于《凉山彝族自治州人民代表大会常务委员会工作报告》的决议。六是关于《凉山彝族自治州中级人民法院工作报告》的决议。七是关于《凉山彝族自治州人民检察院工作报告》的决议。八是关于废止《凉山彝族自治州施行〈中华人民共和国全国人民代表大会和地方各级人民代表大会选举法〉的变通规定》的决定。九是关于接受沈明祥、沈铁石辞去凉山彝族自治州第九届人民代表大会常务委员会副主任职务的决定。十是关于接受刘德美辞去凉山彝族自治州第九届人民代表大会城乡建设环境资源保护委员会主任委员、杨建身辞去凉山彝族自治州第九届人民代表大会财政经济委员会副主任委员职务的决定。

常委会会议

【概况】 2011年度，凉山州九届人大常委会共举行九次全体会议，通过了关于召开凉山州十届人大一次会议的决定，补选2名省人大代表，确认补选的4名州九届人大代表的代表资格有效，审议通过了两个法规草案，审查批准2010年州本级财政决算，听取和审议了有关专项工作报告20个。共任免国家机关工作人员74人次，其中任52人次，免19人次，决定代理3人，接受辞职3人。

【常委会第二十七次会议】 2011年1月11日，凉山州九届人大常委会举行第二十七次会议。会议听取州人民政府关于凉山州“十二五”规划纲要（草案）的说明，审议通过凉山州“十二五”规划纲要（草案）；听取州人民政府关于2010年州本级年终超收安排有关情况的报告；2009年州本级预算执行及其他财政收支审计结果落实情况的报告；审议通过关于废止《凉山彝族自治州施行〈中华人民共和国人民代表大会和地方各级人民代表大会选举法〉变通规定的决定（草案）》，提请州九届人大六次会议审议；会议确认田健康、邹楠、齐兴彬、贾正春的州九届人大代表的代表资格有效；审议通过州人大常委会工作报告稿；听取凉山州九届人大六次会议筹备工作情况报告，审议通过凉山州九届人大六次会议有关事项。

【常委会第二十八次会议】 2011年2月17日，凉山州九届人大常委会举行第二十八次会议。会议审议通过凉山州人大常委会2011年度工作要点，并进行了人事任免。

【常委会第二十九次会议】 2011年4月12日至13日，凉山州九届人大常委会举行第二十九次会议。会议传达十一届全国人大四次会议和省十一届人大常委会第二十二次会议精神；听取州人民政府各位副州长关于落实政府工作报告、切实做好分管工作的思路和打算；听取和审议州人民政府关于档案法及实施办法贯彻实施情况的报告；并进行了人事任免。

【常委会第三十次会议】 2011年6月15日至16日，凉山州九届人大常委会举行第三十次会议。会议传达省十一届人大常委会第二十三次会议精神；听取和审议州人民政府关于国有资产监管工作、地质灾害防治工作情况报告；审议通过州人大农委关于议案办理审议结果的报告；并进行了人事任免。

【常委会第三十一次会议】 2011年9月13日至15

日，凉山州九届人大常委会举行第三十一次会议。会议传达省十一届人大常委会第二十四次会议精神；听取和审议州人民政府关于2011年1—6月国民经济和社会发展计划执行情况、2010年财政决算和2011年1—6月财政预算执行情况、2010年州本级预算执行和其他财政收支审计工作的报告，审查批准2010年州本级财政决算；听取和审议了州人大常委会执法检查组关于动物防疫法实施情况执法检查报告、州人民政府关于农业综合开发项目的情况报告；通过《凉山州人大常委会关于进一步加强法制宣传教育的决议》；并进行了人事任免。

【常委会第三十二次会议】 2011年11月3日至4日，凉山州九届人大常委会举行第三十二次会议。会议传达省十一届人大常委会第二十五次会议精神；听取和审议州人民政府关于人口与计划生育工作、食品药品监管工作情况报告；对凉山彝族自治州施行《兽药管理条例》的变通规定（草案）进行了初审；审议州人大财经委、民法宗外侨委、内司委关于议案办理审议结果的报告；听取和审议州人民政府关于州九届人大六次会议代表建议办理情况的报告；并进行了人事任免。

【常委会第三十三次会议】 2011年11月17日，凉山州九届人大常委会举行第三十三次会议。会议传达凉山州第七次党代会精神；决定罗凉清为凉山彝族自治州人民政府代理州长。

【常委会第三十四次会议】 2011年12月29日至30日，凉山州九届人大常委会举行第三十四次会议。会议传达省十一届人大常委会第二十六次会议精神；审议通过州人大财经委、农委、内司委关于议案办理审议结果的报告；审议通过《凉山彝族自治州会理历史文化名城保护条例（草案）》、《凉山彝族自治州施行〈兽药管理条例〉的变通规定（草案）》；作出召开州十届人大一次会议的决定，补选2名省人大代表。

【常委会第三十五次会议】 2012年1月17日至18日，凉山州九届人大常委会举行第三十五次会议。会议传达省十一届人大常委会第二十七次会议精神，审议通过州人大常委会执法检查组关于凉山州义务教育实施办法贯彻实施情况的报告；审议通过州人民政府关于2010年州本级预算执行及其他财政收支审计结果落实情况的报告；审议通过州九届人大常委会工作报告稿；确认州十届人大代表的代表资格有效；听取州十届人大一次会议筹备工作情况报告，决定州十届人大一次会议有关事宜；并进行了人事任免。

立法工作

【立法审议】 州人大常委会第三十四次会议审议通过《凉山彝族自治州会理历史文化名城保护条例（草案）》、《凉山彝族自治州施行〈兽药管理条例〉的变通规定（草案）》，决定提请凉山州十届人大一次会议审议。

【法规清理】 对州人大及其常委会建立以来所制定的地方法规进行了清理，决定废止《凉山彝族自治州施行〈中华人民共和国全国人民代表大会和地方各级人民代表大会选举法〉的变通规定》。提请州九届人大六次会议审议通过。依照《禁毒法》规定，对《凉山彝族自治州施行〈禁毒条例〉补充规定》进行修订。

【立法调研】 开展对《凉山彝族自治州邛海保护条例》、《凉山彝族自治州东西河飞机播种林区保护管理条例》修订工作的调研和论证。

【备案审查】 对州人民政府依法报送的凉山州人民政府关于加强法治政府建设的意见、凉山州行政问责办法、凉山州政府投资建设项目审计监督办法、凉山州农村居民最低生活保障实施办法、凉山州低收入家庭认定办法（试行）、凉山州城乡困难群众临时生活救助实施办法（试行）等进行了备案审查。对县市人大及其常委会报送的15个决议、决定进行备案审查。

【参与上级人大立法活动】 对上级人大及其常委会下发征求意见的消防条例、城乡规划条例、环境综合治理条例、个人所得税法、兵役法（修正案）、法律援助条例、城市管理综合行政处罚条例、财政收支审计条例、华侨投资权益保护条例、精神卫生法、清洁生产促进法等法律法规草案（修正草案），深入开展调研，认真组织讨论修改，及时反馈意见建议。

监督工作

【工作监督】 听取和审议州人民政府关于2009年州本级预算执行及其他财政收支审计结果落实情况报告和2010年州本级预算执行及其他财政收支审计结果报告、关于2010年州本级财政年终超收安排有关情况报告；听取州人民政府各位副州长关于落实政府工作报告、切实做好分管工作的思路和打算；听取和审议了州人民政府关于凉山州“十二五”规划纲要（草案）的说明，审议通过《凉山彝族自治州国民经济和社会发展第十二个五年规划纲要（草案）》；听取和审议州人民政府关于2011年1—6月国民经济和社会发展计划执行情况、关于2010年财政预算和2011年1—6月预算执行情况、关于2010年州本级预算执行和其他财政收支的审计工作报告，批准2010年州本级财政决算；听取和审议州人民政府关于国有资产监管工作、地质灾害防治工作、农业综合开发项目、人口与计划生育工作、食品药品监管工作的情况报告，开展了积极应对气候变化、大力发展气象经济，重点州属国有及国有持股企业生产经营情况，新农村建设，安宁河谷农业综合开发，水泥产业发展，重点建设工程环保，招商引资，藏区经济发展，“两化”互动及“三化”联动情况的专题调研，并针对存在问题积极提出对策建议，推进政府工作有效开展。

【法律监督】 开展对档案法及实施办法、动物防疫法、人口与计划生育法、义务教育实施办法等法律法规贯彻实施情况的执法检查，对气象法、残疾人保障法、食品药品安全法、东西河飞播林区保护管理条例、地质灾害防治条例等法律法规贯彻实施情况的执法调研，并加强对城市房地产管理法、工会法、邛海保护条例等法律法规贯彻实施情况的执法检查报告及审议意见落实情况的跟踪监督，针对法律法规实施中存在的问题，提出改进意见，要求各执法部门严格执法、公正执法、文明执法，坚决维护法律的权威和尊严，加快全州依法治理步伐。

【工作调研】 把社会普遍关注的热点、难点问题作为人大监督工作的重点，开展对彝区健康文明新生活运动、大凉山综合扶贫开发工作、学前教育、妇幼保健工作、校园周边网吧整治、节能减排工作、司法所建设、环保工作、道路交通管理等人民群众普遍关注的热点难点问题的专题调研，要求各级政府坚持以人为本，认真解决好涉及人民群众切身利益的问题，切实维护人民群众合法权益，维护社会和谐稳定。

【信访工作】 常委会高度重视信访工作，坚持认真接待人民群众来访、及时处理人民群众来信，努力搭建畅通反映社情民意、表达群众利益诉求的平台。全年共办理人民群众来信来访1387件次，其中来信515件，来访296批762人次，集体访14批110人次。做到事事有交代、件件有着落。其中全国、省人大交办的信访案件办结反馈率达100%。对一些影响较大、久拖不决的群众反映强烈的涉法案件，常委会领导亲自接待、亲自批阅，落实办理责任、强化结果跟踪，督促依法尽快处理。并坚持定期对信访动态进行综合分析，筛选出群众关注的热点难点问题，找出执法和司法中的薄弱环节，为常委会依法开展监督提供可靠依据。

人事任免

2011年，常委会共任免国家机关工作人员74人次，其中任命52人次，免职19人次，决定代理州长3人，辞职3人。决定任命州人民政府副州长5人，任命州人大有关专门委员会副主任委员2人，任命州人大常委会有关办事工作机构负责人5人，决定任命州人民政府工作部门负责人6人，任命州中级人民法院副院长1人、审判委员会委员1人、副庭长2人、审判员6人，任命州人民检察院检察长1人、检察委员会委员2人、检察员18人，批准任命县市人民检察院检察长3人 任命州安宁地区人民检察院检察委员会委员3人。决定免去州人民政府副州长2人，免去州人大常委会有关办事工作机构7人，决定免去州人民政府工作部门负责人7人，免去州中级人民法院审判委员会委员2人、副庭长2人和审判员5人。决定代理州人民政府州长、代理州中级人民法院院长、代理州人民检察院检察长各1人，接受州人民政府州长、州中级人民法院院长、州人民检察院检察长辞职各1人，圆满地实现州委人事安排意图，充分反映了广大人民的意愿，为全州改革开放和现代化建设提供了坚强的组织保证。同时通过建立履职档案、听取和审议专项工作报告、开展专项工作评议、要求报送年度书面述职报告等形式，加强对任命人员的任后监督，督促履职尽责。

代表工作

为代表出席会议做好服务，组织代表按时参加全国、省、州人代会，做好代表议案及建议、批评、意见的收集、整理及交办工作。坚持为代表订阅人大工作有关资料，通报人大工作开展情况，邀请36名省、州人大代表列席州人大常委会会议，邀请州人大代表列席法院庭审、参加各类行风评议，积极畅通代表知情知政渠道。认真组织代表闭会期间的活动，组织在西昌的省十一届人大代表，深入到州内部分国有重点企业、民营企业，实地调研企业生产经营情况和发展情况，并形成有见地、有深度的调研报告，报送省人大及州委，交送州人民政府研究办理。密切与代表的联系，坚持常委会组成人员联系代表制度，通过走访代表、召开座谈会，认真听取代表意见建议，不断改进和加强人大工作。加强代表培训工作、组织部分州、县、乡人大代表和部分县市人大常委会相关人员赴省参加学习培训和考察。认真办理代表议案和建议，州九届人大六次会议大会主席团列入大会议案9件，会后及时落实承办单位，做好议案交办工作，并加强对议案办理情况的跟踪监督和办理结果的审查，州九届人大有关专委会已向州十届人大一次会议提交了各议案办理审议结果的报告。全年共收到代表建议89件，会后认真做好建议交办工作，落实办理单位，明确办理责任，规定办理期限，要求高质量做好办理工作；并加强对建议办理工作的监督，列出一批重点建议，组织代表开展专题视察，了解建议办理情况，要求明确领导职责，健全办理工作措施，落实办理责任，加快办理进度，提高办理质量，给代表一个满意答复；州九届人大常委会第三十二次会议听取和审议州人民政府关于代表建议办理情况的报告，表示满意，一大批代表和人民群众关注的热点、难点问题得到和正在得到解决，有效维护了代表权利，促进了全州经济社会发展。进一步加强代表工作的联系和交流，接待来自省内外人大常委会人事代表工委代表，相互交流人大代表工作，提高代表工作水平。及时做好代表补选工作，确认补选的4名州九届人大代表的代表资格有效。依法加强对县市人大换届选举工作的指导，常委会党组制定关于做好全州县市人大换届选举工作的意见，以州委文件转发全州各县市委、政府贯彻执行，常委会成立选举工作办公室，通过召开工作联席会、举办培训班，认真落实省、州委部署，统筹安排全州县乡人大换届选举各项工作；并加强对换届选举工作调研、督促和指导，切实保障选民权利，严格依法按序办事，坚持公开透明，全州县市、乡镇人大换届选举工作按期圆满完成，按期召开各县市人民代表大会，并选举产生州十届人大代表。州九届人大第三十五次会议对新当选的州十届人大代表的代表资格进行审查，确认409名州十届人大代表的代表资格有效。

法制宣传

法制宣传教育是人大工作重要组成部分，常委会听取和审议州人民政府关于“五五”普法实施情况报告，要求深入开展法制宣传教育，弘扬法治精神，着力推进依法治州进程，构建法治凉山。作出《关于进一步加强法制宣传教育的决议》，要求以中国特色社会主义法律体系的形成为契机，推进“六五”普法深入开展，在全州掀起新一轮法制宣传教育高潮，为“十二五”经济社会发展营造良好的法治环境。并立足人大工作实际，积极开展法制宣传教育活动。常委会召开大桥水库工程管理条例（修订）颁布实施座谈会，与州人民政府联合启动了东西河飞播林区保护管理条例（修订）集中宣传月活动，启动“12·4”法制宣传日活动，编辑出版《农业法律法规汇编》，加大对法律法规的宣传力度。同时进一步加大对人大制度和人大工作宣传力度，密切与党委宣传部门联系，注意发挥新闻媒体作用，及时宣传报道州人代会、常委会会议、主任会议及常委会开展的各项重要活动，全方位宣传人大履职行权的具体实践。并认真做好《凉山年鉴》人大篇目的编写工作，受到州志办表彰。州人大第二轮修志工作被州委评为先进集体，两人被评为先进个人。继续办好《凉山人大》内部刊物，编写《凉山州人大常委会公报》、《凉山人大工作信息》、《凉山人大信息专报》及《人大工作动态》，《凉山人大网》，使宣传内容更加丰富、传播面更广泛，《中国人大》及《人民权力报》、《民主法制建设》等人大内部报刊在凉山州订阅量不断增加，获优秀组织奖。

向省人大报送的凉山人大工作信息量和采用率也不断提高。

机关建设

认真贯彻落实省委、州委人大工作会议精神和省委、州委《关于进一步加强人大工作的意见》，州人大机关以加强学习、转变作风、优质服务、提高效率为重点，切实加强常委会和机关的思想、组织、制度、作风建设，常委会组成人员和机关工作人员的政治意识、大局意识、责任意识、服务意识都有了新的提高。按照省委、州委统一部署，继续深入开展创先争优活动，围绕“五好四强”要求，切实开展创先进党支部，围绕“五带五争”要求，切实开展争当优秀共产党员活动。根据州委在全州开展“领导挂点、部门包村、干部帮户”活动安排，常委会机关及时调整领导小组，完善工作方案，采取有效措施，积极开展“挂包帮”活动。以“彝区健康文明新生活运动”为有效平台，深入开展“讲文明、尚科学、改陋习、树新风”活动，积极倡导和养成健康文明的生活方式。积极做好为人代会、常委会会议、主任会议的会务工作，确保高质量开好“三会”和会议圆满成功。深入推进机关事务管理制度化建设，机关管理制度逐步健全，后勤服务保障有力，接待工作热情周到，政工人事管理有序，离退休人员“两个待遇”落实到位，安全保障工作重点突出。机关档案管理再次荣获四川省档案工作规范化管理一级标准，保密工作继续保持四川省保密工作一级标准称号，老干工作荣获四川省老干工作先进单位。

人大专委会工作

【财政经济委员会工作】　对省人大下发征求意见的《中华人民共和国个人所得税法（修正草案）》和《四川省财政收支审计条例》等法律法规（草案）认真开展立法调研，广泛收集对法律法规草案的意见，并及时上报了修改建议。同时积极参加州人大的立法活动，督促政府认真办理《关于制定〈凉山州招标投标管理办法〉》、《关于制定〈凉山州政府投资项目BT（BOT）融资管理办法〉》的立法议案，并对议案办理结果进行认真审议，向州人大及其常委会作关于议案办理结果的审查报告。提请州人大常委会听取和审议州人民政府关于凉山彝族自治州国民经济和社会发展第十二个五年规划纲要（草案）的说明、关于2010年州本级财政年终超收安排有关情况的报告、关于2009年州本级财政预算执行及其他财政收支审计结果落实情况的报告、关于国有资产监督管理工作情况报告、关于2011年1—6月国民经济和社会发展计划执行情况的报告、关于2010年财政决算和2011年1—6月财政预算执行情况的报告、关于2010年州本级预算执行和其他财政收支的审计工作报告；并提请州人大常委会审查通过了凉山彝族自治州国民经济和社会发展第十二个五年规划纲要（草案），提交州九届人大六次会议审议；审查批准了2010年州本级财政决算。加强对审议意见落实办理情况的跟踪监督。根据监督法的规定，将州人民政府关于2010年州本级预算执行及其他财政收支情况的审计工作报告，在《凉山日报》向社会公示。同时，会同州人大常委会预工委在会前认真做好对州九届人大六次会议上州人民政府关于计划、财政工作报告的初审；会上根据州人大代表对这两个报告的审议情况，及时向大会主席团作了关于计划、财政报告的审查报告，提请大会审查批准了2011年凉山州国民经济和社会发展计划、2011年州本级财政预算。对州九届人大六次会议主席团交由州人大财经委审议的会东代表团提出的《关于制定〈凉山州政府投资项目BT（BOT）融资管理办法〉的议案》（第7号），昭觉代表团、布拖吉伙依里等10名代表提出的《〈关于撤销省道307线川兴收费站〉的议案》（第8、9号），州人大财经委加强对议案办理情况的跟踪监督，并对议案办理结果进行认真审议，向州人大常委会提交了议案办理审议结果的报告。会同州人大常委会预工委，在州人大常委会分管主任率领下，在有关职能部门负责人陪同下，深入到州内国有和国有控股重点企业进行专题调研，认真了解全州国有及国有控股企业生产经营情况，形成调研报告，提出对策建议，促进国有及国有控股企业加快发展、科学发展。配合省人大在凉山州开展了循环经济促进法贯彻实施情况和推动“两化”互动、“三化”联动情况的专题调研，向省人大上报了调研情况报告。积极协助州人大常委会分管主任，开展了积极应对气候变化、大力发展气象经济的专题调研，形成了有见地、有深度的调研报告报送州委和州人大常委会，州委和州人大常委会主要领导分别批示，在

《领导参阅》和《凉山人大》上刊发。积极参加了在遂宁召开的川西川北片区人大财经工作座谈会，列席了四川省人大财经委举办的西南地区人大财经工作座谈会。并赴重庆学习考察人大财经工作，热情接待了来州考察的全国各地人大财经系统的客人。在州人大常委会分管主任率领下，对全州水泥产业发展进行了调研。协助州人大常委会分管主任深入开展“五个一”联系活动，指导帮助所联系的企业、项目、乡镇、村和农户抓住发展机遇，完善发展思路，落实发展措施，加快科学发展。积极参加了州九届人大六次会议的筹备和会议服务及州九届人大常委会每次例会的筹备工作。积极参加州人大常委会机关开展的各项活动。圆满完成了州人大常委会主任会议交办的各项工作。

【民族法制宗教外事侨务委员会工作】 根据代表大会确定的立法工作目标，认真研究确定常委会年度立法计划。专题召开立法工作联系会议，就立法计划实施工作进行安排部署，提出要求，并适时召开立法计划实施进展情况通报会，加强对年度立法计划实施工作的督促检查，确保各项工作落到实处。组织实施了凉山州会理历史文化名城保护条例、凉山州施行《兽药管理条例》的变通规定等立法项目，并提前介入，把指导工作贯穿于法规案的起草、征求意见、修改、论证等过程，督促落实立法计划的实施，从基础层面保证了法规案起草、修订的质量。法规案进入常委会审议阶段后，注意加强与常委会法工委的配合，进一步做好法规案的征求意见和修改工作，并提请常委会会议两次进行审议。同时对凉山州招标投标管理办法的制订以及邛海保护条例和东西河飞播林区保护管理条例的修订等项目的实施进行了认真研究论证。完成了《凉山彝族自治州大桥水库工程管理条例（修订)》的报批工作，2011 年 3 月 25 日经省十一届人大常委会第二十二次会议批准，于 2011 年 3 月 30 日公布，2011 年 5 月 1 日起施行。按照省人大民宗委和省人大常委会法工委的部署，对凉山州人大建立常委会以来所制定的法规进行了清理。经过清理，认为凉山州 1984 年 1 月 20 日州四届人大四次会议通过的《凉山彝族自治州施行〈中华人民共和国全国人民代表大会和地方各级人民代表大会选举法〉的变通规定》所变通的“等额选举”事项，随着选举法和地方组织法的修改完善，特别是全州各族人民的法制意识、民主意识不断提高，依法办事的自觉性不断增强，把全州选举工作完全统一到法律规定之中的条件已经基本成熟。委员会提出了关于废止该变通规定的议案，经州人大常委会主任会议研究决定，提请州九届人大六次会议审议并作出了关于废止该变通规定的决定。按照省人大常委会以及省人大民宗委的部署，对凉山州制定的自治条例、单行条例以及变通、补充规定中有关行政强制的规定进行了清理。依照《禁毒法》的规定，委员会拟在 2012 年度就凉山州施行《四川省禁毒条例》补充规定的修订提出建议意见。积极参与省人大常委会的立法工作，对省人大有关专门委员会下发凉山州征求意见的城乡规划条例草案、自治地方自治法规报批程序规定草案等法规草案，组织有关部门和人员进行了认真座谈、讲座和研究，提出了修改意见和建议。接待并陪同省人大民宗委调研组在全州开展民族乡经济社会发展情况和彝区“三房”改造以及“彝家新寨”建设情况的调查研究工作。配合省人大常委会部分组成人员开展对全州司法考试情况和野生动物致害情况的调查研究工作。积极参与州人大常委会组织开展的邛海保护条例、东西河飞播林区保护管理条例等法律、法规贯彻实施情况的执法检查。在常委会分管领导的率领下深入木里藏区切实开展了藏区稳定督导工作。对州九届人大六次会议主席团交付的会理代表团提出的“关于将《会理历史文化名城保护管理条例》列入 2011 年立法规划”和冕宁代表团代表联名提出的“关于将冕宁县和爱藏族乡纳入藏区稳定扶持”两件议案，对议案办理结果进行认真审议，向州九届人大常委会第 32 次会作了关于议案办理审议结果的报告。出席省人大民宗委、省人大外侨委召开的全省人大民族宗教、民族立法、外事侨务等方面的工作座谈会，接待海南省人大民宗委、广西壮族自治区人大外侨委以及部分民族自治州人大法制、民族宗教、外事侨务委员会来州考察立法等工作的领导。认真完成常委会以及常委会领导交办的事项。

【农业委员会工作】 完成《凉山彝族自治州大桥水库工程管理条例》的修订工作，经州九届人大六次会议通过，报经四川省第十一届人民代表大会常务委员会第二十二次会议批准，于 2011 年 5 月 1 日起施行。完成《凉山彝族自治州施行〈兽药管理条例〉的变通规定》的调研、论证、起草、审核、修改等工作，该《变通规定》将提请州十届人大第一次会议审议。组织有关部门、专家对省人大农业与农村委员会交付的《四川省农村能源条例》等法律法规草案进行认真讨论，并及时上报修改意见和建议。组织、配合州人大常委会开展了对州人民政府贯彻实施《中华人民共和国动物防疫法》情况进行了执法检查，提请常委会会议听取和审议了执法检查报告。会后并将审议意见和执法检查报告一并交由州人民政府研究办理。提请常委会听取和审议凉山州人民政府《关于农业综合开发的工作情况报告》及审议意见的落实办理情况报告。配合省人大开展了农民专业合作社、农村能源建设、湿地保护等工作的调研。围绕常委会安排的课题，开展调研，并形成题为“凉山州耕地保护现状及对策建议”的课题调研报告。认真办理州九届人大六次会议主席团交付的金阳代表提出的关于制定《凉山彝族自治州水资源开发扶贫基金征收条例》的议案、喜德代表团提出的《关于加大东西河飞播林区保护管理条例执行力度》的议案、宁南代表团提出的关于确保全州畜牧健康快速发展、建议修订凉山彝族自治州实施《四川省〈中华人民共和国动物防疫法〉实施办法》的补充规定的议案，形成了议案办理审议结果的报告，并报经州人大常委会审议通过印发州十届人大一次会议代表。对罗定山代表提出的关于对凉山州贯彻实施动物防疫相关法律法规进行执法检查、冷霞代表提出的关于对异地彝族同胞进行妥善安置等批评建议意见进行了认真办理，答复了代表，均表示满意。

【教育科学文化卫生委员会工作】　开展对《凉山彝族自治州义务教育实施办法》贯彻实施情况的执法检查，提请州人大常委会听取和审议执法检查报告。提请州人大常委会听取和审议州人民政府关于全州食品药品监管工作的报告和全州人口计生工作情况的报告。为给常委会各位组成人员审议政府工作报告提供翔实资料，按照常委会工作安排和要求，常委会分管主任率领委员会组成人员，邀请部分省、州人大代表，在州有关职能部门负责人的陪同下，深入到宁南、普格、木里、会理、会东、德昌等县进行重点调研，形成书面调研报告报送州人大常委会。针对人民群众普遍关心、关注的热点、难点、焦点问题，认真开展学前教育、“9＋3”免费职业教育、校园周边网吧、西昌市民族乡教育工作的调研工作，并对西昌市民族乡教育的进行专题调研，对全州学前教育的现状、存在的主要问题进行客观、系统的调查、研究和分析，对全州学前教育的发展进行了深层次的思考，完成了《凉山州学前教育现状分析及改革发展思考》的重点课题调研报告。对政协凉山州第十届委员会第五次会议上毛正文等委员提出《关于制定凉山州艾滋病防治条例的建议》的提案，委员会经过认真调研研究，提出了将制定凉山州艾滋病防治条例纳入立法工作议题，先行开展立法调研、论证等基础工作，待条件成熟后，纳入立法计划的办理意见，州人大常委会第58次主任会议研究同意委员会的办理意见。对政协凉山州第十届委员会第五次会议韩拉史等委员提出《关于男女婚前进行HIV检查予以立法的建议》的提案，委员会经过认真研究，依法进行了回复。对州人民政府《关于贯彻实施〈中华人民共和国体育法〉暨全州体育工作的情况报告》，《关于全州教育工作的情况报告》、《关于全州医疗卫生工作的情况报告》等专项工作报告审议意见的落实情况加强跟踪监督，根据常委会的审议意见，州人民政府针对存在的问题逐一进行了整改，对落实情况表示满意。提请州九届人大常委会第二一六次会议听取和审议了《关于检查凉山州〈中华人民共和国职业教育法〉实施情况的报告》，并加强跟踪监督，州人民政府针对存在的问题逐一进行了整改，对落实情况表示满意。积极配合常委会分管领导开展了对昭觉、布拖两县的“凉山州彝区健康文明新生活运动”的督导工作。召开了全州人大教科文卫工作座谈会，交流工作情况、畅谈经验体会，提出意见建议。参加了全省人大教科文卫工作座谈会及州人大常委会统一安排的会议及联系部门的相关会议。协同分管领导接待了来自省内外人大系统的客人，进一步增强与省人大及兄弟市州人大的联系。做好北京新东方教育科技集团助学工作，为66名高考学子颁发由北京新东方教育科技集团大学助学金。

【城乡建设环境资源保护委员会工作】　提请州九届人大常委会议听取和审议凉山州人民政府《关于全州地质灾害防治工作情况的报告》，并加强对审议意见落实情况的跟踪监督。组织部分常委会组成人员，在分管主任的率领下，对邛海西岸观鸟岛湿地建设，二、三级截污管网建设，东岸月亮湾、新沙滩景点的治污工程建设以及官坝河流域综合治理规划等情况进行了再次检查。并提请州九届人大常委会议听取和审议凉山州人民政府关于落实办理《凉山州九届人大常委会议对州人大常委会执法检查组关于检查〈凉山州邛海保护条例〉执行情况报告的审议意见》的情况报告。在州级相关职能部门负责人的陪同下，深入到西昌、甘洛、越西、喜德、冕宁等县市，对城乡环境综合治理工作进行了专题调研检查，并提请州九届人大常委会议听取和审议州人民政府关于全州城乡环境综合治理工作的情况报告。加强对常委会交州人民政府办理的与本委员会有关的执法检查意见和工作报告审议意见落实办理情况的督办和跟踪检查。对常委会执法检查组关于《检查凉山州贯彻执行〈中华人民共和国城市房地产管理法〉执法检查报告及审议意见》的办理落实情况，进行了跟踪督办，与相关部门座谈交换意见。对州人民政府《关于生态州建设工作情况报告》和《全州旅游发展工作情况报告》的审议意见的落实办理情况进行了跟踪监督。先后接待和处理了有关邛海保护、官坝河流域综合治理、城市建设、环境保护等问题的群众来信、电话、短信、接访。对所反映的问题，及时转州、市人民政府有关职能部门研究办理。做到件件有落实、有交代。接待了环保世纪行采访组，为采访组开展采访活动做好会务、后勤保障等服务工作。通过组织执法检查、工作调研等活动，加强与人大各专门委员会和常委会组成人员的联系，并接受监督。与政府各对口部门通过互送文件、简报、信息、参加相关工作会等加强联系、掌握情况，推进法律监督和工作监督。

【内务司法委员会工作】　按照州九届人大五次、六次会议大会主席团的决定，将《关于强化民族区域自治法和凉山州自治条例的贯彻执行，提高凉山州干部职工的待遇》（第17号）和《关于制定〈凉山彝族自治州禁毒防艾工作条例〉的议案》（第17号），交内司委研究办理。为办理好以上2件议案，内司委组织了相关专题调研组，一是召集有关方面座谈，听取和征求关于该议案的意见；二是向上级人大有关专门委员会请示汇报；三是深入到部分县市的乡、镇、机关，召开座谈会，对议案涉及相关问题进行专题调研；四是外出学习考察基层干部职务晋升和待遇和禁毒防艾工作上的先进经验，形成了《凉山州人大内务司法委员会关于州九届人大第五次会议主席团交付审议的代表提出的议案办理审议结果的报告》和《凉山州人大内务司法委员会关于州九届人大第六次会议主席团交付审议的代表提出的议案办理审议结果的报告》。州九届人大常委会第三十二次、第三十四次会议已审议通过以上两个报告，并印发州十届人大一次会议代表。提请州人大常委会听取和审议了州人民政府关于《凉山彝族自治州人民政府关于〈中华人民共和国档案法〉及〈实施办法〉贯彻实施情况的报告》。组织开展关于全州公安机关道路交通管理工作、《中华人民共和国档案法》及《实施办法》贯彻实施情况、全州档案管理工作、《中华人民共和国道路交通安全法》和《四川省〈中华人民共和国道路交通安全法〉实施办法》贯彻实施情况、全州基层干部职务晋升和待遇情况、全州司法所建设情况、《中华人民共和国残疾人保障法》贯彻实施情况、禁毒、防艾工作等的专题调研。撰写关于全州法院行政审判工作开展情况的调研报告。在州人大常委会副主任张家让率领下，深入“五个一”联系点的开展调研工作，参加了省人大内司委在凉山州开展的档案法实施情况执法调研、省人大常委会执法检查组对凉山州《中华人民共和国道路交通安全法》、《四川省〈中华人民共和国道路交通安全法〉实施办法》实施情况开展的检查，参加了州人大常委会机关党组调研组深入昭觉谷曲乡开展扶贫、禁毒、防艾调研工作、州人大常委会执法检查组对《凉山彝族自治州东西河飞机播种林区保护条例》实施情况进行的检查、州人大常委会组织的全国省州人大代表集中视察工作。根据州人大常委会主任会议的决定，内司委召开了征求《凉山彝族自治州人民代表大会常务委员会关于进一步加强法制宣传教育的决议（草案）》修改意见座谈会。认真审议了凉山彝族自治州人民代表大会关于废止《凉山彝族自治州施行〈中华人民共和国全国人民代表大会和地方各级人民代表大会选举法〉的变通规定》的决定及说明等。初审州法院、州检察院提请州九届人大六次会议听取和审查的工作报告，召开内司委联系工作会议，参加全省市、州人大内司委工作座谈会，并在会上作了交流发言；参加全州村（社区）“两委”换届选举工作，参加全州开展“12·4”全国法制宣传日系列活动，参加凉山州法制电影进基层法制宣传活动启动仪式；参与人民代表大会制度的宣传报道工作；参加全州人民调解工作暨《中华人民共和国人民调解法》培训会；代表州禁毒委员会参加西昌铁路公安机关的禁毒宣传活动；接待上级和省外人大内司委到凉山开展各项考察、调研工作。

常委会办事工作机构工作

【常委会办公室工作】　按照中央、省、州委关于在基层党组织和党员中深入开展创先争优活动的要求及机关党组的统一安排，周密部署、精心组织，积极带头推进机关创先争优活动的深入开展。围绕“五好四强”要求，切实开展创建先进党支部活动，围绕“五带五争”

要求切实开展争当优秀共产党员活动。根据州委在全州开展“领导挂点、部门包村、干部帮户”活动的安排，围绕扶贫攻坚和改善民生明显推进、经济发展步伐明显加快、健康文明生活方式初步建立、干部作风明显转变、社会稳定进一步巩固、基层组织进一步加强的活动目标，及时调整完善由办公室领导参加的机关领导小组，充实工作方案，积极开展工作，切实转变干部作风，强化文明意识。按照准确、及时、安全、保密的要求，全年共处理各种来文 10747 件，其中办件 4987 件，阅件 5760 多件，涉密文件 105 件，传真件 750 多件。文书质量进一步得到提高。全年共印发人代会、常委会、主任会和常委会党组、常委会、机关党组、机关党委、办公室各类文件 380 个、2.6 万多份。全年起草撰写各类文件上百个，做到了格式统一，印刷清晰，装订规范，分发及时。严格按照有关保密规定运行，认真做好了主任会议、常委会党组中心组学习会、职工大会等的会议记录。全年筹办常委会主任会议 12 次、常委会会议 6 次，筹办机关党组会议、机关职工大会、办公室主任联席会议、机关创先争优活动会议和其他会议等 30 多场次，通知各种会议 618 人次，并认真做好了各种会议记录。会议服务质量受到常委会领导和与会代表的充分肯定。继续按《公民旁听凉山州人大常委会会议办法》实施公民旁听工作，全年已有 11 人次旁听常委会会议。全年撰写、采编和报送《凉山人大工作信息》41 期、《机关党组织和党员创先争优活动简报》3 期、《老干工作简报》10 期，《扶贫简报》2 期，信息简报内容有的还得到州委书记的亲自批示，州委原文转发 1 期。办公室信息简报报送工作受到常委会领导的充分肯定。做好各类印章的管理工作。全年共分发各类报纸、杂志近 7 万份，收发各类信函、包裹、快递、邮件等 3500 多件，办理各类报纸杂志收订近 90 类 200 多份。全年机关档案立卷归档文件材料 59 盒、1050 件。机关档案工作再次荣获“四川省档案工作规范化管理一级标准”，名列州级机关榜首，为机关赢得了荣誉。机关保密工作继续保持“四川省保密工作一级标准”称号。进一步加大了民主法制建设和人大制度、人大及其常委会工作的宣传力度，狠抓了省州人代会、州人大常委会会议、州人大常委会主任会议、省州委人大工作会议、全州人大主任学习会以及机关党建、庆祝建党 90 周年、机关老干部工作等的专题宣传报道工作。办公室在各级报纸杂志、网络上刊发各类稿件数十篇（条），有的还获得奖项。凉山人大网建设、维护和更新取得新的成绩，为宣传凉山人大工作创建了一个新平台。举办 8 期专题宣传专栏，在机关外树形象方面起到了良好的推动作用。机关管理制度逐步健全。建立健全了办公室主任联席会议制度和办公室正、副主任碰头会议制度。全年共召开办公室主任联席会议 9 次，妥善处理了机关的许多重要事情。严格财务管理，做到运转有序，保障有力。在车辆管理上切实做到安全运行、全力保障，全年安全行驶 33.8 万公里。进一步规范了机关接待工作，提高了接待服务工作水平，全年共接待全国各地人大系统来凉山考察的客人 45 批次、505 人次。按照省州党委安排部署，认真抓好机关内部及周边环境整治，并多次组织片区开展环境综合整治，配合街道办事处和社区开展社会治安、城乡环境治理活动。积极推进机关职工改善型经济适用住房建设。严格按照干部选拔任用工作条例等相关干部人事法律法规及政策规定，认真做好机关干部职工的任用、调动、退休、工资、编制、培训、教育和年度考核等方面的基础性工作，全面完成了上级部门和领导交给的政工人事工作任务。严格落实老干部的政治待遇，为老干部正常开展活动提供场地、学习资料和后勤服务，组织离退休老干部参加健康检查，建立老干部生活档案，按中央、省州有关文件规定，按时足额发放“两费”，及时报销结转医疗费、住院费、抚恤费、丧葬费等，主动关心老干部生活，积极开展慰问老干部活动。及时听取老干部的意见和建议，并做好协调和沟通解释工作。高度重视安全保卫工作，认真落实机关安全防范措施，加强机关住房出租户及流动人员管理，年内无重大安全责任事故发生。积极组织机关干部职工捐款捐物、捐衣被，为帮助灾区群众战胜自然灾害献出爱心。积极加强与州人大各专门委员会、州人大常委会各办事工作机构的工作协调配合。

【常委会研究室工作】 牵头撰写州人大常委会 2011 年度重点调研计划，并认真督促其计划的实施，同时做好申报调研经费、汇编调研论文等工作。完成《关于发挥研究室职能作用的思考》调研论文，报送州人大常委会，并在全省人大常委会研究室工作座谈会上作交流发言，受到省人大常委会分管领导和研究室领导好评。继续办好《凉山人大》，全年共刊出《凉山人大》4 期，采用稿件 98 篇，照片 50 幅，计 40 余万字，对宣传人大制度、交流人大工作经验、促进全州人大工作开展起到了积极作用。继续办好《凉山人大信息专报》，及时将州人大常委会工作重点、重大活动、工作动态向省人大常委会报送。完成2010年《凉山州年鉴》人大篇目的编撰、送审工作，受到州志办表彰。完成12万余字的《凉山人大年鉴（2010年）》的编纂、印刷、校对和分送工作。完成了2万余字的2010年凉山州人大常委会工作大事记。承担《凉山州人大常委会公报》编印、发行工作，全年共编印《公报》7期。继续编辑好《人大工作动态》，共编辑6期，计120多条信息、2万余字，将全国各地人大及其常委会开展工作的亮点、最新动态，及时报送州人大常委会领导，印发州人大及其常委会各工作办事机构。参加州九届人大六次会议筹备工作。参加州人大常委会组织的有关专题调研、执法检查等工作，接待省人大常委会研究室领导和省内外人大常委会研究室客人来州调研和考察活动。

【人事代表工作委员会工作】 认真贯彻执行州人大常委会任免国家机关工作人员办法的有关规定，坚持对拟任命干部进行任前法律知识考试，全年共组织对人大及一府两院拟任命人员40人进行了法律知识考试。认真做好为常委会人事任免的服务工作，对一府两院报送的任免材料认真进行初审把关，及时为常委会组成人员提供各项任免案的各类相关材料，为常委会领导草拟人事任免的程序性讲稿，做好颁发任命书仪式的有关工作，向新闻媒体提供常委会任免名单和发布公告。常委会全年共任免国家机关工作人员74人次，其中任命52人次，免职19人次，决定代理3人，接受辞职3人。按照常委会的安排，认真做好州九届人大代表补选的各项基础工作。对任吉剑、李建波的代表资格终止。在昭觉县补选了田健康、驻州部队补选了邹南、齐兴彬、贾正春为凉山州第九届人民代表大会代表。州人大常委会代表资格审查委员会举行第十次全体会议，对补选的代表的代表资格进行了审查，报州九届人大常委会第二十七次会议确认并及时拟定公告送新闻媒体向社会公布。认真做好县乡人大换届选举的指导和服务工作。起草了会议精神汇报提纲，印发常委会各位组成人员。代常委会党组起草了《中共凉山州人大常委会党组关于学习贯彻全省县乡两级人大换届选举工作学习班主要精神的报告》，提出贯彻意见，并向州委作了专题汇报。代常委会党组起草了《中共凉山州人大常委会党组关于做好全州县市、乡镇人大换届选举工作的意见》，对全州县乡两级人大换届选举工作作出全面安排部署，会同州委组织部、州委宣传部联合召开了全州县市、乡镇人大换届选举工作会议，负责本次会议的组织协调、会务筹备等服务工作。举办了全州县乡人大换届选举统计报表填报工作培训班，对报表填报工作进行培训。加强对县乡人大换届选举工作的指导和服务，及时统计各县市总人口数、选民人数、选区数等，并分别计算各县市所需选举资料数量，统一制作全州17个县市所需选举资料（包括各种公告、选票、选民证、各种登记表册、统计报表及其他资料共20多种），印发到各县市。及时拟定通知发各县市，明确17个县市新一届人民代表大会代表总名额和常委会组成人员名额。及时电话或书面解答县市提出的有关县乡人大换届选举工作中涉及的问题。收集并汇总县乡人大换届选举统计报表，并按要求上报省人大常委会选举工作办公室。开展了对人大及其常委会选举任命干部监督工作的调研，并形成了《关于加强对人大及其常委会选举任命干部监督工作的方法和路径》的调研报告。继续做好收集“一府两院”组成人员述职报告工作，为常委会组成人员履行监督职责提供服务，加强对人大及其常委会选举任命干部的任后和任中监督。认真完成省人大常委会人事代表工委和选举工作办公室交办的工作。及时收集各县市提出的新一届人大常委会建议名额，并按要求书面上报省人大常委会人事代表工作委员会。组织全州17个县市人大常委会分管人事代表工作的副主任、人代工委主任共36人参加培训的相关服务工作。提请州人大常委会第三十四次会议补选王金铁、陈云华为省十一届人大代表，并同时接受严铁桥辞去省十一届人大代表职务。参与凉山州九届人大六次会议的筹备、服务工作。完成州人大常委会及其领导交办的其他工作。

【预算工作委员会工作】 在分管主任的带领下，与财经委一道多次深入到财政等部门开展调研，做好对财政专项工作报告稿的初审，积极提出修改意见，切实提高了提请常委会审议报告的质量。在认真初审的基础上，全年提请州人大常委会听取和审议了州人民政府关于2010年州本级财政年终超收安排有关情况的报告、关于2009年州本级财政预算执行及其他财政收支审计结果落实情况的报告、关于2010年财政决算和2011年1—6月财政预算执行情况的报告。在分管主任的领导下，加强与审计部门的沟通和协调，支持加大对预算执行和政府债务的审计力度，使预算执行更趋规范，多年屡查屡犯的问题逐步减少，掌握了全州政府债务的情况，为防范政府债务风险打下了坚实的基础。协助财经委提请州人大常委会听取和审议州人民政府关于2010

年州本级预算执行和其他财政收支的审计工作报告，并将报告全文在《凉山日报》公布，接受社会监督。并加强对《审议意见》落实情况跟踪监督，督促政府认真整改，使审计预算执行监督的效果逐年显现。协助财经委认真做好州九届人大六次会议上的州人民政府关于计划、财政工作报告的初审工作，提请州人大常委会听取和审议州人民政府关于《凉山彝族自治州国民经济和社会发展第十二个五年规划纲要（草案）》的说明、关于国有资产监督管理工作的情况报告、关于2011年1—6月国民经济和社会发展计划执行情况的报告。对省人大下发征求意见的四川省财政收支审计条例等法规（草案），认真开展立法调研，广泛收集对法规草案的意见，并及时上报了修改建议。积极参加州人大立法活动，协助州人大财经委督促政府认真办理《关于制订〈凉山州招标投标管理办法〉》、《关于制定〈凉山州政府投资项目BT（BOT）融资管理办法〉》的立法议案，并对议案办理结果进行认真审议，向州人大及其常委会作关于议案办理结果审查报告。紧密结合预算监督开展调研，完成了《关于加强预算审查监督的再思考》的调研课题任务。参加川西川北片区人大财经工作研讨会、列席了四川省人大财经委举办的西南省区人大财经工作座谈会、省人大常委会预算监督座谈会，赴重庆等地学习考察地方人大预算审查监督工作。在分管主任率领下，深入到州内国有和国有控股重点企业对国资监管工作进行专题调研。协助财经委在全州广泛深入开展对推动“两化”互动、“三化”联动情况的专题调研，按时完成了向省人大报送凉山州推动“两化”互动工作开展情况的调研报告。在分管主任的率领下，多次深入到全州重点厂矿企业、重点项目建设工地，实地检查工业经济运行情况，深入开展“五个一”联系活动，指导帮助所联系的企业、项目、乡镇、村和农户抓住发展机遇，完善发展思路，落实发展措施，加快科学发展。圆满完成省人大预算工委安排的对凉山州2008—2010年预算监督工作有关资料的收集整理和上报工作；完成州人大常委会主任会议交办的各项工作；积极做好州九届人大六次会议和州人大常委会各次例会有关的筹备工作；积极参加州人大常委会机关开展的各项活动。

【法制工作委员会工作】 继续完善立法初审等前期工作。对《凉山彝族自治州大桥水库工程管理条例（修订草案）》进行了认真的研究和修改。对《凉山彝族自治州施行〈兽药管理〉条例的变通规定（草案）》，召集相关部门人员，进行了认真论证、讨论和修改。在州九届人大常委会第三十四次会议上，对《变通规定（草案）》的修改情况作了报告。对根据会东县代表团提交的《关于制定〈凉山州招标投标管理办法〉的议案》和《关于制定〈凉山州政府投资项目BT（或BOT）融资管理办法〉》的议案，由州人民政府起草的《凉山州国家投资工程建设项目招标投标管理办法（草案）》和《凉山州政府投资项目实施BT或BOT模式的暂行管理办法（草案）》进行了多次调研、论证和研究。组成专题调研组，深入州内的十多个县、市及湖南、福建、江西及省内的阿坝、甘孜等兄弟单位进行调研，形成《凉山彝族自治州人大常委会法制工作委员会关于规范性文件备案审查的调研报告》，对州九届人民代表大会第六次会议以来的决议决定，均及时报送省人大常委会法工委规范性文件备案审查处备案。对各县、市人大及其常委会报送的15个规范性文件和备案，进行了认真的审查。对凉山州政府依法报送的《凉山州人民政府关于加强法治政府建设的意见》、《凉山州行政问责办法》、《凉山州政府投资建设项目审计监督办法》、《凉山州农村居民最低生活保障实施办法》、《凉山州城市低收入家庭认定办法（试行）》、《凉山州城乡困难群众临时生活救助实施办法（试行）》进行了认真的备案审查，提出了意见。对省人大常委会法制工作委员会及内司委下发征求意见的《四川省消防条例（修订草案）》、《四川省城乡规划条例（草案）》、《四川省环境综合治理条例（草案）》、《中华人民共和国兵役法修正案（草案）》及说明、《四川省法律援助条例（修订草案）》、《四川省城市管理综合行政处罚条例（草案）》、《四川省华侨投资权益保护条例（修订草案）》、《四川省饮用水水源保护管理条例（修订草案）》、《中华人民共和国精神卫生法（草案）》、《中华人民共和国清洁生产促进法修正案（草案）》及说明、《四川省财政收支审计条例（修订草案）》等十一个法律法规，及时收集、整理相关部门所提意见和建议，在要求的时限内，及时以电传、电话的形式上报。

【省人大代表联络处工作】 组织州省十一届人大代表出席四川省第十一届人民代表大会第四次会议，全面负责会议前后代表们在昌的食宿安排、订购火车票及接送工作。会中认真做好代表议案及建议、批评和意见的收集、整理、转交及大会组织安排的各项工作。负责完成州九届人大五次会议相关会务议案组的工作，向本次大会主席团提交《代表提出议案处理意见的报告》。坚持每年为州九届人大代表订阅《中国人大》、《民主法制建设》和《人民权力报》等学习资料。同时，积极组织社会订阅，受到省人大表彰奖励。进一步健全和完善邀请代表列席州人大常委会会议制度，扩大代表对常委会会议的参与。共邀请36名省、州人大代表列席本年度各次州人大常委会会议。同时邀请各级代表列席法院庭审、参加各类行风评议、参加对重点建设工程项目监督。常委会的立法、视察、执法检查、执法调研等活动都积极吸收代表参加，不断扩大代表对人大工作的参与，会同州财政部门及时向全州17个县市人大常委会和凉山军分区下拨2011年的州人民代表活动经费，确保代表活动的正常开展。根据省人大常委会办公厅通知要求，及时组织部分州、县、乡镇人大代表和部分县市人大常委会相关人员赴省参加培训学习和考察，圆满完成省人大下达的各期培训目标任务。为方便联络代表，及时收集、报送凉山州省、州人大代表工作单位、职务变动情况，确保代表信息畅通和代表工作的有效开展。参加《中国人大》研讨会和全省人大人事代表工作座谈会，接待来自上海、河北、湖北及省内部分地市州人大常委会人事代表工委的代表。认真接待和处理代表来信来访，主动看望生病住院代表。组织驻州省十一届人大代表和州人大代表，围绕经济社会发展大局、改革发展中的社会热点和难点问题、群众普遍关心的民生问题开展了专题调研，及时汇总调研情况，写出有见地、有深度的调研报告1篇，简报3期，形成建议12条，及时报送省人大及州委，并交送州人民政府研究落实。高度重视代表建议提出的质量，将工作重心前移，通过抓好人代会前视察、调研活动，开展议案和建议工作培训，努力提高代表议案、建议的质量。人代会召开前，引导代表紧紧围绕民生问题深入开展调研，人代会闭会后，及时整理归类代表提出的建议，并与州政府联合召开代表建议交办会。并向代表发放代表建议办理情况征求意见表，进行跟踪反馈。建立重点建议督办制度，组织省、州人大代表对一些重点建议办理情况进行视察，加强跟踪监督，提高办理效率和办理质量。促进各承办单位加强与提建议代表的联系，一起研究问题，商议解决办法。使代表建议办结率、落实率和代表的满意率得到不断提高。

【信访办公室工作】 全年办理人民群众来信来访1277件次，其中来信515件，来访296批762人次，集体访14批110人次。做到热情接待每批上访群众，耐心听取他们反映的诉求和问题，针对不同的问题分别作好疏导解释，理顺上访人员的情绪，尽最大努力避免矛盾激化，全年未出现异常访、非正常访的情况。仔细阅读每封人民来信，不失原意登记在案，根据《凉山州人大常委会机关信访工作规定（试行）》分别将信件转交相关单位、部门办理，并跟踪督促落实，做到件件有着落，事事有交代。不断创新工作思路，改进工作方法，把省人大发函交办和州人大常委会领导批示交办，人民群众反映强烈的热点、难点问题的信访案件作为重点，及时交办，加大跟踪督办的力度，采用电话、发催办函，开协调联席会等形式，督促办理，从而使一些涉及人民群众切身利益的信访诉求，得到妥善解决，上访人员表示满意，愿停访息诉。同时作好上访人员的疏导解释工作。陪同全国、省人大信访办领导深入到一些县了解和督办信访案件，促使有关部门依法依规解决人大交办的信访案件，提高人大信访工作的实效，维护了社会和谐稳定，确保一系列大型活动、会议的顺利举行和圆满成功。坚持定期对人民群众来信来访进行综合分析，对来信来访反映的各类案件进行定性、定量分析归类，找出带共性的热点、难点问题及集中反映的问题，提出意见建议，编写成综合分析信息简报。全年共出6期简报，上报省人大信访办、州委政法委和州人大常委会领导，作为州人大常委会听取和审议一府两院专项工作报告选议题的依据，为州委、州人大常委会、州政府决策、工作部署作参考。另外，每月底信访办按时收集州人大常委会机关及全州17个县市人大常委会机关当月办理的信访数据，分类填表传真上报省人大信访办。信访办一年来及时为上级人大和本级人大及其常委会监督工作提供了信访信息服务。同时还及时完成州人大常委会机关和领导交办的其他各项工作任务，对2011年度州人大机关信访工作中形成的文件、登记册、报表等进行归类整理，建立档案，以便以后工作中备查。

（审核：钟承先/撰稿：赵忠恺）

政 府
Government

综 述

【概况】 2011年，州人民政府深入贯彻落实科学发展观，以科学发展为主题，以加快转变经济发展方式为主线，抢抓新一轮西部大开发和“一个意见、两个规划”等重大机遇，把握“跳起摸高、跨越发展”工作基调，深入实施提速增量、提质增效战略，一手抓安宁河谷地区率先发展，一手抓大凉山彝区和木里藏区跨越发展，着力促增长、调结构、控物价、惠民生，全州经济强势崛起、民生持续改善、民族团结进步、社会和谐稳定，实现“十二五”发展良好开局，圆满完成州九届人大六次会议确定的任务。州人民政府重点抓了以下工作：一是做牢基础、强化投资，在更高位上保持快速发展势头。二是做强产业、强化支撑，在更高起点上实现更大发展。三是做大城市、联动区域，在更大力度上推进统筹协调。四是深化改革、扩大开放，在更广平台上拓展开放合作。五是做优科教、推进创新，在更深层次上激发发展活力。六是做实民生、维护稳定，在更实基础上建设和谐凉山。七是提升能力、狠抓落实，在追赢赶超中强化政府建设。

【综合经济】 地区生产总值跨越千亿元大关，达1000.1亿元、增长15.2%，总量居全省第7位；人均GDP达22044元。财政一般预算总收入跨越百亿元门槛，达115.6亿元、增长27.3%，其中地方财政一般预算收入80亿元、增长27.7%，总量居全省第2位。全社会固定资产投资完成731.6亿元、增长24.8%。民营经济实现增加值551.2亿元、增长18.5%，占GDP的比重达55.1%。三次产业结构调整为19.5:52.3 28.2。

【重大项目】 下达实施省级重大项目52个，州级重大项目159个、总投资3160亿元，其中年度计划投资518亿元。深溪沟水电站、美姑河流域梯级开发坪头电站和全省首座风力发电场德昌麻栗风电一期工程投产发电；攀钢西昌钒钛资源综合利用、西昌太和铁矿采选扩建工程、雷波磷化工磷铵分厂建设等项目竣工投产；会理昆鹏10万吨阳极铜、西昌烟厂整体技改等项目达产达效；冕宁稀土资源整合开发利用、雷波新都化工6万吨黄磷、宁南100万吨干法水泥等项目加速推进；西昌现代职业学校一期工程、昭觉县医院门诊大楼等项目竣工。

【工业产业】 全部工业增加值达411.9亿元 增长22.4%，对经济增长的贡献率54.4%；其中规模以上工业增加值394.4亿元，增长23.7%。实施大企业大集团带动战略，支持重点骨干企业做大做强，扶持优势成长型企业加快发展，规模以上企业达372户、新增36户。产业园区、工业集中区达15个，入园规模以上企业186户，产业集中度58%，西昌钒钛、成凉、会理有色产业园区被省政府列入全省100亿级成长型特色产业园区。

【农业产业】 实现农业增加值194.6亿元，增长4.4%。基本建成全国重要的战略性优质烟叶基地和全国最大的苦荞麦、马铃薯标准化生产基地以及全省优质特色农产品基地。粮食产量224.4万吨、肉类65万吨、烤烟287万担、蚕茧44.4万担。农业产业化经营水平不断提高，龙头企业达175户，各类专合组织达2198个。

【第三产业】 第三产业增加值达282亿元，增长10%。旅游经济迅猛发展，接待游客2128万人次，实现旅游收入80.5亿元。金融服务能力显著增强，年末各项存款余额870.7亿元、贷款余额409.9亿元，保费收入16.7亿元，证券交易额209.7亿元，担保余额29.5亿元。市场体系和流通网络不断完善，城乡消费同步增长，社会消费品零售总额达287.9亿元，增长17.6%。

【基础设施】 交通建设。雅西高速公路凉山段全线贯通，西昌客运西站建成投运，一批县际骨干公路和通乡通村公路加快建设，公路通车里程达2.2万公里，其中等级公路1.57万公里、占71%；水运间断通航里程860.8公里，建成码头45个；青山机场改扩建工程竣工投用，成为西南一流的支线机场；“四高三铁”前期工作加快推进。农田水利建设。治理水土流失面积178.8平方公里，改造中低产田土16.5万亩，新建堤防52.5公里，整治病险水库6座，新增和恢复蓄引提水能力4120万立方米，新增有效灌面12.19万亩、节水灌面9万亩，解决20.27万农村人口饮水安全，农业综合生产能力不断增强。城镇基础设施建设。城镇建成区面积达134.9平方公里。现代化的生态田园西昌城市建设全面启动，“一圈四群”的新型城镇体系加速构建。完成《凉山州新型城镇化建设规划》、16个县的城市总体规划和84个建制镇、重点集镇（特色集镇、旅游集镇）发展规划的编制与修编。

【生态环境】 扎实推进天保工程、退耕还林、自然保护区建设“三大”林业重点工程，实施森林管护5668万亩，巩固退耕还林成果163.51万亩，启动实施全省规模最大的碳汇造林项目，森林覆盖率达43%。西昌及邛海周边荒山绿化和植被恢复工程加快推进，建成2600亩的邛海湿地恢复保护二期工程；邛海、泸沽湖湿地申报国际重要湿地工作加快推进；库区生态恢复、基本农田保护、土地环境保护和地质灾害防治工作进一步加强。节能减排扎实推进，省下达的万元GDP综合能耗等五项约束性指标全面完成。

【品牌建设】 彝族火把节被国务院推荐申报2012年联合国教科文组织“人类非物质文化遗产代表作名录”，“大凉山特色农产品”标识获得国家工商总局核准登记，“大凉山”清甜香烤烟优良品种开全球烟叶航天育种之先河，会理县成功创建“国家历史文化名城”，西昌市获全国文明城市提名资格，西昌观海路、航天大道分别荣获“四川十大最美街道”、“四川十条最美大道”称号。截至年末，共成功创建“中国驰名商标”2件、“中国名牌产品”1个、“四川省著名商标”9件、“四川省名牌”9个、“国家地理标志保护产品”21个，50多个大类、200多种农产品获无公害、绿色食品、有机食品认证，8个县市获全国性特产之乡称号。

【改革开放】 重点领域改革深入推进。投融资体制改革取得新成效，州国投公司总资产达45.85亿元，注册资本金20.95亿元；州商业银行成立西部地区第一家获银监会批准持牌经营的小企业信贷中心；州农村信用联社股份有限公司挂牌营业。充分开放合作战略深入实施。与津巴布韦、荷兰分别开展烟草、花卉产业合作，在凉山种植“世界最好的烟叶”、“世界最好的花卉”取得重大成果；成凉、攀凉等区域合作成效明显，厅州、局州、银政、地企合作务实推进，农总行凉山“三农”产品创新基地建设迈出坚实步伐。招商选资、招大引强成效明显，履约招商引资项目188个，累计到位资金300亿元；新签约项目148个，协议引资额685亿元。

【改善民生】 捆绑投资80.95亿元实施“十项民生工程”，人民群众生产生活条件进一步改善。城镇居民人均可支配收入达17218元，增长15.7%；农民人均纯收入5538元，增长21.3%。以彝家新寨为重点的大凉山综合扶贫开发规划项目建设取得显著成效，新村建设“百乡千村工程”全面实施，累计建成新村847个，17.63万户、75.17万人入住新村。城镇新增就业1.3万人，城镇登记失业率控制在4.12%以内。劳务开发“双百工程”成效明显，转移输出农村劳动力65.9万人，实现劳务总收入55.8亿元，分别增长20.6%和38.9%。“五大保险”参保人数达96.8万人次，城镇居民养老保险和新型农村社会养老保险基本实现全覆盖；64.2万名城乡居民纳入最低生活保障，2.6万名农村五保户纳入财政供养，实现应保尽保；城乡低保户、农村五保户实现医疗救助全覆盖。开工建设保障性安居工程17453套，其中保障性住房6744套、棚户区住房改造10709套，建成3000多套，发放住房租赁补贴10000户。彝区健康文明新生活运动不断深化，各级各部门和社会各界捐款累计达6636.84万元，捐赠板凳158.9万根、床铺及床上用品 3.85 万套、餐桌 1.2 万套、洗漱用品 7.1 万套。推进城乡环境综合治理常态化，西昌市被评为全省城乡环境综合治理先进单位，跻身“五十百千示范工程”示范县市行列。

【社会事业】 “两基”攻坚工作顺利通过国家验收和认定，“两基”人口覆盖率达 100%；70 余万名义务教育阶段学生免除学杂费和教科书费，20 余万名寄宿制贫困学生享受生活补助；彝区免费职教和藏区“9+3”免费教育计划深入实施，初中毕业生基本实现应读尽读。医疗服务体系建设进一步加强，公办基层医疗卫生机构实现国家基本药物制度全覆盖，艾滋病等重大传染病防控和突发公共卫生应急事件处置能力不断增强；373.2 万人参加新型农村合作医疗，参合率达 95.8%，人均筹资标准达到 230 元。“三大科技洼地”建设加快推进，国家高新技术企业达 3 户、省级创新型企业 14 户，科技对经济增长的贡献率达 42.3%。民族文化演艺、新闻出版等主导文化产业基本形成，州歌舞团赴台交流巡回演出取得巨大成功；广电“村村通”、农村电影放映、广场音乐会等文化惠民工程深入实施。人口与计生长效工作机制不断完善，计生惠民工程扎实推进，人口自然增长率为 6.32‰，创历史新低。

【社会管理】 群众工作不断加强，矛盾纠纷化解率达 96.8%。“平安凉山”创建深入开展，建成省级平安建设先进县市 14 个，州级平安乡镇、单位 755 个。打黑除恶、扫黄打非、“清网行动”等专项行动扎实开展，刑事案件破案率达 63.7%，治安案件查处率达 99.5%。禁毒人民战争深入推进，禁毒“摘帽”攻坚行动扎实开展。公安、武警战斗能力建设切实加强，建成“两所一庭”741 个。安全生产管理进一步加强。食品药品监管工作有效推进。

【民主法制】 自觉接受州人大及其常委会的法律监督、工作监督和州政协的民主监督，办理州人大代表建议 89 件，州政协委员提案 226 件、意见 34 件，代表、委员对办理结果表示满意或基本满意。深入清理行政审批，开展《凉山州行政程序规定（试行）》实施后评估，依法办理行政复议、行政应诉案件，启动“六五”普法工作，法治政府建设取得新成效。自觉接受群众和社会舆论监督，政府信息公开全面推进，州政府门户网站建设与管理不断规范，综合绩效持续走在全国、全省前列。监察、审计和财政监督力度加大，政府工程招投标、土地出让、产权交易、政府采购、财政资金管理使用等各项制度不断完善。

（审核：陈 军/撰稿：刘建康）

民 政

【概况】 2011 年，在省民政厅的精心指导下，在州委、州政府的正确领导下，全州各级民政部门牢固树立“以民为本、为民解困、为民服务”的核心理念，精心谋划，履职尽责，以惠民生、保稳定、促发展为主线，深入推进以社会救助、社会福利、社会慈善和防灾减灾为主要内容的“四个体系”建设，圆满完成省厅绩效管理和州委、州政府“民生工程”目标，困难群众生活得到了有效保障，社会救助体系进一步规范和完善，社会养老服务、孤儿保障和儿童福利院建设迈出重大步伐，双拥优抚安置工作富有成效，村（居）委换届选举工作顺利结束，基层政权、社区、社会组织建设加快发展，区划地名工作扎实推进，社会事务管理服务水平明显提升，福利彩票发行不断取得新突破，社会工作人才队伍建设继续加强，全州民政事业快速、健康、全面发展，为保障和改善民生、促进凉山社会和谐稳定作出了积极贡献。

【城乡低保】 城乡低保实现“应保尽保”下的规范化、动态管理。城乡低保、五保全部纳入财政供养，实现应保尽保和医疗救助全覆盖。通过低保扩面，全州城乡低保保障对象由 2010 年底的 46.5 万人，增加到 64.2 万人，同比增加 17.7 万人。全州累计发放城乡低保 6.59 亿元。其中，城市低保共纳入保障 8.1 万人，发放低保金 2.07 亿元；农村低保纳入保障 56.1 万人，发放低保金 4.53 亿元。城、乡低保累计月人均补助标准分别达到 212.8 和 88.1 元，分别完成目标任务（148 元和 55 元）的 143.7% 和 160.1%。

【城乡医疗救助】 城乡医疗救助水平不断提高。城乡医疗救助共救助困难群众 44.2 万人次、资助低保等困难群众参加新农合 41.1 万余人，资助参合和发放医疗救助金共 1.35 亿元。城市人均救助水平达到 370 元，完成目标任务的 264.2%；农村人均救助水平达到

230.8元，完成目标任务的164.8%。积极探索推进标准统一的城乡医疗救助制度。已有10个县市开通农村医疗救助“一站式”服务，其余7个县市待新农合网络开通后将及时入网运行。

【农村五保供养】 全年共投入资金2344万元，完成新建、改扩建敬老院11所、新增床位730张，完成任务数的104%。其中，德昌、甘洛两县新建2所；昭觉、木里、盐源、普格、布拖、金阳、美姑、喜德、越西等9县各改建1所。全州农村五保供养纳入2.6万人，新增集中供养五保对象750人，全州集中供养人数6523人，分散供养19307人，五保集中供养床位率达到26%，超过全年目标2个百分点。全州农村五保年人均供养标准达到1800元以上，供养经费全部纳入“县级财政保障资金专户”封闭运行，凭“四川省农村五保供养证书”领取，全年共发放供养金4732.82万元。敬老院管理和服务水平进一步提高，会东县社会福利中心小坝心敬老院通过省一级敬老院验收，会东县小坝敬老院、马龙敬老院、关家坪子敬老院、大崇敬老院、冕宁县中心敬老院、宁南县中心敬老院6所敬老院通过省二级敬老院验收。

【救灾减灾】 全年全州先后遭受干旱、风雹、泥石流、暴雨洪涝等自然灾害，全州17个县市568个乡镇、252万人次受灾，造成直接经济损失20.26亿元。全州共下拨救灾资金3490.61万元，受灾群众生活得到妥善安排。各县市依托学校、广场、体育馆等公共设施，新规划建设避难场所17个；新建成凉山州救灾物资储备中心1个、县级储备中心17个，受灾群众紧急转移、安置救助和物资保障能力进一步增强，“省州县乡”四级灾情信息网络和“省州县”三级综合减灾救灾应急指挥体系初步建立。通过防灾减灾隐患普查、应急综合演练、防灾减灾知识宣传和技能培训、志愿者队伍建设等活动，社区综合减灾能力进一步增强。减灾示范区争创工作稳步推进，在2010年申报西昌、德昌、会理、会东4县的基础上，已申报雷波、冕宁两县为全国减灾示范区。8个“慈善爱心超市”新建任务已全部完成。开展安全温暖越冬“冬衣送暖”活动，共采购、发放价值438.5万元的御寒物资，确保全州受灾群众、困难群众和高寒山区群众安全、温暖越冬。

【孤儿保障】 “凉山州儿童福利院”主体工程全部完工，明年将正式投入使用。全州孤儿基本生活最低养育标准和自然增长机制基本建立。孤儿身份认定和录入工作进展顺利，完成孤儿身份认定6089名，全部录入“全国儿童福利信息系统”，并按“社会散居孤儿每人每月不低于600元、机构供养孤儿每人每月不低于1000元”的标准发放了生活费。“社会救助福利中心”工作有序推进，德昌、喜德、冕宁“社会救助福利中心”主体全部完工。金阳、美姑、雷波3个“社会救助福利中心”正积极修建之中。“全国儿童福利示范区”通过艾工委检查。长效实施孤残儿童“明天计划”、“三无”、“五保”老人白内障复明等手术康复工作，贫困家庭唇腭裂儿童“重生行动”、“疝气行动”等手术康复项目惠及面进一步扩大。累计上报“重生行动”手术患者183名，实施“贫困家庭疝气儿童康复手术”26例。全州12家福利企业全部年检合格。

【老龄事业】 养老服务和老龄事业取得新突破。老龄工作紧紧围绕“六个老有”工作目标，全面贯彻落实《老年人权益保护法》和《四川省老年人保障条例》，以元旦、春节、国庆、重阳节和全国第二次“敬老月”活动及“创模”活动为载体。全州“幸福家园”暨“社会救助福利中心”工作有序推进，新建的会东、西昌等4县市“社会救助福利中心”主体全部完工。新建凉山州老年人活动中心1所，总投资1500多万元，建设面积5800多平方米；高龄老人补贴制度试点和社区创建工作全面启动。圆满完成全州老龄事业统计核实上报工作。全州60岁以上老年人52.03万人，占全州总人数的11.3%。积极开展迎新春、送温暖活动，全年共慰问“百岁”、“三孤”、“五保”、“贫困”、“空巢”、“残疾”等老年人2.6万人次，发放慰问金（物资）362万元。指导西昌市完成年满70岁以上老年人免费乘坐公交车工作，积极组织各类专家开展百岁老人免费体检、健康与长寿讲座、便民服务活动，受到全社会和老年人的一致好评。州老年大学代表凉山参加全国第八届国标舞选拔和省第七届国标舞大赛，获金牌17枚，银牌3枚，铜牌1枚，占大赛奖牌总数的2/5。大小凉山综合扶贫规划——“老年教育活动中心”项目编制完成。会东、会理两县敬老模范县已由州政府上报省政府。

【社会慈善】 州、县两级慈善组织全部建立，慈善组织体系和基层慈善服务网络建设进一步加强。成功联系加拿大门诺咨询有限公司（MCC）、浙江宁波博洋控股集团董事范江先生等慈善机构（个人）到凉山开展慈善活动。全年共筹募善款1851.27万元，购置板凳30.6万根、双人床及配套床上用品2500套、单人床及床上用品2000套，有力地促进了全州彝区健康文明新生活运动的开展。继续开展助困、助医等各项慈善救助活动。“爱佑童心”项目共送出226名患儿进行检查，其中，通过手术治疗140名，成功率100%。“贫困家庭白内障患者免费手术”活动为152名白内障患者带来了光明。与中华慈善总会、美国“微笑列车”基金会合作，共免费实施112例唇腭裂修复手术。慈善福彩帮困助学活动筹集福彩资金106.92万元，共资助贫困大学生534名。共筛查上报各类慈善项目85个，“善行凉山”前期准备工作基本完成。全州福利彩票销售额突破1.5亿元，超额完成全年目标（1.465亿元），为凉山民生事业募集福利公益金1300多万元。福彩公益金使用管理严格、透明，未发生违规使用情况。

【优抚双拥】　圆满完成全州优抚对象数据更新和动态管理，全州优抚对象共计15567人。与州财政局联合制发了《优抚对象抚恤补助资金实行社会化发放办法》和《加强抚恤补助经费管理使用的通知》，全州优抚管理规范化水平进一步提高，各项优抚政策全面落实，优抚政务公开面达到100%。优抚补助管理规范，各类重点优抚对象抚恤补助已按时足额兑现，共发放优抚经费6725万元。涉军维稳工作规范高效，共开展涉军维稳排查11次，处理信访25件，接待来访、咨询460件（次），重点做好原8023部队退役人员的稳定工作，主动、积极、妥善处置涉军来信来访，有效杜绝了全州优抚对象集体、越级和非访现象的发生。努力探索重点优抚对象医疗费用“一站式”即时结算服务工作。2011年共接收办理和上报评（调）残7人，合格率100%。烈士褒扬工作取得新突破，优抚医院、烈士纪念建筑设施管理、保护工作进一步加强，全州17个县市烈士纪念设施录入工作已完成数据同步；全州零散烈士纪念设施普查和数据录入工作全面完成；一至四级残疾军人住房普查完成并建档。重点优抚对象信息管理系统管理规范，数据准确。60岁以上农村籍退伍军人普查登记审核上报工作全部完成。“关爱功臣”和重点优抚对象优待工作继续健康发展。元旦、春节、“双拥月”及“八一”双拥周期间，全州各地共召开军政座谈会50余场次，召开优抚对象座谈会100多场，组织“军旗飘扬大凉山大型军民联欢晚会”等军民联欢晚会或联谊活动150余场次，全年赠送驻州和驻训部队部队慰问品、慰问金累计440余万元，营造了良好的双拥氛围。新一届全国双拥模范城（县）创建工作顺利开展，各县市已相继制定出台了本地《双拥模范城（县区）管理办法》。西昌市“全国双拥模范城”创建已报国家双拥领导小组待批。“特殊党费”使用项目已按要求完成资料上报和归档工作。

【退役安置】　全面推行安置就业和安置就业与自谋职业相结合的办法，依法进行接收。积极推行安置改革。全州共接收退役士兵964人，其中回农村安置582人，城镇应安置382人，根据省政府《关于认真做好2010年冬季退役士兵接收安置工作的通知要求》，已安置361人，占应安置人数的98.4%。发放自谋职业补助金657.25万元。认真贯彻落实国务院、中央军委《关于加强退役士兵职业教育和技能培训工作的通知》，培训率达到100%。接收安置伤病残士兵6人。共接收安置军休干部2人，接收安置率100%。

【军休军供】　军休干部调资、滚动增资、服装费核发、无经济收入家属遗属生活待遇调整、审批等工作进展顺利，军休干部政治、生活“两个待遇”全面落实。1—4批军休干部房改工作已按要求上报材料，住房制度改革稳步推进。军供工作规范化建设活动深入开展，军供设施设备完成达标升级准备，两个军供站共接待过往部队207列次、72370人次，军供保障能力和服务水平不断提高。

【基层政权和社区建设】　社会建设管理加强，基层民主权益得到充分保障。第八届村（居）民委员会换届选举工作于3月底顺利完成。全州除21个村因国家水电开发，土地征用搬迁等原因，经县市人民政府批准推迟外，共3724个村、107个社区完成选举工作，成功率分别为99.62%和100%，信访处理率达到100%。《四川省村务公开条例》的宣传培训和执法检查全面完成，全州村务公开面100%，规范化率90%；新任村（居）民委员会干部培训和“难点村”治理工作全面完成，“难点村”转化率100%。2010年度中央投资的21个农村社区建设项目全部完成并投入使用。农村基层党风廉政建设和城市街道、社区创先争优活动取得明显成效，村民自治和和谐社区建设工作顺利推进，城乡环境综合治理成效显著，社区面貌得到净化、美化。

【社会组织管理】 社会组织健康发展，服务能力不断增强。州本级本次应年检社会组织190个，已全部通过年检，年检率100%，年检合格率100%。执法监督保持了有力态势，违法社会组织查处率、取缔率均达到100%。行业协会商会改革、社会组织评估管理和自律诚信建设活动深入开展，85%的社会组织制定落实了《四川省社会组织行为失信惩戒制度》具体措施；90%以上的社会团体建立了内部规章制度；社会组织创先争优活动成效显著，新建党组织30个，党组织由学习初期的14个增加到44个，党组织覆盖率达到75%。“小金库”治理“回头看”工作基本结束，正在探索健全治理长效机制，确保工作常态化。社会工作人才队伍建设加快发展。通过多种形式，有计划、分层次、分类别开展专业提高型和公众普及型社会工作知识培训。共组织30多人参加社会工作者职业水平考试工作。成功组织召开“全州社会工作试点现场经验交流会”，共10个事业单位200多人参会。11月底，成功举办1期“全州民政系统社会工作培训会议”。社会工作者登记管理工作全面完成，共登记助理社会工作师和社会工作师24名，做到应登尽登。民政事业单位社工岗位设置工作顺利完成。

【区划地名管理】 区划地名服务管理法治化、规范化、信息化水平不断提高。着力推进新型城镇化进程，积极配合农村综合改革，统筹城乡综合配套改革，狠抓各类行政区划调整事项调研论证。加强边界管理，抓好联检工作，与甘孜、宜宾7条州市界线和州内7条界线的联检工作已全部完成。市州政府正在按程序会签和向省政府上报联检报告。创建市州间平安边界7条，州内平安边界7条，申报材料正在报批。会理撤县建市报批材料已上报省政府。德昌县麻栗、银鹿两乡撤乡建镇已完成复审。数字地名公共服务工程已通过省厅抽查，正进行补充录入。《凉山地名故事》已完成征稿工作，共收集整理稿件350余篇，正在进行编审工作。

【社会救助】 《凉山州城乡困难群众临时救助办法》已正式实施，社会救助体系进一步健全。凉山州流浪未成年人救助保护中心已建成投入使用，并被中央检查验收组评为优质工程。救助站管理安全规范，全年共开展街头集中劝导救助6次，全州各救助站共救助3221人次，未发生任何责任事故。已向省厅申报推荐“救助管理机构规范化”和全国殡葬改革“示范单位”2家。凉山州救助站被民政部命名为“首批全国民政系统行风建设示范单位”。民政部救助管理信息系统（2期）运行规范、安全。

【殡葬改革】 积极探索建立面向城乡困难群众的殡葬救助制度，进一步加大对国有殡仪馆、公益性骨灰存放设施的建设力度，公墓（塔陵）管理进一步规范，殡葬改革工作深入推进。在冕宁、越西、金阳、会理、昭觉、西昌等县市新建、改扩建殡仪馆6所，建设面积1.82万平方米，总投资5600万元，其中，地方政府配套资金达到1075万元，殡葬服务水平进一步提高。在春节、清明节期间组织开展全州文明祭祀暨“行风建设月”活动，全州公墓监督检查率达100%；州民政局被省民政厅评为“清明节工作突出单位”。救助和殡葬信访处理率100%，办结率达到100%。

【婚姻收养】 婚姻、收养登记服务先后举办全州婚姻、收养登记培训班各1期。从5月起，实现县级以上婚姻、收养登记机关网络化服务；婚姻、收养登记合格率均达到100%。

【依法行政】 行政执法程序规范有序，在依法进行民间组织登记、福利企业资格认定、殡葬管理等行政执法过程中，没有出现无具体行政行为被地方人民法院、行政复议机关、行政执法监督机关撤销、变更或责令纠正的事件。行政争议、行政管理纠纷调解工作制度基本建立健全。民政事业统计数据真实、准确、及时，内容符合相关法律法规和政策要求，统计指标、业务指标一致。认真开展各项民政事业经费绩效考评工作，全州民政专项资金的管理、分配、使用安全、规范，未发生任何违规违纪行为。

【行政效能】 坚持按规定报送和收取公文，限时办理，严格审核审签程序，不断强化公文规范和保密管理。民政信息报送和信息化建设工作取得新成绩，共完成信息上报640条，在中央、省、市新闻媒体上宣传报道466条，提前完成州政府下达的全年信息报送任务。未发生重大紧急信息迟报、漏报、误报、瞒报，失泄密等情况。实施完成凉山民政互联网门户网站改版建设工作，有力促进政务信息公开工作的深入开展，根据民政信息公开目录，共公开涉及优抚、救灾救济、灾后恢复重建、民生工程等资金、项目实施情况及相关政策文件873份。

【组织机构建设】　在全州深入开展党政机关、企事业单位机构改革，精简机构、职数、人员的情况下，新设立正县级机构1个，领导职数4个：凉山州委新社会组织工作委员会，新增书记、专职副书记领导职数各1名，下设组织科，设科长、副科长领导职数各1名，是全州唯一在机构改革过程中增加机构和领导职数的单位。直属事业单位编制大幅增加。州局直属事业单位共新增事业人员编制70名，人员经费已全部纳入州财政预算。其中，州儿童福利院新增事业人员编制40名，州精神病院新增事业人员编制30名。全州17个县市敬老院、福利院都相应增加了事业人员编制。

【发展规划】　根据党的十七届五中全会精神、《凉山州国民经济和社会发展第十二个五年规划纲要》，结合四川省民政事业发展“十二五”规划（征求意见稿）和全州实际，制定和印发《凉山州民政事业发展“十二五”规划》，参与实施了“大小凉山综合扶贫”和“乌蒙山片区扶贫”规划，进一步明确未来5年全州民政事业的指导思想、发展目标和政策取向。

【信访维稳】　年初，继续与省厅以及各县市民政局签订信访维稳、综治、安全生产等责任书，认真实行安全、信访、维稳全员“一岗双责”责任制，大力推行首问责任、限时办结和责任追究“三项制度”，进一步明确职责、落实责任。建立完善救灾应急管理《工作预案》和群体性事件《应急处置预案》，做好各项应急处突准备。坚持认真执行领导干部定期接访、下访和包案制度，不断强化矛盾纠纷排查化解和信访维稳预警机制，坚持24小时值班制度，坚持急事急报、特事特报、大事快报。全州民政系统没有发生任何迟报、漏报、谎报、瞒报等现象。对涉军、涉灾维稳等民政信访热点问题，严格实行定期报告、敏感时期“零报告”等制度，做到超前处置，及时化解。全州民政系统（含17个县市民政局）共接收来信494件，回复办结率100%；接待来访5977人次，办理5955人次，办结率99.7%。其中，州民政局共接收来信14件，办结率100%，接待来访56人次，办结率100%。息访率达99%，群众满意率98%以上，社会矛盾纠纷排查处理率100%，化解率98%；到民政部、省民政厅上访总量较2010年大幅下降，到省厅重复上访量在总量的3%以内，没有发生到民政部重复上访事件；信访积案化解率达到95%，复退军人矛盾纠纷化解率95%，省厅督办件及时回复率100%。在建党90周年、国庆及党的十七届六中全会、省州党代会等重大节日、会议和特殊敏感时期，均实现“零进京”、“零到省”和“零非访”的工作目标；没有发生涉灾群体性事件和较大规模涉军群体性事件。连续3年被州委、州政府评为“全州信访工作先进集体”。

【政风行风】　在全州民政系统广泛开展民主评议政风行风活动，认真参与“行风热线”，接收群众监督，进一步完善《机关管理制度》、《集体议事规则》等规章制度，切实加强效能监察，民政系统干部职工宗旨意识、公仆意识、爱民意识不断增强。行政审批坚持严格执行首问责任质、限时办结制、责任追究制，以“树立民政形象、打造便民窗口”为重点，对办事单位和群众做到感情到位、责任到位、服务到位，提供优质、高效的服务，深受广大办事群众和办事单位的好评，全年共受理办结行政审批事项60件，接待咨询和来访群众263人次，按时办结率100%，限时办结率100%，群众满意度100%。向省厅推荐州救助站和西昌市殡仪馆为行风建设示范单位，基层窗口单位行风建设成效显著，创建成果进一步巩固。

【表彰奖励】　州民政局在依法行政、政务服务、社会综治、创先争优、城乡环境综合治理、“挂包帮”等14项工作中被评为全州“优秀单位”、“先进集体”和“先进窗口”；被省委、省政府授予“记一等功公务员集体”和“全省民族团结进步优秀集体”荣誉。

（审核：罗剑平/撰稿：杨洪忠）

发展和改革

【概况】　2011年州发改委在州委、州政府的领导下，在省发改委的支持、帮助和指导下，高举邓小平理论和“三个代表”重要思想伟大旗帜，积极贯彻落实科学发展观，抢抓省委、省政府“一个意见、两个规划”重大机遇，围绕州委、州政府“双提升”战略，务实开展各项工作，为凉山州在2011年实现历史性跨越做出了应有的贡献。

【规划编制】 全面完成“十二五”规划编制工作。开展11个重点课题研究，起草《凉山州“十二五”规划基本思路》，编制《凉山州国民经济和社会发展第十二个五年规划纲要》，协调和指导有关部门完成22个专项规划编制。并将国家、省、州和17县市总体规划以及22个重点专项规划编辑成书，形成《凉山州“十二五”规划汇编》，为领导、有关部门和社会各界全面了解和参与全州“十二五”规划实施提供了重要依据。根据国家、省相关文件规定，积极开展项目建设储备，完成《凉山州2012年中央预算内农业农村建设项目建议计划》和《凉山州2012年省预算内投资建议计划》储备项目的编制报送工作，并配合相关行业部门形成《十二五农业发展规划》、《十二五水利发展规划》、《安宁河谷地区特色农业发展规划》、《安宁河谷地区跨越式发展水利建设规划》、《大小凉山综合扶贫开发水利建设专项规划》、《木里藏区水利发展规划》等专项规划。州发改委积极协调相关单位开展编制工作，规划初稿完成后，向上述单位和州经济研究所广泛征求意见建议，并报州政府分管领导审示，进行了近十次大范围修订。2011年9月，规划正式经州政府批准通过。完成《凉山州“十二五”农村电网总体规划》、《凉山农村电网升级改造三年详规》的滚动调整。在2010年已编制完成的《凉山州“十二五”农村电网总体规划》、《凉山农村电网升级改造三年详规》基础上，组织有关单位对上述规划结合实际作了滚动调整，并进行审查。完成《凉山电网“十二五”发展规划》的意见征求工作。按照州政府领导的安排，协调州级相关部门、17县市认真研究后提出意见，确保规划范围涵盖全域凉山，形成整个凉山一张网的局面；确保电网规划与各县市国民经济社会发展规划相适应，组织实施有保障。《凉山州十二五社会事业重点项目建设规划》顺利通过州规划评审组评审，《凉山州区域卫生建设规划》通过省专家组评审，并编制《凉山州农村初中校舍改造二期工程二期建设规划》、《凉山州民族地区教育基础薄弱县普通高中建设规划（草案）》。按照省对循环经济和节能规划编制要求，完成《凉山州“十二五”循环经济发展规划》的编制，完成《凉山州“十二五”节能规划》的编制工作并上报省。按照国家、省对节能减排的工作安排，正在编制《凉山州“十二五”节能减排综合性工作方案》。

【项目工作】 配合州政府目标办，对2011年固定资产投资工作目标和奋斗目标进行分解，以州委办、州政府办名义下达考核指标（凉委办〔2011〕31号文），按照“双过半”将固定资产投资半年目标分解到17县市，为全面完成全年目标任务奠定坚实基础；2011年初代州政府草拟并下达2011年凉山州重大建设项目计划（凉府办发〔2011〕10号文），共计159个项目，其中续建项目80个，新开工项目79个，总投资3160亿元，其中2011年计划投资518亿元。草拟《关于做好全州2011年投资工作的意见》，已由州政府以凉府办函〔2011〕96号文下发各县市；为更好地把握全州投资形势，提早对2012年投资项目进行摸底调查，并对2012年固定资产投资计划和目标进行认真测算，并将建议计划上报州委、政府商定。2011年3月，国家发改委核准批复攀钢钒钛资源综合利用及产业结构调整规划项目（发改产业〔2011〕565号）；州发改委加强与省发改委的衔接沟通，加大对新钢业铸管铸件项目和钒钛综合利用项目协调力度，配合项目业主落实外部环境条件，多次召开专题会议，对项目产品方案以及项目建设地址进行论证，同时向省发改委报送项目备案与变更地址的请示。先后上报凉山州金利能能源开发有限公司喜德1万吨金属镁综合利用项目、美姑县30万吨/年电石法PVC项目、美姑县15万吨/年磷酸盐项目、美姑县5万吨/年黄磷项目，以上项目均已获得省发改委核准；已上报的冕宁县茂源稀土科技有限公司年产2000吨高性能稀土抛光粉项目正式获得省发改委批复；会理县秀水河矿业公司开展秀水河铁矿扩能工程前期工作的请示也已上报省发改委。完成重钢西昌矿业有限公司开展1000万吨每年采选扩建项目、德昌县志能稀土有限公司年产2000吨高精度稀土抛光粉项目、四川江铜稀土磁性有限公司4000吨每年钕铁硼薄片工程、盐源县平川铁矿烂纸厂矿段采选工程等重点工业项目的开展前期工作的申报事宜，其中：德昌县、盐源县两项目已获得省发改委批复。按照省级有关部门及州政府的相关要求，暂停5000千瓦以下电源点的开发权出让及相关报批工作，并对部分中小河流流域规划和5000千瓦以上电源点依程序进行审批和转报，进一步规范了全州地方中小水电开发进程。截至2011年11月，全州地方中小水电已建电站总装机约338万千瓦；在建总装机近412万千瓦；已获得开发权待建电站总装机约250万千瓦。加快推进农村电网改造及无电地区电力建设工程建设。由于2010年度的投资计划是四川省发改委在2010年底才下达的，共计35267万元，经请示省发改委同意转为2011年工作目标，截至2011年11月已完成90%的工程量。根据省、州对2011年推进安宁河谷地区跨越式发展的安排部署，与安宁河谷地区重大项目推进领导小组一道，组织力量形成《安宁河谷地区跨越式发展规划推进工作方案（2010—2012年）》，指导安宁河谷地区早日实现跨越式发展，并于2011年3月21日，筹备举行2011年一季度安宁河谷重大项目集中开工典礼，掀起安宁河谷重大项目建设的高潮。为确保年度目标任务的顺利完成，制定形成《安宁河谷地区重大项目推进工作目标任务考核办法》，圆满完成2010年7个以工代赈新农村试点示范村总体规划验收工作。省上将西昌月华乡新华村、德昌德州镇大坪村、会理彰冠乡古桥村、宁南六铁乡树基村、冕宁漫水湾镇西河村、喜德冕山镇五合村和金阳热柯觉乡丙乙底村7个村列为2010年全州首批启动实施的以工代赈新农村试点示范村，共计安排以工代赈投资补助1400万元（200万元/村）。7县市严格按照省以工代赈办对以工代赈新农村示范村建设项目的管理要求和批复的《实施规划》，以精益求精的态度，艰苦奋斗的作风在全州掀起了“百村”示范工程建设热潮，并于2011年11月完成建设任务和工程竣工验收工作。风电开发方面德昌安宁河谷风电场作为四川省首座风电场率先开发，其一期工程麻栗风电场已于2011年3月竣工投产，6月全部机组并网发电。华能新能源股份有限公司在凉山州昭觉、布拖、会理3县的风电项目进展顺利。华电四川公司获准在冕宁、盐源县开展测风，四川能源投资集团有限公司获准在会东县开展测风，待相关数据收集完善后，均有望在2012年开展风电场的具体工作。经州发改委多次前往省发改委汇报，并加强与中石油西南油气分公司的衔接，委托四川科宏石油天然气有限责任公司编制的《四川省凉山州彝族自治州天然气专项利用规划》于2011年2月通过州政府审查批准，并已向省发改委和中石油西南油气田公司分别上报，积极争取中石油方面的支持，力争纳入其一期工程内予以建设；积极跟踪了解成昆铁路扩能技改、丽—攀—昭铁路前期工作和西昌青山机场建设进展情况。两条铁路已完成预可研报告并报铁道部审查。针对成昆铁路扩能技改工程其他路段相继开工建设的紧迫局面，积极向州政府建议加快衔接，争取项目早日开工建设；西昌青山机场建设进展顺利，于2011年6月底全面建成投入使用；2011年空白乡镇邮政局所补建项目175个（其中木里藏区10个，非藏区165个），目前木里藏区10个项目已获得国家、省共计300万元投资计划，非藏区165个项目被纳入2011年民生工程目标，已要求相关县加快推进项目前期工作。严格按照《四川省固定资产投资项目节能评估和审查实施暂行办法》要求，严格对固定资产投资项目节能评估和审查工作进行审核、转报，按照规定和程序安排资源节约、综合利用、循环经济和污染治理国家财政性资金建设项目。全年对木里藏区乡镇道路、学校、城镇基础设施、城市供水以及各县市棚户区改造、廉租房建设、红色旅游景区道路等40多个固定资产投资项目进行了节能评估审查登记备案。积极落实攀西开发政策，认真贯彻落实国家、省实施西部大开发战略会议精神，做好规划调研，不断适应攀西开发新形势。及时组织2010年攀西资金项目的督促检查，下达2011年攀西资金计划，上报2012年攀西资金计划。认真组织申报2012年重点产业园区基础设施建设发展引导资金项目，将冕宁、经久等工业园区部分基础设施建设项目纳入了2012年重点项目库；组织申报了2012年推进城镇化建设引导资金项目，将西昌、昭觉等3个城镇化项目纳入2012年项目库；组织申报2012年省预算内基本建设投资贷款贴息项目，将西昌、会东等3个项目纳入项目库。全州共核准国家投资工程建设项目招标事项共223个，核准概算金额49.3568亿元。截至11月30日，全州招标项目共278个（其中实施电子招标项目78个，概算投资5.8385亿元），概算投资62.00311亿元，招标控制价34.13316亿元，中标价30.04亿元，节约资金4.09亿元，节资率达12%。全州比选项目591个，概算投资6.65亿元，比选控制价6.37亿元，中选价5.51亿元，节约资金0.86亿元，节资率13.5%。

【价格调控】 认真落实管理通胀预期的各项政策措施。一是全力保障市场供应，积极配合有关部门加大粮食、猪肉、食用油、成品油的采购调运力度，确保市场商品不断档、不脱销。二是及时转发省政府《关于加强价格调控保持价格总水平基本稳定的通知》，明确在全州范围内除国家调价项目外，暂停出台任何政府提价措施，有效地抑制市场物价过快上涨的势头。三是出台《凉山州人民政府办公室关于社会救助和保障标准与物价上涨挂钩联动机制的实施办法》，动用1112万元价格调节基金对全州困难群众发放一次性临时价格补贴，减缓物价上涨对低收入群体基本生活的影响。四是加强价格监测工作，重点开展对于群众生活密切相关的主副食品、农资和重要生产资料价格监测，做好价格形势分析、整理、汇总，为政府主动应对价格异常波动起到积极作用。五是认真做好价格调节基金征集协调工作。着力解决价费热点问题。开展教育收费、建设收费和涉企行政事业性收费、经营服务性收费、社会团体收费的清理，取消、停收和降低14个部门33项收费，年减轻企业和社会负担约700万元。积极推进涉农价费公示工作，及时下发2011年度涉农公示价费项目标准，发送涉农收费和价格公示表630多份。积极落实药品和医疗服务价格形成机制改革，在全州基层医疗机构实施执行了一般诊疗费工作，减轻了患者医药费用负担。加强“彝家新寨”建设主要建材价格监管。稳妥推进资源环境价格改革。继续深化电价改革，促进节能减排与结构调整。认真落实凉山州留存电量实施方案，减轻全州重要工业企业用电负担约2.6亿元。认真落实成品油调价政策，积极疏导交通运输价格矛盾。强化价格监督检查。加大了市场价格巡查和检查力度，重点打击恶意囤积、哄抬价格、变相涨价以及合谋涨价、串通涨价等违法行为，严厉查处恶性炒作行为。全州共查处价格违法案件13件，实施经济制裁金额137.84万元，退还消费者72.32万元，没收违法所得62.18万元。价格公共服务工作稳步发展。开展刑事、民事、车物损等价格鉴证和价格认证，1—11月全州共完成价格鉴证和各类价格认证业务600件，标的金额900万元。并对全州小麦、玉米、中籼稻、蔬菜、烤烟等进行了生产成本调查，依法开展了政府调价项目成本监审工作。

【粮食管理】 确保粮食调控能力，保证粮食市场供应和价格稳定。严格执行国家2011年大小春粮食最低收购价政策，把握市场行情抓好大小春粮油收购，全年共收购粮食11149万斤。正确把握粮食流通工作发展新方向，各方位组织粮源，全年销售1.32亿斤，保证粮食市场供应和价格稳定。加强各级地方储备粮油管理，认真落实省下达大米500吨、菜油50吨小包装粮油储备规模。认真开展粮油库存检查，确保储粮安全。根据相关文件要求，积极开展食用植物油、粮食库存检查工作。成立领导小组及其工作机构，制定本辖区具体实施方案，加强组织协调，落实职责分工，细化工作要求。通过粮食库存检查，全州的粮食情况达到账实、账账、账表完全相符，粮食库贷比例正常，受到省粮食局的肯定，同时也全面、准确、客观、真实地掌握全州粮食库存情况。依法行政，加强粮食流通监管。加强大小春粮食收购执法的监督检查，开展对储备粮计划执行情况专项检查，积极推进粮食部门依法行政。并对救灾救济粮的发放情况、军粮供应和寄宿制学生口粮供应情况做了监督检查，全面落实对全社会粮食流通监管职责。有效维护全州粮食市场秩序。加强企业财务监管工作，指导企业经营。协助税务部门对全州国有粮食企业收储企业2011—2012年的印花税、房产税、土地使用税、所得税等按规定享受减免，为企业可减免税费170万元。完成新增粮食政策性财务挂账本金消化工作。监督检查2010年四川省粮食简易建筑费300万元专项资金落实使用工作，争取到2011年粮食简易建筑费366万元抵扣军粮差价补贴和储备粮轮换价差等政策性因素，全州2011年国有粮食企业实现利润50万元。做好军粮供应，全面提高服务质量。全年全州各级军粮供应部门积极统筹粮源，保质保量地完成500万斤军粮供应任务。促进农民增收，确保国家强农惠农政策落到实处。积极引导粮食企业参与土地流转，加快拓展优质粮基地，及时向种粮农民提供市场适销对路的优质品种和价格信息，大力引导粮食品种结构优化，积极开展订单收购，促进农民增产增收。积极推广和扩大农户科学储粮工程，完成了7000户小粮仓项目实施工作，确保国家强农惠农政策落到实处。

（审核：李宏伟/撰稿：高学飞）

人力资源和社会保障

【自身建设】 按照州委、州政府的工作部署，局党组要求在机构改革期间做到“三合”（职能整合、思想融合、工作配合），切实加强组织领导，精心制定部门“三定”方案，准确界定部门职责，合理设置内设机构，科学配置工作力量，逐步完善运行机制，着力提高行政效能，做到业务工作与机构改革两不误、两促进。按照省委“四个特别”和州委“钢班子带铁队伍”要求，局党组坚持“一线工作法”，提出了“三多三少”（理论学习要多，休闲娱乐要少；调查研究要多，主观主义要少；真抓实干要多，形式主义要少）、“五要”（政策要熟，业务要精，态度要好，作风要实，效率要高），以严格首问负责制、限时办结制、责任追究制三项制度建设为重点，深化机关效能建设。切实转变机关作风，努力提升干部队伍素质。

【工资福利】 完成全州2010年度机关事业单位工作人员工资统计年报工作。全州合计97174人，其中，机关工作人员26205人，参照公务员法管理的单位职工人数2807人，事业单位工作人员68162人。完成全州2010年度机关事业单位离退休人员情况统计年报工作。全州38451人，其中，离休干部661人，退休干部29251人，退休工人8203人，退职336人。完成全州事业单位工作人员按年度考核结果正常增加薪级工资的审核审批工作，全州共计65073人，其中：全额事业单位56159人，差额事业单位7904人，自收自支事业单位1010人。完成全州公务员按年度考核结果晋升级别增加工资的审核审批工作，全州共计5423人，其中：公务员5122人，参公人员301人。完成全州机关事业单位15名2010年度军队转业干部工资待遇确定工作。办理机关事业单位661位离休老干部增发生活费的工作。办理州级参公单位118名工作人员套改工资工作。州直公共卫生事业单位321人，2009年10—12月，2010年1—12月30%奖励性绩效工资工作。办理副州级以上干部2011年按照年度考核结果晋升级别增加工资及正常增加薪级工资的工作。

【行政执法】 为进一步贯彻落实省、州“五五”普法规划和《凉山州人民政府关于进一步加强依法行政工作的实施意见》、州法建办《2010年普法依法治理工作要点》等文件规定，制定下发《2011年普法依法治理工作计划的通知》，进一步落实行政执法责任制。按州级机关和县市人事系统，分级分层次进行《公务员法》、《行政机关公务员处分条例》等相关人事政策法规和业务培训，认真组织行政执法人员参加行政执法人员培训班及各种政策法规学习、业务培训，及时进行执法证更换办理，进一步提高执法人员依法行政意识，切实做到依法行政。

【考核任免】 应参加年度考核的15615人，实参加考核15597人，占应考核人数的99.88 %，其中，优秀等次2284人，称职等次12889人，基本称职等次7人，不称职等次12人，未确定等次405人。应参加年度考核的2108人，实参加考核2108人，占应考核人数的100%，其中优秀等次260人，占考核人数的12.33 %，称职等次1820人，占考核人数的86.34%；基本称职等次0人，占考核人数的0.00%，不称职等次0人，占考核人数的0.00 %，未确定等次28人，占考核人数的1.33%。全州应参加考核69052人，其中：优秀等次人数8753人，占实考人数的12.70%；合格等次人数58536人，占实考人数的84.95%；基本合格等次人数1人，占实考人数的0.002%；不合格等次人数23人，占实考人数的0.003%。未确认等次人数1206人，占实际参考人数的1.75%；缓确定等次人数5人，占实际参考人数的0.007%。办理政府提请州人大常委会任免37人、州政府任免196人。

【考试录用】 审核、办理2011年选调生106名的录用手续、考试录用348名公务员和参公人员。审核办理30名体改试点班毕业生录用为人民警察。完成2010年公招和全州考录司法助理员的面试、体检、考察、录用工作，组织全州2011年公开考试录用公务员（参公人员）的招考工作以及政法体改院校招生工作。审核、取消录用公务员资格1人。

【事业单位人员考聘】 坚持“平时考核和年度考核相结合，自我总结与群众评议相结合，着重考核工作实绩”的原则，积极开展事业单位人员考核考聘工作，完成全州事业单位2010年度考核奖励工作，考聘事业单位工作人员2393名。

【奖励表彰】 奖励州级行政机关三等功50人，嘉奖171人，在2011年全省第四届“人民满意的公务员”和“人民满意的公务员集体”“一等功公务员集体和个人”表彰大会上。表彰会理县关河乡党委为人民满意的公务员集体，杨收作等3人为“人民满意的公务员”，凉山州民政局、雷波县杉树堡乡人民政府记一等功公务员集体，马都作等10人记一等功公务员。本年度公务员无辞职辞退和受处分人员，本年度事业单位无辞职辞退人员。

【人事统计】 2011年全州干部总数为88338人，少数民族干部27812人，占31.48%；妇女干部35535人，占39.43%；非中共党员干部51697人，占57.37%。全州公务员共22537人，其中党委机关、人大机关、政协机关、检察机关、审判机关和民主党派机关公务员6049人，占公务员总数26.84%，行政机关公务员16488人，占公务员总数73.16%；少数民族公务员9501人，占公务员总数42.16%；女公务员5779人，占25.64%；非中共党员公务员4084人，占18.12%。参公群团机关单位人员 397 人。参公事业单位人员为 2217 人。全州公有企业事业单位经营管理人员 7675 人，占干部总数 8.69%，其中：事业单位管理人员 5377 人，企业经营管理人员 2298 人；专业技术人员 55512 人，占干部总数 62.84%，其中：高级 2433 人，中级 16586 人，初级 35247 人，分别占专业技术人才总数的 4.38%、29.89%、63.49%。

【人才建设】 深入实施人才强州战略，统筹推进人才资源开发，突出抓好公务员、专业技术人才、技能人才队伍建设，为全州经济社会发展提供了有力的人才和智力支持。全年共举办公务员各类培训 6 期，培训 600 人次。顺利完成州级行政机关 2010 年度的公务员考核奖励工作，对 15597 名公务员进行年度考核，参考率达 99.90%，对考核优秀的 2284 人（占 14.64%）进行嘉奖。加强技能培训鉴定工作，组织参加全省技能竞赛活动，推进技能人才队伍建设。2011 年，全州技能鉴定合格 25346 人，其中，高级技师 6 人，技师 117 人，高级工 257 人，中级工 4198 人，初级工 20768 人。进一步完善全州学术和技术带头人及后备人选管理办法。按州政府第 83 次常务会决定，研究制定《凉山州学术和技术带头人培养资金管理使用试行办法》，提高了州学术和技术带头人及后备人选的相关待遇。开展第 6 批全州学术技术带头人、后备人选的选拔评审工作，确定 2 名省有突出贡献的优秀专家、6 名省第九批学术和技术带头人后备人选、凉山州第 6 批学术技术 44 名带头人、180 名后备人选，申报四川省学术和技术带头人培养资金项目 3 项。全面实施“农村人才素质提升”工程，围绕推进农村改革和发展，深入开展新农村建设人才“双争双创”活动。完成 2010 年度全州农村人才资源统计工作，表彰奖励 80 名凉山州第三批农村优秀人才，为开发农村实用人才起到积极的推动作用。

【人事制度改革】 按照《州级机关内设机构科级领导干部竞争上岗实施意见》，全面推行州级机关事业单位科级领导职务竞争上岗。加强事业单位岗位设置管理工作，进一步完善事业单位岗位设置管理中人员聘用、岗位管理的办法措施，研究专业技术三级岗位管理办法、竞聘上岗管理规定、事业单位岗位聘用管理办法等配套政策，对全州事业单位岗位设置建立台账和人员名册。

【职称评聘】 办理 3126 名各类高、中级专业技术人员的专业技术职务任职资格的通知，其中，高级 813 人，中级 2313 人。办理 55 人次专业技术职务任职资格的确认。按照职称政策及各系列高评委的要求，对全州申报高级专业技术职务任职资格人员的任职年限、任职条件、年度考核、工作业绩、职称计算机等情况严格把关，共推荐符合申报条件的 816 人到省高评委参加高级职务任职资格评审。完成全州机关事业单位 3063 名技术工人考工定级的报名、培训、考试工作。举办三期 275 人次的中级职称计算机培训班，办理了专业技术职务任职资格证、专业理论合格、执业、职业等各种证书 6350 人次。

【人才流动】 办理公务员、参公人员调入州行政机关手续（含公考录用后调动）46 人。办理调任州、县行政系统、乡镇调任手续 7 人，事业单位办理调动103 人。

【大学生就业创业】 大力实施“三支一扶”计划和“一村一名大学生”工程，计划招募新一轮“三支一扶”志愿者 59 名，完成 60 名“9+3”藏区免费教育学生就业促进目标任务；落实 150 名高校毕业生参加见习，完成目标任务 130 人的 115.4%；促进高校毕业生实现创业 80 人，完成目标任务 60 人的 133.3%。

【培训教育】 全年共举办各类培训班 38 期，共培训 3443 人次。其中举办中级职称计算机培训考试 3 期，培训 275 人、考试 288 人。举办公务员培训 4 期，培训考试 338 人。举办低碳经济和社会保险法骨干培训班各 1 期，培训 342 人。举办“三支一扶”培训 1 期，培训 59 人。圆满完成机关事业单位技术工人技术等级考前培训和考试工作，举办 28 个培训班，培训 2429 人，实作考试 1879 人，理论考试 1146 人，职业道德考试 567 人。成功承办了“第五届西部军转（人事）培训中心联席会”，受到上级领导的表扬和参会人员的好评。

【人才市场】 重点帮扶困难人员，家庭困难的未就业高校毕业生。共发放各类政策宣传资料 2000 份，达成意向性意向性协议 560 人，签订职业技能培训意向人数 170 人，政策咨询人数 1450 人次。共发放春风卡及各类政策宣传资料 7000 份，招聘报名人数 3260 人，签订职业技能培训意向人数 500 人，政策咨询人数 4600 人次，提供维权服务法律援助 600 人。共印发宣传资料 8000 份，签订就业意向 958 人，其中高校毕业生 771 人，进城农民工102人，困难群体及失业人员85人，签订职业技能培训意向人数108人，维权及法律援助233人次。发放就业政策宣传资料3000份，签订就业意向协议1135人，政策咨询人数2080人，签订职业技能培训意向人数56人。共有212家单位参会，提供就业岗位5800个，约有4300余名毕业生参会，实现意向签约1200人。

【军转安置】 完成计划安置任务34名，其中自主择业军转干部13名，计划安置21名，家属2名。县（市）以上党政群机关接收21名（其中，公安部门接收2名）。计划安置21名军转干部中，团职7名，对自主择业的13名军转干部，按属地原则由县（市）军转部门分散管理，加强有关服务管理的准备工作。达到了转业干部满意、部队满意、单位满意“三个满意”，保证军转干部和随调家属的报到率达100%。凉山州军转办被四川省军转领导小组评为军转安置工作突出单位，受到通报表扬。企业军转干部解困维稳工作实现了州委州政府提出的零上访目标。

【人事考试】 加强人事考试管理标准化、规范化建设，建立人事考试联席会议制度，规范人事考试考务操作流程，全年安全、圆满完成25项、36015人、63464科次的各类人事考试。考试组织工作平稳有序，没有发生失、泄密和安全责任事故。

【就业促进民生】 围绕四类重点群体就业问题，实施就业促进民生工程；贯彻新税收政策为契机，落实就业政策；抓好大学生见习、创业和小额担保贷款，推进创业促就业工作；坚持“市场引导培训，培训促进就业”的工作原则，结合“一个意见、两个规划”实施，以彝区农村劳动力技能和藏区富民安康工程、创业培训为重点，做好职业技能培训工作；强化就业服务，搭建就业平台，开展“就业援助月”、“春风行动”、“民营企业招聘周”等公共就业专项服务活动。全州城镇新增就业人数15042人，下岗失业人员和失地无业农民就业3856人，其中就业困难对象再就业1171人，完成60名“9+3”藏区免费教育学生就业；落实150名高校毕业生参加见习，促进高校毕业生实现创业80人；开展农村劳动力技能培训27432人，发放小额担保贷款784万元促进就业。

【技能培训】 坚持“市场引导培训，培训促进就业”的工作原则，结合“一个意见、两个规划”实施，以彝区农村劳动力技能和藏区富民安康工程、创业培训为重点，着力做好职业技能培训工作；针对全州劳动力资源总量过剩而技能偏低、结构不合理的现实问题，深入推进技工学校改革发展和基础能力建设，全州开展农村劳动力技能培训27432人，并做职业技能鉴定。

【信访维稳劳动监察】 加强“三法”（《就业促进法》、《劳动合同法》、《劳动争议调解仲裁法》）贯彻实施执法检查，推动劳动用工法制化建设，促进社会和谐。规范劳动合同制度，会同工会等有关部门开展《劳动合同法》贯彻实施情况专项检查活动，劳动用工指导和服务，规范企业劳动用工管理。全州共签订集体合同企业个数为1131个，农民工劳动合同签订率达91%，全州135个工业园区和523个街道（乡镇）、社区开展了和谐劳动关系创建活动。加强企业工资分配宏观调控，发布企业工资指导线。围绕全州产业开发和项目建设，抓住水电、矿产、建筑等重点行业，以农民工工资清欠工作为重点，开展劳动用工执法检查、打击非法用工专项行动、农民工工资支付情况专项大检查、劳务派遣用工整治等专项行动，推动农民工权益行动计划。共检查用人单位273户，涉及劳动者2.01万人。以维护职工和企业合法权益为宗旨，抓住“因拖欠农民工工资及劳动待遇争议造成的民工群访事件；已改制企业下岗职工的养老保险和医疗保险待遇遗留问题引发上访现象；正在改制企业职工的合理诉求与国家现行政策的冲突造成的上访问题”三个重点，加强信息研判，健全应急预案，落实稳控责任，完善联动机制，加大调处力度，做到因势利导，主动创稳，促进和谐，共受理各类劳动争议案件计441件。

【社会保障体系】 开展《社会保险法》的学习宣传和贯彻实施工作，加强基本养老、医疗、工伤、生育、失业各项社会保险经办管理服务和基金监管，扩大覆盖面，推进州级统筹，提高待遇水平。出台《凉山州城镇职工基本医疗保险州级统筹实施办法（试行）》、《凉山州失业保险州级统筹办法》，实现新型农村社会养老保险和居民养老保险全覆盖，全州城镇养老保险参保13.74万人；医疗保险全州医疗保险参保55.6万人；工伤保险参保10.24万人；生育保险参保8.25万人；失业保险参保11.03万人；全州新型农村社会养老保险参保108.34万人。基本形成了覆盖城乡各类群体多层次的社会保障体系。

（审核：罗卫平/撰稿：程　勇　陈　梅）

民族宗教

【概况】　2011年，在州委、州政府的领导下，在省委民工委、省民委、省宗教局、省对藏办的指导下，州民宗委坚持以邓小平理论和“三个代表”重要思想为指导，深入开展学习实践科学发展观活动，牢牢把握“两个共同”主题，开拓创新，与时俱进，机关作风明显改进，民族宗教工作有力、有序推进。先后被省民委表彰为全省民族工作先进集体、信息工作先进集体；被省宗教局表彰为宣传贯彻《宗教事务条例》先进集体；被州委、州政府表彰为百乡教育扶贫先进集体；保持省级卫生先进单位、州十佳卫生先进单位、州级文明单位、州级计生工作合格单位称号；被西昌市评为社会治安综合治理先进单位、卫生工作、计生工作、城管工作、平安工作、计生三结合先进单位。

【深入开展创先争优活动】　按照州委、州直工委关于深入开展创先争优活动的总体安排部署，民宗委在做好本职工作的同时在2010年的基础上深入开展了创先争优活动：一是认真开展学习讨论。民宗委党总支召开5次专题会议和专题座谈会，学习、传达有关创先争优的重要文件、领导讲话。总支书记从加强党性修养、提高素质能力，围绕中心、服务大局，筑坚强堡垒、当先锋模范等内容为全体党员上一节党课。二是开展实践活动，营造浓厚氛围。开展推荐先进活动，按照支部推荐，党总支讨论研究，党组会议决定的程序，推荐上报1个先进党组织、1名优秀共产党员、1名优秀党务工作者，得到州直工委“七一”表彰。同时，民宗委机关党总支命名了10个共产党员示范岗岗位，并在此基础上报经州直工委评定了5个共产党员示范岗。共产党员示范岗的确定，营造浓厚的创先争优氛围，提高了参与创先争优活动的自觉性，使创先争优活动深入人心。三是在党员干部中开展党风廉政宣传教育，开展学习贯彻《廉政准则》实践活动。将《廉政准则》融入党员干部的工作、学习和生活当中，通过组织专题学习、领导上党课等多种形式，加强廉政宣传，使《廉政准则》在全体党员深入人心。通过深入开展创先争优活动，党员干部大局意识进一步提高，全局意识更加牢固，全心全意为人民服务的宗旨意识更加坚定，真正做到了以扎实开展创先争优活动为契机，在凝心聚力上下工夫，努力实现各项工作的创新发展。

【全州民族宗教工作会议】　全州民族宗教工作会议报经州政府批准于3月22日在西昌市召开。会上，传达了全省民委主任会议和全省宗教工作会议精神，回顾总结了2010年全州民族宗教工作，对全年全州民族宗教工作进行了全面细致的部署安排；8个民族宗教工作先进集体在会上受到表彰。州政府副州长达久木甲在会上作重要讲话。

【专项资金】　2011年共安排省级少数民族发展资金项目45个，资金总额1061万元，州级少数民族发展资金100万元。项目涵盖人畜饮水、村道及桥梁建设、输电线路工程、农业畜牧业产业化建设、种养殖业等方面。2011年共安排省级民族工作机动金项目14个，资金总额315万元，州级民族工作机动金100万元。项目涵盖农牧林业、水利设施、乡村能源、乡村路桥、科技文化、培训及项目管理等方面。配合省财政厅检查组，对2010年省级民族工作机动金中的盐源县巫木乡人畜饮水工程、德昌县永朗镇虫园村道路建设和全州民族工作特需经费三个项目进行了支出绩效评价。同时对全州2010年省级民族工作机动金、少数民族民展资金进行了全面检查，未发现占用或挪用项目资金的情况。

【散杂居民族工作】　继续按照凉山州开展“领导挂点、部门包村、干部帮户”活动工作方案的要求，围绕扶贫攻坚和改善民生明显推进、经济发展步伐明显加快、健康文明生活方式初步建立、干部作风明显转变、社会稳定进一步巩固、基层组织进一步加强的工作目标，积极发挥包村干部协调作用，认真开展扶贫帮困“送温暖”活动。按照“领导挂点、部门包村、干部帮户”活动，采取“一帮一、一帮几”和“支部帮”的形式，选定木里县固增乡固增村特困户进行重点帮扶，对五保户、贫困户开展了节日慰问。为20户特困户送去了大米、食用油和干部职工捐赠的军用棉被，兑现由民宗委为中心校设立的奖学金9500元和“一帮一”职工捐款4800元。将生活补贴和慰问品送到贫困户手中的同时向他们宣传改革开放以来，木里藏区面貌的新旧变化，要感恩祖国，坚决与“三股势力”作斗争，使他们感受到党的温暖，促进了藏区工作发展总体思路。根据州委办公室、州政府办公室《关于开展“八大扶贫工程”实施情况检查工作的通知》（凉委办〔2011〕25号）精神，由州民宗委牵头，州委督查室、州扶贫办、州教育局、州民宗委、州审计局、州民政局参加组成第一检查组，对西昌、冕宁、会理、会东、宁南、德昌六县市“八大扶贫工程”实施情况进行了检查，检查组主要采取看项目、听汇报和重点抽查的方法进行，重点对六县市2010年度“八大扶贫工程”实施情况和统筹扶贫资金的落实情况进行了检查，对各县市完成情况进行了初步考评，形成汇报材料上报州委办。由民宗委领导带队于6月25日至27日到木里县与县委、县政府座谈，就“6·26”国际禁毒日期间的禁毒宣传工作和深入开展禁毒工作交换意见，并参与了6月26日木里县声势浩大、形式多样的法制宣传活动。2010年3月至2011年6月州民宗委禁毒“摘帽”攻坚行动工作组进驻昭觉县新城镇，在州禁毒“摘帽”攻坚行动指挥部和县禁毒“摘帽”攻坚行动指挥部的领导下，与新城镇党委、政府密切配合，采取建立健全禁毒“摘帽”领导机构，层层落实责任；开展声势浩大的禁毒“摘帽”宣传动员。为营造强大的禁毒“摘帽”宣传氛围，动员全社会参与禁毒；层层签订禁毒“摘帽”攻坚行动工作目标责任书；摸清吸毒人员底数；对外流人员实行管理；认真开展社区戒毒（康复）工作，开展创建“净土（无毒）社区”活动等切实有效的工作，取得了很好的工作成绩，完成了禁毒“摘帽”攻坚行动工作任务，受到昭觉县委、县政府的表彰。认真开展牧民定居行动计划和帐篷新生活运动，5月24日至6月1日完成省藏区民生办无偿安排全州牧民使用的512套新型帐篷的接洽、运输、押送、分发等工作；圆满完成2011年5月在西昌召开的全省民委系统民族经济工作培训会的筹备和后勤保障工作；根据《凉山州2010年度新农村建设推进工作考核办法》（凉委办〔2010〕118号）要求，由州民宗委领导带队，会同州财政局深入木里县乔瓦镇娃日娃村、锄头湾村，下麦地乡棉布村，列瓦乡列瓦村进行检查考核；按照国家民委、省民委的要求，州民宗委对全州17个县市“十二五”期间少数民族特色村寨保护与发展的项目进行了认真的筛选，上报了50个少数民族特色村寨建设项目；认真做好全省第六次民族团结进步表彰大会代表的评选工作和会议材料的准备工作。评选出7个模范集体和24个模范个人。积极参与了全州“十年教育行动计划”和“两基”攻坚各项工作，全年来参加“行动计划”和“两基”攻坚相关会议座谈15次；参与州妇儿工委组织的妇女儿童工作及“两纲”发展计划检查座谈活动10次以上；参与州“艾滋病防治”办公室组织的调研座谈访谈等活动8次以上；与州教委紧密配合完成了中央民大附中招生宣传与优等生推荐工作，完成内地班（成都46中）23名的招生任务，完成向河北大厂高级实验中学西部民族班推荐11名优秀应届彝族初中毕业生的工作任务；认真填报省民委2011年民族自治地方扶贫开发情况材料，完成中国民族年鉴的编写任务；配合州旅游局等部门进行了西昌、普格重点景区的节前检查。

【宗教事务管理】 根据上级主管部门的安排，加强了对“3·10”、“3·14”、“3·16”敏感时段的维稳工作。结合实际，作了具体的安排部署，做到了敏感时段藏传佛教领域大事不出、中事、小事都不发生，确保了藏区的稳定。按照国家宗教事务局、人力资源和社会保障部、财政部、民政部、卫生部联合下发《关于妥善解决宗教教职人员社会保障问题的意见》（国宗发〔2010〕8号）文件要求，认真开展宗教教职人员参加社会保障工作。全州宗教教职人员878人，参加城乡最低生活保障540人；参加新型农村合作医疗保障797人；参加企业职工基本养老保险35人；参加新型农村社会养老保险87人；参加城镇职工基本医疗保险20人；参加城镇居民基本医疗保险46人；列入五保供养的5人。宗教教职人员基本纳入社会保障，解决宗教教职人员老有所养、病有所医的后顾之忧的问题。根据省委统战部、省宗教局《关于进一步制止乱建寺庙和露天宗教造像的通知》（川宗发〔2011〕20号）要求，在全州范围内治理“两乱”工作。要求调查摸底、自查自检，区分情况、分类治理，加强领导、稳妥推进的工作办法进行治理工作。“两乱”经多次治理，有一定成效，但仍有反弹。通过治理，尚有较大规模的乱建庙宇58座，在治理中，纳入登记开放管理2座，其余的由乡政府督促，采取逐步拆除或改作他用处理。根据省宗教局《关于贯彻落实宗教教职人员认定备案的通知》（川宗发〔2010〕59号）文件精神，全面启动全州宗教教职人员的认定备案工作。宗教教职人员认定备案738人。根据省宗教局的安排，藏传佛教教职人员信息采集501人，年底前全面发放宗教教职人员证书。

【国外藏胞工作】 一是认真学习领会贯彻落实中央统战部会议纪要精神，进一步增强反分裂斗争意识，扎实推进对国外藏胞工作。全年按照五省区工作会议明确的有关部门在开展境外藏胞工作的权限和操作程序以及审批境外藏胞回国探访新的规定，加强了各项工作力度，认真贯彻落实五省区工作会议精神。二是加强对申请回国探访审批工作。根据中央统战部召开的五省区对境外藏胞工作会议精神和新规定、新要求，进一步优化审批程序，做到宽严适度，提高审批效率，加快了审批周期。同时明确了各级责任，强化层层把关。截至11月，全州共收到国外藏胞回国探访申请3人，经州、县两办严格审核，同意回国探访2人，不同意1人。三是积极做好接待管理工作，加大团结争取，分化瓦解工作力度。按照注意策略、积极主动、有所作为和按照热情接待、区别对待、内外有别、内紧外松的原则，共接待走访回国探访人员3人5次。通过接待、座谈，全面介绍相关政策和有关法规，宣传藏区的发展变化，使他们亲身感受到祖国、家乡的发展和民族团结，激发他们爱乡爱家之心。四是加大对外宣传工作力度。指导国外藏胞国内亲属开展“一封家书”、“家音”等民间对外宣传活动，共寄出家书、贺卡33件，发放光盘49张。充分发挥了国内亲属在对外宣传工作中的桥梁作用。

【调研工作】 结合创先争优活动和“挂包帮”活动，按照深入学习实践科学发展观到最偏远的地方去、到最艰苦的地方去、到问题矛盾最多的地方去、到群众最需要的地方去的要求，成立调研组，由民宗委领导带队分别对全州散杂居少数民族经济社会发展情况，对帐篷新生活行动情况，对彝区健康文明新生活开展情况，对全州藏区稳定工作及“藏传佛教寺庙法制宣传教育情况”，对少数民族发展资金、少数民族工作机动金项目实施情况进行调研。2011年5月8日，陪同国家民委经济发展司副司长吕天明一行深入昭觉、布拖两县，对实施彝家“三房”改造、新农村建设、乡村中心校、卫生院进行调研。认真开展了对14个民族乡社会经济的调查研究，完成了国家民委、国家统计局“2010年民族乡（镇）统计报表”的专题调研任务，并报国家民委、省民委。多次深入木里县边远民族乡，完成“百乡教育扶贫”、“结对帮扶”调研。认真填报省民委2011年民族自治地方扶贫开发情况材料，并于5月25日报省民委经济处；2011年认真填写少数民族发展资金项目工程进度报表，并于6月7日报省民委经济处。按照省对藏办工作要点和安排，及时完成了省办确定的两个专题调研题目。

【政务信息和信访工作】 根据《凉山州民族宗教事务委员会关于进一步做好民族宗教信息工作的通知》精神，加强对全州各县市信息报送工作的管理。截至11月底，全年共向国家民委、省民委报送信息113篇，及时、优质、高效、准确的信息对党委、政府了解民族地区社情民意的各种动态，及时处理突发事件，维护社会稳定，发挥了重要作用。根据《凉山州民族宗教事务委员会关于加强全州民族工作部门信访工作的意见》，要求各县市民宗局进一步建立和完善适应当前信访工作任务需要的各项工作制度，认真倾听少数民族群众的意见和建议，做好信访超前预测和排查工作，把矛盾和问题及时解决在基层，消除在萌芽状态。不完全统计全年累计接待上访群众6次共计12人次，收到人民来信6封，均进行了妥善处理。

【民族研究】 围绕“凉山民族研究”开展各种学术交流与田野调查。立足于本单位的实际，联系国内外专家学者进行广泛的学术合作与交流，同时也使研究人员业务知识和自身素质得到了充实提高。编辑出版“凉山民族研究”丛书第一辑、第二辑，共90余万字，已由北京民族出版社出版发行；编辑出版《凉山民族研究》年刊；组织民研所科研人员就凉山彝族年进行调查，先后到昭觉、布拖、普格、甘洛、西昌等地乡村和城镇进行访谈和资料收集；与挪威奥斯陆大学签订了“经济发展过程中少数民族文化保护及采取的特别措施和优惠政策”研究项目，拟于2012年开始实施；组织干部职工积极配合参与西昌市人民代表选举工作，积极参与州内外重要的学术性活动；接待了西南民族学会会长林跃华、美国华盛顿大学郝瑞、台湾“中央研究室”王明珂以及北大、中央民大、中国人民大学、上海大学、西南民大、中南民大等26批次著名专家教授和学者；派员到木里固增乡参与扶贫工作并积极捐款。

（审核：何跃清/撰稿：沈卫国）

外事侨务

【概况】 2011年，凉山州外侨办、侨联、对外友协在州委州政府的坚强领导下，在上级业务部门的指导帮助下，紧紧围绕州委州政府“跳起摸高、跨越发展”工作基调和“双提升”战略，充分发挥外事侨务工作优势，围绕中心，服务大局，积极为凉山州引进来、走出去牵线搭桥，圆满完成了凉山州与荷兰花卉合作的相关工作，努力推动凉山州在多领域开展对外交流与合作；涉外管理扎实有序，侨务引援、侨务扶贫、侨务信访和侨务联谊等侨务基础性工作稳步发展。2011 年，通过各种渠道引进海内外各类捐助资金 492.73 万元，修建或改建学校 15 所，资助贫困学生、孤儿 3904 人，引进捐赠衣被 5000 多件、课桌椅及教学设施 154 套、图书 480 多册，圆满完成了 2011 年的工作目标和任务，为全域凉山跨越式发展做出了应有的贡献。

【对外交流与合作】 尽全力推动凉山与荷兰开展花卉合作，促成第十二届西博会“荷兰日”活动取得圆满成功。自 2010 年年底州委州政府作出与荷兰开展花卉合作的决定后，在外交部欧洲司、中国驻荷兰大使馆和省外办的大力支持下，通过与荷兰驻华使馆、荷兰农业贸易促进会以及荷兰范登博思（北京）园艺发展有限公司、荷兰安祖花园艺有限公司及荷兰花荷等花卉企业的多次磋商与洽谈，10 月 20 日，第十二届西博会组委会、凉山州人民政府、荷兰驻华大使馆共同举办了“荷兰日”活动，凉山州与荷兰花荷、安祖、瑞恩、范登博思等荷兰花卉企业签署了 5 个花卉合作协议，举办了“中荷花卉园艺产业推介会”。欧洲理事会议会前议长、荷兰参议院上届议长、荷兰前欧洲事务大臣、荷兰议会资深参议员、荷兰马铃薯加工产业协会主席范德林登夫妇，荷兰驻华大使馆临时代办河维廉，荷兰花荷进口部区域经理马丁·德·路易特，顾问雅普·德·莫尔，球根花卉专家简·彭宁斯应邀出席了签约仪式，农业部、商务部、外交部、中国花卉协会及省委、省政府领导应邀出席了签字仪式。省委书记刘奇葆会见了范德林登夫妇及荷兰农业贸易代表团一行，省委常委、副省长钟勉会见了荷兰驻华大使馆临时代办河威廉一行。州委书记翟占一分别会见了范德林登夫妇和荷兰驻华大使馆临时代办河威廉一行。努力推进凉山州与津巴布韦签署的《烟草生产技术合作协议》进入实质性落实阶段。2 月 13 日至 21 日，州人大常委会副主任、州烟草工作领导小组办公室主任戚天福率凉山州烟草代表团访问津巴布韦，与津巴布韦烟草研究院就如何落实《合作协议》确定的工作目标和任务进行详细磋商，并拿回了 8 个品种的烟种，从 2011 年开始在凉山进行对比试种。访问期间，津巴布韦副总统恩科莫和农业部长约瑟夫·马蒂分别会见了代表团一行。代表团应邀出席了津巴布韦烟草工业和营销署主持的新烟开拍仪式，实地考察了烟草研究院的对比试验烟田，参观了（中国）天泽公司的商品烟田和烟叶烘烤。7 月 11 日至 15 日，应凉山州烟草公司邀请，津巴布韦烟草研究院副院长伊诺克一行到凉山州考察，为凉山州引进津方 8 个实验烟种实地进行技术指导。4 月，邀请了新加坡市区重建局高级署长黄继英、规划师黄琪芸来凉山州，为全州 17 县市主要领导、城市规划建设管理部门和技术人员进行了为期 2 天的培训，并对西昌市的城市规划建设情况进行了实地考察和指导。积极推动凉山州与韩国的文化交流活动。6 月 4 日至 7 日，会理县文化馆群众艺术团一行 17 人赴韩国江陵参加“端午祭”文化交流活动。艺术团演员们以精湛的演技展示了四川少数民族地区浓郁的民族风情，使国外朋友了解了中国优秀的民族传统文化艺术，提高了凉山在当地的知名度，促进了凉山与韩国江陵在文化、艺术等方面的交流，增进了相互了解、情感融合和友谊。3 月，协助接待了来自法国、西班牙、意大利、智利等 8 个国家的葡萄酒企业赴凉山州考察，就与京山州开展葡萄酒产业合作进行了深入讨论，并实地考察了凉山州种植葡萄的自然条件。8 月，州委常委、州纪委书记张强带队赴法国、西班牙、意大利回访有关企业，洽谈合作事宜。接待了冰岛共和国驻华大使馆公使衔参赞拉格拉尔·鲍德松一行。3 月 1 日至 2 日，冰岛共和国驻华大使馆公使衔参赞拉格拉尔·鲍德松、冰岛共和国知名作家安德烈·斯奈·马格纳松夫妇在中国青少年基金会助学部项目官员张晓英一行的陪同下，前来凉山考察访问，并参加冰华希望小学奖学金发放仪式。接待韩国交流财团李施英理事长一行。4 月 14 日至 16 日，在省友协会长秦林的陪同下，韩国文化交流财团理事长李施英，韩国国际茶文化研究会研究员朴明淑一行来凉山州考察访问。考察团一行参观了普格彝族新村建设情况，观看了州歌舞团的排练表演，并就今后与凉山州开展交流合作等事项进行了深入交谈。积极推动凉山与泰国在诸多领域开展合作。9 月 4 日至 5 日，泰国驻成都总领事馆副总领事张泽玺一行赴凉山考察访问，就推动泰国诗琳通公主 2012 年访问凉山进行前期对接，同时受泰国北碧府的委托，积极推进凉山州与北碧府建立友好城市关系，并就泰国正大酒业扩大在西昌的投资，以及双方在农业、旅游和文化方面的合作进行广泛的磋商和交流。州委副书记赵世勇会见了张泽玺副总领事一行。9月13日，州委副书记赵世勇带队在成都拜访了泰王国驻成都总领事孙建功先生，并又前往成都正大有限公司拜访正大集团农牧食品企业中国区负责人，洽谈正大集团扩大在凉山的投资，拓展新的投资领域事宜。11月24日，邀请接待正大企业国际有限公司上海卜蜂莲花连锁超市有限公司西南区总裁杨天奇一行，双方就正大集团在西昌投资兴建大型综合体、凉山农产品通过卜蜂超市进入上海、北京等事项进行了实地考察和洽谈。11月27日，接待泰国东盟商会常务副会长、秘书长谢志强一行，主要就苦荞的深加工和苦荞产品进入东南亚等进行了考察和商谈。12月6日至11日，州委副书记赵世勇应泰国北碧府和泰王国驻成都总领事馆的邀请，率团赴泰国考察访问。实地考察了北碧府经济社会发展情况，并与北碧府签署了合作谅解备忘录，双方同意在平等互利、合作共赢的原则下建立友好州府关系，并在友好州府关系框架下开展旅游、农业、经贸、教育、卫生、文化交流等领域的交流与合作。考察团拜访了诗琳通公主办公室，诗琳通公主办公室秘书长阿拉雅贵夫人会见了考察团。考察团拜访了泰国通商总会，副会长张永辉、泰国陆地运输联盟主席谢培铭与考察团就促进泰国与凉山的经贸合作交换了意见。考察团拜访了泰国正大集团总部。正大集团永远荣誉董事长谢大民先生，副董事长李绍祝先生，正大集团中国区资深副董事长何炎光先生，正大集团农牧企业副董事长白宇飞先生接待了考察团。赵世勇副书记介绍了凉山经济社会发展情况，并向正大集团提出了六个方面的合作建议：一是扩大西昌正大酒业公司规模，把西昌正大酒业打造成集葡萄种植、采摘、观光、酿酒、品酒为一体的酒庄；二是在凉山兴办一个饲料加工厂；三是在凉山兴办一个规模化养殖基地；四是在西昌投资兴建一个“正大广场”城市综合体；五是在凉山投资兴办一个花卉企业；六是介入凉山苦荞麦的开发和深加工。11月18日，州外侨办与州对外友协在西昌火把广场民族演艺中心天籁音乐休闲厅为在州外国友人举办了“2011年凉山彝族年联谊活动”。来自美国、加拿大、英国、波兰、日本、泰国、菲律宾、新加坡、南非、加纳、新西兰、澳大利亚等国的外国企业、机构、外国专家、留学生代表和州内相关部门100余人欢聚一堂，共迎彝族新年的到来。联谊会上，凉山州歌舞团演员、外国友人代表、州外侨办干部职工、西昌学院老师代表分别表演了丰富多彩的文艺节目。联谊活动达到了促进交流、增进友谊、深化感情的效果。

【涉外管理】 严格执行中央、省委关于坚决制止公款出国（境）旅游的有关规定，严格落实制止公款出国（境）旅游的制度规定，本着“控制总量、突出重点、保压结合、服务发展”的原则，进一步完善因公出国（境）长效机制建设。因公出国（境）管理严格按计划执行，围绕全州中心工作制定出访计划和任务，注重考察实效。全年省上批复给凉山州党政干部因公出国（境）计划数为55人，全州共办理党政干部因公出国（境）手续52人次，其中20人次参加了州内组团，其余32人次为参加省以上部门组织的跨地区、跨部门团组或直接受境外邀请的零散出国。积极为在凉山州工作的各类国际机构、外资企业、外国专家及外国友人在州内开展工作提供服务和便利。全年为昭觉青年创业培训中心、州一医院、会理县人民医院等单位办理了50人次的外国专家邀请手续。为在凉山州工作的外国人提供各项服务20多人次。积极为韩国KBS电视台、加拿大摄影家汤友新先生赴凉山拍摄、采访相关事宜提供服务。召开了全州外事侨务工作座谈会。会议对2011年全州的外事侨务工作进行了全面总结，对2012年的工作进行了安排部署。会议还组织学习了《国家侨务工作发展纲要（2011—2015）》和江苏省南通市外事工作先进经验，并以会代训的形式，分别由州外侨办、州侨联和州对外友协的领导和相关科室负责人就如何做好基层日常外事侨务工作进行了业务培训。

【服务地方经济和社会发展】 引进香港慈善机构为美姑县的巴古、巴普等9个乡镇、普格县的3个乡、宁南县的4个乡的15所村小进行危房校舍改造，捐助总金额达208.32万元。继续引进浙江省新华爱心教育基金会、香港小平教育基金会、英国凉山学校基金会、香港基督教协进会等慈善组织，资助州民中、西昌一中、德昌中学、川兴中学、西宁中学贫困生及会理、普格、德昌、昭觉、冕宁等县市的3675名贫困学生，开办“珍珠班”、实施“每个孩子每天一个蛋”计划及“营养午餐”和“爱心馒头”项目，资助总金额共计213万余元。引进海外慈善机构资助昭觉、金阳、普格、盐源、喜德、西昌、宁南、冕宁8个县市的孤儿234名，资助金额31万余元。引进澳门汤福荣先生在凉山州开展侨务冬赈活动，为喜德县拉克乡幸福村捐赠棉被300床，价值7万元。引进香港慈善机构为盐源、喜德的4所学校捐赠篮球架一副、课桌椅131套、电脑及桌椅22套，总价值14.3万元。引进爱尔兰华联会及凉山学校基金会分别为会理力马河试验学校和西昌西宁中学捐赠图书480多册，价值3.38万元。引进香港慈善机构和爱心人士为盐源、喜德、昭觉的7所学校捐赠衣物4700多件，价值37万元。

【为侨服务与侨务基础性工作】　春节前，为了让广大归侨侨眷过上一个温暖祥和的春节，州县两级侨务部门广泛开展送温暖活动，共筹措资金42100元，走访慰问贫困归侨侨眷114户，为他们送去了慰问金和购物卡，让归侨侨眷感受党和政府的关心和温暖。根据《中国侨联章程》的有关规定，召开了州侨联四届二次全委会，改选王莹为凉山州侨联四届委员、常委、主席，按照中国侨联“2012亲情中华春节晚会——海外侨胞大型公益晚会”通知要求，州侨联及时联系凉山州歌舞团，筛选了具有浓郁凉山彝族特色、艺术水平较高并获得四川省少数民族文艺汇演金奖的《红珠火舞》、《节日天空》、《阿诗且格萨》、《梦鼓》等四个舞蹈节目及凉山州歌舞团参加四川省少数民族文艺汇演的实况录像推荐给中国侨联供筛选。积极组织全州中小学生参加由中国侨联牵头主办的第十二届华人作文大赛，全州共推荐14所中小学的参赛作文605篇，最终有18篇作文获奖，其中一、二等奖各一篇，三等奖16篇。重视侨务来信来访。积极协调美姑县政府对比利时侨眷王昆《关于督促四川省美姑县公安局撤销对王伟刑事立案的请求书》予以澄清并给予回复；积极与省侨联、州法院及省州相关部门协调联系，为侨属马明生反映的其承包地征收补偿费用分配纠纷案诉讼调解提供法律咨询和相关服务。

（审核：姚云成/撰稿：王　团）

法　制

【参与行政决策】　作为政府常务会的列席部门，凡涉及政府重大决策事项、重大合同签订、重大涉法事项处理，都交由法制办根据法律、法规的规定提出合法性审查意见后报政府决策。全年参加政府重大决策合法性审查把关21次。

【领导干部学法制度】　州政府制定出台《凉山州人民政府领导干部学法制度》，将法律学习摆上重要日程，由州政府法制办公室负责拟订了2011年领导干部年度学习法律计划，坚持学法内容与常务会议议题同时确定，将主要议题涉及的法律法规作为该次常务会议的学习内容，使学法内容与会议议题紧密衔接，做到学用结合，依法决策。基本完成年初学习规划。

【创建法治政府示范活动】　州政府法制办对全州创建法治政府示范单位会理、盐源县创建工作进行了指导和督查，在创建活动的开展过程中明确工作职责，制定工作计划，形成一级抓一级，逐级抓落实的工作体系。完善科学民主决策、坚持依法行政等制度，建立决策公开、重要决策合法性论证、重大决策集体讨论等行政决策制度和程序，完善公众参与、专家咨询论证、重大决策风险评估和政府决定相结合的行政决策机制及重大问题集体决策制度，增强政府决策科学化民主化，加强了对政府行政行为的事前监督。加强示范县的考核评估，细化指标体系，完善考核评估机制，对示范市县的创建先进经验进行全面推广，为在全州全面启动市、县政府创建法治政府活动奠定坚实基础。

【行政权力清理工作】　2011年5月全州全面启动行政权力清单的清理工作，根据国家有关法律法规的出台、修订和废止，以及国务院、省政府公布的取消、调整项目，结合实际，对所有行政职权进行一次再清理、再审核、再消减，通过编制职权目录和流程图，并对梳理出的权力事项进行流程优化和再造，使每一项权力都做到了流程完整、环节清晰、表述准确，使每一项权力都做到了流程完整、环节清晰、表述准确，形成一份合法、全面、准确的“权力清单”。开展行政职能清理，行政权力网上运行工作，使政府执法部门进一步明确了拥有的行政职权，真正做到依法行政。对职责不清、职权不明的行政权力进行规范和明确。州政府对29个政府机构，5个省直部门，6个州属事业机构、2个州委行政执法机构、1个州政府挂牌机构，1个州政府派驻机构和3个政府机构二级局的行政职能进行了清理。及时梳理存在的不合理、不细化的部分，清理出行政权力事项2138项。

【参与地方立法】　积极参与民族区域自治地方立法工作，及时向州人大常委会报送政府立法建议。参加《凉山州实施〈兽药管理条例〉的变通规定》等2个地方自治单行条例的调研、讨论、起草和修订工作，并提出审查意见。积极参加州人大常委会组织的地方性法规的贯彻实施工作，认真完成省政府拟出台规章的征求意见工作。在规定期限内，组织相关部门进行认真研究，提出合理的修改意见，按期完成了《四川省物业管理条例（代拟稿）征求意见函》等7件规章的征求意见回复工作。

【规范性文件制定和备案审查】 年初开展本年度州政府规范性文件项目征集工作，报经州政府同意，严格按规范性文件制定程序实施规范性文件的制定。起草完成《凉山州自然资源开发利用及特许经营项目行政执法规定》（暂定名）。全年向上级政府及州人大报备范性文件6件，及时率和报备率达到双百分之百。审查备案下级政府及部门规范性文件10件。对列入州政府常务会议审议的12件州级规范性文件都进行合法性审查并出具审查意见，把好文件出台前的“源头关”。认真开展规范性文件清理工作。按照省政府安排，开展了2次规范性文件的清理工作，全州各级政府及部门先后清理规范性文件2672件，废止、修改了一些不合时宜的规范性文件，并按照“三统一”的要求，及时公布了清理结果。保证了规范性文件的合法性和连续性。

【《凉山州行政程序规定（试行）》评估】 为全面了解《凉山州行政程序规定（试行）》的实施情况，及时发现《规定》制度中存在的问题，以便针对性的采取修改、废止、出台配套制度等措施，切实提高立法质量，经州政府同意，委托四川范泽律师事务所对《规定》开展立法后评估。2011年11月3日至11日，协助四川范泽律师事务所到德昌、会理、会东、宁南、普格、西昌等6县市进行实地评估调查工作，按照独立自立、客观公正的原则，四川范泽律师事务所对全州数千名群众、行政相对人、行政机关工作人员，以及各县市政府部门进行了走访、调查，发放调查问卷1800余份。通过走访调查及问卷调查，对《规定》的制度设计、实施情况及存在的问题有了深入了解和认识，为《规定》的合理性、可操作性和实效性评估收集更丰富的信息和资料。

【行政复议】 全年共办理向州政府提出的行政复议申请92件。其中受理71件，不予受理3件，告知12件，转送处理的4件，其他处理2件。在办结的案件中，维持68件，终止1件，未审结2件。全年受委托参与行政应诉案件2件。抓好行政复议规范化建设，建立完善行政复议三级审查制度，修订行政复议制度13个，对25个外法律文书和8个内部法律文书进行了修订。抓行政复议法律文书质量建设，以说理、证据、法律依据为案件认定依据，建立行政复议案件首问责任制和事后回访机制，完善行政复议建议书、意见书制度，对意见书、建议书的格式进一步规范。引进行政复议调解机制，改进行政复议送达制度，及时进行行政复议案件的统计和分析工作，切实掌握行政复议工作动态，积极探索行政复议委员会制度。

【行政执法监督】 全年受理公民投诉土地登记、水电、电视收视费、烟草零售许可准入等各类监督案件10件，深入行为发生地调查处理或责成职能部门监督处理。积极开展监督检查、参与督察调研工作。2011年3月22日，由州法制办、州监察局、州政务服务中心等组成检查组，对州、市政府政务服务中心的行政审批执行情况进行检查督导。检查组检查各窗口部门工作，通过问卷、查阅、询问等方式，针对部门行政审批“两集中、两到位”情况、行政审批流程的建立、执行情况及公布的形式、行政审批办结期限执行情况以及行政审批中一次性告知制度的执行情况等进行了检查指导。检查工作取得了较好的效果。修订完善依法行政评议考核标准。2011年省政府下发《四川省市县政府依法行政评估指标》及《细则》后，为使全州行政机关工作人员及县市政府领导干部全面掌握各项指标的基本要求和主要任务，按照省上的《评估指标》和《细则》，结合凉山实际制定了新的县市政府、州级部门的《依法行政评估考核内容和标准》。

【行政执法队伍素质建设】 为了提高全州行政执法人员的执法水平，2011年10月州法制办通过举办为期7天的行政执法人员法律知识培训，参加培训人次达600人，对推进全省行政执法人员信息化管理、提高行政执法人员专业素质起到了保障作用。为了实现全省行政执法人员信息化管理，按照省政府法制办公室下发的《关于全省启用新式行政执法证有关事项的通知》（川府法函〔2009〕211号），在年初州级部门均配备了办证平台系统，大部分县市法制办及其部门也配备、安装了软件。全年通过办证平台系统上报办证405个行政执法证。

【行政调解】 建立健全行政调解工作机制网络体系，保障行政调解工作的顺利展开，完善联席会议制度、培训制度、定期检查及部门案件周、月总结申报等工作制度，制定行政调解工作流程，保障全州行政调解工作的有效、合法展开。加强督查工作，对各县市人民政府及州级有关部门就行政调解工作、重要文件传达贯彻、机构人员落实情况、工作经费保障情况、办案数量和质量以及在贯彻落实行政调解工作时的主要困难和问题等情况进行督查，有力助推县市政府及行政调解工作的展开。通过新闻、网络等媒体宣传，发布有关行政调解工作的通知、文件，制作行政调解宣传栏，制度上墙，营造良好的行政调解氛围。充分发挥协调、控制、指导作用，对跨县市、跨部门的疑难复杂的行政调解案件，通过直接承办或直接指导下级行政调解机构办理案件，全年，全州共受理行政调解案件9232起，成功调解8034起。

【仲裁工作】　2011年6月，凉山仲裁通过公开招聘方式，严格按照相关规定、程序，向社会招聘工作人员6名，仲裁办正式开展工作。一是制定仲裁工作相关制度上报省司法厅司法鉴定局备案。二是加强仲裁工作宣传，完成凉山仲裁委员会官方网站的建设，仲裁委公众邮箱、微博等的申请注册以及会徽的制作工作，到各律所，商会，国有企业非公有制企业，广场开展宣传活动。三是聘用各领域优秀人才为仲裁员，聘用的仲裁员涉及法学、经贸、信贷、建筑工程、房地产、金融保险、证券期货、知识产权、科学技术等专业，现在册仲裁员共计140余名，已完成聘书的发放工作，凉山仲裁工作正有序展开。

（审核：艾裕双/撰稿：潘　义）

移民工作

【概况】　2011年，州移民局在州委、州政府的领导和省扶贫移民工作局的指导下，全体干部职工以邓小平理论和“三个代表”重要思想为指导，深入贯彻落实科学发展观，认真学习贯彻党的十七大和十七届六中全会、省委九届九次全会、州委六届十三次全会、州第七届党代会和中央、省、州经济工作会议、全省扶贫移民工作会议精神，紧紧围绕州委、州政府“跳起摸高、跨越发展”工作基调，深入实施提速增量、提质增效“双提升”战略，解放思想，创新移民工作思路，创建移民和谐环境，加快移民进度，确保移民稳定，全面或超计划完成州委、州政府和省扶贫移民工作局下达的各项工作目标任务，实现了“十二五”开局之年移民工作开门红，受到上级党委、政府和有关部门的高度评价和充分肯定，被评为全省移民工作先进集体一等奖、全州信访工作先进集体、全州维护社会稳定优秀单位、全州“挂包帮”活动先进集体、全州第二轮修志工作先进集体、全州档案工作先进集体、金沙江溪洛渡水电工程建设先进集体。

【溪洛渡水电站移民】　完成库区身份界定和移民安置意愿调查；筹措移民安置土地5336.66亩；完成库区移民搬迁安置9256人，是目标任务7000人的132%；迁（复）建及防护的11个集镇，8个已开工建设，3个正在设计审查核定；迁（复）建的9条县乡公路和6条连接线公路，7条开工建设并完成总工程量的35%，8条正在设计核定或进行施工招标；完成移民投资16.13亿元。

【锦屏一级水电站移民】　完成库区移民搬迁安置1930人，是目标任务1700人的114%；迁（复）建的西木公路及大桥累计完成总工程量及投资的55%；迁（复）建的芽租至列瓦县乡公路累计完成总工程量及投资的40%；迁（复）建4个集镇规划设计通过审查，正在进行施工招标；完成移民投资4.13亿元。

【瀑布沟、深溪沟、枕头坝水电站移民】　瀑布沟水电站完成黑马料场和营地占地复垦规划设计和审查；配合参与了移民安置调概。深溪沟水电站编制了淹没浸蚀防洪堤规划设计报告。枕头坝水电站做好了各项移民安置准备工作。

【官地水电站移民】　完成移民搬迁安置1648人；迁（复）建竹巴公路基本建成通车；梅子坪集镇防护工程规划设计通过审查开始施工招标；完成下闸蓄水阶段库底清理和移民搬迁安置验收，实现2011年11月下闸蓄水目标。完成移民投资6138.05万元。

【向家坝水电站移民】　完成雷波县库区实物指标调查和成果汇总、张榜公示和确认；迁（复）建渡口集镇规划设计通过审查，并完成集镇及外部供水工程施工招标；完成移民投资9762.78万元。

【阿海水电站移民】 完成库区移民搬迁安置195人；2011年11月通过了下闸蓄水阶段库底清理和移民搬迁安置验收；完成移民投资3411.04万元。

【立洲、卡基娃水电站移民】 完成库区移民搬迁安置222人；完成移民投资5317.04万元。截至2011年12月31日，立洲累计完成移民安置439人，卡基娃累计完成移民安置696人。（更正：在2009、2010两年统计的立洲移民安置人数共计640人有误，在此更正为439人。）

【大型水电站移民前期工作】 超计划完成白鹤滩水电站8321户29049人实物指标调查，占计划2011、2012两年工作量的80%。其中：调查各类房屋329.90万平方米，土地7.66万亩。提前向业主提供建设用地2470亩，完成移民投资3000.00万元。提前完成乌东德水电站2335户8936人实物指标调查。其中：调查各类房屋71.40万平方米，土地6.82万亩。完成移民投资700.00万元。全面完成杨房沟水电站148户497人实物指标调查。其中：调查各类房屋6.10万平方米，土地1.18万亩。完成移民投资115.00万元。

【中型水电站移民前期工作】 完成益地、新藏、博瓦、钻根、大弯腰树、漫滩等6座中型水电站移民安置规划大纲并通过审查；完成大弯腰树水电站实物指标调查。

【移民后期扶持工作】 开展了以二滩水电站、大桥水库、冶勒水库为重点的移民后期扶持工作。完成后期扶持项目55个，投资890.00万元；按时足额兑现了农村移民34917人的后期扶持直补金，是目标任务2.04万人的171%；开展移民技能培训达到2500人次，是目标任务1800人次的139%；为冕宁县2011年6月16日洪灾受灾移民区争取后期扶持救灾资金100.00万元。

【移民信访维稳工作】 畅通上访渠道，掌握稳定信息，完善了维稳预案，定期不定期排查不稳定因素，经常深入库区、安置区调处移民诉求，采取稳控措施，把矛盾化解在了萌芽状态，把问题解决在了基层。全年共接待来访移民52批270人次，收到处理信访件16件。与2010年同比，上访批次和人次分别下降了11%和16%。确保了国家、省、州“两会”和重大节日期间没有发生移民非正常到省进京上访和群体聚集事件，确保了全州移民稳定。

【移民资金管理工作】 强化移民资金计划管理和预算约束，严格执行了移民资金拨付和使用有关操作规定；积极配合省扶贫移民工作局对溪洛渡、锦屏、向家坝、瀑布沟等4座水电站移民资金的内审；安排专人对移民资金量较大的有关县市移民局进行指导检查；确保了全州移民资金安全运行和使用效益。

【“挂包帮”活动】 继2010年为定点帮扶的冕宁县惠安乡勒安村289户农户捐赠板凳867根后，2011年又为邻近的麦芽村258户捐赠板凳774根；继续对勒安村20户贫困户进行“几帮一”活动，投入资金1万元；继续帮扶惠安乡200名家庭困难学生，投入资金2万元；帮扶勒安村实施通村、组公路7.3公里水泥路面硬化工程，筹集资金120万元，该工程完工后，极大地改善了当地村民通行条件。

（审核：康　曦/撰稿：王孔福）

扶贫开发

【概况】 2011年是国家实施新十年扶贫开发《纲要》的第一年，也是“十二五”扶贫开发的开局年。同时也是改善民生形势最好、扶贫资金投入最多、贫困群众受益最大、项目实施最快、质量最优的一年。在省委、省政府的正确领导下，在省扶贫和移民工作局的大力指导和州委、州政府的正确领导下，以科学发展观为指导，坚持开发式扶贫方针，以11个国家扶贫开发工作重点县的贫困村为重点，以大凉山综合扶贫开发彝家新寨建设为载体，以提高贫困地区和扶贫对象自我发展能力为主攻方向，突出基础建设、产业发展、民生改善的公共服务配套，更加注重提升贫困对象自我发展能力，更加注重改善贫困乡村生产生活生态条件，更加注重解决好集中连片贫困乡村脱贫问题，加大力度，强化措施，扎实推进各项扶贫开发工作。年内，州委、州政府多次召开专题会议，听取扶贫开发两项资金工作汇报。4月州委、州政府召开了大凉山综合扶贫开发彝家新寨建设启动仪式，8月省委、省政府在凉山召开全省大小凉山综合扶贫开发彝家新寨启动仪式，12月州委、州政府召开新农村及彝家新寨建设推进会，进一步明确了责任，细化了目标，落实了措施，并纳入了州政府工作目标进行考核。同时，在两项资金管理工作中，认真落实“民族新村”、“农牧业增收”、“四小工程”项目落实责任制，狠抓项目的后续管理。通过各类扶贫项目的实施，使凉山州广大边远贫困地区发生了较大变化，村容村貌有了较大改观，基础设施得到了一定改善，实现了广大贫困农户增产增收的目标，达到了富民惠民的目的。

【扶贫资金】 省、州、县全年共投入财政扶贫资金40305.57万元，比上年的37127.15万元增加8.56%。其中：省财政扶贫资金17580.2万元，比上年的8357万元增加9225.5万元，增长110.36%；州级财政配套9062.68万元，比上年增加3549.68万元，增长64.39%；县市配套资金13662.69万元，比上年增加7105.54万元，增长108.36%。

【两项资金】 全年省安排下达两项资金合计8251万元，其中开发资金7691万元，发展资金560万元。安排农牧业产业化项目5个，投入资金2377万元；投入民族新村建设1500万元，建设民族新村3个；重点寄宿制学生生活补助项目18个，安排资金1000万元；安排社会事业项目9个，投入资金137万元；其他项目安排317万元。通过层层落实责任制，采取多种形式督促项目实施，保证项目发挥最大效益。

【彝家新寨】 实施彝家新寨建设是省委、省政府为支持大小凉山彝区加快经济社会发展步伐，改善彝族群众生产生活条件和生活环境，提升贫困地区发展能力和发展水平，建设社会主义新农村所采取的重大举措，是集中力量解决特殊类型贫困问题的具体体现，是大凉山综合扶贫开发的重要内容。2011年计划投入资金20.4亿元，实施334个村的建设，受援贫困群众25570户。截至12月底，334个村的规划设计已圆满完成，已完成24个村的建设任务，完成计划的5.69%；正在建设的310个村，占计划的94.31%，已完成建房的农户14450户，占计划的56.51%，正在建房的11120户，占计划的43.49%，完成工程投资91009万元。

【劳务扶贫】 实施劳务扶贫培训任务2500人，安排资金300万元，组织全州11个扶贫开发工作重点县和6个非重点县贫困村农民群众进行技能培训，已培训输出2200人，就业输出率为88%。

【社会扶贫】 一是中纪委监察部、中国电信、攀钢集团、国家粮食局等4家单位继续帮扶凉山州布拖、盐源、木里、布拖、普格、金阳6个县，共派出5人到帮扶县挂职扶贫，先后组织了本机关22名人员到帮扶县考察调研，共投入资金（含物资折价）820万元（其中部门直接投入资金713万元，物资107万元），引进资金1690万元，扶持项目36个，举办培训8期，培训1482人次，资助贫困学生287人。二是珠海市对口凉山州开展东西扶贫协作工作。全年投入资金839万元（其中政府援助605万元，社会捐助234万元），捐助项目14个。两地领导互访110人次。三是省级机关、发达县市定点帮扶凉山州11个扶贫开发工作重点县和1个革命老区县，下派25名干部到帮扶县挂职扶贫。全年投入资金3565万元（其中资金3246万元，物资319万元），引进资金4290万元，扶持项目42个，引进人才17名，资助贫困学生2121人。四是全州县市机关共有1027个单位参加定点帮扶工作，共下派2447名干部，定点帮扶1094个村，投入资金10172万元（其中资金6132万元，物资4040万元），引进资金18678万元，引进项目67个。

（审核：黄玉超/撰稿：陈娣军）

安全生产监督管理

【概况】 全州共发生各类伤亡事故624起、死亡124人，同比事故起数下降13.45%、死亡人数下降5%。死亡人数在省下控制指标内，占省下控制目标的89.86%。发生较大事故6起、死亡26人，同比减少2起、6人，分别下降25%、18.8%。未发生重大及以上安全生产事故。主要控制指标继续保持下降的趋势，连续被省政府评为优秀单位。昭觉县安监局被评为全国安全生产监管监察系统先进集体，州安监局局长卢强和县安监局三人被评为全国安全生产监管监察系统先进个人。

【安全监管工作】 进一步完善基层安监机构、队伍、制度和机制建设，加大场地、装备、经费等保障力度，在全州612个乡镇全部建立安委会和成立安监站（所）

或安全生产办公室的基础上，吸取广元市先进经验的基础上，在德昌县召开农村道路交通安全现场会议，制定《凉山州人民政府农村道路交通安全管理暂行办法》，在全州612个乡镇建立交通安全管理办公室，村（社）、组设立交通安全管理员，负责农村交通安全管理工作，并纳入州、县两级政府全年安全生产目标考核内容。州政府按每个乡镇1万元标准（共612万元）下拨筹建经费，不足部分由县市政府配套，进一步夯实全州基层安全组织建设，完善州、县市、乡（镇）、村（社）、组五级安全监管网络。继续推进班组安全基础建设，建立严密、完整、有序的安全管理体系和制度标准，开展企业安全生产标准化创建活动，引导企业加大安全投入，加强员工安全教育培训，不断提高生产企业一线从业人员预防生产安全事故的能力和水平。根据全省创建安全社区工作现场会议精神，按照“抓基层、打基础、重投入、强监管”的要求，全面加强乡镇、街道、社区安全生产和事故预防工作，从加大安全投入、规范制度建设、培育安全文化等多方面采取措施加强社区、工业园区安全基础建设。按照国发〔2010〕23号和省政府发电〔2010〕59号精神，制定《凉山州人民政府关于进一步加强企业安全生产工作的实施意见》（凉府发〔2011〕18号），进一步深入落实党、政领导干部“一岗三责”制和企业两个主体责任。同时，围绕安全生产工作“两个重点，三个关键”（重点行业、重点场所，关键企业、关键部门、关键岗位）存在的突出问题和薄弱环节，严格企业安全管理，落实领导干部下井带班制度，严格把领导带班下井制度作为“钢鞭政策”贯彻执行，加强安全生产管理，形成党政共管、部门齐抓、各司其职、各负其责、分兵把口的安全生产监管责任体系。全年，共印制领导带班下井检查专用记录本1500本，全部下发到各县市和州级相关部门。严格执行安全生产许可制度，严格行业安全准入，严格把关，不具备安全条件不准投入生产和建设。按照国家相关规定和要求，严格安全生产行政审批程序，对不符合安全生产相关标准的企业，依法停产整顿或吊销安全生产许可证。全年，共审批事项6453件。其中：非煤矿山企业安全许可1071件；危险化学品安全生产许可9件；危险化学品经营许可84件；非药品类易制毒化学品生产（经营）备案2件；安全资格证2749件；特种作业证3502件，按时办结率达100%，群众满意率达100%。各级政府把安全生产工作所必需的经费纳入财政预算予以保证，重点县市安排专项资金，用于采空区、尾矿库等重大安全隐患治理。同时，针对全州公路通车里程4万多公里90%以上是危险路段，以及道路交通事故占全州安全生产事故80%以上的实际，持续推动安保工程建设。近年来，州财政每年投入安保资金达到1200多万元，州安委会每年向17个县市下达2公里以上的波形防护栏安装任务，加上相关部门向上争取资金和引导企业投入等，多渠道筹集和整合资金2亿多元，共安装波形防护栏和防撞墙1000多公里，道路交通安全基础得到明显改善。全年，按照省政府安排，向17个县市分别下达6公里以上的波形防护栏安装任务，共投入资金3530万元，安装波形防护栏90244米，有效防范道路交通安全事故的发生，真正发挥波形防护栏“道路卫士”的积极作用。运用行政和经济的手段，通过安全生产隐患排查治理、提高准入门槛、标准化建设以及建立安全生产信用制度、支持企业开展技术改造等工作，督促和引导企业加大安全投入。全州6家非煤矿山企业达到三级验收标准，3家煤矿企业达到2级验收标准，2家危险化学品达到三级验收标准。进一步建立健全安全生产监管各类制度，每季度通报全州安全生产形势，认真研究分析不同行业、不同领域、不同地区伤亡事故发生的特点、规律和原因，及时进行预警，有针对性地进行了动态管理。实行安全生产例会制度，定期召开全州安委会成员会议，分析安全生产形势，总结经验，查找问题。全年，州政府安委会共组织召开4次安委会全体会议。建立健全安全生产督查制度，成立12个重点行业领域安全生产检查督导组，在重点时期、重点行业、重点领域开展安全生产检查督导、专项整治和开展联合执法，形成安全监管工作的长效机制。全年，共开展联合执法和专项治理2次，出动84个部门200多人次，检查企业113家，纠正、处罚违规违章违法行为1178起。完善应急管理机构建设，建立健全安全生产应急管理组织机构，充分履行应急管理和救援指挥的职能职责。完善应急救援信息管理体系，进一步加强州、县市两级安全生产应急救援指挥机构建设，合理布局全州应急救援力量，形成覆盖全州安全生产各个行业领域的应急救援网络。加大救援装备投入，加强应急救援队伍实战演练。完善应急预案体系，组织应急救援队伍和各相关部门定期开展安全生产应急救援演练，提高突发事故的处置能力和统筹协调能力。进一步完善隐患排查、整治和监督管理制度，规范隐患分级、评估、报告、公告、整改、监督管理以及奖惩。继续实行重大安全隐患公示制度，定期向社会公告重大隐患的排查和整改情况，治大隐患，防大事故。全年，省上公示全州重大安全隐患4处（含2010年2处），投入资金241万元整改，全州挂牌公告的重大安全隐患共15处。其中：电力隐患2处；道路交通隐患10处；非煤矿山隐患2处；地质灾害隐患1处，投入资金8900余万元整改。同时，加大隐患排查治理力度，在全州道路和水上交通、煤矿、非煤矿山、化工、烟花爆竹、建筑施工、水利、电力、渔业船舶、特种设备、民爆器材、消防等行业（领域）全面深入地开展安全生产大检查和隐患排查。对检查发现问题的，制定并落实防范措施，限期整改。据不完全统计，共排查治理隐患企业（单位）314家，排查隐患1676项，整改1570项，整改率达94%。其中：煤矿企业安全隐患239项；非煤矿山安全隐患300项；尾矿库安全隐患138项；危化品企业安全隐患409项；烟花爆竹企业安全隐患420项；冶金有色企业安全隐患21项；道路运输企业安全隐患39项；水上运输企业安全隐患109项；建筑施工企业安全隐患21项；学校安全隐患26项；电力企业安全隐患9项；特种设备安全隐患10项。

【重点行业领域安全专项整治】　坚持一手抓波形防护栏安装，夯实硬件基础；一手抓维护交通秩序，严厉打击非法违法和违规违章驾驶。狠抓重点时段道路交通和重点单位的管控。通过建立重点单位管理台账，落实“黑名单”制度，切实加强运输部门、客运单位、学校等多车单位的交通安全管理。加强对客运车辆、校车、危险化学品运输车辆的日常监管，对驾驶员定期回访，经常性组织开展安全行车教育培训，通报典型交通事故案例，做到警钟长鸣。同时，深入推进各类专项整治工作，根据不同时期道路交通管理工作的特点，组织开展“百日安全生产”、“客运隐患整治”等专项整治行动，成效显著，有力促进交通环境和秩序的好转。全年，全州共开展专项打击非法营运行动21次，查处非法营运1524台次。继续在全州范围内深入开展水上“救生衣行动”，认真落实两个“100%”。加大隐患排查治理力度，重点治理西昌邛海、雷波马湖景区的船舶隐患工作。清理、回购、销毁西昌邛海各类违法违规船舶1112艘，依法彻底销毁雷波马湖的非法橡皮艇30艘。加大检查、督查和执法力度，重点打击非法盗采、超层越界开采矿产资源，无合法勘查许可证或合法资质从事勘探活动，重点检查大型采空区矿山、水患矿山、高陡边坡露天矿山、下游有居民和重要设施的尾矿库、地质勘探等。全年，先后对21家小型露天采石场进行专项检查，查出隐患38项，要求立即整改28项，限期整改10项。对部分尾矿库、排土场进行防洪度汛专项检查，共排查各类隐患86条，责令5家不按设计施工、排洪设施不畅通、坝体存有较大隐患的尾矿库立即整改。对地下矿山和露天矿山及尾矿库进行地质灾害专项检查，排查隐患30余条。严格非煤矿山“安全生产许可证”初审工作，把好非煤矿山新、改、扩建项目安全生产“三同时”关，共审查备案安全预评价报告14个，安全设施设计9个，矿山现场竣工验收2家。狠抓全州煤矿的关闭整顿、整合技改工作，积极开展煤矿安全专项督查和整治，深入开展瓦斯抽采利用、监测监控和安全质量标准化、安全高效矿井建设，切实抓好防瓦斯、防水害、防冲击地压等措施，确保按期完成国家和省下达的小煤矿关闭计划。全州共有煤矿20个（含整合技改矿井17个），正式开工14个，通过验收达到标准化二级企业3个。不断加大建筑施工安全监管力度，狠抓资质挂靠、出让资质、违法转包分包工程和不按安全生产规程施工的整治，进一步加强建筑起重机械设备安全管理。在全州工程建设领域建筑施工预防坍塌事故专项整治工作中，排查治理施工隐患66条，全部整改完毕。认真开展烟花爆竹经营、储存单位行政许可工作，严厉打击烟花爆竹非法生产，理顺、规范烟花爆竹流通经营秩序，加大部门协调、配合的工作联动机制，联合州公安局、州供销社等部门对烟花爆竹批发、经营企业定期开展安全隐患排查工作。全年，共检查烟花爆竹批发企业16家、零售单位30家，检查出隐患150条，督促企业限期整改，整改率达100%。加强危化企业安全生产许可，严格市场准入，对存在安全隐患整改不落实的和不具备安全条件的一律不予换证。深入开展化工企业安全大检查，共检查生产、储存企业11家；经营企业25家，发现安全隐患245条，已整改落实227条，限期整改9条，隐患整改率为93%。未能及时整改的隐患均制定了监控和应急处置方案，确保了安全。坚持以严防群死群伤火灾事故为出发点和落脚点，深入开展社会单位消防安全“四个能力”建设和建筑消防设施专项治理工作，积极构筑社会消防“防火墙”工程，着力提高公共消防安全管理水平，切实做好大型政治、商贸活动、重点单位、重点部位、旅游景区等消防安全工作，确保火灾形势稳定。全年，共检查各类单位7100家，发现火灾隐患2978起，下发《整令改正通知书》2579份，办理行政处罚案件512起，责令“三停”27家，罚款167万元，行政拘留5人。坚持把安全管理与业务工作同计划、同安排、同总结，认真落实安全工作职责，层层签订责任书，实行目标管理，狠抓事关师生安危的校舍危房、食品卫生、消防安全、楼道安全、疾病防控、交通安全、防范自然灾害等工作措施的落实和督促检查，强化安全管理和教育，加大检查督促力度。全年，全州未发生学校安全事故。加强旅游安全宣传教育力度，突出重点县市、重点场所、重点环节、重点时段开展旅游安全专项整治和旅游安全工作督导检查，突出对旅行社、宾馆饭店、旅游景区、旅游车队、旅游购物场所等旅游接待重点领域的检查，抓好旅游安全隐患排查治理工作，消除各类安全隐患，优化旅游市场环境。全年，全州实现了旅游行业“零事故”目标。明确全年食品安全工作的目标和任务，将目标任务分解到各职能部门，食品安全监管体系进一步健全。相关部门积极配合，对全州的食品生产、流通、使用环节进行全面整治，切实保障全州人民群众食品安全。落实安全责任，大力宣传林业安全知识，提高群众森林防火安全意识。积极组织人员对辖区内的林区公路、旅游娱乐场所、职工和群众驻地、场镇、施工现场等地进行拉网式的安全排查，切实做到了不留死角。同时，水务、特种设备、电力、通信、建材、机械等行业领域均针对各自的薄弱环节和重点、关键部位，大力开展安全生产专项整治，明确安全隐患整治重点，落实整改措施，有效防范较重特大事故发生。

【安全宣传教育】 一是开展安全生产咨询日活动。活动共出动宣传车50余辆、悬挂横幅30多条、设置丰富生动的安全生产法律法规宣传图片展30处、共计120余幅，设置咨询台110余个。发放《中华人民共和国安全生产法》、《四川省安全生产条例》、食品药品安全常识、交通安全、建筑安全等有关的法律法规以及《安全生产知识读本》，与移动、电信、联通等通信单位合作，向全州100余万手机用户发送了安全生产短信。二是组织开展“安全生产月”活动，全州设立740个咨询点，参加咨询日活动43500多人次，共悬挂安全生产宣传条幅5000余幅，张贴宣传标语和宣传画2000余幅，展出安全警示教育版800块，发放宣传单（册）40余万份。依托各类职业培训机构，加大紧缺技能人才培养力度，制定具体的培训计划，进一步规范培训工作，抓好对县市、乡镇领导干部和生产经营单位负责人、安全生产管理人员的安全生产管理培训，全面开展乡镇安全生产委托执法培训，提高培训的针对性和实效性。全年，共举办各类培训班89期，培训7051人次。

【职业危害防治】 认真贯彻执行《国家职业病防治规划》，切实履行调整后的职责职能，建立监管队伍，做好职业卫生“三同时”监管、职业健康监护、职业卫生安全许可、职业健康培训和监督检查等工作。把治理职业危害、改善作业环境、提高健康保障作为民生工程狠抓落实。全面落实企业职业安全健康管理主体责任。生产企业认真贯彻执行国家有关职业安全健康的法律、法规、规章、标准、规程，积极推进职业卫生安全许可、职业危害申报和作业场所职业危害监督检查制度，对职业危害严重的企业，设置或指定职业安全健康管理机构或组织，配备专（兼）职专业管理人员，指导企业防范和减少职业危害，改善生产环境。

（审核：卢　强/撰稿：王德美）

语言文字

【概况】 2011年，全州语言文字工作以邓小平理论、“三个代表”重要思想为指导，在州委、州政府的正确领导和省民语委、省语委以及省古籍办的业务指导下，全面贯彻党的十七届五中、六中全会、省委九届九次，州委六届十二次全会和全州第七次党代会精神，深入宣传贯彻《中华人民共和国国家通用语言文字法》（以下简称《国家通用语言文字法》）、《凉山彝族自治州彝族语言文字工作条例》（以下简称《彝语文工作条例》）等党和国家的语言文字方针政策和法律法规，深入贯彻落实科学发展观，紧紧围绕州委、州政府的中心工作和州语委的工作目标，在语言文字、古籍编译整理、普通话培训测试等方面取得了显著的成效，为构建和谐凉山作出了积极贡献。

【彝语文使用及翻译】 圆满完成“两会”20个文件25万字的笔译和同声传译任务；在县乡两级换届选举中，翻译每县12个公告，共计204个公告，2万字；完成州文明办交办的社区新生活运动实用系列《丛书》10万字的翻译、审定、校稿工作。翻译公章、牌匾1427条，翻译《消防常识》一书1.5万字；收集新词术语800条。完成2010年度全州民族语文翻译系列中级职称资格评审工作。完成州人大代表、州政协委员有关彝文社会用字整治工作的提案的回复。

【古籍整理和编译出版】　完成省民族出版社交办的古籍文献拍摄工作。拍摄分类3500多张192卷经书，首次把彝族经书录入电脑进行管理，完成《彝文典辑译丛》第四辑翻译、编审任务，交出版社待正式出版；基本完成《彝文典辑译丛》第五辑的收集、整理工作；征集、修复、誊抄毕摩经书192卷约170万字；完成《中国彝族古籍总目提要·四川卷》讲唱类100多条，书籍类300多条的编写任务；修改《中国彝族古籍总目提要·四川卷》条目1000多条；完成了《彝文古籍收集整理"十二五"规划》。

【语言文字规范化管理工作】　接待省语委办领导及专家一行，对西昌市城市语言文字综合评估工作进行调研；与州教育局、省语委办领导和专家一道，对西昌市五小"创建规范汉字书写教育特色学校"建设进行调研；根据川语办〔2011〕7号文件的要求，完成"进城务工人员子女语言应用情况调研"工作，具体完成全州基本情况的统计、应用情况的问卷调查300份、座谈和调研报告；组织开展"中华颂·2011经典诵读大赛"和"中华颂·2011全国学生规范汉字书写大赛"凉山选拔赛，评选出优秀书法作品51幅，教师诵读作品22个，优秀指导教师7人，优秀组织单位4个，并将获奖作品报送参加全省及全国比赛；参加省语委办组织的对凉山州、攀枝花市的有关学校进行省级语言文字规范化示范学校的检查评估工作；开展第十四届全国推广普通话宣传周活动，并参加西昌市组织的街头咨询和推普座谈会；参加省语委办组织的语言文字规范化示范校评估标准及公文格式培训会；州市语委联合对市民举报的街头牌匾彝文用字进行核查，并督促使用单位纠正错误；参加全州中学语文教师技能大赛，并派人担任普通话评委工作；推荐1人参加"国家级普通话测试员"和10人"省级普通话测试员"的考评，均获得了相应测试员资格；组织227人次的测前培训，全年共组织22期2193人次的测试，其中教师210人次，学生1614人次，其他行业人员369人次。

【全州语言文字工作会议】　会议总结全州2010年度语言文字工作，对2011年度的工作进行安排和部署，并就社会用字整治、城市语言文字工作综合评估、普通话培训测试、彝文古籍的搜集整理和编译出版、彝语文翻译、语言文字工作队伍建设等方面作了重点强调。

【承办国家民委经验交流会】　为了全面执行党和国家关于少数民族语言文字的政策法规，深化交流合作，积极学习借鉴其他少数民族语文工作的成功经验，更好的开创语言文字工作新局面，2011年9月州语委承办国家民委民族语文暨民族语文翻译工作经验交流会。来自全国各地民族语文工作战线的领导和专家学者等120余人参加了大会。杨朝波代表州委、州政府在会上致辞，国家民委教科司司长田联刚作了重要讲话，与会代表还观看了凉山州彝语文工作电视专题片，四川、内蒙古、广西等省、市、自治区代表在会上作了交流发言，与会代表分成4个组就民族语文工作进行了讨论，会议期间还参观了西昌学院彝语言文化学院彝语文教学情况和在凉山奴隶社会博物馆举行的彝语文工作成果展。

【逐县调研语言文字工作】　从9月19日开始，委领导率科级以上干部陆续到17个县市对全州语言文字工作情况进行了调研。通过调研进一步详尽了解了全州语言文字工作现状及语言文字工作部门的机构设置情况，并书面向政府汇报了此次调研的结果，在调研报告中提出了加强全州语言文字工作切实可行的意见和建议。

（审核：摩瑟磁火/撰稿：木　燕）

对台工作

【对台宣传】　面对两岸关系发展的新形势，州台办紧紧围绕中央的各项对台方针政策，积极开展对台宣传工作。一是学习传达全国台办主任会议和全省台办主任会议精神。正确理解中央、省、州的重大决策，深刻认识两岸关系发展的长期性、复杂性，从实际出发，不断探索新时期对台工作的新思路和新方法。二是坚持通过台联这个阵地，首先做好台属的思想工作，进而通过他们做好在台亲属和台湾人民工作。州台办领导坚持参加两月一次的台联理事会例会，向理事们分析形势、通报情况，进行形势教育。三是春节、中秋召开座谈会、茶话会，邀请州市党政领导，向台胞台属分析解读台海局势，宣传党和国家对台大政方针，通报介绍全州经济社会发展情况。这些工作，使中央对台方略为社会各界所知晓，增进了全社会完成祖国统一大业的共识。

【对台经济】　按照省、州党委、政府"加快发展，科学发展，又好又快发展”的总体部署和州委深入实施“双提升”发展战略的要求，将对台工作与促进凉山经济社会发展结合起来，一是认真贯彻《中华人民共和国台湾同胞投资保护法》和四川省《实施细则》、《实施办法》，妥善处理台商投诉，切实保护台商的合法权益。二是配合招商、商务部门做好有投资意向台资企业的跟踪落实工作。积极为县市对台招商引资牵线搭桥，协调有关县市、部门做好台湾花卉种业、旺旺集团、宝岛眼镜等台资企业在凉山州的投资考察事宜。三是大力鼓励台属利用台资兴办企业，搞好台资内用。加强与在州的浙江、福建等地商会联系，为他们开展与台湾方面的经贸合作做好相关咨询服务工作。

【对台交往交流】 按照中央对台交往交流“以我为主，于我有利”的原则，努力扩大对台交往交流领域和渠道。经省委、省政府、州委、州政府同意，国务院台办批准，省台办与凉山州共同组织凉山歌舞团赴台交流演出，在台中南部高雄、台南、彰化、苗栗4地共演出6场。交流演出活动系受台湾高雄市财团法人私立育世社会福利慈善事业基金会、台南土城正统鹿尔门圣母庙及彰化、苗栗两县政府邀请，被国台办和四川省确定为2011年国、省重点对台交流项目立项批准，并由国、省台办及凉山州共同资助的重点文化交流项目。全团演职人员共72人，是全省迄今为止最大的赴台交流团组，也是全州第一个正式赴台交流的团组。在台交流演出期间，按照中央对台工作重点向南移，向下沉的要求，演出团面向台中南部基层民众，倾情出演，与台中南部民众热情交流，传播凉山民族歌舞艺术，宣传介绍凉山风土人情，展示凉山人民改革发展开放的精神风貌。演员们精湛的艺术，与台民众水乳交融的情感互动，在台中南部刮起了一场“凉山风”，开启了凉山对台交流的先河。国民党中央政策会执行长林益世、中评会主席团主席林仙保、国民党副主席办公室主任李哲华及彰化、苗栗两县县长及相关部门、乡镇官员与各地民众一同观看了演出。凉山歌舞团此次赴台交流演出，受到大陆及岛内媒体的强烈关注，中新社、香港大公报、台湾联合报、中央电视台、台湾中天电视台、四川日报、四川电视台及大陆和岛内新闻网站等众多媒体采访播发了相关新闻报道，产生了积极的影响。在按照有关管理规定做好台胞来州讲学、台湾交流团及人员的管理服务工作的同时，积极参与配合主流媒体综合对台宣传工作。7月，中央电视台海峡两岸栏目组和省台办前往越西县采访中华希望之翼服务协会张平宜女士帮扶大营盘村情况，州台办积极做好相关接待和协调工作，使采访拍摄工作得以顺利完成并于10月5日在中央电视台海峡两岸栏目播出。突出彰显了台湾同胞的爱心和两岸人民的情意，在海内外产生了较大的影响。中央台办向中央电视台推荐张平宜参选2011年度“感动中国”人物评选活动后，央视再度派出摄制组赴越西县采访拍摄。州台办按照中台办、省台办要求积极协调越西县委、县政府做好央视“感动中国”人物评选宣传有关工作，州台办主要领导亲自带领相关人员赴越西县、大营盘村小协调各项接待服务工作，保证了采访的顺利进行。

【台胞捐赠】 按照省台办要求，州台办及时对2009年台胞灾后援建工程进行了回访，按照通知要求进行了认真检查。督促项目县保质保量完成了台胞捐建4所学校建设工作及项目竣工审计和申请后续资金，确保台胞所有捐建资金全额用于项目建设。继续抓好台湾台塑集团捐建“明德小学”的项目建设工作，做好彭荫刚助学捐款发放。

【对台干部队伍建设】 按照州委、州政府要求，积极开展“讲党性、重品行、作表率”活动以及“领导挂点、部门包村、干部帮户”活动，积极参与城乡环境综合治理、彝区健康文明新生活运动。2010—2011学年教育扶贫工作被评为全州一等奖。在州委、州政府的关心支持下州台办配齐了工作人员。为加强对台干部队伍建设，积极争取国台办培训名额，组织基层对台干部参加国台办培训。积极鼓励基层对台工作机构创先争优。州台联连续9年获省台联表彰，越西县台办被省台办评为先进集体，西昌市台办杨明被评为先进个人。按照州委要求，积极开展党务公开工作，丰富党务公开内容，创新党务公开工作方式方法，不断加强党内监督，确保了党务公开工作的有序开展。机关团结和谐、勤政廉洁。为做好全州对台工作提供了有力的保障。

（审核：王学谦/撰稿：何　瑛）

档案工作

【概况】 2011年，在州委、州政府的正确领导和支持重视下，在省档案局的具体指导下，全州档案系统坚持以科学发展观统领档案事业发展全局，坚持依法治档，把加快档案事业发展作为主线，以创先争优为切入点，以贴中心、抓重点、促发展为工作目标，以规范化管理为手段，服务大局、服务中心、服务社会、服务群众，进一步加强了档案法制建设、档案业务建设、档案资源建设、档案信息化建设和档案馆基础设施建设，全面完成了档案工作各项目标任务。在全省档案工作暨表彰会上被评为全省档案工作先进集体、荣获2011年度全省档案工作目标管理二等奖，荣获2011年度全省档案法制工作先进集体、2011年度全省重大建设项目档案管理先进集体，受到省档案局的表彰奖励，同时，被省妇联评为“四川省三八红旗先进集体”，还被凉山州人民政府评为“档案工作目标管理先进集体”。

【目标管理】 2011年，州、县市党委、政府继续推行档案工作目标管理。5月，在全州档案工作会上，州政府分管领导与各县市分管档案工作的领导签订了《档案工作目标管理责任书》，州档案局与各县市档案局签订了《业务目标管理责任书》。为确保目标任务的完成，州档案局组成检查组对各县市、州级相关单位进行督察、检查，年终又深入各县市进行现场综合考核，对超额或全面完成目标任务的县市和州级单位进行了表彰奖励。州人民政府授予会东、西昌、会理、宁南、越西、昭觉、普格、盐源、木里、金阳、喜德十一县市人民政府2011年度档案工作目标管理考核一等奖，甘洛、德昌、美姑、冕宁、雷波、布拖六县人民政府2011年度档案工作目标管理考核二等奖。州委办公室、州人大办公室、州政府办公室、州政协办公室、州移民局、州水务局、州档案局、州妇联、州审计局、凉山矿业公司、康西铜业公司、州一医院、州二医院为州级单位“2011年度档案工作先进集体”。并对获得2011年度档案工作目标管理考核一等奖的会东、会理、越西、普格、昭觉、宁南、喜德、德昌、西昌等县市档案局和二等奖的金阳、盐源、木里、布拖、美姑、甘洛、雷波、冕宁县档案局、西昌市城建档馆进行表彰奖励。

【档案法制】 全州档案系统进一步加大档案法制建设力度，全力推进依法治档进程。档案法制工作荣获“2011年度全省档案法制工作先进集体”。州档案局积极主动与州人大汇报工作，自觉接受法律监督。3月7日，州人大常委会副主任张家让率内司委李北川主任、江云军副主任到州档案局馆调研；4月12日，州人大九届常委会议听取和审议州人民政府《关于贯彻实施〈中华人民共和国档案法〉的情况汇报》，副州长仰协代表州人民政府汇报；4月18日，省人大内司委文敬主任、省档案局事局长周书生率档案行政执调研组到凉山州调研，调研组分别听取了州人民政府、西昌市、德昌县人民政府《档案法》执行情况的汇报，并深入档案局馆、西昌市、德昌县和档案局馆检查工作，听取汇报。各级档案部门充分利用报纸、杂志、广播电视等媒体开展档案法制宣传教育工作，凉山州档案局、凉山州档案学会联合创办了《凉山档案》季刊，宣传档案工作、普及档案法律法规知识，为了进一步加大档案工作及档案法律法规知识的宣传力度，凉山州档案局还利用《凉山日报》每月出版两期宣传档案工作专刊，普及档案法律法规知识，使档案工作更加贴近社会、更加贴近民生、更加贴近生活。通过广泛地开展档案工作宣传教育活动，社会档案法律意识有了明显的提升档案工作外部环境有了明显改善。在“12·4”法制宣传日活动中，全州各级档案部门积极利用各种宣传形式宣传档案法律法规。2011年全州共有555个机关、企业、事业单位接受了档案工作执法检查。

【业务指导】 全州各级档案部门重点加强了对重大建设项目、新农村建设档案工作和未实现档案工作规范化管理单位的监督指导。州、县市档案局认真贯彻落实《四川省重大建设项目档案管理办法》，继续做好重大建设项目档案工作的监督指导和项目档案的登记、上报、收集、整理、移交等各项工作。工程档案验收工作有了新的进展和新的突破，参与了省档案局等组织的对四川美姑河水电开发有限公司柳洪水电站、凉山州大桥水库灌区一期工程项目档案验收。一年来，全州共派出1546人次对822个单位进行业务指导，其中：派出880人次对270个州以上重大建设项目档案管理进行了指导。125个机关、企业、科技事业单位档案工作规范化管理通过考评验收，对309个单位的档案工作规范化管理满三年进行了复查考评验收。与此同时，还加强对新农村建设档案工作示范乡镇创建工作的指导，2个新农村示范乡镇档案工作规范化管理通过考评验收，5个县开展了社会主义新农村建设档案工作示范县启动工作。

【档案资源建设】 全州各县市档案馆把丰富馆藏、扎实开展档案接收与征集工作作为档案资源建设重要工作来抓。共接收档案25441卷（件），其中，征集主渠道、重大活动、新领域档案1924卷（盒），重要珍贵照片5020张，收集资料、报刊、书籍2240册。

【档案信息化】 州、县市档案局积极开展档案信息化工作。全州18个综合档案馆全部建立了档案信息资源网站；完成档案数字化数据更新392条；上报档案信息1476条；省、州采用信息45条；向省档案局文件利用中心上传可公开的现行文件121份，报送重要档案目录数据1668条。州档案馆馆藏案卷电子目录62654条，文件及专题级电子目录118576条。

【档案保管保护】 州、县市党委、政府重视档案保护工作，继续加大对档案保管保护经费的投入。全州共投入档案保护经费268万余元，抢救国家重点档案1668卷（件）。

【档案利用】 全州各级档案馆，加强服务窗口建设，利用来函、来电、来馆和网上查询，以及节假日预约等形势，最大限度满足是利用者需求，全方位、多渠道搞好服务。共接待档案利用人员15988人次，提供档案、资料49645卷（盒），为利用者复制档案181928页。

【档案文化产品开发】 全州各级档案馆利用档案资源积极开发档案文化产品，为编史修志及从事史料编研的人员提供档案史料，有效地把档案资源转化为文化产品。在新创刊的《凉山档案》内部刊物上设置“史海泛舟”栏目，在《凉山日报》档案工作专刊设置“珍档荟萃”专栏，对州县市档案局馆藏档案进行重点介绍。完成张支铁州长2008—2010年三年讲话材料汇编成书任务，编辑出版《变迁——越西县发展纪实》。州、县市档案局分别完成2010档案工作年鉴书稿，把“死档案”变成了“活资源”，使全州档案文化产品逐步得到开发利用。

【业务培训】 全州档案系统狠抓继续教育，把提高档案人员业务素质作为重点来抓。全州共举办培训班29期，有1365人次接受了档案业务理论知识培训。

【学会工作】 凉山州档案学会紧密联系档案工作实际，积极开展各项档案业务活动。配合档案行政部门开展档案宣传工作，充分利用报纸、杂志、广播电视等媒体，采取多种形式，开展档案法律、法规知识的宣传活动。此外，还积极参加州科协组织的科普一条街宣传活动及省档案局组织的经科协作档案学术研讨活动，共收到研讨论文9篇。

【教育扶贫】 凉山州档案局继续对普格县孟甘乡进行帮扶。给古里小学赠送了价值1500元学习用品，同时还向教师发放了1200元的生活补助，全局职工共捐款2400元“一帮一”助学金给古里小学。

（审核：何加宏/撰稿：梁永昭）

政务服务

【概况】 2011年，全州各级政务服务中心认真贯彻落实中办发〔2011〕22号《关于深化政务公开加强政务服务的意见》和凉委发〔2010〕20号《关于进一步加强政务服务中心建设的意见》，紧紧围绕建设服务政府、责任政府、法治政府和廉洁政府的要求，以深化行政审批制度改革为突破口，创新行政审批机制，提高行政审批效率，努力提升机关行政效能。全面推进“两集中、两到位”和政务服务中心标准化建设。

【办件情况】 全年全州政务服务中心共办理各类行政审批事项206841件，公共服务事项77034件；受理包括西博会凉山州签约项目在内的投资项目并联审批320个，涉及资金累计253亿元；开展工程建设项目开评标服务453次，涉及资金36.3亿元，开展政府集中采购606次，涉及资金2.1亿元，公共资源交易累计节约资金3.9亿元。

【推进“两集中、两到位”】 按照省委、省政府统一部署和“应进必进”的原则，州级29个（不含省垂管部门）具有行政审批职能的州直部门中，均增设或加挂了行政审批服务科的牌子并整体进入州政务服务中心集中受理行政审批事项，有8个部门因审批事项较少、发生量小而纳入综合窗口。同时，部门将行政审批决定权、审核上报权、组织协调权、印章使用权授予窗口首席代表，实现了在政务服务中心现场为公民、法人和其他组织提供行政审批事项的咨询、申请、受理、审批、办结（制证）、取件等服务。

【标准化建设】 州政务服务中心按照《四川省政务服务中心标准化建设实施方案》的要求，不断推进政务服务中心标准化建设。通过改扩建，州政务服务中心办公面积由原来的不到4000平方米扩大到7600平方米，基本满足了目前的工作要求；通过清理，州级行政审批事项由476项减少到224项，减少53%；州政务服务中心还制定了对部门在中心工作情况的量化考核办法和窗口工作人员量化考评指标及奖惩标准。

【政务服务体系建设】 州政务服务中心不断加强对县市、乡镇（街道）和村（社区）便民服务体系建设的指导。截至2011年底，全州共建成565个乡镇（街道）便民服务中心，占全州乡镇（街道）的92.6%，2169个村（社区）便民服务室（代办点），占全州村（社区）的61.3%，初步形成了“横向到边、纵向到底、覆盖全州”的四级政务服务体系。

【电子政务大厅建设】 全年全州共投入资金441.7万元进行软硬件的购置及安装调试，州本级和各县市电子政务大厅已全面建成并投入试运行。电子政务大厅的建成将为投资者、企业、群众提供网上查询、网上受理、网上预审等服务。

【队伍建设】 州政务服务中心按照州委、州政府的要求，进一步修订完善了大厅管理和窗口工作人员考核制度，开展了“流动红旗”的评选活动，定期通报各窗口工作情况，在中心窗口形成了“比、学、赶、帮、超”的良好氛围，保证了中心的高效运转。同时，坚持“以人为本”，经常组织职工开展丰富多彩的文体活动，进一步增强中心的凝聚力。

【帮乡扶贫工作】 全年州政务服务中心认真开展“领导挂点、部门包村、干部帮户”活动和“彝区健康文明新生活运动”。年初通过反复调研，结合扶贫点——布拖县瓦都乡海拔高、气候寒冷、水源缺乏的实际情况，决定在2010年植树造林1000亩的基础上再植树造林1000亩，并于10月中旬实施。3月14日在得知扶贫乡遭受大雪后，州政务服务中心立即安排组织御寒物资送往扶贫点，16日下午将价值6.05万元的260床棉被和270多套棉衣棉裤送到了中心校小学生和村民的手中。

（审核：高静平/撰稿：黄轶炜）

政 协

The Chinese People's Political Consultative Conference

综 述

【概况】 2011在中共凉山州委的领导下，常委会高举中国特色社会主义伟大旗帜，坚持以邓小平理论和“三个代表”重要思想为指导，深入学习贯彻科学发展观，按照中共凉山州委的部署要求，团结广大政协委员和社会各族各界人士，紧紧围绕促进发展第一要务，始终坚持团结民主两大主题，认真履行政治协商、民主监督、参政议政三项职能，着力发挥协调关系、汇聚力量、建言献策、服务大局四方面作用，努力促进政党、民族、宗教、阶层、海内外同胞五大关系和谐，切实增强履行职能的主动性、针对性、实效性，努力谋科学发展之计、建促进和谐之言、献富民惠民之策，为实现全州“十二五”规划的良好开端，助推全域凉山全面协调可持续发展作出了应有的贡献。

【思想教育】 深入学习中央5号、省委18号、州委28号文件和《政协章程》以及人民政协理论，不断提高政协委员、政协机关干部的政策水平、政协理论知识水平。深入学习贯彻全国“两会”、省“两会”、中央和省、州委经济工作会议、州委六届十三次全体会议精神以及胡锦涛总书记在庆祝人民政协成立60周年大会上的讲话精神和胡锦涛总书记“七一”重要讲话精神，在领会精神实质、把握理论精髓上下工夫，努力做到用科学理论武装头脑、指导实践、推动工作，提高思想理论水平，增强政治把握能力，提高紧跟发展形势，把握目标指向，找准履职重点，做好工作对接，着力助推发展的能力。正确认识和全面把握科学发展观的科学内涵、精神实质和根本要求，加强战略思维，树立全局眼光，增强工作的原则性、系统性、预见性和创造性，提高在复杂形势下把握正确方向、应对各种挑战、抢抓发展机遇、增强履职实效、推动科学发展、促进社会和谐的能力。机关党组、党委在组织收看胡锦涛总书记“七一”重要讲话后，组织专题学习讨论活动，并在突出学习重点，把握讲话精神实质的基础上，提出发挥人民政协民主团结的优势，全力打造一心一意“跟党走”的社会共识；服务推动社会管理创新，准确把握民意，有效表达民意，积极疏导民意；突出展现政协工作活力，引导教育广大政协委员做政协人说政协话办政协事等贯彻意见。州政协党组书记、主席周文安结合政协实际就学习贯彻胡锦涛总书记“七一”重要讲话精神向机关全体党员作了专题学习辅导。

【建言献策】 紧紧围绕“跳起摸高、跨越发展”工作基调，精选调研课题，献务实之策，建前瞻之言，尽助推之力，履职质效整体提升。以主席学习会为载体，创新学习方式，精选党委政府关注、事关发展稳定大局的课题，先后组织主席会议成员和省、州政协委员就“平安凉山”、“安宁河谷率先发展”等课题向州委上报考察学习报告，引起高度重视。其中《关于推进安宁河谷地区率先发展的建议》，占一书记批示“世勇同志：安宁河谷地区率先发展事关凉山发展大局，请认真研究建议事项”。在省政协十届十四次常委会上，州政协就“集约开发稀土资源，促进新材料产业发展”作的大会发言，获得省政协的好评。积极参加德昌县银鹿工业区新钢业选址工作，并参加州政府法制办召开的“攀钢新钢业公司‘西南铸业’项目选址听证会”。为大力弘扬伟大的抗震救灾精神，奋力推进美丽富饶文明和谐新凉山的建设，全力促进全域凉山全面协调可持续发展，在“5·12”汶川地震三周年之际，组织州政协主席学习会成员赴“5·12”汶川等地震灾区，对灾后重建情况进行学习考察，考察组通过亲闻亲见灾区翻天覆地的变化，形成学习考察报告，考察报告中提出了加快会理地震灾区重建的意见建议，得到州委的肯定和采纳。此外，强化工作意识，规范工作程序，畅通反映渠道，科学判断形势，准确把握主要矛盾，及时向省政协和州委、州政府反映各阶层、各界别人士的意见、建议和诉求，为党委、政府把握民意、集中民智，解民困、排民忧献计出力。全年共上报反映社情民意信息14条，积极为党委政府科学决策提供依据，争取政策支持，助推跨越发展。

【民主监督】 按照《中共凉山州委关于进一步加强人民政协工作的实施意见》相关规定，继续开展了对州政府职能部门的民主评议，按照州委主要领导批示，启动对州发改委、州水务局的民主评议工作。为确保评议工作有序实施，取得实效，党组、主席会议高度重视，建立领导机构，遴选评议委员，制订实施方案，搞好宣传发动，组织视察调研，广泛征求意见、集中开展评议、提出整改意见、上报评议报告。评议工作历时半年，规范严谨，收效显著，实现了帮助查找问题、推动科学决策、转变部门作风、促进依法行政、提升工作质效的预期目的。

【提案审查交办工作】 加强对十届五次全会会前会后政协委员所提提案的催办、督办工作。通过强化培训、创新提案工作机制、实施重点和急办提案制度等，促进重要提案的办理落实，确保提案的办理质量，使提案工作在履行政协职能、促进全州经济社会发展、维护群众利益、构建社会主义和谐社会中发挥了积极作用。州政协十届五次会议以来提案委员会共收到提案278件，经审查，立案239件，占提案总数的86%；作为意见转有关部门处理的38件，占13.7%；不予立案的1件，占0.3%。在州政协十届五次全委会期间，对积极参加“五个一”活动的41名政协委员进行了表彰。

【为民办实事】 积极开展引资引智活动，竭力为民办实事、办好事。主席会议成员多次深入所联系县、乡镇、村、企业、农户，了解情况、拿脉问诊，发挥优势、尽其所能，帮助制定发展规划，协调解决项目、资金、企业生产用电、贫困农户就医、产业发展等实际问题。主动与州委、州政府职能部门、单位搞好协调配合，促进调研成果转化。确定黎安乡2个贫困村作为领导挂点村，机关44名在职干部职工选定22户贫困农户采取“二帮一”形式对口帮扶，定期不定期召开会议，及时研究解决帮扶工作中的具体问题。通过建立党员就业援助和扶持制度，开展实用技能培训，加强对农民和农村实用人才技术培训，提高自身造血能力。为提高农民的种养殖业技术水平和外出务工人员的综合素质，州政协扶贫工作组为普格县黎安乡解决了1万元的农民职业技术培训费。春节前夕，走访慰问了普格县黎安乡3户贫困老党员，为他们送去大米、食用油和衣被等帮扶物资。

【机关建设】 坚持和完善政协学习会、常委专题报告会、中心组集体学习、专委会学习会、委员小组学习会、党支部学习会和机关干部职工大会等行之有效的学习形式，并大力提倡自学，从而把学习活动深入持久地开展下去。大力弘扬理论联系实际的学风，紧密联系政协工作实际开展学习活动，努力做到学以致用、用以促学、学用相长，增强履职能力，提高履职水平。积极组织机关干部职工参加州直机关运动会和机关职工运动会、庆祝建党90周年“红歌唱响凉山”歌咏比赛、观看爱党爱国影视片等丰富多彩的文体活动，在州直机关“红歌唱响凉山”歌咏比赛中获得三等奖。进一步完善机制制度，推动政协工作制度化、规范化、程序化建设取得新进展。

重要会议

【全体会议】 政协凉山州第十届委员会第五次会议于2011年1月25—29日在西昌举行。366名州政协委员与会。会议由十届州政协副主席潘清富主持。十届州政协主席周文安代表政协第十届凉山州委员会常务委员会，向大会作工作报告。周文安从五个方面总结了州政协2010年开展的各项工作。一是增进思想共识，凝聚各界力量；二是积极协商议政，服务科学发展；三是加强民主监督，推动重点工作；四是强化履职为民，促进社会和谐；五是加强自身建设，夯实履职基础。对于2011年的政协工作，周文安提出：一要把握发展大局，凝聚发展力量；二要紧扣主题主线，助推跨越发展；三要关注民生改善，促进和谐稳定；四要强化自身建设，提升履职效能。尔欧伍哈代表政协第十届凉山州委员会常务委员会，向大会作《中国人民政治协商会议凉山彝族自治州第十届委员会常务委员会关于十届四次会议以来提案工作情况的报告》。一年来，提案委员会共收到提案322件，提出提案的委员648人，共立案281件，作为意见转有关部门处理的36件，截至2010年11月30日，所有提案全部办结。州政协经济人口资源委员会、昭觉县政协、木里县政协、州政协联谊委员会、民革、民盟、民建、九三学社、州工商联先后在会上发言。会议期间，委员们列席了州第九届六次人代会开幕大会，听取和协商州政府工作报告；协商州计划工作报告、州财政预决算工作报告和州中级人民法院工作报告、州人民检察院工作报告；审议通过了《政协第十届凉山州委员会第五次会议决议》；中共凉山州委书记翟占一在闭幕大会上发表重要讲话。

【常委会会议】 十届州政协第十七次常委会议于2011年1月6—7日在西昌召开。会议传达学习了州委六届十三次全会精神，传达学习了省政协十届十二次常委会精神，听取州人民政府关于中国人民政治协商会议凉山彝族自治州第十届委员会第四次会议提案办理情况的通报；听取州人民政府关于新一轮“平安凉山”建设情况的通报；听取州纪委关于全州党风廉政建设情况的通报；听取并审议《大力推进新一轮平安凉山建设，为加快建设美丽富饶文明和谐新凉山创造良好的社会治安环境》的调研报告；审议通过《中国人民政治协商会议凉山彝族自治州第十届委员会常务委员会工作报告》（审议稿）及报告人；审议通过《中国人民政治协商会议凉山彝族自治州第十届委员会常务委员会关于十届四次会议以来提案工作情况的报告》（审议稿）及报告人；审议通过《关于召开中国人民政治协商会议凉山彝族自治州第十届委员会第五次会议的决定》（草案）；审议通过中国人民政治协商会议凉山彝族自治州第十届委员会第五次会议议程（草案）、日程（草案）；审议通过了中国人民政治协商会议凉山彝族自治州第十届委员会第五次会议秘书长、副秘书长建议名单；审议通过中国人民政治协商会议凉山彝族自治州第十届委员会第五次会议列席人员、邀请出席开、闭幕大会和在主席台就座领导范围；审议通过《中国人民政治协商会议凉山彝族自治州第十届委员会常务委员会关于授权主席会议审议州政协十届十七次常委会未尽事宜的决定》（草案）。州政协主席周文安出席会议并讲话，州政协副主席潘清富、毕志强、刘建蓉、尔欧伍哈、谢宇才、黄志富、熊仿秋、季晓静，秘书长杨洪清出席会议，州委常委、副州长、州政法委书记罗凉清，州人大常委会副主任张家让，副州长、州公安局局长袁刚应邀出席会议。各县市政协主席、州政协各专委会负责人、州级相关单位负责人列席会议。

十届州政协第十八次常委会议于2011年4月26日在西昌召开。会议围绕安宁河谷地区率先跨越发展建言献策。周文安主席主持会议并就会议要求、会议议题做了强调。州政府副州长许正模向会议作了题为《关于凉山州安宁河谷地区率先跨越发展情况的报告》，州政协副主席、党组副书记潘清富作会议小结，州政协副主席黄志富作《有力有效实施〈规划〉奋力推进安宁河谷地区率先跨越发展》的主题报告。九个单位在会上作了专题发言，八个单位和个人作了书面发言。会议还进行了分组讨论。州委常委、州委秘书长康俊，州人大常委会副主任张家让应邀出席会议。州政协副主席毕志强、刘建蓉、阿侯蜀革、尔欧伍哈、谢宇才、黄志富、熊仿秋、季晓静和秘书长杨洪清出席会议。各县市政协主席、州政协各专委会负责人、州级相关单位负责人列席会议。

十届州政协第十九次常委会议于2011年9月29日在西昌召开。会议传达学习了省政协十届十五次常委会议精神，州政府副州长达久木甲通报大凉山综合扶贫开发木里藏区跨越发展长治久安工作情况，州政协副主席谢宇才作《深入实施综合扶贫开发规划　全力推进凉山跨越式发展和长治久安》的调研报告。州扶贫办、民革凉山州委、民盟凉山州委、民建凉山州委、九三学社凉山州委、州工商联、木里县政协、雷波县政协、州教育局、州农业局等委员和单位负责人围绕会议议题“深入实施综合扶贫开发规划，全力推进凉山跨越式发展和长治久安”作了大会发言。州政协主席周文安主持会议，州委常委、统战部长苏嘎尔布应邀出席会议。州人大常委会副主任熊正林应邀列席会议。州政协副主席毕志强、刘建蓉、阿侯蜀革、尔欧伍哈、谢宇才、黄志富、熊仿秋、季晓静，秘书长杨洪清出席会议。各县市政协主席、州政协各专委会负责人、州级相关单位负责人列席会议。

十届州政协第二十次常委会议于2012年1月17—18日在西昌召开。州政协主席周文安主持会议。会议传达学习州七次党代会、州委经济工作会议和省政协十届五次会议精神，听取州委常委、州政府副州长、州委统战部部长达久木甲通报州政府关于政协凉山州十届五次会议委员提案和意见办理情况的报告，州纪委负责人通报2011年全州党风廉政建设和反腐败工作情况。会议审议通过政协凉山彝族自治州第十一届委员会参加单位、委员名额和人选名单；关于召开政协凉山彝族自治州第十一届委员会第一次会议的决定；政协凉山彝族自治州第十一届委员会第一次会议议程、日程；政协凉山彝族自治州第十一届委员会第一次会议主席团建议名单；政协凉山彝族自治州第十一届委员会第一次会议秘书长建议名单；政协凉山彝族自治州第十一届委员会第一次会议主席团主持人建议名单；政协凉山彝族自治州第十一届委员会第一次会议预备会议主持人建议名单；政协凉山彝族自治州第十一届委员会第一次会议邀请、列席人员范围和开、闭幕式邀请在主席台就座领导范围；政协凉山彝族自治州第十一届委员会第一次会议分组编组原则；政协凉山彝族自治州第十一届委员会第一次会议提案审查委员会建议名单；政协凉山彝族自治州第十届委员会常务委员会工作报告及报告人；政协凉山彝族自治州第十届委员会常务委员会关于五年来提案工作情况的报告及报告人；关于授权政协凉山彝族自治州第十届委员会主席会议审议十届二十次常委会议未尽事宜的决定。州政协副主席、州政协党组副书记潘清富出席会议，州政协党组副书记邓显祥参加会议，州政协副主席毕志强、刘建蓉、阿侯蜀革、尔欧伍哈、谢宇才、黄志富、熊仿秋、季晓静，秘书长杨洪清出席会议，州政协党组成员蒋若枫参加会议。各县市政协主席、州政协各专委会负责人、州级相关单位负责人列席会议。

【主席会议】 十届州政协第三十六次主席会议于2011年1月21日在西昌召开。会议传达省政协十届四次会议精神，研究州政协十届五次会议筹备工作。州政协主席周文安主持会议并讲话。州政协副主席潘清富、毕志强、刘建蓉、尔欧伍哈、谢宇才、黄志富，秘书长杨洪清参加会议。州政协副秘书长、机关各专委会等负责人列席了会议。

十届州政协第三十七次主席会议于2011年2月25日在西昌召开。会议学习了胡锦涛关于“加强社会管理”的重要讲话，分解落实了州政协2011年度工作目标任务。州政协主席周文安主持会议并做重要讲话，州政协副主席潘清富、毕志强、刘建蓉、尔欧伍哈、谢宇才、黄志富、季晓静和秘书长杨洪清出席会议。州政协副秘书长、机关各专委会等负责人列席了会议。

十届州政协第三十八次主席会议于2011年4月8日在西昌召开。会议传达全国“两会”精神和省委巡视组反馈意见，研究对政协委员履职情况的调查以及对政协机关干部及县政协副主席的培训事项，并审议召开十届十八次常委会议的有关事项。州政协主席周文安主持会议并讲话。州政协副主席潘清富、毕志强、尔欧伍哈、谢宇才、黄志富、熊仿秋、季晓静，秘书长杨洪清出席会议。州政协副秘书长、机关各专委会等负责人列席会议。

十届州政协第三十九次主席会议于2011年6月3日在西昌召开。会议传达学习了省政协主席陶武先在十届省政协第14次常委会上所作《增进共识，明晰方位，推动四川省战略性新兴产业加快发展》讲话精神和6届州委第145次常委会议有关做好州、县市、乡镇三级领导班子换届选举工作精神，并就做好换届之年的工作进行了安排部署。副主席毕志强、刘建蓉、阿侯蜀革、尔欧伍哈、谢宇才、季晓静，秘书长杨洪清出席会议。州政协副秘书长、机关各专委会等负责人列席了会议。

十届州政协第四十次主席会议于2011年9月19日在西昌召开。会议传达学习了省政协十届十五次常委会议精神，审议了州政协十届十九次常委会议议程及有关事宜。会议对州政协十届十九次常委会的主题调研报告进行了进一步的讨论和修改完善。州政协主席周文安主持会议。州政协副主席毕志强、刘建蓉、阿侯蜀革、尔欧伍哈、谢宇才、黄志富、熊仿秋、季晓静，秘书长杨洪清出席会议。州政协副秘书长、机关各专委会等负责人列席了会议。

十届州政协第四十一次主席会议于2012年1月5日在西昌召开。会议决定，州政协十届二十次常委会于2012年1月17—18日在西昌举行。会议传达学习州第七次党代会精神；传达州委经济工作会议精神；传达学习省政协十届五次会议精神；听取州政府领导通报提案办理情况的通报；听取州纪委领导通报2011年全州党风廉政建设情况；听取关于政协凉山彝族自治州第十一届委员会组成方案的说明；审议通过政协凉山彝族自治州第十一届委员会参加单位、委员名额和人选名单；审议通过关于召开政协凉山彝族自治州第十一届委员会第一次会议的决定（草案）；审议通过政协凉山彝族自治州第十一届委员会第一次会议议程（草案）、日程；听取关于《政协凉山彝族自治州第十届委员会常务委员会工作报告》（审议稿）的说明；审议通过《政协凉山彝族自治州第十届委员会常务委员会工作报告》（审议稿）及报告人；听取关于《政协凉山彝族自治州第十届委员会常务委员会关于五年来提案工作情况的报告》（审议稿）的说明；审议通过《政协凉山彝族自治州第十届委员会常务委员会关于五年来提案工作情况的报告》（审议稿）及报告人；审议通过政协凉山彝族自治州第十一届委员会第一次会议主席团建议名单；审议通过政协凉山彝族自治州第十一届委员会第一次会议秘书长建议名单；审议通过政协凉山彝族自治州第十一届委员会第一次会议主席团主持人建议名单；审议通过政协凉山彝族自治州第十一届委员会第一次会议预备会议主持人建议名单；审议通过政协凉山彝族自治州第十一届委员会第一次会议邀请、列席人员范围和开、闭幕式邀请在主席台就座领导范围；审议通过政协凉山彝族自治州第十一届委员会第一次会议分组编组原则；审议通过政协凉山彝族自治州第十一届委员会第一次会议提案审查委员会建议名单；审议通过关于授权政协凉山彝族自治州第十届委员会主席会议审议十届二十次常委会议未尽事宜的决定；民主测评州级部门（单位）班子。会议传达学习了省政协十届十六次常委会议精神。州政协主席周文安主持会议。州政协副主席潘清富、毕志强、刘建蓉、阿侯蜀革、尔欧伍哈、谢宇才、黄志富、熊仿秋、季晓静出席会议。州政协副秘书长、机关各专委会等负责人列席了会议。

【其他会议】 2011年1月16日，政协四川省第十届委员会第四次会议在成都隆重开幕，全州33名省政协委员出席会议，16名县市政协主席列席会议。在为期5天的会议中，他们将听取并审议政协四川省第十届委员会常务委员会工作报告和提案工作报告，列席四川省第十一届人民代表大会第四次会议，讨论政府工作报告和计划、预算报告以及省“十二五”规划纲要，听取并讨论省高级人民法院、省人民检察院工作报告，参加选举和大会议定的其他事项。2011年1月27日，州政协迎春茶话会在西昌举行。翟占一、张支铁、阿什老轨、周文安、赵世勇等州委、州人大、州政府、州政协领导，以及凉山军分区主官，在西昌部分州老领导和省政协委员同各民主党派、工商联负责人和无党派人士代表、宗教界、侨属以及各族各界人士代表欢聚一堂，叙友情、话发展、谋跨越，共迎2011年春节。茶话会由州委副书记、州政府常务副州长赵世勇主持，周文安在会上致辞，翟占一作重要讲话。2011年4月12—13日，省政协主席陶武先在州委书记翟占一，州委副书记、州长张支铁，州政协主席周文安的陪同下，深入西昌、德昌、普格等县市，调研新型能源产业发展、新村建设情况，看望慰问州政协干部职工。省政协经济委员会主任李亚平、科技委员会主任黄泽云、地方政协和委员联络委员会主任韩凯明，省政协副秘书长夏公海、研究室副主任杜兰举，州领导邓显祥、潘清富、毕志强、刘建蓉、尔欧伍哈、谢宇才、黄志富，西昌市、德昌县、普格县负责人陪同调研。2011年7月13日，州政协党组书记、主席周文安在州政协机关全体共产党员大会上讲了学习胡锦涛总书记在中央纪念中国共产党成立90周年大会上的重要讲话的心得体会，为全体共产党员上了一堂生动的党课。州政协党组副书记、副主席潘清富，党组成员、副主席黄志富、季晓静，党组成员、秘书长杨洪清与机关全体共产党员一道聆听了党课。2011年9月9日，州政协召开中秋茶话会。各驻西昌省政协委员，驻西昌州政协常委，各民主党派、工商联负责人，宗教界人士，民族界人士，港、澳、台、侨界代表，西昌市政协领导和州政协机关干部职工欢聚在州政协会议室，庆中秋、叙友情、谋发展、话统一。州政协主席周文安总结了十届州政协五年来的工作。州委常委、秘书长康俊通报了上半年全州经济社会发展运行情况及推进凉山跨越发展的战略部署和工作思路。州人大常委会副主任张锡煊，副州长仰协，州政协副主席潘清富、毕志强、刘建蓉、阿侯蜀革、尔欧伍哈、谢宇才、黄志富、季晓静，秘书长杨洪清出席茶话会。

提案工作

【概况】 十届四次会议以来，提案委员会共收到提案322件（会议期间303件，会后19件），提出提案的委员648人次。经审查，共立案281件，占提案总数的87.3%，比上年上升18%，作为意见转有关部门处理的36件，占11.2%，比上年下降17.6%；不予立案的5件，占1.5%，比上年下降0.5%。慎重及时确定急办提案和重点提案，根据提案涉及事项的轻重缓急，确定急办提案6件、重点提案12件。

【提案征集】 在全会召开前，以正式文件向各民主党派、工商联、人民团体和各界别委员发出通知，告知提案征集的具体要求和办法，让委员提前思考并做好准备。根据州委州政府2011年工作中心和目标要求，精心挑选117个题目作为2010年提案选题参考目录印发提案人，会议期间又以致政协委员的一封信形式作了强调。由于征集工作措施得力，基础扎实，提案质量有了进一步提高，立案率新高。

【提案审查】 组织提案委员会全体成员对所有提案严格地初审和复审。对会前征集到的提案，及时初审，对不符合立案标准或内容、形式不完善的提案，要求提案人作出修改完善，或建议撤案作为社情民意反映。对全会闭幕后收到的提案，七个工作日内审查和交办，保证了委员利用提案履职的渠道始终畅通。对急办提案在全会期间即讨论立案，会后立即交承办单位办理。

【提案督办】 积极与州委督查室、州政府督办室和各承办单位联系，加强提案督办工作，协助州级有关部门认真做好提案办理和回复。按照提案办理“四见面”制度要求，约请提案人、督办单位一道赴州民政局，对该局承办的11件政协提案（意见）进行现场协商督办。适时与交通、教育、卫生、公安等提案承办大户联络，了解提案办理进度，共商解决办理中遇到的困难和问题。及时选编印发提案工作通报，宣传提案督办工作情况。

【提案交流】 继续探索和创新提案办理新模式。首次将提案办理与民主评议工作相结合，在对州农业局、州旅游局、州经委三个部门开展民主评议工作的同时，对三个部门主办的提案进行了同步督办，收到了良好的效果。根据提案办理的总体情况，及时改进办理经验交流方式，将西昌市、州公安局提案办理工作中的经验和做法摘编印发各承办单位，扩大了交流面，起到了较好的示范引导作用。加强提案工作信息化建设力度，重新调整政协网站提案工作栏目后台管理模式，及时更新发布最新的提案工作动态。

【提案宣传】 充分利用《四川政协报》、《凉山日报》、《凉山政协》、工作简报、门户网站等宣传阵地宣传提案工作，扩大提案社会影响。切实加强与新闻单位联系，及时向他们通报提案工作中的重要活动，提供相关资料，协助新闻媒体宣传好政协提案工作，全年有关提案工作的60多篇文稿被媒体采用。

（审核：杨洪清/撰稿：陈耿毅　海　兰）

军事

Military

凉山军分区

【概况】 2011年，凉山军分区深入贯彻落实科学发展观，紧紧围绕主题主线，按照“着眼全局，突出重点，筑牢基础，求实创新，融合发展”的总体思路，沿着“五推进五提升”的工作路径，大力加强军分区部队和民兵预备役全面建设。

【思想政治建设】 紧紧围绕胡锦涛“三个确保”时代课题，着力抓好中国特色社会主义理论学习深化。军分区党委6名常委和23个宣讲小组深入县乡宣讲胡锦涛“七一”重要讲话和十七届六中全会精神，受教育近5000人次。依托省森林（消防）灭火骨干集训开展培育当代革命军人核心价值观主题教育的做法被省军区转发。通过纪念建党90周年和红军长征胜利75周年、组织党员重温入党誓词、请干休所老八路为官兵上党史课、参加“大凉山上党旗红”文艺晚会和“红歌唱响凉山”歌咏比赛、军地联办庆“八一”双拥文艺晚会等形式，深化思想政治教育。加强军事训练中政治工作的做法被省军区转发。开展“加强党性修养、锤炼思想作风”专题教育整顿和军分区机关思想作风纪律教育整顿，培育政治、思想、工作、道德“四种品质”。认真学习贯彻《军队党员领导干部廉洁从政若干规定》，推进党风廉政建设。深入开展创先争优活动，会东和越西两县人武部党委被省军区党委表彰为先进党组织，刘方田、王华彬、曾荣被省军区党委表彰为优秀共产党员和优秀党务工作者。全面实施干部队伍“五强”计划，调整11个人武部党委班子和45名干部，选送8名干部到军事院校培训。加强干休所全面建设和老干部服务管理工作，完成5名退休干部移交地方安置和139名军校考生的体检、面试和政审工作。开展纪念“国防教育法颁布10周年”、“国防教育周”和《国防动员法》宣传系列活动，政治部被评为四川省全民国防教育“十佳”贡献单位。新闻宣传工作被省军区表彰为先进单位，政治部干事王仁江被表彰为先进个人。

【军事斗争准备】 认真贯彻胡锦涛主题主线重大战略思想，深化形势战备教育，加强战备库室建设，充实完善“211K工程”作战数据库，修订完善军分区作战预案和各类抢险救灾预案，完成省军区委托军分区实施的全省师旅级单位167名森林灭火骨干集训任务。加强民兵应急分队、民兵专业救援分队维稳处突针对性训练，组织人武部参谋、网管员和涉藏重点乡镇专武部长进行国防动员综合业务培训，抓好补入新兵的复训、独立连为期1个月的野外驻训和西昌学院3600余名新生为期半个月的集中军训，完成军分区机关指挥所演习、课题演练、轻武器实弹射击、木柄手榴弹投掷训练和年度新兵征集任务。加强信息化综合应用平台建设，军分区被省军区表彰为通信执勤维护管理全面先进单位，通信班班长夏宇荣获成都军区短波通信网优秀报务员和省军区爱军精武标兵，盐源、甘洛县人武部职工马志华和阿木介布在省军区通信骨干培训考核中取得第二名和第五名的好成绩。军事志编纂经验在省军区会上交流，要讯工作被省军区表彰为先进单位，司令部参谋罗小平被表彰为先进个人。

【安全稳定】 4月14日，布拖县人武部发生56式7.62毫米步机弹被盗案。根据军委、总部和两级军区首长的指示，总部和两级军区工作组直接领导案侦工作，军地成立“4·14”专案组，于4月20日侦破案件，共抓获犯罪嫌疑人15人，全部追缴回被盗子弹。军分区党委围绕总结吸取“4·14”案件教训，扎扎实实做好安全稳定工作，在全区集中开展为期4个月的专题教育整顿和正规化建设、安全稳定、武器弹药仓库及“六类”倾向性问题清理整治，制定《人武部强化“军”的意识八条军规》，投入资金336万余元，改造升级州、县两级民兵武器仓库安防系统和战备值班系统，拆除军车违规安装警灯警报器20套，开展安全稳定清理整治的做法被省军区转发。组织官兵职工观看警示教育片《泣血的教训》和《欲望深渊》，增强法纪教育实效。坚持依法从严治军，分两期组织全区现役官兵、职工和专武部长条令条例培训。认真贯彻成都军区“军分区人武部正规化建设观摩座谈会”和省军区“正规化建设任务部署电视会议”精神，建立完善《分区机关工作落实问责暂行办法》、《门卫值班制度》等10项规章，坚持每天安全检查、每周安全交班、每月安全分析和人武部干部、职工工作日集中食宿管理等制度，严格落实安全责任网络和层级管理责任制，扎实开展“百日三无”竞赛和“三责”活动，初步实现打好翻身仗的目标。

【基层建设】 深入学习贯彻《军队基层建设纲要》，先后组织两批10名干部到独立连当兵锻炼，集中组织4批65个工作组、56名团以上领导干部、63名机关干部到县市人武部和乡镇蹲点调研，解决基层存在的376个具体问题。全面落实《凉山州乡（镇）、街道武装部三年（2010—2012）建设规划》，整体推进432个乡镇武装部基本达标。狠抓县市人武部和独立连全面建设，会东、喜德、雷波人武部被省军区表彰为全面建设先进单位，会东县人武部部长杨勇、政委韩艺和越西县人武部部长赖胜利、政委杨方被省军区表彰为“一对好主官”；10名官兵分别被省军区、军分区荣记三等功；独立连指导员黄寄被省军区表彰为优秀基层主官。

【参建参治】 举行驻州部队、武警“集团式”参建捐赠仪式，为布拖县特里木镇和达拉乡1460户彝族群众送去价值40万元的方桌、板凳。指挥西昌、宁南、木里、冕宁等县市人武部和民兵5000余人次，参与扑灭森林火灾20余起。组织冕宁、越西、甘洛、美姑等县人武部和民兵近2000人参与“6·16”山洪泥石流救灾，中央电视台、中央人民广播电台、《人民日报》、《解放军报》、《战旗报》等新闻媒体及时报道。加强以木里藏区为重点的维稳工作，指导木里县人武部组织民兵协助平息甘孜州理塘县群众与华电木里河开发公司的群体性事件。积极参与西昌“五创”全国双拥模范城活动，喜德县人武部被省政府授予四川省第六届民族团结进步模范集体。

【后装综合保障】 认真学习贯彻《财务条例》，着眼全面建设现代后勤，狠抓后勤战备教育，完善后勤保障预案，开展应急保障演练。坚持党委当家理财，修订完善《分区机关经费管理制度》，扎实抓好后勤科长政策业务培训、日常经费物资供应、军交运输保障、卫生防病、“红旗驾驶员”评比和安全管理工作，巩固发展劳动用工制度、干部住房、环保绿化和依托中石油网点加注油料、县市人武部干部参加地方商业医疗保险改革成果，完成军人保障卡领发工作。会同州委、政府制发《关于进一步加强人武部职工队伍建设的意见》，规范职工队伍建设。抓好基础设施灾后重建，完成干部经济适用房、干休所“三个中心”建设和老所整治，有序推进军分区军史馆建设、招待所改造和营区绿化美化等工程。后勤部部长陈硕被成都军区表彰为保障社会化先进个人，助理员禹敦平被省军区表彰为灾后重建先进个人。进一步修订《武器弹药管理规定》，调整补充应急维稳装备，分两批次安全顺利完成报废弹药送交任务。

【扑灭森林山火】 年初，凉山州内先后发生森林火灾20余起，军分区迅速组织相关县市人武部和民兵5000余人次护林灭火。2月15日9时，西昌市黄联关镇大德村发生一起人为纵火毁林案件。市人武部先后组织黄联关镇、西溪乡、黄水乡、洛古坡乡应急民兵550人和市民兵专业打火分队50人，与森警州支队西昌大队、直属大队密切合力，于17日10时将8处火场成功扑灭，避免火势燃向螺髻山风景区。3月1日下午，木里县牦牛坪乡泥珠村发生一起森林火灾。接报后，县人武部部长沐年若、副部长马松前往县护林防火指挥部指挥，政委鲍俊华、副部长罗甘坡赶赴火场，迅速组织牦牛坪乡、博科乡、屋脚乡、瓦厂镇、后所乡共600多名民兵，经过四昼夜苦战，直到彻底扑灭余火后才撤回。4月28日16时18分，越西县丁山乡丁堰村二组发生森林火灾，过火面积3.5公顷。越西县人武部就近组织越城镇、中所镇、丁山乡应急民兵320余人，采取联合编组、分片封控、分段阻隔、重点扑打和从南北两线砍挖隔离带的战术扼制火势蔓延态势，经过26小时连续扑打，于29日18时30分将山火全部扑灭。

【抗击雨雪冰冻灾害】 1月16—19日，凉山州部分地区遭遇雨雪冰冻天气袭击，一些重要交通路段冰雪厚达30毫米以上，给过往人员、车辆造成安全隐患。灾情发生后，会东县人武部部长杨勇、政委韩艺带领部机关干部职工，组织堵格乡和附近乡镇应急民兵120余人，到积雪最厚的堵格乡交通路段铲雪除冰近6个小时，为滞留人员发放干粮和饮用水，协助受阻机动车辆安全通过危险路段。冕宁县人武部组织拖乌乡应急民兵350余人次，在108国道严重结冰积雪的拖乌山路段铲冰除雪300余米，协助安装车辆防滑链，对特殊路段开展治安巡逻，疏通放行车辆6500余台次，抢救事故车辆32台。美姑县人武部部长王华彬带领干部职工和县民兵应急连一排，会同武警县中队共计70余人，到县城主要街道清理积雪，协助交警指挥车辆和行人安全通过。

【承训全省民兵森林灭火骨干】 1月17—24日，凉山军分区受省军区委托，承担集训全省民兵预备役森林灭火（消防）分队骨干任务，各军分区（警备区）、预备役师（旅）作训科（办）负责人及独立营（连）军事主官，各市（州）编组民兵森林灭火、消防分队队长共167人参加。省军区司令员夏国富作集训动员，省军区副司令员沙正华主持集训动员并全程指导，省护林防火指挥部副总指挥长龙先华到会讲话。凉山军分区机关全力以赴，从省州林业部门、武警州森林支队和木里县聘请教员20人，编写教案10万多字，动用教学器材40多件（台），采取理论讲解与实装操作、单科分训与综合演练、经验交流与教学片观摩、技能战术集训与开展“学英雄、赞英雄”主题教育相结合等方法，重点进行灭火基本理论、灭火器具操作技能、扑火行动紧急避险方法、灭火作战基本战法运用和综合演练等5个课题12个课目共80小时的学习训练，组织观看3部森林灭火教学片，听取木里县介绍森林灭火经验，并动用车辆40多辆，电台、对讲机20余部，把集训学员拉到20公里外、海拔2000余米的昭觉县森林公园，与军分区独立连、武警州森林支队、西昌市民兵灭火专业分队和市川兴镇部分群众组成7支共344人的军警民联合演练队伍，进行扑灭森林山火行动演练，检验集训成果，受到省军区高度肯定。

【举办条令条例集训】 3月，军分区、人武部分别组织现役官兵、职工和专武部长参加的条令条例集训。3月14—22日，军分区举办共同条令暨《政工条例》集训班，政委赵中书作动员和总结讲话，参谋长崔伟主持，政治部主任朱安平、后勤部部长陈硕出席，17县市人武部各1名主官、政工科长、3名职工和军分区机关及直属单位官兵参加。抽调12名现役干部授课、10名士官作教学示范，对学员按连排班建制统一编组，实行“院校式教学，连队化管理，过士兵生活”。集训内容以队列、纪律、内务三大条令和政工条例为重点，将党委工作、军事训练、战备、保密、安全、预防犯罪、国防动员、计算机信息网络国际联网管理、军队手机使用保密管理、后装保障等23个条令条例和法规制度，分为战备训练、政治工作、安全保密、国防动员、装备后勤5个专题，采取军分区领导作专题理论辅导与教员用课件串讲领学、新老条令条例对照学与联系实际问题训、观摩教学示范与组织交流互鉴、操课讲评与养成培育相结合等方法，扎实抓好集训工作。之后，17个人武部依照军分区集训模式、方法和内容，着力抓好本部干部职工和专武部长的集训工作。通过集训，收到学条令条例强“有法必依”观念，知条令条例树“执法必严”理念，用条令条例增“违法必究”信念的效果。

【开展专题教育整顿】 5月10—29日，军分区遵照军委、总部和两级军区指示，针对布拖县人武部“4·14”案件的深刻教训，在全区部队集中开展专题教育整顿活动。该活动分为整顿动员、专题学习、对照检查、整顿提高、整顿总结五个阶段进行。司令员刘继承、政委赵中书全程主抓，紧密联系实际，进行“强化基层意识”、“强化‘军’的意识”、“强化事业心责任感”、“强化党委领导原则性战斗性”四个专题教育辅导。对照布拖县人武部排查出的7个方面138个具体问题，结合各自的特点进行严格整治。以思想建设、能力建设、道德建设、制度建设为抓手，制定落实鸣军号、播军歌、正军容、严军规、说军语、树军风、谋军事、建军功八条军规，集中各人武部主官开展履职践诺接受监督，编印经常性基础性工作“口袋书”，建立安全稳定责任网络图和“三责”公示栏，对8个未订《解放军报》单位的政治委员和政工科长点名批评，对全区168名职工现实表现进行逐一审查考核，对全区所有武器装备库室和军械室进行翻箱倒柜地清理检查，组织各人武部交叉检查和结对互查，着力根治基层“抓建”“自建”思想不牢、地方化倾向严重、工作末端不实、从严治军不力等四个突出问题，消除工作薄弱环节和安全隐患，奠定“打好翻身仗、重铸新辉煌”的基础。

【培训国防动员业务骨干】 6月7—9日，军分区集中组织县市人武部各1名参谋、1名职工和涉藏重点乡（镇）专武部长共45人，开展以民兵信息工作、平时动员业务和网络管理为主要内容的国防动员综合业务骨干培训。在民兵信息工作方面，学习省军区民兵信息工作会议精神，观看涉藏录像教学资料片，了解相关政策规定，掌握进行维护稳定形势分析及研判的方式方法，如何组织民兵搜集、获取、报知信息等业务辅导。在动员业务方面，学习省军区民兵报废弹药销毁处理任务部署暨武器弹药清理整治骨干集训会议精神、2011年全省高校毕业生入伍预征工作暨直招士官培训会精神，组织对《现役部队预编预备役士兵信息管理系统》、《大学生网上预征报名系统》操作使用和民兵整组业务等学习培训。在网络管理方面，组织电视会议系统操作与维护、网络管理和使用、GOTA手机、卫星电话、移动视频、北斗一号等通信器材的操作技能培训。各参训人员基本掌握相关业务知识和操作技能。

【洪水泥石流抢险】 6月16日20时至17日6时，州内越西、冕宁、甘洛等县因暴雨遭受严重山洪泥石流灾害，军分区快速组织相关县人武部和民兵抢险救灾。越西县暴雨，使河东乡、普雄镇等16个乡镇遭受不同程度洪涝和泥石流灾害，特别是成昆铁路拉白至普雄段突发的泥石流灾害，造成K146、K9483、K145、K114四列客车4400余名旅客被迫滞留在拉白、越西、铁西3个车站。越西县人武部就近组织应急民兵530人投入抢险救灾，输送转移300余名灾民、800余名滞留旅客，步行20余公里山路向滞留旅客运送食品5吨，疏通中所至乃托公路和部分乡村道路近5000米，同时组织民兵对列车及停靠点周围进行巡逻执勤，进村入户帮助灾民排查险情，最大程度减轻灾害损失。冕宁县彝海乡、曹古乡强降雨引发的山洪泥石流使勒帕河流改道，造成4人死亡、17人失踪，108国道路基3处被冲毁，雅（安）西（昌）高速公路勒帕桥垮塌，交通中断，彝海乡35千伏输电线路中断3000余米，10千伏输电线路中断4000余米，大量民房倒塌，农田被毁，群众生命财产受到巨大损失。冕宁县人武部部长邹勇于17日凌晨2时带领部机关人员赶赴受灾现场，就近动员7个乡镇1080余名民兵和42台车辆救灾，搜救遇难者遗体4具，转移疏散安置群众2389人，搬运各类救灾物资200余吨，搭建帐篷99顶，疏通河道380余米。持续强降雨使甘洛县牛日河洪水暴涨，位于河右岸在建中的凉红电站1号支洞进水，2号支洞局部塌方，洞口被堵，13名施工人员被困。甘洛县人武部组织新市坝镇、普昌镇、前进乡民兵100余人赶赴现场救援，协助地方做好维稳执勤工作，成功解救被困人员1人，其余10人遇难，2人失踪。

【开展领导蹲点调研活动】 6—8月，军分区扎实开展领导蹲点调研活动，制订《军分区蹲点调研检查标准》，深入县市人武部、西昌军队干休所、独立连全面调研，细致过滤，研深研实基层实际，参与基层安全稳定工作形势分析会19次，与干部、职工、士兵逐个交心谈心，检查武器弹药库、保密室、值班室、民兵训练基地等重点部位，组织官兵职工、专武干部、离退休老干部对在职干部进行民主测评，共调研查找出需要整改的薄弱细节376项，面对面指导基层逐项制定具体措施坚决整改。司令员刘继承在西昌、会理等县市人武部蹲点调研中，对查找的问题发现一个纠正一个，不能立即纠正的，采取记账销账的方法限期整改。政委赵中书在蹲点调研中，要求官兵职工与党同心同德、尽忠职守、正派做人、科学发展，言行实践经得起官德、人格、良心和历史的审判，指导冕宁县人武部投入15万元整治营院，新贴营区围墙瓷砖580平方米，整治绿化带350平方米，新植绿化树15棵，改造晾衣场1个，洗衣台1个，新装庭院照明灯2盏，设置停车位3个，制定推动人武部营院建设整体搬迁方案。

【培训人武部后勤科长】 7月17—20日，军分区后勤部组织县市人武部后勤科长、军分区机关及直属队后勤干部共30人进行业务培训。军分区司令员刘继承对财务人员严格执行《财务条例》，坚持财务规章制度，恪守职业道德，严守财经纪律，强化职责意识进行重点宣讲。后勤部部长陈硕就深入学习贯彻《财务条例》，着力抓好多样化军事任务的后勤保障和加强现代后勤建设进行辅导。该次集训采取集中讲解示范和个人操作练习相结合的方法，认真学习新颁布的《财务条例》，对战勤、财务、卫勤、军需及营房等方面的专业知识和技能进行系统培训，重点研究掌握《存款先进管理系统》和出纳财务业务，熟悉掌握《资产管理系统》、《预算编制管理系统》、《会计财务管理系统》的操作使用。

【开展“百日‘三无’竞赛活动”】 7月12日至10月20日，军分区开展“百日‘三无’竞赛活动”。成立由司令员刘继承、政委赵中书任组长的领导小组，印发《凉山军分区“百日安全‘无事故、无案件、无严重违纪’竞赛活动”实施方案》，召开视频会议进行专题动员部署。竞赛活动分为学习教育、对照检查、抓好整改、检查验收四个阶段进行，适时组织“回头看”。每半月召开一次竞赛活动情况研判会。针对环境气候和工作特点，注重强化“三责”（我的安全我负责，单位安全我尽责，他人安全我有责）意识，修订落实防范九类重大安全问题预案。结合竞赛活动抓实“8月军车交通安全月”，集中组织驾驶员学习《国家道路交通法》、总部《车辆安全管理规定》、两级军区《车辆管理暂行规定》，派出140余人次对机场、车站、市区街道检查军车、军人遵章守纪情况，拆除20辆指挥车上违规安装使用的警灯警报器。加强重大节假日、重要时段的安全检查，坚持对各类值班人员和人武部主官在位等情况的随机抽查。对涉密人员进行《计算机安全技术防范系统》培训，开展隐蔽斗争专项教育。着力抓好大中专学生军训、军分区独立连野外驻训、达州预备役炮兵旅和乐山预备役步兵旅进驻凉山训练演习勤务保障等工作中的安全工作，实效显著。

【上交民兵报废弹药】 根据省军区《关于下达2011年度民兵报废弹药销毁处理任务的通知》，军分区分两批分别通过铁路、公路运输途径，将10多个品种、数十万发（枚）民兵报废弹药安全押运至指定地点圆满交接。9月14日，军分区参谋长崔伟、后勤部部长陈硕带领现役干部和包装技术人员，出动公安开道车、指挥车、运输车、收尾保障车，将6类9个品种、重33吨的民兵报废弹药运输到冕宁县漫水湾铁路车站装载入两个车厢。随即由陈硕带领4名现役押运人员历时9昼夜，把该批民兵报废弹药安全押运2060余公里，如数完整交到山西省指定仓库。11月7—12日，军分区动用指挥车、开道车、运输车，由崔伟带领15名官兵，将6类17个品种的民兵报废弹药和调整上交的53式82迫击炮、高射机枪，安全押运600余公里，交到省军区民兵装备仓库，圆满完成年度民兵报废弹药上交任务。

【启动驻州部队（武警）集团式参建活动】 9月29日上午，军分区协调西昌地域驻军单位举行“驻州部队、武警‘集团式’参建启动暨捐赠仪式”，支援凉山彝家新寨建设和彝区健康文明新生活运动。该仪式由军分区政委赵中书主持，军分区、63790部队、78029部队、95423部队、武警州支队、武警州消防支队、武警州森林支队、成都军代处等8个单位共300多名官兵参加，省军区副司令员沙正华、州委书记翟占一、63790部队政委孙保卫出席并讲话。启动暨捐赠仪式上，向布拖县特木里镇、拉达乡9个村共1460户彝族群众捐赠价值40余万元的实木方桌1460张、长条木板凳5840根。驻州部队、武警表示，继续协调聚合力量、技术及资源，集团式投身凉山经济社会发展和大凉山扶贫攻坚，为支援彝家新寨建设和彝区健康文明新生活运动作出新贡献。

【新村经济适用房竣工】 10月，军分区在新村原军队干休所修建的成都军区统售经济适用房竣工。该房于2008年2月报经成都军区批准，2009年9月动工，由重庆山海建设集团公司和四川奥博工程建设有限公司承建，建设用地总面积为21.63亩，总建筑面积20729平方米，其中住房建筑面积18582平方米，共修建75～180平方米四种户型住房13栋共158套，全部按九度抗震设防要求设计，建筑结构为剪力墙，每栋为3楼1底构架；修建地下车库1657平方米，汽车棚490平方米，机动车位87个。总投资4000多万元。小区容积率1.19，建筑密度31%，绿地率42.3%。10月26日，军分区后勤部组织监理、设计、勘察、施工、小区物业管理、经济适用房建设办公室人员和业主代表，对该房的建设质量、工程设计、地质结构、建筑防震、防水及外观等情况进行全面验收，认定为质量合格。

【军分区军史馆暨会议中心动工】 10月22日上午，军分区机关举行军史馆暨会议中心工程奠基仪式，司令员刘继承宣布“凉山军分区军史馆暨会议中心奠基仪式开始”；政委赵中书，州委常委、州政府常务副州长滕中平分别讲话，对建好军史馆和会议中心提出具体要求；参谋长崔伟、后勤部部长陈硕和机关全体官兵职工100余人参加；政治部主任朱安平主持。四川奥博工程建设有限公司、四川天星建设咨询管理有限公司领导分别代表施工方和监理方，对该工程质量和安全施工作出承诺。该工程初步预算投入1000万元，占地面积1200

平方米，总建筑面积2300平方米，为一楼一底框架结构，一楼设会议中心，二楼设军史馆，工程预计2012年4月底前竣工落成。军史馆建成后，将完整反映中央红军经过凉山的艰苦历程，真实记录中国人民解放军第62军184师进军凉山、解放凉山的历史功绩，全面展示凉山军分区部队及民兵预备役在建设社会主义新凉山中的光辉业绩，使其发挥在思想政治建设中的教育熏陶作用，在推进科学发展中的历史镜鉴作用，在履行使命任务中的鼓舞激励作用，在构建和谐社会中的"净化除尘"作用。

【制定人武部职工管理规定】 11月17日，中共凉山州委办公室、州政府办公室和凉山军分区司令部、后勤部着眼解决县市人武部职工队伍中存在的在职不尽责、"军"的意识弱、能力素质低、社会交往滥、管理教育软等突出问题，依据中央和省、州有关政策规定，联名下发《关于进一步加强县市人武部职工队伍建设的通知》，从录用职工条件标准、严格落实编制员额、完善职工退出机制、规范管理教育制度、规范工资福利待遇五个方面对人武部职工建设管理作了规范。

（审核：崔　伟/撰稿：谭守平）

武警凉山州支队

【概况】 2011年，在总队党委和州委、州政府的正确领导下，支队认真贯彻主题主线重大战略思想和上级决策指示，全面打响执勤隐患治理、正规化管理和四项设施建设"三大战役"，更新观念主动作为，鼓足干劲补课赶队，乘势而上加快发展，呈现出中心任务完成好，基层建设上台阶，重点工作有突破，全面建设新发展的良好局面。

【思想政治工作】 狠抓党的创新理论、优良传统、胡锦涛主题主线重大战略思想、"七一"重要讲话学习贯彻；高度关注意识形态领域的工作，广泛开展庆祝建党90周年系列配套活动；注重用身边的先进典型来教育、感召官兵，用支队建设成就激励、鼓动官兵，14名战士考入警校和保送入学，全年在总部、总队信息网上稿526篇，名列总队第3名，在省级以上媒体上稿183篇，被总队表彰为新闻报道先进单位。

【执勤战备】 坚持党委抓中心议中心，加强分类指导，创新换位思考查、两警协同查等方法开展执勤隐患治理。强力推进"四防一体化"建设，坚持"四防"联抓，整体推动，结合凉山实际，拓展UPS电源和防雷设施建设，着眼哨兵自身安全，4个守护分队因地制宜完善物防设施并规范组勤模式，16处执勤目标完成建设任务。全年出动兵力4600余人次，担负临时勤务180余起，任务圆满完成。"3·17"缉毒战斗和"6·17"抗洪抢险受到总部、总队和地方党委、政府的高度赞誉。

【军事训练】 狠抓机关干部共同科目和体能训练，严密组织检验性实兵演练，加强反恐装备器材操作使用训练，突出执勤分队岗前培训、勤训轮换，重视训练骨干和训练尖子培养，参加总队比武竞赛获得反恐骨干团体总分第二名、1名个人全能第一名、3个单科目前三名的历史最好成绩。强化训练保障，投入300余万元完成教导队配套设施建设，补充基层训练器材，教导队被评为一级教导队。大力表彰先进典型，训练成绩突出的3名干部提前晋职晋衔、11人记三等功，8人分别被总队表彰为训练标兵和优秀"四会"教练员。

【行政管理】 全力打好正规化建设战役，在西昌市中队召开正规化建设现场会，分两批组织大、中队主官正规化集训。按地域，将各县市中队划归五个大队管理。坚持整体规划、分类指导、软硬并举，有序推进16个单位正规化建设。每周组织视频交班、每月综治检查问题曝光，每季安全隐患排查、安全风险评估和安全工作讲评，适时开展安全警示教育。大力加强士官队伍建设，开展士官队伍思想技能大整训，严格考核培训，7名士官被总队表彰为"优秀士官"。

【后勤建设】 举办司务长、驾驶员、炊事员等专业集训。坚持主动作为，上层推动，争取地方经费新建一大队和教导队综合楼，自筹经费完成支队军械仓库、十中队、十四中队、十五中队、勤务汽车中队、卫生队、车库综合楼新改建任务以及教导队场地、机关双电源建设和五中队厨房改造，会理、冕宁中队新建营房按计划推进，喜德和金阳中队营房扩建工程进入主体施工。促成驻地所有大队、中队相关经费保障纳入当年地方财政预算，支队信息化建设经费列入州"十二五"规划。

【基层建设】 狠抓重点考帮建，党委每季度分析排位，全年派出3批综合工作组对部队普遍调查、逐个帮建、全面考评。突出干部队伍思想教育和能力素质培养，分4期6批次对82名干部进行“四个熟悉”培训，组织大学生排长当兵锻炼。制订干部考评办法，督导干部履职尽责守纪。

【组织建设】 大力加强学习型党委班子建设，坚持党委中心组学习，“加强党性修养、锤炼思想作风”学习教育活动贯穿全年。认真贯彻落实党委集体领导下的首长分工负责制，严格落实《支队党委常委、委员廉洁自律十二条》，广泛开展“创先争优”活动，坚持主官带班子，机关带部队，一级做给一级看，一级带着一级干。支队及司令部、后勤部分别被总队表彰为党风廉政建设先进单位、服务指导基层标兵单位、先进后勤机关，13个基层党支部、9名党务工作者、78名党员分别受到总队、支队表彰。

【重大临时勤务】 一是“3·17”缉毒行动。2011年3月15日至17日，普格县中队中队长詹环宇带领下士付彦磊、上等兵曹浩杰在参与普格县公安局缉毒行动中，抓获毒贩5名，缴获海洛因3585克、管制刀具1把。二是“8·11”抓捕战斗。2003年5月4日，冕宁县马头乡丝里坪村人邱达支子将其姨妹杀死后逃走，2011年8月10日晚，邱犯潜回家中欲接走10岁儿子，持枪恐吓其母，并藏匿于屋后一猪圈内与警方对峙。8月11日21时40分，冕宁中队受领抓捕任务，中队长姚敦根带班长郑如海、梁昌明、副班长陈琼贤和文书徐栋良执行抓捕任务。在政策攻心、投掷爆震弹逼捕无效的情况下，采取夜间实施围困，白天进行武力攻击的方法，中队长姚敦根、班长郑如海巧借政策攻心、武力震慑分散邱犯注意力之际，隐蔽占领预定攻击位置，与2名公安刑警同时开枪向猪舍实施射击，子弹穿透挡墙将邱犯击毙。缴获仿64式手枪1支、子弹2发，藏刀1把。三是“11·30”武装押解。2011年11月30日，支队50余名官兵历时7个多小时，长途跋涉100余公里，圆满完成凉山荞窝监狱151名罪犯整体转押至西昌市西宁镇青山嘴的临时关押点武装押解勤务。

【抢险救灾】 2011年6月，凉山州境内出现多次区域性中到大雨、局部暴雨的强降雨天气过程，特别是6月16日至18日，州内部分地区相继遭受暴雨袭击和山洪泥石流灾害，造成成昆铁路甘洛段、越西段中断，省道108线中断；甘洛、冕宁、越西、美姑等11个县163个乡镇，28万余人受灾，死亡17人，失踪19人，农作物受灾面积1万多公顷，倒塌房屋3449间，房屋受损8098间，直接经济损失5.9亿元。支队闻讯而动，先后出动兵力480余人次，参与甘洛县凉红电站，越西县河东乡、越城镇、乃托镇、拉白乡（成昆铁路白果段）及冕宁县曹古乡、彝海乡7个重灾乡镇（点）的抢险救灾，共搭建帐篷60余顶、转移安置群众1200余人、清理土石方30余立方米、搬运救灾物资13.5吨，搜救幸存者1名、搜寻转运遇难者遗体6具，抓获犯罪嫌疑人25名。

【重大活动】 一是5月17日，支队在西昌市中队召开正规化建设现场会。州委书记翟占一，州委常委、州委政法委书记、副州长罗凉清等州委领导和17个县市常务副县市长、政法委书记、公安局局长等领导在参观“四项”设施正规化建设成果后，在西昌市中队主会场参加会议。现场会上，支队长邹楠结合支队实际，从执勤设施、训练设施、文化设施和生活设施等四个方面介绍支队正规化建设现状和差距，并就如何加快支队正规化建设提出要求。翟书记作出重要指示，要求支队以建设现代化武警为目标，坚持落实指示不含糊、建设标准不降低、凝心聚力不放松，大力推进正规化建设科学发展、创新发展。二是6月27日，支队出动470名兵力，车辆20台次，在政委唐新茂的带领下，冒雨参加凉山州安宁河流域义务植树活动，官兵们共挖树坑2000余个，栽植四季杨、香樟、兰花楹等树1000余株，以实际行动喜迎建党90周年。三是9月23日至26日，副参谋长张新红率王飞等11人赴绵阳支队教导队参加总队反恐骨干暨执勤业务比武。在比武期间，全体参赛队员精诚团结、努力拼搏，反恐比武队取得团体总分第二名、2个单课目第一名和1名个人全能第一名；执勤业务比武队取得团体总分第七名、监墙哨兵执勤应用射击单项第二名、干部组全能第四名的好成绩。9月28日，支队召开表彰大会，给11人分别荣记个人三等功一次，并给予了5.6万元重奖。四是9月29日，支队联同驻州部队在西昌市火把广场隆重举行向凉山州布拖县特木里镇、拉达乡彝区群众捐赠1460套桌椅仪式。驻州部队和西昌社会各界共计3000余人参加了捐款仪式。

【先进单位和个人】 支队被总部表彰为连续5年预防

事故案件工作先进单位和保密工作先进单位，支队被总队表彰为党风廉政建设、机要工作正规化建设、新闻报道工作先进单位和正规化执勤一级支队机关，司令部被总队表彰为服务指导基层标兵单位、侦查情报工作先进单位，后勤部被总队表彰为先进后勤机关，教导队被总队表彰为军事训练一级单位，警务科、组织科、营房科被总队表彰为先进科，一中队、五中队、六中队、八中队、西昌市中队、会理县中队、喜德县中队、美姑县中队、金阳县中队、雷波县中队、木里县中队被总队表彰为基层建设先进中队，一中队党支部、盐源县中队党支部被总队表彰为先进基层党组织，支队长邹楠被总队表彰为廉洁自律先进个人，副支队长白启洪被四川省政府表彰为四川省民族团结进步模范个人，政治部主任周智勇被总队表彰为政治机关“七好”业务先进个人，西昌市中队政治指导员邓永锋被总队表彰为基层一线带兵人标兵，司令部警务科科长胡小林、美姑县中队中队长蒲宗伟被总队表彰为优秀共产党员，十二中队政治指导员李海兵、会东县中队政治指导员赵文杰被总队表彰为优秀党务工作者，西昌市中队党支部书记邓永锋被总队表彰为优秀党支部书记。一中队、六中队二排（沙南执勤点）、甘洛县中队被支队记集体三等功，邓永锋被总队记个人二等功，付彦磊被支队记个人二等功，张新红被总队记三等功，62 人被支队记三等功。

（审核：桂甲传/撰稿：张永安）

武警凉山州森林支队

【概况】 2011 年，武警凉山州森林支队党委在上级党委和凉山州委、州政府的正确领导下，始终坚持以科学发展观为指导，紧紧围绕“一个目标”，扭住“两个关键”，突出“三个重点”，狠抓“四个经常”，不断以创先争优活动为抓手建强各级组织，不断以精细化管理为助推提升建设质量，不断以作风风气建设为根本注重清根溯源，爬坡实干，攻坚克难，主动作为，争创一流，部队经受住了复杂形势和重大任务的考验，各项工作取得新的成绩，实现了“两个确保”目标。

【思想政治工作】 始终把学习领会党的十七届五中、六中全会及“七一”重要讲话精神作为首要政治任务纳入党委机关理论学习和基层政治教育内容，确保官兵政治信念坚定。全面落实“吉林会议”精神，持续深入地抓好主题教育，积极开展纪念建党 90 周年等系列活动，在参加总队主题演讲和精品授课竞赛中均获第一名。突出抓好经常性思想教育，新兵“第二适应期”管理教育做法被总队转发。广泛开展心理健康宣传周、法律心理服务到基层等活动，确保了部队内部安全稳定。注重警营文化建设，投入 105.7 万元，着力规范营区政治环境，建强“一队一特色”文化分队，组织自学考试，提高福利待遇，解决官兵后顾之忧，营造拴心留人环境。新闻宣传工作有序推进，全年在省部级以上媒体刊稿 54 篇。

【中心任务】 认真落实党委议中心制度，及时修订完善各类方案预案。投入 36.9 万元安装营区报警设施，配发纳米防火靴、强光手电筒、对讲机等装备器材和维修灭火机具，部队战备秩序更加规范。以加快转变战斗力生成模式为契机，严密组织“2011 砺剑行动”、第二届军政后比武和靠前驻防，驻防经验做法在省森防总结会上作了交流；出色完成向财政部和武警总部灭火作战网络汇报演示、全省民兵预备役森林（消防）灭火分队骨干集训、军警民联合演练、总队《纲要》网上培训期间的高压细水雾灭火机操作与使用、灭火综合演练和总队能力建设现场会等任务，部队遂行任务能力明显提升。积极开设泸山景区网状防火隔离带，发放传单，张贴标语。累计出动兵力 1067 人次，圆满完成 15 次灭火作战任务。中央电视台新闻联播和东方时空节目报道了支队黄联关灭火作战事迹，灭火作战组织指挥和通信、后勤保障经验做法被总队转发。

【行政管理】 坚持依法从严治警，深入贯彻条令条例和正规化管理两个规定，精心组织正规化管理现场观摩会，在总队军事能力建设现场会上全面展示支队正规化建设成果，圆满完成指挥部“两化达标”考核验收。扎实开展“条令学习月”、“三查一除”、“五个过一遍”和“转变工作作风、密切内部关系”教育整顿等活动，营造了纪律严明、正规有序、团结和谐的局面。“条令学习月”经验做法被总队转发，并荣获总队知识竞赛和网上队列会操第一名。注重经常性管理，修订完善《支队干部管理考评实施细则》，严格兑现奖惩。狠抓敏感时期部队管理，及时消除安全隐患，确保部队高度安全稳定，高标准接受武警总部密码安全保密大检查。

【基层建设】 注重转化总队《纲要》和基层政工干部网上培训成果，扎实开展“学《纲要》、知法规、明职责”、“强化事业心责任感，忠实履行岗位职责”学习教育活动和“正风气、守纪律、尽职责、树形象”专题教育整顿，集中4天时间组织基层党委（支部）正副书记培训，有效提高机关按纲指导、基层按纲抓建的能力。《纲要》网上培训做法被总队转发，政治环境建设录像片被总队推广。认真落实蹲点调研帮建制度，加强对基层干部骨干经常性帮扶，坚持季度考核和分析排队，及时纠偏问效。

【拥政爱民】 广大官兵始终牢记党的宗旨，在爱民为民中践行科学发展观要求。扎实开展“三学一唱”试点活动，全年支队先后为甘洛县玉田中学、昭觉县普诗乡九年一贯制分校、西昌市阳光学校等共建共育学校捐赠助学金1.85万元、被褥和床单100套，军训学生4000余人。大力开展“1+1”爱心助学帮扶，支队党委常委分别与玉田中学7名特困学生结成助学对子，每年资助每名学生500元，帮助其完成学业。紧紧围绕“依法开展国防教育，增强全民国防观念”主题，认真开展《国防教育法》颁布实施10周年宣传活动，进一步扩大支队在驻地的影响。积极主动参加凉山州委、州政府组织的城乡环境综合治理、“保护母亲河、建设新彝寨”植树活动以及“支援彝寨新村建设和彝区健康文明新生活运动”，先后清理垃圾20余吨，义务植树1万余株，捐赠扶贫款3万元，以实际行动赢得了地方党委、政府的信赖和支持。

【后勤保障】 紧紧围绕全面建设现代后勤的目标，狠抓后勤规范化管理。及时修订完善后勤应急保障预案，扎实开展遂行多样化任务野外后勤综合保障演练，出色完成指挥部后勤专业技能比武任务。坚持党委依法理财，先后投入392.69万元实施营区“硬化、绿化、美化、亮化”工程，修建杂物库、塑胶灯光球场、家属区停车场，改造洗漱间、浴室、招待所、休闲区、多功能舞台和运动场观礼台，改迁变压器，调整营区绿化，支队“四项设施”配套率基本达到标准。按时下拨战备储备金、灭火执勤补助，进行车辆维修以及卫生员、驾驶员、炊事员培训。先后12次组织管理员、出纳员集体办公，6次集中开展卫生常识教育。因地制宜发展两业生产，改善官兵生活。积极协调解决干部住房问题，当前干部经济适用住房建设正逐步推进。

【组织建设】 以建党90周年为契机，扎实开展学习党史军史警史知识竞赛，进一步强化党员的先进性意识。以创先争优活动为抓手，着力开展“一诺三评”，落实组织生活制度，强化组织功能，“一个班子，三支队伍”建设不断加强。扎实开展“加强党性修养、锤炼思想作风”教育整顿活动，先后2篇经验做法被总队转发。注重师团职领导干部网上理论读书班成果转化，组织党委中心组理论学习24次，“三个进入”成效明显，先后有6篇党委常委撰写的文章被军内外刊物刊用和上级转发。通过采取“挂账、治理、销号”的办法，高标准高质量地完成了专项整治任务。扎实开展“党纪条规学习月”和“读书思廉”活动，党委科学民主依法决策质量明显提高，支队贯彻落实《基层风气建设评估标准》试点做法被指挥部推广。共调整任用干部32名，选送技术学兵15名，推荐士兵考学21名，选改士官53名，上下普遍满意。

【先进单位和个人】 支队被武警总部表彰为“连续九年预防事故案件工作先进单位”。支队被指挥部表彰为“连续九年‘三无’单位”、“先进支队”、“反腐倡廉建设先进单位”、“人才培养先进单位”、“先进机动通信台站”和“后勤训练先进单位”；支队党委被表彰为“先进支队党委”；支队司令部、政治处分别被表彰为“先进支队司令部”、“先进支队政治处”。支队被总队表彰为“2011年度‘三无’单位”和“连续九年‘三无’单位”；西昌大队被表彰为“先进大队”和“人才培养先进单位”；西昌大队三中队、木里大队六中队被表彰为“先进中队”；木里大队六中队被表彰为“军事训练先进单位”；西昌大队党委、西昌大队三中队党支部、西昌大队部党支部、木里大队六中队党支部被表彰为“先进基层党组织”；直属大队团总支，西昌大队三中队团支部、木里大队六中队团支部被表彰为“先进团支部”。

支队司令部参谋孙伟艳被指挥部表彰为“优秀参谋”，李斐被表彰为“密码工作先进个人”；支队后勤处处长刘宇被表彰为“后勤训练先进个人”；支队警勤排班长王宏玉荣获“士官优秀人才奖三等奖”；西昌大队教导员胡国溪撰写的课件被评为“政治教育优质课件”；西昌大队四中队战士付超被表彰为“优秀团员”；木里大队大队长韩建海荣获“绿色卫士风采”诗歌比赛二等奖。支队政委刘永刚被四川省委省政府表彰为“维护民族团结进步模范个人”。直属大队副大队长冷建春、西昌大队三中队代理排长蒋毅、木里大队五中队代理排长郑剑华被总队表彰为“优秀教练员”；支队政治处干事薛晓波、直属大队副大队长冷建春被表彰为“优秀共产党员”；直属大队一中队团支部副书记柳州、木里大队五中队团支部副书记李涛被表彰为“优秀团干部”；支队警勤排战士黄鹏、直属大队炊事班长唐建被表彰为“优秀团员”；支队长齐兴彬、政委刘永刚，西昌大队三中队中队长赵万昆、指导员邬文星2对主官被表彰为“一对好主官”；支队后勤处助理员颜忠明荣获“优秀参谋人才奖”；直属大队副大队长冷建春被表彰为“学习成才先进个人”；支队后勤处处长刘宇荣记“三等功”一次；支队参谋长周宝友、政治处主任李宏彬分别记“嘉奖”一次。唐亚南、李韬、祝际伟等11人被支队荣记“三等功”，柳州、侯正超、杨惊等108人被支队记“嘉奖”。

（审核：齐兴彬　刘永刚　李宏彬/撰稿：薛晓波）

公安消防

【概况】　2011年，凉山州消防支队在省消防总队、州委州政府以及州公安局的领导下，以科学发展观为指导，以“建一流班子，带一流队伍，创一流业绩”为总体目标，以学习贯彻胡锦涛总书记“三句话”总要求、打造消防铁军为主线，围绕“发展、稳定、建设、和谐”四大主题为核心的工作思路，认真贯彻落实全省消防工作会议精神，积极应对新形势新任务，精心谋划，狠抓落实，促进内外和谐，稳步推进各项工作，全力创造凉山良好的消防安全环境。

【消防监督工作】　保持高压态势，支队对全州所有消防安全重点单位逐一进行消防监督检查，开展已达标验收消防安全重点单位“回头看”活动、火灾隐患排查整治“飓风—A”、“飓风—B”行动、“清剿火患”战役。全州共检查单位1.4万余家，排查整治火灾隐患2万余起，罚款900多万元。以“百乡千村”、“彝家新寨”建设为契机，报请州政府发文各县市从指导思想、基本原则、工作责任、措施要求、经费保障等方面，加强大凉山彝区、安宁河谷地区和木里藏区新村建设中的消防安全源头防范，确保将消防安全与新村同规划，同实施，做到审核、验收与新村建设同步进行，确保新村消防管理工作落到实处。在凉山州主流电视媒体和大型商场、市场等户外视频动播滚放消防教育电影、彝汉双语消防警示教育片和公益宣传片，利用“119消防宣传日”开展“全民消防，生命至上”大型宣传活动，推出了打造消防宣传“一条街”品牌、消防安全知识竞赛、参加“百名记者消防行”、大型消防演习等主题活动。全年培训单位消防安全责任人、管理人1000余名。

【基本建设】　投入经费800万元新增消防车辆4辆，新增器材装备1000余件套。支队按照《四川省消防队伍2010—2012年装备建设规划》，认真梳理了中队必配的大功率消防车辆、专勤车辆、特勤消防器材等装备配置计划，上报总队集中采购。完成了指挥中心系统升级和验收，电视电话会议系统与总队实现互通。特勤站、会理中队已开工，冕宁消防站即将开工，德昌、会东、宁南、盐源、木里、越西、昭觉等7个县已经启动消防站建设论证、选址、立项等前期工作。支队完成全州消防部队二、三级专网数据切割上线工作。组织两期通信员培训工作，支队主页也进行了改版。同时，加大日常通信演练工作，确保任何情况下连得上、通得好、不间断。支队增配铱星手持电话1部，提升应急通信保障能力。调整保密工作和信息化建设领导小组，加强杜绝“一机两用”警示工作，确保网络信息安全。

【执勤备战】　组建攻坚班3个，选拔攻坚队员25人，通过支队消防铁军比武竞赛选拔精干力量集训备战总队打造天府比武竞赛，获得了攻坚组百米梯次进攻操第三名。全州消防部队全年共接警出动180次，出动消防车292辆次，消防官兵1524人次，抢救被困人员77人，疏散人员136人，抢救财产价值1555.39万元，成功处置“5·25”西昌袁家山仓库大火、“10·12”太平洋鞋城大火、“6·17”甘洛凉红水电站救援等灾害事故。凉山州综合应急救援支队依托支队挂牌组建，并购置车辆和器材装备。全州17县市均依托消防大队组建综合应急救援大队并挂牌。支队筹备召开全州综合应急救援队伍建设现场会，指导各地建立完善应急救援工作机制，建立“统一领导、协调有序、专兼并存、优势互补、保障有力”的综合应急救援体系。对公安现役消防队和政府专职队进行冬训和消防员等级达标考核，人员参训率达95%，合格率达90%。在长安路中队建立战勤保障班，与5家社会单位签订了《战勤保障协议》，争取社会单位对消防工作的大力支持。在川滇地区跨区域地震救援实战拉动演练中，圆满完成10公里徒步携行、全面搜索、狭小空间救援、雷达音频搜救等科目。

【政治工作】 支队党委始终把党建工作作为加强部队全面建设的“龙头工程”来抓。通过规范三级党务公开栏、规范组织设置和选举和实施帮建指导等举措，着力加强基层组织工作科学化、制度化、规范化建设。支队“145”工程试点工作经验在全省消防部队交流，受到上级领导和兄弟单位的好评。以庆祝建党90周年和开展向却吉尼玛学习活动为契机，以“一诺三评”活动为载体，教育引导基层党组织和全体党员认真践行“五好五带头”的要求，强化党员的党性观念和先进性意识。全年发展11名新党员，8名预备党员按期转为正式党员；3名党员受到总队表彰；2名党员荣立个人三等功；1名党员当选凉山州第七次党代会代表。召开全州消防部队团员大会。改选各级团组织，发展7名新团员。会东等大队荣膺州级“青年文明号”。支队与各基层单位签订《党风廉政建设责任书》，落实各级责任。3—5月，在全州消防部队党员干部中深入开展以增强党性、严肃纪律、纯洁作风、树立形象为主要内容的集中警示教育活动。通过强化学习教育和廉政风险排查等举措，使党员干部思想受到了根本触动，反腐倡廉机制进一步健全，部队风气明显好转。对西昌、会理等10个大队13名干部进行经济责任审计或干部离任审计。从审计情况看，经费开支基本合理，无违规开支和贪污挪用等行为。支队借助庆祝建党90周年的有利时机，在全州消防部队开展以红歌警营传唱、红色经典回顾、争做红色传人等为主要内容的红色主题文化活动，并以此牵引基层警营文化设施建设，大力繁荣消防警营文化。全年组织参加全省第三届消防文化艺术节，向总队推荐上报7篇散文（诗歌），8幅书法作品和10余幅摄影作品，其中10件入围获奖；在各基层中队深入开展警营文化建设小辅导员、小节目、小竞赛、小演出、小专栏、一次交流汇演活动；西昌大队官兵参加了西昌市政法系统庆祝建党90周年文艺演出和凉山州庆祝建军84周年军地文艺汇演并获得了好评；支队士官邹森摄影作品获公安部第四届卫士之光书画摄影展一等奖，受到周永康、孟建柱等党和国家领导人的接见。开展坚持执法为民、树立良好警风为主题的纪律作风教育活动、大走访开门评警活动和警民亲爱民实践活动，积极投身参与驻地城乡环境综合整治、抗洪救灾、百乡教育扶贫工作等行动。全年班子成员人均走访5次以上，走访群众共计750人次，各级捐款捐物累计5万余元，帮扶贫困家庭15户，慰问困难群众86人。

【部队管理】 认真组织开展条令学习专项活动，形成部队按条令运行、干部按条令带兵、战士按条令办事的良好氛围。由司令部牵头，推进“五型”机关创建活动，在机关部门组织评比“五型机关流动红旗”；定期开展交流授课学习；评选五型之星等活动，提升机关干部为基层服务的积极性和工作效率。以西昌大队、高枧乡中队作为试点，在全州范围内开展正规化建设，规范大中队工作、生活、备勤、训练秩序。支队采取明察暗访、视频点名等形式加强督查检查，召开全州部队“两个经常性”工作分析会3次，开展警务督察5次，整改各类事故隐患16处，形成了部队教育管理的高压态势，将安全防事故工作做细做牢。

【荣誉】 支队有4名官兵因工作表现突出荣立个人三等功，30人受到各级嘉奖。

（审核：许满凯/撰稿：尚朋朋）

人民防空

【概况】 2011年是“十二五”规划的开局之年，也是贯彻落实第六次全国人民防空会议、成都军区第四次人民防空会议、四川省人民防空会议精神的关键一年。在省人防办和州委、州政府、凉山军分区的正确领导下，坚持以科学发展观为指导，围绕“长期准备、重点建设、平战结合”工作方针，按照“战时靠得住、平时用得上”的总要求，以贯彻落实人防法律法规政策为主线，紧紧围绕人防建设与经济社会融合发展这个主题，坚持“抢抓机遇、主动作为、重在建设”理念，在人防指挥所、应急指挥通信、民防应急能力提升等方面取得了较好成绩，不断推进了全州人防事业又好又快发展。

【法制建设】 按照《关于冕宁县、会理县征收防空地下室易地建设费收费的通知》和《关于转发四川省财政厅、四川省人民防空办公室关于人防重点县市防空地下室易地建设费收缴管理有关事项的通知》要求，督促省级人防重点县开展防空地下室易地建设费征收工作，推动其他业务工作有序开展。冕宁县顺利开通征费，会理、德昌两县已做好相关准备工作。积极协调州、县市政府，西昌、冕宁等县依法落实了1‰的人防建设经费，推动了人防建设又好又快发展。加强人防易地建设费、平战结合收入、支出和所有人防资产及有关经济活动的财务监管，保证依法理财。组织行政执法人员参加法制培训，提高依法行政意识。严格遵守《凉山州行政程序规定（试行）》，统一使用《四川省人民防空行政执法文书（试行）格式》，依法行政，规范人防执法程序和执法行为，做到行政执法主体和程序合法，无行政执法过错责任。

【组织指挥与民防应急建设】 扎实做好凉山州人民防空应急机动指挥通信系统项目建设，完成立项、审批、初步设计、专家评审、项目招标等工作，项目的建成，将有效提升全州人民防空组织指挥能力，加快防空防灾一体化建设进程。开展凉山州人民防空核心疏散基地工程建设项目的项目选址、可行性研究等前期工作，疏散地域建设达标1个乡镇。整组和训练人防专业队伍，完成整组400人，训练骨干100人的任务。明确应急管理责任，落实了应急管理承办科室，结合凉山自然灾害频发、应急救援任务重等实际，专门购置了帐篷、睡袋、行军床、斧、锯、绳、炊事用具等应急救援设备设施，为有效开展人防应急救援工作提供了物质保证。

【通信警报】 新增电声警报器3台，按照《凉山州人民防空警报系统管理办法》加强警报设施的维护管理，圆满完成全州“9·18”警报试鸣工作，警报鸣响率达100%，警报覆盖率达95%以上，防空警报二次报警能力大幅提升。强化互通互联工作，明确由指挥信息保障中心负责同省办的互通互联，圆满完成曲木史哈副省长、沙正华副司令员到省办视察时与州领导的视频对话任务。加强人防指挥信息保障中心建设，新提任中心领导1名，强化中心管理，全年电台沟通率达98%以上，报务员在岗训练达到500小时，电报无差错。

【宣传教育】 围绕贯彻落实国家、成都军区、四川省人民防空会议精神，扎实开展人民防空宣传和教育工作。一是结合“国防教育日”和“法制宣传日”等活动，走上街头宣传和发放《人民防空法》、《四川省〈人民防空法〉实施办法》宣传资料，同时播放《铸就和平之盾》、《抵御空中威胁》等人宣传教育片，扩大人防的社会影响力。二是抓住“9·18”警报试鸣的机会，采用电视、报纸、移动通信等方式发布防空警报试鸣公告，提高人防社会知名度和影响力。三是结合“三级”人防会议精神的贯彻落实，向党政军和有关部门领导宣传人防法律法规和政策，强化领导干部的人防意识。四是完成《中国人民防空杂志》征订100册，积极向《四川人防》杂志投稿，在《凉山日报》刊登人防宣传专刊，提高人防宣传意识和水平。五是完成初、高中学生现代防空知识教育，在大中专院校、党校、行政学院和街道社区开展人防教育，发放《防空防灾知识手册》20000余册。通过课堂教学、学生军训、观看人防资料片和挂图等形式广泛开展人防知识教育，取得了较好的效果。六是积极参加全省人防文艺汇演，荣获表演三等奖，展示了凉山人防的良好形象。

【工程建设与管理】 认真贯彻执行《人民防空工程建设管理规定》、《人民防空工程开发利用管理办法》，加大人防工程建设和维护管理的力度。完成008工程的主体工程及配套专业设备设施的预留预埋；对已建人防工事及防护设备进行全面检查，制定平战转换方案及实施计划，工程安全管理和满足应急转换需要；搞好人防工程的开发利用和经营管理，签订了租赁合同和安全管理协议，实现平战结合收12.43万元；坚持“以建为主、以收促建”的原则，根据结合民用建筑修建防空地下室的有关要求，严格按照川价费〔2002〕11号和凉价费〔2005〕18号的规定，完成征收防空地下室易地建设费680多万元，征、管、用符合要求。

【财务和资产管理】 下发《关于冕宁县、会理县征收防空地下室易地建设费收费的通知》和《关于转发四川省财政厅、四川省人民防空办公室关于人防重点县市防空地下室易地建设费收缴管理有关事项的通知》，规范防空地下室易地建设费的征收管理。做好占有使用国有资产的清查、核实、价值重估工作，完善管理制度，做好资产管理基础工作。做好“十一五”期间人防经费内部审计工作，提高人防经费使用效率。执行财政改革新政策、新规定，编制中央和地方两块资金的部门预算和决算。搞好业务资金和指挥工程项目的资金筹措及组织。加强对人防易地建设费、平战结合收入、支出和所有人防资产及有关经济活动的财务监管，保证依法理财，资金的收入和开支未发生违规违纪行为。及时完成工资变动和调整工作，做好住房公积金、票据管理、医疗保险费的收缴和管理工作，保证单位各项工作的顺利进行和离退休人员正常经费的落实到位。

【机关建设】 加强机关作风管理，全面落实《首问责任制》、《限时办结制》和《责任追究制》，实行机关工作目标责任管理制度，每季度分解工作任务，季末进行考核管理，提高机关工作效率和办事质量。加强机关制度建设，修改完善《机关财务管理制度》、《机关考勤和请销假管理制度》、《机关车辆管理制度》等，规范机关工作程序和工作行为。按照《国家行政机关公文处理办法》、《国家行政机关公文格式》等规定，认真做好机关文秘、保密安全、档案管理等工作。加强信息、网络安全防护和档案规范化管理，机关行政行为规范，没有失泄密、行政责任事故和安全稳定问题发生。积极选派业务骨干参加法制、通信、工程等方面培训，提高人防队伍业务素质。切实加强领导班子和队伍建设，认真落实党风廉政建设责任制，结合实际推进惩治和预防腐败体系建设，形成了团结、廉洁、务实的坚强战斗集体。

（审核：张国清/撰稿：刘国勇）

民主党派·工商联

Democratic Party. Association of Industry and Commerce

民 革

【组织概况】 2011年，中国国民党革命委员会凉山州第四届、西昌市第六届委员会认真贯彻民革中央组织工作精神，积极稳妥做好组织发展工作和干部培养工作，新发展党员5人。民革凉山州、西昌市委员会下辖6个基层支部，设组织部、宣传部、办公室以及参政议政、经济社会服务、老龄工作、祖国统一联谊、青年工作、妇女工作6个工作委员会。机关办公室有编制2人，在编专职干部2人。到年底民革凉山州、西昌市委员会共有党员243人，大专以上164人；中高级职称155人。

【代表大会】 民革州、市委广大党员顾大局识大体，自觉接受中共领导，与中共凉山州委、民革四川省委保持思想和行动上的一致，坚决维护组织决定，发扬立党为公的精神，保证代表大会的顺利召开和选举工作的圆满成功。2011年12月4日，顺利召开了民革凉山州第五次、西昌市第七次代表大会，圆满完成了民革凉山州第五届暨西昌市第七届委员会的组织换届工作。在民革凉山州第五次、西昌市第七次代表大会上，选举产生凉山州第五届、西昌市第七届委员会。委员会由17人组成。在第一次全委会上肖春当选为主委，肖萍华、陈宗荣、徐艺、马阿依当选为副主委；林毅被任命为秘书长。

【参政议政】 民革凉山州、西昌市委员会在省、州、市各级人大、政协会上共提交提案、议案68件，州政协常委会发言2次。省两会上提交提案、议案2件；在州政协十届五次会议上提交集体提案23件，19件立案，《关于加强农贸市场检测，把好食品入口最后关的建议》定为重点提案，；在市政协八届五次会议上提交提案23件，2件为优秀提案，18件立案；两会期间，委员个人提交提案、议案20多件，立案率78%。提案质量水平有所提高。全年收到信息153条，质量、数量都有大幅度提高。州、市委加强领导，围绕州、市经济、社会、文化发展方略，深入开展课题调研。重点对工业园区的环保、群众饮水安全、艾滋病防治、文化繁荣等问题开展调研，完成了民革四川省委交办的课题《艾滋病现状调查及对策》、州委统战部委托的调研课题《凉山州艾滋病防治情况调查及建议》、《凉山州文化创意产业与旅游发展现状研究》、《西昌市城市饮用水水源地安全调查及保护建议》、《西昌市北工业园区大气污染现状调查及对策建议》五个课题的调查研究和撰写工作。《关于加强农贸市场检测，把好食品入口最后关的建议》定为州政协重点提案；《关于西昌市交通拥堵状况亟待改善的提案》和《关于要求整治邛海水环境的提案》被评为西昌市政协优秀提案；2011年民革党员中有省、州、市人大代表6人、州人大常委会副主任1人，市人大常委1人，州人大常委会副秘书长1人；州检察院副检察长1人；副县长1人；省、州、市政协委员21人，州、市政协常委7人；州政协副秘书长1人；特约人员13人。他们积极履行政治协商、参政议政、民主监督职能。

【经济社会服务】 民革凉山州、西昌市委积极开展经济社会扶贫服务活动，建立完善了以支部为单位的经济社会扶贫工作平台，强化6个支部扶贫点的工作。在州、市委领导的大力支持和协调下，2011年“六一”儿童节六个支部为对口扶贫学校学生送去一万多元的学习、生活用品。一支部常年关注上乡村农业产业结构调整，为其出谋划策；二支部为扶贫点普格县黄草坪小学协调到资金5万元，在“六一”前夕，建成了该校二百多米长的通校水泥路，让教师、学生走上干净整洁的道路，从此免受泥泞之苦；三支部与二支部合作，将原来二支部扶贫点喜德羊妈妈小学搬迁后未使用的资金16万元，转到三支部扶贫点瓦尔村和瓦尔小学，修建通村公路。三支部支委会与老党员加强监督，资金使用得当，道路已于2月中旬竣工。瓦尔小学修建教学楼时，因动力用电问题一直不能动工，州市委领导与电力公司协调，很快解决了这一问题，还为瓦尔小学节约资金1万多元，年底，教学大楼已基本完工；四支部支委会积极协调，得到了省有关部门的大力支持，援助了西昌市洛古坡乡核动力小学图书3000册，价值3.2万元；学院支部在“六一”时，将价值万元的体育、学习、生活用品和节日慰问品送到布拖县火烈乡中心小学，他们还积极响应民革省委发起的同心活动，为汶川映秀植树捐款900元；地质支部关心养地乡为民小学所处的地质结构可能产生的危害问题，多次赴乡调查，聘请专家勘探，提出了对策建议。陈宗荣专著《数学猜想与发现》已由科学出版社出版，2011年还在中文核心期刊上发表学术论文2篇；刘建林主持、主研了省级自然科学重点科研课题两项，与其他教师合作撰写并在国内权威刊物上发表了科研论文三篇，被国内及美、英、德、日、俄等国内外著名数据库收录，其中发现、命名新植物物种两个。孙启宏、周大康、王三全等十余名党员在省、州、市报刊上发表论文、摄影作品；孙启宏的论文《在数学教学中培养学生的创新意识》获全国一等奖。

【思想建设】　民革凉山州、西昌市委坚持科学发展观，深入践行社会主义核心价值体系，推进党员整体思想素质不断提高。邀请民革四川省委秘书长曹丰平举行《纪念辛亥百年》讲座，三十多名基层干部和班子成员参加了讲座。举办继承民革优良传统，学习践行社会主义核心价值体系专题培训，四十多名基层干部参加。建立长效学习机制，各支部组织党员认真学习中共中央重要文件、重大会议精神提高全体党员政治素质和政策水平。围绕重大历史事件和重大节日，积极开展系列纪念活动、学习活动，坚定党员自觉接受中共领导的意识，坚定走中国特色社会主义道路的信念。全年《四川民革》刊登反映凉山民革情况文章3篇；宣传部编印《凉山民革》1期，简报3期。

【重大活动】　积极参加、组织纪念中国共产党成立90周年系列活动。组织20名党员参加州委统战部组织的纪念中国共产党成立90周年演唱队；组织40名党员的合唱队，参加西昌市统一战线系统纪念中国共产党成立90周年文艺演出；举办“纪念中国共产党建党90周年庆祝大会”及“书画·摄影展”。组织多种形式的活动纪念辛亥革命100周年，三名青年党员的纪念文章收入省民革编撰的纪念辛亥革命“百年百文”一书，并受邀参加“民革中央孙中山研究学会四川分会成立大会及四川省辛亥革命与孙中山精神研讨会”，肖春被聘请为民革中央“孙中山研究学会四川分会”常务理事，何秀娟、杨世忠被聘请为理事；一幅书法作品参加了民革四川省“纪念辛亥革命100周年书画摄影展”。

【祖统联谊工作】　民革州、市委始终与时俱进，把握两岸和平发展这一主题，加强祖国统一和海外联谊工作。组织党员特别是台侨属党员深入学习贯彻胡锦涛总书记关于对台工作的一系列重要讲话精神和中共中央对台工作的大政方针，努力提高党员对祖国统一重大意义的认识，营造全党关心祖国统一的氛围；发挥民革党员在台亲友多、海外联系广的优势，鼓励台侨属党员积极开展与海外亲友的联谊活动，宣传“和平统一、一国两制”的方针，扩大影响；遵照民革中央提出的祖统工作的“四个转变”要求，州市委与时俱进，积极进取，激励和调动党员特别是台侨属党员进一步履行好涉台参政议政职责的积极性，拓宽海外联系范围，增加联谊内容，推动祖统工作上新台阶；清明前夕，组织全体党员为“抗日阵亡将士纪念碑扫墓活动”，增强党员的爱国情感。

【荣誉与奖励】　2011年民革凉山州西昌市委员会被西昌市评为优秀提案单位；8人被评为民革州参政议政工作、信息工作先进个人，王才英被评为民革全国参政议政工作先进个人；张音、丁晨滨、韩韦三人评为民革四川省“祖统工作先进个人”。十多名党员被评为优秀公务员或优秀教师、教学能手、优秀医务工作者，还有一些党员受到委员会和上级的表彰。

（审核：肖　春/撰稿：王才英　陈　波）

民 盟

【组织概况】 2011年，遵循《中国民主同盟章程》相关规定，按照民盟四川省委和中共凉山州委统战部的有关要求，民盟凉山州、西昌市委成立换届工作领导小组，对每一个步骤、每一个环节都严格按要求推进，认真做好换届筹备工作，营造讲大局、讲团结、讲民主的换届工作氛围。到年底，12个支部进行了换届选举，推选出新一届的支部主委、副主委、委员。9月27日，中国民盟同盟凉山州第六次、西昌市第十六次代表大会在西昌召开。大会听取并审议主委代表民盟凉山州第四届、西昌市第十二届委员会所作的《秉承光荣传统，积极履行职能，为加快凉山跨越发展构建和谐社会做贡献》的工作报告；经参会全体代表无记名投票选举产生中国民盟同盟凉山州第五届、西昌市第十三届委员会19名委员。委员会第一次会议选举刘建蓉为主任委员，周仕伦、贺新宇、杨培金、张万明为副主任委员。第一次主委会任命吴华为秘书长。一年来，民盟凉山州、西昌市委实施以提高参政议政能力为重点的“人才强盟”战略，认真贯彻盟省委组织工作会议精神，按照川盟组〔2011〕02号文要求，完善组织管理制度，加强对基层支部的工作指导，为各级组织开展工作创造条件。3月，制定了《民盟凉山州、西昌市委2011年度组织发展计划》；4月，参加了在南充营山县召开的“四川民盟基层组织盟务工作会议”；12月，推荐4名新盟员参加了在省社院举办的全省新盟员培训。经过各支部的共同努力，一批政治素质好、层次高、代表性强、有发展潜力的优秀人才加入到民盟组织中来，进一步优化了组织结构。2011年全年新发展盟员28人，平均年龄39.5岁。截至年底，盟员总数为391人，平均年龄52.6岁，发展率为7.5%。

【参政议政】 民盟凉山州、西昌市委坚持把推动科学发展作为履职的第一要务，牢牢把握“乘势而进、加快发展”的工作基调，紧紧围绕“提速增量、提质增效”双提升战略的实施，立足民盟工作，针对州、市经济发展中的热点难点问题，认真开展调查研究，使建言献策更具全局性、前瞻性和可操作性。知情出力，民主监督。盟州、市委班子成员和相关人员积极参加州、市党委、政府组织召开的各次座谈会、协商会、情况通报会、民主评议会和其他调研活动47次。依托“两会”，群策群力。在省、州、市（县）“两会”期间，共提出提案和建议意见共计253件，其中：人大建议意见13件，集体提案103件，个人提案137件。提案《关于禁止出租司机在机场、火车站拒载（拼车）的建议》被列为凉山州政协十届五次会议急办提案；提案《切实解决乡镇群众“看病难”的建议》、《边远及低收入农村地区的建房建议》被列为凉山州政协十届五次会议重点提案，州人民政府州长张支铁亲笔批签，要求分管领导和部门认真办理；提案《关于完善城市功能 打造城市形象 加大出租车投放量的建议》得到州委常委、会理县委书记胡坤亲笔签署办理；提案《关于要求太和铁矿尽快恢复植被保护环境的提案》和《关于要求整治邛海海水环境的提案》分别被市政协评为2010年度、2011年度优秀提案。2011年1月和12月，民盟西昌市委被政协西昌市委评为2010年度提案先进集体和2011年度提案先进集体；市政协全会上所评出的10名提案先进个人中，民盟盟员占6名。2011年12月，西昌、会理、会东人大、政协进行了换届，有1名盟员当选市（县）人大常委，3名盟员当选市人大代表，3名盟员当选市（县）政协副主席，6名盟员当选市（县）政协常委，14名盟员当选市（县）政协委员。畅通渠道，反映社情民意。盟省委特约信息员继续带动广大盟员积极上报社情民意。所上报的信息中，有2篇被民盟中央采用，有1篇被省政协采用，有13篇被民盟省委采用。《西昌学院北校区空气污染严重》、《15种慢性病的就诊与反应》两篇信息受到州委领导重视，翟占一书记亲自批示。11月，参加了在攀枝花市召开的“四川民盟首届高等教育暨高校盟务工作研讨会”，论文《大师彰显大学，大气乃蕴大成》获本届高等教育研究优秀论文二等奖并被推荐参加民盟中央高教研讨会优秀论文评选，《争取西昌学院师范专业免费招生》获优秀论文三等奖；《高校盟组织思想政治工作的思考与建议》和《民盟应积极争取西昌学院为民族地区培养免费师范生》两篇论文获高校盟务工作研讨会三等奖。论文《大凉山特贫区农业生态转型建议》被《四川林刊》杂志采用，并获中国社科院区域研究所评选的特等奖。盟员接受四川日报采访的报道《西昌火车票为何一票难求》引起了社会各界广泛关注，国内数十家网站和报刊媒体转载，成都铁路局专程派员到西昌做解释工作，并促成西昌至成都T8866次旅客列车于12月1日试行实名制购票。有的放矢，调研力求精品。盟州、市委参与完成盟省委招标调研课题《彝族地区基础教育“9+3”工程实施存在的困难调查及建议》；完成盟省委协作课题《凉山州农技服务体系情况调查及建议》；调研报告《关于破解我州医务人员紧缺问题的建议》被列为州政协大会发言，得到州委翟占一书记亲自批示办理；调研报告《加快安宁河谷地区城乡统筹发展的建议》、《对社会主义新农村农房建设及新能源利用的思考》被列为州政协常委会议发言；同年完成的调研报告还有《关于促进西昌市奶牛养殖业可持续良性发展的建议》等。

【社会服务】 盟州、市委精心组织、广泛开展社会服务活动，扶贫帮困、捐资助学累计人民币104.425万元。整合资源，助推教育发展。按照“量力而行，尽力而为”的准则，盟州、市委协调联系社会各界资源，以“农村教育烛光行动”为重点，开展爱心扶贫行动。协调联系省栋梁工程基金会，资助凉山贫困学生22名接受大学教育，受助学费6.5万元。联系川内盟组织，调动支部和盟内骨干教师积极参与，支持边远山区教育发展。“六一”儿童节为喜德县李子乡爱心小学的孩子们带去5000多元的节日礼品，捐赠4800元为学校修建食堂以改善学校师生的就餐环境，盟员老师并为学生讲授了语文示范课。9月，又组织盟内教师前往该校慰问老师，发放节日慰问金2000元。11月，组织西昌学院工程技术学院97名青年志愿者服务队再次前往该校开展“童声笑语庆彝族年”的献爱心助学活动，进行“知识改变命运”的演讲等丰富的教学互动活动，并为成绩优异的各年级前三名共计24名小学生颁发奖状和奖品。奉献爱心，捐款认植同心林。民盟凉山州、西昌市委认真响应中共四川省委统战部、民盟四川省委“关于积极参与四川统一战线同心林”建设活动的通知精神，积极组织各支部及广大盟员参加“认植一棵树，共建同心林”活动，切实将助推灾区发展振兴与开展“同心”主题教育相结合，为促进灾区植被恢复及美化灾后新家园的建设尽绵薄之力，共计捐款20150元。引进资金，开展社会扶贫。1月，为昭觉县大坝乡当地贫困农户送去棉被150床，冬衣1万件，价值70余万元；2月，分别前往西昌市巴汝乡、琅环乡开展爱心捐赠活动，把协调筹集的50床棉被、1700件冬装送到贫困村民手中；3月，将44床棉被分别送到越西县保安乡、冕宁县哈哈乡村民手中；10月，深入到布拖县特木里镇、火烈乡、采哈乡开展“挂包帮”活动和科教扶贫工作，向特木里镇小学和日切村、采哈乡等乡镇捐赠了价值3万多元的冬衣和棉被，以及由盟中央张梅颖副主席亲自题词、价值1.2万元的《新农村卫生健康手册》；11月，时值“第二十三届国际科学与和平周”到来之际，盟州、市委联合九三学社州、市委再次前往巴汝乡开展送卫生知识到山村活动，向巴汝乡赠送了《新农村卫生健康手册》530多册，价值2万元左右；12月，开展了慰问困难职工“送温暖、献爱心”主题实践活动，为德昌县困难职工送去价值1万多元的米、油、棉被。立足本职，服务奉献社会。2011年，广大盟员爱岗敬业，在工作中取得了新的成绩。合计撰写各种学术、教学论文94篇（其中全国中文核心期刊发表28篇，省级以上刊物发表36篇），主编与参编教材13部，主持、参与各类科研项目25个，获各类科研成果奖32项。一名盟员获评凉山州学术与技术带头人，多位盟员获凉山州学术与技术带头人后备人选、“凉山州有重大贡献科技工作者”、州、县市级优秀教师、优秀教育工作者、先进工作者、优秀中层干部、世博艺术杰出成就人物等荣誉称号。许多盟员还充分发挥文学艺术等特长，积极参与凉山州及西昌市的精神文明建设。

【自身建设】 2011年，盟州、市委以树立和践行社会主义核心价值体系活动为主线，以组织换届为推动力，着力搞好自身建设。切实加强思想建设和宣传工作。思想建设的重点是抓好理论学习，建设学习型组织。领导班子带头学习，通过不断加强政治理论学习，坚持把推动科学发展作为履职的第一要务，有力地推动了全州盟务工作的开展。强化宣传队伍建设，通过培训、学习、交流等方式，不断提高主动宣传意识，构建盟内共同思想政治基础，运用各种媒体手段，从不同层面为民盟“立德、立功、立言”，提高了民盟良好的社会形象；进一步强化平台建设，提高了《凉山盟讯》的办刊质量。全年，刊印《凉山盟讯》4期（总第91期），编写工作简报10期，报送各类新闻报道、信息至各级各类报刊及网络媒体，其中有2篇分别被《四川统一战线》、《四川政协报》采用，3篇被民盟四川省委庆祝中国民主同盟成立70周年文集《求索——四川民盟在前进》采用，9篇被《凉山日报》采用，14篇被《月城新报》采用，36篇被《四川政协网》和《凉山政协网》采用。全年，盟员共接受媒体采访11次。盟州、市委结合节庆主要开展了以下一系列活动：组织盟内女盟员沿邛海踏青参观了观鸟岛湿地公园和西昌学院彝族文化研究中心，见证西昌发展的巨大变化和回顾凉山的历史文化；隆重召开了庆祝中国民主同盟成立70周年座谈会及盟史知识竞赛活动，回顾民盟同中共携手走过的70年光荣历史；举行庆祝中国共产党成立90周年文艺演出和参与西昌市政协系统纪念中国共产党成立90周年文艺演出、凉山州直属机关“红歌唱响凉山”文艺演出，热情讴歌中国共产党带领全国各族人民走进新时代，在经济社会发展中所取得的辉煌成就，激励广大盟员服务社会主义现代化建设的激情和热情。5月，盟中央授予民盟凉山州、西昌市委“先进集体”称号，2名盟员被评为“先进个人”。6月，盟市委荣获政协西昌市委统战系统纪念中国共产党成立90周年文艺汇演“优秀奖”和“组织奖”。

（审核：贺新宇/撰稿：李　龙）

民　建

【组织概况】　2011年，在民建四川省委和中共凉山州委、西昌市委领导下，民建凉山州、西昌市委员会通过精心组织，圆满完成换届任务，选举产生17名委员组成的民建凉山州第五届、西昌市第六届委员会，实现新老交替和政治交接。其中仰协当选为主委，余堂辉、黄德斌、杨晓莉、罗伦才当选为副主委，王玉华任命为秘书长。新一届委员会下设六部一室及12个基层支部。发展会员继续坚持“三个为主”的方针，2011年民建委共发展会员11人，发展率3.8%，平均年龄36.8岁，其中大学及以上学历占100%，具有中高级职称占18.2%，经济界会员占82%。截至2011年12月，共有会员303人。会员中任各级人大代表的7名、政协委员32名。机关编制3人。

【思想建设】　全年民建州、市委共召开4次主委会议、4次全委会议。定期召开领导班子学习会议，带头撰写理论文章，带头深入基层宣讲。委员会坚持每季度一次的以会代训学习培训，各基层支部坚持每月一次的学习活动，包括各级“两会”、中共十七届五中、六中全会等重要会议精神，胡锦涛提出的“同心”思想、“七一”重要讲话精神、在纪念辛亥革命100周年大会上重要讲话精神，进一步提高会员政治理论素质。认真开展理论研究：按照民建省委及州、市委统战部的要求，完成《浅析民建基层组织如何学习践行社会主义核心价值体系》等6篇理论研究课题，并参加民建四川省委思想宣传工作会议、社会服务工作会议、民建川西南片区会议，与省内各地方组织交流工作经验，促进民建委各项工作再上一个新台阶。以纪念中国共产党成立90周年为契机，各基层支部结合实际情况普遍开展党史、多党合作理论知识的学习：组织收看中共中央纪念建党90周年大会实况，参观学习冕宁县红军长征纪念馆等革命圣地。3—7月，在全体会员中开展了以“回顾中国共产党光辉历程，讴歌中国共产党领导的多党合作发展成就”为主题征文活动，共收到会员投稿20余篇，其中多篇被民建中央、民建省委采用。6月，举行纪念中国共产党成立90周年庆祝大会，主委仰协作《与党同行，共谱新篇》的发言，民建会员共聚一堂，学习回顾中国共产党90年来的伟大历程和辉煌成就，重温民建与中国共产党同心同行、共创伟业的光荣历史。同时，组织60余名会员参加了西昌市政协统战系统庆祝建党90周年文艺晚会、凉山州直属机关“红歌唱响凉山”歌咏比赛，表达对伟大的中国共产党、对祖国和家乡的热爱和美好祝愿。不断提高《凉山民讯》的办刊质量，充实版面内容，提高可读性，全年出刊11期。积极向中央民建网站、省、州政协网站、《四川民讯》投稿宣传，同时，加强了与州、市电视台、凉山日报等新闻媒体的联系，全年委员会及广大会员在各类报刊、电视共发表文章和消息64篇，被民建四川省委评为思想宣传工作先进单位。

【参政议政】　2011年，民建州、市委牢牢把握“乘势而进、加快发展”工作基调，立足州、市经济发展中的热点难点问题，深入调研，参政议政工作取得明显实效。高度重视中共州、市党委、政府召开的各类会议和视察等活动，参加调研、征求意见会、双月座谈会、提案办理会等100余人次，通过各类形式对安宁河谷地区率先跨越发展、碳汇交易、凉山州钒钛产业发展、“五十百千示范工程”、西昌市保障性住房建设等问题建言献策。按照“党委出题、党派调研、政府采纳、部门落实”调研要求，民建州、市委广大会员深入实际调研、广泛收集反映社情民意，参政议政工作取得了较为突出的成绩。共完成《发挥金融机构作用 着力缓解中小企业融资难》、《对西昌市房地产市场的思考》等8篇调研报告。社情民意和信息工作质量不断提高，荣获民建四川省委反映社情民意工作二等奖，其中《切实加强彝文古籍的保护和传承》被全国政协采用，《建议在民族聚居县建造品牌中学》、《凉山艾滋孤儿童救助问题反映》等4篇被民建中央采用，《西部水能资源开发要科学合理》被民建四川省委采用。在凉山州举行的民主党派、工商联调研成果汇报会上民建州、市委作了《凉山州旅游发展现状及加快旅游经济发展的对策建议》发言，州委、州政府领导对民建凉山州、西昌市委员会发挥优势，深入调研、广泛反映社情民意工作给予了充分的肯定。全年向各级“两会”提交提案、议案77件(其中集体45件)。其中《抓住机遇 有效遏制艾滋病蔓延势头的建议》被州政协列为重点提案、《关于要求整治邛海水环境的建议》、《关于加强西昌市市区交通建设的几点建议》被市政协列为重点提案，并专门召开提案办理会进行督办。《充分利用凉山州新型能源开发和生态建设优势开展碳汇交易的建议》在州政协十届五次会议上作为大会发言，《大力建设太阳能电站，加速安宁河谷地区跨越式发展》、《关于建立“大凉山”农特产品精准高效市场营销新格局的建议》作为州政协常委会发言，得到广泛好评。2011年，民建凉山州、西昌市委员会被西昌市政协评为提案工作先进集体，会员何平被民建省委会评为社情民意先进个人，罗伦才被凉山州政协评为优秀政协委员，张瑜、李康被西昌市政协评为提案先进个人。

【社会服务】 努力争取思源工程继续支持凉山。根据“中华思源工程扶贫基金会”十个计划的内容及凉山实际，积极向民建中央、省委为凉山州争取扶贫项目。经积极争取，继2008年、2010年后，2011年暑期扬帆计划项目组在西昌市、喜德县5所学校共选定40名优秀贫困学生，参加在南京举办的“思源工程——扬帆计划”夏令营活动，所有费用由基金会承担。“六一”国际儿童节到来之际，为普格民建洛坪希望小学价值5000元的学习用品。11月，按照民建四川省委的要求，认真开展“国际科学与和平周”活动，组织各基层支部、医卫专家20余人到西昌马坪坝敬老院开展医疗服务活动，认真为老年人开展健康义诊，并为老人送去价值两千多元的慰问品。“三八”节到来之际，组织支部负责人及女会员80余人在泸山风景区开展了“五十百千示范工程——从我做起”活动，主委仰协带领会员们认真搜寻在泸山风景区的垃圾，同时积极向身边的行人进行宣传“公共卫生要大家爱护”。民建州、市委认真贯彻中共四川省委统战部、民建四川省委“关于积极参与四川统一战线同心林”建设活动的通知精神，积极向会员宣传“同心”理念，切实将助推“5·12”地震灾区发展振兴与开展“同心”主题教育相结合，广大会员踊跃参与，为灾区生态建设、植被恢复尽一份力，共计捐款1.66万元。按照州、市政府“惠民”行动工作的安排布置，民建州、市委积极引导会员企业家参与民建中央发起的“思源工程”行动。据不完全统计，全年民建委及会员热心参加社会公益活动，共计捐款捐物23万余元。会员陈浩长期坚持资助贫困学生，2011年，向西昌市第一中学、礼州中学、四川师范大学贫困学生及普格孤儿班捐资助学达10万余元；钟雪向西昌市中小学捐赠了价值5万元的图书；李昌海向喜德县15名残疾人捐赠棉被等价值6000元过冬用品、向贵州省纳雍县小学捐赠价值1万元雨鞋、体育用品；张松积极关注残疾人事业，通过凉山州残联向4名患者捐赠药品现金总价值3.1万元。会员企业安置下岗职工、退役军人及农村剩余劳动力200余人。

【荣誉与奖励】 罗伦才、涂德海领衔的科研项目在全州科学技术大会上分获二等奖；李雁龙获中国地质调查局国土资源科学技术二等奖；张富翠被评为西昌学院学术带头人、获得凉山州哲学社会科学优秀论文、优秀专著二等奖；罗锐获凉山州哲学社会科学优秀论文二等奖；会员何平企业晓山春土特产贸易公司成为凉山州诚信小企业协会首批入选会员单位。

（审核：仰 协/撰稿：张武霞）

九三学社

【组织概况】 2011年是州市民主党派换届年，根据中共凉山州委和州委统战部对州市民主党派换届工作的部署和要求，九三学社凉山州暨西昌市委高度重视，精心筹备，严肃纪律，规范程序，于2011年9月28日在西昌市召开九三学社凉山州第五次暨西昌市第六次代表大会。大会应到代表90名，实到代表85名。大会听取、审议并通过了熊仿秋主委代表九三学社凉山州第四届暨西昌市第五届委员会所作的工作报告；选举产生了九三学社凉山州第五届暨西昌市第六届委员会委员。委员会由17名委员组成：于泽军（女）、代莉（女）、王明雯（女、彝）、李万友、何天祥、陈奕（女）、陈默然、陈小舒、张林祥、赵彤、杨冕（女）、林建华、徐嘉莉（女）、钱华菊（女）、柴豫蓉（女）、熊仿秋（女）、黎亚平。新一届委员会第一次会议选举产生了主任委员、副主任委员、任命了秘书长。熊仿秋当选为九三学社凉山州第五届暨西昌市第六届委员会主任委员，柴豫蓉、张林祥、林建华、徐嘉莉当选为副主任委员，任命王明雯为秘书长；大会选举产生了出席九三学社四川省第七次代表大会代表8名；通过九三学社凉山州第五次暨西昌市第六次代表大会决议。会议圆满完成各项议程。新一届委员会委员17名，其中女委员9名，男委员8名；平均年龄45.7岁，40岁以下2名，40岁至50岁11名，50岁以上4名；学历职称均较高，结构合理。新一届领导班子分工：熊仿秋主委负责全面工作，柴豫蓉副主委负责组织与机关工作，张林祥副主委负责参政议政与社讯工作，林建华副主委负责参政议政工作，徐嘉莉副主委负责社会服务工作，王明雯秘书长负责思想、宣传及落实、协调工作。州市委共有11个支社（即西昌学院第一支社、第二支社、第三支社、水电建筑支社、攀西地质支社、四一零支社、西昌教育经济支社、州一医院支社、州二医院支社、农科所支社、会理支社）和1个基层委员会即西昌学院基层委员会（下设西昌学院第一支社、第二支社、第三支社）。全年发展新社员13人，净增7人，现共有社员312人。全社共有社员312名，其中女社员138名，占总人数的44%；中、高级职称人数296名，占总人数的95%；医药卫生90人，占总人数的29%；科学技术128人，占总人数的41%；高等教育59人，占总人数的19%；普通教育28人，占总人数的9%；党派机关1人，占总人数的0.1%；其他6人，占总人数的1.9%；离退休人员145人，占总人数的46%。社员平均年龄55.5岁。

【参政议政】 社州市委集体和各级人大代表、政协委员在各级“两会”上提交议案、提案、建议86件。其中全国人大代表议案3件，建议5件；省政协提案2件，州人大代表建议6件，州政协集体提案13件，个人提案13件；市政协集体提案8件，个人提案20件，会理县政协集体提案16件。全国人大代表王明雯在十一届全国人大第四次会议上提交了“关于修改《中华人民共和国食品安全法》的议案”、“关于修改《中华人民共和国刑法》的议案”、“关于修改《中华人民共和国职业病防治法》的议案”及“关于加强食品安全监管的建议”、“关于尽快修改与职业病防治法相关的法律法规的建议”、“关于进一步加强《残疾人权益保障法》执法力度，以保障残疾人合法权益的建议”、“关于严惩严重毒品刑事犯罪，有效遏制凉山州毒品及艾滋病蔓延趋势的建议”、“关于加大对西部革命老区扶持力度的建议”5份建议。其中三个议案全部被列为正式议案，所提“关于严惩严重毒品刑事犯罪，有效遏制凉山州毒品及艾滋病蔓延趋势的建议”被最高人民法院列为2011年十大重点建议之一。所有建议均得到了有关部委的高度重视与办理答复。此外，王明雯在州人代会上所提的“关于完善凉山彝族自治州人民代表大会表决方式的建议”等五个建议均受到了政府相关部门的重视和办理。在政协四川省第十届委员会第四次会议上，主委熊仿秋提交“关于将凉山州马铃薯、荞麦、燕麦高寒作物纳入良种补贴的建议”、“关于尽快落实其他事业单位绩效工资的建议”两份提案均受到了政府相关部门的重视和办理。州市委始终围绕党委、政府中心工作和民生问题，把落实科学发展作为建言献策的主题，把促进“两个加快”作为履职的首要任务，提高建言质量，参政议政履好职尽好责。在政协凉山州十届五次会议上，主委熊仿秋代表九三学社凉山州委作的“未雨绸缪，尽早考虑西昌城区供水安全建议”大会发言，引起委员热议，受到高度评价。九三学社凉山州委提交的“关于维修西昌老城区居民用电线路，消除火灾隐患的建议”（第1号提案）确定为急办提案，西昌市人民政府立即采取措施，办理落实。九三学社凉山州委提交的“未雨绸缪，尽早考虑西昌城市供水安全的建议”，被列为凉山州政协2011年度十个重点提案之一，州委书记翟占一、州长张支铁签字督办。九三学社凉山州委提出的“运用科学发展观，将西昌建设成为富有鲜明地方特色的旅游城市的建议”、“关于冕宁稀土矿资源整合中加强科技投入，重视综合回收、综合利用和深加工的建议”、“搞好西昌市创建国家级生态城市建设的建议”、“关于尽快落实西昌城南片区学校建设用地的建议”、“关于加强农村土地管理和保护的建议”、“关于建设西昌东河水库应慎重考虑的几个深层次问题”6件提案和熊仿秋委员提出的“凉山农村发展沼气的建议”、赵自强委员提出的“用可持续发展的战略眼光看城市用地和耕地保护——西昌市城市用地建议”、张林祥委员提出的“新型农村合作医疗要在提高‘参合率、受益率和满意率’上下工夫”、柴豫蓉委员提出的“关于个体诊所、新农合医疗点必须严格执行现行医疗操作规范，杜绝艾滋病等重特大恶性传染病的医源性感染可能性的建议”、黎亚平委员提出的“运用科学发展观保护邛海及周边湿地的建议”5件提案被评为政协凉山州第十届委员会第一次会议以来优秀提案。在政协西昌市八届五次会议上，九三学社西昌市委连续第五年被评为提案先进集体。在省政协十届十四次常委会上，熊仿秋代表凉山州政协作了题为“集约开发稀土资源，促进新材料产业发展”大会发言，《四川日报》和《四川政协报》对发言内容作了报道。在州政协十届十七次、十八次、十九次常委会议上，柴豫蓉、张林祥、黎亚平分别代表九三学社凉山州委作了“充分发挥凉山彝族习惯法，推进平安凉山建设”、“水资源是确保安宁河谷地区率先跨越发展的命脉”、“关于艾滋病防治的几点建议”的大会发言。此外，社州市委主要领导多次应邀参加州、市政府就《政府工作报告》、经济工作等举行的政治协商活动，建诤言，献良策。

【课题调研】 州市委高度重视调研课题，充分发动社员，广泛调研课题。2011年，社州市委在州委统战部和州委政研室确定4个调研课题基础上，根据九三界别特点和社员优势，结合党委政府中心工作和州政协常委会谏言主题、市委双月座谈会专题，又自立了6个课题，每个支社都完成一个调研课题，对每个课题都落实课题组成员，制定调研计划，保证课题经费。在集思广益、群策群力中形成调研合力，充分发挥社员的作用，深入基层、认真调研，形成高质量调研报告，并在此基础上形成有价值、有分量的提案、议案或建议。4月1日，中共凉山州委召开各民主党派工商联2010年调研成果汇报会，听取民革、民盟、民建、九三学社、工商联调研成果汇报。徐嘉莉代表九三学社凉山州委作《凉山州艾滋病现状和防治对策》调研成果汇报。九三学社共有10篇调研报告编入2010年《凉山州统一战线调研报告汇编》。

【社会服务】 社会服务工作在继续巩固已有成果的基础上，要更加注重强化特色，更加注重开拓创新，更加注重增强实效。2011年社州市委继续搞好定点帮扶、项目科技服务与“五个一”联系工作。为发挥九三学社在农业、医疗、教育等方面人才济济的优势，社州市委继续对西昌市较偏远的彝族聚居贫困乡——巴汝乡进行定点帮扶。3月11日，为巴汝乡送去了马铃薯、玉米、水稻等价值1000余元的农作物优良新品种。调研了巴汝乡卫生院的医疗器械的使用情况，准备以后就巴汝乡卫生院不会使用、无人使用配备的医疗器械的情况进行有针对性的业务培训。社州市委结合彝区健康文明新生活运动，还向巴汝乡中心校捐赠了500册，价值2.43万元的《新农村卫生健康手册》，为彝族同胞带去了卫生知识和健康的生活方式。农科支社鲜食大枣课题组科技人员继续为农户提供技术指导和技术咨询。2011年在河西又种植了几百亩鲜食大枣。九三学社西昌学院基层委员会为助力“彝区健康文明新生活”，积极参与“挂包帮”扶贫行动，于10月18日赴布拖县扶贫捐赠献爱心。向布拖县特木里镇小学和火烈乡中心小学捐赠了由社员爱心捐款购买的被子、牙膏、牙刷、毛巾、塑料脸盆、肥皂、铅笔等价值2130元的生活用品及学习用具。并捐赠了3袋衣物，给孩子们送去了冬天的温暖和一片爱心。还向特木里镇小学及特木里镇政府捐赠了320册，价值12480元的《新农村卫生健康手册》。为农民群众带去了基本卫生、保健与防病治病、卫生健康的知识，倡导养成良好的卫生保健习惯。此外，还和布拖县教育局的相关领导就布拖县中小学寄宿制的实施情况进行了深入座谈，就寄宿制存在的问题及对策建议进行了深入探讨。通过调研，形成调研报告，并向相关部门提出意见建议，为解决目前寄宿制存在的问题积极建言献策，尽一份微薄之力。5月20日，柴豫蓉副主委以西昌市关心下一代五老宣讲团成员的身份到川兴中学，为初中一年级的近300名学生讲授了一堂“如何养成良好学习习惯”的专题课。重视宣传工作，积极向社省委网站、九三社讯投稿，全方位、多角度地反映九三凉山的工作，圆满完成了社省委交办的撰稿任务。继续办好《九三凉山社讯》，发挥其作为对外宣传窗口和社内交流平台的作用，不断提高办讯质量，增加栏目，编委会积极组织稿件，提高可读性，上报社情民意、发表调研报告、理论文章和各类宣传稿件共计百余篇，扩大了凉山九三的社会影响。

【获得荣誉】 一年来，在社州、市委全体社员的共同努力下，社州、市委分别荣获九三学社四川省委授予的“信息工作”、“社会服务”、“宣传工作”先进集体称号。

（审核：熊仿秋/撰稿：王泽军）

工商联

【概况】 2011年在州委、州政府的坚强领导下，在省工商联和州委统战部的指导下，凉山州工商联作为党和政府联系非公有制经济人士的桥梁和纽带，作为政府管理非公有制经济的助手，紧紧围绕州委提出的“跳起摸高、跨越发展”工作基调和提速增量、提质增效的“双提升”战略，结合自身工作实际，突出重点，爬坡克难，履行职能，扎实工作。

【贯彻中央精神】 区分不同层次，通过多种形式，在广大工商联干部和非公有制经济人士队伍中迅速掀起学习传达、贯彻落实《意见》精神的热潮。认真传达贯彻《中共中央国务院关于加强和改进新形势下工商联工作的意见》和《中共四川省委关于加强和改进新形势下工商联工作的实施意见》，凉山州工商联努力把贯彻落实“两个文件”、“两个会议”精神贯穿到加强工商联自身建设的各个环节中，贯穿到州及县市工商联组织的换届工作中，加大学习宣传力度，不断加强工商联自身建设。四川省工商联主办，凉山州工商联协办的“四川省民营企业家‘走出去’培训班”在西昌邛海宾馆举办，全国工商联副秘书长、经济部部长欧阳晓明及省里部门相关负责人员为参加培训班的企业家们详细解读了相关政策，现场答复企业家提出的问题。充分利用凉山电视台、《凉山日报》、《月城新报》等新闻媒体，开辟专栏多渠道全方位做好《意见》的宣传工作，将文件精神迅速传达到工商联和有关部门干部、广大非公有制经济人士和会员企业中去。深入开展调查研究，结合州工商联组织实际，找准亟待解决的突出问题。结合凉山实际，围绕贯彻落实文件中发〔2010〕16号文件，加强和改进工商联工作。

【建言献策】 紧密结合州委、州政府确定的凉山经济发展战略，结合履行促进民营经济健康发展职能，努力加强了调查研究、参政建言的工作。除机关自身开展了多项专题研究外，州工商联领导还参加了州政协组织的凉山水务工作等多次专题调研，全面履行了工商联调查研究、参政建言的职责。调研成果在数量和质量上均取得了较好的成效。全年形成了《关于我州综合扶贫工作的几点建议》、《加强和改进工商联工作推进新形势下科学发展——贯彻〈中发〔2010〕16号文件〉的调研与思考》、《推进特色优质农产品基地建设，加快构建现代农业产业体系》、《拓宽新领域促生新业态，做强做大我州现代服务业》等调查报告。同时认真完成省、州等上级布置的临时性调研任务，先后提交数篇调研材料。把州政协会议发言作为参政议政的重要渠道，认真重视、切实抓好。在2010年初的州政协十届五次全委会上，州工商联作了《推进特色优质农产品基地建设，加快构建现代农业产业体系》的专题发言。撰写《关于加强凉山城市品牌建设的建议》、《关于取消外来投资者子女入学门槛费的建议》、《关于在成凉工业园区建设汽车产业园的提案》、《关于加快我州畜肉加工业发展的建议》、《关于加强医疗废水、废物处理监管的提案》、《移民还林，保护生态》、《关于建立凉山州名特优新农产品展示中心的建议》等12个政协提案。其中《关于加强医疗废水、废物处理监管的提案》被列为重点提案。

【招商引资】 充分借用全国工商联中华红丝带基金对凉山大力援助之力，引进国内多家知名企业到凉山考察投资。全国工商联副主席谢经荣率领的全国工商联考察团一行80余人到凉山考察，凉山州与全国工商联考察团企业家座谈会在西昌邛海宾馆召开，其中22家企业对接27个项目，对接金额约500亿元。州工商联积极努力邀请到了12家国内外企业近20名高管参加了西博会凉山州投资项目暨产业推介会，圆满完成了党委、政府交办的工作任务。

【通力合作】 与州市劳动保障局、人事局、教育局等相关部门一道，在月城广场举办了“凉山暨西昌市2011年民营企业现场招聘会”，提供就业岗位1837个；协同共青团凉山州委一起做好成立凉山州YBC创业青年导师资源库的工作。

【银企合作】 与工商银行、建设银行、金信村镇银行等建立合作机制，搭建金融服务平台，引导非公有制企业加大转型投入。以深化“服务企业、服务基层”活动为契机，积极开展“助力中小企业”签约活动。同时，引导基层商会组织搭建转贷基金平台，帮助非公有制企业走出困境。8月，凉山州工商联与中国工商银行凉山分行正式签署战略合作协议。

【友好交往】 8月，凉山州工商联党组书记陆开华带领州工商联的会员企业家，参加在贵州省安顺市举行川滇黔毗邻州市工商联第七次联席会议暨第八届城市友好商会会长会议。会议以交流各地在学习贯彻中发〔2010〕16号文件精神的经验和做法为主题，探讨面对新形势、新任务的要求，如何把握机遇，积极作为，努力开创工商联工作新局面。

【队伍建设】 狠抓非公有制经济人士思想政治工作，践行社会主义核心价值体系。积极倡导非公有制经济人士响应州委、州政府的号召，踊跃参与美丽富饶文明和谐新凉山建设和扶贫脱贫及彝区文明健康新生活运动，积极投入新农村建设。由州委组织部、州委宣传部、州新经济组织工委、新社会组织工委、凉山州总工会、凉山州工商联，共同组织的庆祝建党90周年“同心同向同行——颂歌献给党”歌咏比赛，共30家非公有制企业参加比赛。

【禁毒防艾】 凉山州工商联全力协助促成了“中华红丝带基金凉山州防治艾滋病支持项目”实施。积极做好“红丝带栋梁班”、“红丝带卫生室”和“母婴营养资助”、昭觉县医院抗病毒治疗中心工程，谢经荣率领的全国工商联包含全国知名大企业在内的考察团到凉山，就艾滋病防治工作进行调研，为红丝带基金捐助的昭觉县医院抗病毒治疗中心举行奠基仪式，并向凉山州捐赠现金和物资938万元，大力支持凉山州艾滋病防治工作。红丝带健康包“百校进千企”凉山启动仪式在西昌举行。由凉山州工商联主办，它是州工商联开展的“彝区健康文明新生活运动”的实际行动，是倡导人们转变生活方式的有效途径之一。

【组织建设】 积极筹备换届工作，州工商联把换届筹备工作列入重要议事日程，上下齐心协力，全力以赴抓好落实，各项筹备工作的开展紧张有序。抓好组织建设工程，努力提升商会履职能力。多次深入基层商会和企业进行调研，听取意见和建议，指导商会组织建设，解决商会工作中遇到的难题。积极维护州联直属会员和下属商会会员的合法权益。

【自身建设】 认真开展工作作风建设。在州委统战部的具体指导下，通过查找自身存在的弱点和问题，进行了积极的整改，机关的工作作风有了进一步的改善和提高。积极参加州直工委组织的职工运动会和长跑活动。认真开展扶贫、彝区健康文明新生活运动、“领导挂点、部门包村、干部帮户”活动。

【获奖情况】 2011年，凉山州工商联被省工商联评为四川省工商联系统宣教工作先进单位。

（审核：刘昌全/撰稿：邹学琼）

群 团

Alliance

工会工作

【概况】 2011年，全州各级工会认真贯彻州委、州政府和省总工会的重大决策部署，主动作为，开拓进取，务实创新，各项工作取得新进展、新成效，圆满完成全年目标任务。州总工会先后荣获全国总工会“市级工会财务工作先进单位”，20多年首次荣获省总工会工作目标考核一等奖、“财会工作综合考核特等奖”、“经费收缴单项考核一等奖”、“经审工作规范化建设考核一等奖”，全州“挂包帮”活动先进集体、全州艾滋病综合防治工作先进集体、禁毒“摘帽”攻坚行动先进单位等荣誉称号。

【服务大局】 组织开展“聚力奉献‘十二五’、建功助推‘双提升’”和创建“工人先锋号”等劳动竞赛，深化“五比一创”创建活动。510户企业开展“职工提合理化建议”、“我为节能减排献一策”等活动，参赛职工8.4万余人，实施职工技术革新、技术攻关442项，提出合理化建议2822条，节约和创造经济价值8500余万元。锦宁矿业磨矿生产班、西昌园林管理花木公司、西昌汽车客运中心等3家企业获“四川省工人先锋号”荣誉称号。推动“创建学习型组织，争做知识型职工”活动深入开展，涌现出一批“创争”活动的先进集体和个人，广大职工的劳动技能和知识结构不断优化。建立完善劳模档案信息化、规范化、动态化管理工作，为州级以上劳模建立电子档案。落实劳模政策，开展关爱劳模活动，为500余名全国、省部级劳模发放生活困难补助金、特殊困难帮扶金和春节慰问金100.1万元，召开关爱劳模暨庆祝建党90周年座谈会，组织部分劳模赴海南、安徽等地参观学习。城乡环境综合治理“进企业”活动成效明显，履行牵头单位职责，加强活动的检查指导，巩固深化“六乱”治理和专项行动成果，建立健全了长效机制和管理体系。2011年州总工会被省总工会评为城乡环境综合治理“进企业”工作一等奖。

【维护职工合法权益】 调整充实州“两个普遍”工作领导小组，制发《关于依法推进企业普遍建立工会组织和普遍开展工资集体协商的意见》、《2011年推进“两个普遍”工作专项考核的通知》等，加强任务分解、工作培训、舆论宣传，深入县市督导，实现了“三年任务两年完成”的目标，获省总工会专项考核一等奖。全州新增基层工会413户，新增会员22493人。全州建会企业1271户，开展工资集体协商（工资专项合同）1217户，签订率达95.6%，覆盖职工117369人，覆盖率达96.7%。部署落实工会系统“六五”普法工作，组建成立州法律服务律师团，创建并开展法律OA系统工作，为职工维权提供法律服务。参与原州松香厂、州汽车改装总厂等企业改制工作，职工得到顺利安置，劳动争议得到妥善解决。全年共接待职工来访60人次，来信15件次，做到事事有接待，件件有回音。狠抓企业厂务公开、民主管理工作，转发执行全总办公厅《关于规范召开企业职工代表大会的意见》，进一步完善企业职代会制度。积极开展“创建劳动关系和谐企业”活动，凉山矿业、西昌新钢业和西昌汇通公司等企业被评为“四川省模范劳动关系和谐企业”。州总工会被评为“全国推进女职工权益保护专项集体合同先进单位”。加强职工劳动保护工作，组织159户企业、36745名职工参加“安康杯”竞赛活动。开展“百日安全生产”、“安全生产月”活动。加大职业病防治宣传力度，配合相关部门参与7起安全事故调查，发挥工会依法维护职工生命健康安全的作用。州总工会被评为四川省“安康杯”竞赛组织工作优秀单位。

【企业职工文化建设】 以推进社会主义核心价值体系教育为主线，开展“建党90周年主题宣传”、“文化大讲堂进企业”等活动，引导广大职工坚定跟党走中国特色社会主义道路的信念，职工社会公德、职业道德、家庭美德、个人品德建设进一步推进。推广各级工会在企业文化建设中的好经验、好做法，引导州内企业发动全体员工广泛参与文化建设，认同企业的核心理念，形成上下同心、共谋发展的良好氛围。加强“职工书屋”规范化建设，建成“职工书屋”53个，场地总面积23942平方米，藏书48万余册。成功举办以“咱们工人有力量”为主题的庆祝建党90周年暨情系农民工义演大型文艺晚会。组织文艺宣传队深入重钢西昌矿业、锦宁矿业、普格县花山乡等企业、农村进行演出。与州直工委、州体育局等单位联合举办了州级机关第六届职工运动会、州级机关网球赛、州老体协乒乓球赛等文体活动，参加单位100余个，参赛职工达1500余人。

【惠民帮扶】 围绕大小凉山综合扶贫开发、彝家新寨建设和彝区健康文明新生活运动，积极开展帮扶困难农民工工作，加强农民工培训，大力实施“被褥工程”，通过争取省总专项资金、兄弟市（州）工会支持和发动州内职工捐赠等渠道筹措资金和物资共计179万元，及时将党委、政府的关怀和社会各界的关爱送达农民工。组织开展先进劳务经纪人表彰活动，表彰先进劳务经纪人13名。深入开展“四季送”活动。在2011年冬送温暖活动中，筹集送温暖资金451.48万元，慰问困难企业276个、困难职工（农民工）家庭15033户。以“春风行动”、“民营企业招聘周”活动为载体，开展“春送岗位”活动，提供岗位9000余个，现场参加招聘会1.4万人。在“夏送清凉”活动中，走访企业73家，慰问生产一线职工和农民工6021人，发送防暑降温药品和物品价值27万余元。在“秋送助学”活动中，筹集资金40万元，资助155名困难职工（农民工）子女上大学。完成促进就业576人，超任务数15.2%；完成农民工技能培训1067人，超任务数87.2%。协助党委、政府解决928名城镇困难职工（农民工）子女入学，超任务数85.6%。严格中央财政、省财政和省总工会专项资金使用和管理，帮扶困难职工5514人。州总工会党组成员分别带队深入企业开展调研，实现了走访慰问到位、政策宣传到位、调查研究到位、指导服务到位、困难帮扶到位、心理疏导到位。

【机关建设】 全州基层工会组织达到3489个，工会会员达25.6万人。大力开展“职工之家”创建活动，州大桥水电开发公司工会被评为“全国模范职工之家”。贯彻落实省委办公厅《关于进一步加强和改进新形势下县（市区）工会工作的意见》，全面推动县市工会制度建设、组织建设、工会阵地建设和作风建设。注重企业工会规范化建设，督导基层工会法人资格管理工作，全年完成工会法人资格登记125个。推进女职工组织建设，在已建工会企业中女职工组织组建率达90%。突出“一个主题”（打造职工之家，提升服务本领，维护职工权益，推动加快发展）、“一项承诺”（爱岗敬业，服务职工促发展）、“六个载体”（岗位、维权、帮扶、竞赛、活动、学习），抓创新、重实效，在建设学习型、服务型、创新型工会上取得新突破。加大工会干部培训力度，采取集中学习及个人自学相结合，院校培训与外出考察相结合，共培训工会干部800余人次。大力组织实施“三中心”建设，州总工会和喜德、越西、宁南、会理等县总工会“三中心”工程建设有序推进。工会经费收缴保持平稳较快增长，财务管理更加规范，工会经费收管用和工会资产管理的审计审查监督工作不断加强，工会统计、信息简报、来信来访、档案管理和保密工作更加完善，机关党建进一步深化，老干部工作质量进一步提高，与州外市、州工会交流合作进一步加强，圆满完成州委、州政府安排的联点扶贫、禁毒防艾等各项工作。

（审核：王　英/撰稿：吉峨拉哈）

团委工作

【概况】 2011年，共青团凉山州委在州委和团省委的正确领导下，紧紧围绕全州中心工作，按照州委提出“共青团工作要有声势，有生气，轰轰烈烈，扎扎实实”的要求，以“努力跻身全省团工作先进行列，不断开创

凉山共青团工作新局面”为目标，继续围绕“两个全体青年”要求，坚持以项目为载体，以活动为平台，以彝区健康文明新生活运动、禁毒防艾等中心工作为主线，全面履行组织青年、引导青年、服务青年、维护青少年合法权益的工作职能，团结带领全州广大团员青年为推进全域凉山，全面协调可持续发展、建设美丽富饶文明和谐新凉山而努力，全州共青团工作取得了突破性发展。

【彝区健康文明新生活运动】 按照州委关于“建设民族地区现代文明生活方式模范区”的工作要求，团州委立足实际，积极争取团中央、团省委支持，以“百千万”工程为载体，深入推进共青团彝区健康文明新生活运动。截至2011年底，项目资金共计313万余元，建设“共青浴室”30所，赠送“共青方桌”3100套，组建“共青宣讲团”20余支，在全州开展“三个离不开”和健康文明新生活知识宣讲365场，按照“突出重点，抓住特点，形成亮点”的思路，为切实帮助彝区群众养成文明生活习惯，践行现代文明生活方式作出积极贡献。

【书海工程】 共青团为配合全州“一手抓美丽富饶文明和谐安宁河谷建设，一手抓大凉山扶贫攻坚和藏区民生工程”的战略部署，促进彝区精神文明建设全面发展，团州委结合实际，以民族地区工作特点为切入，积极进京，争取到团中央“书海工程”项目。从5月开始，团州委利用争取到的团中央赠予的1000万元价值的图书，为全州乡镇寄宿制中小学校建立500家“书海工程共青书屋”。

【禁毒防艾】 以全州禁毒“摘帽”攻坚行动为契机，结合“青春红丝带”行动，深入开展禁毒防艾“八个一”工程、“六进”宣传教育和“七个一”主题实践活动，全州各级团组织禁毒防艾有效全面推进。以学校、政法和各青年文明号为主体，组建16支州县联动、全面覆盖的禁毒工作志愿者队伍；注册禁毒防艾志愿者2.1万名，禁毒防艾志愿者宣传队25支，初步建立州、县、乡、村四级联创的禁毒防艾志愿者队伍和管理机制。2011年各县市结合实际，广泛开展禁毒防艾宣传教育与“六进”关爱活动，全州共开展禁毒防艾宣传培训6230场次，发放宣传材料15万余份，覆盖青少年70余万人次。

【双百工程】 为服务凉山新农村建设，深入推进保护母亲河行动，向建党90周年献礼，5月团州委全面启动了“保护母亲河——2011年度双百工程”。活动以“青年心向党、绿动长征路”为主题，在青少年中广泛开展绿色生态文明宣传教育和绿色承诺活动，动员青少年和社会公众积极参与生态环境建设。活动在红军长征途径的冕宁、会理、德昌、普格、宁南等县进行，各建设了1000亩青年长征纪念林；并深入推进“青年特色林”建设，在全州建设100处100亩的青年特色林，以此有效服务新农村建设，有力助推美丽富饶文明和谐新凉山建设。

【志愿服务】 全州各级团组织以围绕中心、服务发展为目标，依托灾后重建志愿者队伍建设项目，在全州建立完善志愿者注册管理制度，实行规范化的注册登记管理，全面建立健全志愿服务工作体系。全州共组建青年志愿者队伍5万余人，紧紧围绕扶贫帮困、环境保护、大型活动、禁毒防艾、应急救援等六大领域，积极开展大学生志愿服务西部计划、关爱留守学生、关爱农民工子女和彝区健康文明新生活等志愿服务工作。2011年，“五四”纪念庆典和“6·26”禁毒宣传日，1000余名志愿者齐聚月城广场，启动了全州县市联动的“维护环境卫生，争做文明使者”城乡环境综合治理和禁毒防艾志愿服务活动。共青团充分发挥12355青少年维权热线阵地作用，积极组织动员广大团员青年和青年志愿者，开展“关爱留守学生”、“关爱农民工子女”等志愿服务活动；与农民工子女结对数1.4万余对，开展志愿服务5万余人次，畅通青少年反映渠道，积极维护青少年合法权益，不断构建有利于青少年成长的社会环境，全州各类志愿服务活动得到社会各界的充分肯定。

【青年就业创业】 团州委将服务青年就业创业作为重点，强化落实。一是建立青年就业创业基地，搭建就业平台。2011年共建青年就业创业基地56家，实现就业创业2000余人。二是积极争取学校和企业资源开展青年创业培训。2011年，团州委与凉山瑞丰职业技能培训学校联合，在西昌等5个县市开展SYB青年创业培训工作，共培训青年1000余人。三是以小额信贷和青年基准创业贷款项目为依托，切实解决青年创业资金问题，推进青年自主创业。截至2011年底，全州发放青年创业小额贴息贷款302万元，为广大青年就业创业提供了有力的支持。四是积极筹建凉山“YBC”项目，组织了近100名青年企业家导师，整体项目前期筹备进展顺利。

【青春济困】 团州委积极整合资源，争取社会各界的支持，借助“希望工程”、“苗圃行动”、“索玛花公益助学网”等知名成熟的公益助学平台，广泛开展各类助学助困活动。2011年，争取到“习酒我的大学”、“王老吉学子情”、“芙蓉学子”、“我要上大学”等众多公益助学项目的支持，为凉山贫困学子铺就求学路，争取到各类项目资金292.4万元，资助各类学生达1396人。团州委结合实际，开展共青团关爱农民工子女志愿服务活动，2011年新建留守学生之家10所，开展各类爱心捐赠活动100余次，爱心捐款、捐物价值50余万元。

【团组织格局创新】 在团州委的统一领导下，全州各地全面实施了乡镇、街道团的组织格局创新工作。全州各地广泛针对目前基层团组织普遍存在的青年有效覆盖不够，团组织空壳现象明显，流动团员管理无序等问题进行大量的调研，并针对实际讨论研究制订工作方案，按照“公开、平等、竞争、择优”的原则，将组织推荐与公开选拔相结合，理论测试与能力测试相结合，积极开展对编外团委副书记的公开选拔工作，让一些政治立场坚定、工作能力较强、热衷于团的工作、能带动团员青年积极进步的优秀青年逐步走上了团的基层领导岗位，进一步提高了团干部队伍的整体素质，大大增强乡镇和街道团组织活力。全州17个县市的621个乡镇和8个街道团组织全部完成了选配工作。共产生乡镇（街道）团（工）委委员4740人，其中35岁以下党政领导班子成员286人，编制外副书记893人；委员中大专以上学历3184人。乡镇（街道）团组织格局创新工作的全面完成，合理优化全州农村基层团组织的结构，及时调整了农村基层团组织的设置方式和运行机制，更重要的是全面拓宽和增强全州农村基层团组织的工作范围和工作活力，为实现“两个全体青年”目标奠定了坚实的组织基础。与此同时，团州委还在全州范围内开展“一县一品，一乡一格”的创建工作，经过努力，全州已形成县县有亮点、乡乡有特色的工作局面，整体推动了凉山共青团事业全面发展。

【驻外团工委建设】 团州委始终坚持“建活并举，合作多赢”的指导思想，在广东、江苏、成都、北京等凉山籍务工青年较集中的地方，集中建立了21个驻外团组织。州级驻外团工委3个，县级驻外团组织18个，覆盖驻外团员青年9321人，凉山驻外团组织网络体系初步形成。团州委协同各级团组织，积极整合志愿者和外出务工团员家长三方力量，成立关爱农民工子女志愿服务行动，推进联合团支部、志愿服务站、阳光少年之家（留守学生之家）“三位一体”的阵地建设，取得初步成效。

【“两新组织”团建】 团州委经过不断摸索总结，初步形成了“试点先行、逐步规范、重点突破”的工作方针，通过党建带动、主体拉动、典型促动的方法，推动新经济组织和新社会组织团建工作顺利开展。在开展“两新组织”团建工作中，本着实事求是的精神，成熟一个建一个，建一个巩固一个，巩固一个带动一片。在组织设置上因地制宜，灵活多样，充分发挥团组织的作用，使其为经济社会发展服务，为青年成长成才服务。全州有187户新经济组织、25户新社会组织建立了团组织，覆盖团员5367人。在结合“两新组织”的特点开展丰富多彩活动的同时，团州委积极探索，促进“两新组织”的文化繁荣和健康发展，逐步巩固党在“两新组织”中的青年群众基础和执政基础。

（审核：何建梅/撰稿：黄晓波）

妇联工作

【概况】 2011年，凉山州妇联以党群共建创先争优、健康文明新生活、城乡环境综合治理、禁毒防艾宣传教育等系列活动为抓手，在推动妇女儿童事业又好又快发展方面作出了积极贡献，得到全国妇联副主席、书记处第一书记黄晴宜，省委常委、省总工会主席李登菊的高度肯定。黄晴宜肯定了州妇联突出重点整合资源，坚持为妇女群众办大事、办好事、办难事，在边远地区、民族地区、经济欠发达地区，妇联工作做到这个程度很不容易；肯定了州妇联联乡帮扶单位喜德县李子乡的彝区文明新生活运动和板凳工程是民心工程、德政工程，不仅让彝族群众从地上坐到凳子上，更重要的是改变他们以往落后的生活观念、生活习惯、生活方式，教会他们适应现代文明新生活。李登菊常委肯定了凉山妇联干部真情奉献，为凉山营造了和谐的社会氛围，创造出了很多好的工作经验，值得学习、总结和推广，并现场表态，给予州妇联50万元妇女居家灵活就业培训资金。

【妇联基层组织建设】 结合县乡换届，州妇联深入17县市对妇联工作进行督导，积极向各级党委推荐优秀妇女干部，使全州各级领导班子中妇女干部比例得到进一步提升。17县市四大班子中县级女干部达53名，州级部门中县级女干部达105名，其中有1名县妇联主席提拔进县政府领导班子；409名州十届人大代表中，女代表89名，占21.8%；407名州十一届政协委员中，女委员96名，占23.6%。结合村两委换届，积极协调州委组织部和州民政局，做好妇女群众和妇女党员的参选参政工作。全州17县市3752个村，共有3329个村两委配备有女委员，占88.7%；29224名村两委委员中女委员4480人，占15.3%；7268名村两委正职中女性113人，占1.55%。全州17县市106个社区，有97个社区两委配备有女委员，占91.5%；664名社区两委委员中女委员311人，占46.8%；195名社区两委正职中女性47人，占24.1%。换届后，昭觉等部分县结合实际，把村级妇女工作、计生工作进行整合，明确由村妇代会主任兼任村计划生育管理员，使村妇代会主任每月补助从200元左右提高到720元。及时印发妇联系统深入开展党群共建创先争优活动实施意见，在全州推选26名优秀妇女干部，拟结合创先争优活动进行宣传和表彰。推荐上报2个乡、20个村（社区）为第二批全国妇联基层组织建设示范点；推荐上报6个县（乡镇）妇联为四川省妇联系统先进集体，7名妇联干部为四川省妇联系统先进个人。向省妇联推荐5名副厅级、8名正县级实职优秀女干部；推选6名女干部参加清华大学优秀女干部领导能力提升高级研修班；组织32名优秀女干部赴山东、广西考察学习；选送3名县妇联主席到省妇干校培训学习。

【健康文明新生活运动】 年初为喜德县李子乡洛乃格村64户示范户送去价值20余万元生活物资；为8户创先争优党员户每户送去价值1000余元生活用品，为重点帮扶对象残疾人呷洛翁洛送去由州妇联全体党员交纳的特殊党费购置的电视机和过冬衣物。开展星级农户的评选并实行动态管理，对该村64户示范户从生产发展、平安和谐、禁毒防艾、庭院整洁、婚丧从简、遵纪守法等六个方面开展“六星”级农户评选。为喜德县李子乡洛乃格村和拉克乡四河村争取到林业产业核桃基地建设项目200亩，无偿提供6000株优质核桃苗。结合“三下乡”活动，开展彝区健康文明新生活运动第二阶段推进培训会，会上开展了禁毒防艾、环境治理、创先争优等宣传培训，并邀请州歌舞团为1000余名干部群众和学生进行表演。

【帮扶妇女姐妹】 积极开展民生工程，协调扶贫、邮政等相关部门，发放妇女创业小额贴息贷款263万元。联合州市人力资源和社会保障局、总工会、就业局于3月中旬在西昌举办春风行动现场招聘会。共组织93家用工单位，提供6900个岗位；进场求职达8000余人，报名应聘达3260人；发放春风卡等宣传资料7万余份；组织职业技能培训报名500人，提供维权服务法律援助人数600余人，推荐诚信服务机构3个。开展“三八”妇女法制宣传维权周、“12·4”法制宣传日活动。围绕《妇女权益保障法》、《婚姻法》、《未成年人保护法》、农民工预防艾滋病、妇女禁毒、女职工劳动权益保护、下岗职工再就业等开展咨询服务，悬挂宣传横幅14条，发放宣传资料4.2万份，咨询人数达1500多人次，1.2万人次接受宣传教育。向全州621个乡镇（街道）发放以“关爱、新生”为主题的防艾宣传教育动漫公益宣传光碟632张。全年州县市妇联共接待群众来信来访来电316件次，接听“12338”法律服务热线电话204件次。组建巾帼志愿服务队，积极开展妇女儿童关爱行动，建有留守妇女儿童关爱行动志愿者队伍561个，2311人，留守妇女互助小组453个，面向留守儿童结对帮扶对子3998个；留守妇女阳光家园181个，留守儿童之家29个。争取省妇联“妇女居家就业”培训经费20万元，在盐源、喜德、宁南、昭觉四县建立4个妇女居家灵活就业培训基地，加大对广大妇女的培训力度，为其创业就业搭建平台，争取从源头上解决留守老人、儿童问题。争取南京巨鲨显示科技有限公司支持，连续10年，每年向州妇联捐助2万元，用于开展妇女儿童健康知识咨询和宣传；争取江苏海欣申禾纺织股份有限公司支持，无偿捐助价值20余万元的毛毯1000床，首批200床已到位。协调州总工会向喜德县冕山镇小山村、巴久乡巴久村和洛巴村100户村民捐助100床价值1.1万余元的被褥。

【儿童少年工作】 争取联合国儿基会申露达项目资金40万元，在冕宁县新建一所春蕾小学；协调省妇联儿工部，争取香港何崇本先生捐助50万元，在布拖县美撒乡新建一所春蕾小学。“六一”儿童节，州妇联分赴布拖县拉达乡中心校、昭觉县比尔乡中心校、喜德县拉克乡、李子乡中心校、洛乃格村小共2800余名学生和全体教职工进行慰问，带去价值2.4万多元的慰问品；陪同州委常委、州总工会主席王阿呷到布拖县九都乡、昭觉县四开乡看望慰问167名艾滋孤儿。协调成都空军后勤部为喜德县李子乡洛乃格村小学捐助价值2.6万余元的学习用品。与江苏省南京市宁海中学签订长期共同培养彝族贫困女学生的协议，由州妇联每年推荐4名品学兼优的贫困女生到南京宁海中学读高中，接受优质的教育，在南京就读期间的学杂费、食宿和交通等费用全部由学校支付，每月发给4名女生各50元的零花钱。第一批来自盐源、普格、喜德、越西4个县的4名彝族贫困女学生经过刻苦学习，在各方面都得到较大提高。协调州关工委，组织州“五老”志愿者协会宣讲团到喜德县李子乡中心校开展“讲文明、懂礼仪，从我做起”、“法制走进校园”两项主题宣讲活动和歌舞表演，并向李子乡中心校品学兼优的贫困学生捐助了1.5万元的“远航爱心卡”。儿童工作卓有成效，州妇联被省政府妇儿工委办、联合国儿童基金会评为四川儿童友好家园项目工作先进集体。西昌市二小、普格县附城小学、会理第二中学、德昌二小被省妇联、省教育厅授予“四川省示范家长学校”，会理县城关镇实验小学被授予“全国示范家长学校”。

【展示巾帼风采】 结合庆祝“三八”节101周年，举办美丽人生，快乐健康州级机关健身操比赛。结合庆祝建党90周年，举办第二届家庭文化展评活动。全州17个家庭参加了比赛，其中4户家庭被中央电视台选定，将代表凉山参加欢乐一家亲节目录制。召开县级女领导干部、女企业家建党90周年座谈会。推报1个全国“巾帼建功”先进集体，1名全国“巾帼建功”先进个人，1户全国五好文明家庭户；7个省巾帼文明岗单位，7个省三八红旗集体，20名省三八红旗手，1名省三八红旗手标兵。

【“两纲”终期评估】 于2月份召开“两纲”终期评估会议，对全州十年来两纲指标的达标情况进行全面分析评估，完成《凉山州2001—2010年妇女儿童发展纲要》终期目标评估报告。凉山州2001—2010年的“两纲”已接受国家检查验收。州、县市两级妇联已着手开展新“两纲”的前期编制准备工作。

【禁毒防艾宣传】 争取州艾工委艾滋病防治面对面健康教育宣传项目资金73万元，通过妇联系统在全州17县市开展教育宣传工作。在项目实施过程中，各级妇联组织发挥优势，开展了声势浩大的艾滋病防治妇女面对面健康教育宣传。通过对17县市工作开展情况进行了督查和指导，项目实施成效显著。

【其他工作】 按照全州第二轮修志工作安排，聘请专家，经过全会职工近五年的努力，五易其稿，全面系统总结全州妇联系统15年来的成绩，编撰完成《凉山州妇联志（1991—2006年）》的初稿，待州史志办审查通过后即可印刷出版。加大文书档案管理力度，使档案工作规范化、制度化，经州档案局考核组代表省档案局考核验收，达到四川省档案工作规范化管理一级标准。积极向州委、州委组织部和州党代会反映，提出在县处级、科局级女领导干部享受上一职务层次非领导职务工资医疗待遇时，应当比男性适当缩短3～5年的请求，得到相关领导的支持和肯定。

（审核：安荣会/撰稿：吴邦华）

科协工作

【概况】 2011年在州委、州政府的领导下和省科协的指导下，在“三服务、一加强”和“跳起摸高、跨越发展”工作定位下，州科协围绕中心，服务大局，认真履行职责，团结带领全州广大科技工作者，在提高全民科学素质，开展科学普及与推广、推动科技进步与创新、加强学术交流与合作、促进科技人才成长与提高等方面发挥了积极作用，为促进凉山州经济社会又好又快发展作出了新的贡献。

【《全民科学素质纲要》】 全面完成凉山州《全民科学素质纲要》推动实施工作，州科协认真履行《纲要》实施工作办公室职责，着力构成组织体系，完善工作机制，责任明确，资源共享，检查督促，有力地推动了《纲要》实施工作。召开全州《纲要》工作联系会议，落实和实施各项任务。联系会议成员单位结合各自优势和特点，开展了系列形式多样的科普宣传、技术培训、科技竞赛、“三下乡”等科普活动，在提高全州公众科学素质，提高就业能力，推进农业生产升级及为全州经济社会发展等方面提供科技支撑发挥了积极作用。科普能力建设成效显著。加强科普设施建设。申报建立项目

"站、栏、员"200个，已建成的"站、栏、员"项目600个（2008—2010年），补助下拨了项目建设费10万元，圆满完成了申报"站、栏、员"建设任务。广泛开展科普宣传活动。与县市科协、州级学会举办形式多样、内容丰富的系列科普活动。主题科普活动158次，受益人数达2万多人；科普讲座135次，受益人达20万人次；科普展览108次，受益人达10万人次；发放各类科普宣传资料55万份；涉及疾病预防，卫生保健，地震、泥石流、防洪、种养殖等。科普展板300块、挂图1.9万套，深入彝乡村寨播放电影、录像60余部，受益群众达50多万人次，科普志愿者达2050人；月城科普日、科普宣传周、宣传月、送科技下乡、科教进社区等科普活动，实现了经常化、社会化。省、州共同举办全国科普日活动。围绕中国科协、省科协以节约资源能源，保护生态环境，保障安全健康，促进创新活动为主题的全国科普日活动的通知要求。9月6日，州科协与省民科队、青少年活动中心，科幻世界杂志社、四川科技社联合举办了在凉山州布拖县木尔乡定点扶贫捐赠仪式。一是彝区送温暖，科普进校园科普活动，州科协与省科协四部门的捐赠仪式在木尔乡中心校举行，将电脑、科普图书、体育用品捐赠该校，给孩子们送去了书包、文具、玩具等用品，凉山州科协民科队科普大篷车进校，让孩子们感受到了妙趣横生的科普展品，增添了孩子们的乐趣，培养了爱科学、学科学的良好风尚。二是在全国科普日的活动中，全州各县市、州级各学会共同参与，围绕活动主题，结合公众关心的热点问题举办了贴近生活，贴近实际、贴近群众的系列科普活动，广大科技人员，科普工作者和科普志愿者，深入田间地头、彝乡村寨、社区、工厂、学校，面向群众，运用讲座，展示、咨询、体验、竞赛演出等形式开展丰富多彩的科普活动。据不完全统计，全州在"全国科普日"活动中悬挂横幅、标语20条，张贴挂图60多套，散发各类科普资料3万多份，科普读物1万余册，参与群众10余万人。3月，中国科协科普部高勘部长和省科协副主席刘进，州科协受中国科协委托，带领导检查组，对会东县、会理县和西昌市创建2011—2015年度全国、全省科普示范县进行了验收检查和评议。验收专家组对会东县、会理县、西昌市创建工作给予了高度评价，打出了110分、111分和110分的高分。检查组一致认为：会东、会理和西昌两县一市认真按照《科普法》和《纲要》精神，以创建全国科普示范县为契机，突出科普工作的战略地位，围绕经济抓科普，紧贴产业抓服务，立足科学素质抓提高，科普对经济社会发展的作用不断增强，一致同意通过验收检查。经中国科协、省科协审批，于9月正式授予会理县全省科普示范县称号，授予会东县、西昌市全国科普示范县市称号。

【科普惠农兴村计划】 根据《省科协、省财政厅关于组织开展2011年中国科协、财政部"科普惠农兴村计划"项目申报推荐工作的通知》精神，认真实施2011年科普惠农兴村计划申报推荐工作，上报项目中德昌县优质桃协会、喜德县依洛乡马骨阉鸡养殖技术协会、普格县青豌豆专业技术协会、木里县齐瓦镇核桃协会、西昌市川兴花卉协会、布拖县呷乌村科普示范（大棚蔬菜）基地，各获得中国科协20万元的项目经费，金阳县桃坪乡白魔芋协会获省科协10万元项目经费。全州6个项目获中国科协"科普惠农兴村计划"经费120万元，获省科协"科普惠农兴村计划"经费10万元，全州2011年共获130万元项目经费。

【青少年科技活动】 成功举办第二十六届凉山州科技创新大赛。全州7个县市，60余所中小学校，2万多名中小学生参加，共有40所中小学校的220个项目入选州赛，分别是青少年科技创新成果类60项，优秀科技实践活动18项，少年儿童科学幻想绘画116项，科学DV类12项，科技辅导员科技创新成果类14项，经大赛评委会公正、严格、准确的评审，共评出总奖项：一等奖37项，二等奖74项，三等奖109项，优秀科技教师5名，优秀组织奖20个。推荐参加省赛、全国赛作品，取得佳绩。在第二十六届四川省科技创新大赛上，凉山共有70项作品参赛，获奖59项，获奖率高达84%，共计一等奖16项，二等奖21项，三等奖22项。其中一等奖在全省排名第三位的好成绩。9项作品入选全国赛，并获得一等奖3项，二等奖3项，三等奖3项的辉煌成绩。在全国赛的总成绩仅次于成都市。省赛上，凉山州吴杰、李晓2位教师还获得了省十佳优秀科技辅导员的殊荣。西昌市科协、西昌市一小、二小、市一中荣获省基层优秀组织奖。凉山州科协获省优秀组织奖，并首次评为全国基层赛事优秀组织单位。开展珍爱生命之水——2011年青少年科学调查体验活动。6—9月，组织西昌市一小、二小、三小，3所科技示范校4000多名学生，以家庭、学校（班级或小组）为单位，开展与水相关的科学调查活动。6—8月，组织西昌一小、二小、七小等中小学校参加第二届全国青少年科学影像节活动，获全国二等奖 11 项，三等奖 1 项。组织学校教师参加四川省第十九届青少年科技辅导员的论文活动。推荐论文 3 篇，分别获得省二等奖。组织 8 所中小学校 30 名分管校长及教师参加四川省第十二期科技创新大赛科技辅导员及组织工作者培训会。成功举办首届凉山州青少年科技创新成果展。于 5 月 14 日至 6 月 15 日在凉山州彝文图书馆举办大赛成果展，展出历届获得全国比赛一、二、三等奖；省州级比赛一、二等奖作品 163 件，共接待全州 8500 名中小学生。2000—2011 年全州上百所中小学，10 余万名中小学生参与创新大赛，共评出州赛奖项 1306 项，共获省奖 363 项，全国奖 35 项。

【学会活动】　州科协所属州级学会（协会、研究会）新社会组织 48 个，10485 名学会会员。广大学会组织按照《学会章程》认真履行职责，围绕中心，服务大局中，在州科协的业务指导下，团结组织广大学会会员、科技人员，积极开展各项活动。2011 年，据不完全统计，州医学、药学、农学、林学、畜牧、气象、水利、科技情报、电机、建筑业、图书馆、文物等学会开展各类层次的学术交流 108 次、人才培训 98 次、技术服务 138 次、技术咨询 48 次。积极开展月城科普宣传周、宣传月活动、“三下乡”大型科普宣传活动，近 1000 名科技人员深入厂矿企业、乡镇街道、彝乡村寨、田间地头开展疾病预防、卫生保健、种养殖业等活动，将各类科普知识、实用技术送到广大城镇居民和农民朋友手中，增强了科技意识，树立了科技新风。主要工作：一是围绕人才强州战略，积极推进专家、优秀科技工作者人才库建设。二是积极搭建学术交流和科技人员成长的服务平台，评选推荐四川省十一届青年科技奖候选人。西昌学院科协推荐的王安虎副教授、凉山矿业公司科协推荐的申荣海工程师 2 人获此殊荣。州科协积极组织各级学会科技人员撰写学术论文参加中国西部专家论坛、中国科协年会、四川省博士专家论坛、四川省中青年专家学术大会。三是加强学会组织建设，推进学会改革，推进州级学会管理和建设向科学化、信息化方向发展，培育州级学会改革示范单位。四是加强学会党建工作建设和自身建设。

【民族科普工作】　为扎实推进民族科普工作，在深入彝乡、傈寨调查的基础上，州科协对德昌县六所乡南山村傈僳族聚居区建立少数民族地区科普示范基地进行了授牌。同时也将布拖县木尔乡、昭觉县碗厂乡彝族聚居作为开展少数民族地区科普工作的重点示范区。整合资源、扎实推进民族科普工作。结合新农村建设、教育扶贫、彝区新生活运动等全局性工作，州民科队协调争取成都百家塘科协、成都中铁西南国际物流有限公司、西昌分公司的大力支持。该公司为昭觉县碗厂乡中心校捐款 41450 元，捐赠物资 3 万元。

【科技咨询服务】　清理规范咨询机构和咨询人才队伍工作。在年度咨询机构和咨询师进行执业资格年检中，将不符合条件的机构和个人进行了注销，实行规范管理。加强对各级咨询机构的服务、监督和管理。全年完成咨询项目 264 个，项目涉及政策研究、项目管理、投资策略、建筑规划等社会经济发展的重点难点问题，参与咨询科技人员 350 多人次，创造了良好的经济社会效益。深入开展“讲比”竞赛活动，促进科技与经济的结合。全州企事业科协组织共有 37 个项目，科技论文 88 篇参与“讲比”活动。推广新技术 15 项，技术攻关项目 32 项，自主创新项目 1 项，合理化建议 43 条，实现经济效益 4801.85 万元。

【上级科协交办工作】　一是省科协、省委组织部、省人社厅开展的“第十届四川省青年科技奖”、“首届四川省杰出贡献奖”候选人的评选推荐工作，他们是西昌学院副教授王安虎，凉山州二医院院长、主任医师李利平。二是组织推荐优秀论文参加“第五届四川省中青年学术大会”。三是完成中国科协 2011 年 1—10 月重点调查统计工作。四是完成中国科协、四川省科协组织开展的“全国县级科协科普工作测评工作”。五是完成“四川省科协 2011 年科普工作统计”、“四川省农村科普工作状况问卷调查”、“四川省市、县区科普工作统计表”。

【机关建设】　2011 年，积极争取四川省科协对全州科协工作项目的支持。如对会理灾后重建工作、《科普惠农兴村计划》给予经费支持。2011 年凉山州科协经费预算比 2010 年有大幅增加，部分县市科协专项经费也有较大增长。科协队伍建设进一步加强。全州各级科协、州级学会广大干部切实发挥党员干部的先锋模范作用，结合《凉山州彝区健康文明新生活运动工作方案》实施，深入开展“领导挂点、部门包村、干部帮户”活动，推动了彝区教育扶贫开发工作。州科协开展了产业帮扶，基础设施建设，群众安居工程，结对帮扶，组织建设等六项重点工作。以建设学习型、创新型、服务型、和谐型机关为目标，深入开展党风廉政建设，创“四好”、“创先争优”、“效能建设”和文明单位等创建活动，进一步加大干部培训力度，不断提升科协干部人员队伍的服务能力和敬业奉献精神。基层组织建设进一步加强。县级机构改革刚完，州科协立即开展了17个县市科协摸底调查工作，并召开全州科协系统办公室主任会议或分管领导参加的干部培训会，理顺了关系，重点建立了工作联系机制，州级学会组织多数按期换届。新增州护理学会，恢复州文物学会。全州现有州级学会48个，企事业科协7个，县科协17个，农村专业技术协会674个，科普志愿者2050人，科协组织覆盖面进一步扩大。

（审核：赵增明/撰稿：宋永国）

文联工作

【概况】　凉山州文联编制25人，其中行政编制6人，机关后勤服务事业编制2人，凉山文学编辑部、民研室事业编制17人，领导职数3人，下属10个文艺家协会，即音乐家协会（州会员200人、省会员58人、全国会员15人）、舞蹈家协会（州会员130人、省会员45人、全国会员11人）、作家协会（州会员180人、省会员56人、全国会员10人）、美术家协会（州会员210人、省会员40人、全国会员5人）、书法家协会（州会员300人、省会员60人、全国会员9人）、摄影家协会（州会员280人、省会员45人、全国会员20人）、影视戏剧家协会（州会员160人、省会员20人、全国会员2人）、民间文艺家协会（州会员150人、省会员48人、全国会员9人）、曲艺家协会（州会员50人、省会员12人）、评论家协会（州会员60人）。2011年是国家“十二五”规划的开局之年，是中国共产党建党90周年，辛亥革命100周年，西藏自治区和平解放60周年，“5·12”汶川特大地震三周年，也是凉山全面实施“一个意见、两个规划”、“跳起摸高、跨越发展，推动全域凉山全面协调可持续发展”的关键一年。凉山州文联在州委、州政府的正确领导下，在省文联、州委宣传部的亲切关怀和指导下，以邓小平理论和“三个代表”重要思想为指导，认真贯彻落实党的十七届四中、五中、六中全会精神，以全面落实科学发展观，学习实践科学发展观统揽文联工作，紧紧围绕州委、州政府的中心工作，充分发挥联络协调服务及业务指导的作用，团结组织全州广大文艺工作者，以构建凉山和谐文化、建设民族文化强州、繁荣凉山文学艺术事业和出作品、出人才为根本任务，抓学习、抓创作、抓活动，各项工作稳步推进，文学艺术创作精彩纷呈，各协会比学赶创，整体工作再上新台阶。

【理论学习】　以深入开展创先争优活动为载体，抓好理论学习。州文联着重在党的路线、方针、政策，特别是党的文艺理论上下工夫，自觉把学习实践科学发展观深入化、长期化，并同学习贯彻中央、省委、市委重要会议和文件精神相结合，同提高工作能力相结合，夯实了推动文艺事业科学发展、又好又快发展的理论根基。结合开展创先争优活动的总体要求，组织学习实践科学发展观活动辅导材料，创先争优活动材料，学习十七届四中、五中、六中全会精神，特别是党的十七届六中全会召开后，重点开展十七届六中全会精神的学习，学习中突出胡锦涛总书记在十七届中央委员会第六次全体会议上的重要讲话精神，《中国共产党第十七届中央委员会第六次全体会议公报》、《中共中央关于深化文化体制改革、推动社会主义文化大发展大繁荣若干重大问题的决定》，《中共四川省委关于深化文化体制改革加快建设文化强省的决定》及四川省文联党组书记、常务副主席黄启国在四川省文联学习贯彻党的十七届六中全会精神大会上的讲话。在理论学习上，努力坚持“三个结合”：结合中央、省、州委大政方针政策；结合州委中心任务；结合文艺工作的实际。始终做到“三个保证”：保证学习制度落实，保证学习时间，保证学习质量。学习中，认真坚持了中心组学习制度，同时抓好机关支部、干部职工，各文艺家协会的政治理论学习。在学习方法上，采取集体学和自学相结合，边学边讨论，联系实际撰写学习心得，办学习园地等形式，真正把学习落到实处。通过学习，提高了广大文艺工作者的政治素质、理论水平，增强了运用马克思主义科学世界观和方法论判断形势、分析社会状况、把握文艺正确发展方向的能力，在文艺界形成了较为浓厚的学习氛围，团结和谐、健康向上的精神面貌。

【班子建设】　继续深入开展“四好班子”创建活动，班子团结和谐，工作扎实有效。在领导班子建设上，严格按照"学习创新、民族团结、勤政为民、清正廉洁"的要求，认真开展"四好班子"创建活动。领导班子成员积极参加中心组学习、勤做学习笔记、撰写理论文章，积极参加支部组织生活。工作中坚持贯彻执行党的民主集中制，加强班子成员之间的团结合作，保证了决策的民主性、科学性。高度重视机关作风建设，把建设服务机关、和谐机关作为机关作风建设的目标，机关各部门以为群众服务，为基层服务作为工作宗旨，积极为群众、为基层、为文艺家们排忧解难，提供服务。

【贯彻落实省委精神】 认真贯彻落实四川省文联六届三次全会精神，把抓创作作为文艺工作和文联工作的重中之重。四川省文联六届三次全委会结束后，州文联及时召开会议，传达贯彻落实了省文联六届三次全委会精神，对会议着重强调的几个方面进行了认真学习和领会。特别是对重点抓好文艺创作、培育文艺精品做出了切实有效的规划。文艺创作是文艺工作的核心，文艺作品的不断生产是文艺事业发展的具体体现，打造文艺精品是文艺创作的龙头，着力培育精品力作是文艺创作的重中之重。要求各县市文联和州级各文艺家协会要把工作的重心放在创作上。一是要组织文艺工作者扑下身子深入基层深入群众深入生活，贴近群众、贴近时代，到生活中收集素材发现灵感培养创作热情，精心创作，创作要有计划、有措施、有落实，要有具体人员抓，要努力出作品，推精品，做到年年有新作品，人人有新作品，不断创新，不断上新的台阶，进一步繁荣发展社会主义文艺事业。二是要树立精品意识，抓精品创作。在抓精品工程中，首先要调动积极性，潜心创作，争取州委、州政府应有的政策支持，做到有规划、有重点、有措施、有扶持，力求推出一批精品力作，不断扩大影响。三是立足民族文化，在抓特色作品的创作上下工夫。凉山的文艺作品应该充分开发和利用民族特色的资源优势，抓特色作品的创作，培育特色作品，充分发挥自己的特色优势，脚踏实地抓创作，出作品，出精品。进一步抓好省委办公厅 2009 年 15 号文件精神的落实，全面推动凉山文联工作，促进全州文艺事业发展。按照《中共四川省委办公厅关于加强和改进新时期文联、作协工作的意见》（川委办〔2009〕15 号）及《关于加强和改进新时期文联工作的贯彻意见》（凉委办〔2009〕49 号）要求，按照州委编制办《关于规范设置县市文学艺术界联合会的通知》和州委宣传部《关于建立县市文学艺术界联合会的安排意见》〔凉宣发〕51 号精神的要求，州文联积极开展调研、制订计划，增添措施，力争把文件贯彻落到实处，达到全面推动文联工作和促进文艺事业发展繁荣的目的。2011 年文联在加强自身建设的基础上，认真做好基层文艺队伍组织建设工作，协助未成立文联的县积极建立文联，凉山州 17 个县市中，有 9 个县市建立了文联。8 个县市有编制、有人员、有经费、有办公场所。

【机关建设】 为转变作风，提高效率，为文艺家服好务。一年来，州文联狠抓了内部管理和机关建设，强化了机关考勤制度、财务管理制度、党风廉政建设制度和学习制度等，进一步加强和完善了机关各种规章制度。全年，机关党风廉政建设责任制、"四好班子"建设、党建目标管理、文明单位建设取得成效；机关作风建设、档案工作、保密工作、综合治理、卫生、计划生育、财务、统计等合格达标，受到了有关部门的好评。这些工作为进一步搞好全州的文艺工作，奠定了后勤保障。

【教育扶贫】 按照州里的统一安排，认真抓好"挂包帮"工作。2011 年，州文联主要领导自觉、主动下乡，到扶贫联点乡，深入学校，调查研究，制订扶贫措施和计划，采取各种办法，帮校助学，积极动员职工开展"一帮一"助学活动。全年职工个人助学资金共达 3000 元，帮助困难户学生解决了学费。州文联还配合中心任务，积极开展各种文艺活动，完成了州委、州政府、州委宣传部和州直属工委安排的各项工作。

【文学刊物】 进一步办好《凉山文学》彝文版和汉文版。在办刊中，遵循先进文化的前进方向，坚持思想和艺术标准的统一，坚持四项基本原则，坚持将社会效益放在第一位，坚持面向社会、以培养文学新人为己任，突出民族特色，受到了广大读者的欢迎。《凉山文学》汉文版完成了 6 期的出版发行工作。彝文版完成了 4 期的出版发行工作。与云南楚雄州、红河州和贵州毕节地区文联联办《彝族文学报》，一年共编发稿件 30 多万字，深受广大读者的好评。编印《文联简报》。为及时反映和交流全州文艺工作动态，促进文艺信息工作，全年共编印了五期《文联简报》。

【文艺下乡】 开展送文化下基层活动，受到广大群众欢迎。根据省文联及州委的要求，州文联积极组织全州文艺家下乡，把文艺作品送到群众手中。春节前夕，州文联、西昌市文联、喜德县文联联合组织州、县市书画家30多人，在喜德县街头、西昌步行街开展义务为群众书写春联，把温暖送到群众手中大型文化活动。共书写春联3200幅。

【文艺活动】　举办各种形式的文艺活动，不断满足人民群众的物质生活。紧紧“围绕中心、服务大局”，开展文艺展演和文化惠民活动，全年共开展文艺展演活动13次。主要包括：2月，州音乐家协会和州舞蹈家协会共同组织赴台湾演出，收到岛内同胞的热烈欢迎。9月，赴珠海、云南省永胜、峨山、攀枝花的米易县建县50周年演出。10月赴成都参加西博会、农展会、旅交会演出，场场爆满。2月，州文联组织同州农行在火把广场经营大厅联合举办了迎新春文艺歌舞晚会。5月，由州民间文艺家协会负责推荐的凉山8个县的民间工艺大师参加省文联、省民协承办的首届“四川民间工艺百家”精品展，其中彝族服饰获得金奖，为凉山争得了荣誉。6月，由州民间文艺家协会负责推荐了6位工作人员参加省文化厅组织的“四川省民间艺术大师”评定工作。6月25日，州文联、州作协组织数名会员与州检察院共同开展了文艺采风活动。7月，州文联组织作家协会参加了第四届青海国际诗歌节。8月，州美协组织会员参与了在西昌举办的“燃点”全国当代油画展活动，并组织会员参观展览，进行观摩学习交流活动。组织了6件作品参加了10月份在马其顿举办的美术展览，增进了两国文化交流。多次接待国内外美术团体和美术家在凉山写生采风和交流活动，在人力和财力上都作出了很大的贡献。10月，州美术家协会与自贡市文联、美协进行了美术的创作和组织工作的交流。邀请四川美术学院教师写生队到西昌新建邛海湿地公园写生采风，并举办了写生展。接待了台湾美术理论家黄梁先生，针对凉山近期60余件作品进行了针对性点评和交流。并组织作品参加四川与上海美协举办的“东形西式油画作品交流展”活动。11月初，州文联组织州曲艺家协会的会员、有关学者与省戏剧家协会组织到凉山的采风团一起到冕宁彝海进行了采风，并进行了有关彝海结盟方面的文化交流。11月4日，州文联、州作协组织会员4人创作的文学作品集捐赠给西乡中学图书室，还与学校师生进行了文艺交流。11月州音协会员参加了省音协组织的“走基层、转作风、改文风”创作采风活动。11月11日，州文联、州作家协会组织数名会员到西昌卫星发射中心进行采风，与部队官兵进行座谈交流。12月，在州书协的一名会员参加了四川省书法代表团赴台湾进行书法交流活动。州音协和舞协的会员一年来积极参与州委、州政府组织的汇报、接待中央、省委等各项文化考察、调研及外宾来访的演出140余场（次），使凉山民族文化走出四川、走出国门、让更多的人认识和接受凉山民族文化。

【文艺创作】　抓好文艺创作，是文联和各文艺家协会的重要任务，一年来，全州文艺创作取得丰硕成果。文学方面，拒不完全统计，有60人次在全国、省、州报纸杂志和网络上发表了小说、散文、诗歌、报告文学、文艺评论、歌曲等体裁的文艺作品共1400余件，获各级奖项10余个。组织会员创作作品参加“歌颂共产党、唱响新西昌”活动，有80余人100余篇（首）作品参加了评奖，共有36人39篇获奖，其中一等奖1名、二等奖3名、三等奖3名，优秀奖30名。其中，四川省作协副主席、凉山州文联主席倮伍拉且写作的诗集《大凉山》9月在青海人民出版社出版发行；由四川省作协主编的《四川精短散文选》、《四川爱情友情精短诗选》收录了全州9位作家的12篇（首）作品，在全省市、州入选作品中名列前茅。书法方面：有4幅作品入选中国书协主办的第四届西部书法作品展；1幅作品荣获由文化部主办的“第七届中国文化艺术政府奖”评选活动中的最佳创作奖。美术方面：参加全国少数民族艺术节美术展览，获一等奖2件、二等奖3件、三等奖5件；获省展优秀奖1件、国展2件；获全省中国画工笔画展三等奖1件、优秀奖4件；获全国铁路系统美展一等奖1件。有1人的国画作品入选“全国作家书画邀请展”，并在南京展出获“人文学术创意成果奖’，辑入《文心墨语》书画作品集。舞蹈方面：彝族舞蹈《泉边彩虹》获得第八届中国舞蹈“荷花奖”表演铜奖。音乐方面：会员参加全国彝族服饰及原生态歌手大奖赛荣获表演一等奖。乐曲《月下情歌》获得四川省广播新歌一等奖。教学论文《在课改语境下的音乐教学》获得省三等奖。

（审核：倮伍拉且/撰稿：沈　英）

残联工作

【创先争优活动】　围绕“为党旗增辉，为事业奋斗，做群众心目中的好党员”活动主题，突出“五好四强”、“六带六争”的要求，开展创先争优活动。在单位设立4个“共产党员示范岗位”（其中州直工委指定的示范岗位2个），全体党员做出党员目标承诺和岗位目标承诺，将党员的承诺事项、完成时限和监督方式等信息进行公开，接受群众监督。领导针对党员做出的承诺及承诺事项进展和完成情况进行点评，肯定成绩，指出存在的问题，并对以后努力的方向提出要求。继续稳步推进2011年“挂包帮”活动、“彝区健康文明新生活运动”、“百乡教育扶贫”等活动，为盐源县黄草镇黄腊沟村捐赠种猪种（价值6000元左右），以此进一步促进该村养殖业发展；还为黄草镇格朗河村全村313户送去了939根板凳（价值12000多元）。按照州委的部署和要求，深入开展党务公开工作。成立凉山州残疾人联合会党务公开工作领导小组，明确相关人员的分工，落实了责任；专门召开党员大会，深入宣传中央、省委和州委关于党的基层组织实行党务公开的部署和要求；参照《凉山州州级机关、部门、事业单位党务公开指导目录》，结合州残联的实际，制定党务公开目录，并依程序有序推进党务公开工作。为纪念中国共产党成立90周年，组织庆“七一”职工乒乓球赛、登泸山活动、参观西昌市烈士陵园、慰问3名贫困残疾老党员等活动，庆祝建党90周年。

【残疾人康复工作】　白内障复明手术方面。通过实施“百万贫困白内障患者复明工程”等项目，免费为贫困白内障患者实施复明手术834例。全年全州共完成白内障复明手术1301例。贫困肢体残疾人矫形手术方面，全年完成贫困肢体残疾儿童矫治手术4例。普及型假肢装配方面，全年完成普及型小腿假肢安装25具，完成大腿假肢安装25具。聋儿语训方面，全年完成聋儿语训36人，聋儿家长培训14人。社区康复方面，全年全州完成社区康复协调员师资培训51人次，康复协调员培训900名。在全州开展残疾人康复调查摸底工作，共有61313名残疾人填写康复需求调查表。此外，全州低视力者配用助视器12人，低视力家长培训2人；各类残疾人辅助器具供应478件；肢体残疾儿童康复训练7人，成年肢体残疾人康复训练41人；智力残疾儿童康复训练12人；关爱精神残疾人200人；脑瘫儿童康复训练16人；截至2011年底，全州累计换发及新办第二代残疾人证67125本。

【全国助残日工作】　2011年5月15日是第二十一次“全国助残日”，按照省残工委的统一部署，围绕“改善残疾人民生、保障残疾人权益”的主题，结合实际，精心组织第二十一次“全国助残日”活动。助残日当天，州和西昌市人民政府残疾人工作委员会成员50多家单位、医疗器械单位、残疾人民间组织等走上街头，开展政策和法律法规宣传咨询活动，共接待群众3000多人次，政策和法律法规咨询1600多人次，发放各种宣传资料2万多份；安装假肢47具，发放轮椅30辆，用品用具82具、助听器20台、低视力助视器15台，价值98万元。州委常委、州总工会主席王阿呷，州人大常委会副主任张家让，州政府副州长达久木甲，州政协副主席谢宇才以及西昌市的相关领导参加了宣传和走访慰问残疾人活动。领导们还在西昌市太和镇走访慰问了50名贫困残疾人，每人发放200元慰问金及一床价值160元的棉被。第二十一次“全国助残日”期间，全州慰问贫困残疾人支出款物价值约130万元。

【残疾人就业工作】　州本级投入资金近80万元，对330名残疾人进行了职业技术和实用技术培训。全年全州完成城镇残疾人职业技术培训1055人，农村残疾人实用技术培训2850人，扶持盲人就业23人，扶持残疾人就业投入资金172.25万元。纳入省委、省政府“民生工程”的城镇新增残疾人就业完成1074人，投入资金125万元，完成比例为117%。2011年凉山州继续加大了按比例安置残疾人就业和残疾人就业保障金征收工作，州本级征收残疾人就业保障金674万元，全州超过3000万元。

【残疾人教育工作】　全州共完成扶残助学529人。全州有两名贫困残疾大学生受到“通向明天——交通银行残疾青少年助学计划”项目资助。残疾考生录取工作，全州有上线残疾考生30人，录取29人，1人因个人不满意选择复读。继续加大对贫困残疾大学生的资助力度，投入资金20万元资助85名凉山籍贫困残疾大学生（含29名新生）和6名贫困残疾人子女完成学业。

【残疾人社会保障工作】　全州17个县市全部纳入新型农村社会养老保险和城镇居民养老保险国家级试点，17个县市均已启动试点工作。各县市重度残疾人参保的最低档次保费由政府全部代缴。纳入省委、省政府“民生工程”的“阳光家园计划”居家托养智力、精神和重度残疾人完成1770人，投入资金106.2万元，完成比例104%。此外，投入资金7.2万元在凉山州精神病医院集中托养了15名精神残疾人。

【残疾人扶贫工作】　纳入省委、省政府“民生工程”的帮助农村贫困残疾人发展生产、增加收入完成4180人，投入资金676.2万元，完成比例113%。为昭觉、布拖、甘洛、越西、盐源等5个县的100户贫困残疾人家庭进行危房改造，共投入资金120万元（每户1.2万元），其中省贫困残疾人危房改造项目资金60万元（每户6000元），州本级配套30万元（每户3000元），各执行项目县也按任务数每户配套了3000元。春节期间，全州开展“温暖万家行”贫困残疾人慰问活动，共计慰问3323人，投入资金超过300万元。州残联在宁南县建立了一个残疾人扶贫基地，投入资金7万元。

【残疾人宣传文体工作】　5月29日至6月1日，组成由凉山州人民政府副州长达久木甲任团长的代表团，参加了在绵阳市举行的四川省首届残疾人文化艺术节。凉山选送的手工艺作品《彝族服饰》获得一等奖，表演类作品《拥抱春天》获得二等奖，美术作品《荷》获得二等奖，语言作品《生命的翅膀永不折断》获得三等奖，摄影作品《前进、前进》获得三等奖，并获得优秀组织奖。完成《中国残疾人》杂志征订576本，《三月风》杂志征订480本。

【残疾人维权信访工作】　全州各级残联开展普法宣传教育活动19次，累计参加人数15269人。纳入省委、省政府“民生工程”的贫困残疾人家庭无障碍改造完成40户，投入资金4.4万元，完成比例100%。为219名肢体残疾人发放残疾人机动轮椅车燃油补贴，每人每年260元。全州各级残联共受理来信211件，接待来访6666人次（其中集体访12批次、165人次）。

【残疾人个性化服务】　2011年，按照省残联的统一部署和安排，凉山州开始全面推行为残疾人提供“量体裁衣”式个性化服务工作（以下简称“量服”工作）。成立以州残联党组书记、理事长张瓦哈为组长，党组成员、副理事长马亮为副组长，各科室和直属事业单位负责人为成员的凉山州“量服”工作领导小组，认真研究制定和印发《关于在全州全面推行为残疾人提供“量体裁衣”式个性化服务的实施方案》（凉残发〔2011〕2号），各县市也全部成立了“量服”工作领导小组，制定出台“量服”工作实施方案。6月21日至23日，州残联在西昌举办“量服”工作培训班，对各县市残联的分管领导和“量服”办主任进行为期三天的培训。在“凉山州残疾人个性化服务信息平台”正式上线运行后，又组织各县市的相关人员进行系统操作及录入培训。各县市残联也根据本地实际，采取多种方式，对基层残疾人工作者进行“量服”工作和信息化平台操作培训。同时，州本级和各县市都做好“量服”工作的经费、设备和人员等保障工作。截至2011年12月31日，全州“量服”工作残疾人个性化服务计划人数18905人，计划覆盖率28.82%，落实人数17851人，落实覆盖率27.21%，超额完成省残联下达的5%（15000人）的任务数。

【残疾人状况监测】　为了对监测样本进行适当调整补充，保证监测数据的完整性和代表性，中国残疾人联合会、国家统计局、民政部、卫生部决定从2011年开始开展新一轮全国残疾人状况监测工作。州本级和西昌市、昭觉县按照要求的工作模式和工作程序，成立了监测工作机构，制定了工作方案，在西昌市西城街道龙眼井居委会第二小区、兴胜乡双林村第五小区和昭觉县补约乡阿举列减村第一小区、大坝乡科且村第一小区开展了2011年度新一轮全国残疾人状况监测工作，四个小区的监测工作都顺利完成并通过省级验收。

【获奖情况】　获2011年度全州机要文件交换工作“优秀”称号；继续保持州级文明单位；党建目标考核为“优秀”；市（州）残联绩效考核二等奖；市（州）残联突出贡献和重大创新奖（残疾人就业保障金征收工作）；四川省首届残疾人文化艺术节优秀组织奖，手工艺类一等奖，表演类二等奖，作品类二等奖，语言类三等奖，摄影类三等奖；全国“两刊”宣传工作先进单位；档案工作保持四川省档案工作规范化管理二级标准。

（审核：张瓦哈/撰稿：杨　宓　王小键）

社科联工作

【凉山州民族文化研究基金】　凉山州民族文化研究基金成立于2010年。实际工作的开展和资金的投入是2011

年。其中2010年度重大委托项目《凉山彝族历史探源研究》及7个子课题，一般项目9项，出版资助项目6项，2011年度重大委托项目《凉山彝族起源及发展研究》及子课题，一般项目10项，出版和后期研究资助项目6项。2011年完成9项：《悬棺密码》（专著，安东），《凉山历史碑刻注评》（专著，刘弘），《彝学研究文集》（专著，马尔子），《非物质文化遗产保护的法律机制研究》（专著，谢世廉等），《三星堆之谜与彝族文化的渊源》（专著，马德清），《大凉山，我只能在你的怀抱里欢笑、哭泣和歌唱》（专著，倮伍拉且），《彝历》（专著，老板萨龙），《摩梭达巴文化实录》（专著，李达珠），《外国人记录的凉山彝区社会生活——以美国基督教浸礼宗柯饶富团队经历为例》（译著，马林英）。

【学会管理】 继续加强对全州各社科类学会、协会、研究会的管理和指导工作，积极为他们排忧解难，搞好服务。同时，把握正确的政治方向，支持和鼓励他们开展各种学术研究和交流活动，全州各级、各类学会的学术研究和交流活动开展得有声有色，成果丰硕，富有成效，没有杂音。

【社科普及】 结合凉山近年来开展的健康文明新生活运动，有针对性地继续深入开展社科知识普及工作，培养全民族崇尚科学、反对迷信、昂扬向上的精神风貌；大力提倡移风易俗、破除陈规陋习、改变落后生产生活方式的健康文明新生活和新风尚，有力抵制各种错误思潮和腐朽思想的侵蚀，为推动凉山州彝区健康文明新生活运动尽职尽责。全年共捐赠价值3000元的小板凳，发放科普资料4000余册，开展科普咨询活动6次。

【《凉山社会科学》】 如期完成《凉山社会科学》6期的编辑发行；刊物水平和质量与时俱进、不断提高。

【基层社科联建设】 在各方的努力下，全州17县市社科联全部做到有专职人员、有办公地点、有办公经费。各县市社科联工作正逐步开展起来并走向正规化。西昌市在全州率先召开了第一次代表大会，其他县社科联代表大会的筹备工作正在进行中。西昌市社科联成立以后，与市委宣传部合作，联合承办以“百人大讲坛”为载体的“发现西昌·跨越奋进”系列主题讲座。该活动采用电视转播的形式，共设16期专题讲座，历时半年多，市委、市政府领导为主讲人。讲坛旨在：通过全方位展示、总结“十一五”期间西昌市跨越式发展的成绩和不足，扬长避短，理清思路，明确西昌在“十二五”期间的发展方向。据统计，“百人大讲坛”直接听众达4000多人次，电视观众近15万人次，收到了很好的效果。州社科联把西昌市社科联的做法向全州进行推广。

【社科联座谈会和社科联四届四次理事会】 年底在西昌召开全州县市社科联工作座谈会，全州十七个县市社科联参加会议。传达了全省市（州）社科联学习会精神；讨论《繁荣发展哲学社会科学，努力推进社科强省建设的意见》、省社科联《关于认真学习贯彻党的十七届六中全会和省委九届九次全会精神的意见》，并就这两个意见的贯彻落实作了安排部署。大家一致认为，这两个意见的出台，必将推动全省社科工作更上一个新的台阶，州、县社科联应抓住这个大好机遇，结合实际，乘势而上，努力争取有所作为。各县市社科联分别就各县市社科联建设情况作介绍和交流。州社科联党组书记、副主席哈小华对各县市社科联工作所取得的成绩作充分的肯定和鼓励，对各县市社科联面临的困难和问题，表示尽最大努力帮助和解决。同时，要求各县市社科联应加强自身建设，加强自身修养，做到有为才有位，充分利用各县市独特的社科资源，推动社科联建设，充分发挥社科联桥梁纽带作用，为繁荣发展凉山州哲学社会科学事业，起到积极的促进作用。年底召开凉山州社科联第四届四次理事会，州社科联党组书记、副主席哈小华向第四届理事会报告2011年社科联的工作。

【机关建设】 凉山州编办发文（凉编办函〔2011〕36号），同意州社科联增设内设机构一个：“规划评奖办公室”。学习、勤政、廉政建设工作常抓不懈，社科联机关工作人员素质不断提高，没有发生任何违纪违法事件；机关内部制度不断健全完善，工作开展有条不紊、游刃有余；办公条件逐年改善，工作效率不断提高；为定点扶贫乡捐钱、捐物，价值5000余元，并制定新一年的“挂包帮”扶贫规划。

（审核：哈小华/撰稿：吴　伟）

司　法
Justice

审判工作

【概况】　2011年，全州法院在州委的领导，州人大常委会及州政协、州委政法委的监督、支持和上级法院指导下，始终坚持“服务大局、能动司法”的工作主题，围绕深入推进三项重点工作，狠抓执法办案第一要务，服务“一个中心”，推进“三项工程”、巩固“四大机制”、开展“两项活动”，不断加强自身建设，全面履行宪法和法律赋予的职责，充分发挥审判职能，不断创新工作举措，各项工作都取得了显著成绩，为凉山经济发展，维护社会稳定提供了有力的司法保障和法律服务。全年全州法院共受理各类案件22017件，同比上升5.56%，审结20992件，同比上升4.05%，结案率95.34%，涉案金额17.81亿元；其中受理各类一、二审、再审案件13436件，结案12898件，结案率96%；受理执行案件3553件，执结3083件，执结率86.77%；受理司法赔偿案件5件，结案3件，结案率60%；受理减刑假释案件2664件，结案2664件，结案率100%；受理申诉申请再审案件2359件，结案2344件，结案率99.36%；办理群众来信2164件，接待群众来访7853人次。2011年，州中级人民法院受理各类案件4970件，审结4745件，结案率95.47%，涉案金额11.49亿元。

【民商事审判】　全年全州法院共受理各类民商事案件10988件，同比减少16.57%，审结10495件，结案率95.51%，涉案金额14.06亿元；其中，受理一审民商事案件10247件，审结9772件，结案率95.37%；受理二审民商事案件681件，审结677件，结案率99.42%。受理再审民商事案件60件，审结46件，结案率76.67%。其中，凉山州中级人民法院受理各类民商事案件1041件，审结943件，结案率90.59%，涉案金额9.01亿元。凉山两级法院在审理案件中，一是始终坚持“调判结合，调解优先”的原则，运用调解的司法理念，妥善审理各类民事案件，依法保护当事人合法权益，最大程度上做到定纷止争，案结事了。全年，全州法院共调撤各类民商事案件8014件，调解率77.58%，在全省名列前茅。二是妥善审理因征地拆迁、教育医疗、劳动争议、环境污染、企业改制等引发的各类民商事案件，积极寻找化解矛盾纠纷的办法，避免因处置不当引发群众性事件。三是继续深入开展以彝族民间“德古”为特邀人民陪审员的“多元化”调解模式。加强司法调解与人民调解、行政调解的对接，力求形成解决矛盾纠纷的最大合力，将矛盾化解在萌芽状态。

【刑事审判】　全年全州法院共受理各类刑事案件2124件，同比上升4.12%，审结2085件，结案率98.16%，审理减刑案件2496件，结案率100%，审理假释案件168件，结案率100%。其中，受理刑事一审案件1943件3030人，审结1908件2958人，结案率98.2%；受理二审刑事案件177件，审结173件，结案率97.74%；受理再审刑事案件4件，审结4件，结案率100%。其中，州中级人民法院受理各类刑事案件546件，同比上升34.49%，审结539件，结案率98.72%，审结一审刑事案件367件599人，结案364件593人。两级法院在审理刑事案件中，一是继续保持对“打黑除恶”、“两抢一盗”等暴力性犯罪案件的高压严打态势。依法判处故意杀人、故意伤害、拐卖妇女儿童、抢劫等严重刑事犯罪5年以上有期徒刑直至死刑的202人。西昌市法院对凉山州首例组织、领导、参加黑社会性质犯罪集团的张伟等15名黑社会分子作出一审判决。二是严厉打击毒品犯罪。全州法院全力投入全州第二次禁毒人民战争和“禁毒摘帽”攻坚行动，开展声势浩大“6·26公判大会”。全年，全州两级法院共受理各类毒品案件530件710人，审结528件707人，结案率99.63%。三是贯彻“宽严相济”的刑事政策，严把审判质量关、事实关、证据关、程序关和法律适用关，严格控制和慎重适用死刑，确保案件质量；由于刑事审判成绩突出，凉山中院刑二庭被最高人民法院授予“全国人民法院先进集体”荣誉称号。

【行政审判】 全年全州法院共受理各类行政案件324件，审结318件，结案率98.15%。其中，受理一审行政案件293件，审结287件，结案率97.95%；受理行政二审案件30件，审结30件，结案率100%；受理行政再审案件1件，审结1件，结案率100%。其中，中院受理各类行政案件38件，审结38件，结案率100%。一是坚持依法行政的审判原则，积极探索通过协调和解方式解决矛盾纠纷。一年来，除审查行政非诉的141件案件外，通过协调，原告撤诉和行政赔偿调解30件，调撤率16.95%，妥善化解了大批行政争议，协调了公共权力与公民权利的关系。二是加强与政府职能部门的联系与沟通，为政府依法行政、规范行政建言献策。中院向州政府提出的《关于行政机关行使行政许可配置权、行政执法权和其他行政权应慎待相对人合法财产权，主动控制县级政府行政风险的司法建议》，受到州政府高度重视，政府主要领导作了专门批示，并由州政府法制办负责落实办理。

【执行工作】 全年全州法院共受理各类执行案件3553件，执结3083件，执结率86.77%，执结标的金额36871.0584万元。其中，中院受理各类执行案件306件，执结201件，执结率65.69%，执结标的额2.46亿元。一是充分发挥执行联席会议优势，健全执行联动机制、威慑机制、快速反应机制和司法救助机制等长效机制，进一步规范执行行为，切实保护当事人合法权益。二是以专项执行活动为抓手，不断创新执行举措，采取查封、扣押、冻结等强制措施，深入开展“两限制一打击”专项执行活动，破解执行难题。执行和解和自动履行结案1814件，占执行结案的55.02%，在执行阶段为有效化解社会矛盾作出积极贡献。三是加大执行救助力度。全年，全州法院共对145件案件189人发放执行救助款124.27万元。全州法院通过一系列执行措施，有效缓解了矛盾，促进了社会和谐。

【涉诉信访】 凉山两级法院加大涉诉信访工作力度，集中化解信访积案。一是妥善处理群众来信来访，全州法院共处理群众来信2164件，接待来访7853人次。其中，中院处理群众来信705件，接待来访531人次，做到“件件有登记、件件有接访、件件有审查、件件有回复”；二是妥善化解中央政法委和省法院交办的37件涉诉信访积案，结案率100%，息诉率92%；三是严格涉诉信访案件终结移送审查，按照最高法院和省法院信访终结条件，对13件长期无理缠访案件进行审查，将毛宗美、胡崇芬等5件信访案件移送省法院审查终结。

【审判管理】 凉山两级法院不断强化审判管理，案件质量得到全面提升。一是全州法院全面实现网上办案，在案件立、审、质、评、归等各环节设置节点管理，从立案到结案全过程由计算机自动监管办案时限，提升案件质量和效率。二是严格案件质量评查，落实审判责任，提升办案质量。全年中院审管办共评查各类案件948件。其中，优秀案件3件，占评查案件的0.32%；合格案件943件，占评查案件的99.48%；基本合格案件2件，占评查案件的0.21%。三是积极开展“百万案件评查”工作，全州法院共评查各类案件905件，评查案件全部合格。其中，中院自查60件案件，基层法院自查845件案件。

【基层建设】 在基层建设工作中，全州法院信息化建设（除雷波县法院因新建审判大楼外）已全部建设完成，实现省、州、县法院三级网络的互联互通。一是全州6个法院（新建2个，在建4个）新建了审判大楼，全州86个人民法庭，已新建改建80个。落实信息化专项资金690余万元，全州33个人民法庭实现四级联网。二是全州16个法院（含中院）档案规范化管理工作顺利晋升省一标，实现了档案管理的科学化、规范化、制度化。三是全州开展基层法院网络应用大检查，有力地促进和推动全州法院干警计算机学习和应用水平。

【队伍建设】 全州法院始终按照州委关于钢班子带铁队伍的要求，狠抓队伍建设，努力打造一支政治坚定、业务精通、作风优良、司法公正的法官队伍。一是健全一级抓一级，层层抓落实的党风廉政和惩防体系建设，通过举行廉政宣誓日、教育日、观看警示教育片等活动，深入推进反腐倡廉建设；二是坚持和善于从群众来信来访中发现违法违纪线索，坚持做到有错必纠，有责必查，有查必果。全年中院纪检、监察部门共收到群众来信33件，比2010年同期减少69件，接待群众来访45人次，均按规定进行了办理。

【其他工作】 一是自觉主动接受人大及其常委会、社会各界和广大人民群众的监督。全年，中院共联络、走访人大代表、政协委员150余人次，邀请48名全国、省、州人大代表、政协委员5次参加旁听庭审、视察法院工作。深入开展“司法公开宣传月”、“法院开放日”等活动，2011年12月2日，凉山两级法院邀请人大代表、政协委员 、社区群众及学生代表等260多人参加“法院开放日”活动，增进了社会各界和广大群众对法院工作理解支持。二是司法统计工作在全省法院司法统计工作和全州统计工作中均获一等奖。三是中院在全省法院司法警察业务技能竞赛中取得第二名的成绩，被省法院授予集体三等功。四是调研工作迈上新台阶。在全省法院系统第十四届学术讨论会中，凉山法院两篇学术论文获得三等奖，13篇学术论文获得优秀奖，凉山中院获得组织工作特别奖；在四川省委政法委、四川法学会“三项重点工作”优秀论文评选活动中，张黎撰写的两篇调研文章分别获得二等奖和优秀奖；凉山州中院被州政法委评为2011年度全州政法系统调研工作先进集体；同时，全州法院以《凉山审判》为载体，开展深层次的研讨和调研，为繁荣全州文化建设，不断推进民族地区法官职业化进程作出贡献。五是信息宣传工作取得好成绩。2011年，中院成立了新闻宣传中心，全年全州法院新闻稿件被各类新闻媒体采用160篇，其中：中央级新闻媒体采用10篇、省级新闻媒体采用18篇、州（市）级新闻媒体采用132篇，增进社会各界和广大群众对法院工作理解支持。

（审核：冯　成/撰稿：张　黎）

检察工作

【概况】 2011年，全州检察机关以党的十七届五中全会精神为指导，以政治建检为宗旨，以“发扬传统、坚定信念、执法为民”主题教育实践活动为载体，在两级党委和上级检察机关的坚强领导下、在人大及其常委会的有力监督、人民政府的大力支持和人民政协的民主监督下，紧紧围绕凉山经济社会发展大局，深入推进“三项重点工作”，不断强化法律监督、自身监督和队伍建设，各项检察工作取得明显成效。全州检察干警有一人获得“全国政法系统优秀共产党员” 和 “全国模范检察官”称号，一人获得“全国三八红旗手”荣誉称号。受到省委表彰的1人，省检察院表彰的二等功单位1个，二等功的个人4人，州检察院表彰的三等功31人，嘉奖81人，全州检察机关为推进凉山州经济社会科学发展作出了积极贡献。

【反贪污贿赂】 全年全州检察机关反贪污贿赂工作认真贯彻落实全国、全省检察长会议精神和省院“3·30”查办和预防职务犯罪工作会议精神，始终坚持以执法办案为中心，以力度大、质量高、效果好为标准，依法严肃查办贪污贿赂职务犯罪案件，积极推进“社会矛盾化解、社会管理创新、公正廉洁执法”三项重点工作，各项反贪工作取得新成绩，为推进全州反腐倡廉建设和全域凉山全面、协调、可持续发展提供了有力的司法保障。全州检察机关共立案查办依法贿赂职务犯罪案件51件62人，其中：贪污15件26人、受贿20件20人、行贿11件11人、介绍贿赂2件2人、挪用公款3件3人。立5万元以上大案40件，大要案件所占比例为79%，与2010年同期相比上升22%；立县处级要案6人，与2010年同期相比上升300%。公诉部门对贪污贿赂案件提起公诉53件61人，人民法院已判决29件36人，抓获在逃贪污贿赂犯罪嫌疑人3人，通过办案为国家挽回经济损失1700余万元。

【公诉检察】 全面贯彻落实全国检察机关第四次公诉工作会议以及全省、全州检察长会议精神，紧紧围绕“强化法律监督，维护公平正义”检察工作主题和“加大工作力度，提高执法水平和办案质量”的要求，以“警民亲”活动为契机，切实履行公诉职能，不断强化诉讼监督，大力加强队伍建设，着力提高队伍素质，深入推进公诉改革，全力维护全州社会和谐稳定，为凉山州经济社会全面发展提供有力的司法保障。全州两级院公诉部门共受理各类刑事案件2380件3573人，比2010年同期的2374件3474人分别上升0.25%、2.85%。经审查后提起公诉 1943 件 2866 人，比 2010 年同期的 1750 件 2532 人分别上升 11.03%、13.19%；不起诉案件 60 件 86 人，比 2010 年同期的 78 件 136 人分别下降 23.08%、36.76%，共审结案件 2003 件 2952 人，审结率为 84.16%，比 2010 年同期上升 7.16 个百分点。

【侦查监督】　认真履行职责，强化诉讼监督，促进公正廉洁执法。全州检察机关侦查监督部门始终把维护社会政治稳定作为首要任务，认真履行审查逮捕职责，建立“另案处理”长效机制，依法从重从快打击各种严重刑事犯罪，确保全州社会治安环境的和谐稳定。全年全州检察机关共受理提请批准、决定逮捕的案件 2012 件 3081 人，经审查，批准和决定逮捕 1890 件 2789 人，不批准逮捕的案件 84 件 194 人，其中，决定逮捕国家工作人员涉嫌贪污贿赂犯罪案件 26 件 31 人，渎职侵权犯罪案件 2 件 2 人。上报省院审查决定逮捕县处级以上干部 6 人，经审查报请省院决定逮捕比率为 100%。

【反渎职侵权】　按照“保规模、突重点、抓效率、提质量、促效果”的总体工作思路，切实把查办和预防渎职侵权犯罪工作放在首位。积极查办重特大案件、危害民生民利和国土资源领域的渎职侵权案件，全州检察机关立案查办渎职侵权职务犯罪案件 9 件 9 人，其中滥用职权 5 件 5 人，玩忽职守 4 件 4 人。重特大案件 7 件 7 人，所占比例为 78%，重特大案件件数与 2010 年同期相比上升 16.7%。侦查终结 7 件 7 人，侦结率为 78%，侦结率与 2010 年同期持平。移送起诉 5 件 5 人，移送起诉率 56%，移送起诉的人数与件数同比上升 150%。人民法院已判决 4 件 4 人，判决率 44%，有罪判决的人数同比上升 200%。

【监所检察】　突出日常监督和侦查办案两大主题，进一步加大对刑罚执行和监管活动的监督力度，切实纠正刑罚变更执行不当和超期羁押、监管改造违法、监外执行违法。认真开展专项检察活动，查办和预防职务犯罪，不断加强监所检察基础建设和队伍建设，全面履行职责，维护监管场所的安全稳定、保护被监管人的合法权益。向监管单位提出纠正意见和检察建议 141 件。开展安全检查 378 次，受理罪犯又犯罪案件 8 件 9 人，审查监管单位呈报的减刑 2852 人，假释 185 人，暂予监外执行 103 人，经过认真审查后未发现减刑、假释、暂予监外执行不当情况。

【控告申诉检察】　以开展文明接待、积案化解、执法办案、案件评查、“警民亲”活动为重点，以建立廉洁、公正、高效的队伍为保障，切实履行法律监督职能，充分发挥控告、申诉检察工作联系群众、化解矛盾、维护权益、促进和谐的一线平台作用。创建文明接待室、化解积案，开展全州“优秀接待员”竞赛活动，加强和完善控告申诉工作。全州两级控申部门共受理控告举报案件线索 349 件，受理审查申诉案件线索 200 件，两级检察长共接待群众来信来访 192 件，完成省院交办的案件 3 件，开展宣传 83 次，制作宣传展板 8 个，悬挂挂图 357 幅，发放宣传资料 10120 份/册，出动宣传车 25 辆。

【民事行政检察】　紧紧围绕“坚持科学发展，强化法律监督，维护公平正义，促进社会和谐”的主题，着力推进“三项工作”重点，以深化民事行政检察工作机制改革为动力，创新工作思路、加大办案力度、完善监督程序、探索监督路径和方法。全年共受理民事行政申诉案件 114 件，立案审查 53 件，提请省院抗诉 6 件，省院采纳并向省高级人民法院抗诉 6 件，向中级人民法院提出抗诉 3 件，改判 3 件，向法院发出再审检察建议 36 件，完成省院下达目标任务。办理和解案件 4 件，成功开展执行监督 9 件，提起刑事附带民事诉讼 17 件，督促（支持）民事起诉 16 件，发现并移送罪案线索 8 件 8 人，经验用法及信息、简报被高检院转发 1 篇，省院转发 12 篇。

【职务犯罪预防】　按照党中央关于反腐败坚持“标本兼治，综合治理，惩防并举，注重预防”的反腐倡廉工作方针，围绕工作大局，立足检察职能，加大预防工作力度，强化措施、创新方法，注重预防实效，继续与金融、税务、审计、国有企事业单位和重要行政执法部门加强联系，完善联席会议制度、经常性联系制度、工作调研制度。与有关行业、单位协商召开联席会议 46 次，法制宣讲、预防警示教育、预防职务犯罪专题知识讲座等 87 次，播放职务犯罪警示教育光碟 11 次，向发案单位、主管部门提出预防检察 23 件，采纳 19 件，提出咨询建议 22 件，开展预防调查 11 项，提出书面纠正违法 7 件。

【检察技术】　全州检察技术工作，认真学习中央政法委《关于深入推进社会矛盾化解，社会管理创新，公正廉洁执法的意见》的精神实质和省院领导“硬件建设与软件建设并举，软件建设先行一步”的指示精神，把三项重点工作落实到检察技术工作的各个方面、各个环节中去。始终坚持以提高工作能力为目标和专业化为方向，采取岗位练兵、参加教育培训等多种形式和加强业务学习，以提高专业技术人员的业务能力和水平。通过开展检察技术案件质量自查、司法鉴定能力验证、专业技术交流等活动，加强队伍业务能力建设。积极开展读书活动，认真学习、全面掌握计算机网络知识，全州技术人员应用计算机网络办公办案的技能明显提升。全州两级检察技术部门共办理各类技术案件373件，其中司法会计127件，视听100件，文件检验22件，法医检验59件，其他65件，办理检察鉴定和现场勘验35件、文证审查130件。

【法律政策研究】 检察理论研究工作不断发展，开展了“第二届刑事诉讼监督论坛主题征文活动”、“关于开展新形势下政法机关加强和改进群众工作研究专题调研活动”、“2011年全省检察机关专题调研重点题目”及“第一届凉山检察论坛”等专题调研活动。两级检察机关共撰写检察调研文章245篇，采用35篇，其中全国性刊物采用2篇，省级刊物采用5篇，州级其他刊物采用12篇，州《检察调研》采用12篇，州《凉山检察》采用5篇。组稿、编辑、校印《凉山检察》杂志4期。汇编了《凉山州人民检察院精品案例 刑事公诉案例专集》。开展检委会专题检查，规范了检委会决定督办和旁听制度。全州两级院共召开检委会议88次，讨论议案205件，全州两级院均成立“干警执法档案”绩效考核小组，并结合实际，建立各业务部门的执法档案。落实完善检察长列席人民法院审判委员会会议制度，有序推进省级以下人民检察院立案侦查的案件由上一级人民检察院决定逮捕的规定。积极实施量刑意见制度，再审检察建议和民事申诉案件和解机制，加强检校合作，促进社会和谐；加强图书室建设，服务检察文化建设。

【财务装备】 全州两级检察机关计划财务装备工作贯彻落实全国检察经费保障工作座谈会和全省检察长工作会议精神，以全面深化政法经费保障体制改革为主线，以经费保障为核心，以科学编制“十二五”规划为重点，以保障有力、服务到位、管理严格为目标，以规范管理为抓手，牢固树立“六个意识”，把握“十个统筹”，努力提升计财装备工作科学化水平，有效地促进了检察工作的持续、快速、健康发展。严格财经制度，科学编制年初预算，中央政法转移支付资金及时到位，抓好“两房”建设和国有资产管理，积极推进经费保障体制改革；认真接受财务审计和财务检查，加强扣押、冻结款物管理；争取装备经费投入，圆满完成服装、枪弹、车辆的管理工作。

【机关服务】 努力探索机关服务保障工作新思路，坚持在工作中不断提高服务质量和保障水平，以认真踏实、细心周到的工作态度，敬业奉献团结奋进的工作作风，圆满完成服务一线、服务基层、服务干警、服务领导的全年工作目标和领导交给的各项任务。讲党性，强管理。做到一个党员一面旗帜；讲学习，讲团结，强责任；坚持政治理论学习，不断提高服务保障工作的认识；不断提高团结出战斗力，团结出工作实绩的认识；事事讲责任，件件讲落实；讲奉献，强自觉，舍小家顾大家，保质保量地完成了各项保障任务。

【队伍建设】 深入推进“发扬传统、坚定信念、执法为民”主题教育实践活动暨“警民亲”活动，全面加强队伍思想政治建设。开展多种形式的“红色教育”，引导干警弘扬革命传统，坚定理想信念。一是走红色之旅接受革命传统教育。凉山州院组织全州政工干部，沿着红军当年在凉山长征的足迹，进行了为期4天的“重走红军长征路”革命传统教育活动。二是唱红歌诵红诗鼓舞干警士气。并表达检察干警对祖国的热爱和对检察事业的忠诚，展示新时期检察官的良好形象。三是听报告忆检史坚定从检信心。全州两级检察机关组织干警集中收看《中央政法机关光荣传统教育报告会》光盘，组织全州公诉干警聆听全省检察机关“全国优秀公诉人”、“全省十佳公诉人”巡讲报告，干警备受感动和鼓舞。两级检察机关坚持培养先进典型，坚持用身边典型教育全州检察干警，以学习“全国政法系统优秀党员干警”、“全国模范检察官”马海火吉、“全国三八红旗手”骆丽为契机，通过举办先进事迹报告会、座谈讨论会、组织干警撰写心得体会等形式，号召全州干警以先进典型为榜样，增强宗旨意识，爱岗敬业、忠实履职，无私奉献，推进创先争优活动和检察工作创新发展。坚持把法制宣传教育作为推动“警民亲”活动开展的具体行动，进社区、进乡村、进学校、进特殊人群和困难群体，解答群众关注的热点问题，宣传检察机关的职能。州院开展了以“加强反渎职侵权检察工作，促进依法行政与公正司法”为主题的举报宣传周活动，设置宣传点38个，张贴宣传挂图，发放宣传资料1万余份，提供法律咨询820余人次，受众人数达2万余人。深入工程建设领域及企业单位开展警示教育，举办法律讲座740余人次；捐资助资17个县市中的38个村，5520名困难群众受益。积极配合开展援藏、援彝工作，建立对口援助机制，认真调研，真心帮扶，改善办公条件，加强智力受助，提高干警工作能力。加大公招、遴选和专业人才引进力度。全力推进领导班子建设，提高班子领导能力，协助做好全年基层检察长换届工作，选配2名人员担任州院纪检组长、专职检委会委员，推荐1名副检察长任副州长。

【干部教育】 加大培训力度，提高检察干警业务能力。认真组织干警参加高检院、省院、州委举办的各类培训。全年根据高检院、省院、州委的培训安排，结合全州检察队伍实际，选送24名干警参加高检院西部中青年业务骨干班、基层检察长素能培训班和初任检察官培训；选派61名干警参加省院举办的领导班子研修班和晋高培训，举办全员计算机基本技能培训，通过率达100%。举办优秀控申举报接待员竞赛、司法警察实务练兵等技能练兵。2011年全州有48名干警在读本科学历，11名干警在读研究生学历。全州有55人通过司法考试，其中10人通过国家分数线，合格率达42%，超过省院下达目标任务27个百分点，再创历史新高。

【检察宣传】 努力推进综合宣传工作高起点发展，为推动全州检察工作创新发展提供有力的思想政治保证和较好的舆论支持。加大检察宣传力度，展示检察队伍建设和检察工作成效，推动全州检察机关形象建设。高度重视马海火吉先进事迹宣传表彰工作。州院彝族检察官马海火吉在公交车上勇斗窃贼英勇献身的事迹在各级媒体报道后，州院坚持把学习马海火吉事迹作为主题教育实践活动的重要载体，号召全州干警以马海火吉为榜样，增强宗旨意识，爱岗敬业、无私奉献，忠实履行职责。加强检察文化建设凝聚人心，全力打造彝区特色检察文化。编发《凉山检察队伍建设》48期，全州检察机关在州级以上媒体发稿1151条，其中国家级媒体482条，省级媒体230条，充分展现了检察干警新风貌。

【人民监督】 深入推进检务公开，自觉接受人大监督和政协民主监督，认真执行向人大及其常委会和政协报告工作制度。自觉主动接受人民监督，全面推行人民监督员制度，不断强化查办职务犯罪外部监督。一是做好人民监督员选任和履职保障，全州检察机关选任92名人民监督员；二是狠抓案件监督规范开展，对应当提交监督的“七种情形”，及时、规范的组织监督，防止“漏案”发生，全年共监督“七种情形”10件13人；三是邀请人民监督员到基层院参加专项检查活动；四是“两会”闭会期间，切实执行专项工作定期报告和重大情况及时报告制度；五是积极拓展联络渠道，坚持“请进来”和“走出去”相结合，开展登门走访、邀请视察、旁听大案要案的出庭公诉、参加各类会议等活动，确保代表、委员的知情权、参与权和监督权落到实处。

【其他工作】 全州两级检察机关办公室围绕以文辅政职能，认真贯彻全国、全省检察机关办公室工作会议精神，积极发挥办公室工作作用，认真落实院党组的各项工作部署，大力加强督促检查，认真搞好综合协调，不断提高办文、办会、办事的效率和质量，有力的保障全州检察机关的有序运转和检察工作的健康发展。统计工作、保密工作和档案工作有序推进。全州共有12个单位达到规范化管理省一级标准。机关日常保障工作不断加强。纪检监察工作坚持标本兼治、综合治理、惩防并举、注重预防的方针，切实把以人为本、执政为民落实到各项工作之中，紧紧围绕强化法律监督、强化自身监督、强化高素质检察队伍建设，以党风廉政建设责任制为抓手，以惩治和预防腐败体系建设为重点，着力解决人民群众反映强烈的突出问题，着力探索创新风险防控机制建设，不断提高自身反腐倡廉建设科学化水平，为全州检察工作科学发展提供坚强的政治、纪律和作风保证。机关党委着力提高党员队伍的素质，深化理论学习，改善党的组织建设，发挥支部战斗堡垒作用，和谐机关创建精神文明进一步推进，干警遵纪守法意识不断加强，上党课4次，表彰优秀党员13名，组织多项具有精神文明建设的活动，唱红歌、植树，参加体育运动、捐资助学、慰问转业军人和困难党员，并为扶贫点协调缺水工程款22万元，继续保持州级计划生育单位称号。全州司法警察工作坚持以服务自侦办案为中心，以保障办案安全为重点，全面履行职责，积极为检察机关履行法律监督职能提供警务保障，全面服务职务犯罪侦查工作。全州两级院司法警察共参与自侦案办案初查90件，参与搜查98人次，参与执行冻结扣押查封出警85人次，协助执行拘留逮捕95人次，参与追逃3件20

人次，追回逃犯3人，处理突发事件12件，出警115人次。切实有效地保障了检察机关办案安全。老干部工作不断开创离退休干部工作的新局面，为老有所养、老有所医、老有所教、老有所学、老有所乐创造良好条件。州院老干工作自2004年至2010年以来，连续六年被州委组织部、州委老干局评选为“全州老干工作先进集体”、“全州老干先进党支部”，2011年以优异的工作成绩被评选为“全州老干工作争先创优先进集体”、“州直机关先进党支部”。

（审核：米 滨/撰稿：陈德刚）

公安工作

【概况】 2011年，全州公安机关在党委、政府和上级机关的坚强领导和大力支持下，坚持立足当前与着眼长远相结合，紧紧围绕打击、维稳两条主线，举全局之力，集全警之智，奋力将“清网行动”打造成为年内公安精品、亮点工程，有力提升战斗力、形成凝聚力，全力以赴做好维护国家安全和社会稳定各项工作，圆满完成庆祝建党90周年、州第七次党代会等重大活动安保任务，组织开展涉车犯罪专项治理、打击电信诈骗、打黑除恶、“清网行动”等专项斗争，有效整治一批群众反映强烈的突出治安问题，维护全州社会秩序和治安大局总体平稳创造了良好的社会环境。全年全州共立刑事案件9557起，破案1919起，立案数同比上升103.12%，破案绝对数上升436起；刑事拘留3436人，同比下降1.74%；打掉犯罪团伙37个，同比下降13.95%，抓获团伙犯罪分子150人，同比下降25%；逮捕2282人，同比减少295人，劳教1人，同比减少3人；共发命案150起，破获135起，破案绝对数同比上升4起。共受理治安案件13217起，抓获违法人员10249人，同比上升5.77%，治安拘留6820人，同比上升40.56%；共破获毒品案件499起，破案绝对数同比下降90起，缴获海洛因233.805千克，强制隔离戒毒5538人，同比下降20.31%；发生交通事故998起，同比上升73.6%，死亡89人，受伤753人，损失532.9063万元；火灾50起，同比下降53.27%，死亡9人，损失190.8804万元；收缴炸药5044.5公斤、雷管10365枚；全州看守所共新收押4199人，戒毒所共新收押5459人；清理采集流动人口信息564712条、暂住人口信息298203条、出租房屋信息32092条；开展警保卫任务273次，其中：一级27次，二级18次，三级41次，重大保卫任务187次；搜集各类涉稳情报信息1564件，预防和处置50人以上参与的群体性事件28起，一般性事件242起。

【维稳工作】 坚持不懈地加强反渗透、反情报、反邪教斗争，严密防范和严厉打击“三股”势力渗透破坏和非法聚集活动。确保各类情报信息上报量全省第一；“3·14”、“3·16”维稳敏感期，有效防范严重影响社会政治稳定的重大事件发生；深入开展网上网下斗争，搜集各类涉稳情报信息1564条。强化反恐处突工作，组建多警种联动预警应急队伍、筹建特巡警（支队）应急处突队伍。一是广辟信息。全州公安机关牢牢掌握维稳工作主动权，按照灵敏、高效、准确的原则，搜集、研判各类情报信息，内幕性深层次发掘木里藏区、涉军群体、水电移民、企业改制、非法集资、矿山开发等敏感地区、重点领域、重点群体的信息，预防可能引发的非法上访和群体性聚集事件。同时，强化情报导稳意识，高度警惕、严防死守，坚决预防境内外“藏独势力”的渗透活动，做好了“3·10”、“3·14”等涉藏重要敏感节点的稳定工作。二是妥处事端。针对新形势、新情况、新问题，全州公安机关深入分析研判，树立抓早、抓小、抓未然理念，及时组织力量排查化解、教育稳控，取得一定实效。三是强化网控。层层落实维稳工作责任，全面封堵、查处“雷波县杀人骗赔”、“会理县PS领导视察照片”、“雷波基层政权弱化”等重大网络舆情事件的信息，及时删除有影响的涉稳网络帖文，教育、管控网络舆情炒作事件重点人员，有效杜绝网络涉稳舆情可能造成的现实危害。全年全州公安机关共处置境内网上违法信息26741条，上报公安部十一局境外网站有害信息524条，处置本地有害信息1013条。

【“清网行动”】 2011年5月，公安部部署开展了声势浩大的“清网行动”。州局党委和新任领导强化落实追逃工作新机制和工作责任制，将“清网行动”作为就任首抓要务，先后十余次主持召开“清网行动”专题会议，果敢决策、斗硬举措、刚性问责。局领导率先垂范、亲历亲为，带动号召各级公安机关领导班子深入基层帮助追逃，与一线民警一道实地踏访边远山区彝寨等重点“战场”，积极开展劝投工作。全州公安机关共抓获网上逃犯941名。其中本地逃犯569名，外地逃犯277名，司法系统逃犯95名；抓获1名公安部督捕逃犯、1名省厅A级通缉逃犯，在全省率先实现抓获全部省厅督捕重大案件逃犯的目标；抓获命案逃犯112名。其中抓获本地故意杀人逃犯70名，列位全省第二；帮助外地公安机关抓获命案逃犯17名，位列全省第二；帮助监狱系统抓获凉山籍逃犯59名，全省第一；帮助省内其他市州抓获逃犯49名，全省第一；命案逃犯抓获率达到45.67%，全州公安机关“清网行动”总下降率达到77.6%，圆满完成部、厅党委确定的目标任务，被省公安厅荣记集体二等功，赢得了法律效果和社会效果的“双丰收”。

【严打整治斗争】 全年全州公安机关始终坚持把维护社会稳定作为首要任务，把平安凉山建设融入全州发展振兴大局。先后抓获建州以来最大贩毒案、四川省独立侦办的第一大案逃犯特久此海等三名特大毒枭；成功告破备受社会各界和人民群众关注的西昌市“2011·2·10”绑架案中案。积极开展命案相关数据录入、网上查询、网上串并、网上比对、网上研判；建立覆盖面广、结构合理、触角灵敏、渗透力强的特情队伍；广泛搜集案侦线索、严密阵地控制、巧妙贴靠犯罪嫌疑人；将废旧物品回收站、物流快递、娱乐场所、手机买卖市场、出租房屋等行业作为控制重点，从中发现、控制犯罪，查缉犯罪嫌疑人。全州公安机关刑侦部门相继侦破喜德县“2·21”雇凶杀人案、西昌市“6·16”强奸杀人案、昭觉县“7·23”杀人案、美姑“3·7”杀死四人案件等系列大要命案。

【禁毒缉毒工作】 围绕禁吸戒毒、禁毒宣传、净土社区创建为主线，开展一系列禁毒重点整治工作，取得一定实效。一是密切联系，内外协作。采取“走出去”的办法，密切与昆明、大理、普洱等地公安、边防、铁路公安等部门的协作配合。全年全州公安机关共查破组织利用特殊人群贩毒案件27起，抓获犯罪嫌疑人49名，缴获毒品25.4千克，从云南等地接回管控110名涉毒特殊人群。二是堵源截流，大案攻坚。以清扫毒品消费市场为着力点，以打击特殊人群贩毒为突破点，直接摧毁一批藏匿较深的职业化贩毒团伙及其贩毒网络，减轻了毒品内流带来的危害。2010年12月，州局禁毒局获取一名金阳籍贩毒犯罪嫌疑人将从云南省昆明市购运大量毒品回州内贩卖的重要线索。经缜密调线、反复确认，专案民警对涉案主要嫌疑人进行秘密缉捕、突审，严密核对供述后，2011年3月31日，专案组兵分三路、循线收网，分别在昆明、西昌、成都三地将涉案的9名案犯悉数抓获，缴获海洛因73块重26.645千克，冰毒两包共1.2万粒重1.1千克，破获年内最大一起贩毒案件。三是禁吸戒毒，强基固本。以摧毁公开、半公开毒品地下消费市场为指向，坚持一手整治涉毒突出场所、部位和路段，一手大力强化强制隔离戒毒与社会帮教相结合的综合戒毒治疗措施，充分利用现有戒毒场所实施满员收戒。

【安全管理工作】 一是强化枪爆管理。针对危爆物品点多、线长、面广、量大的特点和实际，以收枪治爆“雷霆”专项整治行动为突破，完善爆炸物品、枪支弹药安全监管制度和规范管理机制，大幅提升危爆物品监管水平。全年共收缴炸药5044.5千克，雷管10365枚，各类枪支111支。二是确保交通安全。以农村道路交通、“酒驾”、“三超一疲劳”、校车安全等专项整治为契机，突出重点查隐患，抓住关键防事故。全年共查处校车超载违法行为3起，“醉驾入刑”以来，全州公安机关共查获醉酒驾驶26人次，移送检察机关8起，起诉到法院8起，法院已判决2起。三是治理火灾隐患。深入排查各类火灾隐患，开展“清剿火患”、“飓风－A”、“飓风－B”行动，积极督促有关单位落实防火措施，及时消除各种不安全因素，有效地减少了火灾事故的发生，成功处置了“2011·5·26”西昌仓库大火等重大灾害事故。四是筑牢场所防线。掀起全州公安监管场所“防事故、防非正常死亡，退出舆情热点关注”活动热潮，积极开展“百日安全”治理活动以及警地共建“双平安”、“四防一体化”建设，确保2011年度全州监管场所无安全事故发生的任务目标。

【双三项工作】 一是全州公安机关迈出自我超越的坚定步伐，信息化建设稳步推进，完成了大情报系统基层基础数据清理，积极服务公安现实斗争和一线实战，全州共清理修改1501家旅店基本信息数据，289家网吧基本数据信息；协助抓获各类上网逃犯53人、管控重点人员3687名、关注重点人员73746名。二是全年入网案件考核比例由过去的30%提升到了100%，案件网上审核审批、个案评判率达到100%，网上执法巡视案件达13698件。2011年6月2日在德阳市召开全省公安机关深化执法规范化建设现场会上，公安部法制局领导用

“科技为先、信息引领、规范执法”和“收效明显、精神可嘉、难能可贵”六句话评价了凉山州执法信息化建设所取得的成效。三是紧紧围绕“主题教育实践”、“大走访”开门评警和“警民亲”三大主题活动，共组织警营开放日、法律宣讲提供服务和政策咨询活动537次，发放各类宣传资料96810余份；办实事好事799件，排查化解矛盾纠纷2451起；召开省、州、县人大代表、政协委员和学校、企业、社区、村组等社会各界群众代表开门评警恳谈会137次，发放各类问卷5856份，征集意见建议1655条。四是交管部门扩大县级车管所办事权限，进一步推进13个县级车管所正规化建设；建立了EMS邮政专递和96669电话办理业务中心，通过“交通快讯”、网络、广播、电视等媒介，广泛向车主和驾驶人发布路况和车驾管理信息。治安部门综合采取“以证管人、以房管人、以业管人”等多种手段，做到人口管理工作底数清、情况明。全年共清理91条跨省重号、93条省内重号、1388名省内同名同号、1675名跨省同名同号人员身份信息；对参加高考的19521名学生进行身份核实，查出90名学生户籍问题。出入境部门坚持服务与管理并重，以管理规范化，缩短办理签证时间，提供送证上门服务。全年共发放了出国境宣传材料1016份、调查问卷195份；征求并整改意见建议14条；整治的群众反映突出问题2个。五是将2010年排查的53件积案中尚未息诉的案件、州信联办通报的2010年进京重复访涉法涉诉的案件和2010年度已办结的行政案件和法院审理完毕的刑事案件，全部纳入年终评查范围。尤其是对重点评查的10件信访案件进行全面分析，查找执法办案和信访工作中存在的问题，力争做到“一案一评查、一案一回复、一案一整改、件件有落实”。

【队伍建设】　积极开展“创先争优”和“发扬传统、执法为民，做党和人民忠诚卫士”主题教育实践活动，以着力解决制约公正廉洁执法的突出问题为抓手，不断强化教育、管理、训练、监督职能，推进公安惩防体系建设和隐患源头治理工程。一是督察整改。以各种节庆日为契机，利用公安内网和手机短信等媒介，以多种形式的诫勉警示，对广大民警进行警示教育，全年共开展廉政谈话189人次，诫勉谈话46人次，警示谈话25人次，任前谈话48人次；现场督察纠正警容违反纪律的民警56人次，督办各类维权案件7件，为民警维权15人次，发督察法律文书33份，对5名民警实行停止执行职务，对2名民警实行禁闭措施。二是技能练兵。实行“轮训轮值、战训合一”，努力锻造政治坚定、思想纯正、作风过硬、业务精湛的公安队伍。全年共组织开展各类培训118期，受训民警9870人次；送教下乡培训6期230人；网上执法大轮训47期5991人。2011年11月，凉山公安代表队成功囊括了全省公安机关“师徒大比武”活动2个单项第1名，1个单项第3名，1个单项第4名，综合总成绩第8名等奖项。三是集中整治。开展全方位执法安全隐患和苗头大排查整改工作，共投入经费277.17万元整改执法办案场所设施，整改二楼以上“三室”50间，新建“三室”52间，增装探头33个，增装录音录像设备19套，消除和解决安全隐患和苗头性问题26个。四是专项治理。认真摸排核实涉案财物底数，加大检查督促力度，纠正了一批涉案财物管理中的违规问题。共排查案件数6619件，发现问题案件数42件，整改问题案件数27件，依法妥善处置涉案财物87件。州局和全州17个县、市局均保持和获得了“四好”班子称号；结合“五一”、“建党90周年”、“十一”等重大庆典活动，形成团结奋进、比学赶帮、争先创优的优良风气，涌现出了一大批先进集体和个人。全年全州公安机关共有1名民警获公安部“全国公安机关爱民模范”称号并荣立一等功；5个集体二等功，16个集体荣立三等功；1人荣立一等功、16人荣立二等功、117人荣立三等功、611名民警受到嘉奖；获集体嘉奖75人。

（审核：李启元/撰稿：魏江汇）

司法行政

【概况】　2011年，州司法局党委按照州委、州政府、省司法厅和州委政法委的安排部署，结合凉山实际，采取点打造、线促动、面推广的工作方法，稳步推进“八件实事”落实，开创了司法行政工作新局面。

【法制宣传】　深化“新六进”三结合，积极开展法制宣传进万家活动，切实推进全州普法依法治理工作向纵深发展。州、县市司法局开展“送法下乡”、“综治宣传月”、“妇女维权宣传周”、“消费者权益保护日”、“6·26国际禁毒日”、“12·4”法制宣传日等活动，采取举办法制宣传专栏、播放法律视频资料、开展法律宣传咨询、散发法律法规宣传资料、举办法制培训、开展法制讲座等形式，在州、县、乡、村广泛宣传，切实提高人民群众的法治意识。结合实际开展专项法制宣传。州局和金阳、甘洛等县结合实际开展了“法制电影进基层”活动，为基层群众送上直观的影视宣传教育，增强广大群众知法、守法的法律意识。利用网络媒体进一步拓宽法制宣传渠道。州局于10月20日正式开通“凉山司法行政网”，拓宽了全州法制宣传的渠道。全年全州法制宣传进机关198件次，进社区312个件次，进乡村524件次、进学校368件次，进企业275件次，进工地35件次，进社会组织21件次，进网络3件次，进寺院6件次，提供法律咨询服务10万余人次。12月4日州法建办在月城广场举办声势浩大的“六五”普法暨“12·4”法制宣传活动开幕式，州、市司法行政部门精心选送一批内容丰富、表演生动、寓教于乐的法制文艺节目在开幕式上演出，州、市四大班子领导及各行业、系统、单位共1200余人参加大型街头法制宣传活动。散发宣传资料8万余份，为群众提供法律咨询服务万余人次，形成了法制宣传教育的浓厚氛围。认真做好全国、省级“五五”普法先进推荐申报工作的基础上，积极做好州及县市级“五五”普法先进评选表彰准备工作，制定《凉山州2006—2010法制宣传教育评选表彰方案》（报审稿），“六五”普法前期工作全面启动。9月15日州九届人大常委会第三十一次会议通过了《凉山彝族自治州人民代表大会常务委员会关于进一步加强法制宣传教育的决议》。州司法局根据全国、全省“六五”普法工作规划，编制了凉山州“六五”普法规划（草案），并结合“12·4”法制宣传教育日活动，启动全州“六五”普法前期工作。

【法律服务】 进一步规范公证队伍管理，1月，州局要求各县市司法局、州县市公证处要通过强化舆论宣传、教育培训、学习交流、研讨会商、督导落实等形式组织辖区内的公证机构和公证人员积极参与规范化、标准化建设。3月，完成全州公证机构和公证员换发新证工作，4月，对全州公证机构和公证员进行年度考核。7月，全州部署落实为民服务“八件实事”后，公证机构建立法律服务绿色通道，提供节假日办证服务，对老弱病残等出行不便的群众，实行电话、网络预约，委派专人上门公证等。全州办理各类公证7530件，提出司法建议9件，被采纳6件。建立完善鉴定审批制度、收费上墙公示制度、财务制度、文书档案管理等制度，进一步规范工作行为和鉴定人的执业行为。成立首家妇女儿童维权鉴定机构取得较好的社会效果。据统计，全年定音司法鉴定中心共办结各类案件1100件，采信率99%。布拖建立司法鉴定便民服务咨询点1个，办理农民工工伤伤残鉴定4件。积极开展法律顾问进万村活动，针对全州系少数民族地区的实际，各地选派懂少数民族语言、工作能力强、法律知识丰富的基层法律服务工作者进入乡村担任法律顾问，建立定期联络服务制度和乡村重大事项参与制度。有134名律师或法律服务工作者担任村级法律顾问，覆盖全州村级组织858个，签订法律顾问协议的行政村（社区）有431个，法律顾问服务城乡居民1540件次、3040人次。继续抓好律师教育培训，不断提升律师队伍整体素质。积极引导律师围绕中心，服务大局，为构建和谐社会提供优质高效的法律服务。到2011年12月底，全州各律师事务所共担任法律顾问170家、办理各类案件790件、提供法律援助220件、参与调解化解矛盾纠纷516起，义务法律咨询4246人次，为促进公平正义、维护社会的稳定、建设社会主义新农村、构建和谐社会发挥重要作用。全州律师积极参与政府涉法信访活动，州局指派律师参与州领导接待上访群众52批次，184人次。提高律师办案质量，加强实习人员管理，对2010年33名实习人员进行培训考核并出具意见书，依法审核批准2011年度26名申请实习的人员。认真开展律师维权，共办理4起律师维权案件。完成了2010年度律师及律师事务所考核，全州36个律师事务所和216名执业律师、7名律师工作者全部合格。严格按照省司法厅“五抓、五不出”的要求，组织679人参加了国家司法考试，共有153人合格取得A证、B证、C证资格。

【化解矛盾纠纷】 针对劳动争议、医疗纠纷、道路交通事故、征地拆迁、物业管理等群众最关注的热点、难点问题制定了《开展矛盾纠纷“大调解向基层延伸”五进活动实施方案》，推动人民调解工作组织领导到位、政策支持到位、责任落实到位。2011年，全州建立专业性区域性及其他人民调解组织402个，调委会4861个，参与矛盾纠纷调解1.67万件，成功调解1.56万件，调解成功率93%，防止民转刑案件136件778人次，防止群众性集体上访229件4727人次，防止群众性械斗195件2615人次，直接服务群众9.8万余人次，全面覆盖621个乡镇、街道。按照“服务‘八件实事’、构建一小时法律援助服务圈”的具体要求，西昌市、德昌县等安宁河流域各县基本构建了“1 小时法律援助服务圈”，使法律援助需求者借助公共交通工具 1 小时内能够找到一家法律援助工作机构；其余各县以县城为中心搞好法律援助服务，路途遥远的地区采取主动靠前服务，依托中心乡镇和基层司法所，定期委派法律援助专业人员赶赴群众集结的场、镇，定点为群众提供法律援助。全州全年共办理法律援助案件 546 件，受援人员 5627 人次，建立援助大厅 2 个，州级法律援助服务大厅正在建设中。完善社区矫正对象动态分析、排查核查、考核奖惩和教育矫正等制度，3 月 30 日，州局召集各县市司法局局长、驻州监狱领导、下派监狱干警召开选派监狱干警参与社区矫正工作会议。全年全州共接收社区矫正对象 668 人，组织矫正对象集中教育 12 次 1512 人，个别谈话教育 2082 人次，开展心理咨询 1920 人次。把提高教育改造质量作为安置帮教工作首要目标，继续干展再就业技能培训，继续推行就业基地建设，开展“帮教安置进监所”活动。8 月后，州司法局组织会理、宁南、普格、会东、盐源、冕宁等县司法局与凉山监狱、攀西监狱、荞窝监狱联合开展走访慰问服刑在教人员‘三无人员”的亲属，走访服刑人员亲属 354 人次，为监狱“三无人员”送去关爱等亲情大走访活动，架起高墙内外的亲情桥梁。全年全州共接收刑释解教人员 2672 人，安置刑释解教人员 2324 人，安置率达 86%，帮教刑释解教人员 2583 人，帮教率达 96% 以上，刑释解教人员重新违法犯罪为零。

（审核：卢立武/撰稿：官玉华　王　芳）

工 业

Industry

综 述

【概况】 2011年，全州经委系统着力推进投资拉动、产业支撑，强力实施提速增量、提质增效战略，认真研判经济形势，全力抓好重点优势企业生产要素保障：积极向省争取增加留州电量并提前使用，狠抓40户重点优势企业供电保障，积极协调解决电力生产中的重大问题。22户企业共用留存电量9.7亿千瓦时。纳入全委统计的19家发电企业完成发电量37.3亿千瓦时，比2010年同期增长14.3%，全州18家供电企业完成供电量94.9亿千瓦时，比2010年同期增长13.9%，其中工业企业用电量完成45.5亿千瓦时，比2010年同期增长8.5%。40户重点工业企业实现用电量18.3亿千瓦时，比2010年同期增长8.9%；加强路政、路企的协调，全年铁路运输量560万吨，增长3.9%，重点企业请车兑现率达到81.2%，同比提高1.94个百分点；积极搭建银、政、企合作平台，建立企业、项目与信贷机构的对接机制，切实缓解企业资金紧缺矛盾。积极争取国家、省财政资金支持共计1亿多元，全年州内各商业银行落实工业企业流动资金贷款累计82.67亿元，同比增长1.31%，其中“三有一缺”流动资金贷款69.1亿元，增长15.4%。积极向省争取工业发展资金3.4亿元；2011年单位工业增加值能耗下降11.23%，完成节能目标的6.23%；2011年省政府淘汰落后产能计划的会理华强实业有限责任公司、宁南兴达有限责任公司等5户企业淘汰落后任务全面完成。共淘汰落后产能炼铁5万吨/年，粗铅冶炼1万吨/年，电石生产1.5万吨/年，落后发电能力12000千瓦，实现节能10.3万吨标煤，减排二氧化碳25.7万吨，二氯化碳6730吨，补偿安置职工482人；1—12月，成品油销售40.9万吨，同比增长18.6%；立足资源优势，大力促进水电、钒钛、钢铁、铜镍、铅锌、稀土、建材、化工、烟草等九大产业发展成效显著。2010年，九大产业实现工业增加值增长28.1%。其中：水电产业实现工业增加值增长29.5%；钒钛钢产业实现工业增加值增长20.7%；铜镍产业实现工业增加值增长44.3%；铅锌产业实现工业增加值增长39.3%；烟草产业实现工业增加值增长19.6%；稀土产业实现工业增加值增长67.3%；化工产业实现工业增加值增长34.8%；轻工食品生物医药实现工业增加值增长38.8%；建材产业实现工业增加值同比增长6.6%；推进重大项目和园区建设；使全州工业经济保持了旺盛的发展势头，较好地完成了全年目标任务。全年全州规模以上工业实现总产值1119.6亿元，同比增长66.11%；实现工业增加值394.4亿元，总量在全省排位上升3位，居全省第10位，累计增速23.7%（可比价），列全省第5位；实现主营业务收入完成939.72亿元，同比增长54.38%；实现利税总额162.33亿元，同比增长36.48%，其中利润总额92.38亿元，同比增长46.44%；技改投资完成92.88亿元，同比增长17.85%；产销率达到97.16%；规模以上企业户数达到372户，全州规模以上工业企业未发生特大安全事故和重大环境污染事故。各项指标圆满完成省、州下达的任务。

【调研督导】 加强调查研究，深度挖掘症结点。坚持深入到基层，有针对性地开展调研和分析，认真查找影响工业发展的症结及问题，完善发展思路，找准工业发展的切入点和着力点，做到及时发现问题并解决问题。

根据调研所掌握的情况，草拟《关于进一步加快产业园区建设的意见》、《加快工业化进程，打造工业凉山》、《凉山州钒钛产业发展情况》、《产业发展及园区建设调研报告》、《产业园区发展指导意见》等，提出了县与县之间合作建设飞地园区，为全州工业突破性发展起到了积极作用。

【战略性新兴产业】 加大战略性新兴产业发展，为工业发展增活力。深入企业和县市，认真调查钒钛、稀土产业发展情况，起草了《凉山州钒钛稀土产业发展情况汇报》；根据国家、省、州要求，制定产业发展规划，全年积极向中央、省上推荐上报战略性新兴产业项目5个，涉及企业11家，争取战略性新兴产业扶持资金和战略性新产品培育资金共1.09亿元，有效推进了全州战略性新兴产业发展。

【产业规划】 加快产业规划制定，绘制凉山工业发展蓝图。为加快工业凉山建设步伐，确保以全州“十二五”国民经济和社会发展总体规划为指导，结合凉山现有产业发展现状和资源情况，抓产业规划的编制，从6月份开始，先后邀请专家组到凉山实地调查研究，完成《中国攀西地区战略资源创新开发试验区铅锌产业发展研究报告》、《中国攀西地区战略资源创新开发试验区钒钛钢铁产业发展研究报告》、《中国攀西地区战略资源创新开发试验区千亿磷化工产业发展研究报告》、《中国攀西地区战略资源创新开发试验区稀土新材料产业发展研究报告》、《中国攀西地区战略资源创新开发试验区铜、镍产业发展研究报告》、《中国攀西地区战略资源创新开发试验区农产品加工业发展研究报告》六大板块的可行性论证，具体规划已通过评审即将出台，为凉山工业经济发展勾画了美好蓝图。

【园区建设】 全州产业园区累计完成基础设施建设投入33.6亿元，同比增长37.25%。冕宁稀土产业园区成立园区建设开发公司，会理有色产业园区和德昌工业集中区的建设开发公司正在筹备组建中。甘洛县工业集中区信息化公共服务平台建设项目顺利推进。2011年，累计入驻规模以上工业企业205户，占全州规模以上企业的56.8%，产业集中度达到58%；园区工业企业实现销售收入512.7亿元，增长39.9%；实现工业增加值273.3亿元，增长60.4%；完成工业投资208.97亿元。组织会理有色产业园区和成都·凉山工业园区积极开展省级成长型特色产业园区（“1525”工程园区）申报并取得成功。全州有3个产业园区进入省级100亿成长型特色园区。积极组织开展省级产业园区产业发展引导资金申报工作。组织3个园区建设开发平台项目和1个信息化平台项目申报省级产业园区产业发展引导资金，经过努力，会理有色产业园区建设开发平台项目和冕宁稀土产业园区建设开发平台项目分别获得600万元和200万元省级财政资金支持，甘洛工业集中区信息化公共平台项目获得5万元省级财政资金支持。

【技术创新】 1—12月，全州工业企业续建和新开工的技术改造项目103个，截至12月底，完成投资92.9亿元，同比增长15.7%，为省下达目标92亿元的100%，全州工业企业技改投资增长，为全州历年来的最高水平。全州有10个项目列入省重点工业项目，总投资220.35亿元，年计划投资67.82亿元。3个项目列入安宁河谷地区重大项目，总投资33.84亿元 年计划投资8.80亿元，1—12月预计完成投资4.9亿元。全年共申报国家、省重点技改项目和技术创新项目共33项，共获资金830万元。其中技术改造项目14项，有7个项目获省经委技改补助资金支持，总金额570万元；技术创新重点项目19个，其中重大创新项目1个、技术创新专项11个、自主创新成果产业化1个、工业设计专项6个，13个项目获省经委2011年技术创新专项资金支持，总金额260万元。

【区域合作】 坚持“平等互利、政府推动、市场主导、充分合作”的原则，立足凉山州资源优势 大力实施开放合作发展战略，区域、次区域和国际合作不断深化，“成—凉”、“凉—攀”区域合作务实推进，“凉—昆”区域合作全面启动，积极承接产业转移，加大招商引资力度成效显著，科技进步与创新力度加大 攀西战略资源开发试验区获准开展前期工作，永磁、发光、抛光、贮氢电池等稀土新材料产品研发和钒钛等产业发展重大关键技术难题加快突破。品牌建设成效显著，凉山牌锌锭、攀西牌75硅铁、新钢业牌热轧窄带钢等6个工业产品获四川名牌产品称号。

【产业调整】 一是着力改造提升，抓紧编制出台“十二五”技术改造投资规划，积极推动钒钛钢铁 装备制造、建材和农副产品等产业传统工艺、设备的优化升级。二是着力加快企业技术创新。加快建设以企业为主体，市场为导向，产学研结合的创新体系，加强企业技术中心建设，推动龙头骨干企业建立完善技术研发机构，提高创新能力。三是着力发展循环经济。把推进节能减排、发展循环经济作为调整结构转方式的有力抓手和突破口，坚持控制增量、调整存量、上大压小、淘汰落后，深入推进工业节能减排和淘汰落后产能。四是立足资源优势，突出产业招商、资源招商、园区招商，招大引强，超常规服务、零障碍推进，优化发展环境，吸引大企业大集团在凉山投资，提高利用外资水平；同时，抓住外资西进、内资西移的战略机遇，积极主动承接产业转移。

【信息化建设】　信息化工作作为州经信委新的一项职能工作，刚刚起步，按照省州要求，全力做好信息化推进各项工作。加快推进工业化和信息化融合。大力推进信息技术在工业领域的应用、渗透及生产环节的综合集成，推动工业化信息化融合发展。加强无线电管理。加强频谱资源、无线电台站管理和空中电波秩序的管理，提高频率资源的利用率和使用效率。圆满完成了上级下达的指令性监测任务。认真落实两会、“七一”等重大节日、重要活动、藏区维稳和敏感时段的无线电监测值班工作。全面完成了研究生考试、高考等相关无线电安全保障任务。

【信访维稳】　本着为民解忧、促进和谐的精神，调处、化解、解决了企业遗留的各类矛盾10余起。先后解决会理龙山水泥厂职工上访事宜、州轻化工业物资公司职工周述勋申请死亡遗属生活困难补助问题等，西山煤矿改制遗留问题也在积极办理中。在春节，省、州党代会和两会等重大节日、活动前都召开12户归口托管企业信访维稳分析会，查找各企业存在的不稳定因素，进一步落实四项制度和四个到位，并把分户企业的信访维稳责任落实到委机关每个党组成员身上，做到有人抓，有人管。基本把矛盾隐患发现在萌芽状态，消灭在萌芽状态。全年共收到来信8件，接待来访人员98人次，办理办结来信8件。其中接省长信箱交办件2件，办理办结2件；州长热线公开电话交办件3件，办理办结3件。做到了件件有着落、事事有结果，为凉山工业的发展创造了一个和谐、稳定的社会环境。

【机关建设】　坚持每月定期召开一次全体职工政治思想学习会，领导班子成员带头在会上交流发言，联系自身工作实际，畅谈对科学发展观的认识和心得体会；坚持每月定期召开一次经济分析会，注重从实际工作或经济运行态势中进行分析和学习，在全委形成抢抓机遇、积极应对、主动服务的共识。开展了对离退人员通报情况、组织参观考察、健康体检、定期休假、活动室建设等大量耐心细致的服务工作，坚持元旦、春节、重阳节等重大节日走访慰问老干部制度，积极支持老协工作，赢得了老干部的信任和支持，密切了离退人员与党和政府的同心同德关系，使之成为工业经济又好又快发展的坚强后盾。同时，深入实施“挂包帮”活动，深入定点乡、村、学校进行调查研究，采取多种形式为学校和贫困家庭、学生办实事，全年向学校捐资7.2万元的电脑和桌椅，极大地改善了学校的办学条件。在“六一”儿童节和教师节为学校购买了价值0.83万元的礼品，共投入现金、物资（折合）共计8.03万多元，多方协调为对口帮扶的普格县大坪乡团结村解决资金30万元，帮助该村建成饮水烟灌工程。在党建和党风廉政建设方面，坚持标本兼治、惩防并举、注重预防的方针，不断提高廉洁自律意识。加强制度建设，制订了《委机关工作人员廉洁从政若干规定》、《州经委工作人员十条禁令》等，健全完善监督制约机制，加强责任落实，推进廉政建设不断深入，为顺利完成全年各项工作目标任务提供了纪律保证。

（审核：杨跃发/撰稿：蒋　卫）

平川铁矿

【概况】　2011年，平川铁矿在生产经营、项目建设、改制上市及安全等方面都取得可喜的成绩，圆满完成各项目标任务。全年共生产原矿218万吨，生产成品矿148万吨，剥离330万立方米，销售收入11.7亿元，实现利税5.9亿元，无重特大安全与环保事故发生。

【安全管理】　始终坚持安全第一、预防为主、综合治理安全生产方针，狠抓安全生产，大力推进安全标准化建设，于年初顺利达标，率先成为州内金属矿山三级安全标准化企业，并以此为契机，推动安全标准化向车间、厂（队）延伸，做到安全工作横向到边，纵向到底，不留死角，使安全管理规范化、制度化、常态化，全矿安全生产水平进一步提高。

【生产经营】　以年初制定的各项生产经营指标为奋斗方向，不断加强企业内部管理，积极组织生产、调运和销售，狠抓技改项目，保证产品质量，确保市场竞争优势，以销促产，推动企业不断向前发展。一是以生产为龙头，利用有利条件，狠抓生产，确保原矿产量。二是积极实施技改项目，解决矿石加工生产线的限制因素，不断提高成品矿产能。三是多方沟通协调，解决磨盘山道路养护问题，疏通运输户思想，确保调运通畅。四是完善价格调整机制，对市场波动，快速反应，及时调整价格策略，使经济效益最大化。五是严格控制应收账款，推行先款后货，加大清欠工作力度，货款回收工作创历年最佳。六是建立健全各项规章制度，加大监督考核力度，强化制度约束，用严格的管理制度来保证生产的顺利开展。七是进一步规范招投标工作，按程序依法开展，完善评标专家库，制定《盐源县平川铁矿物资采购招标实施办法（试行）》《盐源县平川铁矿非招标工程项目试行实施办法》《盐源县平川铁矿物资采购管理办法》等。八是建立健全现代企业制度，增设总会计师、总工程师、总协调职位，不断增强企业管理职能。

【储备资源与对外合作】　领导班子基于平川铁矿现有资源情况，将眼光放在资源整合上，不断加大资源储备力度。其中后备资源矿山烂纸厂矿段将为平铁新增“332＋333”铁矿石资源2400.6万吨。参加竞拍获得卫城镇纸厂沟硫铁矿，马老大、黄腊沟等多个矿权也正在商洽中。以铁矿业为主，发展多种经营战略指导下，依托矿产资源，将资源转化为资本，与国内有实力的优质企业强强联合，不断做大培强企业。西昌航天水泥厂、航天矿业、德川、悦川、江川、威川等一批合资公司先后成立，大大增强了企业经济规模实力，壮大了企业发展后劲。

【项目建设】　2011年在建重点项目共七个，其中水关箐电站已正式投入营运，矿山生活区道路硬化工程已竣工投入使用，尾矿库建设正在有序开展，烂纸厂矿段探矿隧洞掘进400多米，Ⅰ号矿体主排土公路隧道于2011年4月16日正式开工，矿石运输系统项目于2011年4月9日正式开工建设，电站扩能项目前期准备工作已经完成。

【企业改制】　矿领导班子在深入研究企业自身情况的基础上，全面贯彻执行国家关于国有企业改革的方针、政策，学习和借鉴州内国有企业改制的成功经验，提出坚定不移改制，千方百计上市工作目标，严格执行国家有关规定，切实维护职工合法权益。并号召中层干部、党员代表、退伍军人发挥影响力，消除顾虑，统一思想，达成共识。平川铁矿于2011年12月27日正式挂牌为盐源县金铁矿业集团有限责任公司。

【和谐社企建设】　不断加大党建工作和党员的管理教育力度，加强基层党组织建设，大力开展创先争优活动，加强党员党性修养，树立良好党员队伍形象，全年发展党员16名，转正14名。领导班子经常深入基层，听取职工意见，开展现场办公，解决职工实际困难，及时化解矛盾，促进职工队伍稳定。在矿部机关发起怎样做好一名中层干部演讲活动，进一步增强中层干部的压力感、责任感。《平铁风采》正式创刊发行，为企业形成比、学、赶、帮、超良好氛围，提供强有力的宣传工具。建设职业病防治和监管体系，制定《盐源县平川铁矿职业病防治管理办法》。关心职工福利待遇，使职工老有所养，病有所医。胜利召开第十届第三次职工代表大会，了解职工呼声，听取职工意见，解决职工最关心、最直接、最现实的问题。把为职工办实事、做好事、解难事作为出发点和落脚点，切实改善职工生产生活环境。重视干部职工的教育培训，不断提高职工综合素质，培养造就一支高素质、高技能、高水平的干部职工队伍。注重企业精神文明建设，努力发掘和宣传基层在学习教育工作中的好经验、好做法，培育职工敬业精神，提升企业凝聚力、向心力和感召力。并与周边乡镇、村组保持密切联系，形成定期联系制度，对群众的意见认真收集，并及时予以处理和反馈；始终坚持矿石运输户片区代表高效协商机制，对存在的问题及时沟通解决，确保矿石运输秩序正常；成立平川铁矿调解委员会，由总协调负责全矿治安调解工作。

【支持地方教育和扶贫】　平川铁矿积极投身社会公益事业，向麦地沟村支部活动室建设提供10万元资金支持；向糯米沟村村道修建提供6万元资金支持；向糯米沟村小学赠送1副篮球架、5个篮球、10副羽毛球拍、30个羽毛球，以及该校82位学生的校服、胶鞋、书包、文具盒、笔、作业本等价值3万元的生活、学习用品。

（审核：陈　宁/撰稿：杨国平）

四川烟草工业有限责任公司西昌分厂

【概况】 2011年，西昌分厂围绕质量强基工程，努力克服联合工房设施尚未完善、生产条件尚不完全具备，联合工房施工和生产交织，新制丝线边学习、边调试、边生产，物流环节频繁变更等造成的困难和矛盾，主动作为，积极克服困难，狠抓生产制造的精准和精细，突出质量管理，严格基础管理，确保生产管理各方面工作正常推进，并在产品质量、设备运行等方面取得明显进步。

【组织机构】 2011年，西昌分厂设厂部办公室、人力资源科、卷烟制造部、设备信息部、动力部、工艺质量检验科、物资管理科、财务核算科、审计科、安全管理科、政治工作办公室、纪检监察专卖办公室、工会办公室、内退退休职工管理办公室等14个内部职能机构。

【生产经营】 全年生产卷烟29万箱，比2010年增3.57%；实现工业总产值20.37亿元，增42.85%；实现划拨税费12.35亿元，增36%。全年万支卷烟综合能耗为3.29千克标煤，万元产值综合能耗23.41千克标煤。烟叶消耗7.15千克/万支，上升0.13千克/万支；咀棒消耗1676.6支/万支，上升3支/万支；盘纸消耗642.2米/万支，上升0.8米/万支；商标消耗502.2张/万支，上升0.6张/万支；卷包设备有效作业率91.5%，上升0.29%。

【技术改造】 在2010年底联合工房正式投产的基础上，技改指挥部和西昌分厂通力合作，密切协调，高效推进整体技改后续工程建设。2011年12月，办公大楼竣工搬迁，厂区绿化、道路等也基本完工，工厂环境焕然一新。

【企业管理】 西昌分厂将质量强基作为工作主线，狠抓基础管理的精细严实，努力提升工厂“软实力”。调整优化目标管理体系，重新制定目标管理办法，实行绩效目标和标杆目标同步运行，并在标杆目标项目的设置、考核等方面，突破常规，实行重点标杆项目跨部门成立项目组，集中力量和资源推进的方式，更加突出绩效目标的刚性执行和标杆目标的提升进步。突出日常工作质效的提升，以提高全厂各部门、各条线工作质量和效率为目标，制定提高质效工作方案，组成专门工作组强化对各部门、各方面工作完成质量和效率的督促、检查和考核，从而推进分厂整体工作质效提升。切实推进质量体系建设，在认真学习质量体系宣传、学习的基础上，大力开展质量体系文件“转标”工作，通过清理分厂各类管理制度，组织各部门编写工作标准，共形成工作标准60余个，为质量体系建设的深入推进起好了步。强化生产现场管理，积极开展“6S”现场管理导入，成立现场管理推进机构，制定具体管理方案并实施。深入推进财务预算管理，强化预算申报、预算执行、预算分析等工作，抓好日常精细化预算管理，实施周预算资金管理考核，把预算管理控制细化落实到每一周，提高预算管理的精细化和精准度。创新安全管理，在抓好EHS体系运行和生产技改安全管理的同时，创新建立安委会工作体系，制定安委会章程，重新搭建了各专业委员会和专业组，明确安全管理职责，使安全管理体系更加完善，运作更加科学高效。此外，认真开展安全标准化建设，做细做实标准化建设基础工作。

【内部监管】 分厂坚持严格标准，强化内部监管，努力推进生产管理活动向规范化发展。强化廉政教育，促进党风廉政建设和反腐败工作。在开展日常廉政学习教育的同时，积极开展预防职务犯罪专题讲座和党风廉政法规制度知识竞赛等活动，增强干部职工廉洁自律意识。推进效能监察，进一步扩大效能监察范围，将各职能部门工作履责情况、生产质量情况等纳入效能监察，定期检查督促。通过效能监察查找问题，提出整改意见，促进干部职工认真履行职责和提高办事效率。继续抓好对整体技改工程项目的同步监督预防，积极对重大事项决策、招标采购、合同谈判、设计变更等关键环节进行全程监督，不断强化日常监管力度。抓好“三项检查”、“两项工作”、“小金库”治理和全面审计自查工作，制订工作方案，成立相应的组织机构，认真对照要求清理、自查，在此基础上完善工作程序，积极整改问题点，促进工作规范。切实推进专卖内管日常化，认真开展月度检查和日常自查，查找和梳理生产经营监管的薄弱环节，及时发现和纠正存在的问题，确保内控制度的落实。

【思想政治工作】 在抓好生产管理的同时，分厂党委注重实效，努力创新，推动思想政治工作向系统化发展。加强和改进基层党建工作，促进党建水平上台阶。一方面深入开展"创先争优"和"三讲"主题教育活动，紧密结合分厂工作实际，开展"质量强基党员先行"、"旗帜党员示范"等一系列主题活动，有效增强"创先争优"和"三讲"主题教育活动效果。另一方面，积极推进基层党组织建设，对支部工作标准、制度、流程、职责等进行全面梳理，努力将工作标准融入到支部日常工作中，有效提升支部工作效率和水平。抓好宣传和思想教育工作，一方面，加强对川渝中烟"126"发展目标和公司工作思路、规划的系统宣传，并抓好对职工关注的热点问题的正面引导，统一思想，消除职工认识误区，保持职工思想稳定。另一方面，积极创新宣传载体。拓展视频短片宣传渠道，充分运用立体宣传手段，营造有形、有色、有声的宣传效应。积极开展服务品牌建设，组织管理骨干参加国家局和川渝公司服务品牌学习培训，创新开展企业文化进管理、进制度、进过程、进流程、进全员、进岗位的"六进"活动，努力推进企业文化建设向纵深发展。坚持实施职工代表报告制、巡视制，做好厂务公开，积极开展合理化建议活动，经常性收集职工意见建议，建立起覆盖全厂的思想政治工作网络体系，畅通职工参政议政渠道和诉求渠道。在基层分工会设立班组委员会，使民主管理工作形成闭环运作模式，有效提升职工参与民主管理的积极性。

【精神文明建设】　西昌分厂结合企业文化建设的工作规划，有重点、多层次开展"卷包机组连续不停机达标"、"烟机设备维修技能比赛"、"争当质量卫士"、"产品质量争优"等一系列重点突出、覆盖面广的职工劳动竞赛，通过竞赛达到相互交流、相互促进、共同提高技术水平的目的。同时，开展丰富多彩、健康有益的文化、体育活动，增强企业凝聚力和向心力。

（审核：罗永杰/撰稿：庞　军）

西昌电力公司

【概况】　2011年，西昌电力经营发展遇到很大困难：连续三年的西南地区干旱，特别是丰水期多年未遇的极端干旱气候，致使西昌地方电网来水量只有往年的40%，公司所属牛角湾电站群发电出力比往年减少50%以上；购国家电网电量因受交换容量及月普双回500千伏倒塔等诸多因素影响，无法满足需要；担保危机虽基本解除，但发展机遇丧失、电网和城区配网带来的"后遗症"正呈集中暴发之势；网内负荷持续增加，各县电力公司因县域经济发展上网电量持续减少，网内电量不足已成公司经营发展的最大难题。公司经营班子贯彻落实三大国有股东确定的发展战略，在困境中实现了经营效益相对稳定，电网安全可靠运行，规范化运作和优质服务水平进一步提升，开发建设取得明显成效，确保了国有资产保值增值。全年累计实现营业收入5.54亿元，同比增长8.50%；实现利润总额2.05亿元，同比增长3.09%；扣除投资收益、资产减值损失等非经营性因素后实现目标考核利润6378.86万元，完成年度考核目标5000万元的127.58%；上缴各种税费10817万元，同比增长30.15%。全年累计完成自发电量51647万千瓦时，同比下降13.27%；完成售电量133578万千瓦时，同比下降0.49%。

【项目建设】　在资金缺乏、施工受阻等诸多阻力下，全年电网建设工程项目完成投资6837万元，电站建设项目完成投资8381万元，更新改造项目完成投资2575.9万元，大修项目完成投资519.5万元。其中投入1500余万元完成州委、州政府机关，驻西昌部队、武警、州一医院等重点部门及部分片区城网改造。同时，争取到农网升级改造2011年计划299.69万元（现正进入工程实施阶段），2012年计划1086万元，相关建设工作正有序展开。

【生产经营】　全年枯水期公司网内负荷13万～15万千瓦，缺电5万～8万千瓦；丰水期由于高耗能企业的生产，负荷在20万～28万千瓦，又遭遇多年未遇的严重干旱气候影响，缺电10万千瓦以上。为最大限度确保电网安全稳定运行，提升经营业绩，公司积极主动适应市场变化，在进行经济运行分析及赢利分析的基础上，及时调整生产经营策略，通过坚定从国网购电，在尽力满足用户需求的同时，最大限度地获取边际效益；充分发挥瓦都水库、拉青电厂等的调节能力，尽力组织好生产调度；加强与各并网厂站、大工业用户沟通协调；积极争取党委政府、股东支持、帮助等一系列举措，最大限度确保了电力供应有序，城镇居民、州重点企业的用电得到较好保障；确保了公司供电负荷与经济效益的同步增长。

【优质服务】 2011年，为进一步提升服务品质，树立形象、提升效益，公司持续加大了优质服务改革。通过开设绿色服务窗口、为客户提供便利、完善业务办理流程、加强电力24小时服务热线、加强应急抢修等系列举措，公司优质服务品质得到进一步提升。公司克服重重困难，先后投入500多万元对多条线路改造以满足城区亮化工程安装路灯的需要，义务完成30多个“天网”监控点和20多处城市亮化工程供电；按政府要求自筹资金对牛螺Ⅰ、Ⅱ回110千伏线路改道，解决了西昌永盛实业公司与该线路之间因安全距离不够存在的安全隐患。公司还积极参加“彝区健康文明新生活”、“挂包帮”、“百乡教育扶贫”、“禁毒防艾”等社会公益性活动，通过积极捐款捐物，全力落实偏远学校太阳能安装、人畜饮水工程等帮扶项目，持续对偏远山区实施电力扶贫等系列举措，积极促进了偏远山区民众生产生活的改善。

【安全生产】 面对设备老化、网络薄弱、隐患众多、安全形势严峻的客观现实，公司坚持把安全生产当作第一要务，从上至下通过抓制度的完善与落实、抓管理责任体系的建立、抓宣传和教育培训、抓监督检查等举措，安全情况良好。全年未发生五大恶性事故，实现安全生产“六不发生”（不发生人身死亡、大面积停电、电网瓦解、主设备严重损坏、电厂垮坝、渠道毁损、重大火灾）工作目标，实现年度安全生产365天，累计安全生产2678天，安全生产局面持续稳定。

【内控规范建设】 公司借四川省证监局将公司列入四川辖区2011年上市公司内部控制体系规范试点单位的契机，针对公司内控体系现状，公司专门聘请专业机构，上下总动员，全面开展内控体系建设工作。经过大半年的努力，全面梳理了公司的风险点，制订和修订完善了包括财务管理、工程项目建设管理、对外投融资、信息披露等在内的24项制度，经公司董事会审议通过后已下发执行。

【解决遗留问题】 在省水电集团等的支持下，解决了公司一、二期农网资产遗留问题，解除了公司电费收益权质押，理顺了农网资产权属关系，为公司长远发展奠定了良好基础；经不懈努力，取得州发改委调价批复，从2011年10月起公司除居民生活用电外的其他用电价格在现行销售电价基础上顺加了0.0069元/千瓦时，部分消化了趸购省网电量调价影响；对农电管理体系进行了梳理，初步提出了改革方案。

【综合解债】 在资金十分紧张情况下，按期履行和解协议；完成2009—2010年度逾2亿元的资产担保损失税前扣除相关工作；解决了2005年担保危机爆发以来不良银行借款记录，逐步恢复了受限的融资平台；积极对张氏兄弟追赃并取得有效突破。

【机关建设】 坚持厂务公开；根据公司发展和经营效益的提升逐步增加职工收入、福利；加快经济适用房建设解决住房问题；加大信访、纠纷的调处力度；经营班子加强基层调研等一系列举措，确保了职工队伍持续稳定、企业和谐发展，实现了全年零上访目标。按照年初党建工作总体目标，加强了领导班子建设、精神文明建设、廉政建设，扎实推进“创先争优”活动，党组织的创造力、凝聚力、战斗力得到增强；健全了党委班子议事规则制度。凡属有关公司的重大事项包括干部的任免、重大经济开支和重要工作安排部署等均坚持集体讨论研究决定，充分发挥班子成员的集体智慧，减少了工作决策的失误。全年无违纪违规事件发生，无一起职务犯罪案件发生，无一起党员干部违法违纪的举报或信访。2011年，州委授予公司领导班子州国资系统党风廉政建设先进集体荣誉称号。

（审核：韩亚能/撰稿：文春梅）

西昌电业局

【概况】 四川省电力公司西昌电业局是四川省电力公司直属的特（二）型供电企业。下设14个职能部门、8个二级单位和1个多种经营公司。代四川省电力公司管理12家地方电力公司，其中喜德供电有限责任公司、四川会理供电有限责任公司、四川德昌供电有限责任公司、四川越西供电有限责任公司、四川会东供电有限责任公司等5家公司为四川省电力公司控股公司。甘洛县电力公司、宁南县电力公司、布拖电力有限责任公司、会东县电力有限责任公司、盐源县电力有限责任公司、雷波县电力公司、四川省木里藏族自治县电力公司等7家公司为四川省电力公司代管公司。西昌电网是四川主网与攀西电网的联接枢纽和川电外送的骨干通道，覆盖凉山州15县市，承担着凉山州9县1市的工农业生产及人民群众生产生活用电任务，担负着西昌卫星发射中心、成昆电铁凉山段、国家重点工程——锦屏一、二级电站、官地电站等的安全供电保障任务，在国家航空航天事业、四川电力发展和凉山经济社会发展中具有举足轻重的地位。到2011年底，西昌电业局拥有固定资产原值26.64亿元。拥有220千伏变电站8座，110千伏变电站（开关站）15座，35千伏变电站11座。变电总容量258.26万千伏安（220千伏，183万千伏安；110千伏，74.05万千伏安；35千伏，6.69万千伏安），拥有220千伏线路17条、987.244千米；110千伏线路48条、987.613千米。35千伏线路16条、196.218千米，初步形成了以220千伏电网为骨干、110千伏及以下各电压等级电网协调发展的格局。

【人力资源】 全局管理直供直管、控股、代管单位各类员工共计4021人，其中直供直管全民职工544人。直供直管全民职工中具有高级职称34人、中级职称132人、初级职称209人；高级技师19人、技师69人、高级工87人、中级工26人、初级工6人；研究生16人、本科280人、大专155人、中等职业教育36人、高中16人、初中及以下41人。有四川省电力公司专家人才8人，地（市）公司专家人才19人。

【电网建设与发展】 电网规划和落地工作稳步推进。通过全局干部职工的共同努力，完成了凉山电网“十二五”发展规划和直属、控股及代管公司“十二五”配网及农网规划和审查工作。全年开展电网项目前期28项。电网规划的顺利编制及项目前期工作的扎实推进提高了该局项目储备水平。全年新开工、续建、预备开工项目共计40项（其中预备开工16项），计划投运6项。这是全局1974年成立以来，新开工、续建、预备开工电网项目最多的一年。2011年全局新开工、续建24项。

【经营管理】 2011年，全局全口径售电量完成47.45亿千瓦时，同比增长18.16%，完成四川省电力公司下达全年计划47.00亿千瓦时的100.96%。销售收入完成21.13亿元，同比增长17.40%。税收完成2.48亿元，同比增长3%。线损率3.81%，同比增长0.54个百分点，较四川省电力公司下达年计划值4.06%低0.25个百分点。综合电费回收率100%，应收电费余额继续保持为零。月均预购电费（不含电铁牵引站）占当月应收电费的比例达到120.24%。明确安全目标，贯彻落实各级安全生产责任制。强化安全例行工作，重点分析问题、抓措施制定和落实。针对如何防止误操作、防止人身伤亡事故、降低220千伏、110千伏输电线路跳闸率、农电“两票管理”及标准化作业管理、基建施工现场安全管理、教育培训等存在的薄弱环节、问题和风险进行专题分析，制定了切实可行的防范、整改措施并付诸实施。开展“三个专项治理”、35千伏站用变专项隐患排查、电力线路交叉跨越铁路、高速公路安全隐患排查活动，提高电网、主设备、输电线路的健康水平。电网运行方面，下达了2011年西昌电网丰水期低频自动减负荷整定方案；重新核算、调整全网继电保护定值，以提高电网运行安全稳定性。主设备管理方面，全年发现主设备缺陷453条，处理444条，其中危急缺陷55条、严重缺陷219条全部消除。输电线路运行维护方面，以“七防一清”为重点开展输电线路专项治理，安装避雷器444支、塔头侧针835支；更换绝缘子2205串、34755片；安装防鸟害智能驱鸟器35套、防鸟刺2504支；清理树木3.9万余棵。由于举措有力，2011年全局输电线路一类障碍较2010年同期下降了1.3835次/百千米·年。输电线路“七防一清”作为四川省电力公司两个生产管理典型经验之一在全川推广。规范供用电安全管理。对10个电铁牵引站、6个铁路信号受电点、32户高危及重要客户、38个并网电厂进行了重点排查，针对排查出的问题及时发出了《用电检查结果通知书》，并督促客户限期整改。做好迎峰度夏（冬）期间西昌电网有序用电方案、西昌电网反事故预案、西昌电网工作方案（运行方式安排）、西昌电网枯水期稳定运行规定、西昌电网枯水期电压监测考核点典型电压曲线、西昌电网大宗用户拉闸限电序位表等各项工作。在“1·17”冰灾、“6·17”泥石流倒塔、“12·10”覆冰倒塔严峻考验面前，全力确保了设备安全、电网稳定，圆满完成春运、卫星发射（2011年，西昌电业局完成9次卫星发射保电任务，累计完成71次卫星发射保电任务）、攀钢轧钢、热轧生产等重大保电任务。连续安全运行1008天。未发生有人员责任的各类事故及一类障碍，未发生人员责任交通事故、火灾事故、刑事治安案件。发生无人员责任输电设备一类故障1次，较2010年同期减少10次。

【科技与信息化工作】 组织完成了“西昌220千伏山越线综合防雷研究”、“雷电电磁脉冲对各类电子电气设备影响的仿真研究”等5项科技和群创项目，组织完成了“西昌风电水电混合接入格局下电网供电能力和控制策略研究”、“线损精益化管理与降损决策支持系统研究与开发”等15项科技和群创项目的申报；全年共有16项专利获得国家知识产权局法律授权，24项专利申请获得受理，3篇科技论文被中文核心期刊录用，“利用软交换技术解决成都办事处内部通讯问题”和“输电铁塔智能监控管理系统”两项成果分别获得四川省电力公司科技进步四等奖和群创奖，各项指标均超过“十一五”总和，已连续两年被四川省电力公司表彰为“科技工作先进单位”。高度重视标准化工作，将该项工作列为“一把手”工程。专门成立了标准化领导小组。下发了《西昌电业局2011年标准化建设工作意见》、《西昌电业局标准化建设考核管理办法（试行）》、《西昌电业局2011年标准管理体系建设工作方案》等管理办法。在结合自身实际的基础上，全局充分借鉴试点单位成果与成功经验，完成了400余人次的专项培训，清理识别正式有效文件631个，绘制业务流程图1139个，管理职能展开图1139个，编写了357个管理标准和447个工作标准。2011年12月30日，全局标准化工作通过四川省电力公司验收。

【市场服务】 大力开展供电市场的调研、分析工作，不断开拓供电市场。完成了攀钢集团西昌钢钒有限公司220千伏新建工程、重钢太和矿业公司扩建及士达碳素技改等用电项目的验收投运工作。加强需求侧管理，认真落实有序用电工作。面对2011年全省电煤供应紧张、电网供电能力受限、泥石流、干旱、冰雪等自然灾害的影响，西昌电业局认真落实有序用电工作，确保了城乡居民生活、重要场所、重要电力客户用电需求。认真组织实施“智能电表推广”、“用电采集系统建设”、“一户一表”改造等营销专项项目。不断提升电费风险防控能力，实现电费回收100%和预购电费90%的目标。深化“三指定”专项治理，通过查业扩、查客户受电工程实施、查施工单位、召开专项治理会等，深入开展供电企业用户受电工程“三指定”专项治理工作。到年底并网电厂（网）105个，并网装机容量298万千瓦。

【党的建设】 以纪念中国共产党成立90周年为契机，局党委以深入学习胡锦涛在庆祝中国共产党成立90周年大会上的讲话精神为载体，开展了纪念建党90周年歌咏比赛、“我身边的共产党员”主题征文演讲比赛、“重走长征路”、“学党章、读党史、强党性”等一系列活动，激励全局党员干部坚定理想信念，奋力推进企业各项工作顺利开展。深化创先争优活动，在局网站、公示栏对各级党组织、领导班子和党员的公开承诺进行公示。全局深入开展党风廉政建设和反腐倡廉惩防体系建设工作，未发生违纪违法问题，未发生瞒案不报、压案不查或责任追究不到位的问题，未发生影响和损害企业利益的重大事件，没有发生违反《国有企业领导人员廉洁从业若干规定》的事件。企业文化和职工队伍建设，通过举办员工才艺展示、礼仪展示、演讲比赛、歌咏比赛、知识竞赛等为主要内容的企业文化活动，集中展示企业文化建设成果和员工积极进取、奋发向上的良好精神风貌。强化“一个国家电网”的观念，树立“我是国家电网人”的意识。2011年，先后在中央、省级和当地新闻媒体，以及四川省电力公司内部网站播发视频新闻、刊发稿件、图片2474条（幅），其中关于抗击“6·17特大山洪泥石流”自然灾害的4条新闻在中央电视台播出，树立了良好的责任央企形象。员工队伍建设取得实效。修订并印发了《西昌电业局中层干部管理办法》、《西昌电业局优秀人才选拔管理办法》。组织实施2010年度职称认定工作，7人取得高级技师资格、18人取得技师资格、35人取得高级工资格。大力实施教育培训工作，全面提升员工综合素质。全年开展培训54期，培训生产技能和管理人员1968人次。全局全员培训率累计达100%，特种作业证书持证率达100%。

【月城供电局】 四川省电力公司西昌月城供电局始建于2001年9月，2010年3月专业化改革后与西昌安宁输变电公司合并，下设马道、裕隆、太和、佑君、里庄5个供电所，承担着凉山州西昌市及冕宁县共7个乡镇10千伏配网的安全运行维护管理和供区内工农业生产及城乡人民生活供电任务，承担着西昌电业局直供区内西昌市、越西县、喜德县、冕宁县、德昌县、会理县、会东县、甘洛县、宁南县、雷波县共一市九县的大工业企业及并网水电站以及西昌卫星发射中心、成昆电铁等重要用户的供电任务。2011年末，月城供电局有在职员工244人；有10千伏线路33条，全长1711.79千米。全年售电量完成42.01亿千瓦时，同比增长19.35%；销售收入完成21.13亿元，同比增长17.40%；10千伏线损率14.98%，同比下降2.67个百分点；电费回收100%，应收电费余额为零，上缴税收2.17亿元。截至2011年12月31日连续安全生产652天。

【喜德供电有限责任公司】 喜德供电有限责任公司始建于2005年2月5日。下设光明供电所等3个供电所，承担全县2206平方千米，24个乡（镇）、144个行政村的电力供应与维护管理。截至2011年底，固定资产原值8527万元、净值3051万元。2011年末，喜德供电有限责任公司拥有在职员工217人；拥有35千伏变电站8座，变电容量48.75兆伏安，线路9条，全长132千米；10千伏线路56条，全长729千米。售电量完成1.22亿千瓦时，同比增长2.61%；销售收入完成5180.55万元，同比增长9.6%；线损率16.57%，同比下降0.5个百分点；电费回收100%，应收电费余额为零。截至2011年12月31日连续安全生产1007天。

【四川越西供电有限责任公司】 四川越西供电有限责任公司始建于1958年，其前身为越西县电厂、越西县电力公司，2001年经越西县人民政府越府函〔2001〕47号文批准，将原越西县电力公司整体改制，改制成立为四川越西县电力有限责任公司。2007年12月28日进一步改制与四川省电力公司资产重组共同组建四川越西供电有限责任公司。下设城关、中所、新民、普雄4个供电所，承担全县2257平方千米，41个乡（镇）260个行政村的电力供应与维护管理。截至2011年底，固定资产原值1.16亿元（净值0.79亿元），有在职员工252人；有110千伏变电站2座，线路4条，全长28.18千米；变电容量70兆伏安；线路1条，全长3.05千米；35千伏变电站3座，变电容量14.3兆伏安，线路10条，全长181千米；10千伏线路44条，全长1167千米。全年售电量完成1.77亿千瓦时，同比下降3.78%；销售收入完成6357万元，同比增长3.82%；线损率11.39%，同比下降0.44百分点；电费回收100%，应收电费余额为零。截至2011年12月31日连续安全生产1465天。

【四川德昌供电有限责任公司】 四川德昌供电有限责任公司始建于2007年8月20日。下设德州供电所等6个供电所，承担全县23个乡镇137个行政村的电力供应与维护管理。截至2011年底，固定资产原值17701万元（净值6190万元），有在职员工151人；有110千伏中电变电站1座，主变容量60000千伏安（1×20000千伏安+1×40000千伏安）；35千伏变电站8座（容量69500千伏安），辖区共有602个台区，容量为72530千伏安。110千伏输电线路6条126.9千米，35千伏输电线路8条192.24千米，10千伏输配电线路42条919千米，0.4千伏和0.2千伏线路共为5446千米。全年，售电量完成2.11亿千瓦时，同比增长61.05%；销售净收入完成8090万元，同比增长44.05%；线损率13.4%，同比下降0.5个百分点；电费回收100%，应收电费余额为零，实现利润24.8万元。截至2011年12月31日连续安全生产1591天。

【四川会理供电有限责任公司】 四川会理供电有限责任公司始建于2007年4月26日。下设城区、红旗、鹿厂、通安、黎溪、益门、太平7个供电所，承担全县4527平方千米，50个乡（镇）、304个行政村的电力供应与维护管理。截至2011年底，固定资产原值14693.33万元（净值7123.35万元），有在职员工489人；有110千伏变电站4座，线路10条，全长136.32千米，变电容量270兆伏安；35千伏变电站9座，变电容量107.9兆伏安，线路20条，全长385.29千米；10千伏线路3417千米。全年，售电量完成7.18亿千瓦时，同比增长40.23%；销售收入完成3.9亿元，同比增长41.73%；线损14.54%，同比下降4.27个百分点；电费回收100%，应收电费余额为零，实现利润2582.67万元。截至2011年12月31日连续安全生产1261天。

（审核：陈 斌/撰稿：叶久德）

凉山州大桥水电开发总公司

【概况】 2011年，大桥总公司深入学习贯彻中央、省委1号文件和中央水利工作会精神，按照“供水为主，水电互动，以电兴水，综合发展”的基本定位和提速增量，提质增效的“双提升”战略要求，助推“三化联动”，继续发挥美丽富饶文明和谐安宁河谷建设生力军作用，在确保安宁河流域工农业用水的同时，总公司主要经济指标实现最好预期，经济效益和社会效益实现“双丰收”，三个文明建设取得明显成效。全年（大桥电厂）实现上网电量35236万千瓦时；销售收入实现11307万元；全年实现利润430万元；上缴税金2402.7万元；国有资产保值增值率为100.40%。全年大桥电厂严格控制资金预算，加大设备技改和自主检修力度，确保设备的完好率，为全年生产经营主要目标的实现提供了条件；大桥水库灌区一期建后管理、供水经营和竣工验收准备工作初见成效，二期工程前期工作积极推进；“和谐库区”建设和生态旅游迈上新起点；“财务一体化”、资金预算和绩效管理工作稳步推进；“三重一大”决策程序更加规范；树瓦河流域水电资源项目安全管理成绩明显，工程建设进展顺利。

【灌区一期工程】 大桥灌区一期工程各标段结算扫尾工作全部完成，工程项目档案顺利通过省档案局验收，工程建设征地移民安置工作顺利通过州移民局组织的专家验收，工程竣工资料收集整理和工程竣工验收前期工作正有序推进，财务审计筹备工作正抓紧进行。

【灌区二期工程】 大桥水库灌区二期工程《项目建议书》经水利部水利水电规划设计总院审查后，省水利水电勘测设计研究院作了进一步优化设计；2011 年 9 月水利部水利水电规划设计总院在北京对大桥水库灌区二期工程修改后的《项目建议书》进行了复审，要求设计部门再作进一步优化设计和挖潜，降低工程投资和单位灌面造价。10 月，水利部副部长和省水利厅副厅长考察大桥水库时，要求大桥水库二期工程的规划要充分考虑将大桥水库右干渠、漫水湾右干渠以及其他沿河灌区配套建设纳入规划，争取通过二期工程的建设，进一步完善流域灌区配套设施，充分发挥水库综合效益，实现最大社会效益。根据以上意见，总公司正积极督促和配合四川省水利水电勘测设计研究院对大桥水库灌区二期工程再作进一步优化设计和挖潜，以利进一步降低单位灌面造价（该项工作计划在 2012 年 6 月底前完成，以利报水利部水利水电规划设计总院审查）。

【“和谐库区”建设】 借《凉山彝族自治州大桥水库管理条例》（修订）颁布实施之机，积极做好学法、普法工作，切实让《条例》和相关法律法规深入人心，切实增强水库周边群众的法制意识和法制观念；有计划、有步骤地推进水库生态建设和水资源保护工作，抓好生态绿化建管，着力构建库区生态屏障，加强对 1300 多亩生态保护林的管护力度和退耕还库的管理工作，有效地保护了水质、美化了环境；加强库区综合治理，抓好渔业生产管理，积极打击库区的非法捕捞现象，规范了库区渔业生产秩序，确保水上交通安全和库区社会稳定；积极开展大桥水库湿地保护区的规划工作，在原初设的基础上，将湿地保护区规划工作纳入冕宁县重要议事日程。

【深入开展创先争优活动】 总公司把“创先争优”活动体制改革、加快发展、生产发电、灌溉用水、水库管理、安全生产、职工稳定等作为创先争优活动的有效载体，进一步明确和细化先进基层党组织“五个好”和优秀共产党员“五带头”标准的深刻内涵与时代要求。认真抓好党员示范、公开承诺、领导点评等各环节的工作。

【党风廉政建设】 总公司认真贯彻落实州委和州国资委党委的安排部署，深入开展“创优争先”活动、“四强四优”活动和“五大目标”建设工作，执行党风廉政建设责任制，抓好教育警示、制度约束、监督惩处三道防线，着力构建与现代企业制度相适应的惩治和预防腐败体系，突出抓好干部廉洁从业，强化流程管理，提高综合监督能力，坚持“从严治企，依法治企”的方针，以落实党风廉政建设责任制为龙头，全面贯彻落实责任制和责任追究制；以源头治理和制度建设为重点，坚持“三重一大”决策制度，深入开展党员、干部廉政教育和廉洁文化建设；进一步强化效能监察，广泛实施监督制约机制；公司纪检监察全程参与总公司大宗物品采供、重大工程项目合同谈判及实施过程的监督，为构建和谐企业和总公司健康稳定发展提供了组织和纪律保障。

【精神文明建设】 总公司高度重视“领导挂点、部门包村、干部帮户”活动，主要领导、分管领导多次深入帮扶乡，立足“开发促扶贫”、“造血促脱困”，确定和落实帮扶规划和年度计划；组织总公司中层以上 36 名干部捐资购买了价值 2406 元的生产物资和生活用品送到 18 户贫困户手中，让村民感受到了“挂包帮”活动的真情和温暖；“六一”儿童节来临之际向店子村 350 名在校学生发放了价值 4032 元的学习、文体用品，带去了对少年儿童饱含深情的节日问候和殷切期望。

（审核：马　伦/撰稿：邓邦辉）

新钢业

【企业概况】 攀钢集团西昌新钢业有限公司为攀钢集团有限公司控股公司，公司坚持以钢铁为基础，以钒钛为主导，不断地创新和延伸钒钛产业链。同时积极推进物流、环保、机电、机械制造加工等产业的均衡发展。新钢业公司实行自主经营，运行机制精干高效，经营模式紧贴市场，能充分适应市场经营发展需求，具备高度活力。公司工现有员工 3585 人，下含西昌新钒钛有限公司、西昌长宁运输有限公司、会东新炉料有限公司等子公司员工。目前公司拥有炼铁、炼钢、轧钢、五氧化二钒、提钛等主要生产线，产能规模为钢铁 120 万吨、带钢 70 万吨、棒材 50 万吨、五氧化二钒 3600 吨、氧化球团 40 万吨。主要产品有五氧化二钒、钒铁、钒铝合金、富钛料、非颜料钛白、四川省名牌产品新钢业牌热轧窄带钢和 XGY 牌热轧带肋钢筋等，特别是热轧窄带钢、抗震螺纹钢、V_2O_5 等产品，品质优良，广受用户好评。

【生产工作】 在生产上持续深化“两眼向内，苦练内功”的思想，不断优化生产工艺，狠抓生产管理，细化目标、明确责任，把安全、质量、成本、环保作为重点来开展工作，有效利用现有各类资源，通过一系列技术攻关、技改技革和制度完善，使各项技经指标得到不断优化和提升。各项主要消耗指标均比 2010 年有所下降，为提高全年的经营指标奠定了基础。积极组织开展质量管理活动。强化对质量管理网络机构的管理，以生产厂长为质量责任人，生产科为专门质量管理部门，各车间具体实施，生产科、设备科对质量管理实施服务和监督。全年共产出铁水 904129 吨、粗钢 916866 吨、钢材 977984 吨、钒渣 40542 吨、五氧化二钒 3210 吨。与 2010 年相比，全年烧结矿含铁原料下降 11 千克/吨铁，综合焦比下降 0.8 千克/吨铁，炼钢钢铁料消耗下降了 4 千克/吨钢，轧钢成材率上升 0.18%，vti 配比达到 63.2%，其他各项技术指标也有不同程度提高。

【经营工作】 面对宏观经济总体向好但不确定因素仍然较多的市场形势，新钢业经营班子认真分析市场态势及经济运行状况，结合集团公司下达的利润指标，确定抢抓市场机遇，降低库存，全力实现利润落袋为安的工作方向。另一方面把握市场脉搏，始终坚持效益优先、效率优先，充分发挥强市抓销售、弱市抓供应的营销技巧，充分发挥资金方面的优势，加强资源采购控制和大宗原燃料供应工作，充分把握经营工作的主动权。同时，进一步推进成本倒逼机制，深化成本控制，切实做好降本增效工作，努力实现利润最大化。全年实现总产值 57.32 亿元，营业收入 44.30 亿元，利税 3.48 亿元。

【企业管理】 公司为持续完善专业管理指标，进一步改进专业管理考核指标体系，组织制定并下发了《公司 2011 年专业管理目标》，有效指导、考核公司各项专业管理工作，为公司 2011 年生产经营目标建立了考核依据和保障机制。组织制订并下发了《公司 2011 年企业管理工作计划》，根据计划要求组织编写《公司企业文化手册》，系统提炼与宣介企业文化，组织实施工作流程再造等十四项工作重点，安排部署全年各项企业管理工作重点，督促各部门、单位围绕公司企业管理工作计划确定的工作重点开展各项专业管理工作。坚持贯彻企业增效益，职工得实惠的理念，企业效益不断提高，环境显著改善，员工收入逐年提高，700 余套职工经济适用房已全部交到员工手中，投资 1200 万元的职二医院维修改造主体工程基本完工，切实有效的改善了就医环境，社区、村组、企业和谐融洽，企业凝聚力和员工自豪感明显增强，员工队伍稳定，工作热情高涨。紧紧围绕公司生产经营目标，积极开展各类培训、技能鉴定及职业教育工作。包括：公司中层管理人员安全教育培训、网络培训、公司中层管理人员及涉外人员警示教育培训。组织开展质检工、炼钢工、钳工技术比武，加强实践教学，进一步培养知识应用能力，分析和解决实际问题的能力，使员工队伍整体素质得到增强。

【技术创新】 坚持现有成熟的工艺，确保稳产高产，同时加快、加大新产品开发和技术改造力度。一是优化提钒指标，稳定半钢质量，合理配生铁块，适当提高供氧强度，使钒渣品位从 2010 年的 14.88% 上升到 15.25%；二是改进和完善粗轧工艺，通过对轧辊材质的正确选择和冷却水的改进，轧辊轧制量得到了大大提高，单套轧制量最高已能达到 2.4 万吨；三是通过改善除磷效果，对密封的改进等措施，使一次氧化铁皮压入现象大大降低，提高了产品表面质量，提升了公司形象；四是炼钢厂针对铁水硫含量较高的现状，对铁水脱硫预处理工艺进行优化，即降低了炼钢炉渣料消耗又减少了拉温现象，使钢坯质量得到了有效提高。

【党的工作】 把增强员工凝聚力作为工作重点，以党员的模范作用带动员工思想、工作的进步。按计划组织对基层党政工作开展情况进行检查考核，促进了党建工作规范化、制度化。加强基层党建工作，提升党群工作活力，扩大党群组织基础。发展新党员 24 名，19 名预备党员转正。公司工会现有会员总数 3307 名，除退休返聘及部分临时性劳务工外，员工入会率达99%，青工入团率达到70%以上，党群工作活力增强。加强业务培训，提升党群工作人员综合素质。组织2名党务干部参加集团公司集中组织培训，组织支部书记工作经验交流4次、开展“攀钢新任党支部书记”培训知识分享会1次、组织31名入党积极分子培训1期，与此同时，为基层支部下发《基层党务全书》、《建党90周年专题电教片》、《鞍攀典型受贿案例》等学习资料，提升了基层党群工作人员业务素质。开展各类先进评选表彰，激励员工工作积极性。全年组织评选表彰公司2010年度先进基层党组织1个、优秀党务工作者4人、优秀党员33名；表彰公司2010年度先进集体2个、优秀员工40名；表彰先进女工集体3个、优秀女工委员2名、优秀女工39名、优秀团员22名、优秀工会干部8名、工会工作积极分子35名、岗位技术能手29名；评选表彰2010年班组建设6个先进单位、5个工人先锋号和15名先进个人；推荐上报四川省及凉山州先进党组织书记1人，推荐上报全国优秀工会工作者1人、凉山州优秀工会工作者1人，推荐上报攀钢集团先进基层党组织1个、攀钢优秀党员3人、优秀党务工作者1人，推报攀钢集团优秀团组织1个、标准化团组织1个、优秀团干部、青年岗位能手等10余人次，并全部获得表彰奖励，激励了员工当模范、学先进、努力完成公司生产经营任务目标的工作积极性。公司工会获凉山州工会目标考核一等奖、工会经审工作先进集体、女工工作先进集体称号、四川省工会系统“五五”普法先进单位、凉山州城乡环境治理进企业先进单位，钒冶炼厂工会获凉山工人先锋号，炼钢厂团支部获攀钢先进团支部，钒冶炼厂团支部获攀钢标准化团支部等荣誉称号。

（审核：杨希茂/撰稿：张靖松）

经久工业园区

【机构概况】　凉山州西昌经久工业园区管委会经凉山州委、州政府批准成副县级行政管理机构，实行州市共同管理，以市为主。管委会内设机构为办公室、规划建设科、招商引资科、企业管理科、环保国土科，下属经久工业园区服务中心。管委会现核定行政编制12名，工勤控制数2名。经久工业园区服务中心核定事业编制11名。

【职能职责】　根据西昌市经济社会发展规划和年度计划，组织编制经久工业园区的经济发展规划和年度计划，经市政府审查批准后组织实施；根据西昌市城市总体规划，组织编制经久工业园区建设总体规划和控制性详细规划，报经批准后具体组织实施；负责工业园区范围内土地开发、基础设施和公共设施建设和管理；按照管理权限审批或审核投资项目和科技开发项目；协调管理有关部门在园区派出机构、分支机构的工作；处理工业园区的有关涉外事务、管理进出口业务；对工业园区内新办企业及原有企业单位进行指导监督，保护投资者和企业的合法利益，保护劳动者的合法利益；完成州、市党委、政府交办的其他工作。

【环境保护】　2011年，园区积极配合州、市环保部门，督促攀钢西昌钒钛资源综合利用项目落实“环保三同时”，严格执行环评报告书的要求，随着主体生产工艺具备生产条件，分原料场、烧结、石灰、焦化、炼铁、炼钢、钒制品、热轧、自备电厂等九个工序向省环保局报送试生产申请，向环保部报送“三同时”验收申请。

【土地收储转换】　2011年，园区共完成土地征用1518.15亩：一是完成黑土湾组团征地317亩；二是完成攀钢西昌钒钛资源综合利用项目后期征地283.47亩；三是完成攀钢西昌钒钛资源综合利用项目安河边取水口扩征地3.68亩；四是完成攀钢西昌钒钛资源综合利用项目周边防护林带建设用地350亩；五是完成攀钢西昌钒钛资源综合利用配套项目主厂区13亩扩征地拆迁工作；六是完成瑞海公司冶金材料瑞海冶金渣材料项目300亩、新农村建设项目100亩的征地拆迁工作；七是完成瑞海公司弃渣填埋场连接道路征地151亩征地拆迁工作（包含西昌农垦公司部分）。

【招商引资】　园区以延长钒钛产业链、攀钢西昌钒钛资源综合利用配套项目、协力项目、服务项目、上下游项目作为招商引资重点，制定切实可行的招商计划，进行项目包装，积极参加招商工作培训，以大招商促进大发展。2011年完成招商项目10个，实际到位资金121.49亿元（其中攀钢西昌钒钛资源综合利用项目110.52亿元，园区招商引资10.97亿元）。围绕攀钢西昌钒钛资源综合利用项目的配套项目，园区共洽谈项目58个，涉及资金218亿元。向园区提交入园申请、项目建议书项目共计18个，项目涉及资金38亿元。2011年西昌火把节签约4个项目，签约资金3.54亿元，第十二届西博会签约4个项目，签约资金9.32亿元。是工业类项目签约最多的单位。

【基础设施建设】 全年，政府投资5060万元，企业投资3880万元，共计8940万元用于园区基础设施建设。一是投资340万元的园区黑土湾南北向道路一期工程建成通车。二是投资3400万元攀钢西昌钒钛资源综合利用项目统规统建点二期工程竣工。三是园区公共服务区行政综合楼完成投资1000余万元，主体工程完工。四是投资3000余万元的攀西高速路西木路出口至攀钢西昌钢钒公司二号进场道路改扩建工程建成通车。五是对园区供水路径可行性方案进行初步论证。六是启动园区给水、排水、竖向专项规划。七是积极协调州、市国土部门解决园区土地建设指标。八是积极协助企业完善土地挂牌手续。九是园区消防中队于2011年11月30日开工建设。十是完成园区土地利用绩效评估工作。

【企业管理】 园区积极加强与各企业的联系与沟通，加强对经济运行的宏观指导，及时、全面掌握企业的运行状况，解决企业运行中存在的困难，使企业运行步入良性循环。2011年正式新增西昌钒都建材、西昌金益气体、西昌泰达模具、西昌众远钢构4家规模以上企业，西昌金冀矿业、众力达钢构、鼎祥科技3家培育企业变成3家规模以上企业，园区规模以上企业由5家变成12家。2011年园区共完成工业总产值25.42亿元，较2010年增长208.87%。

【重点项目】 全年园区共完成固定资产投资119.66亿元，较2010年增长46.97%。园区共有市级重点项目7个，其中续建类项目4个，新开工类项目3个。一是攀钢西昌钒钛资源综合利用项目2011年实际完成投资110.52亿元，12月22日竣工点火。二是攀钢西昌钒钛资源综合利用配套项目（冶金渣处理场）实际完成投资2.61亿元，主体工程已完工。三是梅塞尔公司工业气体项目，2011年完成投资2亿元，总投资完成4.02亿元。四是西昌市泰达模具有限公司新建10万吨钢模具项目，2011年完成投资4200万元，总投资完成7200万元。工程已完工，并投入生产。五是瑞海公司钢渣在线处理项目，2011年实际完成投资1亿元，主体工程已竣工。六是瑞海公司2000套倒班房项目，2011年实际完成1.60亿元，主体工程已竣工。七是西昌金益工业气体项目，2011年实际完成投资2150万元，已建成投产。

【攀钢西昌钒钛资源综合利用及配套项目】 园区管委会把服务攀钢西昌钒钛资源综合利用项目、配套项目建设作为重点工作，提供零距离服务，保证零障碍、零阻工，确保项目顺利建成投产。一是完成项目所需土地征用、补偿和拆迁安置工作。二是加快弃土场遗留问题的处理。完成了弃土场的红线确定工作，完成了给排水体系的设计，实施了临时排水工程，完成了弃土按设计高程的推平工作，启动土地整理项目。三是加快园区公共服务区的规划建设。园区公共服务区的控制性详细规划编制完成。攀钢3000套、瑞海2000套倒班宿舍已建成并投入使用。投资6300余万元的攀钢西昌钒钛资源综合利用项目统规统建安置点一、二期工程已全部投入使用。投入1480万元修建连接道路1780米。园区行政综合楼主体工程已竣工。园区消防中队开工建设。电力、电信、银行等企业、部门申请入驻服务区。四是妥善解决好项目建设的遗留问题。五是积极协助做好项目卫生防护距离范围内人口调查。六是积极做好项目配套工程协调服务保障工作。七是积极协助攀钢西昌钢钒公司成立过程中的手续办理问题。八是攀钢西昌钒钛资源综合利用项目220千伏外线工程竣工运行。九是米易白马—西昌经久输精矿管道西昌段竣工投运。

【内部建设】 管委会不断完善管理机制，健全干部考勤、岗位职责、绩效考核、安全生产、项目统计等规章制度。着力抓好领导班子建设、干部队伍建设和党风廉政建设，努力转变思想作风和工作作风，切实规范办事程序，改进服务方式，提高工作效率，全力推进各项工作的协调开展。被市委、市政府命名为招商引资先进单位、目标综合考核先进单位、重大项目建设工作先进单位、安全生产工作先进单位、净土（无毒）单位、信访工作先进单位。

（审核：陈 旭 高 勇/撰稿：孙旺宅）

农 业

Agriculture

综 述

【概况】 2011年，州委农办认真贯彻中央、省委“两个1号”文件精神，按照大兴水利强基础、狠抓生产保供给，力促增收惠民生，着眼统筹添活力的总体要求，以“百乡千村”新村建设为统揽，推进农业发展方式转型，促进农民生活方式转变，农业农村面貌明显改变，实现农业增加值194.5亿元、增长4.4%，农民人均纯收入达到5538元、增长21.3%，粮食产量达224.4万吨、增长2.5%。

【新村建设】 整体编制安宁河谷地区新村、大凉山彝家新寨、木里藏区新村建设规划，出台“百乡千村”新村建设实施方案。建设安宁河谷地区新村120个，14578户搬进前庭后院加小楼的新居。建设彝家新寨334个，2.55万户村民入住或即将入住整洁新居。建设木里藏区新村5个，254户村民入住具有藏乡特色的“前院后院分离加小楼”的特色新居。探索新农村综合体建设9个，着力建设现代气息浓郁、功能全面配套的高质量新型农民小区。

【农业产业化】 围绕特色产业基地建设，狠抓龙头企业培育和发展，成功引进江苏雨润集团等大企业大集团入驻凉山发展，全州农业产业化龙头企业发展到175家，年销售收入在500万元以上的达90家，国家级重点龙头企业1家、省级重点龙头企业14家、州级重点龙头企业87家。龙头企业带动农户110万户次，带动农户户均增收1200元以上，解决农村富余劳动力4500多人就业。全州农民专业合作组织发展到2198个，成员10.02万个，带动农户34.93万户，其中农民专业合作社364个。

【农产品品牌建设】 按照“大凉山”农产品品牌率先突破的要求，立足区域优势，加快发展绿色特色农业产业，深化“大凉山”农产品品牌创建，全州农产品拥有中国名牌产品1个、中国驰名商标2个、四川省名牌产品9个、四川省著名商标9个、证明商标5个、国家地理标志保护产品21个。向国家商标局成功申请注册“大凉山特色农产品”标识，以“绿色大产业、生态名产品，彝乡风土情、神奇大凉山”的品牌底蕴，统一品牌内涵、统一包装、统一标识，着力提升“大凉山”特色农产品品牌价值。

【劳务开发】 全年转移输出农村劳动力65.85万人，实现劳务收入55.78亿元，分别增长20.56%、38.89%。以提高素质，增强技能为重点，狠抓劳务品牌培训、农民工在岗培训、劳务扶贫培训、农村劳动力转移培训、新型农民培训“五大培训”，完成各类农民务工素质和技能培训10.01万人。深化与沿海各地劳务交流合作，邀请江苏、上海、广东、重庆等地就业部门、人力资源市场到凉山考察，搭建劳务输出平台，举办“春风行动”、“就业援助月”等现场招聘会70余场次、现场招聘5万余人。加大执法力度，健全机制抓维权，处理劳务纠纷40余件，为农民工挽回经济损失537.5万元。

【农业区域合作】 与成都市农委组织两地20多家企

业开展成都—凉山区域合作农业项目对接洽谈，围绕苦荞麦、马铃薯、畜牧、蔬菜、水果、调味品等产业、产品合作，达成合作协议14项、签约4480万元，签订意向协议8170万元。与成都深化劳务合作领域和渠道，举行2011年成都—凉山劳务洽谈会，全州13家劳务输出基地和一汽大众成都公司等企业签订用工协议，达成订单培训输出8000人。

（审核：宋福猛/撰稿：钟 健）

种植业

【概况】 2011年是全面实施“十二五”规划的开局之年，全州各级农业部门在州委、州政府的坚强领导和上级农业主管部门的大力支持下，坚持以邓小平理论和“三个代表”重要思想为指导，全面落实科学发展观，认真贯彻落实省、州农村工作会议精神，牢牢把握省委、省政府“一个意见、两个规划”实施和新一轮“西部大开发”的大好契机，趁势而进，加快发展，围绕全州新农村建设，以实现农民持续增收为根本目的，大力发展特色效益农业，加快推进农业现代化，努力提高农业生产综合能力，工作取得显著成效。

【粮油生产】 高度重视粮油生产安全，认真规划，突出重点，狠抓落实，稳定增加播种面积，大力实施新增粮食生产能力建设工程、增粮增收工程、科技示范工程和马铃薯产业项目，加快现代农业产业基地建设，产量再创历史新高。2011年3月州政府、西昌市政府获2010年度四川省粮食生产“丰收杯”奖；冕宁县政府获2011年度四川省粮食生产“丰收杯”奖。全州粮食播面761.17万亩，总产量224.41万吨，比上年增产5.37万吨，增2.45%。其中：小春粮食播面188.95万亩，增加1.96万亩，产量38.93万吨，增产2.17万吨，增5.90%；大春粮食播面572.22万亩，增加5.24万亩，产量185.48万吨，增产3.21万吨，增长1.76%。四大粮食作物中，小麦面积94.44万亩，产量19.86万吨；水稻面积112.19万亩，产量54.59万吨，增产0.54万吨；玉米面积154.19万亩，产量50.17万吨，减产0.63万吨；马铃薯面积229.00万亩，增加10.50万亩，产量73.50万吨，增产4.60万吨。油菜总产量3.82万吨，增产0.31万吨，增长8.83%。

【经作生产】 2011年全州经济作物规模（除烤烟和蚕桑）为194万亩，新增9万亩，总产330万吨，增31万吨，产值62.56亿元，增6.42亿元。蚕茧喜获丰收，蝉联全省第一，全州产茧43.5万担，同比增加2.5万担，增长6%，连续九年位列全省第一。全年现代农业产业基地稳步推进，建成13个省级现代农业万亩示范区，会东县被认定为省强县；花卉产业异军突起：一是凉荷合作成果丰硕，达成合作协议5个，协议金额5亿元。二是西昌川兴花卉园区、德昌凤凰花木园区开工建设，完成规模1400亩，建成高档温室10万平方米；设施蔬菜加快发展，新搭大棚647亩，新调田型2820亩，新建冻库3200立方米和智能温室3176平方米，举办培训班4期。新建热作（香蕉）标准园1000亩；修订经作标准13个，新制经作标准2个。

【农技推广】 强化科技推广，加大科技创新。整合利用新增粮食生产能力建设工程、现代农业产业基地建设工程、粮食优质增效工程、省民族地区增粮增收示范工程等项目，共推广杂交玉米138.68万亩，优质专用玉米69.8万亩，地膜玉米92.37万亩，玉米育苗移栽27.14万亩；马铃薯脱毒种薯137.72万亩，地膜覆盖栽培15.27万亩，垄作栽培142.79万亩；杂交水稻42.14万亩，二级以上优质稻59.5万亩，旱育秧64.90万亩，宽窄行规范化栽培61.56万亩，抛秧15.02万亩。经济作物生产上继续引导推广蔬果套袋综合配套技术、果园冬季综合管理、设施栽培技术及无公害栽培技术。

【农村经营管理】 全州农村土地承包管理不断加强，农民的土地承包权益得到有效落实，土地流转更加有序。农村土地承包经营纠纷调处工作机制初步建立，西昌、德昌、会理、会东、宁南、冕宁、越西、甘洛、盐源、昭觉、美姑等县市成立了农村土地承包经营纠纷仲裁委员会，西昌市设立农村土地承包经营纠纷仲裁庭，仲裁农村土地承包经营纠纷73件。农民专业合作社继续规范发展，在工商部门注册登记的农民专业合作社598家，首次命名州级示范专业合作社10家，已有9家合作社获省级示范专业合作社称号。农民负担监管机制更加完善，“一事一议”程序不断规范。九届州政府第89次常务会议研究确定了凉山州一事一议筹资筹劳限额和以资代劳工价限额标准，充分发挥“一事一议”在改善农民生产生活条件、建设新农村方面的作用。全面落实粮食直补、农资综合补贴、种粮大户补贴等惠农强农政策，认真核实补贴面积，按时足额兑现到千家万户。农村集体资金、资产、资源（“三资”）管理不断强化，村民理财更加民主。

【现代农业产业基地建设】　会理、会东、德昌、盐源、昭觉5县总结2010年开展基地建设的经验，高标准、大投入，快推进。2011年累计整合32774.12万元建设资金，设立3100万元专项，着力夯实基础设施，完善良繁体系，推广绿色防控，组建专合组织、努力拓展市场，在全州高标准建设以石榴、苹果、蚕桑、烤烟、马铃薯等为主导产业的现代产业基地100万亩，取得实实在在成效，实现会东县成功晋级为“四川省现代农业产业基地强县”目标。同时，在全州打造“会理县铜矿村现代石榴万亩示范区”等18个现代农业万亩示范区，其中13个被认定为四川省首批现代农业万亩示范区。

【农业行政执法】　制定《凉山州农业系统法制宣传教育第六个五年规划（2011—2015）》，成立“六五”普法及依法治理领导小组，累计向农民发放宣传资料28.71万份，普法培训48695人次，开展送法下乡412车次。对涉农法律法规进行全面清理，共清理、明晰农业部门主体资格的法律9部、国务院法规6部、省人大地方性法规11部、州人大地方性法规1部；清理规范部门行政许可事项8项、行政处罚事项161项、行政征收（强制）事项11项、其他行政权力事项95项，并报经州政府审核。农业综合执法体系稳步推进，累计出动执法检查人员4726人次，检查农资市场6301个，整治违规市场1336个次，共承办案件76件，罚款及没收金额2.93万元，查获违规产品17423公斤，货值39.08万元，挽回经济损失27.6万元，涉案金额5万元以上的大要案件1件，移送公安机关查处。

【品牌建设】　展会经济效果显著。精心组织参加九届农交会、十二届西博会、第二届绿色食品有机食品北京展销周、大凉山优质特色农产品成都展销周等重要展会，宣传推介“大凉山特色农产品”。大凉山雷波脐橙、三匠苦荞茶获农业部金奖，大凉山环太苦荞茶、特色花卉等近10个产品荣获省级金奖。“三品一标”不断强化。有74个基地获得“无公害农产品生产基地”认证，62个农产品获得无公害农产品认证，63个农产品获得绿色食品产品认证，66个农产品获得有机食品产品认证，全国绿色食品原料标准化生产基地达197万亩。“凉山苦荞麦”成功入选全国100强农产品公用区域品牌。品牌宣传迈向纵深。建立特色产业项目库，制作大凉山特色产业招商宣传画册；录制《大凉山特色农业发展概况》等专题形象片；整合各种载体资源，强势宣传大凉山特色农产品品牌，“大凉山特色农产品”市场半径不断扩大，市场竞争率不断提高，受到社会各界广泛关注。

【农田基本建设】　全年全州共完成改造开发中低产田土16.5万亩。完成任务中，下湿田改造完成12.4万亩，占改造完成面积的75.15%；坡薄土改造完成4.1万亩，占改造完成面积的24.85%。整个工程共投劳902.3万个，挖填土石方1002.5万立方米。总投资2.35亿元，其中：国家投资2.12亿元，占到位资金的90.1%；集体和群众投资2325.85万元，占到位资金的9.9%。整个工程共修建农田排灌渠系594条，长度72.95万米；修建蓄水池46口，容积3.31万立方米；修筑田土埂5176条，长度43.56万米；配套植树造林0.51万亩；增厚土层3.88万亩，深挖冬闲田土4.26万亩，改良质地6.85万亩；庭园建设共有152户、建设面积0.43万亩，其中栽植经济林9.43万株；改造区共种植和带动种植绿肥188.63万亩，堆沤肥料23.6万吨，实施秸秆还田68.54万亩；开展技术培训9.78万人次，印发技术资料10.56万份。

【植物检疫及病害防治】　开展春季植物检疫市场监督检查工作和检疫性有害生物疫情调查、监测和检疫防控工作。全年开展植物产品产地检疫1183761亩。种子产地检疫44969亩。开展重大病虫害监测预警及统防统治工作，全年发布病虫害电视预报76期，实施药剂拌种共170万亩。全年农作物病虫草鼠螺害发生1101.51万亩次，防治1402.86万亩次，挽回损失24.71万吨，实际损失6.33万吨。全年病虫统防统治面积299.31万亩次，其中：机防面积100.43万亩次，综合防治面积350.95万亩次，示范园区26万亩。

【农业质量管理】　全年共完成无公害农产品产地认定30万亩，无公害农产品认证20个，绿色食品认证12个，有机农产品认证1个。凉山州农产品质量安全检测中心通过省农业厅和省质监局组织的“双认证”复审，具备独立开展137个产品，156个参数的检测能力。

2011年对全州编制的地方标准进行全面清理、修订，包含粮食、蔬菜、水果、蚕桑四大类41个，新编制完成燕麦、花卉、苹果、粳稻等5个地方标准。

【粮油高产创建】 继续推进水稻、玉米、麦类、马铃薯、荞麦及油菜高产创建活动。着力在整建制、大协作、新机制和标准化上下工夫，通过良种统供、技术统训、物资统配、病虫统防，实现大样板、大辐射、大带动等措施，以攻关带全面，突出高产，以小面积突破带动大面积示范，搞好协调发展。小春高产创建麦类实施19.4万亩，油菜实施5.2万亩，发挥了显著的增产增收作用，西昌市小麦完成高产创建1.37万亩，平均亩产416.5公斤，较计划增4.13%，超额完成上级下达创建目标；大春全州实施水稻高产创建24.02万亩，玉米18.91万亩，荞麦、燕麦5.2万亩，成功打造了布拖县苦荞麦攻关田最高单产263.3公斤，千亩展示平均单产为224.0公斤，万亩示范平均单产208.3公斤的全国最高纪录，以及盐源玉米攻关亩产1218公斤和1.8万亩平均亩产719.1公斤的西南玉米高产纪录。

【农村能源】 全年全州新建农村户用沼气池2.89万口，为全年计划任务2.7万口的107%（全州累计新建农村户用沼气池290510口）；新建、改建省柴节煤灶1.1万户，完成全年计划数6000户的183.4%；推广太阳能光伏电、热水器、太阳灶采光利用面积1.2万平方米，为年初下达的1万平方米任务数的120%；推广高效低排生物质炉1500户；大中型沼气工程——西昌核特养殖场、冕宁建设养殖场沼气工程开工建设。以上新增的农村能源建设，每年可产沼气达1035万立方米，所开发和节约的能源折算标煤374万吨，为农户减少燃料支出2443万元，减少农药和化肥支出400万元；沼气综合利用可为农户增收节支2375万元；每年可使11万亩林地林木免受樵采、得到保护；可以减少水土流失13.8万吨，减少二氧化碳当量5.7万吨。

【农民科技培训】 全年四川省级财政投入资金408.272万元，实施示范性培训任务1.02万人。认定凉山农校、凉山州志同职业技术学校等培训机构18个；培训专业涉及农民创业培训、农机操作员等7大类15个专业，其中农民创业培训40人，农机维修培训840人，农机操作培训2250人，病虫专业防治培训970人，肥料配方师360人，蔬菜园艺工1450人，果桑茶园艺工1350人，沼气工培训250人，农民专业合作社经营管理人培训180人，乡村旅游服务员培训400人，村级动物防疫员850人，畜禽繁殖员510人，畜禽养殖技术员290人，农村经纪人210人，农产品加工和流通企业技术工人250人。新型农民培训9600人，实用技术培训32.96万人。

（审核：王　正/撰稿：何　洋）

农业机械

【概况】 2011年是“十二五”的开局之年，全州农机化工作在州委、州政府的正确领导和上级农业主管部门关心支持下，积极围绕省、州下达的各项任务，不断开拓创新，牢固树立为“三农”服务意识，精心组织农机社会化服务，切实抓好关键季节关键环节农机作业，做好农机作业保障服务工作，组织协调跨区机收，加强机耕便民道建设，认真做好各项农业化工作，确保了粮食颗粒归仓、农民增产增收。

【农机化情况】 全州农机管理工作者从支持农业和农村经济发展出发，积极组织农机技术人员和流动服务车深入机耕、机播、机收重点区域开展现场指导、协调和督查工作，全面掌握机耕、机播、机收工作进展情况，及时为农机手发放农机跨区作业证200多张，鼓励和支持本地农机手到外地开展跨区作业。及时在网上公布当地的机耕、机播、机收动态，并对外地来“散机”做好组织协调工作。全年农机总动力达242.27万千瓦，比2010年增长14.25%，拖拉机达40289台，比2010年增加9.77%，联合收获机1224台，比2010年增长9.09%。耕整机和机动喷雾器增长迅猛，全州拥有耕整机65168台、机动喷雾器18199台，比2010年分别增长33.65%和49.55%。农机拥有量的快速发展，加快推进了田间作业机械化，使全州机耕面积达19.01万公顷，机收小麦2.95万公顷，机收水稻3.07万公顷，机播面积达1.23万公顷，比2010年有较大增长，分别超额完成了省上下达任务的126.7%、119.64%、112.39%、108.5%。

【支农惠农政策】 全年凉山州争取到中央和省级购置补贴资金7806.8万元，带动农民投入1亿元，新购农机具30822台（套），受益农户25573户，直接推动凉山农机装备水平快速提升。

【农村基础设施建设】 认真做好机耕道的规划、设计和建设，大力开展机耕道"进组工程"、"到田工程"和便民道"入院工程"建设，积极争取机耕便民道建设的资金投入，构建农村机耕道路网络，着力改善农机作业、通行条件。在机耕道建设上，采取"政府引导、社会力量参与、群众投劳"的形式，全年累计投入各类资金9182万元，新建乡村机耕便民道1452千米。积极组织技术人员参与烟路的勘测、设计、规划和建设，和烟草公司协调，进一步规范烟基工程农机项目建设实施。全年共完成300多千米烟区机耕道的勘测、设计、评审任务。

【机电提灌】 积极开展农村机电提灌设施的修复和更新改造，为抗灾救灾和粮食安全提供坚实的保障。全年修复提灌设备2723台/30057千瓦，改造48台/1246千瓦，确保全州农村机电提灌设施和提灌机具完好率达到90%以上，保证了正常提水、适时灌溉。全州新增提水控灌设备901台/5976千瓦，其中新建提灌站34处/36台/780千瓦。提水灌溉面积6.20万公顷，全年提水10566万立方米。2011年9月，宁南县大花地太阳能提灌站建成并投入使用。

【农机化新技术推广和农机科教培训】 2011年全州完成化肥深施面积82.92千公顷、水稻机插抛秧面积1.54千公顷、马铃薯机播面积0.64千公顷、机械化秸秆还田面积23.91千公顷、机械化高效植保面积107.24千公顷。引进青岛洪珠2MB—1/2和酒泉2BSMX—2两种机型的马铃薯播种机械，实现了凉山州马铃薯生产机械化零的突破。结合凉山州农艺要求，引进步进式川龙CL—2ZS—6水稻插秧机，将大幅提高全州的水稻机械化插秧水平。与"阳光培训"、"扶贫培训"相结合，农机教育培训走出了新路子。全年全州共培训各类农机手3.72万人次。

【农机行业管理】 强化农机维修、市场监督管理工作。整顿和规范全州农机市场，保护农民合法权益，加强对农机维修、农机产品质量调查、农机推广许可证检查等农机市场管理工作，结合重点农时季节，对农机产品、维修市场开展执法检查，重点检查各类农机产品有无"三证"，是否明码标价和农机维修点的从业资格、维修人员资格、维修质量、维修设备技术状态、安全情况等项目。并对农机作业市场进行检查，主要检查作业标准、作业机具的安全状况、机手的持证和作业价格等内容。全州共受理农机产品投诉643件，其中涉及产品质量的98件、涉及作业质量的65件、涉及修理质量的251件、涉及售后服务的295件。2011年凉山州组织甘洛、冕宁、宁南、西昌、雷波、布拖等县市17人参加了农业部举办的农机职业技能鉴定考评员培训，为今后开展该项工作奠定了基础。加强购机补贴产品质量用户调查工作，对享受购机补贴项目县的购机用户进行了产品质量跟踪调查，重点选择了微耕机、稻麦脱料机等农机产品进行调查。

【农机安全生产】 强化农机安全监管力度，落实硬措施，努力提高和巩固"挂牌率、检验率、持证率"。深入开展安全检查，治理排查安全隐患。全州各级农业农机安全监理部门共出动车辆875台次，执法人员4527人次，检查各类农业机械13514台次，纠正各类违法、违规行为783起，暂扣拖拉机55台、驾驶证和行驶证9本，排查治理农机安全隐患1741起，印发宣传资料40809份。全年无一起责任范围内的农机安全较重特大事故的发生。

（审核：王　正/撰稿：何　洋）

林　业

【概况】 2011年是"十二五"规划的开局之年，也是第二轮天然林保护工程启动之年。在州委、州政府和省林业厅的正确领导下，全州林业系统深入贯彻落实科学发展观，紧紧抓住"一个意见、两个规划"实施的历史机遇，认真按照省、州林业工作会议的安排部署，把握"跳起摸高、跨越发展"工作基调，以科学发展为主题，以林业项目建设为支撑，以强化管理为手段，以加速森林资源大州向林业经济强州跨越为目标，团结拼搏、积极进取、扎实工作，全州林业工作取得新的成绩，呈现出良好的发展态势。

【集体林权制度改革】 在全州16个县市已经完成集体林权制度主体改革任务的基础上，开展集体林权制度改革图面、数据汇总和林权档案整理完善工作，巩固集体林权制度主体改革工作成果。年初启动的木里县集体林权制度改革也全面完成主体改革工作任务。与此同时，全州林木采伐、木材流通管理、生态公益林补偿、森林资产评估、林权抵押贷款等各项配套改革工作稳步推进，甘洛、喜德、盐源、西昌、普格、宁南、会理、布拖、美姑、冕宁等10个县市启动林权流转工作，全州已累计流转林地93.30万亩（其中经评估后用于贷款抵押的林地9.95万亩）。冕宁、会理两县开展集体林采伐管理改革试点。冕宁、盐源、美姑、金阳、宁南5县成立林权交易中心。各县市正在编制集体林生态效益补偿方案，西昌、宁南、雷波3县市纳入国家政策性森林保险试点范围。

【森林资源保护】 州政府出台《凉山州林区牧区野外火源管理暂行办法》、《凉山州森林防火责任追究暂行办法》和《凉山州森林防火目标考核暂行办法》，使全州森林防火工作进入法制化、规范化、制度化管理的新阶段。各地全面落实森林防火“两项制度”，森林武警、西昌航空护林站和各县市专业扑火队关口前移，精心组织扑火力量，及时有效地扑救森林火灾，圆满实现“三个”确保的防火目标。全年全州共发生森林火灾16起，与上年相比下降468.75%，火场总面积163.3公顷，同比下降553.4%；受害森林面积48.34公顷，同比下降333.2%；森林火灾实际损失率仅0.021‰，实现森林火灾损失率连续29年控制在1‰以下目标。全州林业有害生物发生面积累计65.41万亩，防治率100%，测报准确率达到99%，种苗产地检疫率达100%。加强了松材线虫病防治工作，圆满完成省政府和州政府签订的年度松材线虫病防治各项目标任务。全州森林公安机关共受理刑事、治安、林业行政案件1367起，破获查处1328起，破案查处率达97%；打击处理违法犯罪人员1450人，收缴违法木材754.6立方米、野生动物制品48件，为国家、集体、个人挽回直接经济损失867.6万元。各级林政管理部门受理林政案件601起，查处531起，查处率88.35%，为国家和林农挽回经济损失200.68万元，追缴育林基金6.0万元。

【林业重点工程】 全州21个天然林保护工程项目单位完成《天保工程二期工程县局级实施方案》的编制，并编制完成州级实施方案。2011年，全州实施森林资源管护5868万亩，实施封山育林9万亩，省林业厅下达全州的国有林区棚户区和国有林场危旧房改造1275户，全部开工。全州共完成退耕还林荒山配套造林2.2万亩，封山育林1.8万亩，完成退耕还林补植补造13.5万亩，退耕还林成果163.51万亩进一步巩固。启动申报“西昌邛海国际重要湿地”和“泸沽湖国际重要湿地”的本底资源调查和总体规划工作，同时开展邛海省级湿地公园的申报工作。

【城乡绿化一体化】 成功创建“省级绿化模范县”1个（宁南县），“省级绿化模范单位”5个，“省级绿化模范村”5个。完成《大小凉山扶贫开发项目彝家新寨农户环境绿化实施方案》的编制，共开展彝家新寨绿化334个、25570户。完成安宁河新农村建设绿化示范村4个。实施中央财政补贴造林、林业血防工程抑螺防病林、林业碳汇造林6.9万亩，完成邛海及西昌城区周边植被恢复工程建设成果巩固补植补造100.7万株，零星植树2.5万株，护坡灌浆植草4265平方米；建成德昌县香城大道、越西县滨河路、西昌飞机场站前广场绿化工程。

【林业产业民生工程】 在大凉山综合扶贫开发区营造特色经济林9万亩；在木里藏区营造优质核桃、花椒4万亩；在安宁河谷地区营造木质原料林和特色经济林7.4万亩。实施州级民生工程速丰林、核桃、花椒、油橄榄、西蒙的木、蚕桑产业基地建设5.7万亩。完成“盐源早核桃”省级品种认定；“越西县大红袍花椒”和“会东县华山松子”成功纳入农业部地理标志保护产品。全年全州林业总产值达57亿元，同比增加7.1亿元；农民人均从林业上获得纯收入达830元，同比增加70元。

【森林资源管理】 全州实现新增森林面积16910公顷，新增森林蓄积240万立方米，全面完成省林业厅安排的森林资源双增目标任务。全年累计采伐森林蓄积21.16万立方米（其中国有林采伐6.4万立方米），占当年各类采伐限额的16%，年森林采伐量控制在省下达的年森林采伐限额以内。全州开展为期40天的违规采脂专项整治行动，全面停止省级以上公益林的松脂采集活动，制定并印发《凉山州松脂采集管理办法（试行）》。为切实加强东西河飞播林区管理，拟定《关于进一步加强东西河飞播林区森林资源保护管理的通知》，由州政府正式行文实施。积极开展建设项目使用林地前期指导服务工作，组织开展36个建设工程使用林地现场查验，涉及林地面积540公顷；开展30个建设工程使用林地专家评审，涉及征占用林地面积422.4公顷；攀钢白马铁矿精矿管道输送、攀钢集团西昌钢钒有限公司、官地水电站水库淹没及枢纽工程、白鹤滩水电站营地建设、乌东德水电站左岸进场公路等8个重点工程建设完成使用林地前期工作；完成了锦屏水电站、官地水电站库区林木清理工作，确保锦屏、官地水电站2010年底前下闸蓄水需要。根据近年来全州公益林变化情况，按照《国家级公益林区划界定办法》规定和要求，完成公益林调整工作，完善了公益林基础信息数据库。组织开展县级林地保护利用规划编制，完成林地保护利用规划框架编制、规划文本编制两个阶段的任务，为开展林地落界和林地“一张图”建设打下重要基础。

【林业科技推广】　成功申报2个国家级科技示范项目，即2011年全国林业标准化示范区项目“全国青花椒生产标准化示范区”和“低质低产核桃高接换种改良示范”。开展了州级重点林业科技项目《凉山州核桃优良品种选育》课题研究，建立科技示范户800户、示范面积0.35万亩，开展科技宣传及下乡活动32次，培训林农2.8万人次。

【党风廉政建设】　拍摄制作《凉山州林业局创先争优活动纪实——百舸争流》电视专题片，精心组织驻昌林业单位开展以“党旗指引林业发展、红歌唱响生态乐章”为主题的大型歌咏会。全面推行政务公开和行政审批集中窗口办理制度，对林业重点建设项目加大执法监察工作力度。受理人民群众来信55件，接待人民群众来访100余人次。认真开展了“挂包帮”工作，为彝区群众办好事、办实事。

（审核：周　斌/撰稿：毛昌伟）

畜　牧

【概况】　2011年，全州畜牧业在各级党政的领导下，紧扣“跳起摸高、跨越发展”工作基调，以农民增收、企业增效、产业增值为目标，积极应对复杂多变的宏观经济环境和严峻的畜产品质量安全形势，谋发展，求突破，以开展现代畜牧业试点、草原生态建设、动物疫病防控、标准化示范创建和特色畜牧业品牌建设为抓手，加快养殖方式、资源利用方式和经济发展方式的转变，着力提升“产、加、销”综合效益，畜牧经济实现又好又快发展。

【发展思路】　围绕着力推进现代畜牧业提速扩面、提质增效，坚持以“优品种，调结构”为先导，坚持以转变生产方式为核心，坚持以产业化经营为重点，坚持以创新发展机制为动力，坚持以发展畜牧循环经济为取向。以现代畜牧业试点和标准化示范创建为载体，以品种改良为抓手，以龙头企业和专合组织为纽带，到2015年，确保实现新增出栏150万头优质生猪生产能力，新增出栏150万头草食畜生产能力，把凉山州初步建设成为四川省最大的草食畜生产基地、最大的优质豆科牧草生产基地、最大的半农半牧区现代畜牧业示范基地和重要的畜产品加工物流集中区，实现畜牧大州向畜牧经济强州跨越。

【畜牧经济】　畜牧业经济持续发展。2011年，全州肉、蛋、奶分别达到64.9万吨、3.33万吨、4.1万吨；出栏猪、牛、羊、禽分别达到596.4万头、45.15万头、428.6万只、2590万只，除肉产量一项因统计数调整之外，其余均较上年同比增长。存栏生猪532.45万头，其中能繁母猪存栏79.06万头；存栏牛155.7万头；存栏羊614万头。同时畜禽产品价格受市场经济调控，进入新一轮高位运行，猪、牛、羊活畜价格达到18.8元/公斤、20.4元/公斤、21.7元/公斤，较上年上涨31%、12%、31%；猪肉、牛肉、羊肉价格达到29.4元/公斤，39.3元/公斤，40.2元/公斤，较上年上涨30%、16%、28%。农民人均畜牧业现金收入2154元，农民人均畜牧业纯收入1242元，农民人均新增畜牧业纯收入264元。畜牧业产值实现148.6亿元，占农业总产值的45.9%。

【现代畜牧业】　现代畜牧业试点工作有序推进。省、州现代畜牧业重点县培育和试点工作，着力于“畜禽良种化、养殖设施化、生产规范化、防疫制度化、粪污无害化”的“五化”建设，深入实施标准化创建活动，强规划、增投入、谋发展、促效益，全力推广优良地方品种和打造拳头产品，经过省级考核，会理县被省人民政府认定为省级现代畜牧业重点县。州级现代畜牧业试点投入资金2628万元，其中：州财政500万元，县市配套771万元，农户自筹1357万元，5个试点县新增标准化示范户567户，新建和改扩建圈舍61351平方米，建设沼气池及粪污处理池5742立方米；试点工作较好的县生猪标准化圈舍达到301平方米/户，山羊标准化圈舍达到66平方米/户。

【扶持项目】 畜牧业扶持项目深入落实。全州畜牧业争取中央和省、州财政专项发展资金4.48亿元。在现代畜牧业试点、标准化规模养殖小区建设、畜禽品种改良、动物疫病防控与检测、畜产品质量安全监管、草原建设与草原生态保护补奖机制、彝区畜禽标准化建设等方面的扶持政策框架体系基本形成，支撑体系进一步健全。其中：生猪标准化规模养殖场（小区）建设国家投资1650万元；良种补贴项目国家投资880万元；全国生猪调出大县奖励资金1936万元；能繁母猪补贴国家投资6865.63万元；草原生态保护补奖项目国家投资19379万元，省级配套投入2218万元。各类投资项目集资金、技术、扶持农户和扩大再生产于一体，有力地改善了畜牧业发展的基础条件，推进标准化、设施化、规模化发展，增进强农惠农政策措施的深入落实。

【园区建设】 畜牧业标准化、适度规模化进程和无公害基地建设加快推进。截至2011年，全州建成畜牧科技示范园区412个；建成生猪标准化养殖小区（场）203个。适度规模标准化养殖持续发展，按每户出栏生猪20头以上、羊30只以上、牛5头以上、鸡500只以上、鸭500只以上、鹅50只以上规模统计，全州规模养殖户达到87158户，其中：生猪规模养殖户达到37089户，肉牛规模养殖户达到9271户，肉羊规模养殖户达到37061户，肉禽规模养殖户达到3728户。

【良繁体系】 全州切实加强畜禽良繁体系建设，进一步完善县、乡、村三级改良站、点建设，加快种畜禽场的基础设施建设和技术改造，强化技术服务；建成种畜禽场30个，建成各类改良站（点）159个；二杂母猪存栏量达41.4万头，占能繁母猪的52.4%；生猪三元杂交面达52.54%；牛改配种完成16516头；良种及其杂交改良羊存栏达481.9万只；肉鸡良种面71.45%；肉鸭良种面96.44%；肉鹅良种面86.66%；兔良种面83.73%。凉山半细毛羊、建昌黑山羊、美姑山羊、建昌鸭、泸宁鸡等优良地方品种在州内广泛推广利用，产生了较大的社会、经济效益。

【防疫监督】 动物疫病防控监督机制进一步建立健全。全州以预防、控制、扑灭重大动物疫病和维护公共卫生安全为主题，以健全动物疫病防控体系为主线，以提高动物疫病防控能力为重点，以兽医管理体制改革为动力，为畜牧业健康发展、农民持续增收和市场繁荣稳定起到了保驾护航的作用。畜牧系统认真落实责任制和责任追究制，加强业务知识培训和防疫检疫工作的组织落实，各县市政府安排860万元专项经费用于重大动物疫病防控工作，确保春秋防疫和常年免疫工作的有效开展。

【草原建设】 草原生态补助奖励机制政策落实牧户17.3万户，各项工作做到组织领导到位、强化宣传动员、编制实施方案、建立完善基础数据库和电子档案管理系统、及时兑付补奖项目资金。全州种植以光叶紫花苕为主的一年生优质牧草203万亩；多年生牧草保留面积58.5万亩；治理草原鼠害面积126.3万亩；治理草原虫害面积121.2万亩；退牧还草工程完成围栏130万亩；岩溶地区石漠化综合治理项目开展草地改良1000亩，建牛羊圈舍6000平方米，建青贮池200立方米；牧民定居行动计划畜牧项目在木里县9个牧民定居点实施，发放新型帐篷521顶；草原防火做到进一步加强值班制度，加强草原防火宣传、严格火源管理，开展火灾隐患自查、预防和扑救演练等工作。

【畜牧企业】 全州着力引进和培育畜牧龙头企业，引导发展农民专业合作组织，大力推行“龙头企业+专业合作社+适度规模养殖农户”的发展模式，确保农民在产业发展中充分受益、持续受益、长期受益。引进龙头企业实现新突破，会理县引进江苏雨润集团，拟分期投资8.5亿元，建设年屠宰加工100万头生猪和100万只肉羊的加工厂及养殖基地。华宁、思奇香、三牧乳业、邛湖鸭业、冕宁火腿等龙头企业采取“寄养”、“订单养殖”、“二次分配”等方式，带动农户9.6万户，助农增收11.5亿元。全州畜牧龙头企业发展到42家，年销售收入10.5亿元，其中加工企业18家、养殖企业20家、饲料企业4家；获省级龙头企业的有4家，获州级龙头企业的有9家。畜牧专业合作社2011年新增24个，累计达到90个，成员总数6551人，覆盖农户2.45万户，带领农户实现销售收入2.9亿元。

【食品安全】 按照“全程监管、重点监控、及时处置”的原则，全州切实强化源头治理，狠抓全程监管。做到加强投入品监管，深入开展饲料和兽药“全覆盖”检测，整顿和规范饲料兽药市场秩序，依法严厉查处生产经营过程中的违法行为；加强养殖环节监管，加快牲畜标识及疫病可追溯体系建设，进一步规范小区养殖档案，加强对禁用药、限用药和休药期执行情况的监督检查；加强检疫监管，严格落实产地检疫和屠宰检疫“四到位”，对所有定点屠宰厂（场）100%派驻动物卫生监督人员，严格值班制度；加强质量检验检测，及时发布有关畜产品质量安全信息，提高畜产品质量安全信息透明度；确保全州不发生重大畜产品质量安全事件，确保市场有效供给和社会稳定。

【品牌创建】　围绕“大凉山”农产品品牌战略，全州着力打造畜牧类无公害、绿色、有机拳头产品和商标注册认证，提升畜产品市场竞争力和市场占有率。畜牧业“三品一标”申报认证取得实效，全州累计获得无公害畜产品产地证书54个，获无公害畜产品35个，获绿色食品8个，获有机食品4个，获国家农产品地理标志8个。在名牌产品、著名商标培育和认证工作中，“三牧”牌纯牛奶、酸牛奶、乳饮料、“华记思奇香”牌手撕牛肉获“四川省著名商标”；“建昌”牌建昌板鸭、“华记思奇香”牌手撕牛肉通过“四川省名牌产品”评审。

（审核：杨光富/撰稿：罗　飚　王　芳）

水　利

【概况】　2011年，全州投入水利建设资金12.59亿元，新增水利工程14处，累计水利工程达到11766处，新建微型水利工程3007口，累计微型水利工程总数达到38.3万口；新增农田有效灌溉面积12.19万亩，农田有效灌溉面积达到201.81万亩，新增农田节水灌面9万亩，累计完成节水灌面147.99万亩，旱涝保收面积达到110.66万亩；年内解决18.2万农村人口饮水安全；年内完成水土流失防治面积178.8平方公里；整治完成病险水库6座；累计建成地方水电站652处，装机容量157.66万千瓦，年内完成发电量50.8亿千瓦时；年内新建河道堤防52.5千米，累计河道堤防达到495.9千米，累计护岸84.94千米；全年完成水产品总产量2.32万吨，渔业总产值5亿元。

【水利基建】　大海子水利工程投资6487万元，完成引水渠，浆砌10.92公里，隧洞掘进6.15公里，大坝完成坝高8米，进行八道河水库附属建筑物修建，力马河水库进行“三通一平”；新华水库渠系配套工程投资3500万元，完成干渠、城北支渠、小坝支渠建设，加快推进可河支渠建设；大桥灌区一期投资5399万元，进行老灌区改造，部分工程已完工，准备竣工验收；中小河流治理工程2011年计划投资14535万元，已完成投资8500万元，进度在全省名列前茅；鲹鱼河堤防治理工程投资3300万元，建成3.5米、4.5米高的翻板闸各1座，新建堤防4.2公里。

【农田水利】　西昌、冕宁成功申报中央财政第二、第三批小型农田水利重点县项目。西昌市2011年小型农田水利重点县专项工程全部完工，工程累计投资4214.24万元，整合资金6817.36万元，总投资11031.60万元。2011年中央财政小型农田水利专项工程建设会东县总投资为417.15万元、冕宁县总投资为445.15万元，两县的项目已全面完工。

【烟水配套工程】　配合烟草部门，加强技术指导，加快烟水配套工程建设。全年烟草行业投入烟水配套资金1.50亿元，新建水池424口，容量29386立方米，小塘坝工程9座，容量361500立方米，沟渠271条，长421.92公里，管网65条，长1367.33公里。

【民生水利】　安全饮水项目2011年中央专项资金计划投入1亿元，解决全州17县市210个乡镇420个村25万人的饮水安全问题，建供水工程837处，其中集中供水站384处、分散工程453处。2011年已解决18.2万人的安全饮水问题，剩余任务将在2012年4月底全面完成。病险水库除险加固工程投资1245万元，完成病险水库整治6座。会理县红旗水库枢纽除险加固工程于2011年2月顺利通过省级竣工验收，红旗水库通过整治新增库容180万立方米，新增灌溉面积0.5万亩。

【防汛抗旱】　全州洪涝灾害造成直接经济损失6.52亿元，其中水利设施损失2.62亿元，死亡16人，失踪22人。为积极应对洪水灾害，一是加快堤防修复和建设，新建堤防52.5公里，加快山洪灾害县级非工程措施建设，计划投资4360万元，对9个县实施项目建设，有4个县开展项目建设，5个县正开展招投标工作。二是及时召开全州防汛工作电视电话会议，安排部署防汛减灾工作，印发《凉山州防汛抗旱应急预案》。三是组织水工、水文、地质专家对全州大中型水库和5万至25万千瓦的在建水电站《防汛抢险应急预案》和《度汛预案》进行审查。四是汛前安排6个检查组，对全州17县市进行汛前大检查，对检查中发现的问题提出整改意见，认真整改。五是重大灾情发生后，及时启动应急预案，派出由应急、水务、消防、国土、民政等部门及专家组成的3个工作组，奔赴冕宁、甘洛、越西等地指导抗洪救灾工作，转移人口115924人，最大限度地减轻灾害损失。

【工程规划与项目前期工作】 完成凉山州水利发展“十二五”规划的编写工作，规划在“十二五”期间投入水利建设资金116.81亿元，开工及续建项目640个，全面解决全州农村121.6万人饮水安全问题，新增供水能力5.5亿立方米，新增有效灌面85.54万亩，改善灌面105万亩，新增节水灌面80.04万亩。落实部门责任，强化协调联动机制，落实资金，加快一批重大水利项目前期工作，大桥灌区二期、盐源龙塘水库、喜德米市水库三项重大项目已进入省“十二五”规划。大桥灌区二期项目建议书已报水利部初审；盐源龙塘水库已完成项目建议书，报水利部审查；喜德米市水库已完成项目建议书的编制，并报水利部等审查；西昌东河水库已完成项目建议书编制，并开展可行性研究相关工作；会理横山水库完成项目建议书编制，并通过省水利厅“三个专题”的审查；宁南竹寿水库已完成项目建议书和可行性研究工作，并开展初步设计阶段相关工作；会东雪山、龙滩水库扩建工程已完成可行性研究和初步设计的审批，并通过国家烟草行业的审查；德昌和平水库已完成项目建议书编制，通过省水利厅“三个专题”的审查。

【水行政执法及水资源管理】 落实最严格的水资源管理制度，全面推进依法治水和科学管水。一是认真组织开展“世界水日”、“中国水周”水法宣传活动，投入宣传资金近20万元。二是针对机构改革后州水务局承担的行政职能进行全面清理，拟定《凉山州水行政执法责任制》、《凉山州水务局水行政执法巡查制度》等制度。三是加强水行政综合执法，加强水政监察队伍的培训工作。四是配合州人大完成《凉山彝族自治州大桥水库工程管理条例》修订工作，并于2011年5月1日颁布实施。五是加强水资源管理，建立健全水资源管理制度，认真做好用水总量控制红线、用水效率控制红线、水功能区限制纳污红线建设的基础工作。六是加强大桥水库管理，严格执行蓄供水计划，确保水库下游工农业生产用水需求，加大对水库与漫水湾枢纽水源保护与监测，实现水库与漫水湾枢纽水源达到Ⅲ类及以上标准。

【地方电力管理】 完成昭觉、普格、金阳、木里、盐源5县的“‘十一五’水电农村电气化验收”资料的准备及报送。开展县级自查、县县之间交叉检查。完成省级安排的遂宁、广安两市与凉山州地方电力安全工作交叉检查。根据省地电局安排认真清理各县市地方小水电站的基本情况，各县市水务局结合管理实际和新的“三定”方案，进一步落实农村水电建设管理和安全监管的职责分工。配合州发改委、省地电局完成布拖县、会东县“送电到乡”项目——冯家坪电站及董家河坝电站的竣工验收。按照省上安排，完成“水电农村电气化2012年投资计划及2013年投资框架”。2011年国家投入全州水电农村电气化及以电代燃料中央预算内资金620万元，其中昭觉县水电农村电气化项目——日呷电站400万元；昭觉县以电代燃料工程——乌坡电站220万元。按照省水利厅要求，完成昭觉、美姑、盐源3县“十二五”水电新农村电气化建设实施方案的编制工作。

【水产渔政】 加强春季禁渔工作，开展涉水工程渔业资源环境影响评价审查与监管，完善江河渔业资源补偿机制。积极推进凉山冷水资源开发，开发越西县水观音虹鳟鱼特色水产养殖，开发冕宁县灵山寺冷水资源，加快建设川西南最大的鲑鳟鱼繁育基地。积极开展水产科技下乡活动，推广无公害养殖技术，强化水产食品安全监管，大力发展绿色特色渔业，促进农民致富，全年完成水产品总产量2.32万吨，渔业总产值5亿元。

【水利普查】 完成水利普查机构组建工作，落实水利普查专职人员7名，落实普查经费，开展普查宣传，开展州级水利普查培训四期，培训普查人员4422人次。开展普查准备和对普查对象清查登记上报工作，完成17个县市的清查登记，数据采集、填报和上报工作。

【农建综合管理】 全州农田水利基本建设累计投入资金31.9亿元，其中中央和省级财政投入18.01亿元，州级财政投入1.62亿元、县级财政投入3.77亿元，群众投入0.82亿元，其他社会投入7.67亿元。实现新增和恢复蓄引提水能力4119.81万立方米，新增有效灌面12.19万亩，新增节水灌面9万亩，解决20.27万人饮水安全，治理水土流失面积178.8平方公里，完成中低产田土改造16.5万亩，新建乡村机耕道279公里，完成营造林92.09万亩，新（改）建县乡标美路954.7公里。

（审核：张之栋/撰稿：吕庆昆）

商 贸
Commerce and trade

商 务

【概况】 2011年，全州实现地区生产总值1000.1亿元，增长15.2%，财政一般预算总收入突破百亿大关，达到115.6亿元，增长27.3%。经济总量和地方财政一般预算收入居全国30个少数民族自治州第1位，分别列全省21个市州第7位和第2位。跻身全省“千亿元俱乐部”，标志着凉山州以跨越之势赢得“十二五”开门红。1000亿元，凸显凉山西部经济发展高地重要增长极地位。全州商务工作紧紧围绕“跳起摸高，跨越发展”的工作基调，大力实施提速增量、提质增效“双提升”发展战略，以加快凉山“商务高地”建设为统领，团结拼搏、开拓创新，全面完成各项工作目标任务，圆满实现“十二五”发展的良好开局。全年实现社会消费品零售总额288亿元，增长17.6%；外资实际到位5004万美元，增长26%；外贸进出口完成5582万美元，增长47%。商务工作主要目标均圆满完成省州下达的任务，部分指标和增速位居全省前列。

【利用外资】 全年凉山州新签约外资项目5个，合同利用外资3581万美元，居全省第11位。引进第三产业招商引资项目70个，投资总额100.5亿元，实际到位资金37亿元。一是强化目标责任，在“建机制”上下工夫。通过签订目标责任书、建立联系会议制度、月报制度、考核制度和定期督查督办，及时通报工作情况，协调解决问题。二是强化跟踪促进，在“引进来”上见行动。主动联系荷兰贸易代表处，与范登博思、太古花卉等荷兰企业对接项目。在第12届西博会上，州商务局密切与相关部门协作，积极促成“荷兰日”活动的成功举办。荷兰范登博思百合种球繁育基地、香港彧格科技有限公司铜矿开发、英国盈德投资公司会理工业气体、盐源圣源生物医药科技有限公司、凉山州中沐油生物能源公司、凉山悦川矿业有限责任公司等外资企业相继成功签约落地。

【外经合作】 新增多个外包服务项目。攀西地质大队、404地质队分别申报到老挝、智利从事矿山地质勘探工程，改变了凉山外包服务项目零记录。承接商务部贫困乡村母婴保健国际援助资金项目，州内有5个县积极落实。

【对外贸易】 全年全州对外贸易总额5582万美元，突破5000万美元大关，创历史新高。完成省下达考核目标4050万美元的138%，同比增长47%，增速居全省第6位。一是注重队伍建设，不断壮大外贸主体。凉山州外贸进出口获权企业达到58户，比上年增加6户。二是注重市场开拓，积极组织参加经贸促进活动。全年共组织21户企业参加广交会、昆交会、德国科隆食品展、东盟博览会等国内国际贸易活动，帮助企业开拓市场。三是注重协调服务，切实为企业排忧解难。加强与工行、中行、建行、邮储行签订战略合作协议，建立银政、银企合作关系，努力帮助企业解决快速通关、出口退税、投资融资等困难和问题。

【城乡消费】 全州实现社会消费品零售总额287.9亿元，增长17.6%，为年度工作目标277亿元的104%。其中，城镇市场实现219.4亿元，增长18%；农村市场实现68.5亿元，增长16.7%。一是节庆活动促消费。迎春购物月、火把节、彝族年等节庆消费活动和“黄金周”旅游促销活动，内容丰富、形式多样，强劲引导助推了城乡居民扩大消费。二是重点工作促消费。家电下乡、家电以旧换新再掀热潮，全年销售家电下乡产品30多万台、销售总额7.76亿元，发放补贴7412万元；销售以旧换新产品1.82万台，销售总额7695万元，兑现补贴477万元。搭建平台、大力组织开展“农商对接”、“企业产销衔接”工作。通过成凉商务合作农超对接、第12届西博会国际采购商大会等贸易活动，协助工贸企业、农村专合组织达成交易合作金额4.63亿元，进一步拓宽凉山产品的销售渠道。

【市场体系建设】　一是国家农产品现代流通体系建设综合试点工作稳步推进。西昌、德昌、会理、喜德、冕宁等地3个大型批发市场、3个农超对接项目和6个农贸市场升级达标改造项目，经部省批准已列入启动计划，总投资近9亿元，当年国家试点补助资金2900万元已落实到位。二是商务部“万村千乡”市场工程和全省攻坚年活动成效凸显。全年新建1115个农家店和3个区域性、一般性商品配送中心，超额完成省下达550个农家店建设任务。三是凉山城乡商业网点规划建设进一步加强。各县市共计实施50余个乡镇农贸市场改扩建项目，完成投资2.2亿元，落实省级补助资金1000万元。西昌、会理、宁南等县市一批特色商业街区和新商圈已逐步形成。四是特种行业等工作管理规范进展有序。全年拍卖成交1.22亿元、典当总额1.5亿元、二手车交易8850万元，回收拆解报废汽车741辆，兑现补贴121万元。

【服务业发展】　全州实现服务业增加值282亿元，增长10%。一是认真履行综合协调职能，助推服务业发展。积极帮助和指导达达商贸、金雕实业、州五交化集团、永兴商贸、甘洛糖酒公司、开源农资等一批骨干企业优化业态、做大做强。二是开展凉山州物流业现状调查，编制现代物流业发展“十二五”规划并积极推进重点项目建设。争取2120万元部省补助资金支持州邮政快递物流公司、德昌蔬菜藏业冷链物流、会理九榜物流等重点物流项目建设。三是积极促进家政服务业发展。全年培训家政服务从业人员400人次，落实部省补助资金40万元。四是积极开展电子商务工作。启动“千企万人”电子商务培训活动，共办班培训100余户企业。争取对环太等企业网销项目的省级扶持，引进“四川商情”第三方电子商务企业并建成凉山网络交易专区。

【“规划项目年”活动】　据各县市上报统计，全年服务业（第三产业）完成投资155.75亿元，增长35.3%，其中实施各类商务骨干项目79个，完成投资近30亿元。一是以规划促项目建设。州商务局先后编制完成全州“十二五”服务业发展、外贸进出口、市场体系建设等规划，加快现代物流发展、电子商务发展等规划编制工作，各县市结合自身实际编制了有关商务发展的“十二五”规划，并纳入州县市国民经济和社会发展总体布局，进一步明确凉山商务五年的发展思路、目标任务和工作重点，增强推进行业发展的科学性、针对性和操作性。二是搭平台促项目建设。全州商务系统抢抓西部大开发、扩内需促消费、沿海产业转移、市场体系建设、厅州合作等诸多有利机遇，上争外引强载体，扎实推进了一批外资外贸、内贸流通、现代服务业、商务惠民工程项目建设。三是专项资金促茧丝业发展。争取到部省资金135万元支持宁南南丝绸路集团公司智能化收茧项目和德昌果桑基地建设项目。

【商务执法监管】　州商务局牵头开展了为期8个月的打击侵犯知识产权和假冒伪劣商品专项行动，查处办结侵权违法案件285件，涉案金额35万元，罚没物品1002万余件，捣毁窝点41个。一是加强生活必需品监测。重点针对粮、油、菜、肉、禽、蛋等重要生活品市场监测，确保市场供应充足。二是认真实施“放心酒”、“放心肉”工程。对重点生猪屠宰企业统一安装联网监控设备，对酒类流通实行“经营许可证”和“随附单”制度，进一步强化肉类、酒类流通监管。三是深入开展民爆行业隐患排查和治理工作。对德昌、冕宁、喜德、美姑等县行业重大安全隐患进行整改，督促指导企业完善预案和常态演练，全年未发生安全事故。

【机关精神文明建设】　一是加强组织领导，制定工作计划。把精神文明建设纳入年度工作计划，制定《2011年度精神文明建设工作安排》，明确总体要求、分管领导及责任人。二是加强思想道德建设，注重政治理论和业务知识学习。组织党员干部认真深入领会中国特色社会主义理论体系。结合开展“创先争优”活动，深入学习十七大和十七届四中、五中、六中全会精神、省委九届八次、九次全会精神和州委六届十三次全会、州第七次党代会精神。正确认识国际国内经济形势，准确把握中央关于保增长、扩内需、调结构、促改革、惠民生的总要求，深刻认识不断解放思想、创新体制机制、着力改善民生、促进和谐安定的重要意义。学习领会胡锦涛总书记在庆祝中国共产党成立90周年大会上的重要讲话精神。在学习总书记讲话的同时，学习贯彻落实全国、全省和全州窗口单位和服务行业“为民服务创先争优”活动视频会议精神，内强素质，外塑形象，切实增强服务能力，提升服务质量。依托载体，深入开展学习、宣讲活动。结合庆祝中国共产党成立90周年各项活动，坚持以创建学习型机关、学习型党组织活动为主要载体，组织干部职工深入学习现代经济知识、科技知识、社会管理知识、法律知识和本职岗位必需的知识技能等。三是加强社会主义新风建设，落实各项活动和爱心工程。积极开展2011年度“挂包帮”活动。将7万余元物品送到帮扶的16户特困户和相对贫困村民手中。积极开展教育扶贫。将9万余元物品送到贫困学生手中。创建实施优秀企业家献爱心工程。与省招商局合作联动，共同协调落实30万元资金支助美姑县牛牛坝乡小学50名家庭贫困学生。投入5万元改造牛牛坝乡中心市场，协调争取20万元资金改扩建美姑县大桥乡（俄洛依甘乡）格木村通村公路，立项建设牛牛坝乡四比齐村、牛牛坝村及大桥乡格木村各一个便民店。在牛牛坝乡开展了8期劳务培训，培训2780余人次。协调7万元在四比齐村实施黑山羊示范工程。协调5万元在牛牛坝乡牛牛坝村实施小猪规模化圈养示范工程等。四是增强环保意识，创建良好工作环境。按照州委、州政府城乡环境综合治理工作的总体部署和州直机关工委城乡环境综合治理“进机关”的要求，州商务局成立了领导小组，围绕“一个目标”、强化“三乡治理”、开展“三项活动”制定《活动方案》。定期组织职工清扫办公室及周边环境卫生，加强对居住小区的卫生绿化美化的管理。做到无乱贴乱画、无乱扔垃圾、车辆停放有序、环境整洁干净；在“3·15”及重要节假日开展生猪屠宰、酒类流通专项整治，开展全州再生资源回收及集贸市场、大型商场、住宿餐饮企业、沿街商铺“除陋习、树新风”治理“三乱”专项整治。社会治安综合治理、平安创建工作紧紧围绕“保增长、保民生、保稳定”的总要求，强化工作措施，抓住防范和出租房流动人员管理两个重点，做到了“五无”，即无职工犯罪、无被盗案件、无刑事案件、无经济案件、无火灾和其他事故发生。五是加强文化载体建设，丰富职工文化生活。积极主动参加相关单位组织的有益职工身心健康的活动。组织职工参加州直工委组织的迎新春长跑、十五届全民健身长跑、州级机关职工运动会活动，组织100余人的队伍参加州直机关庆祝中国共产党成立90周年歌咏比赛“红歌唱响凉山”活动，并荣获三等奖。组织职工观看电影《郭明义》、《杨善洲》、《飞天》、《羌笛悠悠》等。六是加强管理，关心职工思想和生活。坚持走访和看望制度。在工作和生活中，既注重按制度严格管理又关心职工的思想和生活。在职和离退休职工生病住院，局领导都主动看望，有离退休职工去世，局领导前往吊唁。逢春节、“七一”等重要节日，认真做好走访、看望慰问机关和企业离休干部、生活困难党员、职工和企业军转干部工作。被慰问看望人数达50余人次。坚持发挥企业党支部作用。加强企业党支部建设，积极发挥基层党支部的战斗堡垒作用，以企业党支部为依托，对局属国有和国有改制企业进行管理，耐心细致地做好职工思想工作，上下协商，将问题解决在基层，保证企业职工的思想稳定，确保一方平安，无影响社会稳定的上访事件发生。

【存在问题和困难】 商务工作点多、面广、线长，工作中存在着薄弱环节和现代服务业发展滞后等问题和困难。一是城乡市场体系建设的整体水平不高，缺少合理的规划布局和适度的投资项目支撑。二是商贸流通服务企业量多质弱，缺乏规模化、标准化、信息化、现代化企业带动；部分服务业发展缓慢，现代物流、电子商务、农村和社区服务业起步维艰。三是外向型经济贡献率低，与全州经济发展的总量和速度极不相称，大部分县至今未实现外贸进出口、利用外资和对外经济合作零的突破。四是全州商务系统机构队伍建设以及行业发展的政策经费支撑都落后于形势发展变化的要求。

（审核：肖友呷/撰稿：宋心华）

招商引资

【概况】 凉山州招商引资局成立于2010年，核定总编制25名，设局长1名，副局长3名，纪检组长1名，下设办公室、信息统计科、招商引资科、投资合作科4个科室。2011年1月，荣获省招商局颁发“2010年度招商引资统计及信息工作先进单位”。2011年11月，荣获西博会组委会秘书处颁发“第十二届西部国际博览会最佳组织奖”及“第十二届西部国际博览会作出突出贡献单位”，荣获凉山州委、州政府颁发“凉山州参加第十二届西部博览会先进集体”。

【招商引资成效】 以加大招商引资项目落地服务力度和加强对招商引资工作实绩的考核为突破口，狠抓工作责任落实。对招商引资项目，坚持“一个项目、一个班子、一支队伍、一套机制”。重点在要素保障上加强协调服务，加大对土地、电力等要素的保障力度，加强软环境建设，简化办事程序，优化审批流程，减少行政审批时间、环节和项目，真正做到“超常规服务、零障碍推进”。“十一五”期间，凉山招商引资累计引进项目475个，到位资金660亿元。2011年，共引进和履约招商引资项目354个，协议引资702.15亿元，累计到位州外资金317.91亿元，是“十一五”期间总量的近一半。以世界500强、国内500强等知名企业集团为重点招商引资对象，以现代农业、新兴工业和旅游业为重点招商领域，围绕九大产业引导外来投资者到凉山投资考察，先后引进了昆明（荷兰）安祖园艺有限公司、荷兰范登博思北京园艺发展有限公司、江苏雨润集团、武汉凯迪控股投资有限公司等大企业大集团。

【参加第十二届西博会】 在2011年举办的第十二届西博会上，凉山州承办和参加的展览展示、“荷兰日”活动、投资说明会、项目推介等27项活动均取得了圆满成功，创造了参加历届西博会活动集中签约项目最多、引资金额最大、外宣效果最好、参与来宾最多、活动内容最丰富的显著成效。“荷兰日”成为西博会亮点之一，集中签约项目达70个、签约金额304.2亿元，项目覆盖17县市。签约金额是上届西博会签约资金128.09亿元的2.3倍，翻了一番多，实现签约项目数、签约资金额的历史性跨越，在全省的排名由上年的第18位跃升至第12位。

【对外招商】 州领导多次带队赴国外和各地开展对外招商工作，切实推进京凉、成凉、攀凉、鲁凉等合作和厅州、局州合作，与成都召开联席会议第三次会议，达成10个方面的合作意向；与川、滇、黔10市地州签订《川滇黔十市地州经济技术合作倡议》；与三峡集团、浙江中小企业协会、宜宾、昭通在浙江杭州共同主办浙江三峡金沙江下游库区经济合作交流大会，并签订《浙江—三峡—金沙江下游库区经济合作框架协议》。与全国工商联企业、福建商会企业、山西商会企业、新加坡盛世企业、荷兰范登博思企业、华能新能源、三一集团、雨润集团、四海集团、盾安集团、永泰化工集团、福建三和锰业等客商洽谈43场次，达成了协议意向投资近600亿元，与新加坡、荷兰等国家和中国台湾地区开展经贸、花卉等方面的交流合作得到有效推进。先后选派2批次11名优秀干部到深圳、广州、浙江、上海、福建、云南等省政府驻外办挂职锻炼，建立招商引资“桥头堡”。

【创“四好”班子】 建立健全《凉山州招商引资局党支部制度》、《党内情况反映和通报制度》、《党员干部述学制度》、《党员交心谈心制度》、《党组议事规则》、《廉政谈话制度》、《凉山州招商引资局机关首问负责制度》、《凉山州招商引资局机关限时办结制度》、《凉山州招商引资局机关责任追究制度》、《凉山州招商引资局民主生活会制度》、《凉山州招商引资局首部责任制度》、《重大决策征求意见制度》、《州招商局机关党风廉政建设责任制》、《州招商引资局重大事项集体决策制度》等十余项制度。结合凉山招商引资实现突破的要求，确定定期集中专题学习，中心组发言（辅导）与个人自学相结合的中心组学习路子。先后就“招商工作如何实现新突破”、“领导如何增强工作本领”、“如何发挥党组的核心作用”等专题上党课形式，对党员进行学习辅导。联合州委组织部等相关部门就提高全州招商引资队伍的能力和素质进行了8次专题培训，368人次接受培训，招商专业知识得到充实，专业化招商技能和水平得到提升。

【“挂包帮”工作】 “挂包帮”定点联乡帮扶冕宁县森荣乡，该乡森荣小学是一所现有学生473人，教师23人的寄宿制中心校。该校长期以来备受饮水水源水量不足问题的困扰，一遇枯水季节，师生饮水非常困难，需要到数公里外取水，严重影响正常的教育教学工作。州招商引资局筹集人民币6.82万元帮助森荣小学从5.2公里外引入山泉水解决了饮水困难。抽出7500元给予15名贫困学生人均500元的学习资助，全局15名干部职工与村完小15名特困小学生结成帮扶对子，将一直帮助他们到初中毕业。同时，开展党员干部与特困户“一帮一”结对帮扶活动，帮助促进扶贫点农业基础设施建设和社会各项事业的发展，进一步密切党同人民群

众的血肉联系，改善干群关系，教育和锻炼干部，促进机关工作作风的转变。

（审核：李云会/撰稿：张洪俊）

供销合作经济

【概况】 2011 年全州供销系统发展和完善新农村服务网络建设 48 个，完成年度目标计划 160%；实现经营服务总额 10.86 亿元，完成年度目标计划 181 %；完成农业生产资料销售总额 2.8 亿元，完成年度目标计划 181 %；实现助农增收 5000 万元，完成年度目标计划 277%；组织农副产品购销 3.15 亿元，完成年度目标计划的 175%；新成立 16 个专业合作经济组织，完成年度目标计划的 320%；实现利润 1117 万元，完成年度目标计划的 372.33%。

【政策争取】 国务院 40 号文件和省政府 20 号文件，州政府 16 号文件相继出台，州供销系统把贯彻落实三个文件作为宣传供销社、认识供销社、研究供销社工作、促进供销社改革发展的重要契机，高度重视，狠抓落实。召开全州系统专题学习贯彻会议，深入学习贯彻《凉山州人民政府关于加快供销合作社改革发展的实施意见》精神。州社党组要求各县市供销社充分认识学习好贯彻好州政府 16 号文件精神的重要性，要积极争取地方党委、政府支持，争取尽快出台各县市的实施意见，争取在行政权力、经费、社属企业改革、化肥储备等几个层面上的突破。西昌、会理、宁南、昭觉、雷波、美姑、普格、金阳等县人民政府出台《实施意见》。

【农村可利用垃圾回收体系建设】 根据省供销社会议精神，州供销社及时向州委、州政府领导和州城乡环境综合治理领导小组办公室汇报，制定了《凉山州农村垃圾综合治理实施办法》，提出了以县分拣利用中心建设为龙头，带动乡镇综合回收站建设，村一级主要以设置流动回收点进行覆盖，并设立回收热线电话，预约上门回收服务的模式，确定“一年试点，二年铺开，五年大见成效”的工作目标。争取州治理办安排 40 万元专项资金，在西昌、冕宁、会理、宁南 4 县开展试点工作。到年底新改建乡镇标准化可利用垃圾回收站 29 个，村级标准固定回收点 20 个，村级流动回收点 80 个，培训垃圾分类指导员 150 人次，回收可利用垃圾 4000 吨。

【农民农资利益保障体系建设】 州供销社按照供应、储备、服务、信息、打假 5 个方面推进农民农资利益保障体系建设。一是代政府起草农民农资利益保障服务体系建设实施办法，州政府领导批示，与相关部门进行沟通和完善。二是认真做好州级 1 万吨化肥储备工作。2011 年 5 月，州内部分县市出现化肥供不应求、价格上涨的现象，州供销社及时安排储备企业大量平价供应化肥，共动用储备化肥 4000 多吨，稳定市场，彰显储备工作的社会效益，受到州委、州政府领导的高度评价。三是整合资产重新构建农资供应体系。规范全州供销社系统原有的 240 多家农资企业实行统一管理、统一配送、统一价格、统一服务的连锁经营模式，保障农资供应。四是努力抓好庄稼医生培训工作。州供销社邀请省农资科协专家到西昌开展凉山州首届庄稼医生培训工作，参加培训并经考试合格取得庄稼医生资格的共 85 人，大大提高了全州指导农民科学用肥、用药的水平。五是加快农资信息服务体系建设，为政府决策提供服务，为群众生产服务。

【农产品营销】 农产品流通不畅是制约农业发展的瓶颈，为促进农产品流通，全州供销社大力发展农民专业合作组织，努力构建农产品流通信息平台，积极组织开展展示展销工作，为解决农产品流通难作出积极的贡献。州供销社倡导和承办了烟花爆竹、石榴、花卉等行业协会，正在筹备建立农资、废旧物资回收等行业协会。通过行业协会的发展，不仅规范行业行为，而且有力地促进农副产品的流通，有效解决农副产品销售难的问题。如会理县石榴协会成立后，全县 90% 以上石榴都是通过协会组织销售的，年销售量达到 25 万吨，有效地解决了会理石榴销售难的问题，促进了会理石榴产业的发展，并成为该县第二大支柱产业。2011 年西昌洋葱出现滞销，供销社农信服务中心与相关的洋葱专业合作社共同努力，在四川“老邻居”超市的大力支持下，促销 2000 多吨，有效解决洋葱滞销难题，为农民增加收入。

【发展农民专业合作组织】 按照《农民专业合作社法》的规定，全州供销社系统主动作为，充分发挥供销社几十年发展合作经济的经验，从宣传发动、项目选择、登记注册、内部组织机构建立、内部管理制度建立、市场营销等方面，积极指导、引导、领办和服务农民专业合作组织发展。全年全州供销系统新发展农民专业合作组织16个，注册资金1000余万元，入社农民2000余户，带动农户4000余户。西昌市2个、会理县冕宁县各1个专业合作社获省级示范社称号。西昌市在安宁镇建立全州首家农民资金互助合作社，为解决农民专业合作组织发展资金问题探索一条新路。

【项目申报】 2011年6月经过调研，州供销社明确供销社参与农村社区综合服务社建设、农村庄稼医院建设的思路和方式，要把社区综合服务社建设、农资服务体系和庄稼医院建设与当前开展的新农村建设和彝家新寨建设紧密结合起来，实现相互促进。州供销社及时安排、传达，加强指导督促，主动对接省社，打好大小凉山综合扶贫开发这张牌，向省社申报四川省农村社会化服务体系建设项目378个，其中庄稼医院54个，社区综合服务社324个，申请建设项目补助资金1217.20万元。最终获省社核准庄稼医院54个、社区综合服务社23个，共获项目补助资金132.5万元。为培育农业产业化龙头企业，州供销社积极争取汇报，向国家总社申报新网工程成员社——三牧乳业有限公司技改扩能项目，获得国家总社的批准，将获项目补助资金200余万元。

【拓展新业务】 全州供销社系统按照做大做强社有企业的要求，努力深化企业改革、盘活资产，加大联合合作，全力推进企业经营管理，努力拓展新的业务范围，全州企业加强直属企业内部经营管理，采取招拍租等方式大幅度提高固定资产收益，不断壮大经济实力。同时利用州土产公司马道仓库引进合作伙伴成立了弘顺物流有限责任公司，兴办凉山州首家第三方物流企业这也是目前凉山管理最规范，规模最大，经营效益最好的第三方物流企业。拟引进战略合作伙伴进行凉山州农资公司进行改制，共同开发闲置土地资产，筹集改制资金和发展资金，恢复农资供销职能，兴办大型超市和物业管理公司，解决职工的全部就业岗位，使企业有更大的发展空间。加强新网工程建设，大力发展成员社。根据凉山州人民政府印发州供销社《关于发展新网工程成员的意见》（凉府办函〔2010〕244号）文件精神，全州供销系统做了大量积极有效的宣传发动工作，在州、县市两级供销社均有所突破，将西昌市三牧乳业有限责任公司、永兴贸易有限责任公司等4户企业新发展成供销社新网工程的成员社。各县市也充分发挥各自优势在企业发展上取得明显的成效。

【加强宣传】 借贯彻落实国务院40号文件、省政府20号文件和州政府16号文件之机，向州级领导宣传、向部门宣传、向县市领导宣传、向农民群众宣传、向社会宣传新时期供销社的新定位、新职能，让全社会重新认识供销社，让领导重新重视和关注供销社。与电视台合作，保证两个月有1个关于宣传凉山供销社的专题片在《乡里乡亲》栏目播出。在全州大力推广供销合作社标志的悬挂使用工作，提高社会对供销社的感性认识。加大供销社政府门户网站、互联网站建设，州级供销系统干部职工手机全部进入政府V网，并统一宣传语音提示。供销社召开的会议，及时邀请电视、报刊等新闻媒体进行报道。系统干部职工结合工作实际撰写理论研讨文章、调研文章在州级、省级专刊和报刊上发表，大力宣传凉山供销合作工作。建立州供销经济合作网站，多途径地对外进行宣传。及时上报供销工作的相关信息和简报（61期），有10期被政府采用，并在政府门户网站使用。

（审核：杨富勇/撰稿：雪　梨）

烟　草

【概况】 凉山州烟草专卖局（公司）组建于1984年5月，经过20余年不断发展壮大，2011年末全州行业共有在岗员工2842人，州局（公司）下辖17个县市级烟草专卖局（营销部），州局（公司）机关内设19个部门、4个烟叶仓储管理中心，受权管理凉山金叶化肥有限责任公司、凉山金叶运输有限责任公司、四川金叶化肥股份有限公司。2011年，凉山州局（公司）被四川省烟草专卖局、四川省公安厅评为“全省集中打击制售假烟‘天府之剑’专项行动先进集体”，被四川省烟草专卖局（公司）评为“四川烟草商业系统首届优秀QC小组成果特等奖”，被中共凉山州委、凉山州人民政府评为“凉山州2011年现代烟草农业发展先进集体”。

【经济运行】 凉山州局（公司）干部员工团结奋进，攻坚克难，创新发展，全州烟草商业系统经济总量、税利持续增加，费用得到控制，内涵指标不断提升。全年“两烟”销售收入65.11亿元，实现税利21.39亿元；

资产总额46.50亿元；所有者权益31.69亿元，增长14.44%；资产负债率31.84%，总资产贡献率66.39%，资产保值增值率130.95%。

【烟叶生产】　全年收购烟叶279.19万担，其中上等烟53.92%，桔色烟89.72%，收购均价17.34元/公斤，烟农现金收入24.19亿元。坚持“五统一、一标准”，实现烟叶产、收、调的无缝对接，全州烟叶质量有较大提升，调拨进度为历年来最快，切实做到了为工业企业提供优质原料、优质服务。全州实施15个基地单元建设（其中国家局整县推进及特色优质烟叶开发基地单元12个）；坚持创新发展思路，在普格、冕宁、德昌实施凉山生态特色烟叶园区、凉山—津巴布韦烟草合作园区和凉山烟草轮作试验示范园区建设；散烟收购试点进展顺利，收购散烟6.15万担，均价17.62元/公斤，上等烟56.89%、中等烟58.31%、桔色烟90.06%，各项指标均高于全州平均水平。与津巴布韦烟草技术合作取得实质性进展，各项工作按照合作协议和实施方案平稳有序推进，引进津方KRK26等8个烟草优良品种进行小区试验，部分品种表现较好；在烟叶技术措施培训、人才培养、新品种选育推广等方面，进一步加强与科研院所、工业企业的技术合作；启动大凉山清甜香烤烟品种太空育种工程，红大等11个、12.5万粒凉山清甜香烤烟优良品种，搭乘神舟八号飞船进行空间育种研究。

【卷烟营销】　坚持推进营销模式转型，电子商务建设成效显著，网络运行质量持续提升，重点骨干品牌发展良好，市场需求得到较好满足。2011年累计销售卷烟14.3万箱，增长4.16%；其中一、二、三类烟销售6.80万箱，增长37.23%；单箱销售收入1.84万元，增加2739元，增长17.44%。网络运行质量持续提升，全州有效客户数1.39万户，其中城区5328户，农村8565户；电话订货率9.74%，成功率100%；网订率72.08%，成功率99.25%；手机订货率18.18%；电子结算率88.35%，成功率99.39%，电子结算金额比例88.35%。重点骨干品牌发展良好。通过启动政府营销，开展“娇子”、“七匹狼”等品牌专项营销，重点品牌发展态势良好；销售娇子1.65万箱、增长42%，全省增幅第一，其中销售一类娇子1069箱、增长319%；销售“七匹狼”0.12万箱，增长187.42%。

【专卖管理】　抓好打假破网、优秀县级局创建、标准化中队建设、“天府之剑”专项行动、内部监督管理等重点工作，专卖管理监督呈良好发展态势。全年全州查获涉烟违法案件532起，涉案金额1090.72万元，其中，查获卷烟案件526起，查获违法卷烟5.15万条；查获烟叶案件6起，查获烟叶29.94吨；查获卷烟制假原辅材料1批、烟机4台；刑拘犯罪嫌疑人19人、逮捕12人、判刑7人，未发生行政诉讼和行政复议案件；市场净化率保持在96%以上；充分利用“3·15”、“6·29”、“12·4”等活动，加大烟草专卖法律法规宣传，公开销毁价值525万元的假冒伪劣卷烟。全年共破获案值为115.08万元、314.63万元、188.94万元的三起特大制售假烟网络案件。

【烟基建设】　坚持整合土地、资金、社会“三大资源”，烟基建设投入与整县推进基地单元建设相配套，全年行业投入资金43095.47万元，其中：2010年度烟水烟路土地整治项目1.36亿元（烟水9884.35万元、烟路2176.16万元、土地整治1575.01万元），2011年度烤房2.74亿元、农业机械1412.68万元、育苗设施617.27万元。建成水池234口2.4万立方米，水窖427口1.52万立方米，小塘坝9座32.55万立方米，管网67处1218.42千米，沟渠427条456千米，提灌站1座，烟田机耕道105条86.99千米，密集式烤房群（组）830处7312座，烘烤工场7个，补贴购置农业机械8813台，配套育苗中棚1545个。共新增蓄水能力36.44万立方米，基本烟田灌面13.12万亩，密集烤房烘烤能力14.62万亩，育苗设施供苗面积2.47万亩。

【基础管理】　把夯实基础作为智慧发展的前提和抓手，推动各项工作再上新水平。加强企业管理。探索建立“三标合一”一体化管理体系，强化方针目标考核管理，抓好督察投诉工作，开展QC小组活动，推进机关效能建设。加强财务管理。以全面预算管理为核心，控制成本费用，加强资产资金监管，规范会计基础管理，围绕生产经营中心工作，当家理财，精打细算，财务管理水平不断提升。加强信息化建设。平稳实现州局（公司）中心机房升级，优化州、县市、站点三级信息网络，探索数字烟叶仓储系统建设，深化烟叶“一体化”平台、“一卡通”、“电子调运卡”应用。

【党风廉政】　进一步完善工程投资、物资采购、宣传促销等一系列规章制度，强化职工代表大会为主的民主监督制度，加强与州检察院预防职务犯罪工作联席制度，用制度规范行为、堵住源头、保证廉洁。“三项整治”、“两项工作”和全面审计有力开展，完成审计项目177项，审减工程支出3413.2万元；党风廉政建设责任制进一步落实，日常监管水平有新提升。

【公益事业】 认真履行社会责任，加大对凉山烟区灾害救助，深入开展“挂包帮”活动，积极参与彝区健康文明新生活运动和新农村建设。全年对外捐赠款2781.77万元（其中灾害救助2590万元，助学捐赠29.97万元，新农村捐助138.3万元，其他社会公益捐赠23.5万元）。

【精神文明建设】 成功举办全省行业党工团建设座谈会，探索的党工团建设“143”工作模式和“534”工作方法以及总结归纳的三马拉车、四轮驱动、同频共振、相融共进工作方针，得到省、州领导和与会代表的高度肯定和赞誉。机关党委被省委、州委评为2009—2010年创先争优先进基层党组织；州烟草专卖局（公司）被授予优秀四好班子、教育扶贫先进集体、“挂包帮”先进集体等荣誉称号，全州系统7个（支部）总支荣获创先争优先进基层党组织、5位党员荣获先进党务工作者、11位党员荣获优秀共产党员称号。

【企业文化】 以劳动、争先、感恩、奉献为主题，开展红五月党工团员实践活动；围绕庆祝建党90周年，开展重走长征路、重温入党誓词、参观红色爱国主义基地、讲责任、讲奉献、讲纪律演讲比赛、看望慰问老党员等形式多样的系列主题实践活动；唱响主旋律，红歌献给党，在红歌唱响凉山歌咏比赛中取得第三名好成绩；在全省行业首届职工运动会比赛中，男子篮球、乒乓球团体双双摘桂冠。参加全省行业职工书法摄影比赛，5幅作品获奖。

（审核：张　英/撰稿：徐　莹）

旅 游
Tourism

综　述

【概况】　2011年是全面实施"十二五"旅游规划的开局之年，全州旅游经济呈现良好的运行态势，全年实现旅游经济总收入80.46亿元，同比增长24.28%，接待游客2201.74万人次，同比增长24.2%。

【假日旅游】　假日旅游市场形势喜人，接待人数和旅游收入等经济指标均创历史新高。元旦、春节、清明、"五一"、端午、火把节、中秋、国庆、彝族年9个长、短假期，全州共接待游客814.2万人次，同比增长11.26%；实现旅游收入14.28亿元，同比增长13.7%；接待自驾车辆22.75万辆。

【旅游规划】　完成"三大规划"编制及初审工作。制定安宁河谷旅游产业规划纲要。帮助和指导重点景区的旅游规划工作。指导木里县启动"洛克九百里线路总体规划和重要结点建设性详规"。指导帮助邛泸管理局启动景区创建AAAAA级工作。完成《冕宁灵山景区旅游发展总体规划》评定。

【品牌建设】　围绕重点打造"旅游品牌"战略，州旅游局制定了实施旅游品牌战略的工作方案，从旅游目的地建设、A级景区创建、转型升级、星级饭店评定、星级农家乐建设、旅游商品品牌建设、组建旅游产业集团等诸多方面着手，全力打造旅游品牌。通过实施项目的带动战略，带动全州旅游产品结构优化升级和旅游业的全面发展。西昌市成功创建为四川省旅游度假区（全称：西昌·邛海省级旅游度假区）。

【景区创建】　邛海泸山景区开展创AAAAA前期工作，策划方案通过评审。冕宁灵山景区正在完善AAAA功能，灵山后山开发及温泉酒店建设已成功招商引资。卫星基地AAA级景区作为爱国主义教育基地，被纳入国家红色旅游二期规划，将由国家投入3000万元进行基础设施建设，为其提升成为AAAA级景区奠定坚实的基础。

【宣传促销】　组织参加四川省旅游局主办，主题为"四川好玩·重庆好耍"的四川冬季旅游宣传月促销活动；参加由四川省旅游局与成都市人民政府在成都黄龙溪古镇联合主办的"天府闹春——2011四川新春旅游宣传推广活动暨成都年活动"；赴陕西省西安市参加由国家旅游局和陕西省人民政府主办，西安市人民政府和西安市旅游局承办的2011年中国国内旅游交易会；凉山旅游促销团于6月17日至20日赴重庆参加省旅游局组织的第二届中国西部博览会；组织参加省政府在台湾开展四川旅游大型宣传推广活动；为雅（安）西（昌）高速公路全程贯通后凉山旅游迎来的第二次"井喷"营造更加密集、广阔的舆论声势，深度开发成渝两地及周边二级客源市场，10月31日至11月7日在成都成功举行走进大凉山大型旅游文化促销推广活动。通过召开旅游产品线路推介会、歌舞伴宴、大型公众演出促销推广、媒体强势宣传报道、重庆卫视发布四大景区气象广告等活动，大凉山旅游文化形象更加突出，旅游知名度全面提升，旅游招商引资得以突破，旅游客源市场深度拓展，精品旅游线路品牌更加成熟。

【行业管理】 大力实施旅游标准化建设，开展旅行社质量等级评定、购物点推荐申报评定、乡村旅游酒店/农家乐标准化评定工作。开展城乡环境综合整治进景区活动。各A级旅游景区开展治理乱扔垃圾、乱贴广告、乱摆摊位、乱停车辆等现象，开展做文明旅游者宣传活动，倡导文明旅游新风。在大小节假日期间，州旅游市场综合治理领导小组办公室组织开展了节前旅游市场秩序及旅游安全大检查行动，查处各类旅游违规行为，治理各类旅游安全隐患，确保黄金周和小长假旅游市场平稳有序。圆满完成星级饭店评定性复核，喜德阳光温泉大酒店、会理瀛洲园酒店成功创建国家银叶级绿色饭店。2011年全州认真执行《旅游投诉暂行规定》、《旅游投诉处理办法》，规范旅游投诉处理程序，确保旅游投诉处理的时效性、规范性全年共受理各类投诉32件，其中投诉旅行社5件，占总数的15.6%；景区10件，占总数31.3%；宾馆酒店10件，占总数31.3%；其他7件，占21.8%。

【项目招商】 积极推进旅游招商引资工作。签订中国进出口银行与凉山州人民政府战略合作框架协议、龙德集团与冕宁县人民政府合作开发彝海项目协议、螺髻山综合开发公司与普格县人民政府螺髻山索道投资合作协议、成都市旅游局与凉山州旅游局旅游联盟合作协议、重庆电视台与凉山州旅游局天气预报发布协议、四川旅游发展集团与德昌县人民政府螺髻山西片区合作开发协议等，7个签约项目拟投资人民币15亿元。签约项目，开创凉山州旅游招商引资新局面，走出了长期形成的旅游招商引资难的困境。

【人才培训】 全面实施“百千万人才工程”，全年举办全州导游人员岗前培训、年审培训、景区讲解员培训、旅行社管理人员、乡村旅游从业人员培训、旅游高层管理人员培训、旅游饭店中高层管理人员培训、旅游管理干部研讨班、旅游专题高端讲座等10个班次，培训近8000人次，不断提升旅游从业人员素质。

（审核：游开军/撰稿：刘树源）

邛海泸山景区管理

【景区管理成效】 邛海泸山管理局围绕西昌强力推进旅游工作突破，打造国际性阳光生态旅游目的地和建设现代化生态田园城市的目标，切实抓好景区资源环境保护、利用和综合管理工作，努力营造旅游秩序良好、美丽、文明、和谐的景区环境。全年，景区接待游客953万人次，同比增长93%（其中：一日游734万人次，过夜游219万人次，自驾游车辆47.7万余辆），实现旅游收入9.66亿元。邛海泸山景区知名度、美誉度不断提升。

【景区规划和建设】 一是完成邛海西岸滨海观光步道规划设计工作。编制了邛海西岸10.6公里人行步道、自行车绿道景观规划设计方案。其中，川林疗养院至凯旋酒店3.5公里的规划设计方案已通过评审。二是完成《邛海泸山创5A提升创意策划方案》的编制工作。该规划方案为邛海泸山创建AAAAA级旅游景区工作提供科学性、前瞻性的理论依据，为创建工作打下良好基础。三是打造梦里水乡湿地。梦里水乡是邛海湿地的二期工程，南连观鸟岛湿地，北至海河，东连邛海岸线，西至滨海路，建设面积为173.34公顷，总投资1.65亿元（其中征地拆迁1.31亿元，工程投资3400万元）。工程于2011年2月18日开工，2011年6月29日竣工开园。在湿地工程建设中，自然湿地恢复区占该项目总面积的85%以上，通过清淤疏浚、三退三还，将千亩房屋、鱼塘、田地还原为水面、浅滩、湿地和特色各异的81个湿地小岛，培育栽种了千余亩水生、湿生植物、花草，形成沉水植物—浮叶植物—挺水植物—湿生乔木—陆生乔木合理配置的自然生态立体景观和生态屏障，增强邛海水体修复能力。既营造了景观，又扩大了邛海水域面积。通过观鸟岛和梦里水乡湿地建设，邛海水域面积已从不足27平方公里增加到约29平方公里。梦里水乡湿地游人如织，日接待量达2万人次以上，已成为西昌旅游的首选景点。四是完成邛海西岸四级截污管网工程。在2010年建成的13.5公里邛海西岸截污干管二、三级管网工程的基础上，实施邛海西岸11公里的四级截污支管工程，将邛海西岸单位、经营户，村（居）民住户的生产生活污水通过四级管网收集进入截污干管送达邛海污水处理厂进行处理。基本实现邛海西岸污水零排放目标。五是实施海河天街建设工程。该工程包括海河天街景观建设、海河桥建设、邛海周边村（居）民拆迁安置房建设、学校建设4个部分。项目投资概算8.2亿元。海河天街景观带全长约1500米，占地面积约18.9公顷，建筑总面积7.6公顷，绿地率

64.6%；拆迁安置房规划建筑面积20公顷；小学、幼儿园规划占地面积5.4公顷，建筑面积4公顷；其中海河天街景观建设、海河桥建设项目已于9月29日开工，拆迁安置房和学校建设项目已开展规划设计工作。六是实施海门渔村建设工程。海门渔村项目包括邛海西岸海滨村民安置小区和邛海渔村文化特色街区两个部分。占地面积17.17公顷，安置房建筑面积34.4公顷，投资概算6.88亿元。特色街区建筑面积约5公顷，街区长500米，总投资约1.6亿元。项目于2011年9月29日全面开工。

【景区综合执法】 加强法制宣传和执法监管，景区强制执行案件较2010年明显减少。全年共查处违法修建50余处，先期制止乱搭滥建130余处，强制整改拆除30余处，规范施工场地30余处，督促整改超标建设行为13起。制止坟墓修建改造9处，制止乱埋滥葬2处。

【环境保护】 切实开展邛海水环境保护综合治理。一是加强水生植物的管护，有计划地开展种植、打捞、管理工作。全年共种植本土水生植物17种、183万余株、33公顷。清理打捞枯萎菱角750吨，打捞水浮莲、水白菜460吨。二是开挖水路、投放滤食性鱼类，有针对性地治理观鸟岛、梦里水乡湿地水质。开挖和清理水路13处，增强水体循环。在湿地投放20万尾白鲢鱼苗，通过白鲢鱼的生长消耗水体中的营养物质。三是抓好污染源治理工作。安装污水处理设施5套，解决海南乡电池厂附近村民污水排放问题。四是2011年新安装果皮箱202个，在梦里水乡湿地新建公厕5个。

【邛海渔业管理】 一是完成邛海渔业新一轮承包工作。通过对邛海渔业承包问题的多方走访、专题调研、科学论证，经西昌市政府常务会议研究决定，同意将邛海渔业整体继续承包给西昌市邛海水产有限公司。5月27日，邛泸管理局与邛海水产公司正式签订《邛海渔业承包合同》，合同期限8年，承包费为前4年373.72万元/年和后4年434.46万元/年，其中上缴财政费用为前4年200万元/年和后4年250万元/年。二是加强邛海渔业管理。按照《西昌市政府关于维护邛海渔业秩序的通告》规定，加强对水产公司鱼苗投放和生产计划的监管，2011年投放鱼苗1200万尾，捕捞生产成鱼496吨。三是加强邛海“放生”活动的管理工作。为维护邛海生态环境和物种安全，印发《关于邛海“放生”活动管理的通知》，对放生地点、放生种类及审批、检疫行为进行规范管理，确保民间放生活动规范有序、安全地开展。

【景区综合管理】 一是认真履行前置审批责任，办理景区内房屋修建申请、输电线路更换、变电所改造等前置审批事项27项。二是加强景区经营行业管理。清理乱摆摊、设点行为300余次。按规定新办经营许可证26份。三是加强旅游秩序的管理。设置安全标识牌100余块，对安全事故起到有效的警示和预防作用；及时妥善处理投诉事件8起；开展文明劝导活动，制止游人下海游泳、踩踏草坪、采摘花草2700人次。四是整治景区环境。拆除老海亭临街防盗栏、卷帘门30余户，整治外立面5000平方米，新安装卷闸门、玻璃地弹门1000平方米。对老海亭、小渔村、月色风情小镇、青龙寺景点的房屋、设施、烧烤摊区等进行改造、美化。五是加强经营管理。有计划调整经营业态，在老海亭推行无烟烧烤；完成各景点328个摊位、门市的新一轮招租工作；规范滨海步道自行车租赁承包管理，电瓶车营运管理和邛海湿地游船管理。六是加强从业人员管理。对新招聘的90余名船员、售票员、讲解员、保洁员、公厕管理员等进行系统的岗位培训，提高景区从业人员服务水平。七是圆满完成各类公务接待服务工作。全年共计完成各级接待210余次，其中国家级接待40次，省级接待80次，外省、市友好城市接待50次，外宾接待6次，商务接待20次，大型会议参观接待10次。

【景区文娱活动】 组织开展“瑞海杯”2011中国·西昌第三届龙舟节，2011中国西昌第二届轮滑赛，“新郎酒杯”全国滑水比赛，游船赏月活动，“昌平杯”邛海泸山第三届摄影大赛和首届百姓游邛海湿地摄影赛，“永生杯”2011全国OP帆船冠军赛，梦里水乡岛屿征名活动，渔歌征集演唱活动以及传统的环湖马拉松赛，百人长寿宴、千人平安宴等主题活动。丰富景区旅游项目，吸引游客，扩大景区知名度。

【邛海船只管理】 一是按照省政府对邛海水上安全隐患专项督查要求和西昌市委、市政府的安排，市政府投入205.7万元清理回购原邛海渔民生产自用船992只，一次性补偿回购大船联组人力船91只，销毁存在安全隐患电瓶船64只。规范邛海营运秩序。二是对各类渔政船、环保监测艇、执法艇、救护艇、保洁船，对邛海水产公司作业船全部建档备案，规范管理。邛泸局管理的64条保洁船、水生植物管理船全部建档备案，统一了标识。三是为提高邛海营运安全保障，市政府成立邛海游船公司，在邛海投放豪华游艇2艘、画舫船8艘、玻钢仿木船54艘，招聘船员60人、售票员15人，公司从6月29日开业以来，营业收入达90余万元，取得较好的经济效益和社会效益。

【创建科普基地】 积极开展环保科普基地申报、创建工作。2011年9月28日，四川省科学技术厅、中共四川省委宣传部、四川省科学技术协会联合发文，认定邛海湿地公园为四川省第五批省级科普基地。

（审核：陈　林/撰稿：沙宏伟）

螺髻山旅游景区管理

【螺髻山古冰川地质遗迹保护】 完成螺髻山古冰川地质遗迹保护项目实施方案的优化设计。中科院成都山地研究所古冰川专家张文敬带领科考队5次深入景区，完成地质资源的摸底调查，汇集科考成果编撰的《唯美螺髻山——螺髻山古冰川地质遗迹科考纪实》即将完成，同时与中科院成都山地研究所建立合作关系，将长期指导螺髻山的古冰川地质遗迹保护工作。完成了科考线路的建设，项目实施的各类标识标牌、导游手册等已经开始设计制作。

【基础设施建设】 一是为缓解日益增长的游客量和索道运力不足的矛盾，经普格县政府和管理局与索道公司多方协调，与索道公司达成了索道技术改造的意向。管理局已敦促索道公司，抓紧实施项目建设的各类报批手续。二是对景区垃圾桶进行更换改造，为实现既环保与景观协调，又节约成本的目标，管理局职工自行收集景区内的枯木设计制作垃圾桶200个，并已投入使用。三是在游客中心制作安装电子显示屏，既方便各类公告的发布，又醒目美观，便于游客阅览。四是增加导览标识标牌和安全警示牌，增强游览便捷化和安全化。五是加大基础设施的维护保养力度，为确保景区内各类游览设施的正常使用寿命，管理局专门落实人员和经费，加强对各类基础设施的检查维护，确保设施的正常使用。

【特色产业基地建设】 紧紧围绕螺髻山景区原生态旅游特色和建设生态旅游目的地的目标，开展生态文明教育基地建设，开展一系列以景区旅游资源和生态环境保护为目标的工作，同时制定《生态旅游文明行为规范》等规范化文件，促进景区旅游资源和生态环境保护的制度化和常态化，同时拉近游客和景区生态环境的距离，提高游客的生态环境保护意识。为满足游客需要，开展自驾车旅游基地创建。将自驾游基地服务中心设在螺髻山彝寨，随着各项配套服务设施的完善，不仅能为自驾车游客提供优质完善的服务，也必将带活螺髻山彝寨的发展。在中国风景名胜区的主导下，开展摄影基地创建工作，设计最佳摄影线路，设置40个最佳摄影点。并落实专人对景区各景点随季节变化的情况和景区天气等信息的对外发布。管理局已经多次组织摄影采风活动，通过摄影家的镜头把螺髻山的美景传播到全国各地。

【创建旅游度假区】 为促进螺髻山从接待型景区向度假型景区的转变，充分发挥对旅游经济的带动作用，开展螺髻山省级旅游度假区的创建工作。将螺髻山景区与沙合莫彝族新村、螺髻山彝寨、大槽河温泉瀑布、九连河坝生态农业观光基地、螺髻山温泉山庄、普格县城和红军树红色旅游景点等主要节点组成一个联动整体，形成度假品牌。通过招商引资等方式，吸引更多社会力量进来参与旅游度假宾馆饭店、旅游活动项目和基础设施的建设经营。在“吃、住、行、游、购、娱”等各个旅游环节形成产业经济，带动区域经济的发展。目前，度假区创建的各项前期工作已经完成，经管理局与省旅游局多次协调，已将螺髻山景区纳入首批省级旅游度假区的申报范围。

【四川服务名牌创建】 围绕“创一流品牌，建精品景区”的目标，全面开展“四川服务名牌”的创建工作。从“大旅游”思维着眼，精心打造服务品牌，从塑造品牌意识入手，搭建“传奇螺髻山”服务品牌体系，形成具有自身特色的服务品牌文化。让品牌传承突出自然景观，体现民族文化，实施优质服务，实现和谐发展为主调，倾力打造“传奇螺髻山”品牌，争做四川最受欢迎的景区之一。坚持把“四川服务名牌”创建活动与旅游度假区、生态旅游区、国家AAAA级旅游景区创建活动结合，做到4个品牌一起抓，使品牌建设工作扎实有效开展。

【宣传促销】 广泛深入地开展调查研究，牢牢把握市场导向，采取切实有效的方式，有针对性地开展宣传促销工作，不断扩大景区的知名度和美誉度，提升景区的影响力。一是积极参加州委、州政府和州产业领导小组统一组织的宣传促销和推介活动；二是与省内峨眉山、九寨沟和都江堰青城山等几个主要景区深化合作，形成旅游营销联盟，共享资源平台开展宣传工作；三是与中国风景名胜区协会和省、州旅游协会交流合作，把螺髻山景区推出去；四是与主要客源市场的旅行商建立起良好的合作关系，扩大宣传面；五是网络宣传营销，为适应网络宣传的需要，螺髻山旅游网已几经改版，现已全面投入使用，成为重要的宣传渠道。此外，还通过户外广告、车身广告、宣传资料和媒体进行广泛的宣传。2011 年螺髻山景区接待的游客中，州外游客比重占 67%，州内游客占 33%。省内游客占 79%，省外游客占21%，省外游客主要来自云南、重庆、贵州、北京等地，同时扩大到了上海、河北、山东等其他 14 个省市区。攀枝花成为第一大客源市场、成都紧随其后，云南和重庆已经成为螺髻山景区重要的新兴市场。

【景区执法】 认真开展行政权力事项清理，做到每项行政权力事项都有法可依，对不符合要求的行政权力事项坚决清理。通过清理，经州法制办审核，螺髻山管理局共保留行政处罚事项 16 项、行政审批事项 6 项、行政征收事项 2 项。工作中，坚持依法行政，坚决禁止和打击在景区内砍伐林木乱搭乱建、挖山采石等破坏景区资源环境的行为，同时依法加强对在景区外围的各类建设项目的审批、审核和监督检查，确保景区资源环境不受影响。

【队伍建设】 按照建设高素质旅游从业队伍的要求，狠抓旅游人才队伍建设。从教育培训入手，职业道德和服务技能为主要内容的教育培训工作，完善人员培训管理、服务质量考评规章制度，景区从业人员参训率 100%。通过举行集中教育培训，服务技能比赛等方式，景区从业人员职业道德素质和服务质量水平明显提高。接待工作中重点要求加强服务，满足游客的多方面需要。做到对游客服务的标准化、程序化、规范化，让广大游客满意。

（审核：日海补杰惹/撰稿：曾尚文）

泸沽湖旅游景区管理

【概况】 2011 年，凉山州泸沽湖旅游景区管理局认真贯彻执行《泸沽湖风景名胜区保护条例》、《泸沽湖风景名胜区（四川片区）总体规划》、《泸沽湖镇总体建设规划》和《泸沽湖旅游景区规划》等相关法律、法规，树立和落实科学发展观，坚持严格保护、科学规划、统一管理、合理开发、永续利用基本方针，紧紧围绕把泸沽湖景区打造成世界级旅游精品的奋斗目标和创建国家级 AAAAA 旅游景区的中心任务，狠抓景区建设和旅游发展，全局始终坚持把泸沽湖打造成为世界级旅游精品的奋斗目标，把泸沽湖打造成大香格里拉休闲度假旅游最佳前进基地和目的地的总体要求，突出抓好景区自然环境与独特的摩梭文化的完美结合，着力营造“处处都是旅游环境、人人都是旅游形象”的氛围。2011 年，景区门票现金收入 740.3 万元，景区旅游总收入实现 2.73 亿元，同比增长 32.7%。

【景区建设】 2011 年，景区抓好重点项目建设，坚持以景区开发建设为突破口，在 2010 年的基础上进一步完善景区基础设施。组织相关单位完成实施的“两府一中心”工程已基本竣工，景区垃圾填埋场、3 个停车场、旅游公厕已竣工验收，改造 2 个码头，新建 1 个码头，已投入运营，效果良好。目前正在进行摩梭文化博物馆及游客中心的室外景观绿化工程的建设，该工程投资额为 400 万元，五支落至母支污水处理厂的 4.22 公里排污管道正在紧张的施工中，工程投资额为 340 万元，管道建成后将大大缓解草海因周边旅游业的发展而加剧的污染状况。加强对景区内各种游览设施、步行道、标识系统等的检查维护，同时对照国家 AAAAA 级旅游景区和省级文明旅游景区的标准，查漏补缺，不断完善景区配套设施。2011 年，全局抽出资金对洛洼码头进行了改造，对景区内已腐坏的标识、标牌进行更换，对情人滩的栈桥进行翻新改造。

【景区宣传】 积极参加在成都、天津、海南等地举办的各种旅游交流会、旅游博览会、旅游推介会，发放泸沽湖旅游宣传资料 5000 余册和旅游促销门票 1000 多张。出资 100 万元在成都锦城艺术宫公演大型摩梭风情文艺晚会《心中的泸沽湖》。同时和中央电视台、四川、凉山、重庆等新闻媒体密切配合，成功举办走进大凉山自驾游活动和第三届转山转海节。

【和谐旅游】 “安全是旅游的生命线，没有安全就没有旅游”，切实加强旅游安全生产工作。一是加强领导，建立健全旅游安全领导小组，年初，全局召开旅游系统安全生产工作会议，与下属各单位签订旅游行业安全生产管理目标责任书，并督促落实安全生产责任制，形成“一级抓一级，一级促一级，层层抓落实”的安全工作格局。并根据景区的特殊性，建立了相关的规章制度，完善了安全事故处理预案，健全了长效安全机制。二是认真组织开展安全生产专项活动。根据省、市、县关于开展“安全生产隐患排查治理”意见，积极开展旅游系统安全生产隐患排查治理工作和百日安全生产督查工作，彻底消除旅游系统安全隐患，促进景区旅游事业安全平稳有序的发展。三是充实了泸沽湖景区稽查队，重点抓景区交通运输安全、湖面安全、景区消防安全、景区食品卫生安全和社会治安安全。针对泸沽湖境内的旅游车辆及司乘人员进行严格检查，既提供热情服务，又惩治违章行为，重点打击无证驾驶、客货混装、超载、超员、超速。对旅游猪槽船加强监管，对船员进行安全操作培训，签订安全责任书，在船上配备足够的救生衣，并制定了游客乘船安全须知。完善泸沽湖景区消防队，配备消防车，培训专兼职消防人员，建立了一支专业与义务相结合的消防队伍，防火季节，加强昼夜值守。同时，重点对旅游宾馆、酒店、商店、饭店和游客集中场所的从业人员进行消防安全培训，完善消防管理规章制度，明确安全责任人。

（审核：杨　辉/撰稿：邓武军）

财税

Finance and tax

财 政

【财政收入】 凉山财政工作坚持以科学发展观为统领，以支持经济增长方式转变为主线，以推进财政科学化精细化管理为抓手，围绕中心、服务大局，始终把推动凉山经济社会发展作为根本工作目标，积极组织收入、优化支出结构、强化财政监督、深化财政改革，充分发挥财政职能作用，有力地促进全州经济社会和各项事业发展。全州一般预算总收入完成115.61亿元，增长27.3%，其中，地方一般预算收入完成80.04亿元，增长27.7%，其中税收收入完成50.02亿元，占比62.49%，比上年有所提高；非税收入完成30.02亿元，同比增长27.6%。州本级地方一般预算收入12.91亿元，增长25.4%，其中税收收入完成6.5亿元，增长26.6%，非税收入完成6.4亿元，增长24.3%。州本级一般预算总收入21.6亿元，增长21%。

【财政支出】 全州一般预算支出250.12亿元，增长31.2%。州本级一般预算支出29.21亿元，增长17.4%。农林水事务、资源勘探电力、信息等事务支出43.38亿元，增长47.4%。教育支出40.39亿元，增长26.3%。文化体育与传媒、科学技术支出4.55亿元，增长8.8%。国土资源事务支出4.8亿元，增长65.5%。社会保障和就业、医疗卫生支出53.96亿元，增长41.2%。环境保护、城乡社区、住房保障支出37.61亿元，增长23.7%。交通运输支出18.65亿元，增长36.9%。一般公共服务、国防、公共安全、粮油储备、还本付息等其他支出46.77亿元，增长18.9%。

【上级转移支付和专项资金】 全州上级转移支付和专项转移支付收入171.13亿元，按现行财政管理体制，已由省财政厅分解到各县市及州级，安排列入相应支出。全州返还性收入9.58亿元，增加5214万元。成品油价格和税费改革税收返还收入2.69亿元。一般性转移支付补助收入89.85亿元，增加30.68亿元，其中，原体制补助3.66亿元，均衡性转移支付23.05亿元，民族地区转移支付3.67亿元，调整工资转移支付13.12亿元，农村税费改革转移支付、县级基本财力保障机制奖补资金收入4.1亿元，成品油价格和税费改革转移支付补助1.05亿元，专项转移支付补助28.77亿元，其他结算补助12.43亿元。全年上级对全州专项项目补助71.7亿元，增加18.67亿元，其中：一般公共服务、国防和公共安全1.4亿元；教育5.07亿元；科技、文体、传媒1.1亿元；社会保障和就业5.06亿元；医疗卫生6.77亿元；节能环保、城乡社区事务、国土资源10.87亿元；农林水事务16.97亿元；交通运输14.04亿元；资源勘探、电力信息、商业服务、金融监管、粮油物资管理、储备等4.22亿元；住房保障4.96亿元；地震灾后恢复重建13亿元；其他支出1.23亿元。州本级实际转移支付和专项补助19.42亿元，其中：税收返还、所得税基数返还、成品油价格改革返还等3.82亿元；原体制补助1.71亿元；均衡性转移支付2.1亿元；民族地区转移支付5471万元；调整工资转移支付1.62亿元；农村税费改革、县级基本财力保障、专项转移支付补助资金5092万元；成品油价格和税费改革转移支付补助5374万元；其他结算补助3.55亿元；专项项目补助5.02亿元。

【部门预算】 全年全州17个县市和州本级实施部门预算编制单位1695个，占总数的99.5%（不含2009年省下划交通单位）。2011年州公安局、财政局、文广局、农业局、卫生局等20个单位的部门预算，继续提交州人大财经委审查，2011年底州本级184个部门严格执行部门预算，支出进度达到97.8%，比2010年提高0.3个百分点，进一步增强了部门预算编制和执行的科学性、严肃性、法规性。

【国库集中支付】 圆满完成财政总决算和部门决算的编审工作；进一步完善各级财政支付程序和管理办法，促进预算执行更加规范和高效；按时保质收集汇总上报旬月报，提高分析水平，切实搞好财政预算执行分析工作；加强资金调度管理，搞好分析测算，合理调度资金，进一步提高资金调度的及时性、准确性和预见性；加强财政资金安全管理，确保财政资金安全；加大“小金库”治理力度，促进预算单位规范财务管理行为；积极稳妥推进公务卡工作。

【收支两条线管理】 全州非税收入完成30亿元，占一般预算收入的37.5%。其中，专项收入实现4.9亿元，增收1.8亿元，增长57.9%，主要是探矿采矿权使用费及价款收入增收1.3亿元、教育费附加增收3668万元；罚没收入实现2.5亿元，增收1亿元，增长70.5%，主要是公安罚没收入增收1632万元、审计罚没收入增收2437万元、交通罚没收入增收754万元、其他一般罚没收入增收5201万元；国有资本经营收入完成7.8亿元，增收2.6亿元，增长50.7%，主要是盐源平川铁矿、会东满银沟铁矿、会东电力公司以及宁南蚕茧公司等企业上缴的利润收入；行政性收费收入实现4.1亿元，减收5912万元，下降12.5%，主要是林地林木补偿费较上年减1.7亿元，从2011年开始除教育收费外，其他收费全部纳入预算管理，国土行政性收费收入增收3133万元、交通行政性收费收入增收3062万元、民政收费收入增收1680万元。

【政府采购监管】 严格执行《政府采购法》，依法规范政府集中采购程序。规范项目审核、标书制作、开评标活动和验收结算。扩大招标公告的发布范围，主动邀请州纪委、州监察局与采购单位相关人员参与，接受监督，开评标活动进一步公开和透明，并公开评标结果，实行评标结果告知制度和公示制度，接受投标人和社会的监督。全年全州政府采购累计完成预算金额6.2亿元，实际采购资金5.71亿元，节约财政性资金4843.3万元，资金节约率为7.81%。州本级采购预算1.34亿元，实际采购1.27亿元，节约资金677.8万元，节约率5.07%。

【财政绩效评价】 全州纳入绩效评价“自评”项目363个，涉及金额59.08亿元，绩效评价项目涵盖了重点民生工程和各级政府的重点项目工程。经全州共同努力，于2011年11月底顺利完成了绩效评价项目的“自评”与“复评”。全州共纳入绩效评价“复评”项目175个，涉及金额43.53亿元，“复评”项目涉及“民生工程”的支出项目58个，占评价项目和金额总数的64.16%。在2011年财政支出“复评”项目的绩效评价中，“良好”以上档次的占绝大部分，说明财政支出绩效是好的，成绩是明显的，有效促进了全州经济社会的发展。

【投资评审】 积极开展基建项目预、决算评审、专项资金核查、重大基本建设项目财政监管等工作，共完成评审、专项核查、绩效评价、监管项目169个，涉及总投资43.31亿元。开展项目前期阶段投资估（概）算评审，前移评审“关口”。完成概算评审项目4个，送审总额6524.49万元，审定总额5890.72万元，审减总额633.77万元，审减率10%。完成预算评审项目33个，送审总额2.40亿元，审定总额2.02亿元，审减总额3784.35万元，审减率16%。完成86个项目的招标控制价评审工作，送审金额11.51亿元，审定金额10.18亿元，审减金额1.34亿元，审减率11%。完成基建结（决）算项目评审12个，送审额1.36亿元，审定额1.18亿元，审减额1830.25万元，审减率13%。完成财政专项核查项目9个，涉及资金2.14亿元，审定额1.58亿元，结余额5604.79万元。监管重大基建项目22个，项目总投资24.82亿元，其中政府性投资15.81亿元。

【社会保障】 以保障民生、促进就业为重点，强化措施，规范管理，落实各项社会保障政策，完成各项工作任务。全年全州社会保障和就业支出30.5亿元，增长32.46%，增加7.47亿元；医疗卫生支出23.56亿元，增长55.28%，增加8.39亿元。通过低保扩面，全州城乡低保保障对象由2010年底的46.5万人，增加到64.2

万人，增加17.7万人。全州累计发放城乡低保6.59亿元。其中，城市低保共纳入保障8.1万人，发放低保金2.07亿元；农村低保纳入保障56.1万人，发放低保金4.53亿元。城、乡低保累计月人均补助标准分别达到212.8元和88.1元，分别完成目标任务（148元和55元）的143.7%和160.1%。城乡医疗救助困难群众44.2万人次、资助低保等困难群众参加新农合41.1万余人，资助参合和发放医疗救助金1.35亿元。城市人均救助水平达到370元，完成目标任务的264.2%；农村人均救助水平达到230.8元，完成目标任务的164.8%。积极探索推进标准统一的城乡医疗救助制度。2011年已有10个县市开通农村医疗救助“一站式”服务。全年共投入资金2344万元，完成新建、改扩建敬老院11所、新增床位730张，完成任务数的104%。全州农村五保供养纳入2.6万人，新增集中供养五保对象750人，全州集中供养人数6523人，分散供养19307人，五保集中供养床位率达到26%，超过全年目标2个百分点。全州农村五保年人均供养标准达到1800元以上，供养经费全部纳入“县级财政保障资金专户”封闭运行，全年共发放供养金4732.82万元，实现应保尽保，社会救助体系进一步健全。综合减灾救灾能力进一步加强，受灾群众基本生活得到有力保障。社会慈善事业加快发展，救助管理规范有序。新农合制度进一步巩固和完善，国家基本药物制度全面实施，基层医疗卫生服务体系建设进一步加快，基本公共卫生服务深入开展，公立医院改革试点工作全面启动。

【农业综合开发】 全年完成中低产田土治理面积0.47万公顷，完成投资8247.13万元。投资72.23万元，新建拦河坝2座；投资5126.7万元，完成衬砌渠道393.69千米；投资170.41万元，完成渠系建筑物1726座；其他水利措施投资710.1万元。水利措施共完成投资6079.44万元，为该项措施计划的99.57%，占土地治理投资的73.72%。完成农业措施投入1542.16万元，为计划的99.96%，占土地治理投资的18.70%。在项目区投资157.38万元，完成植树造林147公顷，为计划的102.46%，占土地治理投资的1.91%。在林业措施上，坚持在陡坡地带种植水土保持林、水土涵养林，在田边地埂栽种桑树和花椒等，进行固埂，保持水土，涵养水源，改善了生态环境。完成科技措施投入经费177.86万元，为计划的96.77%，占土地治理投资的2.16%。在项目区共培训各类技术人员2.7万人次，购置配套科技仪器14台大产，建立试验、示范基地2.19万亩，投资106.17万元，通过技术培训，培养和造就了一大批懂技术、会种田、善管理的农民技术骨干力量。通过示范推广，整个项目区常规技术、新技术和新品种的推广面达70%以上。全年，农业产业化项目10个，项目总投资4054万元，其中财政资金1533万元（中央791万元、省级732万元、州级10万元），企业自筹2542万元，银行贷款200万元。2010年，国家下达全州农业综合开发土地治理投资计划8276.40万元，其中财政资金6897万元，财政资金按级次分：中央资金4598万元，省级资金2007.20万元，州级资金188.60万元，县级配套资金103.20万元。州财政局根据工程进度，及时拨付资金，全面落实本级配套资金，凉山州县级有配套的西昌市、德昌县、会理县、会东县、宁南县、冕宁县和州本级，都把配套资金纳入年度预算安排，依法保障，按时划拨。工程资金及时到位，保证项目的实施。全年财政资金到位6897万元，为计划的120%。

【农业支出】 全年省州支农专项资金26.53亿元，比2010年同期的13.26亿元增加13.37亿元，增长100.85%。其中：省级支农资金14.59亿元（其中：退耕还林专项资金4.74亿元），比2010年同期的9.03亿元增长61.49%。州级支农资金1.67亿元（其中：林地林木补偿安置资金5271.24万元），比2010年同期的1.52亿元增长9.36%。2011年是新的一轮天保工程（二期）实施的第一年，按照省批复的方案，全年到位天保工程资金2亿元，比2010年的8617.41万元增加1.14亿元。全年省级扶贫以工代赈资金到位8.38亿元（其中：彝家新寨资金5.29亿元），比2010年1.84亿元增加6.54亿元，增长355.04%。

【粮食直补·综合补贴】 继续贯彻落实粮食直补和综合直补政策，调动种粮农民生产积极性。根据省财政厅要求，截至3月25日，全州已将补贴资金全部兑付到种粮农户，对稳定粮食生产起到积极的作用。全年对种粮农民直补资金3183万元；农资综合直补资金3.17亿元。进一步做好国有粮食购销企业政策性粮食财务挂账管理和剥离工作，认真落实消化1998年以前挂账任务，搞好“消挂”方案，制定“消挂”政策，测算分解两年“消挂”本息各级负担比例，并报州政府审批后实施，确保全州在两年内核销1998年以前的剩余挂账本金，2011年已完成40%“消挂”任务。完善储备粮管理相关政策，保证储备粮资金安全。按季拨付省级储备粮利息、费用补贴，每半年计算并拨付州级储备粮利息、费用、轮换亏损补贴。加快储备粮库的维修改造，改善全州粮食仓储条件。组织申报粮食仓储维修资金及粮食简易建筑费、粮食精深加工补贴资金，按时拨付省上下达的各项专项资金。

【油价补贴】　认真贯彻国家“油补”政策，确保石油价格改革顺利实施。坚持“关键抓稳定、核心是兑付”的指导思想，按照“公开、公平、合理”的补贴原则，和交通、水务、林业等部门提供的行业数据，严格公示制度，做到公开透明，并及时对油补资金的拨付情况进行自查和清算，确保应补尽补，足额兑付。全年拨付石油价格改革财政补贴资金1.38亿元，其中：2010年度油补清算资金7963.94万元，渔业202.8万元；林业769万元；城市公交2109.5万元；农村道路客运2785.26万元；出租车1966.27万元；农村水路客运69.11万元；相关部门工作经费62万元。2011年第一批油补资金5781.74万元，渔业103.4万元；林业498万元；城市公交1865.35万元；农村道路客运1954.31万元；出租车1294.11万元；农村水路客运66.57万元。

【家电下乡·汽车摩托车下乡】　全年发放家电下乡补贴资金7085.37万元，补贴家电下乡产品236388台，补贴兑付率达到79.61%。省财政厅共计下拨全州家电下乡补贴资金3140万元；摩托车下乡补贴资金2500万元；老旧汽车报废更新补贴资金60万元。家电下乡政策已于2011年11月30日截止，各县市商务、财政部门在加强政策宣传的同时，统筹协调好各个环节，及时审核兑付在政策实施期内已购买家电下乡产品的补贴资金，在规定的时限内对前期遗留未兑部分进行重点清查。

【教育事业】　全年中央、省下达全州专项资金15.46亿元，比2010年增加5.46亿元。其中：中央、省下达教育专项资金14.17亿元，比2010年增加5.24亿元；科技立项资金1124.5万元，比2010年增加276.85万元；文化、体育、计划生育、广播、宣传、人防、档案、地震等事业资金1.30亿元，比2010年增加3145.37万元。抓住“农村义务教育经费保障机制改革”机遇及时向省财政厅反映全州农村中小学的生源情况和农村中小学校校舍现状，确保全州71.79万义务教育阶段学生全部享受免费读书；中央、省补助生均公用经费由2008年的小学263元/年、初中403元/年，提高到2011年小学500元/年、初中700元/年；中小学生享受贫困寄宿制生活费补助人数21.517万人，享受比例达到100%。贫困寄宿制生活费补助标准由2009年小学500元/年·生，初中750元/年·生，提高到2010年的小学750元/年·生，初中1000元/年·生；2011年秋季11个国贫县的贫困寄宿制生活费补助标准又提高到小学、初中1450元/年、生。6个非贫困县的贫困寄宿制生活费补助标准提高到小学1000元/年·生，初中1250元/年·生。继续贯彻落实国家中等职业（技术）学校和职业中学助学金政策，2011年全州各类中等职业（技术）学校和职业中学在校学生达到3万人，比2010年增加1180人，按国家政策全部中职在校学生享受免费职业教育。进一步完善中等职业（技术）学校和职业中学支助体系建设，全州享受中等职业教育助学金补助的学生达2.3万人；享受彝区免费职业教育州外就读全日制中等职业学校学生生活补助6775人。继续认真落实省委、省政府“2010年民生工程”和州委、州政府实施的“十大民生工程”，抓好“民族地区帮扶工程”、“教育助学工程”、“文化体育工程”相关资金的筹措和落实工作，共拨付藏区“牧民定居行动计划”资金158万元；落实计划生育扶助政策资金1273.77万元；“少生快富工程”资金133.8万元；农村义教公用经费资金4.35亿元；农村义教贫困寄宿生生活补助资金1.82亿元；民族地区教育发展十年行动计划资金1.43亿元；资助中等职业技术学校农村学生和城市家庭经济困难学生资金2830.9万元，“资助普通高中困难学生”资金2475.44万元；“发展学前教育”资金482万元；职业教育资金1.27亿元；实施中小学校舍安全工程1.54亿元；特殊教育资金95万元；文化基础设施建设4065.53万元；“农家书屋建设”资金135.9万元；“改善体育活动设施条件”资金676.2万元；广播电视“村村通”工程资金1100.62万元；农村电影放映工程862.158万元。做好广播电影“2131”工程、“农村书屋”建设、广播电视覆盖工程等的资金筹集和拨付。按照《全省“两基迎国检”视频会议》要求，进行了全州“两基迎国检”教育经费情况表填报口径培训，盐源县代表全省顺利通过国家的检查评审，并且获得高度评价。

【行政政法经费保障】　2011年按照公务员工资制度和事业单位工作人员工资制度实施正常增资。并对各单位人员增减变动、工资调整实行动态管理，一律凭编制、人事部门审批的手续进行调整；对超编人员、单位聘用的临时人员，则不予预算公用经费；对单位调进、调出人员相关经费年终进行清算并及时追加、减指标。堵住单位虚报冒领、钻空子吃空饷的漏洞，有力保证行政政法机关的正常运转和事业目标的实现，推动社会主义和谐社会的建设。严格实行“收支两条线”管理。对单位的行政事业性收费，政府性基金和其他非税收入，实行收缴分离、罚缴分离、收支脱钩、全额缴入州级国库，纳入财政一般预算管理。按照预算优先安排基本支出的原则，在深入调查研究的基础上，对非税收入较多的4个事业单位33.16万元用于抵扣安排政策性奖金、菜篮子和过节费。按照州政府有关要求，对纳入公务员津补贴规范范围的23个单位、196.7万元非税收入进行统筹，使综合预算进一步深化，并在一定程度上减轻财政支出压力。专项经费安排有进有退，有保有压，有促有控，兼顾发展与稳定。2011年在预算内专项财力增长不大的情况下，对所管部门的专项资金安排上采取根据预算单位年度工作任务和事业发展计划下达预算指标控制数；对小单位、经费较困难的单位，在专项资金的安排上给予倾斜；对单位工作任务发生变化的在专项资金安排上进行调整。预算单位按轻重缓急分类排序落实到具体项目，对预算单位确定的项目逐笔进行审核，明确专项资金的安排原则、标准，在基本尊重单位意见的基础上，对不合理的项目进行调整。合理、正确安排部门当年专项资金，基本保证了单位的正常运转。对应纳入政府采购的项目，全部纳入政府采购预算。严格预算执行，维护预算的严肃性。部门预算批复下达后，认真组织执行。资金的拨付全部纳入集中支付，明确项目授权支付或直接支付。强化对预算执行环节的管理和监督，增强预算约束力，保证财政资金的安全、高效运行。建立“明确责任、分类负担、收支脱钩、全额保障”的政法经费保障体制，实施分项目、分区域、分部门的政法经费分类保障政策，并探索建立符合全州经济社会发展和政法工作实际的政法经费保障激励约束机制。根据省财政厅出台的《四川省政法经费保障工作绩效考评办法（试行）》，加强对中央和省级政法转移政法资金分配、使用和管理以及县的政法经费投入情况的监督。做好2010年度政法机关经费保障情况统计报表的填报工作，分析、运用好相关数据，先后两次组织对县级财政部门进行培训。在县级财政部门、政法机关的共同努力下，完成了软件数据填报工作。根据省财政厅《关于开展全省政法经费保障体制改革调研检查工作的通知》要求，成立由州财政和政法部门组成的5个联合检查小组，分赴全州17个县市，对2009—2010年中央和省级公共安全转移支付资金办案（业务）经费及业务装备经费使用管理、政法经费保障等情况进行认真检查。通过召开县级财政、政法部门有关单位负责人及具体工作人员座谈会议、到财政政法部门具体单位查看财务资料及相关档案资料、走访基层民警等多种形式，在各单位自查的基础上进行认真核查。对检查中发现的问题提出整改意见，并及时完成调研报告。密切加强和省财政厅的联系、沟通，争取上级资金的帮助和支持。2010年仅中央和省级政法转移支付资金一项就达2.17亿元。继续按照2011—2012年党政机关出差和会议定点饭店政府采购工作要求，把凉山州岷山饭店等15家国家机关出差和会议定点饭店的星级情况、服务质量和收费情况等信息维护、管理好。

【会计管理】　抓好内部控制制度和新会计准则（包括《企业会计准则2008解释》）的培训；对行政事业单位的会计人员，主要抓好新编预算会计和现阶段行政事业单位会计日常核算基础性工作的培训；对农村会计人员，主要抓好村集体经济组织、农民专业合作社、新型农村合作医疗会计制度和有关政策的培训。2011年12月，组织了全州17个县市会计人员管理信息平台建设及软件操作培训会和全州农村财会人员支农政策软件的培训。参加全省《小企业会计准则》宣传贯彻视频动员暨师资培训会议，并邀请州国税局、州地税局、州工商局、州经信委、州银监局的领导和相关科室负责人参加培训会议。全州17个县市的相关部门也参加培训。继续抓好《村集体经济组织会计制度》、《农民专业合作社财务会计制度》、《新型农村合作医疗基金会计制度》三项涉农新会计制度及相关政策执行情况的调研指导，为促进新农村建设服务，并大力推广农村委托代理记账制度，促进村务公开、民主理财和农村社会和谐。完成会计专业技术资格全国统一考试工作。全州报名1446人（其中中级528人，初级918人），1个考点设在西昌四小，考室34个。考试出考率：经济法基础62.2%、初级会计实务61.11%、经济法39.02%、财务管理40.43%、中级实务40.16%。完成注册会计师全国统一考试工作。考试于9月17—18日在西昌四小举行。

考试人数318人，共8个考场。完成会计从业资格全省统一考试工作。上半年考试于6月25日举行，下半年考试于11月19日举行。完成高级会计师全国统一考试的报名评聘工作。经过认真组织，细心审查，完成高级会计师考试的报名、资格审查、合格证办理等相关工作，全州有22人符合报名条件并考试，其中5人达到国家合格线。2011年7月，对州林业局、州热作所、州环保局、西昌汽车运输有限责任公司等企事业单位的会计基础工作规范和会计信息质量进行检查。

【票据监管】 全年向省票据管理中心领购各类财政手工票据17.9万本，机打票据7535包；发售各类财政手工票据17.78万本，机打财政票据7843包。库存结余各类手工票据10.02万本，机打票据2437包。按最终价计算发售各类财政票据172.08万元（其中，州级发售并缴库53.80万元、县级领购118.28万元），支付省中心184.84万元票据款（包括支付2010年末领购的2011年第一季度未上划票据款27.74万元）。实现毛利收入25.77万元，其中各类票据销售的毛收入25.71万元，代开票工本费收入630元。实行委托代开单位10个，票据535份，金额448.76万元；直接代开单位42个，票据207份，金额5363.21万元。加强各类财政票据使用的指导和监管。2011年第二季度起全省逐步启用新改版的财政票据，财政票据的改版工作涉及面宽、工作量大，为保证财政票据使用的连续性和稳定性，及时与省票据管理中心联系将新版财政票据的宣传票据样本画调回，并发放给各县市财政部门，保障各级部门顺利开展新改版财政票据宣传工作。对越西、甘洛、冕宁三县的财政票据管理工作进行回访抽查。2011年4月召集卫生、医保部门以及市内的几家公立医院、私立医院和几家定点报销药房的专题座谈会，对本地区各级各类医疗机构票据管理使用情况进行了摸底调研，并形成专题报告上报省财政厅。

【税政法规】 先后完成全州企业所得税税源调查、《四川省车船税实施办法》征求意见、州境内水力资源整体分布、开发利用及大中小型电站增值税征缴和全州进出口退税等情况的调研工作，提出意见和建议。代州政府草拟《凉山州人民政府办公室关于推进应用房地产评估技术加强存量房交易税收征管工作的通知》，对开展应用房地产评估技术加强存量房交易税收征管工作方案、工作规范具体做了安排，增强房地产市场调控的政策效果。全年办理退税企业20户（次），审批20户（次），退税1238.63万元：其中监狱劳教企业7户（次），退税399.31万元；宣传文化单位2户（次），退税75.16万元；德昌奇业化工3户（次），退税479.67万元。全年上报企业8户（次），退付再生资源增值税284.5万元。完成全州法院系统诉讼费退库20户（次），金额274.38万元。对全局各科室的行政职能进行了全面清理，清理后全局的行政审批项目为两项，对保留的会计从业人员资格证核发和代理记账机构的审批这两项行政审批事项完善公开审批程序、公开审批结果的相关制度，为群众提供更加透明、高效、优质的服务。并加强抓财税法规知识宣传培训工作。

【民生工程】 全州安排民生工程的资金80.98亿元，其中：州级安排4.43亿元，县级安排14.56亿元，上级补助59.04亿元，其他资金安排2.95亿元。“民生工程”资金预算执行80.88亿元，其中：就业促进工程5200万元，扶贫解困工程3.16亿元，民族地区帮扶工程11亿元，教育助学工程13.24亿元，社会保障工程7.56亿元，医疗卫生工程7.53亿元，百姓安居工程14.12亿元，基础设施工程16.45亿元，生态环境工程6.21亿元，文化体育工程1.07亿元。

【国有资产管理】 组织完成2010年度国有及国有控股企业类、城镇集体企业类年度财务决算和上报汇审工作，并对数据进行分析整理，决算资料进行归档，建立好总数据库和子数据库。并认真完成2011年度企业财务决算的布置培训工作。

【党风廉政建设】 州财政局党风廉政建设、惩防体系建设、治理商业贿赂、农村基层党风廉政建设、农村惩防体系建设以及贯彻落实国务院第四次廉政工作会议精神六个方面的工作任务牵头27项、协办75项，未明确的22项（集中在党风廉政建设和反腐败工作方面）层层分解。由局党组书记负总责，8位党组成员和3位行政领导分头抓目标任务分解落实；20个科室、部门抓执行。做到反腐倡廉建设工作与业务工作同部署、同落实、同检查、同考核。在全局形成了“一把手”亲自抓，班子成员按照“一岗双责”要求各司其职，各牵头和协办科室具体负责的齐抓共管工作格局。以“创先争优”活动为契机，深入开展理想信念教育、廉政党课教育、机关廉政文化建设，参加建党九十周年反腐倡廉建设知识竞赛活动，发放《反腐倡廉10个热点问题》的党风廉政建设学习资料，利用金财网和凉山报等媒体宣传财政反腐倡廉工作。开展《廉政准则》贯彻执行情况专项检查，财政资金安全大检查，“小金库”专项治理工作。认真落实省委巡视组反馈问题及意见的整改要求，制定整改实施方案，对进一步降低行政成本，认真解决领导干部私驾公车、公车私用，坚决刹住公职人员参与赌博歪风等重点问题明确了整改措施，提出了整改要求。

【荣誉】　2011年州财政局先后获得各级各类荣誉：四川省文明单位，四川省卫生先进单位（复查合格），四川省民族团结进步模范集体，2011年度退税审核工作先进单位，四川省绿化模范单位，2001—2010年《凉山民族教育发展十年行动计划》实施工作先进集体，凉山州2011年烟叶生产先进集体，2011年烟叶工作先进集体，凉山州第二轮修志工作先进集体，2006—2010年全州法制宣传教育先进集体，2011年度矿产资源补偿费目标管理考核先进单位，2011年度州级部门地质灾害防治目标考核先进集体，2011年度保持州级计划生育工作合格单位，凉山州2011年度实施“乡镇金融服务全覆盖”计划先进单位，2010—2011年度消防工作先进单位，凉山州“十一五”主要污染物总量减排先进单位，凉山州第六次全国人口普查先进集体，2011年度凉山州信访工作先进集体。

（审核：邓　激/撰稿：郑榜学　刘　晓）

国家税务

【概况】　2011年，全州国税系统抓住凉山政治稳定、民族团结、经济发展的良好机遇，以组织收入为中心，突出税收征管服务主业，重点抓好征管质量提升、队伍素质提高和党风廉政建设工作，实现税收收入规模的提升和结构的改善，初步搭建起符合凉山实际的税源专业化管理框架，班子队伍的能力素质进一步提升。

【税收收入】　全年全州国税系统共完成税收收入46.2067亿元，比2010年增长31.3%，收入的增幅远远超过当年GDP（15%）的增长幅度，税收收入首次跃上40亿元新台阶。分税种看，增值税33.19亿元占72%，企业所得税8.83亿元占19%，消费税1.61亿元占3%，车辆购置税2.58亿元占6%。分行业看，采矿业35.5%，制造业17.4%，电力12.8%，商业25.4%（其中烟草批发16.91%），这4个行业税收占总收入的91.11%。分规模看，年纳税1亿元以上的企业4户，5千万元～1亿元企业8户，税收收入占总量的33.7%。省级监控的重点税源监控企业82户，入库税收共25.59亿元，占税收总额的55.4%；州级监控的重点税源监控企业45户，入库税收共2.64亿元，占税收总额的5.7%。全年共完成州财政地方一般预算总收入39.33亿元，完成州财政地方一般预算收入10.35亿元。2011年共办理出口退税3352万元，比2010年增长15.9%。在组织收入工作中，强化管理，应收尽收，增加正常收入比重，促进收入结构进一步合理。2011年，所得税占税收的比重为19.1%，比2010年提高了1个百分点。

【税收征管】　夯实征管基础，积极推进征管服务创新转型。深化一体化建设，加大州局统筹纳税评估、专项检查、执法检查等开展重大征管服务活动的力度。大力推进标准化、规范化建设，按照省局编写的征管服务规范化标准化操作规程，抓好落实，确保全州征管服务统一标准、统一规范。2011年，全州在西昌市等8个单位推行标准化、规范化建设，推行面达到44.4%。按照省国税局征管服务创新转型的工作要求，在深入调研的基础上，结合凉山实际，把税源管理分为州、县市局两个层面，根据各县市经济发展水平、税源结构、机构设置、人员状况，把县市局税源管理分为三种模式：西昌、会理、德昌、冕宁经济基础相对较发达，规模以上企业占比较高，税源规模较大，管理人员较多，采取设置三个不同业务类别的税源管理科的模式；会东、盐源等8个单位经济发展水平处于中等，规模以上企业数量不多，税源结构较分散，专业化管理人员相对缺乏，采取设置两个不同业务类别的税源管理科的模式；布拖、昭觉等5个单位经济基础相对较差，税源结构单一，税源规模较小，征管力量不足，采取全员征管，按业务类别设置三个管理组的模式。夯实征管基础，加大全州纳税评估、专项检查、执法检查等工作事项统筹力度。开展数据分析应用，深入剖析征管薄弱环节，按月发布相关报告，对征管质量运行情况进行通报、分析，全面提高了征管质量。到年底全州共有纳税人22187户，其中：个体16722户，企业5465户，比2010年底增加188户。

【队伍建设】 以文化建设为抓手，加强班子队伍建设。突出以学习积极、奉献团结、健康向上、和谐清明为主要内容的凉山国税文化建设。以人为本，狠抓职业道德教育，加强班子监督管理，通过培训、岗位练兵、巡回讲学、“赛比争”、公选、竞争上岗等形式来提高干部队伍综合素质，激发队伍活力。全年完成全州国税系统各类培训总计 91 期 554 人，培训量为 10941 人天，人均脱产培训 11.98 天。深入开展讲学习、讲奉献、讲团结、讲纪律的活动，巩固和提高全国文明单位创建成果。通过巡视和开展对重大工作的监督检查，促进基层班子作风转变，进一步增强班子驾驭工作的能力、处理复杂问题和应急工作的能力，班子的凝聚力和战斗力进一步增强。党风廉政建设常抓不懈，按照四川省国税局党风廉政建设和反腐倡廉工作思路及凉山州委、州政府党风廉政建设工作部署，全面落实系统党风廉政建设反腐败工作与税收业务工作的整体融入并进，围绕始终坚持党风廉政建设与税收征管、队伍建设、组织收入工作统筹安排、同步推进；始终坚持以加强税收征管来提高队伍素质和保障党风廉政建设；始终坚持以加强党风廉政建设来促进税收征管，实现收入增长开展党风廉政建设工作，着力内控机制建设。全州 17 个县市局分别受到当地党委政府的好评，全系统连续 15 年保持班子和队伍无违法违纪问题的良好记录和工作成果。凉山州国税局机关被表彰为第三批全国文明单位，继续保持全国青年文明号、保持省级卫生先进单位、省级无吸烟单位等荣誉称号，连续十六年被州政府评为目标管理先进单位。

（审核：丁正扬/撰稿：彭红玲　李　明）

地方税务

【概况】 2011 年，面对“十一五”以来税收收入节节攀升，税源结构性矛盾加剧的严峻现实，地方税收在高位上高速增长面临挑战。全州各级地税机关以继续推进创先争优活动为契机，切实加强党的建设，进一步振奋精神，全面完成了省局下达的收入计划。全州地税系统组织总收入 515263 万元，占计划的 102.03%，同比增长 25.59%，增收 105005 万元。其中，税收收入 481024 万元，占计划的 100.84%，同比增长 24.72%，增收 95330 万元。完成一般预算收入 412520 万元，同比增长 26.35%，增收 86025 万元。

【目标管理考核】 年初，在深入调查摸底、科学分析预测税源的基础上分解制定收入目标。州局与县市局、县局与税务所分别签订了组织收入目标责任书，层层落实责任，将组织收入工作纳入目标管理考核，做到目标明确，考核逗硬，保证了税收收入进度。平时，加强对组织收入的组织协调，坚持定期召开收入分析会，针对税源状况开展分析，查明收入下降原因，找准影响收入变动因素，制定出相应的应对措施。

【税源专业化管理】 针对纳税人的特点和风险控制的要求，对纳税人进行分类管理并按业务事项分岗管理，整体形成以专业化税源管理机构为中枢，以分类分岗管理为基础，以一体化部门协作为保障的税源管理格局。各地积极推行税源专业化管理试点，根据实际情况分别对水电站建设税源、矿业税收进行了税源专业化管理试点。应用房地产评估技术切实加强了存量房交易税收征管工作，在西昌市、德昌县等 5 县 1 市所在的主要城区建立了估价信息系统并试运行。在西昌市、德昌、会理、会东利用 GPS 系统测绘功能进行了土地使用税应税面积测量试点。

【“税库银”横向联网】 为更好地服务纳税人，州地税局成立了全州税库银联网工作领导小组，认真开展好全州税库银联网工作调查研究并制定工作实施方案，搞好培训工作，开好联席会议，做好主题宣传。全年签订三方协议的纳税人总计 730 多户，扣税笔数总计 850 多笔，扣税金额总计 13392 万元。

【发票管理】 扎实稳健地推进发票换版工作，增强工作的预见性和主动性，加强新发票宣传，做好旧发票清理，加强印制管理和使用情况调研指导，规范发票代开。严厉打击制售假发票和非法代开发票，部分县市局在专项发票检查工作中取得了很大的成效。西昌市捣毁两个制售假发票窝点，收缴了各种伪造的税务专用发票和空白发票 564 份，已填开 159 份，伪造的完税证 41 份，没收了制造假发票的各类作案工具。法院对该案进行了审理并宣判，犯罪分子受到了刑罚和经济制裁。

【税收法制宣传】 整合资源，发挥整体优势，拓宽渠道，丰富服务内容，通过《凉山日报》、凉山电视台、凉山人民广播电台等新闻媒体开辟专栏、专版、专访、知识讲座等，共刊出新闻200余条。参加凉山人民广播电台的《行风热线》节目，围绕新修订的《个人所得税法》、有奖发票、房地产税收等税收热点问题，通过热线电话与广大听众直接交流，为纳税人答疑解惑。开展了诚信兴商宣传月活动和“12·4”全国法制宣传日活动，统一制作宣传展板，对地方税收法律法规及地税工作动态进行了宣传。

【税收执法检查和稽查】 认真开展税收执法检查和税务稽查工作，发挥了执法监督职能作用，确保了执法监督质效，达到了以查促收的效果。从20个基层执法单位遴选42人组成了税收执法检查人才库，在各县、市局认真开展自查的基础上组成了三个重点检查工作组，分别对盐源、木里等7个基层单位进行了重点检查，检查面达35%。共发现了24个问题户，涉税金额达11.95万元，已整改12户。全年全州地税稽查部门共检查纳税户130户，组织企业自查181户，查补并入库收入1.05亿元。

【税收优惠政策】 认真贯彻落实新一轮西部大开发、扶持现代服务业、加快中小企业发展等优惠政策，完善减免税管理办法，优化审批程序，确保政策效应得到充分发挥。全年共减免营业税5100万元；城镇土地使用税困难减免26户，减免税金额124万元；房产税困难减免19户，减免税金额174万元。享受西部大开发企业所得税共减免40户，减免税金额9732万元；审批2010年度财产损失3643万元。

【队伍建设】 深入开展争创四好班子和“三个一流”活动，进一步加强了领导干部思想政治建设和作风建设，继续调整充实和优化基层领导班子，推进干部交流。推荐2名正处级后备干部，5名副处级后备干部，各县、市局也按要求建立正科级后备干部数据库，实行动态管理。严格按照干部选拔任用工作条例和干部“四项监督”制度的规定，提拔任用正科级干部1人，调整转任2名科级干部和2名基层税务所长，新提拔任用基层税务所长3人，对试用期满的3名科级干部、8名基层税务所长予以考察并转正。按照干部选拔任用的“一报告两评议”要求，对2011年新任命的1名正科级干部进行了民主测评。

【教育培训】 按照全员培训和分级分类培训的原则，加大培训力度，加强培训管理，逐步形成各类岗位的梯次业务骨干队伍。州局选派3人次处级领导干部参加国家局组织的专题培训，在江西省税务干部学校举办为期16天的全州地税系统正科级领导干部素质能力提高培训。全系统共组织各种培训20期，培训2359人次。积极组织参加全国税务系统所得税考试，取得全省地税系统平均成绩第一名的好成绩。

【教育扶贫】 百乡教育扶贫工作与“挂包帮”活动、彝区健康文明新生活运动及禁毒防艾工作密切结合，真情帮扶促发展，取得了较为明显的效果。为洒拉地坡乡中心校师生先后捐赠了25000元现金、100套课桌椅，组织中心校15名教师到西昌市三小学习培训并负担其住宿费用。为洒拉地坡乡贫困农户、党员、五保户赠送了200床棉被、捐款1.96万元。邀请州“五老”志愿者宣讲团为洒拉地坡乡中心校学生做了一场以健康文明新生活和禁毒防艾知识为主要内容的宣讲报告。全年投放的50头基础母牛共新生小牛23头，已卖出8头，产生8万元的经济效益。全局在全州“挂包帮”活动总结表彰大会上荣获先进集体称号，并代表州级机关做了经验交流发言。

【党风廉政建设】 全系统认真开展经费管理和票证管理自查工作，切实开展对公务用车、小金库、公务费和招待费严重超标问题的专项治理，对反馈回来的问题召开专题会议及时进行整改。还按计划开展对州局第二直属分局、雷波县地税局等6个单位一把手的任期经济责任审计以及对2个税务所的专项审计。各县市局均开展对1个税务所或稽查局的审计。全系统在西昌市、昭觉县地税局进行廉政风险防控机制建设试点工作，已初步建立起全面覆盖、层层管理、重点防控、责任到位的廉政风险防控体系。向各县市局及州局直属单位发出《民主评议政风行风评议表》410份，收回410份，满意度好的占总数的96.12%。各县市局、州局直属单位向当地人大、政协、相关部门、特邀监察员、纳税人等发出《政风行风评议调查表》2110份，共征求到意见和建议36条。对反馈的问题，均深刻剖析原因，并提出整改方案和措施。

【精神文明】 抽出100名干部职工组成百人合唱团，参加由州委、州政府主办的红歌唱响凉山主题红歌会演出。举办凉山州地税系统文艺汇演，隆重庆祝中国共产党建党90周年。精彩的文艺演出，既汇聚凉山地税精神文明建设的成果，又展示凉山地税良好的行业形象，进一步激发地税干部科学聚财、扎实创先争优的积极性和高位求进的昂扬斗志。组织创作的歌舞《山寨迎来地税人》和快板《廉政花开结硕果》参加全省地税系统队伍建设与廉政成果展示汇报活动，并获得一等奖。

（审核：郭书川/撰稿：陈禹祥）

金融・保险

Finance. insurance

人民银行

【概况】 2011年，人民银行凉山州中心支行结合地区实际认真贯彻执行稳健货币政策，积极推进金融改革，维护辖区金融稳定，有效履行基层央行工作职责，较好完成各项工作任务，促进辖区经济平稳较快发展。年末，全州金融机构人民币各项存款余额869.67亿元，比年初增加171.85亿元，增长24.63%；各项贷款余额409.74亿元，比年初增加65.71亿元，增长19.03%；全年全州金融机构本外币各项贷款余额409.89亿元，比年初增长19.00%，增幅比全省平均水平高2.45个百分点，贷款总量和增速分别居全省第10位和11位，信贷投放平稳增长。人行凉山中支继续保持了成都分行文明单位、省文明单位等荣誉称号。年末，全州人民银行机构没有变化，全辖共有在职正式职工148人，其中中心支行116人，昭觉支行15人，会理支行17人，中心支行副行长（主持工作）吴彬，副行长罗大强。

【金融运行情况】 人民银行凉山州中心支行指导全州金融机构认真贯彻落实稳健货币政策，合理把握信贷投放总量和节奏，充分发挥金融支持经济结构调整职能。受存款准备金率、基准利率多次上调和商业银行资本约束机制增强等因素影响，全州金融机构信贷投放平稳增长。年末，全州共实现地区生产总值1000.1亿元。全年金融运行情况如下：存款总量保持平稳增长，社会资金持续回流。截至年末，储蓄存款余额为434.98亿元，比年初增长23.96%。全州信贷投放持续平稳增长。年末，全州金融机构本外币各项贷款余额409.89亿元，比年初增长19.00%。全州信贷投放呈现以下特点：一是全州金融机构为保持项目投资的连续性而主动压缩了部分流动资金贷款，是造成短期贷款持续下滑的主要原因，但新增中长期贷款仍占据全州新增贷款主导地位；二是水电、采矿业和制造业等重点领域信贷保持较快增长，公共设施管理和居民服务信贷投放出现负增长；三是州农村信用联社已取代四大国有商业银行信贷投放主体地位，中小企业贷款改善明显。

【货币政策】 人民银行凉山州中心支行按照总、分行2011年工作会议精神和《2011年四川省金融机构执行货币信贷政策指引》要求，结合辖区实际，采取多种有效方式，加强向社会各方的政策传导和宣传解释，引导各方正确理解政策内涵，调整经济行为预期，顺应宏观调控要求，争取实现良性互动。一是加强内部学习。二是按照总行、分行稳健货币政策的总体要求和目标、加强对地方政府及社会公众的政策舆论引导，争取各级地方政府及金融机构的理解和支持。三是人行凉山中心支行通过金融机构一把手见面会、全州金融工作会议、省政府在凉山召开的2011年省级金融机构与凉山州（县）政府银政项目洽谈会、定期或不定期组织召开的各层次金融会议，通报人民银行总、分行工作会议精神，加强稳健货币政策宣传和信贷窗口指导，确保货币政策在辖区得到有效传导。四是加强与地方政府的沟通协调。通过深入沟通交流，立足服务经济社会发展和金融业持续健康发展，在促进区域经济产业结构优化和升级的基础上，指导银行业机构围绕凉山经济社会发展中的关键领域和重点行业，进一步加大信贷支持力度。围绕农民增收，着力增加涉农贷款，促进农村经济发展，积极运用多种金融服务手段，支持农业产业化龙头企业、专业合作组织、农村专业大户和农产品经济发展现代农业。

【金融稳定】 人民银行凉山州中心支行指导农业银行开展“三农”金融事业部改革试点，对辖区17个县级农行“三农”金融事业部进行检查评估，为农业银行“三农”事业部改革工作全面铺开奠定基础。加强对辖内农村信用社的监测考核，帮助西昌市联社获得执行比同类金融机构正常标准低1个百分点存款准备金率的激励政策（政策执行期为一年），帮助会理、会东、宁南、金阳和普格五县联社获得1.96亿元支农再贷款临时周转限额。积极参与凉山州农村信用社统一法人改革工作。积极推进金融创新，增强金融服务地方经济发展的契合度，引导农业银行“三农”自主产品创新基地加快建设步伐，为金融支持“三农”搭建良好平台，建立与地方政府及金融监管部门的合作和信息共享机制。在加强对银、证、保监测分析的基础上，把辖区担保公司、信用评级公司、地方融资平台等地方性非银行金融机构纳入监测范围，重点加大对新型农村金融机构、交叉性金融工具、非正规融资活动等高风险机构和环节的监控，提高风险监测的及时性和有效性，有效把控辖区金融资产质量和流动性风险。从适应宏观审慎管理角度出发，及时对各银行业金融机构给予风险提示，引导各银行业金融机构从提高资本水平和资产质量两个方面建立增强风险防控能力的弹性机制、风险防范能力的自我约束机制，实现业务经营和风险管理的协调发展，有效防范顺周期系统性风险积累。

【征信工作】 人行凉山中支充分结合凉山实际，牢牢抓住地方党政实施诚信凉山品牌战略机遇，以机制创新促进征信发展，以夯实基础抓好系统服务，以执法监管强化业务规范，在实践中不断创新，在创新中把握务实，积极履行基层央行征信职责，深入推进凉山社会信用体系建设，有效助推地方经济社会各项事业全面健康和谐发展。充分依托诚信凉山品牌战略实施机遇，着力搭建凉山征信建设长效联动工作机制，稳步推进征信系统建设，积极拓展系统服务功能继续抓好非银行信息采集工作，稳定拓展资信评级市场，不断提高征信服务和管理水平，促进凉山社会信用体系建设不断完善。人行凉山中支在全州率先启动征信行业建设工作，通过举办全州43家金融机构共同承诺签署《凉山州金融诚信服务公约》和凉山州金融消费者权益保护启动仪式等活动，把金融诚信服务与金融消费者权益保护有机结合起来，进一步修改、完善了《凉山州信用农户、信用村、信用乡（镇）评定办法》及有关评分标准，促成州政府出台《关于进一步深入开展农村信用体系建设的实施意见》，着力探索符合凉山实际的、具有民族地区特色的农村信用体系建设道路。截至年末，全州农户信用档案已收集41.66万户，占全州农户数的43.40%；评定信用户37.48万户，占建档农户的89.97%；向已建立信用档案的农户发放贷款35.77亿元，较上年增加9.32亿元，增长35.23%；在全州评定农村青年信用示范户296户；评定表彰5个州级信用乡镇和12个州级信用村，全州州级信用乡村共获得银行授信4.51亿元，贷款3.17亿元。人行凉山中支已收录2349户中小企业信用信息数据，培植成功中小企业50户，占培植企业户数的50%，培植成功率较上年提高13个百分点，获得授信6.97亿元和信贷支持4.98亿元；评定表彰20户2010年度凉山州诚实守信模范企业，建立了凉山企业信用体系建设的红名单制度，全州诚实守信模范企业共获得银行授信35.96亿元和信贷支持33.46亿元，有力地助推了企业生产经营发展。

【金融服务】 加强金融基础设施建设，突显央行在社会金融服务中的引领作用。大力实施农村支付结算迅通工程建设，引导金融机构积极作为，实现全州县市城区银行网点电子方式直接通汇。积极推进财税库银横向联网建设，成功将辖区国税、地税、国库和银行机构接入财税库银横向联网系统，实现安全、高效、便捷的电子缴税服务。拓展民生资金国库直接支付创新，覆盖农村低保补助资金、西昌市社会散居孤儿基本生活费补助资金，困难群众一次性价格补贴等项目，累计拨付资金24967笔、金额731.65万元，进一步发挥了国库服务社会、服务民生的作用。一是提升外汇管理水平，进一步推进经常项目业务便利化。二是建设和完善现代化支付系统，成功划拨资金往来1958亿元，畅通社会资金流转渠道。三是继续深化一级发行库的规范化、标准化、科学化管理，加强分析监测，合理调拨发行基金，保障了凉山和攀枝花地区正常现金供应，无一起安全责任事件发生。四是做好反假货币和反洗钱工作，实施反洗钱检查2次，发出非现场监管意见书21份，有力维护了金融秩序。五是加大信息安全管理力度，进一步加强对金融业信息安全指导和协调，完成了全辖26家金融机构、483个网点的金融机构信息编码年度验证工作，发出不合格通知19份，并督促落实整改，促进辖区信息安全管理水平整体提高。

【金融管理】 有效推行“两管理、两综合、一保护”，增强对外履职权威。结合履职形势发展的需要，制定出台《银行业金融机构开业管理与服务工作指引》、《金融机构重大事项报告制度》、《金融机构综合评价机制管理办法》、《综合执法检查实施方案》、《凉山州金融消费者权益保护暂行办法》等制度办法，建立科学完整的管理监督体系。在全省创新以新闻通气会的形式启动了金融消费者权益保护工作，以媒体为宣传平台，向社会公布了《凉山州金融机构保护消费者权益承诺书》和具体保护实施办法，受到上级和社会的一致认可，被《金融时报》宣传报道。大力推行政务公开，建立《政务主动公开制度》、《政务申请公开制度》、《政务公开监督检查及责任追究制度》、《政务公开评议制度》等11项制度，工作步上规范化、常态化轨道。完善地方政府网站专栏建设，成功将中支系统接入凉山州人民政府政务公开信息门户网站，及时维护更新，畅通了政务公开便民渠道。加强机制建设，及时调整依法行政工作领导小组、行政处罚委员会、行政复议委员会成员，修改制定依法行政工作实施意见，以此增强依法行政工作效能，全年实施行政处罚9起，贷款卡发放行政许可283份，银行账户开户许可证核发行政许可4326户，不予行政许可281户，准予3家金融机构县级国库集中收付代理银行资格。严格执行法律审核制度，对行政处罚、合同签订等事项审核出具法律意见书55份，其中对27份中支与外单位签订的合同提出修改意见73条。创新建立了法律审核意见采纳情况反馈制度，对法律意见的提出、修改和确认实施跟踪监督，强化了法律审核效果。

【党风廉政建设】 认真贯彻落实分行关于加强基层党建工作相关文件要求，坚持纠建并举，综合治理，以建为主方针，务实推动服务文明化、办事高效化、能耗节约化，环境整洁化。以深入开展创先争优活动为主线，认真做好学习型党组织建设、党员先进性教育培训、新党员考察培养等工作。深入开展文明单位创建工作，在全辖系统营造浓郁的创建氛围，倡导厉行节约、勤俭办行的作风，宣传生态文明，强化低碳经济与低碳生活理念，提升干部职工文明素质修养。认真贯彻中纪委第六次全会以及人民银行总行、成都分行纪检监察会议精神，落实党风廉政策责任制，严格执行各项廉政纪律，将党风廉政建设和反腐倡廉各项工作责任细化分解到部门和具体人员，确保党风廉政建设各项任务要求逐一落实到位。各项内控管理制度办法得到提升，全年未发生案件和重大责任事故。进一步巩固和提升科学发展实践活动成果，干部队伍整体素质得到提升，全年人民银行涌现出一批总行、分行先进集体和个人。

（审核：吴　彬　阿都建林/撰稿：李　惠　吴　琳）

银行业监督管理

【概况】 2011年，凉山银监分局认真落实银监会、四川银监局年初工作会议精神，积极对接州委、州政府经济社会发展部署，在全州银行业发起“五个年’活动，积极推进辖区银行业改革，提高辖区银行业机构经营管理水平和金融服务水平；强化内控机制建设，着力做好案件治理工作，防范化解金融风险，有效推动辖区经济金融协调、可持续发展，有力促进了银行业合法稳健运行。

【“五个年”活动】 银行业支持地方经济社会发展、空白乡镇金融服务、农信社改革、股份制银行引进等重点工作进展顺利，平台贷款、集中度、房地产等各类重点风险得到较好控制，银行业机构案件高发态势得到有效遏制，实现了零案件。截至2011年10月末，全州银行业金融机构存款余额750.87亿元，比年初增加85.13亿元，增幅12.79%；贷款余额397.44亿元，比年初增加51.94亿元，增幅15.03%，存贷比为52.93%，比年初增加1.03个百分点。不良贷款余额11.22亿元，比年初增加1.55亿元，增长16.03%，贷款不良率为2.82%，比年初上升0.02个百分点。辖区银行业金融机构实现经营利润7.94亿元，同比增加1.61亿元，增幅为25.43%。

【金融服务年活动】 发扬“五种精神”，推进“乡镇金融全覆盖计划”。督促三家涉农银行业机构攻坚克难、强力推进做好空白乡镇服务工作，截至2011年末建成1个标准网点、34个简易网点、81个便民服务网点，超额完成省局下达的空白乡镇网点建设任务，有力促进各级政府和各银行业机构创新方式加大对此民生工程的支持力度。持续提升小企业金融服务水平。开发并正式上线运营“凉山州7×24银企对接平台”，赢得好评。配合召开省级金融部门支持凉山跨越发展对接会、全州金融工作会，促进省州两级银行业机构与凉山政企签署420亿元意向性合作协议。截至9月末，全州银行业金融机构中小企业贷款户数1477户（其中小型企业贷款户数1337户），中小企业贷款余额（不含贴现）212.15亿元，较年初增加18.50亿元，增长9.55%，其中：小型企业贷款余额（不含贴现）97.90亿元，较年初增加8.30亿元，增长9.27%。积极支持民生工程。督促银行业机构在风险可控条件下加大信贷支持。截至9月末，全州银行业机构涉农贷款余额316.30亿元，占各项贷款总额的80.31%，较年初增加55.78亿元，增长21.41%，增速高于全州银行业机构贷款平均增幅7.42个百分点。牧民定居贷款1149万元，较年初增加68万元，增长6.29%；彝家新寨贷款余额1784万元，户数1412户。

【金融改革创新年活动】 加快推进农信社改革。督促农信社边改革、边发展、边稳定，派专人驻点督导，贴身服务，12月20日，凉山州农村信用联社股份有限公司经银监会批复同意，四川省人民政府黄小祥副省长、四川银监局王筠权局长亲临开业庆典。支持州农行总行级“三农”产品创新基地建设。督促农行凉山分行落实州政府常务会议纪要精神，协调成立了以州长为组长，分管金融的副州长为副组长的凉山州推进农行产品创新基地建设工作领导小组；制定《农行凉山分行“三农”产品创新基地运作实施细则》；探讨创新惠农卡功能，积极支持该行推进首批小额助农取现业务在五县一市的布点选址工作。

【内控及案防有效性提升年活动】 强化压力传导。通过下发《凉山银行业内控及案防有效性提升年活动方案》，与机构签署《案件防控承诺书》、《监管要求备忘录》，督促银行业机构以大力提升案防措施有效性为主题，持续加强内部控制和合规文化建设，着力开展好各项案防工作，通过案防工作有效性“五个提升”、“八个强化”等措施，确保零案件的目标。加强评价督导。通过推行《凉山银行业案件防控评价试行办法》，不断总结探索凉山案防工作的新思路、新方法，推进案件防控评价工作的常规化、规范化、制度化。通过专项及伴生检查对辖内银行业2010年内控案防工作开展后评价工作。

【重点风险防控活动】 力控平台贷款风险，切实加强平台贷款管理与风险防范化解工作。截至10月末，共审查上报省局通过三户整改为一般公司类平台公司，整改三家平台公司6.59亿元贷款为一般公司类贷款，全辖平台贷款余额较年初下降7.94亿元。管好法人机构风险。建立领导分片督导制度，强化法人机构风险管控。一是督促凉山商行以董监事会换届为契机，进一步完善公司治理结构；进一步明确董监会议事制度安排，进一步明确监事会独立监督职能，督促董、监事会及其专门委员会按要求召开会议，认真履职。二是结合农村信用社正在进行的以州为单位统一法人改革工作安排，要求凉山州农村信用社新增贷款严格遵守预测改革后的州联社资本净额约束，对集中度超标存量贷款分别进行了压降，现已全部达到集中度要求。三是要求西昌金信村镇银行坚持市场定位，创新机制、产品和服务，完善内部控制，加强流动性风险监测，实现存贷比指标达标，确保无支付风险。协调配合处非工作。及时上报莫色拉惹非法集资案处置进展情况，协助处置群众上访。对新发现的冕宁贾海云等非法吸收公众存款案认真督促指导配合做好的处置工作，及时向省处非办报告相关情况。将处非工作纳入诚信凉山品牌建设，在新闻媒体开辟宣传专栏，增强公众防范意识。

【党建先锋年活动】 狠抓领导班子、监管能力、执行能力、党风廉政和监管文化等“五项建设”，丰富创争载体，深化创先争优活动。开展庆祝建党90周年系列特色活动，激发爱党意识和奉献精神。

【创新工作方式】 建立领导分片督导制度，构建点一线一面一体法人机构监管模式，针对凉山银行业机构点多面广、质差险高的难题，实施班子分片督导制度，对内控案防、农信社改革、空白乡镇、贷款新规等重点监管工作实行分片包干，落实分片监管责任，将分管工作和分片包干有机结合，积极督导辖内各机构落实监管要求，同时密切了与各县市党政的关系。特别是以农信社等法人机构作为工作的重中之重，搭建“点线面体+分片督导”的监管架构。此做法得到省局认可并在年中工作会上做了书面交流。按照分片督导的要求，分局班子成员走遍了全州17个县市，下基层达到180多天，对各项重点工作的扎实推进起到了有力的督促指导作用。建立农信社改革督导专员和动态周报制度，推动改革有序进行。分局全程介入，跟踪指导，及时掌握改革动态；主动学习领会改革相关政策，适时提供政策服务；改革督导专员贴身监管服务，及时协调解决改革过程中遇到的各种困难和问题，确保了凉山州农村信用社股份有限公司于年底顺利挂牌营业。虚实结合做优小企业金融服务。创新开发上线“凉山州 7×24 银企对接平台”网站，为银企及担保公司间信息沟通对接搭建了桥梁，有效助推中小企业融资，增强经济发展活力。同时督促指导凉山商行发挥小企业专营机构优势，积极协调州政府成立了凉山商行小企业信贷中心推进工作领导小组，重点督促指导凉山商行进一步明确小贷中心定位，制定小贷中心发展战略规划，配备充实客户经理，健全体制机制，加大产品创新力度，真正把小贷中心建成凉山商行改革发展的前沿阵地，发挥小贷中心对全州小企业金融服务的引领示范作用。截至 10 月末，累计向 124 户小企业发放贷款 164 笔，金额 4.11 亿元，贷款余额 3.46 亿元，无不良贷款。创新空白乡镇金融服务方式，辖内农信社开通四川首家流动服务车。农行凉山分行作为农总行“三农”产品创新基地，其拟开办的小额助农取现业务在五县一市的布点选址工作正有条不紊的推进中。完善“X+1”案件伴生检查方式，实现内控和案防的现场检查常规覆盖，提高案防督查的有效性、针对性，有效控制辖内银行业操作风险，确保无案件发生。截至 10 月末，分局开展现场检查项目 22 个，全部同步实施案件伴生检查，共对 112 个机构网点开展了现场检查，投入 1247 个工作人（日），发现问题 399 个，提出整改意见 170 条。全辖未发生大要案件。

【内部管理】 班子率先垂范，在职务调整中不断增进团结。树立正确的权力观，把职务调整作为考验、提升自我的挑战，讲党性、重品行、作表率，正确对待个人的进退留转，自觉维护党委班子团结稳定，在新的岗位上继续做好表率，创造新业绩。分局班子继续保持了昂扬的工作激情和团结、务实、和谐的良好形象，得到干部职工的尊重、信任和支持。合理调整中层干部职务，优化人力资源配置。分局党委坚持事前充分酝酿，深入了解干部的真实表现、工作特长、性格特点等情况，以工作需要为前提，以人为本开展职务调整工作，充分发挥每位干部的最大潜能。调整前坚持谈心谈话，充分征求干部个人意见，加强教育疏导，确保干部不带情绪上岗。以人为本柔性管理，真心服务群众，自觉接受群众监督，提升群众满意度。把群众满意度作为衡量班子履职的重要标准，开放式接受职工对权、钱、人管理的监督，有效发挥监督作用。落实谈心谈话制度，开展各层级的谈心谈话活动共达到 40 余次，建立良好干群关系，有力维护了分局团结和谐的局面。

【党风廉政建设】 强化教育、预防、惩处，严守廉政规定。对照政治清醒、正气在身、为政以廉、洁身自好要求，落实廉政建设责任制，分局党委书记负总责，层层签订党风廉政责任书，并严格实行一票否决制。班子成员带头认真执行《廉政准则》、领导干部个人有关事项报告、述职述廉制度，无违反规定的行为。加强正反两方面教育，组织开展学习和讨论杨善洲先进事迹，张贴杨善洲先进事迹海报，弘扬正气；组织收看警示教育片，督促银行业机构开展全员警示教育活动，净化行业风气。强化内外部监督，推行廉政承诺制，班子成员、党员干部、各部门结合工作职责进行了廉政公开承诺并挂网公示；两次召开纪委书记联系会和行风监督员会议，听取意见、开展交流，分局行风评议满意率保持 100%；坚持廉政回访卡和信访制度，强化对现场检查纪律执行情况的监督，分局未接到违规违纪行为的反映。

【精神文明建设】 认真做好工会、妇女、共青团工作，加强监管文化建设，加强和改进思想宣传工作，加强文明创建，持续开展军属遗属和困难职工慰问、生病探视、生日祝贺、定期体检等工作，设置图书室、健身房，丰富文化生活，团结凝聚人心，分局荣获银监会 2010 年先进基层党组织表彰，庆祝建党 90 周年专题片荣获省局评比一等奖。真诚关心帮助职工，利用局长接待日、职工代表大会、意见箱等多种方式，广泛听取意见，了解职工疾苦和所思所愿。持续开展文明处室、优秀工作者、先进工会积极分子的评选活动。积极推动社会治安综合治理和平安建设，扎实推进文明单位和职工之家创建活动，在四川银监局系统各项目标考核工作中业绩突出被评为 2011 年度目标管理先进单位等荣誉。

（审核：谭　娟/撰稿：刘　勇）

农行凉山分行

【概况】 中国农业银行凉山分行是唯一一家在全州 17 个县市设有县级支行的大型股份制商业银行，辖 17 个县市支行，71个营业网点，从业人员1823人，离退休职工1002人。2011年，凉山分行认真贯彻落实总分行和州委、州政府工作部署，以夯实管理基础、突出价值创造为核心，以调结构、强基础为主线，全面实施提速增量、提质增效工程，业务经营快速发展，主要指标再创新高。年末各项存款余额353.33亿元，增长48.13亿元，余额和增量分列全省农行第3位和第2位，列州内同业第1位；各项贷款余额137.35亿元，增长13.96亿元，余额和增量列全省农行第6位和第7位，列州内同业第1位和第2位；实现中间业务收入1.07亿元，列全省农行第7位；州分行被评为省分行产品创新先进集体，木里、盐源、甘洛、雷波支行被评为全省县域支行业务经营绩效优胜单位。

【业务发展】　一是多策并举狠抓存款工作。建立分层管理体系，有序推进网点转型，锁定存款市场目标客户，实施全员营销；建立存款业务发展重点联系行工作机制，加强指导和督导，力促存款快速增长；强化存款序时任务考核，按日监测通报、按日督导，存款保持稳定增长。二是服务“三农”力度明显增强。大力推进迅通工程，狠抓助农取款业务，设立助农取款代理点722个，累计发行惠农卡23万张，消除金融服务空白乡镇82个，完成州政府计划的138.98%；积极营销新农保、新农合以及其他财政直补项目，全面代理6个县新农保和14个县新农合业务。三是根据《中国农业银行2011年信贷政策指引》和省分行信贷政策实施意见，立足凉山资源优势，将“三农”和县域作为信贷支持的重点，继续加大水电、矿冶等优势行业的信贷投入，到年末法人客户贷款余额126.84亿元，比年初增加12.40亿元。四是加大中小企业营销力度，着力提升金融服务能力。实施目录管理，对纳入目标客户成长型中小企业，逐户分析、制订营销方案，积极争取信贷规模，择优扶持，共发放小企业贷款131笔，金额4.66亿元，小企业较上年增加7户，贷款余额较年初增加9.41亿元。五是强力推进个人业务优先发展战略。组建营销团队进单位、进新区、进市场，全面营销个贷产品；开展优质客户走访、重点零售业务产品巡回路演和金钥匙春天行动等促销活动，有效推进个贷业务快速发展；大力发展个人非购房贷款，突出营销汽车贷款、房抵贷、随薪贷等个人消费贷款，积极发展个人助业贷款等经营类贷款，优化结构；以彝区三房改造行动计划、藏区牧民定居行动计划和彝家新寨建设为服务对象，大力支持新农村建设。年末个人贷款余额8.28亿元，净增1.06亿元，增幅14.85%。

【改革创新】　凉山分行始终坚持立足县域、服务“三农”的市场定位，充分发挥横跨城乡两个市场的独特优势，全面推进综合改革和产品创新等工作，全力支持凉山经济高位求进。一是圆满完成“三农”事业部制改革验收和组织架构落地工作。及时下发《关于做好迎接事业部制改革预评估准备工作的通知》，抽调业务骨干组成检查与自评估工作督导小组，通过现场检查和非现场督导的方式对17个支行进行督促检查；主动汇报“三农”金融事业部改革试点检查评估验收工作情况，在规定时间内完成自评估报告、工作总结、汇报材料、单独核算报告等工作，顺利完成迎接“三农”事业部制改革检查评估验收工作，“三农”事业部制改革工作得到人行凉山州中心支行的充分肯定。二是深入推进总行一类产品创新基地建设工作，取得初步成效。2010年12月，凉山分行被农总行确立为一类“三农”产品创新基地，州政府召开第77次常务会议，专题听取农行服务“三农”和推进创新基地建设汇报。会后凉山州政府成立了推进农行一类产品创新基地领导小组，制定和出台了相关政策，建立了产品创新风险补偿基金和农业担保公司、建立了项目对接机制，为分行创新基地的建设营造了良好的外部环境。分行认真贯彻州政府常务会议精神，制定了《“三农”产品创新基地运作实施细则》，组织全行员工参加总省分行组织产品创意大赛，“金穗惠农烟叶IC借记”产品荣获“三农”板块三等奖，分行获优秀组织奖；积极配合农总行和省分行成功开发新农保、新农合缴费充值产品“惠农通”，已进入试点、推广阶段。2011年末，农总行对全国6个一类“三农”产品创新基地进行考评，凉山分行排名第二。

【基础管理和案件防控】　夯实管理基础，有效防控风险，确保不发生案件是凉山分行抓住机遇加快发展的前提。2011年凉山分行始终保持案防高压态势，主动查找风险隐患，确保全行不发生任何案件。一是夯实信贷基础管理，严控信贷风险。加强客户信用等级和贷款到期管理，加大监测力度，及时下发到期贷款风险提示函，确保到期贷款及时收回。严控“两高一剩”贷款，建立监测台账，按日监测，严控新增不良贷款。二是强化运营基础管理，推进后台中心建设，建立运营业务风险分析例会和分析通报制度，有效解决部分网点违规操作问

题。三是采取现场监管和非现场监管的方式，组织开展案件风险排查、财政账户专项检查、会计档案管理安全隐患排查和定期存款业务专项检查等工作，检查面达到100%。四是围绕“全年无重大刑事案件、无重大违规违纪案件、无重大风险责任事故发生”的目标，开展整体移位检查、飞行查库，完善突击查库、强制休假、交流轮岗等工作机制，切实抓好各项案防制度的落实，确保全行平安运行。五是以强化内控合规文化建设为契机，建立落实整改责任制，加大整改内外部检查发现的整改力度，整改率100%，内控管理水平进一步提升。六是以保安全、抓创新、强管理、促发展为主线，围绕保障“三大中心”建设的网络改造工程和全省的机房达标工程两个重点，加强生产运行管理，确保了全年信息系统安全、稳定、高效运行，有效支持了全行中心工作。

【党建和队伍建设】　以创先争优活动为抓手，切实加强党建和反腐倡廉建设、企业文化建设和“四支队伍”建设工作，为打造优秀大型上市银行保驾护航。一是以“四好”活动为载体，切实开展领导班子创“四好”、“创先争优”、“党员（团员）示范岗”和向杨善洲学习等活动，深入推进“学规定、强素质、做表率”活动、企业文化核心理念宣传教育推广和深植活动，引导基层党组织履职尽责创先进、党员立足岗位争优秀、干部示范引领作表率，切实转变工作作风，增强履职能力。二是组织开展培训和岗位资格考试等工作，积极开展“当好主力军，为实现‘3510’目标建功立业”竞赛活动，组织开展外汇保函业务、卡业务、青年营销技能大赛和青年英语风采大赛等活动，深入开展创建女职工文明示范岗、创建青年文明号、争当青年岗位能手活动，有效提升员工的业务技能和综合素质。三是认真贯彻落实第十七届中纪委第六次全会精神及总行分行纪检监察工作会议精神，紧紧围绕业务经营，继续坚持标本兼治、综合治理、惩防并举、注重预防的方针，全面推进反腐败抓源头工作，加强党风廉政建设和惩防体系建设，实现了辖内不发生10万元以上案件、不发生县支行副行长以上领导干部重大违纪和违法案件的目标。

（审核：辜立荣/撰稿：朱育胜）

中国工商银行凉山分行

【概况】　2011年，中国工商银行凉山分行有营业机构13个，其中西昌市城区8个营业网点，锦屏水电站现场营业网点1个，会理县、德昌县、冕宁县、会东县各1个。2011年全行共有从业人员201人，其中在岗职工107人，柜员合同工94人。学历构成：硕士3人，本科学历98人，大专学历97人，中专学历2人、高中学历1人。具有专业技术职务78人：中级专业技术职务11人，初级专业技术职务67人。分行立足凉山资源特色，坚持以经营转型为根本，全力落实州委、州政府和上级行的各项工作部署，狠抓业务发展、优质服务、为控案防等重点工作，全行各项工作取得了较好成绩。

【业务发展】　年末全行各项存款新增9.32亿元，余额49.5亿元；各项贷款新增7.76亿元，余额63.96亿元；累计实现票据贴现4.92亿元，同比多增1.05亿元；累计签发银行承兑汇票3.25亿元，同比多增1.5亿元；实现中间业务收入0.46亿元，增幅70.37%；实现利润1.71亿元。

【主要工作】　一是加快机构网点建设工作，增强服务能力。全年新建德昌、冕宁、会东三个县域支行并实现对外营业；全年新增存取款一体机13台，新增自助终端14台，并实现2个离行式自助银行营运。二是强化内部管理，保障全行业务快速健康发展。主要是抓好内控案防工作，强化信贷管理，2011年共压降风险贷款2130万元；充分利用全行集中的实时管理控制中心对业务一线的管理控制作用，并对监控发现问题及时进行整改落实。三是加强员工队伍建设，增强队伍的凝聚力和战斗力。同时通过各种群体性健康有益的文体和革命教育活动，丰富员工的业余文化生活，增强队伍的向心力和凝聚力。四是认真贯彻落实党风廉政建设责任制，进一步抓好反腐倡廉工作；认真贯彻落实案件防范责任制，加大风险防控力度；落实行务、党务公开制，坚持行风评议制度；完善管理人员选拔任用制度，完善财务管理制度，完善集中采购制度，完善信贷管理、授信审批制度。

【内控案防】　内控管理工作得到持续加强。全年无重大案件和事故发生。

【党建和队伍建设】　一是落实中心组学习，抓班子自身建设。全年分行共召开党委中心组学习12次，时间达96小时，为党员群众上党课1次，时间达4小时。

二是召开党委班子成员民主生活会和坚持行长信访工作接待日，分析和查找工作中的不足，广泛收集和听取员工的心声，解决经营发展及员工遇到的实际困难和问题。三是认真开展创先争优活动。通过开展创建“五强”党支部、创先争优在身边、“我是党员”演讲比赛和庆祝中国共产党建党90周年文艺汇演等一系列活动深入推进创先争优活动的深入开展，在全行营造了创先争优的浓厚氛围。四是坚持以人为本，关心和爱护员工身心健康，持续推行员工带薪休假制度、定期组织员工体检和开展各类群体性的健康有益的文体活动。五是拓宽员工晋升发展渠道，优化人力资源。通过竞聘，13人走向了新的工作岗位，实现了分行人力资源的优化配置。六是加强了员工教育培训，提升队伍整体素质。主要是加强了员工教育培训，全行共开展各类培训100余期次，参加培训的人员达到2000余人次，通过培训提高了全行员工专业水平和执行力。七是积极发展新党员，为党组织注入新鲜血液。2011年，全行共发展预备党员3名，6名预备党员按期转正，5名入党积极分子参加了党校学习培训。

（审核：王凤鸣/撰稿：徐兴兵）

建设银行凉山分行

【概况】　截至2011年12月底，建行凉山分行一般性存款余额44.81亿元，新增11.58亿元，完成年计划的107.88%。其中：对公存款余额20.95亿元，新增7.86亿元，完成年计划的115.54%；储蓄存款时点余额23.86亿元，新增3.72亿元，完成年计划的94.63%；同业存款时点余额5万元，下降87万元。各项贷款余额19.14亿元，新增1.39亿元，不良贷款余额0.13万元。其中：公司类贷款余额12.83亿元，新增7474万元；个人类贷款余额6.32亿元，新增6385万元。中间业务净收入2297万元，完成年计划的75.44%。实现利润总额5072万元。

【公司业务】　一是积极配合凉山州、市两级政府，强化银政合作和银企项目对接工作。在省级金融机构对口支持凉山跨越发展项目对接会上，建行四川省分行与凉山州政府签署了《银政合作协议》，凉山分行与部分重点企业签订了《银企合作协议》。二是以企业存款为重点，切实做好客户营销维护工作。行领导牵头细分企业存款市场，确定财政社保存款等重点营销目标，大力拓展企业存款潜力客户。当年相关建筑企业在凉山分行开立基本结算户100多户，新增存款1亿多元；卡拉、杨房沟电站库区移民资金开立专户2户，存款余额5617万元。年末企业存款余额1000万元以上客户达到38户，较年初增加18户。企业存款结构明显得到优化。三是强化重大项目和资源优势企业贷款投放。全年累计发放公司类客户贷款（含贴现）4.67亿元，累计回收贷款3.93亿元，新增7474万元；全年累计投放小企业贷款5123万元，新增2168万元。全年累计办理工程保业务20笔，发放保理预付款1.12亿元，回收15笔，回收保理预付款9800万元，年末保理余额5500万元，实现保理手续费收入140.91万元，较2010年增长126.06万元。四是大力发展小企业贷款。全年新发展小企业信贷客户7户，累计发放小企业贷款（不含贴现）5123万元人民币，累计回收贷款2955万元人民币，新增2186万元，小企业客户数增加到13户，比上年增加4户。

【个人金融业务】　年末储蓄存款新增3.72亿元，完成年计划的107%；借记卡新增28011张；贷记卡新增2621张；手机银行客户新增10129户；短信银行客户新增16485户；网上银行新增18054户；电子银行各类指标均超额完成省分行的指标；代理基金2880万元；代理寿险销售70815万元。一是狠抓旺季营销增存活动，储蓄存款新增3.67亿元，完成年计划的93.27%，在省分行分组考核中名列第一，有6人在总行、省分行2011年旺季百日营销竞赛活动中受到表彰；二是根据稽核系统反馈差错信息，认真分析前台操作中的不足，找出差错原因，对症下药进行整改取得较好效果，对私类业务差错由2010年的万分之0.78下降到万分之0.006；三是加大对前台柜员及主管业务培训工作，精心安排组织柜员等级考试，2011年度全行报考一级储蓄柜员通过11人；报考二级储蓄员通过合格1人，三级通过6人。

【结算业务】　执行上级行规范、高效、务实、创新以及保安全、促转型的工作要求，加快对公网点转型和资金结算业务发展，各项结算业务实现较快增长。年末，单位电子回单柜保有量565个，计划完成率118%；现金管理系统客户新增91户，计划完成率113%；国内信用证本年新增2户，计划完成率100%；单位人民币结算卡新增184张，计划完成率115%；单位通存通兑客户新增122户，计划完成率70%；小额无贷户新增50户，计划完成率111%；小额无贷户数659户，较期初新增50户；时点存款余额1.02亿元，较期初新增5094万元，完成年新增计划的111%。

【财务管理】 一是加强资金监控力度，尽量减少无效、低效的资金占用，提高资金的使用效率，资金备付率严格控制在省分行计划内；二是严格执行建设银行各类产品价格政策，加强产品价格管理，严格执行授权审批程序，从而提升了经营产品的赢利能力；三是严格执行财务授权管理，所有财务授权事项均按照规定执行，加强了对房屋租入、网点扩建等零授权事件的监控，全年无超授权事件发生；四是继续深入开展的小金库专项治理活动及财务会计专项检查工作，查阅凭证、合同等重要财务凭证500余笔，圆满完成财务会计和税务发票专项检查工作；五是发挥集中采购工作优势，努力增收节支。2011年对装修、办公家具等3个大类、6个项目进行了集中采购，对4个项目进行了续约，实际采购金额419万元，比采购预算金额节支63万元，节约比例为13.17%。

【内控管理】 一是认真贯彻落实银监会“三个办法、一个指引”的贷款新规定，坚持平行作业，严格信贷审批，实现从源头上控制好信贷风险。全年贷款发放受托支付率不低于80%，确保信贷资金进入实体企业。二是坚持操作风险例会制度，加强对关键操作风险的监测、监控及检查力度。全年内部检查发现问题7个，外部审计检查发现问题15个，100%实施了整改，从根源上解决了制度执行、业务流程以及监督管理等方面存在的问题，提升了操作风险和内控管理水平。三是认真贯彻执行《关联法人客户及其交易管理实施规程》、《关联交易管理实施细则》等规章，明确了管理职责和分工，规范了业务操作流程、有效控制了大客户、集团客户关联交易风险。

【案件防范】 深入开展银监局统一部署的案件防控提升年活动，取得良好的效果。成立了案件防控工作领导小组，建立了分行领导对部门、机构网点的案件防控工作分片承包责任制；制发了《2011年案件防控措施》，签订了《案件防控工作责任状》和《员工从业禁止若干规定承诺书》；开展了学规定、知禁令、作表率主题教育活动和员工行为排查；组织了荞窝监狱以案为鉴员工警示教育活动。通过开展案防年活动，大力提升案防措施的有效性，加强内部控制建设，推进案防长效机制建设，实现了2011年零案件目标。

【党建工作和企业文化建设】 一是按照“创先争优活动”的有关要求，紧紧围绕中心工作，促进科学发展，扎实开展创先争优活动；二是组织开展“颂歌献给党，奉献在建行”红歌比赛，隆重纪念建党90周年；三是组织迎新年送温暖活动，慰问了分行老干部和困难职工，同时落实专人做好协解人员工作，切实维护安定和谐的工作生活环境；四是组织员工积极向彝区健康文明新生活运动捐款6320多元。

（审核：周　浩/撰稿：邹　翔）

中国银行凉山分行

【概况】 2011年，中国银行凉山分行共有从业人员172人，平均年龄33.2岁，其中研究生学历2人，大学本科及以上学历66人，大专学历77人，中专学历23人，中共党员61人，共青团员41人。2011年，是中国银行扎根凉山20载之年，也是中国银行“百年”行庆之年。凉山分行在凉山州委、凉山州人民政府的大力支持下，牢固树立科学发展观，按照国家“保增长、调结构、扩内需”的要求，立足区域经济，努力发挥“中国银行”特色服务，积极融入凉山州委“一个意见、两个规划”和中国银行总行、省分行发展战略，坚持创新发展，转型发展、跨境发展，认真落实“调结构、扩规模、防风险、上水平”工作方针，强抓新一轮西部大开发等重大机遇，努力突破发展瓶颈，提升服务能力，强化客户基础，扩大竞争优势，有力推进了战略规划的有效实施，促进了各项业务发展再上新台阶。截至12月31日，凉山分行各项人民币存款余额41.28亿元，其中：公司存款余额8.75亿元，较年初增加1.46亿元，增幅为20.05%；行政事业单位存款14.28亿元，较年初增加2.6亿元，增幅22.29%；金融机构存款余额1.58亿元，较年初下降17.78亿元，降幅为91.83%；储蓄存款余额16.67亿元，较年初增加2.41亿元，增幅为16.87%；人民币一般性存款（人行全口径）余额39.70亿元，较年初增加6.47亿元，增幅为19.47%。

各项人民币贷款余额27.48亿元，较年初增加6.88亿元，增幅为33.39%。其中：公司贷款余额19.14亿元，较年初增加5.52亿元，增幅为52.02%；贸易融资余额4.55亿元，较年初增加1.75亿元，增幅为62.60%；票据融资余额0.38亿元，较年初下降0.72亿元，降幅为65.93%；零售贷款余额3.41亿元，较年初增加0.33亿元，增幅10.69%。实现中间业务净收入2211万元，与2010年相比增加430万元，增幅为24.14%。拨备前营业利润完成8951.27万元，与2010年相比增长1501.17万元，增幅20.15%。

【贷款业务】 中国银行凉山分行始终坚持“诚信为本，责任为先”的发展理念，新增贷款7.4亿元，完成与凉山州人民政府年初签订的《目标考核责任书》新增贷款保底目标7.8亿元的94.88%，为促进凉山经济提速增量、提质增效作出了积极贡献。全年尽管受世界经济金融大环境影响，国家采取从紧货币政策，根据不同时段进行了一系列相应的调控手段，各家银行业金融机构信贷规模紧缺，严重限制了企业贷款及时投放。分行在此情况下没有等待观望，而是克服人手少工作压力大的实际困难，特别委派分管公司业务的副行长长期驻守省分行，积极宣传凉山“十二五”发展规划和“一个意见、两个规划”及第二轮西部大开发凉山面临的经济发展新机遇、诉求凉山企业生产经营资金需求的燃眉之急，且把握时机，多向联动省行业务主管部门，最终突破投放瓶颈，实现新增贷款7.4亿元，贷款增量在省辖系统内排名靠前。分行还积极调整结构，在新发放贷款中，除3298万元为消费贷款外，其余全部投向州内黑色、有色采选冶炼、电力开发、烟草工业、高速公路，以及其他惠及民生的工程，重点支持了攀钢西昌钢钒、凉山矿业、昆鹏铜业、平川铁矿、太和铁矿、水洛河电站、西昌卷烟厂、攀西高速等企业的建设项目。分行作为牵头行，联合重庆大渡口支行组成内部银团，为太和铁矿切分限额6亿元；授信2.8亿元，已放款2.7亿元，保证了太和铁矿300万吨技改扩能项目的正常建设；同时引进重庆信托，从中国银行雅安分行为凉山矿业融入信托贷款7000万元，解决了凉矿储备铜精矿应对市场行情波动的资金需求；还通过融信达产品占用中银保险公司授信额度，为平川铁矿融资3200万元，增加了对平川铁矿的授信总量，加快了客户货款回笼；通过省分行与德国法兰克福分行联动，以“人民币转收汇业务”方式，办理了喜德良在硅业公司392.7万元(61.36万美元)跨境贸易人民币结算，实现了凉山州跨境贸易人民币结算业务零的突破；撮合重点存款客户叙做委托贷款业务，共受托发放盐源县国资管理公司、西昌月城建筑公司等5户委托贷款5590万元。中国银行四川省分行现已投放二滩水电公司锦屏一、二级电站86亿元，华电木里河电站3.11亿元，国电大渡河瀑布沟、深溪沟25.1亿元。凉山分行累计投放凉山本土企业有：华电西溪河1亿元（进入还款期收回1800万元)、川渝中烟西昌卷烟厂授信6亿元、水洛河电力公司授信3亿元、重钢太和铁矿切限6亿元、西昌树仁商贸提款1000万元。攀钢西昌钒钛项目已完成的225亿元投资中中行贷款、短融、中票等超过50亿元，同时，该行还积极参加了项目银团贷款27亿元、流动资金贷款5.9亿元已率先获得中总行、省分行批准，并率先投放企业流动资金贷款1亿元。截至12月末，中国银行四川省分行累计向凉山州境内投放贷款达140亿元，仅2011年投放就达20亿元。分行先后获批西昌星光电力、州农业担保公司等4户授信额度1.6亿元，实际投放2户流动资金贷款4000万元。

【存款业务】 中国银行凉山分行秉承“诚信、绩效、责任、和谐、创新”的核心价值理念，坚持“服务地方经济，服务中小企业，服务市民百姓”的市场定位，凭借特色化、差异化、精细的业务发展战略，在创新金融服务上大做文章，成就了鲜明的经营特色，既夯实了快速发展基础，又提升了市场核心竞争力。分行一方面通过不懈努力，已成功与凉山州境内各重要企业建立了良好、稳定的合作关系。首先，通过艰苦的营销，攀钢集团西昌钢钒有限公司（即攀钢二基地）基本户正式落户该行，同时该行获得了攀钢西昌钒钛项目银团贷款中较大份额（27亿元）并率先获批；其次，通过持续营销，西昌卫星发射中心63817部队在该行开立专户；再次，该行与当地行政事业单位开展了良好合作，西昌市住房公积金维修基金账户、会理县经济适用房账户均顺利落户该行；与此同时，该行还致力于与凉山当地同业在竞争中谋求合作，成功营销州农村信用联社到该行开立了备用金账户和基本账户。另外凉山矿业股份有限公司、盐源县平川铁矿、重钢西昌矿业有限公司、四川攀西高速公路股份有限公司、四川康西铜业有限公司等州内重要企业纷纷在该行开立账户并与该行在结算、授信、存款、理财等多方面开展了一系列良好的合作。另一方面，分行加快渠道建设的步伐。根据州内已有网点

业务发展情况，将符合要求的5个网点升格为支行，健全和增强网点的服务功能，满足市民的金融需求；在市中心、商业集中区、高校、高档住宅区选址新建自助银行7个；加速凉山州经济较发达县级机构的设置，冕宁支行顺利开门营业，会东支行正在积极筹建之中。高端改造会理城北支行，极大提高了中国银行在边远民族地区的知名度和美誉度；坚持新进员工先满足一线用人原则，全年分行新招聘25名大学生，全部充实到一线，至此，网点对公、对私营销人员全部配置到位。全年实现新增核心存款7.76亿元，其新增存款的95.14%已被转化投放到了地方经济建设。

【综合管理】 全年分行始终坚持发展是第一要务、内控是第一责任的原则，加强了各类技防、人防措施，增加了安保力量。对内，该行要求各级管理者强化员工教育，坚持员工行为排查，及时了解掌握员工思想动态，对员工工作、生活、感情上遇到的困难及时予以帮助和疏导，帮助员工提高抵御不当诱惑的能力，员工案件防范意识得到新的提高，警觉性警惕性不断增强，较好地健全了风险防控机制，使各项规章制度得到有效落实，保证了全行运营安全，资产质量实现了质的飞跃，全年无任何违规违纪案件发生，经外部机构多次进场检查，均未出现高风险问题。凉山分行一直坚持绩效考核的时效性和“从一性”，有效组织和指导分行各级管理者和员工完成各项工作，保证了考核的一贯性和严肃性及传导效果。年初，该行根据省分行绩效管理原则，制定了凉山分行2011年绩效目标考核方案。分行始终坚持钢班子带铁队伍，发挥领导干部的标杆示范作用，不断提高经营管理水平。一方面要求现岗干部善于学习、勤于思考、行于表率、甘于奉献、勇于担当，积极主动、不怕失败、持之以恒，坚决杜绝投机取巧、拈轻怕重、作风涣散的不良风气；要求员工既能把握当前，又能谋划长远，既能集思广益，又敢于担当，既勇于承责，又能有效推动，喊响“看我的，跟我上！”。另一方面分行大胆起用了年轻优秀员工，培养选拔年轻干部，使年轻干部不断地成长和成熟起来，促使凉山分行事业薪火相传，以保持凉山分行蓬勃发展的生机与活力。分行坚持“公平、公正、公开”选人的原则和“干部能上能下、人尽其才，才尽起其用”用人原则。全年通过三次全辖公开竞聘，有9名普通员工走上管理岗位，干部队伍得到充实和调整，结构更趋合理，朝气与活力更加显现，同时也激励鞭策了更多的年轻员工努力学习和成长。再一方面该行逐渐形成新入行大学生特别机制。

【党建工作】 中国银行凉山分行党委高度重视党建工作，抓实党建工作促发展，力促在业务发展进程中充分发挥党支部的战斗堡垒和党员的奋进旗帜作用。一是把“振奋精神、有所作为、敢于担当”作为贯穿经营管理的核心标准，坚持“实”字当先、“干”字当头，班子成员靠前指挥、带队营销，发挥优势争揽客户。二是坚持以党风廉政建设统领内控，积极构建“用制度管权、按制度办事、靠制度管人”的有效机制，大力推行承诺、述职、评价、问责“四位一体”的基层党风廉政建设和内控防案工作责任制，纯洁党员队伍，增强党组织活力。三是以“创先争优”为契机，大力开展“创客户拓展之先，争服务升级之优”活动，积极推进‘窗口为民服务”落实。党委成员在“创先争优”活动中全力既当好全行事业发展的“领头人”，又当好履行企业社会责任的“践行者”；基层党支部既当好服务群众的“主心骨”，又当好党建工作“推动者”；广大党员干部既当好科学发展观的“传导者”，又当好创先争优的“排头兵”。四是以中国共产党建党90周年为契机，大力开展党史、党章、党风和革命传统教育，“七一”期间先后出了3期党建壁报，7期党建专刊，设立“我是共产党员，我就是一面奋进旗帜”的党员先锋岗；集中组织党员和青年观看建党90周年重大题材电影《建党伟业》、《辛亥革命》，评选表彰先进基层党组织、优秀党务工作者和优秀共产党员，吸收3名优秀青年加入中国共产党。五是按季度、半年、全年分别评比表彰业务发展突出的“金牌员工”。六是重新整合划分党支部，将支部建立在网点，以突显党员的先锋模范作用和基层党支部的战斗活力。

【企业文化】 分行充分认识到优秀的企业文化是企业精神风貌的充分体现，是企业发展的精神动力，对企业的持续稳定健康发展具有重大推动作用。第一，分行已然形成“凉山精神”，决意在风雨中磨砺，在逆境中奋起。分行重新找回了自尊和自信，积累了丰富而宝贵的精神财富，用汗水和心血诠释了“忍辱负重、坚忍不拔、自强不息、勤奋敬业”的“凉山精神”。第二，员工业余生活丰富多彩。分行积极融入中国银行成立100周年、积极筹备凉山分行成立20周年各项庆祝活动，先后组织员工开展“百年中行寻宝之旅”户外竞技、“我与中行共成长”征文比赛、演讲比赛、行庆彩铃征集，追忆凉山分行20年发展不平路，激励员工当奋强，员工或回首成长经历，或抒发参与中国银行发展感怀的多篇文章在总行、省分行内网刊发，其中该行党委书记、行长叶晓荣的纪念文章《路上，那些熟悉的背影》荣获总行优秀征文奖；12月10日，该行自编自排文娱节目，举办了一场“百年中行·百年辉煌”主题文艺晚会，庆祝凉山分行成立20周年，尽展员工风采。第三，通过或客户联谊、或张贴宣传等多种形式，不断加大中国银行“四大品牌”宣传工作和建设工作力度。第四，组织员工开展“负重前行不言败·创先争优立潮头”的“百日大练兵”活动，员工业务技能得到新的提升，参测率和合格率均达到100%，综合能手率达到86.37%，其中1人经过考核获得总行“五星级柜员”称号，5人次获得“四星级柜员”称号。第五，员工收入得到大幅提高。分行经过自身坚持不懈的奋斗和与省行的多次沟通，员工工资收入过低问题得到了初步解决，在员工普遍提薪的基础上，每位员工还获得了另外8.3%的调薪上浮，收入有了实质性的提高。第六，鉴于招聘到行工作的新员工大多非本地人，为解除新入行大学生的后顾之忧，分行不但为新入行大学生提供一年免费住宿，而且还定期不定期召开新入行大学生座谈会，由分行党委班子成员为新入行大学生提供职业生涯发展指导，优秀员工代表进行成长经历分享，帮助大学生快速成长。第七，积极开展送温暖活动，该行积极向上级行申请，元旦、春节期间为13名困难职工、因病致困职工分别发放了2000～2500元不等的困难补助。较好地增强了团队凝聚力。

【社会责任】 全年凉山分行继续认真践行企业社会责任，努力真诚回馈社会，争做企业好公民。该行党委在荣获总行党委先进基层党组织荣誉后获得的2.5万元奖励，全部捐给对口扶贫学校——凉山州普格县刘家坪乡中心小学，另有两名行领导还分别带头捐款1万元，帮助学校添加教学设备、为困难学生特别是“失依学生”添置越冬御寒衣被。临近年底时，西昌市推进城镇居民养老保险试点工作，尽管开立个人账户和养老保险卡无一分一厘赢利可获，但这是一项惠及百姓的工程，分行在10余天的时间里，汇聚全行力量，加班加点为西昌市辖区48000余名城镇居民及时办理、发放了城镇居民养老保险卡。分行还积极参与凉山州“挂包帮”工作，竭尽所能帮助“挂帮靠”村组解决实际问题，成绩显著，该行“一把手”被凉山州委、凉山州人民政府评为年度“挂包帮”先进个人。

（审核：叶晓荣／撰稿：陈德辉）

中国农业发展银行凉山分行

【概况】 2011年，在上级党委的坚强领导及凉山各级党政部门的大力支持下，分行全面贯彻实施“两轮驱动”战略；紧紧围绕抓发展、强管理、抓案防三条工作主线，把握好调结构、防风险、建队伍三项工作重点，实现提质量、增效益、促和谐三大工作目标。为推动凉山“三农”事业进步和农发行改革发展做出了积极贡献。

【完成任务】 截至年末，各项存款余额为6722万元，比年初下降3371万元。其中企业存款余额为4424万元，财政性专项存款余额为2298万元，同业存款余额0万元。存款增长放缓是由于全面取消代理结算业务，县域企业到其他银行开户，使企业存款分流；年末财政性存款兑付及时；同业存款受利率政策等因素影响未能有效组织。全年累计发放各类贷款3.09亿元，累计收回各类贷款4.04亿元，年末各项贷款余额9.89亿元，比年初减少9472万元。全年项目营销突破4亿元，实际新增贷款4966万元。年末全行实现账面利润2461万元，超计划620万元。全年实现中间业务收入20万元，比上年增加1万元。其中：实现代理保险保费收入13万元，评级业务收入2万元，评估中间业务收入5万元。贷款新规实现全覆盖，继续保持不良贷款零余额目标。案防合规工作更加扎实，继续保持零案件等“四无”目标实现。人力资源、办文办事、信息技术、机关后勤、工会团委等综合服务性工作协调推进。确保全行各项工作的有效开展，继续保持总行青年文明号和省级文明单位等多项荣誉。

【业务经营】 全行积极主动优化结构调整，认真履职，保障粮棉油信贷资金足额供应，积极引导企业合理收购原则有序开展工作，全年累计投放粮油政策性贷款1.56亿元，确保中储粮企业及各类地方粮油企业收购和储备工作顺利完成。全年对辖内所有粮油购销企业库存情况进行3次集中全面检查，共查出涉及冕宁、雷波、甘洛、越西4家粮油购销企业不合理占用贷款339万元，并完成不合理占贷339万元清收工作，确保库贷挂钩，防范和化解信贷风险。全年上报会理新农村建设项目1个，审批贷款金额4亿元，年末有效投放贷款7000万元；完成西昌必喜食品有限公司、西昌华宁农牧科技有限公司产业化龙头企业5400万元贷款的收回再贷工作，实现企业经营资金的无缝对接，提高种植养殖收益，优化农业产业结构，促进农业增收。支持永兴贸易公司农村流通体系建设短期贷款1500万元，帮扶建立农家店2807家，县市覆盖率达90%，极大丰富了农村商品流通市场。截至年底，共计储备西昌汇川物流公司物流基地建设项目，凉山州大桥水库、会理县横山水库、大海子水库水利基础设施建设项目，德昌元坤绿色果业有限公司果汁生产线建设等储备项目贷款金20亿元。

【信贷管理】 全年完成贷款企业评级53户，并进行内部授信，授信总额度为16.98亿元；通过评级授信，明确信贷支持重点，提供风险控制依据。全年召开贷审会7次，审查贷款42笔，总金额1.75亿元，提出各种风险提示90余条。组织客户部、计划信贷部、营业室全体员工签订目标管理责任书；抓好自查整改，设立独立支付审查岗，对贷款在调查阶段、发放阶段、支付阶段、管理阶段进行严格的检查监督，有效防控信贷风险的产生。全年共向总行实调资金13笔、金额1.06亿元，向总行归还资金3笔、金额7218万元，大额支付向总行申请资金305笔、金额8.49亿元；调整借款资金结构4笔、金额2亿元。全年各类财政补贴到位资金4.20亿元。完成与四川金达会计师事务所签订合作协议，并对三牧乳业等6家公司贷款抵押资产在省分行入围的资产评估机构内开展了评估合作，实现咨询服务费收入4.8万元，资信评级业务收入1.65万元。

【财务核算】 进一步明确各部室反洗钱岗位职责、岗位人员，设立反洗钱信息采集员、反洗钱客户专管员和反洗钱管理员。加大反洗钱监督考核力度，组织全体员工签订《反洗钱目标管理责任书》，将反洗钱各项规章制度、岗位职责履行等纳入考核，逐条实行奖惩。全年进行常规与专项检查，并对综合系统业务采取现场与非现场检查相结合的方式，将营业网点的监控保存时间扩展到90天，完善监控摄像头的安装，改良营业机构尾随联动门。切实发挥检查辅导对规范操作、防范风险的监督作用，促进各项财会制度落实到位。全年分行积极组织各项财务收入，狠抓收息工作，在挂账贷款收回，贷款规模减少的情况下，利息收入同比仅减少4万元；加强对业务发展和财务收支的分析，关注影响发展的重大不确定因素和异常变化，及时发现经营管理中的困难和问题，采取有效应对措施；加强对分行固定资产及低值易耗品管理，做到“账、卡、簿、实”四项均相符。做好固定资产统保工作，将分行车辆及其他固定资产纳入保险，按时完成车辆续保，增强分行规避风险能力。做好固定资产报废工作，对报废资产按规定权限办理报批手续，及时进行账务处理，确保固定资产账实相符。积极配合人行开展迅通工程实施，为优质客户提供个性化结算服务，提高客户对凉山分行结算服务的认知度。切实抓好各项财会规章制度贯彻落实，严格遵守财经纪律，坚持依法合规理财，杜绝超标准超范围列支，重大财务事项先审议后审批。

【内部管理】 坚持把深化内部管理放在首要位置，切实增强全行干部职工的凝聚力和战斗力，对外提供优质高效的金融服务，对内构建团结和谐的工作氛围，为全行各项事业的协调发展创造出良好的内外部条件。认真贯彻落实反腐倡廉各项规定，树立起良好的行纪行风。结合党建先锋年并开展合规管理年、内控及案防有效性提升年、深化金融服务年、金融改革创新年和重点风险管控年活动。细化方案、分步实施、定期讲评、学习先进、开展竞赛等多种方式，推进党工团创先争优活动的开展。以防范增量风险为重点，严格执行贷款条件，对于政策性贷款，以政策的落实为前提，对于商业性贷款，以风险防控为重点。全面落实担保等风险保障措施，积极拓展业务领域，控制增量不良贷款发生。加大对全行员工的案防知识培训，提高制度执行力。抓好组织领导、教育培训、检查监督、预案演练和技防物防五个关键环节。在设施投入上共计更换灭火器材30余个，新增紧急出口指示牌、消防水带，及时维护营业室联动门，更换应急灯等，新增监控主机硬盘2个，更换摄像头3个；加强同四〇四地质队等友邻单位的治安联防；着力提升保障能力和服务水平。进一步加强内外协调联系和督办督导，确保全行政令畅通，提升工作效能；全面完成2011年度各项档案归档管理，继续保持“省一级标准”荣誉。进一步加强保密管理，并通过州保密局的检查验收，连续获得保密先进单位和机要文件交换先进单位荣誉；进一步抓好信息调研和宣传工作。抓好重点人才的培养；做好薪酬福利管理工作，严格执行基本薪酬制度；抓好柜面会计结算，文明高效，保证客户结算和行内信息采集；抓好机关后勤工作和社会综合治理，确保机关后勤工作顺利开展，继续保持总行级“青年文明号”荣誉。积极搞好社会治安综合治理，获得东城工委、东城街道颁发安全生产先进单位等6项先进。

（审核：张　康/撰稿：白晋德　夏　伟）

凉山州商业银行

【概况】　2011年，凉山州商业银行以科学发展观为引，认真贯彻执行国家经济金融方针政策和州委经济工作会议精神，严格遵守监管要求，立足凉山、面向客户、服务中小，以业务发展为中心，以改革创新为动力，强化内部管理，加强风险控制，全行上下齐心协力，开拓进取，奋力拼搏，各项工作取得了较好的成绩。

【业务发展】　一是资产规模突破百亿。围绕打牢基础、做大规模、突出特色的基本工作思路，在年初工作安排和绩效考核中，突出了抓业务发展的工作导向。全行职工齐心协力，集思广益，奋力拼搏，积极加强业务营销，促进资产规模上新台阶，取得了明显成效，特别是储蓄存款实现了稳定增长，州商业银行以中国银联基本成员身份成功发行“金凉山”借记卡，累计发行银行卡272555张，卡内资金13.99亿元，卡均余额5133元。截至2011年末，全行总资产达102.97亿元，较年初净增14.21亿元，增长16%，资产总规模首次突破100亿元大关。二是信贷结构更趋合理。全年累计发放贷款55.52亿元，累计收回贷款43.8亿元。其中，小企业信贷中心和各支行累计向223家小企业客户发放500万元以下的贷款296笔，金额7.85亿元，实收利息收入3980万元，收利息率达到100%。微小贷款部推出的金凉山“小商贷”、金凉山“循环贷”、金凉山“富农贷”等品牌产品在西昌地区具有一定的竞争力，得到了客户的认同，累计发放微小贷款762笔，累放金额14380万元。贷款投向从行业分布、市场定位、客户集中度等方面表现更趋合理。三是经营利润持续攀升。实现税后利润15879万元，较上年增长41.78%。全年实现营业收入4.868亿元，其中：贷款利息收入3.575亿元。营业支出2.6918亿元，其中：存款利息支出1.1484亿元。成本收入比为29.23%，低于35%的监管要求。每股净资产为2.12元，每股收益达到0.415元，资本回报处于行业领先水平，实现了股东利益最大化。

【改革创新】　2011年，凉山州商业银行大力推行改革创新，并取得了明显成效。一是2011年9月26日成功实现以中国银联基本成员身份独立发行“金凉山”银行卡，不再依托第三方银行平台，极大提高了跨行交易速度，降低了交易差错率，减少了支付成本，增强了赢利能力。二是积极推进与兴业银行的业务合作，并于2011年11月正式开通“银银平台柜面互通”业务，从而使凉山商业银行网点延伸通达全国，彻底解决个人账户交易瓶颈。三是进一步深化资产结构调整，引进先进经营管理模式，提高核心竞争力。2011年5月18日，“金凉山”财富中心正式开业。该中心作为州商业银行与先进金融机构间银银合作、同业往来的重要平台，主要工作职责是负责理财业务、资金营运、投资银行等三大板块业务。全年货币市场买入返售业务实现收益3661万元；存放同业实现收益1432万元；其他投资（含理财投资、信托投资和债券投资）实现收益4519万元。合计实现收益9612万元。四是积极开展战略合作，不断增强自身实力。凉山州商业银行始终以开放的心态办银行，先后与国家开发银行、中信银行、交通银行建立了战略合作关系；与州农业发展担保公司等签订了“十二五”期间“三农”建设三方合作协议；与凉山州达达商贸有限责任公司等签订了银企全面合作协议。通过实施“请进来、走出去”的发展战略，既展示了自己，得到同行的尊重，也从中学到了先进的公司管理经验和风险控制技术，以相互合作带动了经营业务的发展。

【内控建设】　2011年是银行机构重点风险管控年，全行上下高度重视重点风险管控工作。一是坚持一手抓业务发展、一手抓基础巩固和操作风险防范。在日常经营管理中，始终重视打牢基础，规范操作行为，严格执行规章制度，防范操作风险、道德风险、声誉风险。二是积极推进公司管理，加强班子建设，努力提高管理人员履职尽职能力和经营管理水平。三是切实加强政府融资平台贷款、房地产贷款的风险管控和贷款新规的贯彻落实，对房地产企业贷款实行总体控制和收缩，支持首套房、改善性住房、保障房融资，做到有保有压，促进房地产健康发展。认真贯彻“三个办法一个指引”，确保新发放贷款受托支付比例达到80%以上，中长期贷款合同修订比例达到100%，确保信贷资金真正用于实体经济发展。四是加强流动性风险管控，严格控制中长期贷款比例，灵活调度资金，确保备付金比例、核心负债依存度符合监管要求。五是加强案件风险防控。高度重视金融机构稳健运行，密切关注银行安全案防形势新变化，时刻保持案防工作高压态势，分期分批组织本行高管、中层干部、业务主管和前台柜员到凉监狱、养窝监狱接受警示教育，防患于未然。

（审核：王大清/撰稿：谌李琮）

凉山州农村信用联社

【概况】 2011年，凉山州农村信用社一手抓改革一手抓发展，业务经营和统一法人改革工作实现双丰收，全面完成2011年的各项目标任务，充分发挥了金融支持地方经济发展的作用。2011年12月20日，凉山州农村信用联社股份有限公司正式挂牌成立，顺利完成以州为单位统一法人的股份制改革，实现由传统合作制向现代股份制银行的转型。

【机构人员】 截至2011年末，凉山州农村信用社拥有营业网点281个，占全州银行业金融机构的54.07%，在职员工2016人，占全州银行业金融机构从业人员的40%。近年来新聘大学生610人，占比达30.25%，员工队伍得到有效优化。

【业务经营】 截至2011年末，凉山州农村信用社资产总额207.37亿元；各项存款余额167亿元，各项贷款余额88.39亿元，存贷规模255.39亿元，位列全州9家银行业金融机构的第二位。实现拨备前利润3.18亿元，经济效益创历史新高。贷款损失准备充足率163%，不良贷款覆盖率77%，资本充足率大幅提高，资本实力和抗风险能力进一步增强。2011年，全州共化解历史包袱2.18亿元，摘掉了50多年来的亏损帽子。辖内95%的营业网点已接入现代化办公业务系统，实现全国通存通兑；拥有农信银、大小额支付、跨行柜面通、民工汇等现代化电子结算渠道。推广应用了蜀信借记卡、蜀信贵宾卡、蜀信城乡养老卡、蜀信家园卡、凉山金叶卡、蜀信福农卡等各种惠民惠农银行卡产品。截至2011年末，凉山州农村信用联社已发行蜀信卡40余万张，安装ATM机60台、POS机202台、电话支付终端626台；实现公文处理、统计查询、信贷管理、稽核审计等网络信息化。并成功推出了网上银行、汽车银行、电话银行、手机银行、电话支付终端（EPOS）、短信服务等便捷服务产品。其中“流动汽车银行”、“网点智能管理系统”和“凉山金叶卡”这三项创新金融服务产品已申请国家专利。

【产权改革】 2011年3月4日，凉山州农村信用联社股份有限公司筹建工作小组成立，通过加强改革宣传、严格履行法律程序、依法开展清产核资、妥善处置原有股金、做实征集发起人工作、全力做好房地产确权办证、狠抓不良贷款清收等重点工作，顺利搭建了凉山州农村信用联社组织架构，完成了筹建各项工作。2011年11月12日，凉山州农村信用联社股份有限公司创立大会暨股东大会第一次会议召开，审议通过《筹建工作报告》、《章程（草案）》等多项议案，选举产生凉山州农村信用联社第一届董事会和第一届监事会。2011年12月20日，凉山州农村信用联社股份有限公司正式挂牌成立，揭开凉山州农村信用社改革发展的新篇章，是四川省第一家以市州为单位，也是全国30个少数民族自治州中第一家以州为单位进行的统一法人股份制改革。

【金融服务】 凉山州农村信用社坚持面向‘三农”、中小企业、县域经济的市场定位，紧紧围绕凉山优势主导产业和区域特色产业，重点突出支农、支小、支民生，积极履行社会责任，为政府分忧，为农民群众解难。以打造和谐社会为己任，以实现可持续发展为目标，以服务“三农”为宗旨，以改革创新为动力，实现了历史跨越，成为凉山农村金融服务的主力军和服务县域经济的生力军。截至2011年末，全州农村信用社累放农业贷款70.8亿元，共发放了占全州金融机构95%以上的农业贷款、98%的农户贷款、94%的彝区三房建设贷款，100%的生源地助学贷款，100%的藏区牧民定居贷款，42%的灾后农房重建贷款、30%的下岗再就业贷款，确保了新增贷款全部投放在凉山州境内，为凉山经济跨越发展、民族团结和社会稳定作出了积极贡献。为进一步提高金融机构空白乡镇金融服务的便利性、充分性和满足度，凉山州农村信用社紧紧围绕乡镇金融全覆盖实施方案，在边远山区，特别是少数民族地区，采取设立金融联络员、建立便民服务点、安装电话支付终端（EPOS）、设立迅通工程助农取款服务点等方式提供流动服务以及定时定点金融服务。2011 年 6 月 15 日，凉山州农村信用社配置了全省第一辆流动汽车银行，这是凉山州首家以汽车银行的方式开展流动金融服务的金融机构。截至 2011 年末，全州农村信用社在边远乡镇设立了 22 个便民服务点、149 个金融联络点，开展流动服务 4931 次，共签发农户小额贷款证 4.98 万本，授信金额 6.58 亿元，对 420 个空白乡镇提供了存款、贷款、汇兑结算、代理中间业务等金融服务，成功实现了空白乡镇金融服务全覆盖。

【案件防控】 为进一步巩固案防成果，确保全州统一法人改革目标顺利实现，凉山州农村信用社深入组织开展案件防控高压态势教育活动、合规文化建设年活动、深化内控和案防制度执行年活动、银行业内控及案防有效性提升年以及案件防控高压态势教育查漏补缺等活动，全面落实案件防控责任。通过建立和培育具有凉山州农村信用社特色的体系严密成规范、规范严格成制度、制度执行成习惯、习惯培养成自然的案防文化。按照责任到位、追究到位、惩戒到位、整改到位的要求，建立起横向到边、纵向到底的责任网，形成一级抓一级、一级负责一级、层层抓落实，建立了案防压力一层一层向下传递，案防责任一级一级向上负责的责任机制。多策并举、标本兼治，全力推动辖内农村信用社加强合规文化建设，建立案件防控长效机制，实现依法合规稳健运营。

【企业文化】 深入开展以学、建、创为主要内容的企业合规文化建设活动，弘扬团结、正义、正气、正派、创新、奉献的农信精神，在全州农村信用社干部员工中倡导、培养和打造一支有正义感、弘扬正气、为人正派的信合队伍。凉山州农村信用社的巴交龙布和袁光学双双荣获四川省农村信用联社感动四川农信十大人物光荣称号，充分彰显了身边雷锋、时代精神的凉山农信新风貌。

（审核：杨忠廷/撰稿：向泽菊）

人民财产保险

【概况】 中国人民财产保险股份有限公司凉山分公司下设县市支公司 14 个，保险从业人员 346 人，其中在编员工 104 人，地方版本劳动合同 22 人，劳务派遣 202 人。2011 年以州政府《关于促进保险业加快发展的意见》指引，全力推进《战略合作协议》的层层落实，全面加快与地方实体经济融合步伐，在增强公司可持续科学发展能力的同时，服务地方经济保障民生能力，依法合规发展能力也不断增强。截至 12 月 31 日，实现保费收入 3.36 亿元，与 2010 年同期增长 25.5%，其中：政策性农险实现保费收入 4796 万元，同比增长 40.93%；支付赔款 1.44 亿元，同比增长 8%，未决赔款准备金净额 1.16 亿元，公司市场份额为 45.12%，上缴税金 1801 万元。

【战略管理】 自 2010 年 3 月州政府与人保财险四川省分公司签订《战略合作协议》以来，在协议的框架下，确保政策落地，全力推进《战略合作协议》的深入实施。州分公司、县支公司上下联动，按照在政府参与、政策扶持、资金援助、企业运作的模式下，就在探索创新服务模式和领域，加强农村新兴产业风险保障，加快农村服务网点建设，提升社会保障保险服务能力和水平等方面，与州内多个县政府展开积极沟通和协调，并在 2011 年 4 月、9 月，州分公司成功地与盐源、德昌县政府签署《战略合作协议》，通过规范的制度安排与操作平台，有力地推动了协议落地向下延伸，让协议在保险服务一线，在创新社会管理一线发挥真正最大的作用。

【业务发展】 充分认识销售在公司经营中的龙头作用，坚持以销售战略的制定和实施驱动公司整体发展战略的推进的指导思想，制定公司销售战略：第一步实现业务销售方式由单兵作战向团队化运作转变，员工绩效考核由单纯的业绩考核向业绩与效益综合价值贡献考核转变；第二步进一步完善销售体系，着力于以体系、机制、团队，整合优化销售资源，注重过程管理，推动销售管理升级，把销售能力打造成为公司的核心竞争力；第三步构建完善的团队管理体系和销售网络，打造专业团队和综合团队两支队伍，调整销售组织架构，按客户类型划分团队类型，成立专业团队和综合团队，落实专管专营，提升销售产能。车险方面，一是着力在清分渠道、专管专营方面下工夫，完善销售构架，转换销售模式，确保直销、个代、中介、银保、电销五线齐头推进，从队伍营销转变为渠道营销。二是针对区域市场主要竞争对手平安、中华，采取积极进取市场策略，在确

保发展质量、合规经营基础上，勇于亮剑，敢于竞争。三是保持销售政策的连续性，确保年初以来车险业务发展的良好趋势，根据市场变化和竞争态势，让全系统车险发展保持积极的活力和强劲的张力。四是电销积极发挥公司网点多，布局广的优势，认真组织实施在十三家基层支公司的电销落地工作。在全州多家有一定影响力的企事业单位进行宣传，强化公司对分散性业务的获取能力。开展非销售岗位电销劳动竞赛通过舆论引导、通过业绩晾晒、表彰鼓励等措施，促进了电销业务健康发展。五是精细化管理全面加强，为全系统十四家基层支公司开展一对一经营情况分析，让差异化资源配置真正对接市场一线，促进车险经营局面持续向好。截至11月30日，车险实现保费收入2.16亿元，同比增长25.32%，其中，电销截至10月31日实现销售收入729万元。非车险方面，一是把扭亏和稳定市场份额作为全年工作重中之重，继续加快转型步伐，采取进取型市场策略，树立渠道为王、渠道制胜的竞争理念，跑马圈地，抢占先机，加快直销、营销向渠道、中介、经纪、专营的转型，加大与辖区内的银行、专代业务的合作，持续提升非车险销售能力。二是强化对基层公司的业务和智力支持，根据一线需求及要求，开展了两轮非车险业务培训。通过下发督导函、打电话、现场督导等方式，协助展业攻关，为一线业务推动提供技术支持，加大重点工作进展情况的督导。三是坚持以创新为动力，积极培育新险种，环境污染责任险、农村沼气（农房）组合保险、火灾公众责任险等险种在2011年都获得突破。积极实施由“营销政府到向政府营销转变”的宣传营销新方式，冕宁支公司营销火灾公众责任险就是非常成功政府营销的案例。截至11月30日，非车险实现保费收入4300万元。政策性农险方面，一是进一步强化政府营销，促进州、县两级政府多项利好政策出台，独家承办地位得到强化，结合凉山农业生产实际，积极开发新产品，促成新增承保产品3个，盐源支公司促成县政府制定并下发《盐源县农村保险服务体系建设实施方案》，并成立政府领导小组。二是承保覆盖面进一步扩大，成功签发省内第一张藏系牦牛保单，森林、冬季马铃薯获得零的突破。三是种植业承保业务发展滞后的局面得到明显改善，与2010年同期相比增量到达650万元，同比增长297%。截至10月31日，政策性农业保险实现保费收入1404.37万元，同比增长392.95%。交叉销售方面，积极与中国人寿凉山分公司进行沟通和交流，组织人员对寿险产品进行学习，摸索寿险产品营销技巧，采取开放进取型的销售策略，根据客户和市场需求，利用进行产、寿险产品的嫁接和转移，牢牢抓住大型客户，阻断中国人保系统外对优质大型客户的业务通道。2011年下半年，在四川省烟草公司凉山州公司为员工投保的金牛投资保障型家庭财产保险、金娃投资保障型意外伤害保险即将满期退费的时机，与客户进行反复沟通，利用相关的财税优惠政策与寿险产品说服客户实现员工补充福利，推进客户对团体年金保险的认识与认同。最终，凭借与客户单位近20年的牢固合作关系，结合产寿双方专业的服务，说服四川省烟草公司凉山州公司将满期保险金直接转为企业年金业务保费。11月21日，分公司代理的四川省烟草公司凉山州公司的团体年金保险业务正式起保，实现保费收入1068.85万元，创全省产代寿险单笔业务历史新高。

【理赔服务】 遵循垂直管理、集中管控、统一流程、就近服务的理赔经营目标模式，在2010年“七定”工作基础上，按照公司理赔人力资源改革方案，认真组织实施，进一步理顺工作流程和管理关系，严格执行量化考核，广大理赔工作人员工作责任心有所加强，标准化服务能力有所提升，服务效率和质量有所改善，依法合规意识有所增强，木里支公司理赔员工舒德华驾车、骑摩托、步行一个星期，赶往3700米的高寒巴尔牧场，查勘藏系牦牛出险现场。宁南支公司克服重重困难，翻山越岭为全县种植业受灾农户进行查勘定损，按时将231万赔款一一支付到农户手中，赢得政府和农户的好评。

积极组织开展客户节的各项活动，对外通过电视、报纸、悬挂宣传条幅等广告形式，大力宣传客户节活动，认真开展“四个一”为中心的理赔无忧、四海通行活动，积极组织实施走进中国人保客户答谢活动，强化电销特色配送服务，持续开展全险种客户保险信息自主查询活动。活动期间分公司及时向省公司上报、在分公司内网发布活动简报4期，把一线开展活动相关信息及照片，在系统内大力宣传，对认真开展活动的基层公司、本部部门及个人提出表扬。截至10月31日，支付赔款1.17万元，同比增长11.48%，综合赔付率61.6%，案均理赔周期缩短25%。

【职工队伍】 一是抓住转换经营机制推进工作的大背景，在全系统开展转方式大讨论，通过与主要竞争对手进行观念对标、行为对表、能力对比的方式，找出自身存在的差距和不足。并通过开展周五员工大会学习制度，培养员工自觉学习、终身学习的良好习惯，提升自身文化、职业修养，积极适应新管理模式、新管理文化，切实加快公司转型、个人转型的步伐。二是组织开展本部党员先学习、先掌握、先适应的创先争优活动，通过党员学习示范，在全司掀起学新流程、新程序、新工具、新系统的热潮，党员干部尤其是基层、部门负责人更是要率先垂范，努力改变自我为中心的心智模式，在公司转型工作中充分发挥先锋模范带头作用。三是针对公司全体员工存在的岗位技能亟需提高的现状，制订了全员培训规划，从2011年下半年开始对全系统300多名职工进行分批岗位基本技能、理念轮训，培训课程主要有：公司发展战略、保险基础知识、创建学习型团队、争做学习型员工、现代商务礼仪、阳光心态、激发潜能、现行《保险法》的相关解读、理赔流程的标准化应用、电子商务销售等课程。举办2期，共计36人参加了培训，取得良好积极的效果，获得了一线员工及县支公司经理的一致好评。

【纪检监察】　围绕服务公司改革转型、推动公司持续健康发展来开展监督检查工作，切实发挥政治保障作用，确保效益与合规两大导向有效实施，2011年党委认识开展巡视工作，以落实审计整改工作、治理商业贿赂专项工作为抓手，在全系统持续推进党风廉政、合规经营的建设工作。根据2010年分公司党委民主生活会上，基层支公司提出的分公司班子及班子成员要加强走访基层的建议，分公司党委按照《中国人民财产保险股份有限公司凉山分公司巡视工作实施细则》规定，在重点、热点工作等方面深入一线，靠前指挥。围绕明确整改目标，集中整改落实，强化监督检查，完善长效机制等主要任务，在全系统深入开展落实审计整改工作。按照《中国人民财产保险股份有限公司四川省分公司关于深入推进治理商业贿赂专项工作实施细则》，公司成立治理商业贿赂领导小组，并在盐源支公司设立联系点。

（审核：胡　山/撰稿：姜　涛）

人寿保险

【概况】　全州系统共实现保费收入47926.1万元，同比增长9.42%。实现续期保费24440.8万元，同比增长11.58%。其中：个险渠道实现长险首年标准保费2059.65万元，完成年度财务预算的79.22%；首年期交保费3982.4万元，完成年度财务预算的79.65%；10年期以上首年期交保费3558.62万元，完成年度财务预算的79.08%；短期险保费2571.63万元，完成年度财务预算的114.8%；短期意外险保费1356.61万元，完成年度财务预算的102.77%。团险渠道实现短期险保费5181.01万元，完成年度财务预算的132.85%，同比增长38.02%；短期意外险保费2112.08万元，完成年度财务预算的124.24%，同比增长32.3%。银保渠道实现长险首年标准保费193.77万元，完成年度财务预算的66.82%，同比增长15.86%；首年期交保费560.04万元，完成年度财务预算的56%，同比增长67.8%；首年保费1157.12万元，完成年度财务预算的100.69%，同比增长9.47%。从2011年全州寿险市场看，公司以53.72%的市场份额领先同业公司位居第1位。其中，个险渠道保费总规模29968万元，市场份额68.24%，团险渠道规模5382万元，市场份额94.58%，大大领先同业对手。共处理各类理赔案19825件，支付各类赔款5355.7万元。其中：死亡给付763件，赔款金额1676.82万元；伤残给付35件，赔款金额77.23万元；重疾、医疗给付19027件，赔款金额3601.65万元，短险简单赔付率53.14%。

【提高服务水平】　一是进一步提升了服务质量。通过省公司每年例行开展的第三方调查发现，客户对销售、柜面、电话等主要服务项目的评价，同比均有不同程度的提高。加强了投诉管理，全年未发生恶性投诉案件。二是进一步拓展增值服务功能。开展“牵手国寿绿动中国——健康、绿色、低碳、环保中国人寿凉山州分公司客户杯”摄影作品比赛和少年儿童绘画作品展等活动，参与客户近千人，提高了活动影响力。进一步提升VIP服务品质，对金卡、钻石卡客户赠送生日礼品、寄送免费健康体检邀请函等活动。三是进一步支持公司业务发展。全系统广泛开展“助飞·2011”活动，提升了主动服务意识，强化业管条线对销售渠道的支持力度。全面启动服务伴你行活动，促进销售前端与服务后端的业务融合，通过送服务进职场、面对面的沟通交流等方式，满足销售人员对客户服务基本内容的培训需求，受到销售人员的好评。四是进一步严格了风险管控。加大了核保、理赔及退保管理，严把风险关；加强了对定点医院的管理，清理并完成了8家定点医院合作协议的续签工作；坚持病员探访制度，严格审查医疗发票，加大了调查力度，做到尽量挤干水分；加强单证和投保资料管理，有效防范和化解了经营风险。五是进一步做好日常工作。全系统共处理长险新单13700件，短险53240余件，处理保全业务13000余件，理赔案件17373件，同时完成各类回访13569件，完成省公司转来会办单3658件。六是进一步完成档案影像化管理工作。柜面员工利用每天晚上和节假日休息时间，加班加点，进行档案影像扫描工作，2010年7月至2011年11月的档案扫描工作已完成90%以上。

【强化管控】 一是加强预算精细化管理。制定凉山州分公司《2011年度预算草案编制表》和《2011年度保费收入指标及费用佣金政策》，建立了预算指标完成情况的监控机制，加强对各项预算指标的管控力度和分析深度，充分发挥了预算管理的导向作用和费用佣金政策的杠杆作用，指导基层公司做到合规开支。二是建立安全高效的资金管理模式。引导基层公司对各项支出计划申请资金的准确合理预测，提高资金的集中度。充分利用网银，实现对全辖系统资金管理的动态化监控，防范了资金风险，加强资金核对工作。实现全辖范围内员工工资、营销员佣金、银保团险客户经理工资、费用的集中发放支付，有效防范了资金风险。三是充分发挥存量资产管理职能。按照省公司2011年固定资产投资预算批复，加大基层公司固定资产的配置力度，全年预算执行率达99.95%，满足基层公司的基本需要。对不良资产、报废资产和闲置资产等进行清理、处置，力争国有资产的法律诉讼不失效、资产保全稳步进行。四是做好日常财务核算工作。加强费用预算执行情况分析，严格控制公司的经营成本，确保开支的真实性和合理性。严格遵守财务会计制度和税收法规，按时保质完成各项税种的代扣及缴纳工作。认真做好财务内部控制和404条款的遵循工作，发挥财务事前和事中的监督作用，降低财务风险。

【人力资源管理】 更新观念，调整发展思路，探索适应发展需要的路子和办法，做到改革发展两不误、两促进。实现了对责、权、利的合理匹配，有效提升了企业经营管理水平，最大限度地发挥了基层公司和销售渠道的活力，推动了公司持续健康稳定发展。对全州系统绝大多数低层级员工工资层级进行了较大幅度地调整，缩小了员工之间的待遇差距，调动了低层级员工积极性。

【风险防范】 一是积极推进404条款遵循和内控工作。组织开展《内部控制执行手册（2011版）》及内控标准执行的宣导培训，组织全州系统员工签署了《内控标准声明书》和《承诺书》，开展了2011年内控评估测试及缺陷整改验收工作，实现了404条款遵循持续合规达标。二是持续开展“诚信我为先”活动。扎实开展客户资料真实性、防范代签名、营销员投保资料规范填写风险点专题教育，增强销售人员诚信合规意识。积极开展诚信合规知识培训、诚信合规知识考试和“诚信我为先”宣传进职场活动，活动期间共收集诚信新闻稿件96篇，下发诚信宣传资料5000多份，在全州系统营造了诚信销售人人有责的诚信文化氛围。三是进一步强化党风廉政工作。重新制定了《党风廉政建设责任书》，明确各支公司党风廉政建设责任，与各支公司签订了党风廉政建设责任书，把党风廉政建设工作放在了与经营发展同等重要的位置。四是切实加强反洗钱工作。积极开展保险反洗钱宣传月活动，踊跃参加金融知识宣传活动，不断加大了反洗钱业务知识宣传。认真履行了客户身份识别及交易记录保存、大额交易、可疑交易分析、报送等法定义务，在中国人民银行凉山州中心支行开展的反洗钱非现场监管评估工作中评估为B级，在凉山保险界是最高等级。五是加强营销员品质管理工作。在全州系统推广新版营销员信用评估系统上线运行工作，通过信用评估系统加强营销员品质管理工作，运用信用评估系统全州共有1123人营销员加评级，1人被评为AAA级；7人被评为AA级，1101人被评为A级；14人被评为B级；全州系统无C级营销员。六是扎实开展“坚持依法合规，防范经营风险”专项自查自纠工作。组织各县市支公司、各部门就16项专项自查自纠内容开展自查，对7家营业单位自查自纠情况进行了复查和核查，对各核算单位财务费用明细数据进行核对确认，制定个人合规申报承诺表下发各单位，各部门由员工、业务员填报，员工类亲笔签名承诺率达100%，销售人员类达99%。七是积极开展法律事务工作。认真处理法律事务诉讼案件，防范法律风险。对2008年以来38件案件全部录入总、省公司案件管理新系统工作，并通过省公司审核。在2011年共处理诉讼案件7件，涉诉案件都得到了圆满处理。

【队伍建设】 一是整合培训资源，多渠道、多方位选拔专、兼职讲师，以满足业务发展和员工培训需要。二是坚持做好以素质提升为重点的培训规划。将全年培训内容、时间、地点、师资进行安排，着力提高各级管理人员和销售主管的管理能力。三是认真研发培训课件，进一步完善教育培训体系，不断优化队伍的知识结构和能力结构。全年累计举办各类培训56期，参训人员达3200余人次，基本满足了各业务部门和各发展渠道的培训需求。

【宣传工作】　加强与凉山日报、阳光攀西、凉山电视台等新闻媒体的协调沟通合作。一是抓好政策性保险业务的宣传。抓住机遇，积极开展农村小额保险、小额信贷保险和补充医疗保险业务宣传。二是全力做好与各媒体的沟通维护工作。严格信息披露制度，及时了解掌握公司重大信息，正确应对和妥善处理媒体危机事件。三是进一步规范品牌宣传。严格按照总公司制定下发的CI应用指导手册及管理细则，认真抓好户外广告等对外宣传的管理，全方位、多平台、多角度展示了公司的品牌形象，促进公司业务的全面发展。四是大力支持公益事业。向州委、州政府安排的定点帮扶乡鲁坝希望小学捐赠了5000元人民币和衣物若干，为禁毒防艾工作出资4000元；制订鲁坝希望小学教学奖励制度，邀请四川省重点小学——西昌市第一小学的校长和特、高级教师一行前往指导工作、现场授课，提升鲁坝希望小学提高教学质量，调动教师敬业爱岗、教书育人的积极性，充分展现中国人寿勇担社会责任的良好社会形象。五是大力开展诚信和依法合规经营管理，连续八年荣获省级“守合同、重信用”单位。

【和谐机关建设】　以庆祝建党90周年为契机，大力加强党建工作，大力加强党性教育，强化宗旨意识和责任意识，抓好党建带工建、团建、妇建工作，春节前组织开展迎新春团拜活动，“三八”节组织妇女干部外出活动，复转退伍军人迎“八一”座谈会；成立摄影俱乐部，积极组织职工在业余时间参加情趣高雅的职工摄影比赛，其中有一幅和三幅摄影作品分别荣获集团公司建党90周年·美好国寿摄影作品银质奖和优秀奖；创建模范职工书屋，州公司机关工会荣膺总公司模范职工小书屋称号；继续抓好教育扶贫、安全生产、治安、计生、卫生等工作，按照要求深入开展城乡环境综合整治工作和彝区健康文明新生活运动。安全生产荣获凉山州人民政府一等奖。

（审核：和绍华/撰稿：卢俊杰）

平安财产保险

【概况】　2011年，中国平安财产保险股份有限公司凉山中心支公司达成保费10846万元，超时间进度13.81%，完成10774万元的年度保费任务。截至12月31日公司完成保费收入12520.34万元，同比增加43.51%，其中车险6847.23万元，财产险967.98万元，意健险909.21万元。

【成本管控】　在成本的管控上，公司严加把控。充分宣导运用“五大成本”管理的原则，把资源向优质业务倾斜。严格实施公司相关两核管控的要求，加大两核管控力度，严把出入关，确保品牌、服务，控制理赔定损环节的“跑、冒、滴、漏”。每月业管部在经营检讨会中做承保品质及管控措施的汇报、完成协作修理厂的情况调研，确定主要合作伙伴，严防理赔道德风险。充分发挥理赔、查勘、出单小组的管理作用，提升前台服务水平。做好业务的风险筛选、产品结构调整及理赔减损工作，控制成本，持续赢利，公司从年初开始到现在一直保持较高的赢利水平。

【渠道改革】　公司顺利完成渠道化改革，公司的发展逐步走向了渠道化和规范化。在年初渠道化改革后，公司将原来的渠道进行细化为目前的直销团体业务、车行代理、电话销售、综合开拓、专业代理、银保代理、会理营销服务部、冕宁支公司，丰富了公司的业务渠道来源，并在上半年取得了很好的效果，开门红公司所有渠道全部达成目标任务，公司将原来的零售业务部并入代理业务部，使各县人员有了稳定的发展方向。

【业务发展】　公司认真贯彻保监局、行业协会有关文件精神，大力调整险种结构，实行精细化管理，牢固树立金融服务经济的大局意识，积极为地方经济发展作贡献，为政府、企业、家庭分散风险、减轻负担，发挥了经济补偿功能。在业务发展方面，公司制订并出台了全年的销售激励方案，将全年的保费任务指标分解落实到各销售组织单位，并层层落实到人头，促进公司车险、财产险和意健险三大险种的全面达成，对各销售组织单位逐月考核，及时兑现，对完不成任务考核指标的相关

人员予以调整和淘汰，激发和调动全体员工的工作积极性，实现公司保费和利润的健康跨越式发展。业务拓展方面，以渠道化改革为契机，在继续保持车险较大业务增量的情况下，加大工作创新力度，营造全新的销售模式，大力拓展综合开拓和电话销售渠道，为实现渠道化经营模式打下基础。内部管理上切实从小事入手，抓好续保、应收等基础管理工作，积极营造宽松和谐的工作氛围，保持员工队伍的稳定和团结。市场环境方面，对外密切关注保险同业主要竞争对手的政策调整和策略变化，制定差异化的营销策略，进一步提高市场应变能力；对内调整承保政策，逐步萎缩车险亏损业务，改善公司车险经营品质。3 月，公司各个部门顺利实现开门红目标。5 月，凉山公司提前 35 天完成“点五零”的保费收入计划，保费收入完成 5598.1 万元，挑战计划进度为 50.59%，超时间进度 10.59%。7 月、8 月里，凉山公司频频传出捷报。7 月 20 日，团体一分部实现保费 1240.9 万元，提前 164 天完成全年计划任务。8 月 31 日，机构完成保费 8555.9 万元，基本完成“点八零”的预期目标。9 月，新渠道本部完成保费 627.3 万元，保费达成率 100.53%，展现了新渠道良好发展的好势头。10 月 19 日，凉山中支公司达成保费 10003.7 万元，挑战计划进度 92.85% 领先时间进度 12.85%。四级机构的发展赶超从前，截至 11 月 10 日，会理营销部保费收入已达 1003 万元，突破千万大关，创造了四级机构保费达成的历史新高。11 月 13 日，凉山中支达成保费 10846 万元，超时间进度 13.81%，完成 10774 万元的年度保费任务。截至 12 月 16 日，公司完成保费收入 11788 万元，同比增加 42.8%；其中车险 9188 万元，财产险 868 万元，意健险 1710 万元。

【经营管理】　公司提出了对干部实行强化问责制、对各职能部门强推首问负责制、在各部门与员工之间实施定期沟通制的管理方式。对外主动收集市场信息，找准目标市场，对内各职能部门积极参与，牢固树立大团队意识，打造和谐、开放、真诚的沟通平台，以强化队伍建设、树立市场信心、提升整体竞争力。同时强化公司的核心竞争力——服务。着重抓好共同资源即人事行政部、业管部、市场部、财务部为前线和客户服好务为主要的中心工作、巩固和建设好内控管理使公司的各项经营管理指标逐年提高，让公司成为管而不死、活而不乱、内外齐心协力，具有坚强战斗力的队伍。公司在内部管理上针对管理中的薄弱环节，相继出台了柜面服务、例会制度、郊县查勘等管理措施，弥补了以往管理中的不足。同时开展平安礼仪、诚信廉政教育活动，通过实施员工激励、季度客户服务明星评比等方案，改善了员工精神面貌，增强了公司凝聚力。

【理赔服务】　理赔服务一直是公司经营管理的重要环节。公司以平安产险客户服热线 95511 为依托，7×24 小时为客户提供接报案和查勘救援服务。公司建立核保核赔制度，向客户作出贴心周到的理赔服务流程，推出简化车险小额赔案的快速理赔通道，定期向客户提供各类防灾防损的信息和建议，同时设立内控监督管理机制。平安公司率先实现车险全国通赔服务，客户在投保地以外的任何地区出险，都可享受到和投保地一样便捷、高效的理赔服务。为回馈广大客户的关心和支持，举办一年一度的客户服务节，体现公司对客户的关爱与回馈，受到了西昌各大媒体和客户的一致好评。积极处理地质灾害、校园方责任险等相关案件，为受灾客户提供更加完善的服务。公司以快速、简便、合理、专业的理赔服务获得了客户的普遍信任和赞誉。率先启动并落实“平安车险、万元以下、资料齐全、一天赔付”16 字承诺服务。

【队伍建设】　公司充分运用竞争、激励、淘汰机制的约束，通过全面培训，指导销售，使团队销售的单一技能向综合性技能发展，综合性技能向专业化技能转变，提升团队的整体作战能力，成功建立核心团队。在这个过程中，公司两名前线员工分别荣获平安产险四川公司保险明星及平安产险保险明星的光荣称号。在培训体制方面公司建立了完善的新人培育体系、不定期进行新人培训，使新人达到感知保险、认同团队、加速成长、融入平安的培训理念和目的，并建立指导人制度，对新人进行成长督导与跟踪，让新人更快适应环境，实现角色转变。与此同时，公司为了保证人员发展计划的顺利实施，改变公司师资力量薄弱的情况，通过员工培训，及时选拔员工加入兼职讲师队伍，并开设了 30 多门内、外勤培训课程，涉及个人、专业几个方面，每月启动培训计划，按照员工的个人发展需求，因地制宜，以达到提高个人素质、工作技能的目的。

【企业文化】　为丰富员工的业余生活，公司在业务发展的同时全年组织员工参加晨会、自行车环游邛海、拓展训练、明星旅游、圣诞晚会，开展“创巨大差异，建诚信平台”等活动，同时组织员工进行《平安新语》、《平安礼仪》等平安文化系列丛书及各类网络课程的学习，提升员工的专业技能，加大员工对公司的认同度。公司大力倡导“执行”企业文化的推广和建设，贯彻遵纪守法的经营理念，让员工在工作中逐步理解“一个品牌、两个终身、三大机制、四大责任、五个最好”的平安企业文化的深刻内涵。员工通过优秀企业文化的学习和实践，在实现公司价值最大化的同时，实现个人价值最大化。

【重大成果】　配合平安产险在全国开始推广运营集中项目，通过系统改造、流程重造、作业环节拆分等方式，实现原有流程全部或部分环节转由系统自动完成或由全国后援中心统一按既定规则操作的方式。通过运营集中实现提高效率、资源共享、降低成本、提高产能、防范风险等作用。通过与总、分公司的密切配合、切实推动，完成了核保集中、出单集中、理赔集中等重大运营集中项目，对提升凉山公司运营能力、加快工作时效起到了积极的作用，也让客户在与公司业务往来的过程中有了全新的服务体验。

【培训活动】　公司各部门开展各种类型的培训活动以增加员工的业务技能和创新意识。每月，业管部都会针对新的业务对团渠员工进行培训，客服部也针对业务、出单和理赔人员进行了培训以增加员工的业务技能，除此之外，代理业务部、客服部还不定期地到代理公司向员工普及保险知识。同时，公司还制定了“1+3”人才培养计划，面向新员工开展座谈会，在答疑解惑的同时了解新员工面临的问题以帮助其成长。

（审核：张权武/撰稿：吴纪华）

民生人寿保险

【概况】　民生人寿保险股份有限公司凉山中心支公司在总、分公司的正确领导下，2011年始终以“创造受人尊敬的公司”为企业愿景，以“为民生服务”为企业使命，奉行“利他共生，共创共享，共同富裕”的企业价值观，秉持“讲真话，干实事”的企业精神，坚持内涵式可持续发展之路。截至2011年12月，民生保险凉山中心支公司保费收入达8634万元，完成全年目标任务的120%，增长27.89%，在当地保险市场的占比和社会影响都在继续提升。

【机构设置】　凉山中心支公司已在全辖（西昌、会理、会东、冕宁、德昌、盐源、宁南）7个地区开设营服机构，基本形成了覆盖全州的服务网络布局。民生保险凉山中心支公司继续秉承“对待工作务实高效、对待客户诚实守信、对待专业精益求精、对待社会勇于奉献”的公司司训，在保持持续健康发展的同时，强调专业能力与职业道德并重的人才管理理念，倡导务实高效的工作作风、谦虚自律的工作态度，竭诚为广大客户提供诚挚、便捷、人性化的服务。截至2011年12月，民生保险凉山中心支公司共有内勤人员43人，其中专科（本科）以上学历人员43人，占比100%，中共党员7人，占比16.3%。

【服务质量】　民生保险凉山中心支公司始终把“以客户为中心”作为公司经营管理的重中之重。在抓好常规服务的同时，民生保险凉山中心支公司力求创新，不断推出客户服务新举措，在行业内率先推出“非常6+1”快速理赔服务，并多次提升快速理赔案件额度；连续推出客户服务节等大型客户回馈活动，获得广大客户好评。截至2011年12月，凉山中心支公司共理赔案件677件，赔付金额326万元，同比增长为120.27%。

【风险管控】　切实加强内控管理工作。明确各岗位人员工作职责，加大合规管理工作力度，对每个岗位人员进行全面考核制度，以增强员工依法合规和防范风险的意识。狠抓自我检查和整改落实工作，坚持定期进行业务检查、对重要风险环节执行情况深入开展自我排查，定期通报、限期整改，强化风险控制和依法合规培训力度，增强全体员工的合规意识，营造良好的管理文化和合规文化。

（审核：谢献平/撰稿：何　娟）

西昌金信村镇银行

【概况】　西昌金信村镇银行是由全国著名股份制银行——大连银行发起，市政府主要参股，经中国银行业监督管理机构批准设立的股份制商业银行。国家设立村镇银行是为了解决农村金融机构覆盖率低、金融供给不足、竞争不充分、金融服务缺位等“金融抑制”问题的创新之举。金信银行作为四川省三州地区成立的第一家村镇银行，对推动凉山州金融改革和发展、完善金融体系具有里程碑式的意义。西昌金信村镇银行于2010年6月6日正式开业，总部现位于西昌市胜利南路二环路口，初期内设营业部、业务拓展部、综合管理部、风险管理部、办公室五个职能部门。2011年12月19日，胜利中路支行正式开业；2012年3月27日，东城支行正式开业。全行现有职工42名，均为大学本科以上学历。

【业务开展】 西昌金信村镇银行在州、市党委政府的关心支持下，在人行凉山中支、凉山银监分局的科学监管指导下，克服新机构、新业务、新市场等重重困难，按照“从严管理、突出创新、和谐高效、科学发展”的主旨，围绕“增规、增效、控案”的目标，始终以简便快捷的服务方式服务“三农”、服务小微企业、服务地方经济发展，逐步建立内部管理扎实有效、业务经营稳健提升的良好开局：截至2011年12月31日，西昌金信村镇银行资产规模达23.98亿元，各项存款余额8.91亿元，各项贷款余额5.69亿元，月均存贷比74%，不良贷款为0元，各项经营指标均符合监管要求。开业至今累计发放贷款15亿元，共支持671户贷款户，累计上缴各项税金560万元，为西昌14个乡镇、33个村的263个农户以及25家乡镇企业提供金融服务。借助母行的资金优势，金信银行将大连银行成都分行的资金引进西昌，支持了西昌市的多家企业，实际发放贷款4.5亿元，为西昌区域经济发展作出了贡献。

【特色】 作为一级法人机构，西昌金信村镇银行具有“经营方式活、决策链条短、工作效率高、产品创新快”的服务特色。科学的授权管理，优化的信贷流程，灵活的抵押方式，有效降低“三农”客户及小微企业的贷款成本，满足市场多样化的融资需求。业务范围包括：吸收公众存款；发放短期、中期和长期贷款；办理国内结算；办理票据承兑与贴现；从事同业拆借；从事银行卡业务；代理发行、代理兑付、承销政府债券；代理收付款项及代理保险业务；经银行业监督管理机构批准的其他业务。同时还推出以下特色信贷产品：“商贷通”：即以商家预期应结算款项及存货抵押，贷款人、借款人和商家三方签订协议。“商会宝”：即面向各种区域商会和行业商会会员，实行商会推荐与互保相结合发放的灵活小额贷款。“循环贷”：即一次授信、分次提款、随还随贷、循环使用，方便快捷。“运输宝”：汽车经销商推荐，引入中介管理机构为其担保，手续简便、放款迅速。

【管理】 西昌金信村镇银行牢固树立“制度先行、内控优先”的管理理念，始终把内控和案防作为日常工作的重中之重来抓，建立内部管理机制，制订了含会计、信贷和综合管理等共12类、156项规章制度，并结合工作实际不断修订完善。同时，逐步构建完善风险管理体系，加强制度执行力，定期对业务条线进行专项检查，严格做到依法合规经营，切实防范业务风险，实现全年零案件发生的案防工作目标。

【文化】 秉承“金源于信，信取于德”的企业文化理念，西昌金信村镇银行始终坚持“服务‘三农’、服务小微、服务地方经济”的市场定位。凭借准确的定位、特色的产品、高效的服务、专业的团队，金信银行逐步在凉山金融市场站稳脚跟，并独树一帜，其知名度、信誉度、美誉度正在显著提升。未来，金信银行将继续做到“用事业吸引人、用文化凝聚人、用领导魅力影响人、用激励机制留住人”，努力将金信银行打造成地方“精品银行”。

【公益】 西昌金信村镇银行在发展业务的同时，不忘履行社会责任，积极参与公益事业，真诚回馈社会。2010年开业之初，大连银行带领西昌金信村镇银行向西昌市新农村建设捐资助学专户捐赠30万元现金；9月份，大连银行青年企业家SMBA班的各位学员向西昌阳光学校捐赠了10万元的图书；2012年，大连银行再次向西昌市教育系统捐赠了价值100万元的电脑桌椅等教学物资。

【荣誉】 2011年4月，市政府发文《西昌金信村镇银行，加强自身建设，积极服务地方经济》，充分肯定金信银行的各项工作措施以及取得的成绩，以及对西昌经济社会发展给予的有力支持。2010年、2011年连续两年荣获“银行业金融机构目标考核先进单位”称号。荣获“2011年度四川省生产性服务业示范企业”称号，金信银行是凉山州唯一一家获此殊荣的企业，四川省仅有两家银行机构获此称号。

（审核：梁文英/撰稿：梁文英）

经济管理

Economic management

国有资产监督管理

【概况】 2011年凉山州国资委认真贯彻落实党的十七届六中全会、省委九届九次全会和州第七次党代会精神，以邓小平理论和“三个代表”重要思想为指导，深入贯彻落实科学发展观，按照州委、州政府提出的“跳起摸高、跨越发展”的工作基调、深入实施提速增量、提质增效“双提升”战略，依法履行出资人职责，严格落实监管责任，进一步解放思想，加大改革力度，优化国有经济布局结构，转变经济发展方式，促进国有资产保值增值，提高国有经济的带动力和影响力，取得较好成效。

【国有资产监督管理】 一是国有资产监管法规体系建设进一步加强。先后制定并下发了涉及业绩考核、薪酬管理、产权交易、财务监督、企业领导人管理、重大经营决策责任追究、国有资本经营预算、国有资本收益收缴、国有资产租赁管理、企业法制建设等规范性文件34个。会理、会东、西昌、甘洛、昭觉、雷波等县市结合各自的实际进一步加强国资监管法规体系建设，确保凉山州国资监管工作的顺利推进。二是国有企业负责人经营业绩考核体系更加完善。按《考核办法》分类考核的原则，首次与州林业局联合将州属4户森工企业纳入考核；对13户州属国有及国有控股企业2010年年度经营业绩考核兑现了奖惩；对2010年经营业绩突出的6户州属企业给予“国有资产保值增值突出贡献”奖励；对9户国有企业第一考核任期（2008—2010年）进行考核兑现奖励；与21户企业签订2011年经营业绩考核（国有资产保值增值）责任书，与16户企业签订第二任期（2011—2013年）经营业绩考核责任书，与行业主管部门商定首次将四川省西昌汽车运输（集团）有限责任公司、州五交化有限责任公司纳入经营业绩考核。三是国有企业收入分配管理制度更加健全。全年审核了31户州属企业的工资总额、经营效益与职工工资挂钩方案及领导人员收入分配方案；对14户企业负责人的基薪进行了核定。四是财务监督工作取得显著成效。建立了州属国有企业财务分析监测体系；研究提出了所监管企业重大资产损失责任追究的建议和措施；积极参与制定国有资本经营预算有关管理制度，参与了州属国企重点专项资金和重大投资项目的审计工作；推进了小金库专项治理工作；完成了2010年度国有资本收益解缴2880万元，完成州政府下达目标任务的195%。五是资产处置工作进一步规范和完善。监督和指导了月城公寓商业门市公开拍租、西昌电线厂废旧设备处置及厂房拆除、大桥水电开发总公司车辆处置和凉北林业局商品房出售拍卖等工作。六是按照《凉山州国资委及所出资企业中介机构聘用管理办法（试行）》的规定，州国资委结合企业实际，对中介机构备选库（2010年）进行动态调整和充实。“凉山州国资委中介机构备选库（2011年）”选入中介机构127户，其中：审计类30户、资产评估类24户、房地产土地评估类23户、工程造价咨询类17户、拍卖类15户、律师事务所类12户、其他类6户。七是投融资平台和担保平台进一步做实做优。州国有投资发展有限责任公司充分发挥投融资平台作用，全年合并报表后资产总额达80亿元，为凉山州属资产规模最大国有投资控股企业；州中小企业信用担保有限责任公司为地方中小企业提供融资担保7.96亿元，实现总收入 1912 万元，同比增长 31%，实现利润 529 万元，同比增长 45%。

【企业改革】 一是五户十三家政策性破产企业的破产工作稳妥推进，已进入资产处置阶段。二是根据州政府第 80 次常务会议的要求，州国资委对《西昌天喜园艺有限责任公司国有股权转让方案》进行补充和完善，现正按照国有股权转让的相关规定和程序组织实施。三是西昌汽车运输总公司按照现代企业制度组建新的国有独资公司的改制工作顺利推进；四川省农资公司西昌经营站改制工作正常推进；西昌汽车改装总厂安置职工遗留问题，已得到妥善解决。四是州属 22 户破产和停产企业成立了企管会，留守人员工资补贴得到妥善解决，制定了管理和考核办法。五是继续参与西昌电力解债的收尾工作，企业对外担保债务已化解 98.53%，基本解除西昌电力、西昌锌业的违规担保债务，企业重新焕发了生机和活力。

【企业项目建设】 凉山矿业 10 万吨/年阳极铜冶炼项目基本实现达产运行，成为四川省最大的铜冶炼项目。会理铅锌公司投资控股的绵阳平武锰业重建项目已完成投资 1.2 亿元，1 万吨电解金属锰生产线已进行试生产。西昌合力锌业总投资 4 亿元的 10 万吨技改项目已完成可行性研究、建设用地预审、安全预评价、能源评价等工作，环评报告已报环保部待批复，新征建设用地场平工作已完成，其配套的尾气制酸节能减排环保工程已于 2011 年 1 月竣工点火。州益门煤矿斜井技改接替主体工程已投入资金 1.04 亿元，现主体工程已完成进尺 4000 余米。真空制盐 20 万吨/年技改工程 3 月开工建设，2012 年 12 月进入试车阶段。西泥塘煤矿 9 万吨/年技改扩能达标工程于 9 月开工建设。锦宁矿业自主投资 6000 多万元的选矿技改扩能项目已正式投产。黑林子探矿工作完成了 700 米坑探，矿山接替工程——大顶山采选改扩建工程正式开工。会理大铜公司在西昌市航天大道新建的精品四星级酒店于 1 月起建，已投入资金 2100 万元。2012 年 10 月可基本完工，大桥水电开发总公司水库灌区一期建后管理、供水经营和竣工验收准备工作有序推进，二期工程前期工作顺利推进，树瓦河流域水电资源开发项目建设进展顺利。西昌电力主导开发的装机 4 万千瓦、总投资 3.3 亿元的盐源永宁河四级电站已累计完成投资 2.38 亿元，到 2012 年建成投产。

【企业党建】 州国资委完成了州商业银行党委、会理大铜有限责任公司党委、董事会换届选举工作；对州益门煤矿、大桥水电开发总公司等 12 家企业领导班子进行调整；通过考核评比，在州国资系统庆祝建党九十周年纪念大会上表彰凉山矿业等 8 户企业为“四好”领导班子先进集体。不断完善了“凉山州州属国有及国有控股企业领导班子后备人才库”。

【党风廉政建设】 州国资委党委与 48 家国有企业领导人员签订了目标责任书；完成了 2010 年 90 家国有企业领导班子和领导人员的党风廉政建设责任制各项工作任务完成情况的考核工作；妥善处理了企业改革改制中的信访、举报问题，对 26 份举报事项进行了初核，对失实的举报进行了澄清，对存在的问题进行了纠正和处理；修订完善了“三重一大”的相关内容，细化了“三重一大”集体决策事项；修改和完善了《国有企业领导人员问责暂行规定》；制定了效能监察流程图和立项审批表，将效能监察纳入党风廉政建设责任制进行检查考核。

【创先争优活动】 继续深入开展创先争优活动，州国资委命名 15 个“共产党员示范单位”，479 名“共产党员示范岗”；明确西昌电力等 8 户省、州属国有企业为窗口单位和服务行业开展为民服务创先争优活动示范单位；州国资委党委与 53 家国有企业党组织签订基层党建工作目标责任书；在州国资系统庆祝建党九十周年纪念大会上表彰先进基层党组织 35 个、优秀党员 70 名、优秀党务工作者 28 名；按照州委的要求，选举出州国资委系统 25 名党代表出席凉山州第七次党代会；为隆重纪念建党 90 周年，州国资委党委举办州国资系统“红歌唱响·国资大舞台”活动、“国有企业改革发展成果”书法摄影展和“国资杯”桥牌比赛。

【国有企业住房保障】 全年州属 41 家企业申请修建经济适用住房及棚户区改造，已批复项目 69 个，计划改造总户数 12575 户，计划总投资 23.79 亿元。截至 2011 年 11 月底，已有 31 户企业的 42 个项目放线开工，共计开工 7760 套，建筑面积 70.53 万平方米，计划投资 14.2 亿元，已完成投资 9 亿元，其中，已竣工 3282 套，建筑面积 28.95 万平方米。

【企业信访稳定】 州国资委进一步落实安全生产责任

制，对木里、盐源、冕宁三县的汛期水电建设施工安全生产进行了专项督察；深入到会理铅锌公司、州益门煤矿等重点企业进行安全生产现场检查。在加强信访维稳工作方面，全年共接待来访92批、571人次，处理信访件56件，其中，州委、州政府和州领导及有关部门信访交办件34件，按时回复率达100%，基本做到来信件件有回音，来访次次有答复。

【企业国有资产保值增值】 全年全州国有企业提速增量、提质增效，敢于抢抓发展先机，主要财务指标全面增长，确保了国有资产保值增值，圆满完成了全年各项目标任务。全年州属18户监管企业实现销售收入91.2亿元，同比增长86.2%；实现工业增加值21.6亿元，同比增长23.4%；实现利税15.8亿元，同比增长30.6%。资产总额166.7亿元，同比增长10.1%；所有者权益79.6亿元，同比增长22.5%。国有资本保值增值率108.41%。

（审核：蔡　军/撰稿：杨本益）

工商行政管理

【概况】 2011年是实施“十二五”规划的第一年，全州工商系统认真按照州委、州政府及省工商局的安排部署和要求，深入学习实践科学发展观，认真贯彻党的十七届四中、五中、六中全会，省、州委经济工作会议和全省工商行政管理工作会议精神，把握总局“五个更加”，积极推进省局“五化”建设，坚持把“跳起摸高、跨越发展、工商助力”作为2011年工商工作的主线，深入推进“双提升”战略，实行“两手抓”发展、“五化”联动，为加快建设美丽富饶文明和谐新凉山作出新的更大的贡献。

【企业登记监管】 一是落实优惠措施，支持各类市场主体健康发展。充分发挥“三个绿色通道”的作用，完成省、州确定的重大项目2户的登记工作，注册资本达0.76亿元，为40户重大投资项目企业提供行政指导，对市场主体的轻微违法行为进行行政约见、行政建议、行政警示65次。继续采用“五种”融资渠道，办理动产抵押、股权出质（资）登记180份，借贷金额30亿元。全州企业户数达到3511户，注册资金达到138亿元，其中外资企业129户，注册资本1亿美元。二是加快信息化建设，提高服务和监管水平。积极开展了登记工作的“四化两提高”，努力推进监管制度创新。加强企业信用信息资料录入，积极推进网上咨询、年检、名称核准等服务，不断提高企业登记录入质量和服务水平。推动工商业务综合系统的广泛运用，实现信息资源的联网共享。三是配合有关部门加强公共聚集场所、煤矿、非煤矿山、易燃易爆、危险化学品和非法拼装车等的专项检查，出动执法人员2816人次，检查经营户530户，共查处取缔无照经营案件786件，案件总值632.4万元，罚款金额52.8万元。

【个体私营经济登记监管】 一是提高服务质量，支持和促进个体私营经济健康发展。实行分层登记分类管理，开展行政指导注册登记个体工商户、企业主3000余户，发放行政建议书42份，行政告诫书54份。全州个体私营企业户达95008户（其中个体户达85176户），同比增长6.9%，注册资金数额142亿元，同比增长14.9%。二是认真开展“查无”工作，积极配合公安、文化等部门开展“黑网吧”、废旧品收购市场和校园周边环境专项整治行动；共出动执法人员2405人次，检查网吧357户次，检查废旧品收购站点453户，检查学校周边文具店、食杂店1780户次，取缔黑网吧44户，全系统共查处取缔无照经营案件179件，案件总值34.3万元，罚收金额31.4万元；向有关部门抄送行政建议书34份、通报违法经营36户，向司法机关移交案件4件。

【市场监管】 一是深入开展“红盾护农”行动，以肥料、种子、农药、农机具及零配件为重点，进行集中监管，共出动执法人员1966人次，出动车辆520台次，检查市场390个次，检查农资经营户3850户次；查处农资案件31件，罚款14万元，取缔无照经营21户，受理投诉11件，为农民挽回经济损失22万元。二是积极服务农村发展，拓宽农民增收渠道。全州的经纪人已达550户（其中农村经纪人317户），其经纪活动营业额达2220万元；成立经纪人协会23个；农民专业合作社492户，同比增长48.6%；出资总额达3.9亿元，同比增长82.1%；成员总数8853人，其中农民成员占98%。三是加强节假日的市场监管，全州共出动工商执法检查人员3210人次，出动车辆698台次。检查各类市场622个（次），检查经营户36410户次，取缔无照经营152户，查获不合格食品856公斤，查获其他不合格商品价值5660元，接受消费者投诉36件，及时处理36件。确保全州节假日市场稳定，秩序良好。

【合同监管】 一是稳步推进订单农业，促进农产品流通。继续采取各种措施和形式，深入农村、农企，大力宣传《合同法》、《四川省合同监管条例》等相关法律法规26次，发放各种宣传资料1.03万份，严把“三关”促进订单农业稳步发展。二是推行合同示范文本，打击合同欺诈行为，全州共检查经济合同784份，合同金额7.98亿元，结合全州农副产品中烟叶、蚕、土豆、糖、白魔芋、石榴、苹果、奶牛等种植养殖业的购销活动，积极介入，实行订单农业监管，推广使用合同示范文本，签订农业订单3.52万份，签约农户3.22万户，签约金额2.6亿元。履约率达100%。通过检查，纠正1份不规范合同，继续建立为企业排忧解难名册132户；调解合同纠纷10件，解决争议金额19万元，维护了社会的稳定，全年推广使用示范合同文本3000余份。三是完成全州326户“守合同、重信用”企业的审查、命名工作，其中省级47户（含国家级4户），州级207户，县级72户，其中新命名省级6户、州级26户。取消不合格“守合同、重信用”企业省级3户、州级11户，为诚信凉山的建设作出了积极贡献。

【公平交易执法检查】 一是深入开展“双保”（保护知名企业、知名品牌）执法工作，严厉打击“傍名牌”等不正当竞争行为。全州共立案查处仿冒假冒侵权案件80件（其中，侵犯注册商标专用权案件75件），罚没金额39.22万元。二是积极配合公安、烟草专卖部门开展打击制售假冒伪劣卷烟和规范烟草市场专项行动。全州共出动检查人员699人次、车辆180辆次，配合和独立查办案件43件，查获卷烟2249条，其中假烟1226条。三是认真开展禁止传销工作、强化直销企业的监管。全州共印发宣传单2.63万张，张贴、悬挂标语310条、幅，粘贴标牌120个，开展宣传、咨询活动32期、次，创建无传销社区（乡村）39个，无传销校园68所；检查直销企业服务网点72户次，对轻微违规行为提出行政建议2次，行政谈约12次。四是采取举办以会代训、以案说法等形式，促进执法办案人员办案能力和办案质量的提高。全州举办各种形式的培训34期（次），参训人员1315人次；实行说理式处罚文书的案件221件，占一般程序案件的27.52%。

【商标广告监管】 一是继续开展“品牌建设年”活动。实施商标战略实施方案、品牌创建方案和《凉山州工商局“十二五”商标（知识产权）发展规划》，深入企业（个体户）、专业协会指导商标注册工作，全年新申请注册商标88件，指导“南丝路”、“会理石榴”、“环太”等申报中国驰名商标，向省局推荐了“隆冠”、“建昌”、“攀星”等申报著名商标，查处侵犯商标假冒侵权案件22件，案值17.7万元，罚款8.8万元。二是强化广告市场监管、加大虚假违法广告整治力度。在全州范围内组织开展了清理整顿“特供”、“专供’标识专项行动，配合州人大、州食品药品监督部门对人民群众切身利益的食品、药品安全，进行监督检查。全州工商部门监测各类广告2600余条次，其中停止发布80条次，行政约见13次，没收违法印刷品广告5万余份，立案查处广告违法案件56件，罚款12.6万元。

【消费者权益保护】 一是紧紧围绕“消费与民生”年主题，积极开展“3·15”活动，发放《凉山消费》宣传资料34万余份，出动宣传车辆143台次，制作宣传板（栏）258个，举办展览32场次，并与凉山电视台开办了“有话好好说——消费与民生”“3·15”会客厅系列节目，通过对“十大典型案例”的分析、讨论、追踪报道等，宣传法律法规，发布消费警示13期，引导消费者科学、健康、文明消费。二是加强规范化建设，积极推进服务领域消费维权工作。认真推进消费维权“五进”活动和“一会三站”建设，在商场、宾馆、社区、乡村、学校、旅游景点等设立了“12315”消费者申诉举报联络点2883个，全年共受理消费者申诉举报、咨询3132件，处理率97%，为消费者挽回经济损失37.3万元。三是认真落实全国打击食品非法添加和滥用食品添加剂专项工作会议精神，结合实际，制定了专项整治工作方案，在媒体及红盾网上刊登了专项整治《公告》，突出重点，明确责任，加大监管力度，州局领导带领6个组深入各县市进行督查。四是深入开展农村食品市场及乳制品市场专项整治，违法使用非食用物质和滥用食品添加剂以及“地沟油”等专项整治，全州共出动执人员1.92万人次，检查经营户3.95万人次，取缔无照经营56户。五是深入开展“家电下乡”、“汽车摩托车下乡”等市场专项整治。配合商务、质检等部门围绕家电等商品“以旧换新”深入实施和推广，加大对家电等商品二手市场监管，共出动执法人员3089人次，检查经营主体5671户次，为消费者挽回经济损失7.5万元。

【法制建设】　一是建立执法监督机制，规范行政执法行为。制定印发了《凉山州工商行政管理局案件审批委员会议事规则》，确保案件质量和行政执法的准确和公正性，规范执法行为；对新录用和部队转业干部、外单位调入的公务员等进行统一培训，确保了执法主体的合法性；积极开展“阳光工商建设”活动，简化了办事程序，提高了办事效率。二是积极开展“六五”普法工作，加大行政调解工作力度。深入开展了“法律六进”及重点对象的法制宣传教育活动，并在全州范围内组织开展了工商部门、学校、家长三位一体的教育执法行动，发放了《消费者权益保护法》，全系统各机关共参加宣传活动140次；制定了《凉山州工商局行政调解实施方案》，建立健全了行政调解工作机构，明确了工作职责；深入推行行政指导，全系统共开展行政指导2384人次，行政约谈121人次，行政提示245人次，行政规劝119人次，行政建议133人次，其他方式268人次。三是落实工作责任，认真履行执法监督。严格落实行政执法、行政复议工作责任制。强化监督，确保执法案件质量。全州共办理行政处罚案件806件，结案806件，罚没金额568万元；经举行听证的案件78件，有效地维护了公平竞争的市场秩序。确保行政执法责任制和行政复议工作责任制落实到位，促进依法行政水平进一步提高。

【党的建设】　一是认真开展创先争优活动。全局在机关党组织和党员中深入开展创先争优活动，州局派出领导和工作人员6人，把“挂包帮”活动、彝区健康文明新生活运动、禁毒防艾和教育扶贫等工作有机地结合起来。二是积极开展扶贫、禁毒防艾工作。州局机关职工协同福建商会各会员，为布拖县俄里坪乡中心校、扶贫村捐赠御寒衣物及御寒物资等，价值4.2万元；在“六一”期间，协同温州商会筹集资金1万多元，购买了教学用品送往扶贫点；10月底，积极协调落实资金5万元，帮助俄里坪乡10户养殖户，发展养殖业，增加收入；同时，由州工商局和温州商会筹集资金6000元，重点扶持并培养品学兼优且家庭困难的儿童，给每人每年生活费用1200元，直到其毕业。三是全面加强和推进全系统党风廉政建设和反腐败工作。坚持以贯彻《工作规划》和《廉政准则》为重点，以凉山州纪委在州工商局进行廉政风险防控试点为契机，对全系统2011年的党风廉政建设和反腐败工作进行了安排部署，严格执行党风廉政建设责任制，层层签订党风廉政建设目标责任书。扎实开展纠风整治，对机关公务用车的专项清理；落实“述廉述职”工作，全部工商所所长、副所长共95个，向监管服务对象代表进行了述职述廉，测评满意度达到96%。努力做到“双风险”防范，促进“三项权力”规范运行；加强政风行风建设，切实解决损害群众利益的突出问题；加强纪检监察信访工作，加大违纪违规案件查处力度，全年共收到群众来信、来访和电话举报5件次，对有关违规、违纪人员进行了相应处理。

【队伍建设】　一是继续开展争创“四好班子”活动。认真学习胡锦涛“七一”重要讲话精神，坚持不懈地抓好创建学习型领导班子、学习型机关建设，开好党组民主生活会，做到在学习中创新，在创新中发展；全年全系统新增“四好班子”1个，总数达到17个；州、县市局18个领导班子中，已有17个获“四好班子”称号。建立了州、县市局领导班子后备干部库；调整充实县局领导班子2个。二是深入开展全州工商系统“三满意”活动，加强精神文明单位的创建工作。广泛进行宣传动员，通过信息平台，开设争创“三满意”专栏，结合实际，营造浓厚的创建氛围，通过内网外网面向社会各界宣传工商部门在争创活动中服务群众、服务经济发展、维护市场经济秩序方面所做的工作。强化政治理论、政策法规、业务知识及职能职责学习。获省局表彰“人民满意工商局”2个；“人民满意工商所”5个；“人民满意红盾卫士”5个。全系统“州级文明服务示范窗口”累计已达到20个；39个单位继续保持了各级命名的文明单位，州县市18个局级单位均进入“精神文明单位”之列。三是进一步加强基层建设。认真落实省局《关于进一步加强基层建设的意见》和州局（2009—2011年）基层建设规划，坚持“两系四往”，落实了第一批实施的5个基层所建设，已验收2个工商所，其余3个工商所即将完成；第二批实施的4个基层工商所、1个工商局建设项目，预总投资631万元，修建正在进行之中。

（审核：罗　刚/撰稿：丁跃兴　肖　燕）

国土资源管理

【概况】　2011年，凉山彝族自治州各级国土资源部门紧紧围绕保增长、守红线、强监管的总要求，进一步解放思想，创新思路，攻坚克难，负重拼搏，扎实推进国土资源管理各项工作，为服务地方经济又好又快发展作出了积极贡献。“双保工程”2011年行动被国土资源部评为先进；农村土地综合整治工作被省政府农田水利建设指挥部评为先进；依法行政和国土资源信访维稳工作分别被州委、州政府和省国土资源厅评为先进；财务管理工作和“两整治一改革”廉政专项行动工作受到省审计厅和省国土资源厅的充分肯定，业务职能综合目标管理工作连续三年被州委、州政府评为先进。

【地籍管理】　州及17个县市全力推进农村集体土地确权登记发证工作，完成农村集体土地所有权发证率13.03%、集体建设用地使用权发证率9.53%、宅基地使用权确权登记发证率8.33%。

【耕地保护】　进一步加大土地开发整理复垦力度，有效整合使用各类资金，扎实推进土地开发整理复垦项目建设。全年共立项实施土地开发项目8个，开发总规模1333.3公顷。严格执行州政府制定的耕地保护责任制，层层签订目标责任书，强化耕地特别是基本农田保护。全州耕地保有量稳定在41.44万公顷，基本农田保护面积保持在37.26万公顷，为省下达目标任务的100%。

【建设用地服务保障】　州及17个县市国土资源部门超前思考、提前介入、主动服务，努力保障国家、省、州、县市重大重点项目、民生工程项目和基础设施建设项目用地。重点服务保障攀钢西昌钒钛资源综合利用项目、重钢太和铁矿扩能技改、冕宁稀土工业园区等国家和省、州、县市重大重点项目的用地需求。全年共完成建设项目用地初审、预审87个，涉及用地面积2.46万亩，审查上报省厅单独选址及批次建设项目农用地转用征收土地报件68个，涉及用地面积17.30万亩，为省下达年度计划3600亩的48倍。

【执法监察】　全州各级国土资源部门紧紧围绕“依法管理，从严管理”的总要求，进一步加大国土资源执法监察力度，强化监管，着力优化土地矿产资源管理良好秩序。一是全力推进共同责任机制建设，落实共同监管责任，变被动执法为主动监管，全州执法监管共同责任机制建设率达100%；实现违法行为发现率90%，发现违法行为制止率、报告率达100%。二是以深入开展土地矿产卫片执法检查工作为抓手，加大土地、矿产违法案件查处力度，强化典型案件督查督办，强化警示约谈，严格责任追究。全年共立案查处土地、矿产违法违规案件106件，查处结案106件，查处结案率达100%。其中查处土地违法案件92件，涉及面积1729.66亩，没收地上建筑物44.34万平方米，拆除地上违法建筑物3.045万平方米，罚款2149.36万元，复耕221.32亩；查处矿产违法14件，罚没款46.4万元，有效地遏制了土地、矿产违法违规行为的反弹。

【市场化配置土地资源】　州、县市国土资源部门针对土地市场行情变化和经济发展需求，认真分析研究土地市场动态趋势，科学制定土地出让计划，优化配置土地资源。全年全州总供地426宗，面积7740亩，实现土地出让总价款18.49亿元。其中招拍挂出让经营性用地和工业用地35宗，面积1530亩，全部实行招拍挂出让，招拍挂出让总价款达17.52亿元。

【矿业管理】　严格按照《四川省矿产资源开发整合方案》要求，精心组织，科学工作，扎实推进矿产资源整治与整合，完成了列入省方案的8个矿区划定矿区范围申报工作。全州矿产资源开发整合工作成效受到国土资源部的充分肯定，四川冕宁矿业有限公司（三岔河稀土矿区）和四川江铜稀土有限责任公司（牦牛坪稀土矿）被国土资源部评为第一批全国矿产资源开发整合先进矿山。坚持市场化配置资源基本取向，优化矿产资源配置。共拍卖挂牌出让探、采矿权42宗，实现出让总价款1.47亿元。征收解缴矿产资源补偿费1.20亿元，为省下达目标任务的15倍。认真开展矿山储量核实和动态监测工作，共审查各类储量报告56个、探矿权165个、独立选址建设项目压覆矿产226个。完成284个采矿权登记数据库更新与采矿权许可证换证工作。

【地灾防治】　坚持“预防为主，避让在先”的防灾工作原则，进一步强化措施，落实责任，建立健全了全州2741处地灾隐患点的防灾责任体系。全力推进地质灾害防治监测队伍和地质灾害应急避险场所建设，全州共落实专职监测员2735名，建成地质灾害应急避险场所187处。深入开展地质灾害防治知识宣传月活动，狠抓地灾防治知识宣传普及暨防灾避险演练。共举办防灾知识培训312场次，培训人员4.92万人，开展了536场次、6.97万人参加的避险演练，有力地提高基层广大干部群众的识灾、避灾和自救互救能力。全年准确预警并成功避让 12 起地质灾害，安全转移地质灾害危险区内的群众 725 人，避免可能造成的人员伤亡 721 人，避免经济损失 535 万元，为保民生、保稳定、促发展作出积极贡献。

【信访维稳】　全州各级国土资源部门牢固树立信访维稳工作第一责任人意识，狠抓国土资源信访维稳工作，切实维护社会和谐稳定。一是进一步强化措施，落实责任，狠抓矛盾纠纷排查化解工作。共排查矛盾纠纷 20 件，办结 16 件，办结率为 80%。二是狠抓群众来信来访的受理和办理，共受理群众来信来访 84 件次，办结 78 件次，办结率为 93%。其中来信 52 件，来访 32 批 97 人次，与 2010 年相比，来信来访总件次下降 7.95%，为维护凉山和谐稳定作出了积极贡献。

【班子队伍建设】　按照州委“钢班子带铁队伍”的要求，全面加强系统组织人事工作，狠抓 17 个县市“一把手”工程和班子队伍建设，全面推进干部轮岗、交流，完成会东县局和州局三个科室 5 名中层干部的考察、任用工作。坚持把面向社会公开招考作为选人用人的主渠道，紧紧依靠并主动争取州组织、人事、编办等部门及县市委、政府的支持，开展完成了第四批 41 名行政执法编制面向社会公开招录工作。坚持自主培训与参加部、省举办的各类培训相结合，狠抓干部培训教育，提高干部队伍素质，推进高效国土建设。全年共举办各类培训 23 期，培训干部 640 余人次，有力地提高了干部队伍的整体素质。

【廉政建设】　深入开展国土资源领域腐败问题专项治理，扎实推进“两整治一改革”廉政建设，深入排查制度漏洞和岗位廉政风险，认真制定完善防范整改措施，建立落实廉政风险防控长效机制。全系统共排查廉政风险点 1341 个（州级排查 167 个，县级排查 1174 个），其中州级机关排查梳理一级风险点 55 个，二级风险点 86 个，三级风险点 26 个，建立防控措施 186 条，规范完善业务流程 54 项，形成了个人自控、组织防控的风险防控长效机制。严格重要岗位、关键环节的管理，狠抓实在、管用的制度建设，进一步建立完善了内审、会审制度，土地、矿权出让监督制度，土地开发整理、地质灾害治理项目招投标、专项资金监督管理等 62 项便于操作、执行的制度，初步形成了预防腐败的制度体系，有力地推进了“安全国土、和谐国土、高效国土”建设。

【行政效能建设】　紧紧围绕行政审批事项受理、办理和规费征收等关键环节，有针对性地对 88 个国土资源行政审批事项进行全面清理，进一步优化行政审批流程，提高行政效能和服务水平。全年共受理行政审批事项 516 件，其中办结 516 件，办结率和群众满意率达 100%。

（审核：张东升/撰稿：拉　鹏）

审　计

【概况】　2011 年州审计局结合凉山经济社会发展情况和审计工作实际，牢固树立科学审计理念，坚持“依法审计、服务大局、围绕中心、突出重点、求真务实”的工作方针，以加强审计监督为基础，以审计创新为动力，以提升审计成果为核心，不断完善工作机制和运行机制，不断提升审计工作质量和水平，充分发挥免疫系统功能，较好地发挥审计在服务凉山经济和社会发展中的积极作用。全年全州审计机关共计完成审计（调查）项目 531 个，占年初计划项目数 303 个的 175.25%，超计划完成 228 个；共查出各类违规金额 4.77 亿元，损益（收支）不实 1.09 亿元。审计后为财政增收节支 2.02 亿元，其中已上缴财政 1.45 亿元，已减少财政拨款或补贴 1148 万元，已归还原渠道资金 4618 万元；政府投资审计共核减投资额 6341 万元；移送司法、纪检监察机关处理 2 件 2 人，金额 222.8 万元，移送其他部门处理 1 件，金额 480 万元。针对审计中发现的问题共计提出审计建议 1268 条，其中 1170 条已由被审计单位采纳；全年共提交审计专题、综合性报告和审计信息简报 545 篇，其中被党委、政府和相关单位批示采用 245 篇；向社会公告审计结果 12 篇。

【预决算审计】　按照“财政审计大格局”的要求，统一组织、统一安排、统一方案、统一实施、统一处理，以财政管理审计为核心，以政府预算为纽带，统筹审计计划，有效整合审计资源，从宏观性、建设性和整体性方面整合审计成果，采取上下联动的方式，对州本级预算执行和其他财政收支情况进行了审计，并对相关项目单位和部门进行了延伸审计，共计查出违规金额 8855 万元；收缴州财政 8503 万元，调整账务处理 352 万元。同时，还对州教育局、州农业局、州卫生局、州监察局 4 个州级单位的部门预算执行情况和布拖、昭觉、木里、会理、会东 5 县的年度财政决算情况进行审计。财政审计“两个”报告在州委常委会、州人大常委会和州长办公会上均得到州委、州人大和州政府领导的充分肯定和好评。

【地方政府债务审计】 集中力量对地方政府性债务进行全面审计，以达到“核清债务、摸清家底，揭示问题、提出建议、防控风险”的审计目标，是年度国家审计署、省审计厅确定的重点任务。州局抽调精兵强将对州本级和所辖 17 个县市政府性债务进行了全面审计，对全州 1141 个单位进行摸底调查，对有债务的 861 个单位进行重点审计，查明 2010 年底凉山州地方政府性债务余额为 55. 15 亿元，其中州本级 13. 51 亿元，17 个县市合计 41. 64 亿元。经过审计，发现全州地方政府性债务存在“未将政府性债务纳入预算管理、未设有偿债准备金、重借轻管、违规担保”和“私自改变资金用途、借入资金闲置、未将政府性债务资金纳入单位财务核算”等管理和使用方面的问题。有关部门和地方政府根据审计机关提出的审计建议，研究制定和完善了政府债务管理的各项制度和措施，地方政府债务审计工作取得圆满成功。

【惠民工程审计】 为落实中央和省有关惠民政策要求，加强对“三农”和教育等民生领域资金的审计，州审计局分别开展 2009 年至 2010 年林业产业项目、2010 年度牧民定居行动计划、彝区“三房”改造等专项资金和凉山卫生学校 2009—2010 年度财务收支、凉山州职业教育开展情况及民族地区教育发展十年行动计划专项资金的管理和使用情况进行审计和专项调查。从而确保党和政府的惠民政策落到实处，为群众办实事、办好事、多办事。

【政府投资审计】 紧紧围绕建设资金安全有效使用和提高投资效益，加大对政府投资建设项目的审计监督力度，对扩大内需、灾后恢复重建、廉租房建设、校舍安全工程等政府重大投资项目进行了审计，全年共完成了对全州“特殊党费”资金管理使用情况的审计调查、全州中小学校舍安全工程债务审计和会理县大烂路专用公路改扩建工程、凉山州第一人民医院传染病院工程、凉山州第二人民医院门诊及住院综合大楼工程、西昌电业局城区配网改造工程竣工决算、西昌 27 基地指挥站至测量站道路及西昌 27 基地部队进出口道路工程竣工决算审计。审计共核减 1195 万元；上缴财政和补交税款 15 万元；调整账务 26 万元；为被审单位提出各类审计建议 25 条。通过审计，提高了被审单位的管理水平，揭示出了项目建设中存在的问题，为政府节约了建设投资，达到了加强管理，提高投资效益的目的。

【外资金融审计】 对越西、美姑两县实施的中国农村贫困社区发展项目和木里、美姑两县实施的四川省中英西南基础教育项目 2010 年度财务收支及项目执行情况进行了审计，审计查出国内配套资金未配套到位、应收未收回农户到期贷款等违规资金 357 万元。在对凉山州商业银行 2010 年度资产负债损益情况审计中查出违规违纪金额 837. 81 万元；对违规贷款 150 万元和借款人改变贷款用途 330 万元等问题已移送凉山州银监分局处理。

【经济责任审计】 2011 年是换届之年。根据年初计划和受州委组织部的委托，先后对 12 名担任地方党政领导和州级部门的主要领导进行了任期经济责任审计。共查出违规及管理不规范金额 2639 万元，其中应负主管责任的违规金额 998 万元，应负直接责任违规金额 12 万元。对领导干部经济责任履行情况进行了较为全面和客观的评价，为促进全州干部廉政勤政起到了积极作用。

【审计执法】 在廉政建设和审计执法方面，一是加强机关作风建设和党风廉政建设，积极开展“廉洁奉公、执政为民”主题教育，进一步修订完善州局加强党风廉政建设责任制的实施意见，审计人员依法行政、廉洁从审的意识明显增强，树立了审计人员良好的社会形象。二是深入开展“创先争优”活动。局党组把“创先争优”活动作为全局工作的中心任务，突出抓好“三个代表”重要思想、党性宗旨、廉洁勤政等专题教育，丰富学习教育形式，增强学习效果，党员的思想认识和理论水平有明显提高，有力地促进审计工作全面发展，取得良好的效果。三是大力加强审计法制建设。修订完成《凉山州政府投资建设项目审计监督办法》，并由州政府 28 号令颁布实施。制订《凉山州审计局审计项目审理工作试行办法》，规范审计项目的审理行为，使审计结果更加公平、公正。

【机关建设】　着力打造学习型、服务型、和谐型、创新型、廉洁型审计机关，狠抓审计干部队伍建设，促使审计成效不断扩大。一是注重强化业务培训。共举办五期培训班，分别就地方政府性债务审计、《国家审计准则》的理解与应用、现场审计实施系统（AO2011 版）操作等内容进行了认真培训，还抽调全州审计业务骨干 26 人参加了省审计厅组织的政府工程投资、中级计算机应用与操作等专业培训，组织全州中高级审计师参加省审计厅网络高级培训班学习。二是注重规范业务操作。州局坚持“靠制度管人，按程序办事，抓责任落实”，基本形成了职责明确、行为规范、运转协调的工作机制。三是注重审计资源优化。在业务管理和审计项目安排上，根据项目的难易程度和审计人员的各自专业特长，实行中青搭配、新老搭配、强弱搭配、强强组合等方式，对审计项目实行限时完结制。四是注重审计成果利用。州审计组对在每一个项目审计中发现的问题，采取的方法都及时进行归纳、提炼，形成审计简报、审计信息，不断总结经验，改进方法，为以后类似项目审计提供参考。

全年州审计局荣获“全国五五普法先进单位”、“全国巾帼文明岗”和“全国地方政府性债务审计公务员先进集体”三个国家级荣誉称号，有 1 人被省委、省政府授予“记一等功公务员”，1 人被省审计厅、省人事厅评为审计系统先进个人。

（审核：伍皎辉/撰稿：张保权）

统　计

【概况】　2011 年，以提升统计数据质量为中心，加强统计基础建设，推进统计工作创新，全面提升统计服务保障能力，为凉山实施提速增量、提质增效“双提升”发展战略，建设全域全程全面小康社会，实现“三级跳”跨越发展提供了统计保障，各项统计工作任务全面顺利完成。局机关荣获国务院第六次全国人口普查领导小组表彰“第六次全国人口普查工作先进集体”；国家统计局表彰“第二次全国 R & D 资源清查先进单位”；省统计局表彰全省“三上企业”审批管理先进单位、“五五”普法先进集体；四川省工业经济评价考核办公室表彰“全省工业效益统计先进单位”；省民族事务委员会表彰“全省民族统计工作先进集体”；省妇儿工委表彰“四川省两纲监测工作先进单位”；州政府表彰“全州第二轮修志工作先进集体”、“商务工作先进单位”、“州政府门户网站内容保障先进集体”；巩固和保持了“州级精神文明单位标兵”、“州级十佳卫生单位”、“州级人口和计划生育工作合格单位”、“社会综合治理优良单位”等成果。

【统计服务】　全州统计系统进一步树立统计优质服务理念，围绕州委、州政府“跳起摸高、跨越发展”的工作基调和提速增量、提质增效“双提升”战略，准确把握经济社会发展规律，充分发挥统计信息、咨询和监督职能，努力在真实提供统计数据、把握经济运行、严格统计监测预警、及时反映发展动态、适时提供决策依据上抓好统计服务，努力实现统计服务提质、提速、提效。全年全局共完成《统计分析》65 篇，《统计报告》、《经济运行预警专报》和《重要统计信息专报》8 篇，为州委、州政府提供了客观真实的决策依据，为凉山经济社会发展提供了统计保障。

【统计管理】　充分发挥政府综合统计组织管理和业务指导职能，积极构建“大统计”工作格局，从强化综合职能、加强法制建设、深化统计改革、强化基层基础等方面着手，进一步加强对统计数据质量的管理。以各种统计监测考核体系为纽带，建立综合、农业、工业、服务业、政府目标考核等多个协商评估组织，整合全社会统计调查资源，充分调动部门统计积极性。建立、完善各专业数据质量控制审核办法，把牢数据采集、审核、传输、处理、管理、评估、发布等关口，切实提高统计数据的准确性、及时性、完整性和一致性。

【统计改革】　围绕贯彻落实《四川统计制度方法改革规划纲要》，以抓好“四大工程”建设、推进统计“一套表”改革及强化能源统计、服务业统计、民生监测统计为重点，扎实推进统计制度方法改革。着力抓好统计“四大工程”建设，出台了《凉山州人民政府办公室关于加强全州基本单位名录库建设和管理工作的通知》（凉府办函〔2011〕275 号），建立完善名录库管理的工作网络，强化对“三上企业”的规范管理；继续深化“一套表”改革，扎实抓好联网直报，减轻基层负担，缩短数据生产周期，提高工作效率，提升数据质量；实施《凉山州能源监测统计报表制度》，推动节能降耗监测考核评价工作；开展服务业监测统计，加强对部门服务业统计的业务指导及数据审核评估和管理，强化服务业发展态势监测；进一步建立健全民生监测统计体系，完善价格监测、预警和应急机制；拓展社情民意调查领域，受州纪委委托开展州级机关万人评风民主测评、县市党政领导班子党风廉政建设社会群众民主测评，受州纠风办委托开展10个行政执法部门的行风调查，客观反映民情民意，为州委州政府评价、监督和指导各县市、各部门工作提供科学的统计依据。

【统计执法】 坚持以法律为依据，着力规范统计行为，维护统计秩序，保障统计权益，努力推进依法行政、依法统计。结合凉山实际制定《凉山州统计法制宣传教育第六个五年规划》，并认真组织实施。认真开展统计法律法规宣传，切实做好《统计法》、《统计法实施细则》、《统计违法违纪行为处分规定》、《四川省统计管理条例》宣传活动；积极开展统计法知识培训，将统计普法宣传教育纳入法制普及的总体规划及领导干部、公务员学法规划，将《统计法》和新的《四川省统计管理条例》作为领导干部参加行政学院主体班学习的内容；加大统计执法力度，认真查处统计违法行为，全年全州共检查了334个基层单位，对检查发现的问题及时予以纠正和处理，做到对统计违法行为及时查处，统计行政处罚事实清楚，证据确凿，处理合法，无一错案。

【统计基础】 以提高统计数据质量为核心，进一步完善调查制度，规范调查流程；夯实统计基础，完善基层统计制度建设，加强对基层工作的指导；抓好统计教育、业务培训，提升工作水平；抓好统计信息化服务平台建设，推行网上直报；推进建立农业生产抽样调查、农村经济核算抽样调查、农村住户调查、城镇住户调查、规模以下工业抽样调查、限额以下批发零售住宿餐饮业抽样调查等调查制度；根据统计报表的清理情况，及时精简、合并和取消部分现行统计项目、报表、指标，切实减轻基层负担。积极推行统计代理制工作，2011年凉山成立首家统计代理公司，代理企业（单位、个体）统计及普查业务、市场统计调查、统计业务培训等。

【人口普查】 继全州第六次全国人口普查工作取得综合试点、入户登记等阶段性成果后，全年统计部门与各相关部门统筹兼顾，密切配合，圆满完成各项后续工作任务。高效率完成人普数据处理工作，普查数据真实、可靠，顺利通过省人普办核查、验收；高标准完成普查小区建筑物数字化绘图工作，全面清理确认了各级普查区，确保飞地划分合情合理，实现区域全覆盖，普查区和普查小区五级面积差为零；高质量完成人口普查成果的开发利用，在《凉山日报》和州政府网站（外网）发布《凉山州第六次全国人口普查主要数据公报》，使社会公众更好地了解凉山人口的发展现状，充分利用人口普查成果，大力抓好普查资料的整理和开发，积极组织力量，撰写人口普查简明分析十四期，为各级党委政府科学制定人口发展规划，推动人口科学发展提供了丰富翔实的基础信息。

【效能建设】 认真贯彻落实《2011年全省机关行政效能建设工作要点》，以提高执行力为重点，以制度建设为抓手，大力推行以制度管权、以制度管人、以制度管事。按照“转变观念、转变职能、转变作风，为发展服务、为基层服务、为群众服务”的要求，围绕统计工作重点狠抓各项措施的贯彻落实，切实转变工作作风，提高办事效率，提升统计保障能力。坚持实施绩效责任考核，结合统计工作自身特点，制定科学、量化、操作性强的绩效考核办法，设计科学合理、简便易行的评估指标体系和绩效评估标准。把绩效考核结果与行政问责以及干部的选拔任用、升降去留、奖励惩戒等有机结合起来，充分体现了“干与不干不一样”、“干好干坏不一样”，营造出“用心想事”、“用心谋事”、“用心干事”的良好氛围。

【机关建设】 加快统计方法创新，积极构建标准完备、名录健全、指标完善、方法科学的统计调查体系；强化抽样调查规范性和主体地位，积极采用行政记录，合理使用全面报表、重点调查、科学推算等方式方法，建立科学高效的统计调查方法体系；扎实做好乡镇联网，积极推行网上直报工作，使数据报送更方便、快捷、准确。加大现代信息技术应用，发挥统计信息的社会服务功能，开通运行统计信息外网，推进统计电子政务工作；完善《统计年鉴》、《月度经济》、《凉山民营经济》、《凉山生产总值》、《宏观数据库》等九个数据查询库系统，确保各项数据库信息都能及时补充和更新；推进统计信息化网络建设工作，把县市统计局、乡镇统计网络运维费用纳入县市财政统一预算，有效地解决乡镇网络运维经费问题。

（审核：贺雪梅/撰稿：税洪昌）

统计调查

【概况】　2011年，国家统计局凉山调查队在国家统计局四川调查总队的领导下，在凉山州委、州政府的关心、支持和重视下，围绕“认识、思路、措施、要求”八字方针，以优化系统管理为重点，以提高数据质量为核心，以提升服务水平为根本，解放思想，狠抓落实，突出“三个提高”和“双向服务”的工作主题，贯穿“提能力、强保障、创品牌、树形象”的工作主线，强化优质服务，展示凉山调查工作特色，全面完成了各项工作任务。

【统计调查服务】　国家统计局凉山调查队按照“双向服务”和“双重保障”的要求，紧紧围绕各级领导和社会各界关注的“热点和难点”，发挥调查队优势，积极开展分析研究和信息报送工作，提供快、精、准服务。一是报送《工作要事》145条，比2010年增加23条，增长18.9%；被国家统计局四川调查总队内网采用64条，同比增加11条，增长20.8%，被国家统计局采用1条。二是报送《经济信息》122条，比2010年增加38条，增长31.1%；被国家统计局四川调查总队采用17条，同比增加3条，增长21.4%。三是撰写《调查分析》47期，报送19篇，被采用5篇，采用率26.4%；被各级领导批示12篇。四是高质量完成省政府和国家统计局四川调查总队约稿信息8篇，其中《对凉山劳务开发和企业用工现状的调查》、《对凉山州中小学、幼儿园校车使用和管理的调查》和《对凉山个体工业用工情况的调查》3篇被国家统计局内网采用，《对凉山劳务开发和企业用工现状的调查》同时被国家两办采用。五是为地方提供优质信息，每月编印《价格调查信息专报》和《企业景气调查》直接呈送州委、州政府主要领导和有关州级领导，同时在《凉山日报》、凉山电视台、州政府网站上登载35条有价值的信息。上报州委信息分析71篇，采用21篇；上报州政府信息分析62篇，采用15篇，超额完成州委、州政府下达的信息任务。

【统计专项调查】　在完成全国、全省组织工作满意度民意调查、全国党风廉政建设和国有企业反腐民意调查等国家布置专项调查的同时，加强与地方部门联系配合，拓展地方专项调查。受州政协的委托，国家统计局凉山调查队首次开展“凉山州政协委员履职情况调查”和“会东县未成年人思想道德建设调查”等为地方经济建设和社会发展服务的亮点和热点调查，其中“凉山州政协委员履职情况调查”为地方换届选举提供重要参考依据，受到州政协主席周文安等多位领导的高度评价。

【统计调查改革】　严格执行国家调查制度，全面扎实推行调查工作规范化规程，积极探索符合凉山实际的统计调查方法制度。一是坚持独立调查、独立上报的原则，严格执行国家统计调查制度。按照四川调查总队制定的《四川调查队系统调查工作规范化规程》要求，以高度的责任心，全面、严格、扎实推行调查工作规范化规程，大大提高调查数据质量，逐步完善业务规范化建设“六化”目标。二是以全面实施“5+5”模式为目标，狠抓基础建设。积极推行四川调查系统农村调查工作“5+5”模式，认真制订落实方案，明确实施步骤、措施和目标，细化各项工作，扎扎实实以“5+5”模式搞好农村调查基础工作建设。三是加大数据审核与评估力度。国家统计局凉山调查队主动与凉山州统计局、经委、物价局、畜牧局、农业局等单位联系，在月、季、半年邀请相关人员来参加对CPI、PPI、城乡居民收入、畜禽监测等源头数据进行评估。进一步规范和完善数据质量评估和检查监督机制，将常规性检查和专业自查相结合，建立数据质量监督检查的长效机制，坚持层级负责，抓好源头数据采集、录入、审核、汇总、评估、上报以及数据发布等各环节，不断提高基础工作规范化水平。

【统计调查执法】　加大统计执法力度，坚决查处统计违法行为。一是积极部署全州统计执法专项检查工作，及时汇总整理专项检查自查自纠反馈表，把握重点，追根溯源，严格执法。2011年共执法检查单位12家，其中经济处罚2家、限期整改3家、处理统计人员1人。二是在荣获国家统计局“五五”普法先进集体称号的基础上，继续做好普法的宣传动员工作，夯实“六五”普法基础。三是积极完成总队法规处布置的“基层基础工作调研”，制定《调查队系统业务基层基础工作考核细则》。

【统计调查基础】 为确保调查数据源头真实可靠，国家统计局凉山调查队以业务建设为龙头，努力提高统计调查数据质量。一是狠抓业务培训，提高基层调查员的业务能力。先后对涉及的各套专业，采取集中培训、以会代训和定期不定期深入基层面对面等指导方式，督促基层调查员，进一步熟悉业务，确保源头数据有据可查，全年共培训各类调查人员370人次。二是强化基础工作，确保调查源头数据真实可靠。规范资料和台账的管理，加强调查网点的管理和维护，建立业务工作考评制度。三是严格执行调查方案，加强对调查数据审核评估工作，高质量上报调查报表。四是重视督导检查，国家统计局凉山调查队领导带领专业人员定期和不定期开展对基层基础工作的检查，及时开展数据质量大检查和统计执法检查，确保调查数据质量。五是管理重心下移，强化源头控制。重视两个县队和基层调查点的发展和各项建设，切实做到重心向下、关注基层；针对国家统计局将直接收集原始数据，采取企业网络直报和手机直报等方式，加强对源头数据质量的控制，强化对辅助调查员、记账员、采价员队伍的建设与管理，对主要数据严格把关。

【自身建设】 认真学习贯彻落实党的十七大五中、六中全会精神和省州重要文件，用新的理论武装领导班子，用民主集中制原则规范班子，用苦干实干的作风锤炼队伍，努力打造学习创新型、团结协作型、勤政务实型、清正廉洁型的领导班子集体，努力提高班子成员的组织、指挥、协调、创新、判断和决策的能力，不断强化班子的发展意识、创新意识、责任意识，增强班子的凝聚力、创造力和战斗力；加强干部职工的思想教育和学习培训工作，提高干部队伍的整体素质；加强党风廉政和反腐败工作，积极构建有统计调查部门特色的惩治和预防腐败体系，为完成各项统计调查工作任务提供有力的政治保障。

（审核：李天寿/撰稿：李木比者）

质量技术监督

【质量管理】 全面落实《凉山州人民政府关于全面推进质量兴州战略的实施意见》，推动各县市按质量兴县市工作的基本要求全方位展开工作，创新监管模式，提升监管水平。加强与相关职能部门和县市政府的合作，建立质量工作通报制度，把质监重大建设项目、质量安全工作经费特别是食品监督抽查经费等纳入到了地方预算。在生产企业中大力推进《卓越绩效评价标准》的实施，积极引导、帮助企业建立健全质量、标准化、计量、HACCP等管理体系，通过实施承诺制度、召回制度、警示教育、行政处罚等措施，督促企业落实质量主体责任，提高企业质量管理水平。大力开展“质量监管质量提升”企业示范试点活动，基本实现了全州重点产品质量监管“由质监部门单一监管向政府统一协调多部门协同推进的监管机制转变、由单纯监管产品质量向全方位为企业服务监管模式的转变、由重治标向重治本监管重心的转变”。积极服务工业园区，成立了凉山质监局服务工业园区领导小组，派驻4名业务骨干设立办公室，多次与工业园区及重点企业召开质量技术监督工作联系会议，年内为园区内企业举办培训班2次。

【质量监督】 完成食品定期检验645批次，合格率为90.05%，比上年提高2个百分点；完成工业产品监督抽查417批次，合格率为88.46%，其中省级专项监督抽查水泥、砖、配装眼镜222批次，合格率为88.29%，定期监督抽查农资、建材、轻工、矿产品195批次，合格率为88.21%，比上年的87.5%提高了0.7个百分点。对检验不合格的产品企业下达了整改通知书，组织验配眼镜企业召开“省级专项抽查通报及质量分析会”，具体分析了抽查不合格产品存在的主要问题。

【品牌建设】 积极主动指导、帮助15家争创四川名牌产品的生产企业完善质量管理、检测、保障及工作体系，11家企业于12月上旬通过了省级专家组现场评审。“西昌小香葱”和“会东松子”成功申报国家地理标志保护产品，与《川行天下》杂志合作，制作了凉山地理标志保护产品宣传专刊，通过四川航空国内外100多条航线，将大凉山农特产品推向世界各地。

【食品安全监管】 深入开展了打击违法添加非食用物质和滥用食品添加剂专项整治行动，培训企业管理人员和监管人员1000余人次，印制发放六部委《公告》1400余份，督导800多家食品生产企业自查自纠，采取有效措施开展清理整顿，抽查面粉、糕点、肉制品等51

批次产品进行添加剂检验，全部合格。开展了食用油、葡萄酒、乳制品、塑化剂、地沟油、鲜湿米线等专项整治行动，查封利用餐饮废弃物提炼潲水油的窝点2个。走进社区、校园、企业开展了食品安全宣传周活动，发放宣传资料4400余份；结合西昌实际制定《西昌鲜湿米粉》地方标准；提交《凉山苦荞茶产业状况调查分析报告》，为党委、政府宏观调控凉山苦荞茶生产产业提供了有力依据；帮扶45家企业新办、换发了食品生产许可证。

【特种设备安全监管】 完善特种设备安全责任体系，在企业开展了以“三落实、两有证、一应急”为主要指标的安全达标活动，全年共开展了4次全州特种设备安全大检查。完成了83%的在用特种设备动态监管数据录入工作。加强使用环节监管，开展了电梯、气瓶等专项整治行动。加强应急能力建设，组织了3次特种设备安全事故应急演练。加强宣传与服务，开展了以“三进”为主题的宣传教育活动，开展了机动车安全技术检验监督检查，制定了《全州机动车安检机构设置规划定点方案》，配合安监、旅游等部门抓好了各节假日期间的安全生产专项督查工作，金阳县过江示范客运索道建设协调工作有序推进。

【标准化服务】 “喜德烤烟标准化示范区”示范项目顺利通过考核验收，成功申报了“德昌县紫衣大蒜”和“西昌小香葱”2个省级农业标准化示范区项目，“凉山州国家级优质烤烟农业综合标准化示范州”项目的申报工作通过了国家标准委的现场考察。加强与畜牧、农业、林业、烟草等部门的协同，年内新审订了71个州级地方农业标准，修订了19个州级地方农业标准。对全州企业备案的标准进行了清理，帮助4家企业完成了4个产品的采标工作。指导邛海宾馆和名仁大酒店完善服务标准体系，深入开展服务标准化试点工作，两家试点单位均以高分顺利通过省专家组的考核评估验收。

【条代码工作】 全州完成代码新办3487条，年检10438条，换证2828条，变更1674条，有效数据质量合格率达90%，电子档案合格率95%，数据更新率达78%，过期沉淀数据率8.7%。条码新办42家，续展59家，按期续展率达100%，实现条码新申请、续展双创优。

【计量惠民】 组织了定量包装商品净含量、医用、煤矿、水能、电能等计量器具专项监督检查；指导2家企业获得了“定量包装商品计量能力评价（C标志）”；对300家食品生产企业2400台计量器具建档，在62家餐饮、超市、加油站等企业中开展了“推进诚信计量、建设和谐城乡”活动；全年共检定计量器具1.4万台（件）。

【认证监管】 7家实验室通过了资质认定复查评审，1家实验室通过了扩项评审，1个产品通过了强制性认证；组织西昌市38家经销单位开展低压电器等专项强制性认证产品宣贯会，并与企业签订了诚信自律承诺书；完成了5家质量体系获证企业有效性监督检查，5家食品农产品认证监督检查；结合“双打”专项行动开展强制性产品认证行政监管，共检查销售企业213家；开展了能效标识产品专项整治，检查电冰箱、空调、洗衣机销售企业106家，家电下乡中标企业销售网点90家、查处无标识案件10起；此外还开展了儿童玩具产品认证监管执法工作。

【行政执法】 为基层行政执法提供法律、法规指导20件，监督基层行政执法工作30次，调解行政案件2件。开展了行政执法案卷自查，承办了全省系统（第二小组）行政执法案卷交叉检查工作。开展了6次大型法制宣传活动，订购了1.2万份“特种设备安全”和“食品安全”法律知识竞赛报。深入开展“双打”专项行动，并按省局统一部署，重点开展了农资、食品、建材等专项打假行动，查封4批不合格农资产品，查处了1家违法生产“地条钢”的企业。全年全州共罚没283.14万元，立案查处298起。“12365”受理消费者投诉46件，挽回损失28万元。

（审核：李世斌/撰稿：万正祥）

食品药品监督管理

【机构改革和职能调整】 2011年12月中旬，州局正式接手原来由州卫生局承担的餐饮服务许可，餐饮业、食堂等消费环节食品安全监管和保健食品、化妆品卫生监督管理的职责，同时将食品安全组织协调，综合监管职能交给州卫生局。成立凉山州食品药品监督稽查支队、凉山州药品和医疗器械不良反应监测中心。从州卫生监督执法支队划转7名执法人员。

【食品安全监管】 先后印发《2011年全州食品安全专项整治工作方案》和《凉山州2011年食品安全重点工作方案》；州政府与17个县市人民政府、8个食品安全主要监管职能部门分别签订了《2011年食品安全工作责任书》，各食品安全监管部门与监管对象签订食品安全承诺书。

【食品安全整顿】 针对重点区域、重点品种、重点环节、重点时段开展重点整治。相继开展了乳制品和含乳食品专项整顿、违法添加非食用物质和滥用食品添加剂专项整治、鲜肉和肉制品、火锅、自制饮料（鲜榨饮品）和地沟油和餐厨废弃物等专项整顿工作。2011年4月凉山州赴成都接受国务院食安办的检查，检查项目全部通过，得到国务院检查组好评。

【高风险食品抽验检测】 全年农产品抽样373个，检测合格率100%。畜产品抽样2.10万头，瘦肉精检测结果均为阴性。监督抽查食品450批次，合格率89.6%。流通环节食品抽检480个批次，合格率为81.25%。散装白酒抽检50个批次，不合格为81.25%，餐具消毒抽检6101件，合格率89.2%。检测5个监测类别10个检测项目6大类食品44份，合格率为97.73%。

【重点食品综合管理机制】 按照年初制定的《凉山州2011年食品安全重点工作方案》，对乳制品、食用油、保健食品、鲜肉和肉制品、酒类、米粉、苦荞茶7个重点品种进行规范管理。建立“统一管理、分类监管、重心下移、层级负责”的新型监管机制；制定高标准的《凉山苦荞茶生产许可证审查细则》、《凉山苦荞茶生产技术规范》、《凉山苦荞茶》；《西昌鲜湿米粉》地方标准即将备案实施。

【食品安全宣传】 充分利用“3·15”活动平台，启动开展了食品安全宣传周活动。全州发放食品安全知识宣传单7.1万余份，接受并解答群众咨询人数达2.18万余人次；将《食品安全法》学习纳入“五五”普法范畴，翻印了《食品安全法》、《食品安全法实施条例》1万余册；集中教育培训食品生产经营单位1.32万户、从业人员2.76万人；组织食品生产经营企业签订承诺书1.65万份。

【行政审批】 全年行政审批事项办结829件，其中：“药品经营许可证”开办申请34件，变更申请128件，换证申请504件，补证申请30件，注销申请84件；“医疗器械经营许可证”开办申请18件，变更申请19件，换证申请5件，注销申请1件，补证申请2件；蛋白同化剂和肽类激素定点经营企业审批3件，医疗用毒性药品收购经营审批1件。

【日常监管】 全年对药品经营企业开展了GSP认证检查72家次；对6家州内药品生产企业开展了9次GMP检查；对州一医院等医疗机构的37个医院制剂注册品种进行6次监督检查，完成制剂再注册品种140个；对非法药品、医疗器械、保健食品违法广告监测查处案件21起，移交21起，电视广告6起，移交6起；联合开展医药从业人员岗位技能等级考试，共333人参加考试。

【特殊药品监管】 对区域性批发企业经营的麻醉药品和第一类精神药品实现实时网上监督，对第二类精神药品购进、销售和库存情况实行月查；对全州10个美沙酮药物治疗门诊和64个延伸点进行了拉网式的检查；对药源性兴奋剂，易制毒药品麻黄碱类复方制剂的经营企业、医疗机构及相关使用单位进行不定期的监督检查；对12个县市特殊管理药品进行了督查。

【基本药物监管】 对22家批发企业的负责人与操作人员进行了培训；对四川好医生攀西药业有限公司10个基本药物注册品种实行了电子监管；建立健全基本药物生产企业和品种信息档案，组织基本药物生产企业实施药品质量受权人制度，开展基本药物生产企业处方和工艺核查工作。

【药械抽验】 加强对社保品种、招标品种、使用量较大的药品等品种的抽验，全年共完成药品计划抽样720批，不合格46批，不合格率6.39%，较上年下降了8.67个百分点。对全州10家医疗器械经营企业、6家县级以上医疗机构经营、使用的一次性使用输液器等35个批次的产品进行了监督抽验。

【不良反应上报】 截至2011年12月中旬，全州上报药品不良反应监测报告共计628例，医疗器械不良事件3例，药物滥用监测166例。

【打假治劣】　全年开展了打击侵犯知识产权和制售假冒伪劣商品、非药品冒充药品、盐酸克仑特罗等多项专项整治行动。全年全系统检查药品、医疗器械生产、经营、使用单位7746家（次），查获违法案件157件，已结案件146件，结案率92.99%；涉案金额13.02万元，其中药品涉案金额12.46万元，医疗器械涉案金额0.38万元，没收物品货值金额3.22万元，罚没款金额34.25万元；取缔无证经营6户；受理群众举报案件10件，办结10件。

【医药产业】　帮促四川好医生攀西药业有限责任公司康复新液生产线改扩建，该生产线改扩建完成后，预计产值将达5亿元以上。原料药“紫杉醇”取得国家食品药品监督管理局核发的药品批准文号。全年医药工业产值达5.3亿元，创历史新高。

（审核：岳雄华/撰稿：邓　勇）

科　学

Science

科学技术

【概况】　2011 年，凉山科技工作以加快三大“科技洼地”建设为目标，增加财政科技投入，推进产学研合作，加速科技成果转化，营造科技创新氛围，不断完善以企业为主体的区域创新体系，区域创新能力进一步提高，科技对经济增长的贡献率达到 42.3%。

【厅州战略合作】　5 月 5 日，省科技厅与州政府召开第一次厅州工作会商会议，双方签署《厅州科技发展战略合作协议》，协议约定双方在战略资源综合开发、高新技术产业发展等方面加强合作，共同打造三大“科技洼地”，努力建设创新型凉山。

【科技专项经费】　设立 200 万元的“凉山州高新技术孵化专项资金”和 300 万元的“凉山州产学研合作专项资金”。州级科技专项经费总额达到 1820 万元，共立项支持州级重点科技项目 64 项。获得省级科技计划项目立项 17 项，项目经费支持总额 1000 万元。9 项省级科技计划项目通过中期检查评估，34 个州级重点科技项目通过结题验收。

【科技成果转化】　承办“2011·四川凉山科技成果转化对接推进会”，来自国内各高校、科研院所 60 余位高层次专家学者和领导参会，共签约 30 项科技成果转化项目，计划投入转化资金 8.77 亿元，可实现产值 49.5 亿元以上。每年新增 50 万元，增加对农业科技成果转化的资金支持，共有 4 户龙头企业获得四川省农业科技成果转化项目支持。宁南县绿色有限责任公司获得省农发行科技贷款 1190 万元，是全州首家获得省农业科技贷款的企业。

【科技进步考核】　会理、宁南、冕宁、西昌、会东、德昌、越西等 7 县市通过 2009—2010 年度全国县市科技进步考核，会理、宁南、冕宁 3 县获“全国科技进步考核先进县市”称号，9 人次被评为全国县市科技进步考核先进个人。

【新型科技服务体系】　会理县潭溪河和德昌县河东两个省级农业科技园区，组建成立了两个省级科技特派员团队。按照《凉山州现代农业科技示范园区（基地）管理暂行办法》的规定，认定了首批 12 个州级现代农业科技示范园区。依托省科技富民强县项目，利用科研院所、高校和企业的科技资源，发挥专家的作用，建立了“西昌苦荞麦高产种植技术示范”等 4 个农业专家大院。

【科技富民强县工程】　会理、冕宁、越西、西昌四县市结合县域特色产业组织实施省富民强县项目 4 项。建成了重要物种基因库 1 个、科技咨询服务系统 1 套，制定地方标准 4 项，获国家发明专利 4 项，编制了相关产业的《标准化生产技术规程》。

【科学技术普及】　科普工作以重大科普活动为载体，组织开展了一系列活动。1 月“送科技下乡”活动以

"科技服务'三农',引领健康文明新生活"和"情系灾区、文化暖冬"为主题,先后赴昭觉县普诗乡和会理县地震灾区开展了活动。3月"科技之春"以"科技支撑增产增收"为主题,以农村为重点,组织农技人员、科普工作者广泛开展科普"三进"活动,开展技术培训和技术指导,推广新技术、新成果。5月科技活动周以"建设创新型凉山"为主题,以展示全州科技成就、促进彝区健康文明新生活运动为主线,举办了全州首届青少年科技创新大赛成果展。全年共举办大型宣传和展出活动20场次,发放科技宣传图书、资料156种3.5万份(册),开展各类科技培训58期次,培训技术骨干和群众1.56万人次,培训群众29万余人。邛海湿地公园被认定为省级科普示范基地。

【创新型企业认定】 四川好医生攀西药业有限公司通过国家高新技术企业认定,西昌合力锌业股份有限公司等6户企业被认定为省创新型企业。到2011年底共有3户企业通过国家高新技术企业认定,14户企业通过省创新型企业认定,相关企业2011年度享受财税优惠2600余万元。

【企业技术研发中心】 州财政拨出专款300万元,引导支持西昌合力锌业股份有限责任公司等5家省级创新型企业的技术研发中心建设。会理县凉山新兴农业生物科技有限公司建立技术研发中心,是首家农业产业化龙头企业建立的技术研发机构。

【对外科技合作】 中日技术合作"金沙江流域生态环境保护综合开发示范项目"召开第三次联合协调委员会议,组织项目实施地相关人员赴日参加研修培训。项目通过了日中双方主管机构的中期评估。省烟草公司凉山州公司申报的"津巴布韦烟草优良品种引进及先进生产技术研究与推广应用项目"被列为四川省国际科技合作成果转化专项。

【知识产权工作】 组织开展"'4·26'世界知识产权日"宣传活动,以专项检查、基层调研、网络和媒体宣传等方式,宣传国家知识产权战略和法律法规,普及知识产权知识,提高全社会的知识产权意识。全年共开展6次大规模的检查行动,打击假冒专利等知识产权违法犯罪活动。支持指导西昌合力锌业股份有限公司等企业申报第三批省级知识产权试点示范和优势培育企业。专利申请数和授权专利数较快增长,全年专利申请量达139件,专利授权77件。

(审核:周大海/撰稿:王永坚)

防震减灾

【概况】 2011年,凉山州防震减灾工作在州委、州政府的坚强领导下,在省地震局的有力指导下,面对严峻复杂的震情形势和防震减灾发展的新任务、新要求,以贯彻落实全国、全省防震减灾工作会议精神为主线,突出科学发展和加快发展主题,以地震安全保障经济社会发展,最大限度减轻地震灾害损失为目标,以全面提高地震监测预报、震害防御、应急救援能力为主攻方向,全力服务州委、州政府"跳起摸高、跨越发展"的工作基调和提速增量、提质增效"双提升"战略,各项工作取得显著成效,实现了全州防震减灾工作的突出重点、整体推进和全面发展,为全域凉山全面协调可持续发展提供了有效的地震安全保障。州防震减灾局先后被四川省人力资源和社会保障厅、四川省地震局评为"四川省防震减灾工作先进集体";获得四川省地震局2011年度市(州)防震减灾综合评比二等奖、政务工作三等奖、监测预报工作先进集体、应急救援工作先进集体、抗震设防管理工作先进集体、法制建设先进集体;获得州政府2011年度地震环境保护暨地质灾害防治目标考核二等奖。

【地震活动】 根据四川省地震监测台网测定,2011年度,凉山州境内共发生ML≥2.0级地震150次,其中ML2.0~2.9级地震127次,ML3.0~3.9级地震20次,ML4.0~4.9级地震2次,ML5.0~5.9级地震1次。全州地震活动水平较2010年度有所增强,则木河与小江断裂交汇处3级以上地震持续活跃,盐源—木里—宁蒗以及石棉附近弱震活动有所增强,"凉山菱形块体"内部3级地震持续平静。凉山州境内最大地震为2011年4月15日会东ML5.2级地震,该次地震是继2010年8月29日巧家—宁南交界ML4.9级地震后则木河至小江断裂交汇区域发生的第5次4级强有感地震,震源深度10公里,宏观震中位于会东县溜沽乡一带。据州、县现场工作组现场调查,地震造成震中少数土房开裂、掉瓦等轻微破坏。

【监测预报】　认真执行监测工作制度和相关观测技术规范，确保监测项目正常运行，全年各类观测站（点）共105个，观测项目152项运行基本正常，各类观测数据均及时上报上传，共组织开展各类台网巡检10次，处理解决各类观测故障8起；进一步加强信息传输系统管理，对监测数据传输系统的设备和设施实行专人管理和专门使用，全年共收集人工（模拟）观测数据52195组，下载、预处理和上传数字化观测数据70080个（整点值），编辑上传各类观测日志、月报、年报共329期，按时高效完成全州数据传输工作；进一步强化震情跟踪，对出现的异常观测资料进行科学的认定，全年共调查落实各类显著性前兆和宏观异常13起，确认地震前兆观测异常1项，地震宏观异常5项，为科学判定震情趋势提供了坚实的依据；进一步完善震情会商制度，做好地震日常分析跟踪和观测数据处理，全年开展各类会商66次，填报会商意见66期，编写《震情分析》13期，提交半年和年度《凉山及邻区地震趋势研究报告》2份。

【震灾防御】　认真抓好防震减灾法制建设，全年共选派100人参加行政执法证人员换证培训，完成6个州级行政执法证和44个县级行政执法证年检。州政府审议并通过《凉山州防震减灾“十二五”规划》，确定凉山州地震监测中心等九项重点工程项目，总投资达3311万元，其中州级配套投入530万元，纳入财政分年度预算予以安排。《会理防震减灾规划》和《西昌防震减灾规划》成果分别交付使用，会东县投入90万元启动活断层探测工作。纳入全省第二批县级防震减灾综合能力建设县的雷波县各项工作正有序开展。州政府召开全州建设工程抗震设防能力建设推进会，进一步完善了联席会议制度，印发了《凉山州人民政府关于推进大凉山综合扶贫开发彝家新寨建设的实施意见》，将1190个彝家新寨建设全部纳入抗震设防要求管理的具体要求。州防震减灾局组织相关县市赴云南大理、昭通等地考察学习，向州委州政府报送了《云南省大理州防震减灾目标管理的经验与启示》，州防震减灾局、州规划建设和住房保障局向州委州政府上报了《凉山州农村民居抗震性能调查与分析》，提出加强农村民居抗震设防能力的措施。进一步加大行政审批力度，严把审批质量关，州县防震减灾部门全年共办理建设工程抗震设防要求审批129件，建设工程面积达260.1万平方米；州规划建设部门将抗震设防要求纳入建设工程初步设计审查范围，全年审查建设项目134项，建设面积达223万平方米。

【宣传教育】　进一步加大对地震宏观观测网、震情灾情速报网、地震科普宣传网的建设力度，全州防震减灾助理员稳定在600人左右。投资126万元的全省防震减灾素质教育工程在全州12所防震减灾科普示范学校，4个科普示范社区投入使用，防震减灾科普示范学校创建力度加大，有4所学校被评定为州级科普示范学校，3所学校申报省级示范学校。围绕防震减灾知识“六进”活动，认真开展“防灾减灾日”暨“防灾减灾宣传周”活动，活动期间，全州悬挂标语横幅600多条，发放宣传资料4万多册，州级以上各类媒体刊发新闻报道20多条，全州防震减灾科普知识宣传教育群众覆盖面超过50万人次。针对不同受众，制作了《学校地震知识讲座》、《机关地震知识讲座》和《企业地震知识讲座》，利用多媒体广泛宣传普及防震减灾知识。

【地震应急】　州委、州政府进一步加强对地震应急工作的组织领导，各县市调整充实县市抗震救灾指挥机构。县市防震减灾局独立建制，乡镇配备防震减灾助理员，部分村社配备地震安全员，全州地震应急救援组织体系基本健全。州防震减灾局完成《凉山州地震应急预案》，印发《凉山州防震减灾局地震应急预案》。全州积极推进学校、医院、乡镇、街道、社区、村社、企事业等基层单位的预案编制工作，基本形成“纵向到底、横向到边”的预案体系及动态管理体制。有条不紊地开展4月15日会东县—巧家县交界发生4.5级地震应急处置工作，切实维护了震区社会稳定。州政府下发《关于开展地震应急工作检查的通知》，组织开展全州地震应急检查工作，并以凉府办函〔2011〕227号文件将检查情况通报全州。积极组织开展地震应急演练，全州85%的中小学校开展一次规模以上的防震减灾应急演练。投入65万元资金为州地震灾害紧急救援队购置抢险救援器材装备，投入30万元为州、市县防震减灾部门配备地震应急救援设备和个人应急装备。各县市加大投入，积极推进县级救灾物资储备库和避难场所建设，加大物资储备。州政府在组建凉山州综合应急救援支队的同时，进一步加大投入组建轻型搜救队。全州乡镇防震减灾助理员和村社地震安全员达600余人　团员青年志愿者应急救援队伍4056人。

【机关建设】　始终坚持钢班子带铁队伍，切实加强班子思想、组织、作风、制度和廉政建设，增强了凝聚力、创造力、战斗力和执行力；按照德才兼备、以德为先的用人标准，鲜明崇尚实干的用人导向，实行中层干部竞争上岗制度，选准配强了局机关中层干部，提高了领导水平和执政能力。以“创先争优”活动为龙头，坚决贯彻落实州委、州政府专项部署，深入开展“挂包帮”活动、“彝区健康文明新生活运动”，继续深化城乡环境综合治理活动，主动参加精神文明创建和各种公益文化活动，积极参与平安社区创建，促进社会和谐共建。进一步创优部门工作网站等信息交流平台，职工经济适用房交付使用，为干部职工创造了良好的工作条件和生活环境。

【科研及项目建设】　总投资583万元的凉山州地震监测中心工程已进入装修工作，即将投入使用。《凉山州防震减灾“十二五”规划》通过州政府审议，规划中九大重点项目争取州级投入530万元，从2012年起将纳入财政预算，分年度安排解决。投入100万元纳入全省第二批县级防震减灾综合能力建设县的雷波县各项工作正有序开展。会东县投入90万元启动了地震活动断层探测工作，冕宁、盐源两县已启动了活断层探测的相关前期工作，即将与防灾科技学院签订活断层探测协议。

（审核：环江红/撰稿：邓永兵）

气　象

【概况】　2011年，凉山州气象局认真贯彻落实省局党组战略部署，按照州委、州政府工作要求，以防灾减灾为重点，加快推进现代气象业务及农村气象服务体系建设，出台了《凉山州气象灾害防御规划》、《凉山州气象灾害应急预案》、《关于加快气象事业发展的意见》，围绕全州工、农业生产和经济发展开展了扎实有效的气象保障服务工作。

【基础业务】　全年全州地面测报、高空探测、农业气象、天气预报、天气雷达、通讯传输各项业务质量稳定，验收合格“百班无错”68个、“250班无错”17个。在第三届“四川省气象行业天气预报技能竞赛”中，凉山代表队获团体第三名、个人全能第三名，创天气预报技能竞赛最好成绩。

【现代气象业务体系】　在越西、喜德、德昌、会理、会东、盐源6县新建风塔并投入使用，在西昌、木里、盐源新建二级太阳能普查站1个、三级太阳能普查站2个；新建土壤湿度观测自动站15个，建成综合气象观测系统运行监控平台及全州17个卫星资料接收站；建成移动通讯气象信息备份系统（省—州宽带网络1条，州—县宽带网络22条），8月全面投入使用。

【人才队伍建设】　对州局气象台、农气中心、西昌气象技术保障中心进行人员整合及机构调整，举办了全州基层台站“复合型人才”培训班、“天气预报与卫星发射气象保障服务”学术交流会。13篇论文获优秀论文，3名工作人员获高级工程师任职资格；验收了11项自立科研项目，新下达6项业务科研项目及5万元项目经费；联合州国土局、成都信息工程学院共同申报“GIS支持下的凉山州地质灾害精细化预警平台建设”项目于州科技局正式立项。与州农业局合作编制《高原山地马铃薯优质高效气象决策及适用技术手册》，配合成都高原气象研究所完成“高原山地马铃薯优质高效气象决策技术推广应用”项目；完善和修订《马铃薯农业气象观测规范》，完成《川西高原牧区雪冻灾害等级》、《川西高原公路冰雪气象指数》及《川西高原民居雷电防护技术规范》编制任务；作为省人影办协作单位启动了“大型水库地面人工增雨作业技术规范”地方技术标准研究项目。

【人工增雨防雹减灾】　新增高炮14门，全州作业高炮达176门；开展了全州人影安全大检查、各类作业装备年检和全州炮手培训工作。全年共增雨作业175次，发射炮、箭、弹3092发；开展大规模人工防雹作业2860次，耗用高炮弹43438发、JFJ火箭弹5613枚，确保农业及烤烟产业顺利发展。联合昭觉县及布拖县人影办，成功为四川华电西溪河水电站、布拖县瓦都水库开展了水库增雨作业。在州政府及盐源县政府支持下，成功举办2011年云、贵、川三省十地市人工影响天气协作区会议，初步确定了三省人工影响天气协作会议制度。2011年，州人影办再次被省人影办考评为“目标管理一等奖”。

【农经网信息服务】　在冕宁县漫水湾镇西河村、复兴镇建设村及德昌县麻栗乡大坝村新建农经网村级信息服务站，全州各级农经网中心、服务站积极上传农业服务信息、农产品供求信息，创经济效益2亿元。在州政府的主导下，联合州应急办、州农办、州水务局、州国土局，建立气象灾害隐患信息库，扩大气象信息员队伍，实现“乡乡有气象协理员，村村有气象信息员”。

【精神文明建设】　制定“2011年精神文明建设工作要点”，投入5万元深入开展“彝区健康文明新生活”运动和“领导挂点、部门包村、干部帮户”帮扶活动。组织职工开展唱歌、棋牌、乒乓球比赛及登山、长跑、骑自行车活动；参加了州级机关第六届职工运动会，在全省气象部门第三届职工运动会中获“团体总分第二名”，在全国气象部门第三届运动会中获乒乓球女子单打第六名。州气象局与冕宁县气象局继续保持“全国气象部门文明台站标兵”称号，会理县气象局被评为第三批“全国气象部门文明台站标兵”，州气象局继续保持“全国文明单位”称号。

【气候概况】　2011年全州气温、日照正常，降水量偏少33%，为历史同期最小值。1月出现了持续低温雨雪冰冻天气，2月起全州相继出现一般性冬干、中等偏强的春旱和重伏旱天气，汛期、雨季降水量均为历史同期最少值，无区域性暴雨天气，雷电灾害较轻，局地洪涝、风雹灾害较为严重；夏季气温偏高，秋暖明显，年底入冬时间正常。经综合分析评估，2011年凉山州气候年景为一般偏差年份。

【基本气象要素】　全年州内年平均气温10.1～18.7℃。除金阳、甘洛正常略偏高0.7℃外，州内其余地区正常。年降水量439～906毫米，全州普遍偏少18%～45%，除会理、会东外，木里、甘洛创历史同期次少值，宁南创历史同期第三少值，其余12个县（市）创历史同期最少值。年日照时数1250～2768小时，木里、德昌、布拖创历史同期最多值，其余地区正常。

【持续低温雨雪冰冻天气】　1月13—31日，雷波、美姑、布拖、昭觉出现了连续7～19天日平均气温低于0℃的低温冰冻天气时段。低温冰冻天气持续日数，昭觉创历史同期最多值，布拖创历史同期次多值，雷波、美姑创迁站以来同期最多值。16—17日，州内出现区域性暴雪天气：布拖、美姑、昭觉、雷波、宁南、普格降了暴雪，西昌、金阳、盐源、木里降了大雪，除会理外，其余六县降了小到中雪或雨夹雪。17日日降雪量、积雪深度美姑创历史同期最大值，雷波创迁站以来同期最大值，布拖积雪深度创历史同期最大值。伴随此次过程，州内大部地区降温3.2℃～5.9℃，布拖降幅达7.6℃。全州除会理、甘洛外的15县市出现日最低气温-0.1℃～-8.2℃的冻害，喜德、越西、布拖、昭觉、美姑、雷波出现低温冰冻天气。州内多条路段实行了紧急限行，西（昌）巧（家）线、西昌到东五县（木里、盐源、喜德、越西、甘洛）方向的客车全部停开，青山机场17日出航航班全部取消，约6000名旅客滞留西昌，全州各地滞留旅客超万人。据州应急办统计：此次区域性暴雪低温冷冻天气，全州14县市91.45万人受灾，损坏房屋288间，倒塌房屋240间，因灾死亡大牲畜3184头（只），农作物受灾面积21891.8公顷，成灾面积12198.2公顷，绝收面积3519.14公顷，共造成直接经济损失1.74亿元，其中农业经济损失1.2亿元。

【区域性重伏旱】　7月1日—9月9日，州内各地普遍出现了两个以上的伏旱时段，西昌、盐源、会东、宁南、普格、金阳、甘洛、雷波出现了3个伏旱时段。伏旱主要发生在8月上旬后期到下旬前期、8月下旬中后期到9月上旬末期。8月6日—9月7日，金阳县连续33天降水量仅有12.8毫米，持续≥35℃以上的高温日数长达24天，为全州旱情最为严重的地区。从伏旱分布、持续发生时间及强度综合评估，2011年全州属伏旱重旱发生年份，金阳属特旱发生年份。据州民政局统计，截至9月7日，旱灾共造成西昌、木里、盐源、会理、会东、宁南、普格、布拖、金阳、冕宁、美姑、雷波12县市109.9107万人受灾，农作物受灾面积80.032881千公顷，绝收面积21.905千公顷，直接经济损失95573.23万元。

【强降温及低温天气】　2月10—13日、3月14—16日、3月21—22日、4月21—23日，州内先后出现了4次区域性强降温降水天气过程。其中，3月21—22日，冕宁、喜德、美姑、昭觉、布拖、会东、西昌、德昌、普格、宁南日平均气温累计下降8℃～14℃。由于气温回升缓慢，致使金阳、甘洛、冕宁、越西、喜德、雷波、美姑、昭觉、布拖9县出现了连续6～10天日平均气温低于10℃的春播低温，剩余7县（市）出现了3～6天日平均气温低于12℃的春播低温，倒春寒天气明显重于常年。

【暴雨】 2011年6月5日越西出现首场暴雨，9月9日德昌、会理出现末场暴雨，全州共7县出现单点暴雨11站次、大暴雨1站次，暴雨次数较常年偏少48%；日最大降水量121.7毫米，6月23日出现在会东县。暴雨大部集中在6月中下旬，据不完全统计，6月全州因暴雨、局地强降水引发山洪、泥石流灾害共造成9人死亡，29人失踪，3人受伤，全州农作物、房屋、道路和供水供电等基础设施直接经济损失累计约4.6亿元。

（审核：王发荣/撰稿：胥德梅）

教 育

Education

综 述

【概况】 2011 年，全州教育工作紧紧围绕党和国家的教育方针，以科学发展观为指导，大力实施“科教兴凉”“人才强州”战略，全面落实教育优先发展战略，贯彻落实国家、省、州《中长期教育改革发展规划纲要(2010—2020 年)》，启动实施教育“十二五”规划和第二个“十年行动计划”，努力适应教育发展新形势、新任务和新要求，大力推进义务教育均衡发展，不断调整教育内部结构，巩固发展义务教育和民族寄宿制教育，积极发展学前教育和普通高中教育，大力发展职业教育，“两基”顺利通过国检，圆满地完成了全年教育工作目标任务，推进了全州教育事业持续、健康、和谐发展。

【实施】 2011 年 5 月 11 日九届凉山州政府第 85 次常务会议和 6 月 15 日六届州委第 147 次常委会议通过《凉山州中长期教育改革和发展规划纲要（2010—2020 年)》。《规划纲要》是进入新世纪以来全州第一个中长期教育改革和发展规划，是今后一个时期指导全州教育改革和发展的纲领性文件，提出了今后一个时期全州教育工作的指导思想、工作方针、战略目标和分区目标。

【“两基”工作】 把“两基”迎国检工作作为 2011 年教育工作的一件大事来抓。进一步建立健全“两基”巩固提高的长效机制，深入贯彻落实《中共凉山州委凉山州人民政府关于巩固“两基”成果强化学校管理全面提高教育质量的若干意见》，切实加强“两基”成果的巩固提高工作，继续将“控辍保学”工作纳入对县市教育行政部门的目标考核，实行一票否决，构建了“县—乡—村—家长”和“县教育局—学校—班级—教师”全方位“控辍保学”体系；成立了领导小组，制订了切合实际的工作方案。加强对盐源县“两基”迎国检工作的指导，全州“两基”成果得到有效巩固，“控辍保学”得到全面加强，全州小学适龄人口净入学率达到 97.09%、初中毛入学率达到 90.14%。12 月 12 日，盐源县“两基”工作顺利通过国家验收组的检查验收，标志凉山州的“两基”工作通过国检。坚持督政与督学相结合，完成对木里、会理、金阳、布拖、美姑五县人民政府教育工作的督导评估。

【学前教育】 把加快发展学前教育作为中长期教育改革和发展的重要突破口和重大民生工程来抓，把健全学前教育纳入各地城镇、移民搬迁、新农村建设规划，逐步纳入基本公共教育服务体系，实施学前教育三年行动计划和学前教育推进工程试点项目。投资 3740 万元，建设公办幼儿园 12 所；大力发展民办幼儿园，对民办幼儿园实施积极的优惠扶持政策，通过保证合理用地、减免税费等方式，支持社会力量办园；充分利用闲置教育资源建设乡镇中心幼儿园。“入园难、入园贵”问题得到进一步解决，全州学前教育在园幼儿增加到 9.32 万人，比上年净增 1.65 万人，学前教育毛入园率上升到 42.45%，增加 6.7 个百分点。

【普通高中课程改革】 召开凉山州高中新课程改革班主任和辅导教师工作会议。2571 名教师参加了高中课改第二轮网络培训，116 名教师参加了省上各学科的面对面的培训，112 人参加了成都市教师培训，聘请 9 名课改专家 300 名教师进行集中培训。投入资金 900 余万元进行通用实验室的建设和设备设施的配备，推动普通高中通用技术课程的实施。

【民族教育】 州民族教育以寄宿制教育为主，紧紧抓住第二个“十年行动计划”契机，大力推进寄宿制学校规范化、科学化管理进程，广泛开展民族团结教育、养成教育和禁毒防艾工作。全州少数民族在校生 484642 人，少数民族学生占全州中小学在校生的 58.9%，少数民族小学学龄儿童入学率 98.04%、初中学龄儿童入学率 71.73%；享受省“十年行动计划”民族制生活补助的学校 643 所，享受寄宿制生活补助的学生 21.78 万人。授予盐源县民族中学、会理县黎溪中学、木里县后所乡九年一贯制学校、雷波县海湾小学、会东县大桥中学、昭觉县比尔乡中心小学、美姑县洪溪片区中心校七所学校“凉山州寄宿制示范学校”荣誉称号。

【职业教育】 以“所有初中毕业生都要接受以职业教育为重点的高中阶段教育”为工作重点，大力实施彝区免费职业教育计划和藏区“9+3”职业教育免费计划，积极开展联合办学，基本实现“应读尽读”目标。大力加强职业学校基础能力建设，投入 5000 万元改善凉山州民族师范学校、州农校、州卫校、甘洛职业技术学校、德昌高级职业中学的办学条件。积极规划筹备高职院校建设。全年招收中职学生 1.87 万人（含木里藏区“9+3”招生 564 人），超额完成省下达的 1.8 万人的目标任务；全州中职学校在校生达到 3.1 万人，占高中阶段在校生的 36%，职普比提高到 3.6:6.4。

【两免一补】 认真落实“两免一补”政策，全州享受免费教科书和免杂费学生达到 74 万人；11 个少数民族贫困县义务教育阶段寄宿制学生补助标准提高，小学、初中每年分别提高 700 元/人和 450 元/人，均达到每年 1450 元/人。下达中央、省预算内公用经费 4.92 亿元，下发家庭贫困寄宿制学生生活补助资金 1.82 亿元。全州 3 万名中等职业学校学生享受助学金；2.99 万名中职学生免除学费；20133 名家庭经济困难普通高中生得到资助。

【教育科研】 整理、编辑、出版《凉山教育研究（民族教育专辑第五集）》。集中时间分批、分学科举行了小学和初中学科新课程改革课堂教学大赛活动。举办 2011 年凉山州第一届两类模式中小学教师教学设计及课件制作比赛活动和“凉山州第四届特殊教育学校中青年教师教学基本功大赛”。组织完成凉山州“科研管理与教育发展改革优秀成果评选活动”，组织召开了“全州中小学美术教师教学研讨会”活动。

【校园安全工作】 全州校园安全工作切实把安全宣传教育、隐患排查治理、校园及周边治安综治等作为常规安全管理重要抓手，认真落实各项管理制度和预防措施。切实加强学校应急机制建设，积极开展以防范地震地质灾害、防火、食品安全及卫生防疫、楼道（梯）拥护踩踏为主的避险教育和演练。对县市开展校车和学生道路交通安全专项工作情况进行重点抽查。全州 2000 余所中心校及以上学校已建立了“警校共育”办公室或“校园警务室”，聘请法制副校长或法制辅导员 2000 余人，聘请专业保安 1551 人，已有 1115 所学校设置治安保卫机构，736 所学校的保卫人员配备防护装备，414 所学校安装了视频监控系统和报警设施，37 所学校的视频监控和报警设施与公安机关联网。积极开展以防震减灾、防火安全、交通安全为主要内容的科普示范学校活动，有防震减灾科普示范学校 68 所。基本实现了年初提出的不发生一般及以上事故和群体性事件，最大限度避免发生校园安全责任事故和涉及学生的安全事故的工作目标。

【师资队伍建设】 继续实施“中小学骨干教师成长计划”、“农村教师专业发展计划”、“中小学教师学历学位提升计划”。加强师德师风建设，全面完成教育事业单位的岗位设置和岗位聘用工作，积极开展特岗教师招聘和考核聘用、教师资格认定、免费师范生就业和教师职称评审工作。全州 2011 年招聘特岗教师 494 人；全州 988 名特岗教师经考核合格聘为正式教师；3000 余名高校毕业生获幼儿园、小学、中学、中等专业学校教师资格认定，32 名凉山籍免费师范生顺利安置就业。全州共有教职工 4.32 万人，其中专任教师 3.87 万人，全年培训校长和中小学教师 1 万余人。评选推荐省级骨干教师 340 人，评选推荐省级教学名师 55 人。建立幼儿教育师资培养培训体系，采取省、州、县三级联动方式分级组织幼儿教师培训。凉山州教育局被评为全国“关心下一代工作”先进集体。

【双语教学】　全州独立设置的少数民族小学715所、中学48所；开设彝（藏）文课二类模式的中小学校704所，开设彝文课一类模式的中小学校33所，彝文专任教师253人。全州开展双语教学的学校822所，接受双语教学的学生达28万人。抓好教育科研装备彝文教材编译和图书发行工作，努力转化教研成果。认真做好彝文教材编译工作，完成了46种教材、教辅和8本中外名著儿童读物的编译任务，编译字数达510余万。

【党风廉政建设】　广泛开展党风廉政宣传教育活动，坚持深入开展党风廉政建设和反腐败工作，努力构建党风廉政建设制度和反腐败工作惩防体系；坚决纠正部门和行业不正之风，监管教育收费行为，严格审计教育专项资金，坚决查处违规违纪行为。印发《凉山州教育局关于进一步加强治理教育乱收费、规范办学行为的通知》，以农村义务教育“两免一补”资金和中职助学金、免学费补助资金为重点，加强对教育经费拨付和使用情况的监督检查。严格执行并逐步调整公办普通高中招收择校生“三限”政策。全年共收到举报信件28件，接到举报电话19个，接待来访群众8人次；配合州纪委、州监察局查办案件2件，查处违规收费案件1件，清退违规收费1.1万元，查处违规人员3人，司法处理2人。坚持经常性检查与专项检查相结合，继续开展教育收费专项检查和督查工作。对“在职教师有偿补课和参与社会收费培训，占用学生节假日集体补课和上新课，下达升学指标并以考试成绩排位排名”三个突出问题进行重点整治。

【创先争优活动】　全面开展年度公开承诺，办好人民满意教育为主要内容的“三赛三比一满意”（赛创新、赛业绩、赛服务，比学习、比作风、比贡献，办人民满意教育）活动；认真积极开展领导班子创“四好”活动，努力增强创建活动的针对性和有效性，不断探索和深化创“四好”活动的新方法、新措施、新路子，努力推动创“四好”活动向新的广度和深度发展。进一步加强组织建设和党员队伍建设，全年发展新党员1名、预备党员转正3名。广泛开展“下基层、送温暖、献爱心”活动，着力解决人民群众关注的教育民生问题；专题开展建党90周年纪念活动，全面实行党务公开，认真做好党建目标管理工作。

【体卫艺工作】　州政府印发了《关于加强青少年体育增强青少年体质的实施意见》、《关于建立凉山州学校体育工作联席会议制度的通知》，建立了由教育、卫生等部门共同参与的联系会议制度。积极开展阳光体育运动，召开全州学校阳光体育现场推进会。3月26日举办了凉山州第29届中学生运动会。全面启动“四川省第七届中小学生艺术节凉山片区活动”。加强学校健康教育和各类传染病的预防工作，加强对学校食品、饮用水的安全管理工作。

【彝海结盟善行传承项目】　9月7日举行了“彝海结盟善行传承”凉山爱心助学项目启动仪式。刘伯承元帅外孙张昭昭、果基小叶丹外孙伍龙与州教育局签订了凉山爱心助学项目战略协议。该项目第一期捐款为每年37.2万元，资助62名家庭贫困、品学兼优的大学生完成学业。

【招生考试】　大力推行阳光招生政策。全州普通高考（不含藏、彝文一类模式高考和藏、彝文加试）、职教师资班和高职班对口招生考试实施网上评卷，这是普通高考招生考试的一项重大改革，进一步提高了普通高考评卷质量，确保评卷客观准确、公平公正，实现招生考试评卷的标准化、规范化、科学化和现代化。全州普通高中毕业生报考人数达18615名，上省定本科线3797名，上省定专科线16864名。全州共有15250名（少数民族4638名）考生被普通高校录取，比2010年增加2380人。

【中国—默沙东艾滋病合作项目】　继续依托中国—默沙东艾滋病合作项目，针对初中一年级和高中一年级新生，在地方课时中安排了10～12节预防艾滋病的专题课程。开展禁毒防艾生活技能培训，培训中学新生9.1万人。举办“学校预防艾滋病教育骨干教师培训”、“青春红丝带行动”——2011年凉山州青少年艾滋病防治知识电视竞赛活动。召开中国—默沙东艾滋病合作项目2011年度教育局局长/中学校长培训会。

【特殊儿童少年教育】　大力发展特殊教育，特殊儿童少年在校生达到1905人，残疾儿童少年入学率达到82.50%。凉山州特殊教育学校、冕宁县特殊教育学校、盐源县特殊教育学校建设项目加快建设。加强“留守儿童”的教育管理，全州建立“留守儿童之家”97个，及时解决进城务工农民工子女入学难问题。

【百乡教育扶贫】　两次在布拖县木尔乡举行捐赠仪式，向对口帮扶的木尔乡中心校学生捐赠学习用品；为布拖县木尔乡中心校综合教学楼的征地、拆迁提供补偿费；为木尔乡党委、政府改善办公条件，购买办公设备；为群众购置生活、生产设施等，价值人民币33万多元。

【依法治校】　为进一步推进依法治教、依法治校进程，不断完善各类学校内部治理结构，实现学校工作法制化，印发了《凉山州教育局关于加强学校章程和制度建设的通知》。明确要求各县市教育局要制定和完善学校章程、建立完善学校各项制度、加强学校章程及各项制度研制工作的组织领导，同时印发了《凉山州公办学校章程》（范本），对制定学校章程及各项制度的工作时限提出要求。

【全州教育工作会议】　7月19日召开全州教育工作会议，印发了《关于表彰2001—2010年实施〈十年行动计划〉先进集体和先进个人的决定》，表彰了26个先进集体和91名先进个人。

【全州中学教育工作会议】　4月29日，全州中学教育工作会议在会理召开，对18所普通高中综合考核优秀和教研科研工作先进学校和9个先进单位进行了表彰奖励。

【青少年校外活动场所建设】　在彝区实施“乡村学校少年宫”建设项目，2011年度大小凉山综合扶贫规划4所已完成建设投入使用，9所中央彩票公益金支持建设的“乡村学校少年宫”已立项。已建成会东、喜德、普格、宁南、德昌、会理、金阳、美姑、冕宁、昭觉、雷波县等11个活动中心。

【校安工程建设】　为进一步推进校舍安全工程，与各县市签订了校安工程目标责任书，实行目标考核。结合布局结构调整，大力推进校舍安全工程建设，改造薄弱学校，建“放心工程”。全州校安工程三年规划改造校舍项目学校825个，改造130万平方米校舍，校舍改造计划投资172063万元。先后完成《教师周转房建设规划》、《集中连片困难县教育扶贫规划》和《11个县极度贫困村学校规划》。

（审核：蒲　涛/撰稿：陈燕美）

西昌学院

【概况】　2011年，是建党90周年，也是全面落实国家和四川省《中长期教育事业发展规划纲要》的关键一年，更是学校“十二五”事业发展规划的开局之年。学校继续深入贯彻落实科学发展观，积极开展“创先争优”活动，抓住教育改革发展的重要战略机遇期，深入推进本科合格评估整改工作，创新应用型人才培养模式，全面实施新的人才培养方案，进一步凝练办学特色，深化内涵建设，为实现应用型本科建设的第二次转型奠定了坚实的基础。学校获得“四川省民族团结进步模范集体”、“四川省普通高校毕业生就业工作先进集体”、“四川省普通高等学校离退休工作先进集体”、“四川省平安校园建设优秀单位”、“四川省绿化模范单位”；在四川省新一轮“质量工程”建设中，获批3项教改重点项目，4项“高等教育质量工程”建设项目。

【党建工作】　创新学习形式，提高学习时效性。建立健全两级中心组学习目标考核制度，探索建立开放性、互动性的学习方法。通过集中学习、分散学习、专题报告、个人研读、观看录像、举办论坛等多种方式，把学习邓小平理论、“三个代表”重要思想、科学发展观、十七大、十七届六中全会精神同学习现代科技、管理、法律知识和教育理论知识结合起来，联系教育部本科教学水平评估工作、校内管理体制改革、构建和谐校园等实际，搞好调查研究，抓好理论学习。加强基层组织建设。进一步强化党的基层组织管理和党员教育管理，大力发挥基层党组织推动发展、服务群众、凝聚人心、促进和谐的功能。全年共举办两期党校培训，有3700余名入党积极分子参加学习培训并顺利结业，全年发展党员1186人，转正894人。加强干部选拔、管理和教育培训。进一步完善干部选拔任用工作机制，注重竞争性选拔干部、从工作一线选拔干部。严格执行干部选拔任用工作程序，切实防止选人用人上的不正之风，认真落实干部选拔任用工作“一报告两评议”制度。通过校内公开选拔副处级干部6名，考察、调整和选拔任用科级干部17名。加强干部日常教育管理。严格执行干部出差请假制度、诫勉谈话制度、重大事项报告制度，加大日常考核和年度考核力度，全面提高干部队伍思想政治素质和推动科学发展的能力。加大干部队伍的培训力度。校内开展两期科级及其以上干部培训，参培干部540余人次，外送培训学习23人，到基层挂职锻炼5人。深入开展创先争优活动。把创先争优活动与推进学校发展相结合，把创先争优活动与党员思想政治建设相结合，把创先争优活动与人才培养的根本任务相结合，把创先争优活动与党风廉政建设、依法治校、民主法制教育活动相结合，把创先争优活动与服务地方经济发展相结合。通过设立党员先锋示范岗、服刑人员现身说法警示教育活动、领导点评、校企合作等一系列活动，进一步严格党内生活，增强党员意识，贯彻落实保持共产党员先进性长效机制，切实提高党员队伍整体素质，充分发挥全体党员在学校各项工作中的先锋模范作用。“七一”前夕，表彰8个先进基层党组织，70名优秀共产党员，30名优秀党务工作者，58名优秀教师和34名优秀职工。在全校开展中共党史教育专题、党的知识答题活动、纪念建党90周年理论研讨、“颂歌献给党”师生歌咏比赛、“学党史·知党情·跟党走”演讲比赛、红色经典诗朗诵、纪念中国共产党建党90周年座谈会、组织新党员宣誓仪式和老党员重温入党誓词等活动，激励广大党员牢记党的宗旨，对党忠诚，永葆先进。

【本科合格评估整改工作】 本科合格评估后，学校随即召开了“本科合格评估工作总结大会”，成立评估整改工作领导小组。根据专家的意见和建议，提出整改工作的指导思想和任务，向教育部上报《本科合格评估整改方案》。把整改作为学校2011年的中心工作。划拨400万元工作经费，为顺利开展评估整改提供制度、组织、人员和经费保障。先后组织84次全校性和二级学院专题研讨会；提供200万元经费，组织20余个教学团队外出学习应用型本科和示范高职的先进经验；组织70余人次外出参加应用型人才培养交流会，20余所兄弟院校、150余人次来校考察、学习。召开10余次专题研讨会，聘请行业专家、用人单位对人才培养方案和专业建设进行论证。确立了应用型人才培养规格，构建应用型人才课程体系，建立实践实训学期制，启动实训教材建设工作，全年立项建设13门实训课程的论证和编写，强化学生职业发展规划教育和职业技能鉴定管理，确保学生职业资格证书的权威性和有效性。推进“双师型”队伍建设，提升实践指导能力。按教师总数20%的比例，学校每人划拨2000元给二级学院，各二级学院出资1000元，建立“双师型”教师培养专项经费。积极鼓励教师考取相关行业技能资格证书，提升教师的实践实训指导能力。全年127名教师获得31种不同的职业资格证书，并受到奖励。加大投入，改善实践教学条件。投入1000余万元用于改善实验室条件，其中800万元完善4个工科实验室，200万元改善校外实践基地建设。启动工科大楼和体育场馆建设，以满足体育专业教育之需和解决工科类专业不能与企业技能对接的矛盾。加大多媒体建设力度，投入490余万元购置170多台多媒体教学设备、100座以上教室配置扩音设备，全面提升现代教育技术手段。改善师范专业实践教学条件，投入100余万元建设师范技能实训中心，并在攀枝花等地新建5个师范生集中实习基地。2011年安排1232人次师范生集中实习。制定实习实训质量标准，启动艺体类、轻化工类专业综合训练质量标准的建设。进一步完善“3—4—5教学质量监控体系”和“四维一线”的质量保障长效机制。建立教学信息的日常采集、分析、评价、反馈机制。结合专家意见、建议，学校进一步凝练、建设“三大”办学特色：应用性——应用为本，培养生产一线所需要的专门人才；地方性——艰苦创业，积极为攀西地区社会经济发展服务；民族性——心系彝区，促进民族地区繁荣和稳定。投入184万元用于新一轮“质量工程”项目的建设。“‘本科学历（学位）+职业技能素质’人才培养模式”、“职业技能素质培养平台的建立”、“彝、汉、英多语同步教材建设”等3个项目被列为省教育厅教学改革重点项目；“农学类专业”和“少数民族语言文学专业”建设及“工程类”、“动物科学类”实践教学4个项目被列为省级“高等教育质量工程”建设项目。8月份学校开展“农业推广——烟草专业”硕士研究生培养的试点工作的申报论证工作，9月份学校参加四川省专业硕士研究生授予权的答辩，11月份召开了学校研究生申报研讨会。按学科大类调整二级学院专业设置，通过申请、论证、协调等工作，将生物专业调整到动物科学学院。根据凉山四大产业集群发展战略需要，申报6个新专业（其中本科专业4个——矿物加工、国际经贸、艺术设计、物联网工程；专科专业2个——酒店管理、学前教育）。继续开展学科队伍建设。选拔、培养学科带头人和科技奖励工作，选拔学科带头人52人、学科带头人后备人选71人、优秀骨干教师40人，奖励经费175万元；全年评选教学科研成果奖132项，奖励经费26万元。园艺、农学、彝学3个学科获得教授和研究员评议权，学校综合办学水平得以提升。在已建立100余个校外实训基地的基础上，进一步探索合作办学的新模式，与通威集团、新希望集团等企业实行“订单式”培养。建立合作教育基金，聘请校外80余名企业高管、技术专家、地方行政领导到校授课或讲学。

【党风廉政】 推进校务、院（部、处）务公开，定期和不定期向全校职工、离退休老干部、民主党派、各级人大代表、政协委员通报学校重大决策、财务预决算、重要人事安排以及重大基建项目等；召开第一届工会会员暨教职工代表大会第七次会议，提案部门回复率为100%，意见（建议）的回复率为100%，提案办理结果满意度达90%以上；在评估调研整改、安全稳定、学科专业建设、提高职工福利待遇等重要工作中，召开专题讨论会50余次，充分听取意见，达成共识；认真落实离退休老干部的政治待遇和生活待遇；鼓励离退休老教授、专家积极参加教学、科研以及“关工委”工作；积极协助各民主党派做好后备干部的培养选拔和推荐考核工作，深入基层，调查研究，及时向有关党派和政府部门和学校党委推荐优秀党外人才；大力支持民主党派基层组织和无党派人士围绕学校中心工作开展活动，充分发挥他们参与民主管理和民主监督的作用，鼓励他们建言献策，知情出力；组织开展西昌市第九届人民代表大会换届选举工作，学校党委行政高度重视，经过3个月5个阶段的努力工作，选举工作取得圆满成功。2011年，学校被评为“四川省民族团结进步模范集体”和“四川省普通高等学校离退休工作先进集体”荣誉称号。

【安全稳定】 明确安全职责、落实安全责任，加大安全检查，全年共组织开展各类安全隐患排查10余次。加强消防安全管理和培训，注重“四个能力”建设，积极举办和参加校内外各类大型消防演练活动，提高消防安全意识。开展为期一周的“学生干部进寝室，学校领导进教室”西昌学院安全教育周活动，加强值班巡逻和周边环境整治，强化治安防范，开展外来人口清理，实施城内校区物业化管理，加大投资力度，投资70余万元，在南、北校区学生宿舍和教师第二教学区宿舍安装视频监控系统，有效防止各类安全事故发生。2011年，学校获得“四川省平安校园建设优秀单位”称号。进一步完善学校保密工作机构，调整保密委员会成员，加大保密法的学习与宣传。切实加强对重点部门、重点部位的监督管理，完善党政网、OA办公系统、校园网等计算机网络的保密措施。强化涉密载体的管理，做好涉密文件资料的清退和销毁工作。

【教学工作】 根据《四川省教育厅关于全面推进高等教育“质量工程”项目建设的实施意见》，学校启动2011—2013年高等教育质量提升计划，学校进行了新一轮质量工程项目的申报、论证、评估和建设工作。“新建本科院校‘本科学历（学位）+职业技能素质’人才培养模式的探索与实践”、“新建本科院校种植、养殖类专业学生职业技能素质培养平台的建立与实践”、“高校师范彝、汉、英多语同步教学教材建设与实践”等3个项目获批省级高等教育人才培养质量和教学改革重点项目，“农学类专业综合改革”、“中国少数民族语言文学专业综合改革”、“工程类实践教学”、“动物科学类实践教学”等4个项目被列为省级“高等教育质量工程”建设项目。学校对未纳入省级质量提升工程的7个项目列为校级教改项目，追加建设经费。根据服务国家特殊要求的人才培养方针，8月份学校开展了“农业推广—烟草专业”硕士研究生培养的试点工作的申报论证工作。按学科大类调整二级学院专业设置，按专业归口调整专业教师配置和实验室设置，通过申请、论证、协调等工作，将生物专业调整到动物科学学院，将物理专业富余教师调整到工程技术学院。申报6个本、专科专业。选拔和培养学科带头人52人、学科带头人后备人选71人、优秀骨干教师40人。录取各类成人学生5678人；结合学校继续教育实际情况，以及贯彻落实全省高校规范成人教育电视电话会议精神，学校召开了继续教育规范管理工作会议，出台了成人教育的合同管理、学籍管理、收费管理、教务管理、津贴发放标准、质量监控、证书管理、教材征购等方面11个文件；组织了寒、暑假面授教师课前培训会，完成了继教院寒假35个、暑假22个直属班级189门课程，以及12个非师范类周末班29门课程的教学任务。

【科技工作】 申报各类项目177项，获资助立项74项，到位科研经费1085.2万元。全年申报科研团队36个，科研结题并形成成果鉴定的项目38项，核心期刊发表论文165篇，其中SCI、EI收录18篇，专著21部，专利1项。选育20个作物新品系参加区试、生产试验、国家区试统一繁种鉴定，承担4个国家、省级区试。全年评选教学科研成果奖132项，奖励经费26万元。举办（承办）各类学术会议10场。为加强学校与四川大学、韩国木浦大学之间在传统食品科学研究、教育教学管理等方面互相学习交流，同时通过研讨促进凉山苦荞产业发展。2011 年 7 月，与四川大学联合主办了“第七届中韩东亚传统食品国际学术研讨会”。加强与州、市、县科技局以及川渝中烟工业公司、湖南中烟工业公司等州内外企业合作，建立了产学研基地、科技示范园区等；在西昌、盐源、普格等县市建立农业科技专家大院，通过专家教授“一对一”帮扶、组织专业教师开展培训、“田头论坛”、科技服务热线、现场指导生产、发放科普读物等形式，服务地方经济建设。2011 年，在攀西地区推广作物（兽药）新品种、新技术 30 多项，取得社会经济效益 6400 余万元，被省科技厅、省委宣传部、省科协授予“四川省科普工作先进集体”称号。按照省委省政府、州委州政府的要求，积极采取措施，参加帮扶活动人数达 943 人次，到点工作 172 人次，为帮扶县乡群众办好事实事 22 件，开展教育培训 3 次，协调落实项目资金以及捐款捐物近 34 万元，帮扶农户近 200 户。为地方的经济发展、民生改善、民族团结、社会和谐做出积极贡献，受到地方党委、政府和群众的好评，学院“挂包帮”工作被州委州政府评为 2010 年度“先进集体”。圆满承办四川省高校文科学报 2001 年年会；完成 2011 年学报 1～4 期的编辑出版工作，为师生提供发表科研成果和学术交流的阵地；2011 年与凉山数学学会合作，增办社科版和自科版学报 3 期，为全州中小教师发表论文提供便利条件；“四川大学出版社西昌学院编辑部”成立以来，已为学院教师出版专著 10 部。

【基本建设】 师资水平不断提高。投入 50 余万元用于“双师”型教师培养，全年 127 名教师获职业资格证书；选拔学科队伍 163 人进行培养、奖励；拨出专款 400 余万元组织教职工外出学习、培训、考察，提升业务水平；2011 年评定教授 16 人、副教授 26 人；引进研究生 13 人。2011 年度，学校教师获评四川省学术带头人 1 人、省学术带头人后备人选 2 人、省突出贡献专家 1 人、州学术带头人 1 人。改变招生宣传方法，由重点发放宣传资料转变为重点“面对面”宣传；采取招生录取中建立双向信息平台，充分尊重学生入学志愿、完善专业转出等举措。在全国 19 个省（市、自治区）录取新生 4590 人，报到新生 4342 人，新生报到率达到 94.6%。全在实施以二级学院为主体的就业工作机制，学校与二级学院签订就业工作目标责任书，明确职责任务；开展职业生涯规划指导、就业指导和创业指导服务，举办各类招聘会 185 场，提供岗位 7000 余个；发布就业信息 300 余条，点击人数 10 万余人次；发放就业宣传资料 300 余份，与省内外 100 多家人才交流中心和用人单位建立长期合作关系。2011 年本专科毕业生 3315 人，落实就业 3182 人，就业率 96%，获“四川省普通高校毕业生就业工作先进集体”。全年实现收入 2.2 亿元，争取省、州财政拨款 1.4 亿元，事业收入完成 7500 万元。按照“摸清家底、完善制度、规范管理、提高效率”的工作任务，组织开展为期 7 个月的物资大清查，建立学校、二级学院、教研室的三级责任制，明确清理工作流程和工作纪律，取得了明显成效。进一步建立健全国有资产管理规章制度，设立仪器设备处置审核评估领导小组，出台《西昌学院仪器设备处置管理规定》；完善物资采购程序，实行阳光操作，预算内采购基本纳入政府采购；本年度完成 1750 万元大宗物资采购计划，新增设备 5020 台件。完成东校区学生用房改造、汽车实训中心工程；完成投资 2350 万元的体育馆建设工程规划许可证的办理，并在州政务中心开标，评审确定 3 家中标候选人；完成 2450 万元的逸夫实验楼和 1800 万元的标准化学生公寓立项和网上比选工作；全年完成单项金额 5000 元以上维修改造工程余项，单项金额 1000～5000 元维修改造工程 380 余项。南校区教工宿舍 4、5 幢山体滑坡治理竣工，并通过州市国土局及专家组初次验收。投入 200 余万元购置图书资料和电子文献，新增文本图书 6.24 万册，完成 5 个中文数据库的续订，新增订 5 个中文数据库，试用 14 个中外文数据库；采购少数民族地区彝文特色文献 284 册，攀西农业特色文献 336 册，接受捐赠图书 1488 册；全年外借图书 16.51 万册，年网上点击数 61.6 万次，下载电子书刊量 36.8 万人次。

【内部管理】 强化经济责任人责任意识和人财物的监控，召开经费下拨调研会、食堂物价稳定研讨会等会议要求二级学院明确财经纪律、学会财会管理，做好预算编制。召开食品卫生安全、饮水卫生安全等会议 16 次，进行安全工作大检查 19 次，确保卫生防疫、车辆运行、水电供应、食品卫生等安全；按照招投标结果与有餐饮资质的公司重新签订了南北校区各一个食堂的承包经营合同，重新签订了大宗物资供货合同，严格定点采购和索证制度；在农产品价格涨幅较大的情况下，采取储备大宗物资，召开供货商、食堂经营者、学生伙管会会议，加强食堂管理等措施，稳定食堂价格，保证伙食质量。圆满完成西校区绿化卫生工作和校园环境综合治理工作。学校被评为“四川省绿化模范单位”。以保证资金安全、提高资金使用效率为重点，加大经济效益审计力度，为学校节约了资金。2011年度共完成维修工程结算审计项目68项，审计金额274.3万元，审减工程造价6.6万元，节约建设资金，同时也促进规范维修工程管理行为。另外，还将1项基建工程项目和2项金额较大的维修工程项目委托中介机构进行审计，审计金额6654万元。认真开展领导干部经济责任审计工作，全年党委安排对6名离任副科级以上干部进行了经济责任审计。

【学生工作】 积极探索大学生思想政治工作的新途径和新方法，注重将思想引领与成长服务相融合，利用每周学生干部例会、各团支部组织生活会时间，邀请具有丰富学生工作经验的老师以培训会、专题讲座、实践技能实训、座谈会、研讨会、辩论会、班组学习讨论、交流谈心等方式开展了大量的思想政治教育和理论知识培训，以实施“青年马克思主义者培养工程”和学校共青团“红网工程”为重点，引导广大青年学生坚定走中国特色社会主义道路的信心。组织好“国家奖学金”、“国家励志奖学金”、“国家助学金”的评定工作，2011年度，学校累计发放各类奖学金、助学金和生活补贴1662.05万元。拓展资助渠道，积极开展济困助学工作。2011年，“加拿大福慧基金会奖助学金”资助学生100人，资助金额20万元；“刘雯基金会”资助学生25人，资助金额10万元；由外国友人设立的“希望奖学金”资助学生20人，资助金额4万元；“新长城助学金”资助学生21人，资助金额近4万元；“德国赛德尔助学金”资助学生10名，资助金额2.5万元，“广州助学金”资助学生60名，资助金额12万元。“建设银行少数民族成才计划”奖（助）学金资助学生45人，资助金额13.5万元。同时在2011年度内，为家庭经济困难学生提供勤工助学岗位600余个，全年有2500人次参加勤工助学，发放勤工助学金50余万元。开展丰富多彩的素质教育活动，提高了校园文化品位和学生综合素质，2011年度有46名同学获“四川省大学生综合素质A级证书”。2011年学生自立科研项目79项，在第十二届“挑战杯”全国大学生课外学术科技作品竞赛“西安世园会”专项竞赛获全国三等奖2项，在第十一届“挑战杯”四川省大学生课外学术科技作品竞赛中，获得二等奖4项，三等奖4项，优胜奖12项。科技创新活动为学生的动手实践提供了平台，为学生的社会适应奠定了基础。“三下乡”社会实践和志愿者服务活动，展示西昌学院大学生的风采，赢得社会高度评价。参加四川省第六届大学生艺术节，取得了一等奖5项、二等奖9项、三等奖15项的优异成绩。召开了2010年考研工作总结大会和2011年考研工作动员大会，支持和鼓励学生积极参加考研。团委、学生工作部、教务处、二级学院等部门能力配合，为报考研究生的学生创造良好条件。2011年，106名学生考取硕士研究生。

（审核：陈小虎/撰稿：黄　亮）

民族干部学校

【概况】 四川省彝文学校、凉山州民干校是实行两块牌子、一套班子体制，受四川省民委、凉山州人民政府双重领导的中专学校。2011年，学校以党的十七大和十七届五中、六中全会精神为指导，围绕州委、州政府工作大局，结合新时期民族地区人才培养需求和干部教育培训工作的新形势，坚持“民族文化立校，职业教育强校”的办学理念，以建设一所极具民族特色和与时俱进的现代职业技术学校为工作目标，加强领导，深化改革，学校事业稳步发展。学校现有内设办公室、组织人事科、教务科、学生科、招生就业指导办公室、干训部、总务科、离退休管理科、保卫科、财务室（副科级）。经省编委川编发〔1986〕171号文件批复，省彝校编制为60人，州委、州政府（凉委〔1984〕53号）确定民干校编制为100人。有教职工85人，其中校级领导4人，正科级10人、副科级9人，专业技术人员57人，高级讲师27人，讲师（含其他系列中级职称）20人，初级10人。在校学生达1484名（其中，中专学生848名，成人本、专科在册学生636名）。2011年，学校荣获凉山州卫生先进单位、凉山州计划生育合格单位，连续被授予西昌市文明单位、卫生单位、治安模范单位、计划生育先进单位等荣誉称号；学校档案执法、年鉴、保密工作受到州委、州政府和州市有关部门的通报表扬；创先争优活动取得成效，涌现出一批优秀毕业生、先进班集体，以及优秀党员、优秀团员、优秀团干部，10余名教师被评为学校优秀教师、先进教育工作者。

【党建工作】 2011年，为加强党的建设，围绕学校开展的科学发展观教育活动，建立党建工作长效机制；学校党委举办了第25期业余党校，2011年度共有140名学生参加学习，不少学生在政治上积极要求进步，发展党员4人，培养入党积极分子138人。校团委、工会、各党支部通过党、团的组织生活和教代会等形式，开展各种活动，积极引导青年团员进一步树立和增强热爱党、热爱社会主义祖国的思想和意识。学校党的建设上一个新台阶。

【“三风”建设】 以“学风”建设为重点，以在学生中营造浓厚的学习氛围为目标，在认真组织学生军训的基础上，把《彝文校学生手册》的学习纳入教学计划，由各班班主任认真组织学习。严格执行“三禁两不准”和“五项教育”，严格执行以学校领导、中层干部参与值周的行政值周制和值周交接制。加强制度建设，补充、完善了班风优秀奖制度、任课教师考勤制度、学生课堂点名考勤制度。强化安全教育，举行普法知识讲座，严格学生宿舍监管、内务标准化考核。学生管理工作进一步深化和细化，学风得到明显好转。

【招生工作】 加大招生工作力度，广泛宣传招生政策，科学设置专业，开设适应社会发展和学生就业需要的专业，突出教学的针对性和实用性，报考学校的学生十分踊跃。2011年招生工作稳步推进，成人教育招生实现新突破，共录取新生890名（其中，中专各专业728名，成人本、专科招生录取162名），在校学生达1484名（其中，中专学生848名，成人本、专科在册学生636名），实现了学校既定的2011年招生工作目标。

【人才培养】 抓住机遇，发挥优势，根据西部大开发和民族地区的实际需要，努力拓展生源，提升办学效益。由于教学管理工作做到开学有计划，期中勤检查，期末严考核，有总结，学校教育教学工作取得显著成绩：组织学生参加普通话测试中，成绩达二级甲等的15人，达二级乙等的95人；三笔字测试达五级的193人；简笔画42人达四级，130人达五级，686名学生获得了小学教师资格证。2011级各专业学生的实习成绩得优率达95%以上，并完成该级共788名中专学生的毕业派遣工作，与西昌学院联办的大专班135名学生毕业。学校建校以来共为凉山等六个地区、市、州培养6923名中专和657名大专人才。由于学生基础知识扎实，基本技能，社会适应能力强，受到各用人单位和社会各界的广泛好评。学校教育教学质量明显提高。实现了学校既定的办学目标。

【干部教育培训】 根据社会对新时期干部队伍的新要求，对干部培训专业班现行的课程设置、科目进行适当的调整，突出干部教育培训的针对性。全年共举办培训班6期，培训干部290人。其中，州委组织部调训4期，共213人；州人事局调训文秘干部培训班2期，培训77人，充分发挥了民干校在干部教育工作中的积极作用。由于专业设置独特，培训方式新颖，培训内容丰富，针对性、实用性强，受到调训干部学员和主管部门的好评。

【教育教学管理】 按照重基础、强素质、广就业的要求，适时调整发展思路，重新拟定了未来五年的发展规划。严格教学管理，提高管理标准，实行班务量化考核管理制度，对学生学习、就寝、两操、卫生、纪律、行为习惯等进行综合考评，参考任课教师根据课堂综合情况评定的成绩，作为表彰先进的重要依据，成效显著。定期不定期组织开展检查教师到岗情况，并对教案进行检查评比，教育教学管理进一步得到规范，为提高教学科研质量奠定了基础；以学风建设为重点，进一步在学生中营造浓厚的学习氛围，培养“四有”新人。继续以教风建设为重点，提高教育教学质量，增强学校核心竞争力，并严格实行教师教学常规考核办法。对教师备课、上课、批改作业、课后辅导、考试考核等环节作出明确规定，提出相应的考勤、考核措施和办法。加强考试考核工作的管理，在建立并实行重修制度的基础上，学校严格并完善命题、考试、阅卷制度，改任课教师个人阅卷为集体阅卷，提高考试质量，校风、教风和学风得到明显好转。

【专业设置科学】 结合“民族文化立校，职业教育强校”的理念，在办好现有专业的基础上，通过广泛调研，新设置学前教育等专业，并成功与四川机电学校、绵阳师范学院等联办五年高职学前教育等专业，学校联合办学、新专业设置、办学层次上新台阶，相关工作实现零的突破。

【教学科研】 加强对教育教学科研的领导，坚持“教学出题目，科研出成果，成果进课堂”的要求，以科研促教学，将科研成果直接引入干部教育培训和中专学历教育中，并实行学校科研奖励办法，激励广大师生教学科研的积极性。学校校刊《校园内外》（每年两期）发表教师的科研论文近40篇，因内容丰富，形式新颖，受到广大师生和校外读者的广泛好评。部分教师在州、省级专业刊物上发表论文、文章近50篇，本年度，常务副校长王林国、时长日黑撰写的调研报告《四川省彝文学校发展改革调查报告》荣获2010年度全省民族工作部门政务调研报告一等奖，是该校首次在全省民族工作部门政务调研报告评选中获奖。时长日黑被评为2010年度全省民委系统信息工作先进个人；6月，教师尔古依洛、周庆红被凉山州人民政府评为第六届凉山州学术和技术带头人后备人选。学校党委在开展“创先争优，我为学校发展建言献策”活动中，时长日黑的《学校形象是推动学校发展的动力因素》、陈玉翠的《学生管理班主任工作杂谈》获一等奖，沙克古的《我校专业设置现状与分析》、张国杰的《合理设置岗位，全面实行聘用制度》、熊伟的《转变中职教育观念，提高中职教学质量》获二等奖，的日木基的《我为学校发展建言献策》、孙国淑的《找准目标，走出困境》、马俊的《浅析学生寝室盗窃案件的发生与防治》、马巫各的《加强学生管理工作的几点建议》获三等奖。3月，时长日黑的散文《人啊，人们》、贾巴甲哈的《后悔》获凉山州散文类好作品三等奖，标志着凉山州民干校教师学术科研水平的明显提高，科研能力显著增强。

【创先争优活动】　学校党委、行政以“破解发展难题，提升发展能力，实现科学发展”为主题，组织全校党员、教职工开展以创建先进党支部、争当优秀党员为主要内容，以“奉献教育，谋划发展，创新特色，促进和谐”为主题的创先争优活动。一是全校40余名党员以带头学习，争当勤学标兵；实践科学发展观，坚定理想信念；带头创造佳绩，争当敬业模范；开拓创新，积极为学校发展建言献策；带头服务师生，争当为民先锋；带头遵守纪律，争当自律表率；带头弘扬正气，争当和谐卫士；认真教书育人，争当教书育人标兵为主要内容向全校师生作出承诺，并进行公示，接受师生监督。同时，指定3个岗位为党员示范岗。二是创先争优活动成绩显著。1月，学校被中共凉山州委、州政府评为凉山州老干部工作先进集体。史志英被评为全州离退休干部发挥作用先进个人，办公室机要文件交换工作被州委办公室评为优秀；教师阿胡克哈被学校评为2010年度班主任工作一等奖，期沙金薇、杨刚为二等奖，马巫各、李梅、陈玉翠为三等奖。3月，学校被中共凉山州委、州政府评为凉山州彝文工作先进集体，时长日黑、贾巴甲哈为先进个人。陈洪文、陈玉翠人被州委评为优秀党员，石伟为先进党务工作者，熊伟为优秀基层党组织书记，二支部为先进基层党组织。同时，吴坤、王阿芝、俄木沙马、郭荟、史志英、彭元海被学校党委授予纪念建党90周年优秀党员，时长日黑、贾巴甲哈为先进党务工作者，一支部为先进支部。党员的先锋模范作用和支部的战斗堡垒作用更显突出。

【师资队伍建设】　结合教育教学工作需要，一是积极争取专业技术职称名额，为专业人员提供有利的发展条件，为教师提供“有位”的平台，使教师“有为才有位，有位更有为”的意识进一步增强，调动了教师教学科研等工作的积极性，凝聚了教师的力量。二是完善教职工岗位工作量化管理制度，师风、师德教育得到加强，工作作风明显好转。三是根据省、州安排部署，完成岗位设置方案，为学校干部人事制度改革奠定了坚实基础。

【素质教育】　结合公民道德宣传月活动，在学生中开展公民道德教育，学生道德意识显著增强；加大培养学生工作实践能力的力度，增加音乐、美术、微机、普通话、三笔字、简笔画等基本技能课时量，并组织学生参加省、州的严格测试，学生取证合格率高，实践操作和实验开出率达95%以上，学生适应社会能力和竞争能力明显增强。

【校务公开】　为调动教职工民主管理学校的积极性和主动性，学校就教职工关心的问题诸如学校发展规划、经济适用住房建设与分配、职工聘任、职称评定、评选先进，选拔任用干部、财务支出等在教代会和党政工联席会上进行广泛征求意见，组织有关人员进行讨论和研究，并按规定进行公示，接受群众的监督，调动教职工管理学校的积极性、主动性，学校管理更加科学化，决策更加民主化。

【基础能力建设】　学校基础能力建设项目实现突破，在省发改委、民委在内的省级有关部门的关心、支持下，投资1300万元的教学综合楼等惠校项目已完成项目规划，按照省民委领导关于做到规划要科学，程序要规范，管理要细化，监管要严格，高标准，严要求，确保项目建设万无一失的要求，项目已于12月开工建设。项目建成后将极大改善办学条件。运动场、篮球场恢复重建工作按高要求已交付使用，学生文体活动条件明显改善。

【老干部工作】　学校党委、行政按照“老有所养、老有所乐、老有所为”的思想，进一步加强对老干部工作的领导，积极落实老干部政治、生活待遇；积极开展重大节日看望、慰问老干部，赴成都慰问、走访借居异地的老干部活动，并形成制度；认真组织开展各项有益于老干部身心健康的中国象棋、歌咏会等文化活动，调动老干部积极关心学校发展，为学校发展建言献策的积极性。学校被州委评为凉山州老干工作先进单位。

【城乡环境整治】　根据西昌市的安排，学校充分发挥城乡环境整治领导小组及其办公室的作用，先后组织广大师生对校门、沿北门至四牌楼的街道卫生和校园环境进行了大整治，在设立卫生监督岗、宣传公示栏，及时通报整治结果的情况下，还定期不定期组织有关人员对四牌楼“摩的”乱停乱放和占道经营的情况进行劝导和教育，效果明显，受到州市城乡环境整治办公室的好评。

【社会治安综合治理】　在继续实行社会治安综合治理责任制的基础上，学校充分发挥护校领导小组、调解领导小组和护校队、巡逻队的作用，继续实行领导带班值周制度，加强外来人员的登记和管理，按“群防群治，预防为主”的原则，通过各种途径在师生中宣传社会治安安全知识，增强治安意识，强化安全责任制，并对新生进行军训，开展纪律、禁毒教育，增强学生禁毒意识和纪律意识；设立保安岗位，安装监控设备，排查安全隐患，加强对管制器械的排查，实行“三禁两不准”。在校内认真巡逻、检查，更换陈旧老化电线及消防器材，消除安全隐患，治安工作显著，全年未发生一起安全事故。学校被评为西昌市治安工作先进单位、模范单位。

【校园文化】　在师生中开展思想健康、积极向上，形式新颖、内容活泼的“春花杯”、“金秋杯”篮球运动会、“五一”职工趣味运动会、“五四”运动演讲比赛、庆“七一”建党节专题组织生活会、教师节座谈会、革命传统教育报告会、纪念“一二·九”运动歌咏比赛、第二届校园歌手大奖赛等为主题的校园文化活动。对在活动中表现优秀，取得好成绩的科室、班级及个人进行了表彰和奖励，参评率达100%，先进典型达30%以上。丰富多彩的校园文化，对提高学生艺术鉴赏力和创造力，陶冶师生情操，推动学校精神文明建设，提高育人质量方面起到积极的推进作用。

【教育扶贫】　根据州委、州政府的安排和部署，继续指定人员到昭觉县拉一木乡开展教育扶贫。学校领导多次率领联络组深入昭觉县拉一木乡调查研究，切实解决办学中存在的困难，并与联络组一道制定扶贫计划，研究扶贫工作。先后多次组织全校师生开展为灾区和教育扶贫对口乡——昭觉县拉一木乡和灾区捐资、捐物活动，为彝区健康文明新生活运动作出了贡献。学校教育扶贫工作荣获凉山州教育扶贫工作二等奖。

【精神文明建设】　学校加强对城乡环境、校园美化绿化、计划生育、爱国卫生、社会治安等各项工作的领导，学校爱国卫生、城乡环境综合治理、计划生育、社会治安综合治理、禁毒、党建目标、教育扶贫等精神文明建设成绩显著，受到州、市高度评价。学校连续被评为西昌市社会治安先进单位、治安模范单位、卫生先进单位、计划生育先进单位、西昌市精神文明单位，被州政府和州爱卫会评为凉山州计生合格单位、凉山州卫生先进单位。

（审核：王林国/撰稿：时长日黑）

卫生学校

【概况】　2011年，在州委、州政府及上级主管部门的领导下，学校以邓小平理论和“三个代表”重要思想为指导，深入学习贯彻科学发展观，继续贯彻落实学校“两加强”、“两提高”战略，加强制度建设，建立科学、高效的管理体系，加强校园文化建设；提高素质、提高效能，以提升学校的核心竞争力，努力培养“打得赢、受欢迎”、具有“学以致用、悬壶济世”精神的人民满意健康卫士，为凉山医疗卫生事业作出应有的贡献。

【教学工作】 学校完善并落实多项教学管理制度，严格执行教学计划，圆满完成100多班次的教学任务。成功举办了第二届临床实习经验交流会。增添或自制部分实验设施，提高学生的实践能力。加强实习生管理，定期派专人到各实习基地检查实习情况。2011年大专层次毕业学生365名，合格率达99.5%，成人大专毕业197人，合格率87.8%，中专毕业学生536名，合格率97%，充实了基层医疗卫生队伍。学校积极探索医学教育改革创新之路，在学生中开展临床知识、技能大赛，倡导勤思考、重实践的学习风尚。为了解新形势下基层医疗机构对卫生人才需求，校领导两度亲率教学管理人员及20多名教研室主任深入到宁南、美姑两县的基层医疗卫生单位实地考察、调研，有的放矢制定教学目标，推进教学改革创新，以培养“受欢迎、打得赢”、“学以致用，悬壶济世”的实用型人才，更好地服务于基层医疗卫生事业。学校继续与重庆医科大学、四川大学等多所医学院校开展多层次联合办学。严格执行各联办大学的教学计划，多次派人参加联办院校教学工作会议，密切与联办院校的联系，学习借鉴联办院校的教育教学管理经验，为学校升格发展做好准备。

【学生工作】 学校将培养“遵章守纪、明理诚信”的医卫人才作为长远目标，采取多种形式对学生进行思想政治教育。制定《学生文明公约》，培养学生良好的学习、生活习惯。充分发挥共产党员先锋模范作用，全校党员分别下到各班，配合班主任做好学生的思想政治工作。完善并落实多项学生管理制度，使学生管理逐步走上规范化、科学化轨道。学校制定学生表彰奖励实施办法，年内评选了国家励志奖6名、学习优秀奖341名、学习进步奖146名；拟评选优秀学生干部88名，三好学生141名，先进班集体14个，先进班主任14名。省优毕业生9人，校级毕业生56人。先进团支部14个，优秀共青团干43名，优秀共青团员183名。优秀学生会干部9名；优秀学生会部门2个。本着“公开、公平、公正”的原则评定和发放国家奖、助学金，全年发放助学金2570人次，共计289.56万元。学校严格执行省、州及学校招生政策，坚持“公平、公开、公正、透明”的录取原则，依照分数择优录取，保证生源质量。2011年度累计完成招生人数1510名（其中重医普招大专84名、“3+2”高职180名、普通中专746名、成人专、本科约500名）。注重毕业生就业指导，拓展就业渠道，做好毕业生的推荐工作，毕业生就业率达90%以上。

【人才队伍建设】 学校采取多种方式加强教师队伍建设，校领导带队到重医、泸医等高校选拔录用德才兼备的3名新教师充实教师队伍。本年度先后派出17人次参加国家级护理师资等各类学习培训。邀请重医大、四川大学等院校知名专家教授到州卫校授课，开展学术讲座，组织教师听课，进行教学研讨，以提高全校教师的教学水平。注重对年轻教师“传、帮、带”，年轻教师迅速成为教学骨干力量。病理学王立宏老师和心理学赵正萍老师参加首届四川省中等职业学校医药卫生类教师说课比赛，分别获得一等奖和三等奖。王立宏老师还代表四川省参加全国中等职业学校的说课比赛，取得一等奖的好成绩，展现了全校教师风采。按照上级有关文件精神，有计划地推进事业单位绩效改革，完成岗位设置及岗位职责制定。

【校园文化建设】 学校以社会主义荣辱观为导向，以建设优良的校风、教风、学风为核心，以优化、美化校园文化环境为重点，以丰富多彩、积极向上的校园文化活动为载体，营造浓厚的校园文化氛围，建设文明和谐校园，让学生在日常学习生活中接受先进文化的熏陶和文明风尚的感染，促进学生的健康成长。教职工坚持每年两次文体活动，上半年参加州直工委组织的庆祝建党九十周年歌咏比赛取得好成绩，下半年开展教职工广播操比赛，全年组织登山活动5次。学生坚持每天大家跳活动，推广彝族达体舞、跳绳比赛、篮球比赛等积极健康的文体活动，丰富学生的课余生活。举行纪念“一二·九”学生运动76周年文艺汇演。发挥校广播站的宣传阵地作用，共播出各类稿件500余件，办文化长廊216版、学习园地252版。成功举行第四届护士风采礼仪大赛。在全校师生中开展主题为“预防艾滋病，你我同参与，共建健康文明和谐校园”禁毒防艾宣传教育活动。

【安全工作】 学校成立有综治、平安创建、禁毒等工作领导小组，统一领导学校安全工作。学校与各职能科室签订有安全综合责任书、禁毒责任书及综治责任书，确保各项工作落到实处。完善并落实《凉山卫校学生安全守则》、《学生违反“三禁两不”处理办法（试行）》等规章制度。加强校园内值班、巡逻，保证24小时有保卫人员在岗，及时掌控校园安全情况。建立突发事件应急处置预案，避免和防止重大治安案件及群体性事件的发生。落实门卫好制度和外来人员登记制度。规范校内及外来车辆的管理。坚持不定期学生就寝、用电检查。坚持学生周末及节假日离校签字制度。多渠道开展法制、禁毒、安全宣传教育，增强广大师生的法制、禁毒、安全意识，提高自我防范和自我救助能力。全年无安全事故发生。

【行政后勤工作】 学校坚持行政后勤为教育教学服务原则，完善并落实财务、公务车、档案、计生、国有资产等多项规章制度，发扬“勤政、务实、高效、优质”的工作作风，利用假期对教室、教师宿舍、学生公寓、礼堂、锅炉、电路等进行了改建和维修。规范学校固定资产管理，对本年度新购设备及时上卡登记造册。建立健全水电管理制度。加强门市管理。加强食品卫生安全监督管理。严格按照国家公物公购公招规定采购各种设施设备。

【附属医院及社区卫生服务】 学校狠抓附属医院医疗服务质量，制定相关制度，每月进行医疗文件质量考核检查，全年未发生医疗责任事故。积极贯彻《西昌市实施国家基本药物制度试点工作方案》。实行目标管理考核与绩效工资挂钩的管理体制。完成门诊 17575 人次，住院 485 人次，出入院诊断符合率 >98 %，单病种治愈好转率达到卫生部颁布的病种质量控制标准。派出 15 人次参加各种培训。全院年业务收入 300 万元。认真完成社区卫生服务工作。健康档案建档 32512 份，社区居民健康教育 8340 人次，慢性病管理 3100 人次，积极参与社区传染病防治工作。在西昌市卫生局组织评比中获年度第一名，全州医保工作评比获单位第二名及先进个人。

【扶贫工作】 学校积极开展“挂包帮”活动和彝区健康文明新生活运动，与 70 户贫困户结对帮扶，捐赠化肥 140 袋，现金 1 万元。向瓦西乡中心校捐赠图书 300 册。送过冬衣被 3117 件。累计投入资金近 6 万元。正在向省、州水务部门为美姑县瓦西乡争取 20 余万元的人畜饮水工程项目。

（审核：张荆辉/撰稿：朱 艳）

农业学校

【概况】 凉山州农业学校是凉山州人民政府国有公办的中等职业学校，经四川省人民政府确认为省部级重点中等职业学校。学校创建于 1970 年，前身是“凉山五七共大六连”，1978 年单独建制后更名为凉山农业学校，于 1992 从昭觉县迁至现址西昌市新村海滨中路 16 号，地处泸山、邛海国家 AAAA 级风景名胜区，背靠泸山、面向邛海，风景秀丽，气候宜人，是学习深造的理想地方。是四川省人民政府确定的“四川省劳务扶贫培训示范基地”、共青团四川省委命名的“农村青年转移就业示范基地”、四川省农业厅“现代农业技术培训基地”、“凉山州劳务培训基地”、“凉山水电移民培训基地”、“凉山州职业技能鉴定站”。学校由凉山州农业局主管，招收应往届初（高）中毕业生，开展中专学历和五年制高职教育，同时也面向企业、政府和个人的终身教育和各类专业培训服务。

【办学思路】 举“农”字大旗，办现代职教的发展思路，即“服务三农”“围绕三化”，立足攀西、面向全川、走向全国，以就业为导向，按市场需求设置专业，培育骨干专业，以学历教育为主，各类成人教育和短期培训为辅，长短结合，采取多类型办学模式和弹性学制，满足不同类型学生的学习需要，并密切联系当地经济发展和产业结构调整，为凉山经济发展服务的思路。

【师资情况】 现有高级讲师 28 人、高级实验师 1 人、讲师 22 人、实验师 2 人、助讲 10 人、助理实验师 3 人。本科以上学历教师 60 人，硕士研究生 3 人。“双师型”教师 25 人，外聘知名学者和专家 8 人，外聘技术骨干、教师和致富能手为教学人员 35 人，师资可满足不同类型的教学需要。

【基础设施】 校园占地面积 125.33 亩，校舍建筑总面积 3.4 万平方米，运动场 5500 平方米，校内有固定的教学实习基地（农场、牧场、果园各一个）。2011 年至 2015 年，拟改建培训中心、学生食堂、运动场、简易室内运动场等，并对现有的图书馆、教学楼、礼堂、实验楼、南沟进行改造，形成一个以公园为核心，与泸山邛海风景区建筑风格相匹配的、具有凉山特色的园林式农业学校。

【重要事项】 招收普通中专生 278 人、高职大专生 521 人，成人大专 206 人，自考本科 7 人。学校在籍学生共 4100 多人。多渠道争取国家政策扶持，加大政府对农业职业教育的投入力度，2011年职教专项经费已经到位，已经开始校园教学设施的改造和设备购置。正在进行的有：第一、第二教学楼改造、学生平房宿舍改造、南沟改造、实验楼改造、运动场改造、校园环境改造等，将使校园更加绿化、美化、亮化、文化，办学条件进一步改善，服务凉山经济社会的能力得到提高。

【短期培训】 学校除学历教育外，继续开展职业技能培训工作，2011年完成阳光工程培训1050人，劳务扶贫培训673人，全省基层农技员培训188人，州残联干部培训285人，特殊工种培训100人，西昌市农民技能培训500人，普格县农民技能培训120人，攀钢钒钛公司员工培训1000余人，共计3916人次。

（审核：马小合/撰稿：章 勇）

民族师范学校

【概况】 2011年，凉山民族师范学校认真贯彻落实科学发展观，深化改革，开拓创新，大力推进教育改革与创新，使各项工作稳步推进，取得较好成效，圆满完成年度工作任务。学校占地面积0.073平方千米。固定资产2892万余元，设备总资产801万元，图书馆藏书10.5万册。实验室、实训基地建筑面积1000平方米、设备总价值12万元，计算机总数209台。学校现有教职员工403人，其中在职员工255人，离退休人员148人。在255名在职员工中，管理人员35人，专业技术人员185人（其中高级讲师60人，中级职称90人，初级职称35人），工勤人员35人；因内退或其他原因，共有36人不在岗位，学校现在实际在岗219人，其中一线上课的教师135人。学校现有各类专业学生4252名（其中校本部学生2045名，联办校学生2207名），校本部共45个教学班。专业设置有师范和非师范两大类，其中师范专业分别有一年制普师、三年制普师和五年制大专班，设有小学教育、英语、计算机和学前教育等专业；非师范专业有：电子技术应用、财务会计、汽车运用与维修和酒店管理等。

【制度建设】 修订并讨论通过《凉山民族师范学校深化学校内部人事制度改革实施方案》、《关于鼓励教师进修提高获取第二学科从教资格的规定》和《凉山民族师范学校关于物资管理的规定》等制度。

【学生德育】 一是认真实施四川省中等职业学校学生“三禁两不”和“十不准”的纪律规定，对学生进行基本行为规范教育；二是采取“走出去”的形式，通过组织部分班主任到乐山计算机学校等学校考察学习和参加“乡村教育家”杨瑞清校长的学生管理培训等系列课程，让班主任更新了德育工作观念；三是继续加强了以学生课堂纪律管理和生活纪律管理作为工作重点的学生常规管理；四是严格执行学生操行成绩评定办法和学生违纪处理及评优规定等，2011年度处理了严重违反学校纪律的学生261人次，对无故长期不到校或未履行请假手续的105人进行了学籍清理；五是积极组织学生参加一年一度的篮球运动会、庆祝建党90周年歌咏比赛、“我心向党”歌咏比赛、“感恩·奋进文艺汇演”“畅想青春，塑造和谐2012年元旦文艺汇演”、“广播体操比赛”、业余团校和业余党校等各种有益的活动，通过以上途径，校风、班风和学风有了一定的好转。根据有关文件精神，到12月中旬，凡在校就读的中专学生学费实现“应免尽免”，对应享受国家中职助学金的按每人每月150元足额发放到学生手里；根据四川师范大学有关文件的规定，民族师范学校五年制（后两年）大专学生63人获得总计金额17万元的国家助学金；另有94名品学兼优的贫困学生获得了加拿大福慧基金会总计金额8万元的资助。

【教育教学】 一是抓好教学常规检查，由教务处和教研组长共同对教师的教案进行检查，并加大课堂教学检查的力度，对教师不按时进课堂、随意调课、早读课等各项常规性检查，每天进行巡查；二是加强学生专业技能培养，对师范生进行“三项教学技能”州级测试，累计报名测试人数平均达到600人次，普通话达到二级乙等及以上人数已超过90%，三笔字、简笔画达五等及以人数超过75%；三是深化教学改革，加强师资队伍建设，成功组织了校内公开课教研活动，近30位老师上了研讨课，成功组织了校内教师优质课比赛，评出了一等奖2名，二等奖3名，三等奖4名；四是组织了2009级、高中起点2011级小学教育、学前教育专业师范生共610名学生分别到西昌市第九小学和凉山州机关第一幼儿园进行为期一周的见习活动，极大地提高了学生从事小学（幼儿）教学实践技能；五是校本培训与外出轮训相结合，组织21名骨干教师参加了凉山州中小学网络远程教师培训的辅导老师和班主任；推荐10余名老师入选国培省级专家库；组织13名教师参加了国培计划的小学语文、数学、英语网络远程培训；组织2名老师参加国培计划学前教育骨干教师和转岗教师的远程网络培训。通过以上途径和形式，学校的教学教研工作有明显的成效。

【培训工作】　学校师培中心在本年度举办各种类型培训班共36期，51个班，参培教师4277人次。包括省州立项课题主研人员培训、凉山州司法行政机关基层司法助理员培训、全州小学班主任培训、初中生物教师培训和全州初中教师远程管理员和辅导老师培训等，取得了良好的社会效益和经济效益。

【成人教育】　学校成教部在2011年度通过举办助考班，加强与四川大学、四川农业大学和东北师范大学网络教育学院的工作联系等办法，2011年共招收新生680人，其中成教生245人，网教生310人，自考生125人，为学校创收人民币67.80万元。

【教育扶贫】　根据2011年“结对共建”工作计划及三年工作计划要求，学校结对普格县雨水乡大坪村和西普村11户特困党员进行重点帮扶，2011年度学校共向11名特困党员捐款、捐物折合人民币共计1.6万元；帮助帮扶乡普格县雨水乡争取到财政配套扶贫资金10万元用于该乡人畜饮水工程；为雨水乡贫困学生捐款1万多元，并及时帮助解决雨水乡中心校基础教育工作中出现的问题和困难，使中心校2011年在校学生人数达到620多人，适龄儿童入学率达到99.5%，巩固率达到99.8%。

【财务后勤服务】　严格执行财经制度和各项经费报销政策，继续严格执行“凉师校〔2010〕3号文”，严把物资采购“入库关”；严格执行公用经费包干到部门制度；开展了专项治理“小金库”活动，学校与各处室签订了私设“小金库”责任书。开展了全国教育收费专项检查自查活动和“小金库”治理全面复查，接受单位“小金库”治理全面复查州治理办抽查，完成了防治“小金库”长效机制建设落实上报工作。在积极推进学校各项事业发展的同时，不断提高了教职员工的福利待遇，让全校教职工共享学校发展成果。全年仅用在教职工岗位津贴的资金就达225.35万元（包括全年十轮的岗位津贴数和补发的岗位津贴数），人均达到[illegible].03万元；安排校车送有晚自习的教师等。

【招生就业】　利用媒体刊登招生广告，深入全州各县区、乡镇、中学、初级中学进行招生宣传；开展多渠道、跨地区合作，积极与四川省商业服务学校、乐山市计算机学校、广元市第一职业技术学校、遂宁应用技工学校、甘洛县职业中学、攀枝花成鑫职业学校、普格县职教中心联合办学。通过开设就业指导课和积极落实就业单位等方法，在巩固原有就业单位的同时，积极开辟新的就业市场，联系的招聘企业及学校有：富士康集团、纬创集团、仁宝集团、中国移动凉山公司、重庆鑫源摩托公司、绿茵学校、光明学校、教建幼儿园等。

【老干工会工作】　认真执行老干部工作“八项制度”，每月8日、17日各组织老干部和老干党员学习活动一次，全年共12次；坚持每半年一次的情况通报制和重大会议老干部代表参加制；执行重大节日走访看望制，认真落实老干部生活待遇，保证了老干部离休费、生活费、医疗费按时足额到位；做好离休干部一年一次的健康体检工作和异地安置离退休干部管理服务工作；认真执行了老干部住院慰问及去世吊慰制度，全年共计慰问病人20余人次。认真执行每年至少两次组织老干部就近就地参观考察制，2011年组织老干部参加了州级单位老干部“七一”歌颂比赛，参观了凉山奴隶社会博物馆和西昌湿地公园二期工程等。

【安全保卫】　坚持“打防结合、预防为主，专群结合、依靠群众”和“属地管辖划片净化”的方针，学校与各处室、班级签订了社会治安综合治理、禁毒、防火、学生安全等责任书。通过安装监控器、实行全封闭式管理、组织学校主要职能科室进行安全大检查、组织学生进行避震演练、开展安全知识讲座、观看安全教育录像、参加安全知识网络竞赛、将学校周边的一些安全隐患向派出所和上级部门进行汇报、狠抓“6·26”期间禁毒宣传和“12·4”法制宣传活动、加强周末和平时值班巡逻工作、加强矛盾纠纷的调查处理等途径和形式强化学校治安管理和防范工作，深入开展“平安”、“净土”、“防火”、“创模”等活动，有效地维护了学校的稳定。

【工会工作】　组织广大教职工进行了登山、教职工运动会和篮球运动会、教师节和中秋节职工联谊活动等丰富多彩的活动，参加了州直工委组织的第六届职工运动会和冬季长跑运动会，获得了拔河第一名、接力第五名、跳绳第四名的好成绩，并获得了优秀组织奖；认真落实和抓好计划生育工作，清理了户籍在学校的所有人员生育信息，完成每月月报，流入流出学校人口的统计；对学校生病住院和有困难的人员进行了慰问和关心，对有亲属亡故的职工，按学校规定和要求，进行了慰问，把学校对职工的关心落到实处。

（审核：马友兴/撰稿：高贵生）

职业技术学校

【概况】 以邓小平理论和“三个代表”重要思想为指导，深入贯彻落实科学发展观，学习和贯彻全国“两会”精神，贯彻全国教育工作会、四川省教育工作会议及四川省职业教育工作会议精神，制订该校“十二五”发展规划。继三校整合以来，统一思想，加快磨合调整，深化教育教学改革；明确了工科骨干学校的发展目标，加强内部管理，科学发展，整合初见成效。2011年开设石油天然气开采、铁道施工与养护、机电技术应用、发电厂及变电站电气设备、酒店服务与管理、铁道运输管理、有色金属冶炼等七个专业，完成州教育局年初下达的招生计划，各专业毕业生全部就业。主校区、北一校区、北二校区等三个校区在校普通中专学生共2400余名。获得州级文明单位标兵称号、党建目标考核一等奖、“挂包帮”工作一等奖、安全管理工作目标考核一等奖、全州教育工作先进单位、人口和计划生育三结合先进单位、内保工作先进集体等各种奖励。

【教育教学】 校领导和相关管理人员深入教学课堂；强化晚自习辅导教师的管理和教育作用；开展各类教学评比竞赛；加强实验室及实习场所的管理工作；保障教学的正常运行，激发活力，提高教学质量。学校教师参加2011年凉山州中等职业学校信息技术类专业教师说课比赛获得第一名，并选送参加省级比赛获得二等奖；评出教案一等奖26人次，二等奖50人次，三等奖104人次，评出批改作业一等奖16人次，二等奖26人次，三等奖48人次。实验室管理改由专业教师管理电工、电子、工程材料实验室。初步形成立体、多层次教研机制。通过试点一体化教学、课题研究、编写校本教材、论文、教研组活动等，加强了教研工作，取得了一定的成绩。学校教师论文在凉山州中等职业学校优秀论文评选中获奖；有两项州级小课题研究结题。实验室建设方面，升级PLC实验室配置；新建北一校区机房，更新主校区计算机100台。

【师资队伍建设】 根据专业结构需要，公开招录教师14名，接收免费师范毕业生3名。充实教师队伍，改善师资专业结构。派送教师参加省级培训19人次，州级培训35人次，校级培训47人次。

【创建工作】 继2010年成功创建省级重点中等职业学校后，再接再厉，广泛动员，开展“国家中等职业教育改革发展示范学校建设计划项目学校”创建工作，并向有关部门提交了申报材料，接受了专家检验和评审。通过“示范学校”创建工作，对办学历史进行了一次全面的梳理和总结，进一步凝练了学校精神文化、明晰了发展方向、增强了凝聚力和战斗力；广大师生表现了团结进取、务实工作、敢于争先、追求卓越的精神，为学校持续发展，向更高目标迈进积累了宝贵经验与财富。

【招生就业工作】 调整招生工作策略，加大宣传力度，教职员工努力拼搏，全年实现中职招生1048名，完成州教育局年初下达的1000人招生计划任务。与成都理工大联合办学招生599名，在上年基础上翻了一番。就业方面也面临巨大的挑战，原有的中石化西南分公司、中铁八局等就业大户或减少招聘人数或大规模裁员，学校主动出击，努力拓展就业渠道，妥善解决了返校学生重新就业问题，并新增攀钢信息工程公司、康西铜业等就业单位，通过努力恢复学生在成都客运段的就业，全年用人单位从该校共招聘645名学生，毕业生全部就业。

【德育工作】 以学校党委牵头，德育科、团委、关工委、教务科、学生科、学生会等分别负责实施，突出了日常养成教育和活动德育。在学校“三主三辅”德育体系的框架下，继续健全养成教育常规管理机制，召开了第二十次学生代表大会，选举产生了新的一届学生会。以“金银班风奖”、“优秀学生干部”等评选为抓手，继续推行值周、卫生督导巡查评比制度、班级量化考核等制度。2011年度共评出优秀班主任12名，“金班风”

班级1个，“银班风”班级3个，优秀学生干部26名，优秀团干部42名，优秀团员96名。深入实施“活动德育”、“环境德育”。切入学生的学习生活，寓教于乐，做到了每月一个主题，每学期有大型体育比赛，每天有第二课堂活动，节日有精彩的文艺演出。开展了“校园活动策划DIY”“校园达人”“迎春文艺汇演”“纪念一二·九”、关工委五老报告团“立志教育讲座”、“学雷锋树新风”、“感恩奋进大家唱”、“青年志愿者”等全校性大型活动，组织了广播体操比赛、篮球联赛、足球联赛、田径运动会等体育赛事。开展了舞蹈、书法、电脑、棋类等12项第二课堂。校园有广播通讯、安全教育专栏、励志标语、温馨警语、报刊阅览等；班级有黑板报、名言警句、教室文化装饰。继续通过“成长不烦恼”聊天室和网络成长话题聊天室开展心理健康辅导，“成长不烦恼”聊天室共开放115次，接待学生125人次，网络聊天室开放220余次。全年度开展第二课堂教学436课次。

【职业技能培训鉴定】　迎接职业技能鉴定所质量管理评估（按人社厅〔2011〕33号），本校职业技能鉴定所工作得到上级有关部门的肯定，通过验收。按照“双证制”的要求，完成了19个班级，电工、焊工、钳工、车工、电气运行等工种，共计1875人次的中级、高级、技师、高级技师等培训鉴定工作，其中社会考生76人。在培训鉴定中，严格执行鉴定工作规范、技术标准和管理规程，注重质量。加强横向联系，拓展培训鉴定业务，跟会理拉拉铜矿、冕宁县泸沽铁矿、会东满银沟铁矿、盐源平川铁矿、西昌太和铁矿及各县电力公司等单位合作开展了在岗人员的培训鉴定工作；集中优势师资，发挥教育资源优势，为凉山州重点项目及优势产业提供培训鉴定，培训鉴定工作已延伸至锦屏、官地、溪洛渡、白鹤滩等水电建设单位。根据学校鉴定所的发展要求，展开考评员和培训教师的建档工作；制定《教师、考评员培训方案》，全校参加考评员资格考试人数43人，着力打造具有中、高级鉴定资格的“双师型”培训考评教师队伍。

【“挂包帮”工作】　按照州委、州政府的安排部署，认真落实“一帮一”活动，为雷波县汶水镇捐赠扶贫资金1万元，用以充实汶水镇中心小学的教育基金；学校出资购买踏花被褥10套，由校领导亲自送给汶水镇的贫困党员；免除汶水镇7名学生住宿费等共计1.2万余元。结合扶贫工作“双结对”活动，为结对共建的汶水镇马道子村修建羊圈10个，为汶水镇中心校配置座椅80把。出资2万余元，为汶水镇中心校举办了为期一周的第三届“阳光少年”夏令营活动，参观了卫星发射基地、湿地公园；环游了邛海；到西昌市烈士陵园接受革命传统教育，邀请学校关工委的老爷爷为孩子们讲革命故事；带领孩子们看电影，吃肯德基等。倡导健康文明新生活。为汶水镇政府捐赠数码相机1台，制作固定宣传橱窗1个，捐赠钢架床100架；在汶水镇中心校开展“小手拉大手”活动及“文明小天使”评比活动，实现“教育一个学生，带动一个家庭，影响一个村庄”。

【安全保卫】　建立完善安全保卫工作领导责任制，制定安全工作计划，修订并印发《凉山州职业技术学校突发性事件应急预案》，制定并印发《凉山州职业技术学校社会安全类突发事件应急预案》。在做好常规安全保卫工作的基础上，突出做好学生游泳安全管理防范工作、门卫工作、升旗仪式上的安全小结和宣讲工作等；利用班会、各学科教学等途径，对学生开展安全防范教育，使学生接受比较系统的防溺水、防交通事故、防触电、防食物中毒、防体育运动伤害、防火、防盗、防震、防骗等安全知识和技能教育。进行安全大检查6次，排查出各类隐患8处，并及时进行整改；组织应急演练2次。组织发放安全宣传单1000余份，邀请派出所警官为1500多名新生做专题安全讲座；结合“6·26”禁毒日、“11·9”消防日、“12·4”法治日等，制作展示安全宣传展板5期；办理户籍迁移20人次；配合公安部门和西昌市人大代表选举工作，登记人员信息1000余人次。

（审核：高　勇/撰稿：田成平）

社会事业

Social undertaking

文化影视

【概况】 2011年，全州文化影视新闻出版系统深入学习贯彻党的十七届六中全会精神，认真落实党中央国务院关于文化改革发展的重大部署，坚持围绕大局，服务中心，团结奋进，攻坚克难，以昂扬向上的精神面貌，开创了文化影视新闻出版工作新局面。

【公共文化服务体系建设】 按照结构合理、网络健全、运行有效、惠及全民的原则，大力推进公共文化服务体系建设。国家和省上下达全州的602个乡镇综合文化站新建项目全部开工；完成91个乡镇文化站和社区文化活动室专用设备配送任务，新建“农家书屋”1580个，州、县文化馆、图书馆全部实行免费开放，充分发挥公共文化机构服务群众的职能。国家和省上投资260万元，对普格、美姑、雷波县图书馆和昭觉县文化馆进行维修改造。在国家文化馆评估定级中，德昌馆评定为二级馆，会理、普格、西昌馆评定为三级馆。会理县（歌舞）、昭觉县（彝族服饰）被文化部命名为“中国民间文化艺术之乡”。《凉山州文化发展“十二五”规划》经州政府批准印发。

【文艺创作、展演和交流】 全州文化系统以社会主义核心价值体系为指导，坚持“三贴近”，遵循艺术规律和市场规律，创作了一批融思想性、艺术性和观赏性为一体，具有民族特色的优秀文艺作品，在国家和省级比赛中多次获奖。选送的优秀民歌歌手荣获“中国西部民歌（花儿）歌手邀请赛”二等奖；州歌舞团《泉边彩虹》荣获第八届中国舞蹈“荷花奖”表演铜奖，实现凉山州参赛节目在国家级舞蹈大赛中获奖项目“零”的突破。凉山彝族服饰在“第四届云南民族服装服饰文化节暨中国彝族赛装节”上大放异彩，荣获3项一等奖，1项二等奖；大型彝族风情歌舞《燃情大凉山》赴台湾演出活动取得圆满成功，州歌舞团受到州委、州政府通报表扬；组团参加中国呼和浩特少数民族文化旅游艺术活动受到主办方好评。凉山歌舞团赴珠海义演、盐源县《心中的泸沽湖》成都商演等活动取得圆满成功，展现了凉山州团结进步、开放发展的良好形象，充分展示了全州丰富的民族文化资源，极大地提升了知名度、美誉度和影响力。

【文化遗产保护】 全国第三次文物普查工作进展顺利，全州共登记不可移动文物点1344处，圆满完成了国家和省下达的普查任务，申报第八批省级文物保护单位25处。“凉山彝族自治州非物质文化遗产保护中心”经州编委批准成立。彝族年、藏族民歌（藏族赶马调）、彝族婚俗等3个项目正式入选第三批国家级非物质文化遗产名录，29个项目入选四川省非物质文化遗产名录。组队参加文化部、四川省人民政府、联合国教科文组织共同主办的第三届中国成都国际非物质文化遗产节，大凉山韦穆嘎乍（彝族服饰展演）、博览园展演—凉山展馆均获得组委会颁发的最高奖项——“太阳神鸟”金奖，赢得各级领导及现场嘉宾的一致好评。

【文化、新闻出版市场管理】 全年全州出动文化执法人员1.8万人次，检查网吧2365家次，音像制品单位306家次，歌舞娱乐场所1130家次，游艺娱乐经营场所

1428家次，演出单位25家次，受理案件112件，办结案件112件，收缴非法音像制品20443张，查缴非法出版物700余册。积极促进文化市场健康发展，进一步加强新闻出版行业管理和“扫黄打非”工作力度，开展严密封堵查缴政治性非法出版物等专项行动，净化文化、出版物市场。

【广播电视宣传工作】　全年凉山电视台《凉山新闻联播》播出稿件4168条，四川台采用258条，中央台采用16条。凉山人民广播电台播出稿件3027条，四川台采用稿件110条，中央台采用稿件32条。凉山电视台彝语频道译制各类节目45期，拍摄制作节目91期，翻译制作单剧和电视剧62部（集），译制专题片5部，译制宣传片和公益广告118部（条）。

【安全播放】　加强日常监管，做好安全防范和值班工作，确保“两会”、十七届六中全会等重要时期的安全播出工作。全州广电系统进一步完善各项规章制度，认真修订和实施安全播出预案，坚决执行上级有关文件精神，各播出部门加强值班，加强宣传调控和监督检查。加大了行业监管力度，制订了安全播出预案，积极适应数字化、网络化发展的趋势，重视通过高新技术手段加强和改进广播电视技术监测和管理，圆满完成了安全播出任务。

【广播电影电视事业建设】　全州广播电视数字化、网络化、信息化、智能化建设顺利推进，广播综合人口覆盖率达到82.56%，电视综合人口覆盖率达到91.91%。有线电视广播电视用户27.4万余户，其中数字电视用户3.2万户，付费数字电视用户1.88万户，有线广播电视传输网络干线总长4332公里。广播电视从业人员1146人。全年公共广播节目播出时间为8592小时，公共电视节目播出时间为8.63万小时，制作广播节目2253小时，电视节目5994小时。少数民族语言广播影视节目建设成效显著，凉山电视台彝语电视频道、凉山人民广播电台的多档彝语节目深受群众欢迎。2.28万套直播卫星接收设备安装任务前期工作全部完成，待国家设备到达后全面组织实施。全年完成“2131”工程农村公益电影放映4.69万场次，完成国家和省下达目标的105%，超额完成放映任务2000余场；凉山民族电影译制中心译制彝语电影40部，深受彝族群众欢迎，被评为全国少数民族语言电影译制工作一等奖，为全州的“禁毒防艾”和新农村建设作出了积极贡献。

【产业发展】　国家文化产业示范基地——凉山文广传媒公司实现对凉山民族文化艺术中心的有效管理，把艺术中心打造成为全州群众文化休闲娱乐活动中心、全州重大节庆和主题活动中心，实现了社会效益和经济效益双丰收，承办各类节庆、会展、文艺演出、比赛280余场次，拍摄、制作光碟2万张，全年经营收入4988.56万元，较2010年增长23.19%，持续保持了两位数的增长势头，上缴税收262.41万元，解决了400个就业岗位。凉山电视台、凉山人民广播电台、广播电视报（月城周刊）通过多种形式丰富了节目、栏目内容，收听、收视率和读者数量不断提高。

【民俗文化品牌创建】　根据《中共凉山州委、凉山州人民政府关于深入实施品牌战略的意见》精神，州文化影视新闻出版局充分利用凉山州丰富的民族文化资源，倾力打造“民俗文化”品牌，取得丰硕成果。凉山州成功申报国家级非物质文化遗产名录3项，省级非物质文化遗产名录29项，“中国民间文化艺术之乡”2处，荣获国家级文化艺术奖项2项，第三届中国成都国际非物质文化遗产节“太阳神鸟金奖”2项，国家级少数民族传统体育运动会表演项目1项，省级文化艺术奖项2项。

（审核：付　荣/撰稿：何明强）

卫　生

【概况】　2011年底，全州医疗卫生机构共5047个，包括医院59个、基层医疗卫生机构4921个、公共卫生机构58个、其他机构9个，床位1.34万张，每千人口床位数2.80张。医疗机构门诊量912.29万人次（不含村卫生室），医院次均门诊费用101.03元，人均住院费用3582.29元，平均住院日8.34日。全州卫生人员总数1.53万人，其中卫生技术人员1.29万人，执业（助理）医师5584人，注册护士4371人，每千人口执业（助理）医师和注册护士数分别为1.17人、0.91人。

【新型农村合作医疗】　新农合参保人数373.19万人，参合率95.79%，较2010年提高4.86%，最高支付限额提高至10万元；参合农民受益总人次达174.11万人次，补偿基金6.73亿元，政策范围内报销比74.01%，实际补偿比58.49%，高出全省平均水平6.86个百分点；乡、县、州级定点医疗机构实现即时结报，15县市开展二次补偿，10县市建立“一站式服务”机制，319个村卫生室纳入定点。

【艾滋病综合防治】 修订完善《凉山州艾滋病防治五年规划》，与省和国家对接，拟在常规经费基础上投入防治经费13亿元；州财政按2元/人标准投入防治经费946万元，配套“十二五”艾滋病科技重大专项500万元，县级财政投入1402.2万元。在已有104个州级和县级技术支持中心基础上，为8个县级医院配置初筛实验室、新建5个CD4检测实验室、8个确认实验室和1个耐药检测实验室，加快“昭觉艾滋病抗病毒治疗关爱中心”建设。全州11个美沙酮维持治疗门诊和64个延伸点维持治疗率68.80%；通过哨点、PITC、VTC等监测检测手段，共监测检测各类人群62.9万人次。2011年度，完成省政府8大领域100个分指标的78个，完成率78%，完成国家19项核心指标35个分指标27个，完成率77.14%，分别较2010年提高1%和21.6%。

【疾病预防控制】 全年全州无甲类传染病报告，共报告乙丙类传染病29种2.55万例，较2010年下降1.06%，实现连续两年下降。落实免疫规划，基础免疫“四苗”全程合格接种率72.96%，较2010年提高8.97%，乙肝疫苗首针及时接种率和全程接种率分别提高5.24%和34.1%。实施消除麻疹行动计划，开展8月龄至14岁儿童麻疹疫苗强化免疫/查漏补种98.53万剂；继续保持无脊灰状态，开展脊灰疫苗强化免疫活动，两轮共接种59.62万剂，接种率达95%以上。全年共发现和治疗管理活动性肺结核病人4357例；新发现麻风病人52例，新发现率降至1.09/10万；完成重性精神病人排查6358人，数据网络录入2512人。加强流感、手足口病、AFP、霍乱等疾病监测，霍乱病实现连续9年“零”报告。血防综合治理如期实现《四川省预防控制血吸虫病中长期规划（2004—2015年）》年度目标，顺利完成《四川省重点地方病防治规划（2005—2010年）》终期评估验收和碘盐监测任务。

【基层与妇社】 强化提高民族地区孕产妇住院分娩率项目区域协作，11个民族县与省内7市11县建立对口支援机制，创建一级甲等妇幼保健院2个，15个县和7个县分别能开展顺产接生和剖宫产；改善基层产科服务条件，加快边远地区孕产妇待产点建设，11个民族县边远乡镇共建立待产点41个；全州住院分娩率达61.96%，较2010年提高8.22个百分点，孕产妇死亡率、婴儿死亡率分别为58.28/10万和9.62‰，分别较2010年上升10.76/10万和0.26‰，5岁以下儿童死亡率14.99‰，较2010年下降1.24‰。

【医政与血液管理】 强化医疗质量与安全管理，盐源、会东、越西3个县医院通过二甲医院评审，18所二级以上医院开展优质护理服务，二级以上公立医院全部推行双休日和节假日门诊，三级医院全部开展便民门诊、错峰门诊及节假日门诊；实施民营医疗机构医疗质量管理和量化分级管理试点，开展医疗机构抗菌药物临床应用专项整治；加强城乡对口支援，57名县医院骨干医师接受培训；实施百万贫困白内障患者复明工程，完成复明手术800例；冕宁、盐源、昭觉3县列入区域医疗中心建设，西昌等7个县市医院与三级医院建立远程医疗网络。加强无偿献血工作，成功举办第8个世界献血者日大型宣传活动，以州为单位无偿献血量占血液总量比例100%，继续确保无偿献血率100%和临床用血100%来自无偿献血的目标。

【卫生执法监督】 落实《卫生监督体系建设与发展规划》，继续做好“地沟油”等专项整治和重大节日、活动期间食品安全保障；加强食品安全风险监测，完成5个类别10个检测项目6大类食品检测任务；统筹规划职业病防治监督管理，受理甘洛矿山农民工职业健康检查413名，依法进行职业病诊断328人；落实公共场所卫生监督量化分级制度，监督8294户次；推进饮用水卫生监测网络建设和城乡饮用水卫生监测与管理，监督505户次；继续加强学校卫生、医疗市场监管及传染病管理监督，传染病防治监督2079户次、医疗机构4247户次、采供血机构70户次。

【中医药（民族医药）】 全州中医药（民族医药）工作以创建促发展，德昌县中医院通过二甲中医院评审和四川省精品中医院验收，宁南县中医院通过二乙评审；建成州级重点中医专科3个。基层中医药工作稳步发展，完成凉山民族医药科技发展调查，实施民族医药文献整理和适宜技术推广等7大项目，农村和社区中医药服务量分别达 26.54%、45%，中医科室设置分别达 73.12%、88%。

【卫生应急】 强化卫生应急管理机构和队伍建设，加快凉山州突发事件医疗卫生救援队伍和“凉山州突发公共卫生应急事件指挥与决策系统”建设，成功举办“州、县联合卫生应急演练”，完成“120”指挥调度和医疗机构院前急救考核，继续开展木里县地方性猝死事件调查与监测。全年共报告和处置突发公共卫生事件 7 起，包括植物性食物中毒 3 起、乙类传染病 3 起、空气污染事件 1 起，累计报告病例 119 例、死亡 1 例。

【紧急救援】 推进网络医疗机构“120”网络平台建设与管理，加强网络医院技术指导、培训和公众急救知识培训，积极做好院前急救工作，共调度出诊 2.02 万次，急救 2.05 万人次，出诊量和急救人数同比增加 18.24%、15.9%。

【爱国卫生】 巩固城乡环境综合整治成果，开展卫生城镇乡村建设行动和全民健康素质提升行动，创建 2 个省级卫生城镇、37 个省级卫生村；推进全州医疗卫生机构禁烟工作，创建无烟医疗机构 429 个；如期完成农村饮水安全水质监测工作和 3000 户农村无害化卫生厕所建设任务。

【卫生规划设置】 编制完成《凉山州“十二五”卫生事业发展规划》、《凉山州民族地区卫生发展十年行动计划》及区域卫生规划、医疗机构设置、卫生人才发展、艾滋病综合防治、彝区和木里藏区卫生扶贫、大型设备配置等系列分规划和设置许可。

【人事科教】 开展卫生人才队伍现状调研与分析，启动实施民族地区卫生人才队伍建设专项行动，加快人才引进与培养及基层缺编人员补充，2011 年度全州卫生技术人员总量增长 6.69%。完成 2011 年全国卫生专业技术资格和护士执业资格考试 1536 人、1721 人；在州一医院建立住院医师规范化培训基地；组织申报国家继续医学教育项目，规范县级以上医疗卫生单位继教工作，巩固和提高基层医疗卫生单位继教覆盖率。

【药品招标采购】 继续做好药品集中招标工作，推进医疗机构药品阳光采购，医疗机构上网采购率、主动接受积分考核、阳光采购积分合格率分别达 100%，阳光采购积分达 103.42 分。

【行政审批】 规范行政审批行为，规范卫生行政许可程序，依法实施行政许可，推进“两集中、两到位”和“一个窗口”服务机制，清理保留卫生行政审批共 22 项，公共服务项目 1 项，共受理行政审批事项 3201 件，办件办结率达 100%，无违法违纪审批事项发生。

【信息化与卫生宣传】 实施“村卫生室信息化建设”，推进二级以上医院信息化建设，加强州信息网络平台建设与维护，积极构建基于健康档案的州级区域卫生信息化平台。加强卫生宣传，采集报道重要会议活动、事件 65 次，向社会发布卫生工作信息 1345 条，媒体刊载 128 条；积极参与凉山广播电台“行风热线”宣传报道和“2011 我最喜欢的健康卫士”推荐和评选活动。

（审核：苏　杰/撰稿：蔡寅宗）

一医院

【概况】 凉山州第一人民医院在州委、州政府和上级卫生行政主管部门的正确领导下，坚持以邓小平理论、“三个代表”重要思想和科学发展观为指导，按照国家、省、州关于医药卫生体制改革精神，始终坚持以病人为中心，稳步扎实推进公立医院改革各项工作。在医院管理年和“医疗质量万里行”活动的基础上，认真开展“三好一满意”活动，始终坚持公益性质和社会效益原则，把维护人民健康权益放在首位，积极转变服务观念，以人民群众满意为服务宗旨。进一步理顺发展思路，结合实际制定医院“十二五”发展规划，同步加强医院内涵和外延建设，促进医院健康、可持续发展，满足人民群众多层次、多样化的医疗卫生需求，努力构建“服务好、质量好、医德好、群众满意”的和谐医院。

【完成指标情况】 完成门诊 80.82 万人次，日均门诊 2214 人次；急诊留观 9.06 万人次，院前急救 6340 人次。实际开放床位 1035 张，出院 3.44 万人次，手术及操作 1.30 万台次，住院病人平均住院日 11.83 天，病床使用率 114.56%，病房抢救成功率 93.76%，无重大医疗事故发生，无重大院感事件发生。医院总收入 4.67

亿元，其中：财政补助收入3743万元，医疗收入2.14亿元，药品收入1.78亿元。

【公立医院改革】 作为州卫生局确定的凉山州公立医院改革试点单位，按要求积极稳妥开展公立医院改革的各项工作。在缓解群众看病难、住院难问题，优化医院布局结构，推进医院服务体系建设发展；积极推行便民惠民措施；探索绩效分配改革办法，充分调动医务人员积极性；激活“闲机”、创造“良机”，努力拓展医疗业务范围和完善内部管理各项工作。一是加强组织领导，保障医改工作顺利开展。成立公立医院改革试点工作领导小组，制定并下发《凉山州第一人民医院公立医院改革工作实施方案》，制定具体实施措施，进一步落实责任。二是增加服务内容，优化服务流程，延伸服务内涵，改善门诊就医秩序，缓解就诊拥堵现象。三是优化医院布局结构，整合医疗资源，改善病员就医条件，推进医院服务体系建设发展。改扩建业务用房，最大限度地扩大业务用房面积；有效利用马道、长安分院医疗资源，缓解院本部床位紧张局面：将烧伤病区迁移至马道分院，建立烧伤和创伤外科专业病房，在长安分院建立心血管内科第二病区。四是开展抗菌药物临床应用专项整治活动。五是开展惠民、利民行动。继续开展“胡大一”爱心工程，对4.28万名适龄青少年进行了先心病筛查，3501名学生进行心脏彩超筛查，确诊先心病患儿132人，对患儿分期分批进行先心病介入封堵或外科手术治疗，完成治疗50人，其中爱心工程25人。

【“十二五”规划】 按照州政府“十二五”规划和州卫生局“十二五”卫生发展规划要求，坚持医院公益性质，逐步实行公立医院改革的各项目标。经过医院多次修改和论证，经过院第二届第二次职代会审议表决通过，下发《凉山州第一人民医院“十二五”期间发展规划》，保障医院健康、可持续发展。

【医院管理和医疗质量改进】 加强依法执业，提高医疗质量、保障医疗安全。建立业务院长夜查房制度，恢复院长行政查房制度。召开医疗质量管理委员会会议，研究讨论医疗质量管理工作。医疗质量管理检查小组按时完成医疗质量管理检查和考核工作。严格执行院内会诊准入制度和医师院外会诊制度，严格执行《传染病防治法》、《执业医师法》、《输血法》、《处方管理办法》等法律法规。按要求开展临床路径和单病种质量管理工作。加强中层以上干部管理，下发《关于强化科室工作作风和工作纪律的通知》和《副职领导及科室负责人请销假暂行规定》，建立制度，规范管理。

【重点专科建设】 医院高度重视重点专科建设，通过重点专科的建设来促进和带动整个医院的发展。2011年医院儿科顺利通过省甲级医学重点专科动态管理评审；心内科通过评审获省甲级医学重点专科挂牌；妇产科列为在建省乙级医学重点专科项目；消化内科在积极申报四川省卫生厅医学重点专科建设项目。

【科研教学工作】 加强临床教学、科研工作，努力使医院向临床教学和临床科研型医院迈进。规范临床教学工作，制定、下发《教学发展规划》、《医学科研、发表论文、教学育人奖励规定》和《教学经费使用计划》，建立科研、教学激励机制。制定医院教学规划，规范临床教学工作制度和职责，落实各教研组、教学秘书工作，成立专家教学督导组，进行教学培训。开展教学基地规范化建设，内科、外科、儿科、妇产科通过申报、评审，成为四川省住院医师规范化培训基地。加强科研项目管理，规范申报程序，申报省卫生厅科研项目3项，立项2项，申报四川省医学会科技项目4项，州科研项目5项，立项3项；申报国家级继教项目2项，省继教项目5项。专业技术人员在各级、各类期刊、杂志上发表论文105篇。举办省级继教项目5项，举办各种培训会2期，承办7期院内学术讲座67次。接收下级医院选派进修人员113人，医疗、护理接收实习生379人。

【“三好一满意”活动】 按照卫生部开展“三好一满意”活动的要求以及省卫生厅、州卫生局的安排部署，在全院上下掀起了认真扎实开展“三好一满意”活动的热潮，成立了“三好一满意”活动领导小组，制定下发一医院《“三好一满意”活动工作方案》和《“三好一满意”活动任务分解表》，多次召开“三好一满意”活动动员会和工作安排会，对全院开展“三好一满意”活动进行全面动员和周密部署。通过学习宣传、查找问题、整改提高和督导检查四个阶段工作的开展，针对工作中查找出的问题和不足，采取积极有效的措施进行整改和提高。通过活动的开展，使医院在加强各项管理，规范诊疗行为，优化诊疗流程，提高服务质量，树立良好医德形象，增添便民、惠民措施等方面得到很大提升，得到群众认同，病员满意度普遍得到提高。11 月 15—16 日，顺利接受四川省卫生厅组织的“三好一满意”活动督导检查。

【人事制度改革】 进一步深化一医院人事制度改革，贯彻落实医改精神，规范医院专业技术人员管理工作，完善制度管理，制定医院《专业技术人员管理办法》，首次对专业技术职务聘任实行量化考评；制定《返聘专业技术人员管理办法》，规范返聘人员管理。完善人事制度改革，规范中层干部用人管理，建立公平、公正、公开、择优的选拔任用机制，开展中层干部竞聘上岗工作，提拔正科级干部 3 人，副科级干部 12 人，进一步充实医院行政管理人员，提高行政管理效能。

【党风廉政和医德医风行风建设】 加强职业道德教育、医德医风教育和医学伦理教育。制定《行业作风建设制度》、《医务人员行为规范》、《医疗机构工作人员接受“红包”回扣责任追究办法》、《医务人员职业道德准则》、《医疗行业八条行业纪律》等制度，加强学习和监督。开展医德考评制度，建立医德考评档案，建立有效地激励和约束机制。进一步深化医院党风廉政暨行业作风建设宣传教育，成立医院党风廉政暨行业作风建设宣传教育活动领导小组，召开动员大会，采取政策规定宣讲、抗菌药物临床应用专项整治、加强采购管理、上廉政党课、参观凉山监狱进行“白色教育”及聆听反腐倡廉、纠风工作报告、签订《党风廉政目标建设责任书》和《个人廉政风险和自我防范承诺表》等形式，开展好党风廉政与行业作风宣传教育活动，同时严肃行业纪律，加大对违法违纪行为的惩戒处罚力度。

【扶贫与对口支援】 深入开展“领导挂点、部门包村、干部帮户”活动和“彝区健康文明新生活运动”，开展入冬送温暖活动，为龙沟乡村民送去捐赠的过冬衣物 1960 件，慰问金 1 万元，捐赠中心校图书 1000 余册，资助 2 万元为当地党委和政府解决办公经费困难问题，院党委与龙沟村支部开展城乡基层党组织结对共建活动。继续实施对宁南、金阳、昭觉县医院的对口帮扶工作，完善和巩固长期对口支援关系，选派出 13 位医务技术骨干到县医院进行对口帮扶，免费接收县医院选派的 9 名骨干医师到一医院进修培训，开展“流动医疗巡回服务工程”。

【艾滋病防治】 凉山州传染病医院为“凉山州艾滋病抗病毒治疗中心”和“三州艾滋病抗病毒治疗培训基地”，设立有州艾滋病管理办公室，负责组织、协调全州艾滋病抗病毒治疗工作的开展，艾滋病抗病毒治疗技术督导、指导、临床医师培训、抗病毒治疗药品管理发放、信息管理、考核、评估等工作。建立“红丝带之家”，开展咨询、心理干预、情感支持、关怀救助、医疗转介等服务。组织召开凉山州艾滋病抗病毒治疗专家组例会，举办全州《艾滋病抗病毒治疗培训班》2 期，培训医务人员 200 余人，参加州艾工委组织的对全州乡镇医务人员进行艾滋病防治知识讲课，开展全州艾滋病临床进修学习，完成 12 人的进修学习。艾滋病防治工作多次接受国家、省、州各级部门的督导和检查，在抗病毒治疗、药品管理等方面的工作得到检查专家组的肯定。

（审核：曹力生/撰稿：方 俊）

二医院

【概况】 2011 年是实施“十二五”规划的开局之年，也是医院巩固和发展“三乙”医院成果收获的一年，医院的诊疗人次、经济效益、社会满意率、信誉度得到稳步增长和提升。在州委、州政府和州卫生局的正确领导下，医院党委坚持以邓小平理论和“三个代表”重要思想为指导，认真贯彻党的十七届五中、六中全会精神，深入贯彻落实科学发展观，以科学发展为主题，以加快医院发展方式为主线，认真落实国家卫生工作的各项方针政策。紧紧围绕打造“实力、效率、服务、品牌、和谐”医院，深入巩固和发展三级医院的成果，全年完成门诊人次 275889 人次，同比增长 9.3%；急诊人次 15535 人次，同比增长 18.8%；住院人次完成 19133 人次，同比增长 2.3%；出院人次完成 17815 人次，同比增长 0.5%；手术台次完成 8775 人次，同比增长 2.6%；病床使用率 111.1%，同比增长 5%；平均病床周转次数 30.3 次，同比增长 0.3%；危重病人抢救成功率 93.8 %，同比增长 3%；业务收入完成 1.84 亿元，圆满完成了全年各项工作目标任务。

【远程会诊】 2011 年 4 月，州二医院实现与四川大学华西医院远程会诊、教学中心联通。

【光明工程】 2011年10月，国际专业服务机构（MSI）"光明工程"在本院成功开展十周年。10月10日，MSI专家团在美国甑富蔼教授带领下再次来到二医院进行了学术交流。十年来，MSI的专家共诊治病员3000余人，培训专科医务人员数十人，并帮助医院成功开展了"白内障晶体置换"等技术项目。

【技术帮扶】 2011年10月15日，凉山州二医院隆重召开了国际专业服务机构（MSI）与本院合作十周年座谈会。MSI西昌办事处主任刘秀竹女士、眼科"光明工程"专家团专家、专程从成都赶来的MSI志愿者刘斌先生以及医院领导与医务人员数十人参加了座谈会。座谈会上，参会人员回顾了十年来MSI的专家为凉山各族病员解除病痛所付出的爱心，并对双方继续合作进行了展望。

【项目合作】 2011年12月3日，四川大学华西医院—国际奥比斯"眼见为实四期：四川整体视力"项目凉山分中心启动仪式在西昌邛海宾馆举行，奥比斯"眼见为实四期：四川整体视力"项目是由四川大学华西医院提出申请，并经奥比斯国际总部批准的综合眼病防治项目，为期四年。该院作为该项目在凉山唯一的分中心，将在为期4年的时间里与四川大学华西医院共同完成病员筛查、基层医务人员培训、白内障患者手术等项目。该分中心落户凉山，对促进全州眼科诊治水平和眼保健网络的建设具有重要的意义。四川大学华西医院石应康院长、李为民副院长、凉山州政府施遐副州长、州卫生局苏杰局长、州二医院党委书记季小平、院长李列平等领导出席启动仪式。

【重点专科建设】 2011年本院泌尿外科通过省级重点专科初评并获省级重点专科立项，获得立项经费10万元。

【新技术新项目】 CT血管成像（放射科），脐血采集（妇产科），无C臂条件下行下胸椎、上腰椎后路内固定术（骨科），艾拉—光动力疗法（皮肤科），急性缺血性脑卒中rt－PA静脉溶栓和尿激酶溶栓（神经内科），肾穿刺活检（肾内科），组织间置入治疗（核医学科）。

【科教兴院】 2011年申报科研课题7项：凉山州残疾人口腔健康状况研究、凉山州肾脏疾病情况及彝汉两民族发病情况对比研究、愈疡胶囊抑菌抗炎作用研究、输尿管镜及膀胱镜辅助下膀胱穿刺造瘘术临床应用的研究、电切镜辅助经皮膀胱穿刺碎石取石术临床应用的研究、微创经皮肾镜碎石取石术治疗复杂性输尿管上段结石的临床应用研究、多排螺旋CT血管造影临床研究。2011年科研课题立项7项：一是州级科研课题立项4项：凉山州残疾人口腔健康状况研究，获立项经费13万元；输尿管镜及膀胱镜辅助下膀胱穿刺造瘘术临床应用的研究，获立项经费5万元；愈疡胶囊抑菌抗炎作用研究，获立项经费5万元；凉山州彝汉两民族慢性肾脏疾病发病情况比较研究。二是获得省级立项科研课题3项：凉山州彝汉两民族慢性肾脏疾病发病情况比较研究，获四川省卫生厅科研课题立项，获立项经费1万元；水指甲制剂的开发研究，获省中医药管理局科研课题立项，获立项经费3万元；2011年9月，泌尿外科获省级重点专科立项，获立项经费10万元。

【医院文化建设】 在州直机关庆祝建党90周年"红歌唱响凉山"比赛中，州二医院演唱歌曲《迎风飘扬的旗》获得第一名，并受州委、州政府邀请参加了"惠民文化广场"演出。

（审核：李列平/撰稿：杨正萍）

中西医结合医院

【概况】 2011年，凉山州中西医结合医院在州委、州政府、州卫生局及中医药管理局的正确领导和大力支持下，以开展创先争优活动为契机，全面贯彻"三个代表"重要思想和党的十七大及十七届五中、六中全会精神，坚持"以病人为中心"着力打造服务型医院，按照医院管理年活动的要求，通过加强行风建设、强化内部管理、优化服务环境，进一步增强全体职工的优患意识、竞争意识、创新意识、服务意识、质量意识、安全意识，完成了全年各项工作目标任务。全年医院门诊人次、出院病人、手术台次、业务收入分别比2010年增长9%、25%、24%、44.80%，医疗质量指标均明显提高。

【创先争优活动】 院党政班子始终把职工的思想道德

建设放在首位，从提高干部职工素质入手，在全院大力弘扬讲学习、讲政治、讲正气的风气，按照上级要求，结合实际制定了《开展创先争优活动实施方案》，把“创先争优，努力构建和谐医患关系”作为主题，对各党支部和党员参加活动提出明确目标和阶段安排。各支部根据实际情况和党员岗位的特点，将为民服务创先争优活动与创建“三好一满意”医院、“平安科室”、“医疗质量万里行活动”、“岗位能手、明星护士”评选活动有机地结合起来。医技、临床业务科室党支部把创先争优活动与学科建设、提高医疗服务质量、改善服务态度、加强医德医风建设等中心工作紧密结合，深入开展以“创先争优，从医德医风、廉洁行医做起”主题活动。职能后勤等管理部门党支部把创先争优活动与创新管理体制和工作机制，加强作风建设，提高服务质量紧密结合，开展以“服务临床、改进作风、提高效能”的主题活动。医院党委、行政向社会公开承诺：平安科室、团结协作、履行职责、争创一流。并向全体党员发出倡议，号召广大党员树立和弘扬党的优良作风，勤奋敬业，团结协作，无私奉献，充分发挥好先锋模范作用。通过开展为民服务创先争优活动，促进医院行风建设，全院干部职工树立病人第一、服务第一、质量第一的服务理念，把以人为本、以病人为中心落实到医疗服务的每一个具体环节，通过评比，医院推出20名共产党员示范岗，实行挂牌上岗，增强荣誉感、责任感，以最优质和贴心的服务向全院做出表率，带动全体干部职工转变作风、提升服务水平，使医院的服务更优质、作风更踏实、行为更规范、群众更满意，充分发挥示范岗的模范带头作用。从2月开始开展“岗位能手”“明星护士”的评选工作，按照评选标准，每月评选出在业务能力、服务态度、医德医风等方面起到了表率作用的“岗位能手”、“明星护士”各2名，在全院张榜公示表扬并给予一定奖励，11个月评选出22人次的“岗位能手”、22人次的“明星护士”，较好地发挥了示范、带动、辐射作用，全面提升医护队伍的争创意识，推动了医疗服务工作的持续改进和提高，达到营造职工创先争优的良好氛围和树一批先进典型，带一大片工作的目的。

【平安科室建设】 凉山州中西医结合医院党委、行政把提高基础医疗质量，保障医疗安全，提高医疗服务的安全性和有效性作为工作目标。继续开展平安科室建设，加强基础医疗质量管理、多方排查医疗安全隐患，通过全院努力，全年医院发生的纠纷与赔付均为历史新低。

【人才队伍建设】 全年医院选派10名临床业务骨干到省内外医院进行重点培养，其中还选送聘用护士外出进修学习，280人次参加国家级、省级、州级学术会议及短期培训班；组织院内副主任医师以上技术骨干业务知识讲座27次，听讲人数达3580人次；聘请州内外专家讲学2次，听讲人数280人次；根据医院业务发展需要，医院引进3名思想好、业务强、具有实际工作经验的专业人员；医院出台了鼓励医务人员撰写科技论文的相关规定，全年全院医疗专业技术人员在国家级刊物上发表学术论文10篇，7名医务工作者晋升为高级职称，11名医务工作者晋升为中级职称；接收省外、州内、外的实习、见习生126人次；取得良好的效果。

【专科特色建设】 一是新建立麻醉复苏室及ICU病房，设病床8张，进一步加强对危急重症的抢救，降低了医疗安全隐患，保障患者的安全。二是新增儿科专业，设病床8张，引进儿科硕士研究生及专科人才，作为儿科专业骨干开展工作，解决了医院多年无儿科专业的现状。三是加强对一级科室和二级专业组的建设，将外科分为外一科、外二科、外三科病区，内科分为内一科、内二科病区，新增病床92张，大大缓解了床位严重紧缺的局面，满足病员看病就医需求。四是康复医学科积极开展中医特色及专业学科建设，被评为四川省省级中西医结合重点专科建设单位。五是眼科充分发挥全院在眼疾治疗中的特色优势，积极开展创建重点专科工作。六是中医科大力发展中医药文化，开展伏九敷贴，治疗慢性呼吸道疾病，调理虚寒体质，全年共贴敷贴8.4万贴，中医体质辨识2000余例，发放中医药文化宣传资料2万份，与报刊、电视媒体合作宣传中医药文化24次。

【中医药免费治疗艾滋病】 参与四川省中医药防治重大疾病工程建设项目——中医药防治艾滋病。州中医药治疗艾滋病小组与省中医药治艾专家组每3个月坚持到昭觉、布拖等治疗点为病人复诊登记和发放中药，全年度共复诊病人4次，行程约1500公里，诊治病人约500人次。通过对艾滋病患者的临床观察，部分病人服用中药5年后典型症状得到改善，出现了一批具有实际价值的典型病例。

【彝族医药研究】 按照计划进行彝族医药研究工作，进展顺利。全年2次采集彝族医药、制作彝药标本；编写《凉山彝族医药适用手册》。彝族医药研究人员参加中国民族医药学会第三届理事会，了解其他民族医药的研究发展现状，借鉴其他民族医药研究的先进经验，争取为我所用。全院的研究工作得到国家的肯定，于8月率先试点拍摄适宜技术推广项目教学录像。率先组织了凉山州彝医药适宜技术推广培训会，圆满完成对7县80余名基层人员进行7个课题培训，培训后定期随访推广进度，工作得到国家局、省局、州局的高度评价。

【严格药品管理】 按《药品管理法》及有关规定加强药品管理工作，全面施行挂网采购，全年医院网上采购药品占总金额的98.17%，阳光采购工作平均分为104.5分。医院按照国家要求开展处方点评工作，院药剂科专门组织人员成立处方点评小组按月对处方及病历进行点评，对处方及病历中存在的不合理用药情况予以汇总并形成专门的分析报告并通报警示。

【老干部工作】 医院充分利用好中医药养生、保健的特色优势，开设了离休老干部特约门诊，为全州的离休老干部开展中医药预防、保健、康复等诊疗服务，全年为离休老干部提供健康保健服务5000人次，为全州2500名离退休老干部进行健康体检。认真贯彻落实州委老干局的指示精神，对全院离退休干部做到政治上更好地关心、生活上更好地照顾、工作上更好地服务老干部，按时为他们划拨活动经费，走访慰问异地离退休干部，被州委老干局授予先进集体称号。

【医院管理年】 医院坚持以中医医院管理年活动为契机，以提高医疗水平和服务质量为主线，明确岗位职责，规范工作程序，落实目标责任，使医院管理工作迈上了新的台阶。作为凉山州唯一一所二级甲等中西医结合医院，积极配合省、州卫生行政主管部门实施“中医中药中国行活动”，参与凉山州5家县级中医医院的达标评审工作，指导2家县级医院管理年活动工作。

【富民惠民】 协助医院定点帮扶乡越西县南箐乡抓好新农村建设规划工作，上半年出资4.5万元改建南箐乡南林村村支部，给南箐乡小学捐赠价值15000多元的70套课桌椅，下半年积极帮助该乡完成投资70万元的通乡公路的立项手续，用项目落实来推进南箐乡的经济发展。积极推进彝区健康文明新生活运动，深入开展“讲文明、尚科学、改陋习、树新风”活动。抓好越西县南箐乡“领导挂点、部门包村、干部帮户”工作，大力推进“对口帮扶”活动，按照上级要求完成新的帮扶项目——给困难户捐赠100套军用棉衣裤，下半年陆续捐赠该乡价值8000多元的100套军用棉被，协调了价值60万元的500张新床及500套床上用品（棉被、棉絮、床单），为乡中心校学生捐赠230套洗漱用具。积极引导群众转变陈规陋习，强化文明意识，使帮扶群众能够得实惠。被州委、州政府评为先进集体。积极协助南箐乡政府制定艾滋病防治工作计划，组织人员在南箐乡开展禁毒防艾教育宣传活动及监测检测工作，帮助该乡加强艾滋病防治队伍的建设，提高防治能力和水平。

在帮扶乡党组织扎实推进创先争优活动，积极帮助该乡党组织改善硬件条件，指导该乡党务及乡务公开，协助乡党组织加强组织建设及党员队伍建设，引导党组织发挥基层组织的战斗堡垒及共产党员的先锋模范作用，着力培养乡干部带领群众发展致富的本领，努力把帮扶乡党组织建设成为带领群众跨越发展致富奔小康的坚强战斗堡垒。

（审核：朱　林/撰稿：杨林波）

卫生执法监督

【概况】 2011年，按照年初制定的工作重点和要求，紧紧围绕卫生执法监督机构工作职责，认真开展各项卫生执法监督工作，加大执法监督力度，严厉打击卫生违法行为、依法实施卫生许可、严防食物中毒等各类突发公共卫生事件的发生。同时，加强对各县市卫生执法监督机构开展工作落实情况的督导，抓好餐饮服务监管职能移交工作，加强全州卫生监督数据上报汇总工作，卫生市场秩序进一步规范。支队荣获中共西昌市东城街道工委、西昌市东城办事处辖区2011年度工作先进单位称号，被中共凉山州卫生局机关委员会考核为优秀党支部并积极组织职工参加四川省卫生执法监督总队主办的“健康卫士颂”迎接建党90周年红歌比赛，获赛一等奖。

【支部建设】 创先争优活动领导小组，设立办公室，召开专题会议，确定党支部创先争优活动安排及2011

年“十一项公开承诺事项”并认真予以落实，层层签订了党风廉政责任书，组织学习州卫生局《关于在全州卫生系统开展党风廉政暨行业作风建设宣传教育活动的通知》及卫生执法监督人员“十不准”、“五禁止”等内容，开展深入推进窗口单位和服务行业创先争优活动，把纪念建党90周年与创先争优活动相结合，回顾党的辉煌成就，坚定跟党走的理想信念，激发全体职工工作的积极性。

【“挂包帮”工作】 把扶贫工作作为年终考核内容，纳入目标责任制管理，结合“大走访”主题实践活动，领导班子带领工作人员多次深入鲁基乡开展“禁毒防艾”宣传工作。“六一”儿童节，购买了篮球、排球、羽毛球、乒乓球、足球、跳绳、精美的图书以及糖果价值7000多元的物品送到了孩子们的手中。在推进彝区健康文明新生活运动中向全村400户村民赠送了2400根铁制板凳，价值33560元。在教师节和中秋节来临之际，为鲁基乡中小学教师送去价值8000多元的精美月饼并带去教师节、中秋节的祝福和问候。针对喜德县鲁基乡中心校食堂年久失修，不符合卫生要求的情况，支队与州中心血站共同投入资金2800元对食堂进行了全面改造。为鲁基乡5个村的贫困户捐赠5箱御寒衣物，计200多件。

【人员培训】 全年先后选派43人次业务骨干参加了四川省卫生执法监督总队举办的《2011年卫生监督信息系统培训班》、《饮用水卫生监测培训班》，省卫生厅举办《全国卫生监督稽查培训班》等省级培训。全州派出7名工作人员参加第十届川西南片区卫生执法监督支队长联席会，昭觉县代表凉山州在大会上作了交流发言。6月20—24日，在西昌月城印象大酒店举办凉山州2010年中央补助卫生员培训项目县市业务骨干培训班。全州17县市卫生执法监督机构的分管领导、业务骨干及支队全体人员共75人参加培训。培训以艾滋病防治为主的传染病防治卫生监督、医疗卫生监督、行政执法案件、新《公共场所管理条例》及实施细则、职业放射卫生监督、医疗机构设置及行政许可审核程序等重点卫生监督工作为主要内容，邀请卫生部、攀枝花市卫生监督局、四川省卫生执法监督总队等专家专题培训，收到了良好的效果，受到各县市基层监督员的好评。

【餐饮服务监管职能移交】 根据中共凉山州委机构编制委员会《关于凉山州卫生执法监督支队职责和编制划转的通知》（凉编委〔2011〕79号）文件精神，按州卫生局党组提出的“自愿报名，组织决定”的原则要求，支队有7位工作人员于2011年12月划转到州食品药品监督局工作。全州十七县市卫生局和卫生执法监督所，按照省、州关于餐饮服务监管职能调整的有关精神，结合当地党委、政府、编办“三定方案”的要求，陆续与食品药品监督管理局进行了餐饮服务监管职能的调整，截至12月底，监管职能已移交的县市有：西昌市、冕宁县、宁南县、德昌县、昭觉县、喜德县、甘洛县、会理县、会东县、越西县、雷波县、金阳县、盐源县、普格县、布拖县、美姑县。

【餐饮服务监管】 按照省、州的安排部署，在餐饮业监管职责正式移交前，继续严格按照《食品安全法》和相关法律法规的要求，深入开展直管的餐饮业经营单位的日常卫生执法监督力度。截至12月31日，支队共出动人员987人次，对直管餐饮经营单位开展监督529户次，开展餐饮具卫生监测1557件，合格1397件，合格率90%，未发生一起食物中毒等突发公共卫生事件。按照州卫生局《关于餐饮服务环节打击食品非法添加和滥用食品添加剂行为的通知》精神，从5月5日至7月1日连续57天对直管餐饮服务单位采购和使用的食品添加剂进行监督检查，并及时收集汇总全州数据上报。在加大日常监督指导力度的同时，加强元旦、春节、“两会”、卫星发射、中高考、重大任务等节假日及重大活动的卫生安全保障工作，保障重大会议、活动或接待12次，未发生一起食物中毒等突发公共卫生事件。在直管的9所学校春季开学之际，组织监督员对9所学校的21户学生食堂以及西昌学院的21户小型餐饮业进行了监督检查，对餐饮业亮证经营情况、从业人员持证上岗情况、采购食品及原料索证情况、台账登记情况、餐饮具消毒保洁情况、从业人员个人卫生习惯等进行重点监督检查。对存在问题的学校食堂和餐饮业下达监督意见书，并进行回访。

【卫生行业许可】 继续按照州卫生局和州政务中心的安排部署，结合四川省卫生监督信息系统的使用，严格实行一个窗口对外和一次性告知制度，严格按照职责权限和卫生行政许可程序受理、审批各项卫生行政许可事项。截至12月31日，共受理各类许可申请2231件，其中餐饮服务许可证20件、公共场所卫生许可3份、医师（执业助理医师）注册或变更275人、护士注册或变更736人、放射诊疗许可证5件、麻醉药品印鉴卡申请8份、审批麻醉药品、第一类精神药品使用计划91件、校验“医疗机构执业许可证”41件。办理健康体检、卫生知识培训合格证1054件、全部办结，办件办结率达100%，无投诉事件发生。

【医疗监管】　加强对民营医疗机构的监督管理，规范执业行为，不断提高医疗服务质量，确保医疗安全，对直管的民营医疗机构（共计17户）进行监督检查。监督员重点对各医院的医护人员资质、诊疗科目、医疗广告发布、处方管理、院感管理等方面进行了检查。针对检查中发现的问题，监督员当场出具监督文书，并要求其立即整改，并对部分医疗机构的法人代表进行了诫勉谈话。对全州各级医疗机构上报的麻醉药品及第一类精神药品使用计划进行审核，出具卫生许可审查意见，全年共出具卫生许可审查意见书65份；对州级直管医疗机构的医疗机构执业许可证校验申请进行资料审核，截至2011年12月，共出具卫生许可审查意见19份；对州内1户医疗机构的用血申请进行审核。完成预防保健机构、医疗机构、中心血站的日常监督检查工作，截至2012年12月，各医疗机构不良执业行为共计予以计分的单位有7户，警告1户，限期整改12户，一般行政处罚2户次。认真完成医疗机构2011年医院院感监测工作。集中力量对直管医疗机构、疾病预防控制机构等22家单位甲型H1N1流感防控措施落实以及直管医疗美容机构开展了专项检查。

【公共卫生监管】　一是加强全州县市学校卫生监督，强化学校食品、饮用水卫生安全监管，督促学校完善传染病防控措施。按照全省统一部署，加强对全州县市饮用水卫生监督指导，规范供水单位卫生管理。完成省总队对西昌、德昌、冕宁、盐源和会理5县市生活饮用水监督监测工作。按照《公共场所卫生管理条例实施细则》和《四川省公共场所卫生管理办法》的要求，加强宾馆、茶楼等重点公共场所的卫生监督，对公共场所四个卫生规范贯彻落实情况进行检查，规范和完善卫生管理。按照全省统一安排，开展全州生活饮用水、美容美发场所、游泳场所卫生专项监督检查。二是加强直管单位卫生监督：对州直管超市、商场、游泳场所、饮用水宾馆、酒店及附设的住宿、餐饮、茶楼、美容美发等行业完成日常监督，每季不少于2次；同时加强重大节假日、突发事件突击检查的力度。同州疾控中心配合完成上述直管单位全年餐饮具、公共用具消毒效果监测和公共场所微小气候监测，并形成监测意见。对直管的7户美容场所和2户游泳场所进行公共场所量化分级管理的初评、复评及公示。对州直管公共场所和医疗机构禁烟进行相关法律法规培训，召开州直医疗机构禁烟督导会，要求医疗机构张贴禁止吸烟警语和标志，设置禁烟劝导员，并对上述单位开展禁烟工作进行监督检查，对其中两家未按要求开展此项工作的单位进行了相应处罚。对某饭店一起违法事件进行调查和处理并进行处罚。三是贯彻执行《公共场所卫生管理条例实施细则》和《四川省公共场所卫生管理办法》。

【职业病监管】　全年共出动人员134人次，指导监督职业放射危害单位及职业病诊断等技术机构42户次。完成西昌烟厂232人职业健康体检；组织全州368名放射人员进行了放射健康体检，并对其进行了两年一次的法律、法规知识培训，督促137户放射诊疗单位建立放射人员健康档案；完成盐源县、会东县2家医疗机构的放射装置的预、控评审查；完成宁南县医院放射科设计审查和越西县、西昌市华雅口腔医院等3家医疗机构的放射许可年检工作；加强《职业病防治法》宣传，开展职业病防治宣传工作，共出动监督员6名，发放各类宣传资料1000余份。

【卫生监督信息化建设】　在2010年上报半年、全年数据的基础上，进一步加强了数据的上报统计工作，全面启动日常监督数据、处罚案件等的即时系统录入和月报制度，两次下文并利用全州业务骨干培训会向各县市的数据录入、汇总、填报等进行指导并提出要求。同时，还针对数据填报中发现的问题，通过培训、单独指导、稽查等多种方式进行指导整改。全州各级卫生执法监督机构基本能利用四川省卫生监督信息系统实现数据每月即时统计，能及时向州局及州卫生信息中心提供相关数据及分析，为卫生监督工作决策提供保障。

【队伍建设】　加强卫生监督队伍管理，按照州卫生局“2011年凉山州卫生监督稽查工作要点”要求和四川省卫生执法监督总队“关于开展2011年度下级稽查工作的通知”以及“2011年度下级稽查工作的补充通知”精神，将常规稽查、专项稽查和重点工作稽查相结合，采用查阅文件资料、抽查监督档案和处罚案卷、现场调阅四川卫生监督信息系统数据、抽查被监管单位现场及开展问卷调查等方式，对州本级和冕宁、喜德、昭觉、美姑、雷波、宁南、金阳、会东、会理、德昌10个县开展了本级稽查和下级稽查工作。共抽查各类卫生行政许可档案110份、监督档案66份、处罚案卷33件、抽查执法文书220份、现场抽查66户，其中医疗卫生机构11户、诊所11户、公共场所22户、学校22所，发放调查问卷110份。针对稽查中发现的问题，支队与县卫生局、县卫生执法监督所交换意见，制作《现场稽查笔录》和《稽查意见书》，将稽查工作进行全州通报，并要求各县限期完成整改。通过规范执法行为，加强案件质量管理、加强卫生监督人员队伍建设、从而提高卫生监督员的综合素质，提高卫生监督执法工作效率和服务质量，实现卫生监督事业更快、更好发展。

（审核：杨　萍/撰稿：吴　虹）

人口和计划生育

【概况】　2011年，全州共出生人口49268人，人口出生率10.84‰，比2010年下降2.11个千分点；人口自然增长率6.32‰，比2010年下降1.68个千分点；符合政策生育率91.11%，比省计划提高0.11个百分点，综合节育率86.84%，比2010年提高1.84个百分点。

【财政投入】　中央投入2025.32万元，省级投入1634.62万元，州计生投入826.07万元，县级投入1.32亿元，总共投入1.76亿元。2月，召开全州人口计生规划发展和财务工作会，对“十一五”财政投入进行绩效评估，在会上各县市人口计生局长汇报“十一五”财政投入和“十二五”发展规划情况，会议讨论并修改“十二五”人口发展规划、目标考核方案。

【民生工作】　全州共确认审批奖励扶助对象2.23万人（半边户258人，省奖扶976人）、“少生快富”对象446户、特扶对象487人（死亡扶助395人，伤残扶助92人），兑现这三类对象资金1790余万元。全州有308名农村独生子女和少数民族子女享受到了中考加10分的奖励。全州新增计生“三结合”户2080户，比省计划增加930户。协调资金2.5万元修建盐源县桃子乡中心校学生洗澡和洗漱间、维护桃子乡的村级公路、购置文体器材。协调价值7980元的书包162个、脸盆150个发放桃子乡中心校贫困学生。单位投入2.97万元购置板凳1143根、被褥49套，开展彝区健康文明新生活运动。

【目标管理】　州委州政府向各县市兑现2010年度人口计生党政目标管理奖励和创建优质服务先进县特别奖，表彰2010年度人口计生基层群众自治工作先进乡镇。一类区的党政目标管理一等奖由宁南县获得，获得奖励金5万元；二等奖由西昌市、德昌县获得，获得奖励金4万元；三等奖由会理县、冕宁县获得，获得奖励金3万元。二类区的党政目标管理一等奖由普格县获得，获得奖励金5万元；二等奖由盐源县、越西县获得，获得奖励金4万元；三等奖由甘洛县、喜德县获得，获得奖励金3万元。三类区的党政目标管理一等奖由美姑县获得，获得奖励金5万元；二等奖由金阳县获得，获得奖励金4万元；三等奖由木里县、布拖县获得，获得奖励金3万元。创建省级优质服务先进县特别奖由会东县、雷波县、昭觉县获得，每县获得奖励金5万元。创建州级计生优质服务先进县奖励由冕宁县和越西县获得，每县获得奖励金1万元。表彰18个基层群众自治工作先进乡镇，奖励每个乡镇5000元。州人口计生委向各县市人口计生委兑现2010年度人口计生业务目标管理奖励。一等奖由德昌县、盐源县、木里县获得，二等奖由会理县、冕宁县、雷波县、甘洛县、昭觉县、美姑县获得，三等奖由西昌市、会东县、宁南县、普格县、越西县、喜德县、布拖县、金阳县获得。

【自身建设】　召开全体干部职工大会，认真学习贯彻温家宝总理视察凉山州艾滋病防治工作重要指示精神和州禁毒防艾工作联系会议精神。组织职工参加纪念建党90周年“红歌唱响凉山”活动，观看四川省委书记、省人大常委会主任刘奇葆在国防大学所作的《四川：从悲壮走向豪迈》形势报告。观看后大家颇有感慨，深受鼓舞，表示将继续发扬伟大的抗震救灾精神，做好人口计生工作。新春佳节来临之际，登门看望慰问了27位离退休老干部，送去了春节的祝福和美好的祝愿，使离退休老干部感受到党的温暖。组织竞争上岗并任命3名工作人员为正科级。完善《中共凉山州人口计生委党组议事规则》，制发了《州人口计生委机关公文处理办法》、《加强涉密载体管理的意见》、《州人口计生委机关车辆出入管理暂行办法》、《州人口计生委机关应急管理办法》、《门卫管理制度》，加强部门管理制度化。制发《关于在全州人口计生系统和计生委机关开展创先争优活动的指导意见》，开展窗口单位创先争优活动，确定2个示范科室（单位），14名党员示范岗，推行党员承诺制，积极开展向杨善洲和文建明学习活动。大力宣传凉山州人口计生系统“十一五”涌现出的先进集体和先进个人的先进事迹，营造了学先进、赶先进、超先进的浓厚氛围，激发党员干部忠于职守、爱岗敬业的热情和动力。计划从2011年起，用三年时间创建州级精神文明单位，并做了前期工作。

【技术服务】 召开全州人口计生工作会议，传达全国集中整治非医学需要的胎儿性别鉴定和选择性别的人工终止妊娠行为（简称“两非”）专项行动电视电话会议精神和四川省集中整治“两非”专项行动实施方案，要求集中力量开展整治“两非”专项行动，依法打击“两非”行为，进一步遏制出生人口性别比升高的问题。五个部门联合制发文件，并对打击“两非”专项行动进行统一部署，落实跨地区查处“两非”协作工作，加强对B超机、人工终止妊娠手术和终止妊娠药物的规范管理，推动相关部门制度建设，深入开展综合治理人口出生性别比偏高问题。州人口计生委召开创“国优省优”业务培训，就创优工作申报材料的撰写，相关资料的收集整理、立卷归档，专题片、幻灯片的制作等内容进行系统的讲解，为创国优、省优作准备。召开人口计生科技暨防艾工作会议，总结“十一五”人口计生科技工作，安排部署“十二五”人口计生科技工作暨2011年防艾工作，邀请成都市计生指导所专家就计生技术服务质量管理作专题讲座，部分县市就计生科技及防艾工作进行交流发言。督导德昌县计生服务站建设竣工并投入使用，冕宁县计生服务站主体工程完工，西昌、越西、会理3县市服务站加紧建设前期准备。邀请省人口计生委科技处的领导和成都市计生指导所的专家指导创建计划生育优质服务先进县。3月，会东县、昭觉县成功创建省计划生育优质服务先进县，同时被评为州级药具机构规范化建设合格单位。德昌县、木里县12月成功创建省级计划生育优质服务先进县，同时被评为州级药具机构规范化建设合格单位。9月，越西、冕宁两县成功创建州级计生优质服务先进县，是继普格县、盐源县、喜德县、昭觉县、木里县之后第六批创建州级优质服务先进县。组织人员到西昌市计生服务站指导创建全国计生优质服务先进市工作，察看了西昌市计生服务站基本设施和病历书写等软硬件建设，与该站技术人员交谈，了解该站巩固省优和拟创建国优工作开展情况，并提出指导性意见。组织县计生服务站分3期23人到州一医院进行上岗培训。校验换发全州60个计生服务机构（州计生指导所1个，县计生服务站17个，片区计生服务站42个）的“计划生育技术服务机构执业许可证”，348人计生技术服务人员的“计划生育技术服务人员合格证”，加强对服务机构和服务人员依法规范管理。组织有关专家2次对22例病残儿童医学鉴定。专家还对病残儿进一步治疗和父母再生育提出医学意见和建议，并进行优生指导。印发《关于做好孕前优生健康检查项目相关准备暨试点工作的通知》，并确定宁南、美姑、会东、喜德4县为州级项目试点县，要求其余县市自选1~2个条件较好的乡镇自行试点，加强人口出生缺陷干预。“世界艾滋病日”，紧紧围绕“行动起来，向‘零’艾滋迈进”的主题，统一安排全州并组织计生委机关开展防艾宣传活动，讲解艾滋病传播途径，帮助群众了解艾滋病防范措施，倡导社会珍爱生命，增强安全防范意识和能力，有效预防性传播艾滋病。出台《关于进一步加强预防性传播艾滋病和母婴传播艾滋病工作的意见》。与州卫生局联合发出通知，提出四点要求：进一步认清形势，高度重视艾滋病防治工作；加大安全套推广力度；做好已婚育龄妇女的防艾工作，确保出生人口安全；相互配合，相互支持，共同做好艾滋病防治工作。

【政策法规】 全州开通“12356”阳光计生服务热线，为广大群众提供了方便快捷的咨询、投诉、举报服务。确定德昌、宁南、雷波、美姑4县为人口计生政策法规联系点，加强指导。确定诚信计生试点乡镇、村，要求县市组织育龄群众签订《诚信计生协议书》和《计划生育诚信书》，初步构建了政府诚信、群众互信、个人守信的诚信计生模式，基本实现行政管理与基层群众自治的有效衔接和良性互动。推荐全国依法行政示范乡镇2个，全国基层群众自治示范村3个，全省依法行政示范县市1个，全省基层群众自治示范县2个。9月，州政府表彰18个人口计生基层群众自治工作先进乡镇：西昌市太和镇、会理县杨家坝乡、会东县淌塘乡、德昌县南山乡、宁南县葫芦口镇、冕宁县石龙乡、盐源县双河乡、木里县茶布朗镇、昭觉县美甘乡、金阳县桃坪乡、雷波县溪洛米乡和桂花乡、甘洛县阿兹觉乡、普格县特尔果乡、越西县越城镇、布拖县俄里坪乡、美姑县树窝乡、喜德县贺波洛乡。派员参加川、滇、黔、渝生育文明暨流动人口计生服务管理区域协作会，并及时贯彻会议精神：更新流动人口和户籍人口信息；完善流动人口目标管理考评制度和考评指标；加强流动人口信息交换工作；在县市交通主干道，开发区、新农村项目实施地区，打造人口文化亮点；加快普惠政策与人口计生奖励政策的对接，让响应计生的家庭享受改革开放的成果。召开全州人口计生政策法规培训会，各县市人口计生局局长和政法工作人员及州人口计生委相关科室人员接受了依法行政、基层群众自治、诚信计生和执法文书等内容的培训。培训流动人口动态监测调查员，及时上报流动人口动态监测调查问卷，督促各县市及时回复流动人口信息。

【统计信息】 编制《“十二五”人口规划》。完善《凉山州人口和计划生育目标管理考核办法》。《考核办法》规定，各县市党委、政府和人口计生部门，各县市委、县市人民政府“一把手”、分管人口计生工作领导及县市人口计生局长为本县市人口计生目标责任人，作为主要考核对象。人口计生机构队伍建设、经费投入、人口自然增长率、出生人数、符合政策生育率、计划生育“三结合”六大指标作为党政重点考核内容。宣传教育、依法管理、群众自治、优质服务、利益导向、流动人口管理、优生促进、综合治理出生人口性别比、信息化建设、统计质量、行风建设、政务信息、药具管理、协会工作指标作为人口计生部门重点考核内容。党政线继续设立人口和计划生育单项奖，业务线继续实行责任金制度。党政、业务“两条线”的考核等次为“完成人口计生目标管理任务优秀奖”、“完成人口计生目标管理任务优良奖”、“完成人口计生目标管理任务工作奖”三个档次。对当年创“国优”的县市党政给予特别奖励，创“省优”的县市党政给予“完成人口计生目标管理任务优秀奖”。党政目标管理考核奖励所需经费列入州级财政预算。在考核年度内，未完成州委、州政府下达目标任务的县市；地方财政投入增幅低于当年经常性财政收入增长幅度的县市；对计生行政执法中发生恶性案件或在技术服务中发生重大手术事故的县市，实施“一票否决”，取消其评奖资格，将其直接列入州重点管理对象，并追究有关责任人的责任。召开人口计生统计信息化工作会，回顾总结“十一五”期间全州人口规划统计信息工作，安排部署2011年工作，会上攀枝花人口计生委业务人员在线演示“攀枝花人口宏观管理与决策交互系统”，介绍该系统主要功能，并与凉山州统计信息人员就“金人工程”建设思路和经验进行了交流。

【宣传教育】 重大纪念日节日，组织全州掀起声势浩大、形式多样、喜闻乐见的宣传活动，营造浓烈宣传氛围。投入24.3万元征订《人口与生殖健康杂志》2000份，全州免费发放《人口和计划生育墙报》2600套。在凉山日报开设对开半版《凉山人口周刊》，出刊43期，刊登稿件205篇，在凉山电视台开设新闻专题，播报消息59篇。指导全州建设村级人口文化活动室576个，新建生育文化大院8个，生育文化中心5个，生育文化小区6个，在州外媒体上刊发稿件35篇，优化户外宣传环境，绘制大型宣传画370幅，书写永久性标语2336幅，投入资金467万余元，订制免费发放宣传品近百万册（份）。乡镇人口学校举办培训班393次，累计培训育龄群众7.51万人次。组织全州推荐上报“人口计生廉政书法作品”、“创业之星”、“幸福家庭”、“人口计生宣教创新范例”的作品和事迹。

【获得荣誉】 被省人口计生委评为2010年度“人口计生业务目标考核优秀单位”，被省人口计生协会评为2011年度“协会工作评估考核一等奖”，被省计生药管中心评为2011年度“药具管理全省排名第一”，被省人口计生宣教中心评为2011年度“人口计生宣传品进村入户先进单位”。被州委、州政府评为“州第二轮修志工作先进集体”，2010年度“平安单位”，被州委办评为2011年度“党委信息工作先进单位”“机要文件交换工作优秀单位”。被州直工委评为2011年度“机关优秀党组织”、“党员示范单位”、“基层组织优秀党支部”。被州财政局评为2011年度“行政事业单位部门报表评比先进”，被州统计局评为2011年度“统计工作考核评比一等奖”。被西昌市西城街道工委、街道办事处评为2011年度城管卫生、社会治安综合治理平安创建、人口计生工作先进单位。付洪光被省人口计生宣教中心评为2011年度“人口计生宣传品进村入户先进个人”，陈建祥被州直工委评为2011年度“优秀党支部书记”，莫色尔吉被州直工委评为2011年度“优秀党员”，刘昌全被州委州政府评为“第二轮修志工作先进个人”，被州委办评为2011年度“党委信息工作先进个人”，被州直工委评为2011年度优秀党务工作者。

（审核：尔古史体/撰稿：沙马快吉）

体　育

【概况】　2011年，全州体育工作以深入贯彻落实州委4号文件为契机，以加快体育事业发展为进程，努力提高竞技体育水平，促进群众体育蓬勃开展，推动体育产业发展。

【群众体育】　元旦，凉山州体育局与凉山州艾滋病工作委员会、凉山州直属工委、凉山州总工会共同举办的以“全民健身，珍爱生命”为主题的迎新年长跑活动，拉开了全州新一年全民健身活动的序幕。3月，凉山州体育局与凉山州教育局共同举办凉山州第29届中学生运动会，来自全州17县市26所初、高中学校以及凉山州职业技术学校和凉山民族师范校的1193名学生运动员参加了田径、篮球、排球、足球、乒乓球比赛，有100名中学生运动员达到国家运动员技术等级标准。3月14—20日，凉山州体育局与凉山州直属工委、凉山州总工会共同组织了“州级机关推广第八套广播体操比赛”，共有76个单位参加比赛。4月，凉山州体育局与凉山州直属工委、凉山州总工会共同举办2011年第六届“全民健身与奥运同行”暨庆“五一”州级机关职工运动会，来自全州70个单位约2000名干部职工参加了羽毛球、乒乓球、迎面接力、跳绳、拔河5大项8小项的比赛。8月，凉山州体育局与会理县人民政府共同承办四川省林业系统“堆金湾杯”篮球比赛。来自全省24个单位的450名职工运动员参加本次行业体育运动会，凉山州林业系统代表队在比赛中获得第五名。10月24—30日，西昌“世代家园”篮球队代表凉山州参加了在乐山市举办的“第七届川、滇友好市、州男子篮球友谊赛”，获得亚军。12月，凉山州体育局与凉山州总工会、凉山州老年体育协会成功组织举办了全州首届老年乒乓球比赛。8月在全民健身周活动期间，全州举办的体育比赛和群众健身活动达36项次，参与人数超过31万人次。火把节期间，举办了中国·西昌凉山彝族火把节第二届亚高原轮滑比赛、全国滑水锦标赛、第五届环邛海自行车比赛和摔跤、射弩、赛马等民族传统体育活动。按照四川省体育局的统一部署，凉山州体育局、凉山州教育局共同完成了对全州10所“四川省体育传统项目示范学校”的评比检查和新一轮的申报工作。“体育三下乡”活动在全州开展。凉山州体育局组织的体育健身指导队深入到喜德、普格、雷波、美姑、昭觉、德昌、宁南等县、乡镇为广大农民群众送去精彩的体育表演，提供健身指导服务，并协助省体育局完成在凉山州的科学健身知识巡回讲演工作；全年向农民朋友发放的科普健身知识手册等书籍达2000余册。

【竞技体育】　积极探索与市场经济相适应的业余训练管理体制和运行机制，全州业余训练工作坚持走“体教结合”之路，实施“奥运争光计划”和“金牌战略”。积极承办各项大型体育赛事，着力提升凉山竞技体育知名度。6月28日，凉山州体育局与会理县人民政府成功举办了2011年中国·会理“昆鹏杯”WBC世界拳击理事会洲际拳王金腰带争霸赛，赢得了亚洲拳击理事会主席高威将军的赞美。7月17—21日，凉山州体育局和西昌市人民政府共同承办2011年全国拳击精英赛，来自全国各地的27支队伍200多名运动员参加比赛，并赢得国家体育总局领导的高度赞扬。8月，州体育局成功举办2011年四川省青少年拳击锦标赛，本次锦标赛设男甲、男乙、女甲、女乙四个组别，来自全省的雅安、绵阳、达州、遂宁、凉山等20支队伍300多名运动员参加比赛。凉山代表队共获得7金、6银、15铜（凉山女子一队获得团体第一名）。5月、9月凉山州体育局两次成功承办2011年全国女足联赛四川分赛区西昌站（第二站和第七站）比赛。7月17日，在意大利米兰举行的世界尾波滑水锦标赛上，凉山州培养的邛海水校运动员韩秋、段振坤代表中国参赛，分别获得女子组冠亚军。9月，凉山组建射弩、民族式摔跤、独竹漂、板鞋竞速4个运动队、26名少数民族运动员，代表四川省参加在贵阳市举办的全国第九届少数民族传统体育运动会比赛，获得标准弩女子、男子第一名和第三名；民族式摔跤夺得3个第二名、4个第三名；独竹漂获得2个第三名；凉山州体育局荣获全国民族体育先进集体称号。11月6日，在法国巴黎举行的2011年世界举重锦标赛上，凉山州甘洛运动员赵朝均以抓举128公斤，挺举156公斤，总成绩284公斤获得男子56公斤级三项亚军。凉山州组建了田径、游泳、摔跤、拳击、举重、散打、篮球等12个项目325名运动员参加2011年四川省青少年锦标赛，获得金牌20枚、银牌16枚、铜牌17枚。

【体育场馆作用发挥】　2011年凉山州民族体育馆先

后承办西南片区青少年街舞比赛、州级机关第六届职工运动会、四川省中老年柔力球比赛、庆祝建党90周年州市机关红歌会、西昌市第六中学艺术节、全国体育模特精英赛、全州青少年“萌芽杯”篮球赛、西昌市青少年羽毛球锦标赛、肯德基2011全国青少年三人篮球冠军挑战赛、凉山州跆拳道锦标赛。在推动全民健身计划的实施活动中，一方面继续为业余训练提供免费场地服务，一方面利用节假日向社会开放，为广大人民群众免费提供健身锻炼场地。每天在体育馆参与健身锻炼的市民达到4500人次，全年达到150万人次。

【体育产业】 打造特色体育项目，发展体育旅游产业。“火把节”期间举办的“第五届环邛海湖自行车赛”吸引了有河南、重庆、贵州、成都、绵阳、攀枝花等40支队伍，300多名运动员参赛。7月25日，中国·西昌凉山彝族火把节第二届高原轮滑比赛在“四川最美街道”——观海路举行。比赛以业余为主，吸引了重庆、成都、德阳、内江等多支队伍参赛，共有132名选手报名参赛。德昌县安宁河漂流和山泉水冲浪与傈僳族文化节相结合，形成了安宁河傈僳风情漂流傈僳族水寨山泉水冲浪特色项目，已成为凉山向外推荐的地方体育旅游产品，傈僳族水寨被德昌县政府授予特色体育旅游基地称号。木里县的高山探险——洛克九百里生态体育旅游线路已经形成一条体育旅游观光的黄金之路。盐源县体育局结合秀美的泸沽湖打造了“环湖山地自行车邀请赛”和“泸沽湖女儿国‘猪槽船’划船赛”。美姑、普格、布拖等县在火把节、彝历年民族传统节日及其民俗活动中开展的摔跤、射弩等民族传统体育活动成为地方节日文化必不可少的重要内容。宣传体育旅游精品项目，参展体育旅游博览会。11月，凉山州体育局代表四川省成功组织盐源县体育局、西昌市旅游和文化体育局、德昌县文化体育影视新闻出版局和木里藏族自治县旅游体育局4家单位参展“2011年中国（海口）体育旅游博览会”；木里县洛克九百里生态体育旅游线路、盐源县环泸沽湖山地自行车邀请赛和德昌县安宁河傈僳风情漂流冲浪三个项目获大会精品推荐项目。德昌县文化体育影视出版局和盐源县体育局获参展贡献奖，凉山州体育局获大会最佳组织奖，四川凉山展台获得最佳展示奖。

【体育基础设施建设】 2011年凉山州体育局通过争取上级业务主管部门项目资金和自筹，加大体育基础设施建设的投入。主要建设项目是：投资2900万元的凉山民族国际网球中心（全民健身中心），是一个集全民健身、业余训练、健身培训、竞技体育、承办比赛等于一体的综合性体育文化中心；省体育局资助全州大小凉山扶贫体育项目资金总额为685万元（雷波县新建体育馆405万元，甘洛县游泳池、田径场改扩建200万元，喜德县灯光球场改扩建80万元）。截至12月底，已完成“农民体育健身工程”47个，配套新农村建设新建100个篮球场；在城市社区、农村乡镇安装了5条健身路径。全年争取上级项目资金，使用体育彩票公益金和自筹投入体育基础设施建设资金额达到3826万元。

【彝区健康文明新生活运动】 凉山州体育局在深入推进彝区健康文明新生活运动中结合实际，在彝族聚居乡镇举办篮球、摔跤、射弩、拔河、爬杆、赛马、提马驮子、达体舞、斗牛、斗羊等群众喜闻乐见的民族传统体育活动，群众参与面达到90%以上。

【百乡教育扶贫和“挂包帮”工作】 凉山州体育局动员科级以上干部实施“一帮一”活动，在普格县向阳乡中心校确定帮扶对象并建立对应帮扶档案。1月，凉山州体育局投资帮助普格县向阳乡中心校完成学校校舍维修和环境整治。2月，针对贫困家庭过冬缺少防寒衣服的情况，凉山州体育局组织广大干部职工为向阳乡流租脚村民捐赠衣物500余件。“六一”期间，凉山州体育局科级以上干部20多人到向阳乡中心校给学校贫困学生送去节日礼品、礼金。同时州体育局还向学校赠送了价值2万多元的体育健身器材。7月4日，凉山州体育局帮扶工作小组，向普格县向阳乡流租脚村286户村民，捐赠了286张木制餐桌，折合人民币3万余元。9月28日，凉山州体育局帮扶工作小组为普格县向阳乡流租脚村送去了5万株青花椒苗和2万株核桃苗，帮助流租脚村发展林果业。12月6日，凉山州体育局为向阳乡政府图书阅览室捐赠了科教、科普、种植、养殖类等实用的科技用书2000余册。

（审核：吉觉作哈/撰稿：赵　兴）

公共建设
Public construction

交　通

【概况】　2011 年，凉山州各项交通工作仍保持了持续、快速、健康发展的良好态势，交通运输发展取得重大突破和显著成绩，为加快建设美丽富饶文明和谐新凉山作出了贡献。

【交通规划】　完成《凉山彝族自治州建设美丽富饶文明和谐安宁河谷交通发展规划》、《凉山州彝族地区国家扶贫开发工作重点县扶贫实施方案》（交通专项方案）和《凉山州“十二五”交通运输规划》，木里藏区主通道建设，已列入了省政府申请中央支持藏区“十二五”规划项目表中。《凉山港雷波港区总体规划》已获凉山州政府正式批准实施。

【项目建设】　2011 年，全州地方交通设施建设项目共计完成投资 29.3 亿元，同比增长 92.8%，开工里程 3163 千米，建成里程 2098.6 千米。其中国省干线、大中桥梁完成投资 2.57 亿元；水电开发还建项目完成投资 13.9 亿元；农村公路完成投资 8.8 亿元（含地方自建 2.8 亿元），机场和站点建设完成投资 4 亿元，建成通乡油路 243 千米、通村公路 1598 千米（含地方自建 54.8 千米）。

【高速公路】　雅攀高速公路凉山段已于 2010 年底建成，全线预计 2012 年 5 月 1 日通车，届时以雅攀高速公路全线贯通为标志，全州三纵一横加航空水运的交通运输主骨架基本形成。雅攀高速公路泸黄段改扩建工程设计方案正在编制中。西（昌）至昭（通）高速公路建设项目已完成预可行性研究报告的编制和审查。宜（宾）至攀（枝花）高速公路建设项目已完成预可行性研究报告的编制，待审查。西昌—盐源—泸沽湖—香格里拉高速公路已进入《四川省高速公路网规划（2011 年调整方案）》，现已完成工程可行性研究报告编制，并报省交通运输厅审查。乐（山）至西（昌）高速公路 2011 年 1 月经四川省人民政府第 74 次常务会议审议通过进入《四川省高速公路网规划（2011 年调整方案）》。乐山至云南（川滇界）高速公路方案由省交通设计院负责方案研究工作。

【重点交通】　2011 年，全州地方重点交通项目完成德昌高速公路连接线、S208 线越西县城绕城公路、S310 线会东绕城公路、县道甘石路、泸沽镇至喜德县城一期工程的改造和泸沽湖至亚丁公路（凉山段）的建设，G108 线鱼鲊大桥工程完成投资 7077 万元，占合同总价的 47%。G108 线月华至安宁段公路改建工程于 2011 年 4 月开工，已完成投资 5409 万元。G108 线德昌永郎至会理县城一级路升级改造工程已完成工程可行性编制及审查。德昌永郎至会理县城、S310 线会理县城至会东县城二级路升级改造工程正在设计报批中。S212 线西昌缸窑至宁南葫芦口镇改造工程和 S310 线宁南杨家湾子至会东县城改造工程正在开展设计工作。S307 线西昌川兴镇至昭觉县城改造工程、S208 线甘洛至越西改造工程、县道越西中所镇至喜德冕山镇改建工程正在开展前期工作。S307 线坪头至昭觉改建工程目前处于施工招标阶段。S208 线昭觉庆恒至金阳县城改建工程已完成初步设计工作。S307 线盐源大金河至平川镇段公路升级改造工程正在进行施工招标。S307线泸盐路南田至坪头段公路复建工程已累计完成投资3.96亿元。S208线金阳段公路复建工程已累计完成1700万元。S216线木里卫生院至老虎嘴段锦屏一级水电站淹没复建公路改建工程累计完成投资9581万元。小相岭隧道已完成工程可行性前期工作，正等待省交通运输厅和省发改委审批；小高山隧道工可正在报省交通运输厅和省发改委审查；椅子垭口隧道、箐口隧道正在开展前期工作。

【农村公路】 全年农村公路完成投资8.8亿元（含地方自建2.8亿元），其中，建成通乡油路305.75千米，新增20个乡（镇）通油（水泥）路；建成通村公路1178.4千米，新增227个建制村通公路；建成通村水泥（油）路501.2千米，新增151个建制村通水泥（油）路。

【水陆运输增长迅速】 全年全州道路运输客运量、旅客周转量和货运量、货物周转量，分别上升10.35%、11.5%、9.25%、9.97%。水路客运量增长7.1%、旅客周转量同比增长2.7%，货运量、货物周转量与2010年相比略有上升。

【春运工作】 春运40天，凉山道路运输累计发送旅客933.71万人次，其中道路班线客车发送量411.75万人次，比2010年同期上升12.81%，城市公交客运量441.15万人次，出租汽车客运80.81万人次，旅游运输客运1.01万人次。全州道路运输发送班次11.30万趟（次），其中加班车961趟（次）。公交车开行班次9.95万班。日均投放班线客车3585辆，日均投放公交车574辆，日均投放出租车836辆。水路运输日均投放运力367艘次，高峰期达到550艘次，共发送游客21.65万人次，同比增长18%。

【迎检工作】 3月，四川省交通运输厅公路局副局长、"迎部检"第九督导组组长带领督导组再次来到凉山，对凉山州的迎检工作进行检查和督导。全州整治备检路段86千米，新埋设千米桩、百米桩774个，制作规范化标志标牌750个，整治危（病）桥2座，补植行道树15万株，改造（粉刷）道班房36座，收集整理内业资料135卷，投入专项资金7500万元。

【施行"三定"规定】 《凉山彝族自治州交通运输局主要职责内设机构和人员编制规定》经州政府批准已正式施行。将原州交通局的职责、原州规划和建设局承担的指导城市公共客运管理职责（含出租车行业管理）整合划入州交通运输局。取消公路养路费、航道养护费、公路运输管理费、公路客货附加费、水路运输管理费、水运客货附加费等6项交通规费的征收职责。加强综合运输体系规划的衔接，促进各种运输方式协调发展；统筹区域和城乡交通运输协调发展，优先发展干线交通，大力发展农村交通，加快推进区域和城乡交通运输一体化；交通运输行业安全监督管理和交通运输应急管理；对交通运输行业和产业项目招标投标活动的监督执法等职能。新设安全总监（副县级）1名和城市公共客运指导科（出租车行业指导办公室），取消机关党委办公室，原政工人事科更名为人事科，新增负责机关及直属单位党群工作职能，原监察审计科更名为审计科，其监察职能划归州纪委派驻机构监察室。明确城市地铁、轨道交通方面的职责分工，州交通运输局负责指导城市地铁、轨道交通的运营管理，州城乡规划建设和住房保障局指导城市地铁、轨道交通的规划和建设。

【公路水毁严重】 6月16日晚，暴雨致使凉山州境内G108线、S208线、S103线和成昆铁路、雅攀高速全部断道，西昌至成都方向通行受阻，滞留旅客6800余人，给群众生产生活带来了极大的不便。灾害发生后，交通部门及时组织人力、物力奔赴受灾一线，立即调运108辆客运车开展滞留旅客疏散工作，并迅速展开公路灾害核查工作，对重点危险路段实行了24小时重点监控，科学合理展开抢险工作，用最短的时间，最快的速度抢通灾区交通要道，保证各种救灾物资及时安全运送到灾区。截至6月22日，国省干线公路G108京昆路、S103成美路、S208乌金路、中乃路沿线坍方、泥石流4.4万立方米，路基冲毁11978米/34处，沥青路面损坏50米/2处，涵洞全毁1道、局毁1道、淤塞51道、桥梁全毁3座（其中吊桥1座）、局毁4座，造成经济损失2979.56万元。农村公路受损275条，冲毁路基459.6千米、路面630千米、桥梁92座1608米（全毁44座、局毁48座），造成经济损失1.23亿元。

【永郎至会理段建设】 四川省发展和改革委员会于2011年6月同意会理会东快速通道永郎至会理段建设项目的批复。该项目路线起于德昌永郎镇接西攀高速公路，沿现有国道108线走廊经云甸、益门、会理县城，止于会理县城南果园乡，接国道108线和省道310线交汇。项目路线全长61.1千米，设计时速80千米/小时，路基宽度24.5米，沥青混凝土路面，总投资为50.13亿元，建设工期3年。

【专项整治】 凉山州运管处从2011年4月1日起全面启动道路运输市场秩序专项整治工作。专项整治工作将于2011年底结束。本次市场秩序整治工作的重点内容是打击非法违法从事客运的“黑车”；打击非法经营的牵头者和组织者，特别是打击欺行霸市、带黑社会性质的非法营运和扰乱市场经营秩序的团伙；打击客运车辆抢客、甩客、宰客、倒客，擅自更换客运车辆，驾驶员疲劳驾驶、超速、超载，不按规定时间、线路行驶，罢运、阻塞公路和车站行为；打击使用伪造营运证牌的“黑车”；打击克隆、套牌出租车。严肃查处执法人员徇私舞弊，充当“黑车”保护伞等违法违规行为。

【水域水运行业管理】 四川、云南两省航务、海事部门于5月中旬在西昌市召开第七次水运行业管理业务联席会议，双方参会代表本着友好合作、平等协调、求同存异、共谋发展原则，共同回顾第六次联席会议以来，两省交界共管水域水运行业管理部门开展航务、海事管理工作的情况，充分肯定了双方密切配合，做好交界共管水域水运行业管理工作的同时，对工作中存在的问题交换了意见，并就交界共管水域运输管理、船舶检验、通航管理、事故调处、渡口管理、安全监督、防止船舶污染等方面的管理业务进行探讨，达成共识。

【凉山港雷波港区总体规划】 2011年12月14日，四川省民族地区编制出台的第一个港口总体规划《凉山港雷波港区总体规划》获州人民政府正式批准实施。凉山港雷波港区共规划有下河坝、回龙场等8个作业区，可利用岸线5889米，通航能力1450万吨。凉山港雷波港区规划发展成为化工、磷矿等大宗货物运输为主并兼顾集装箱运输，发展区域旅游和中转换乘、具备公水联运的现代化综合性内河港口。

【安置监控系统】 全州道路运输企业已全面完成GPS监控平台升级改造工作。对“两客一危”车辆安装符合行业标准的卫星定位装置，并接入符合行业标准的监控平台，客运车辆GPS车载终端已按照要求接电瓶。2011年底，西昌汽车运输总公司、西昌市汇通运输有限公司、凉山攀西运输有限公司、冕宁县汽车客运有限责任公司4家企业按经营线路，自行确定1条试点线路进行数据采集、整理，用于实施分段限速。2012年，全州1183辆安装了GPS系统的营运车辆将根据高速、二级公路、山区公路等不同的路段，实行不同的最高时速限制，客运车辆在高速公路上最高时速不超过100千米。

【省交通运输厅副厅长鲜雄调研】 8月初，省交通运输厅副厅长鲜雄赴会理调研交通建设工作，实地察看了鱼鲊大桥、“两会”快速通道和农村公路建设推进情况。并强调要选好领头人，建好致富路为进一步带动沿江乡村经济的发展作出更大贡献。

【培训与考试】 2011年6月1日开始，凉山州交通运输部门的机动车驾驶员培训学时计时管理系统与公安部门的机动车驾驶人报名考试及质量跟踪管理系统正式实现联网工作。通过专网共享机动车驾驶培训学员数据信息，实现对学员报名、培训、考试全过程监督的基本要求，达到有效服务学员与社会，提高培训质量及工作效率，从源头上预防和减少道路交通事故。

（审核：陈　俭/撰稿：何　莉）

公　路

【概况】 2011年，州公路局认真贯彻落实省、州交通工作会议精神，深入学习实践科学发展观，以国省道干线公路“迎部检”为契机，积极转变工作职能，围绕“抓住机遇，迎难而上，服务社会，促进发展”开展工作，较好地完成了全年各项目标任务。

【体制改革】 全州公路体制改革从2010年10月份开始，总体形势良好，养护系统职工队伍基本稳定。但在公路建设、养护、管理等方面，因权责不明晰，出现了推诿扯皮等问题，极不利于公路事业的健康发展。为此，凉山州人民政府根据《公路安全保护条例》和《凉山州公路管理系统和公路运输管理体制改革的实施意见》，制定下发了《凉山州公路养护管理工作实施意见》（凉府办函〔2011〕187号），明确：州公路局负责对各县市公路养护工作进行业务指导；各级地方人民政府是本辖区内公路建设、养护、管理工作的责任主体，并相应承担辖区内的公路建设、养护、管理工作；各县市交通主管部门，代本级政府具体主管辖区内的公路工作，承担辖区内的公路（包括桥梁、隧道及交通附属设施）管理、监督和保护职责；各县市公路局和路政大队按职责分工和有关规定，具体负责辖区内公路的养护管理和路产路权维护工作。

【重点工程】　迎“部检”。4 月 26—28 日，交通运输部检查组到凉山，对全州境内的国道 108 线、省道会攀路、会皎路等 150 公里路段实施检测。检查结果良好，受到了好评，为全省公路养护工作在全国排名上升等奠定了基础。自 2010 年开展迎部检工作以来，全州高度重视，成立了工作领导小组，制定《凉山州普通国省干线公路迎检工作实施方案》，投入大量资金和人力物力开展此项工作。在迎检工作中，投入专项资金 7500 万元。省道 216 线木里境内阿比店梁子至一林场改造工程自 2010 年开工建设以来，由于时间紧、任务重、经费不足，加之受雨季雨水等诸多因素影响，成型路段出现了不同程度的病害。2011 年初，全局提出该工程续建及整治方案，3 月，组织两个公路分局进行续建及整治工程，11 月底，续建及整治工程全部结束。

【抢险保通】　制定八项措施要求各县市公路局、段（队）确保道路安全畅通：一是落实责任，制定原则；二是建立机构，坚守值班；三是完善预案，应急抢险；四是全面检查，排除隐患；五是加快在建工程建设；六是坚持路查，确保安全；七是加强鱼鲊渡口渡运安全；八是真实记录，上报信息。6 月 16 日夜至 17 日凌晨，州内大部分地区突降特大暴雨，国道 108 线，省道 208 线、307 线、103 线及美姑县峨美路、越西县中乃路等多条道路遭受严重损坏，全州出境通道几乎全部断道，累计经济损失达 5000 多万元。灾情发生后，在州委、州政府的领导下，在州交通局、州公路局的统一部署下，各县市公路局不等不靠，在地方政府的大力支持下，积极投入抗洪抢险，冕宁、美姑、越西、甘洛、喜德等重灾区的交通职工全员出动，分组到点 24 小时抢险，两天时间抢通了全州出境通道，受到州委、州政府的赞扬。

【安全生产】　一是组织开展 2011 年春运、“五一”、“安全生产年、百安、安全生产”三项行动、“十一”、火把节、彝族年等专项道路安全整治活动；二是完成了对 S216 线木里境内 31 公里改造工程和 G108 迎部检在建工程的施工现场安全监管工作，保证“零事故”目标计划的实现；三是投资 50 万元对鱼鲊渡口所“长风 301 轮”和“川云 201 驳”进行大修，确保水运安全；四是投资 237 万元对 S208 线 K152 + 700、K178 + 400、K202 + 700 及 G108 瓦瑶沟等四座桥梁实施了整治；五是加强桥梁管理工作，6 月份对全州国道、省道干线公路上的 36 座四、五类桥梁进行安全预警，7 月份根据省局要求，下发州境内应关闭的五类桥梁（18 座）通知，州政府于 7 月 21 日下发《凉山州公路养护管理工作实施意见》，明确桥梁养护管理责任单位和监管单位，8 月份，凉山州接受省公路局组织的桥（隧）安全大检查。

【党建工作】　以建党 90 周年为契机深入推进创先争优活动，进一步增强党支部的创造力、凝聚力和战斗力，充分发挥党支部战斗堡垒作用和党员先锋模范作用，为推进全局各项工作提供了有力的组织保证。一是结合全年公路工作的重点，以创建先进基层党组织、争当优秀共产党员为主要内容，紧密联系实际，坚持改革创新，突出实践特色，统筹推进党的建设其他经常性工作，进一步激发基层党组织和广大党员的生机活力，充分发挥基层党组织的战斗堡垒作用和共产党员的先锋模范作用；二是以维护职工群众根本利益为立足点，建立定期梳理排查职工群众反映突出问题的制度，加大信访问题的督办督查力度，推动问题及时有效解决；三是立足于解决当前存在的突出问题，进一步加强制度建设，逐步形成科学、规范、可行的制度体系；四是切实履行机关党组织职能，重点抓好基层党组织的建立健全、任务分解和落实、活动开展、机制建设等工作，充分发挥党组织的战斗堡垒作用，团结凝聚众智众力，保证单位工作目标和任务的完成；五是认真履行党建工作责任制，坚持以创先争优活动为抓手，大力加强党的思想、组织、制度、作风和阵地建设，全面提高全局各级党组织的凝聚力、创造力和战斗力，为促进凉山公路事业科学发展提供坚强的政治保证。

【精神文明】　4 月 13 日，公路局领导组织相关人员到越西县拉吉乡座谈、慰问，将 2 万元现金交付该乡改善办公条件，并向该乡 18 户贫困户分别发放了 300 元慰问金。6 月 23 日，参加州直机关红歌唱响凉山庆祝中国共产党成立 90 周年歌咏比赛，6 月 27 日，组织“公路杯”男子篮球邀请赛；6月28日，州公路局举行庆祝中国共产党成立90周年大会，全体党员重温了入党誓词；“七一”期间，在全局范围内举办“党在我心中”主题征文比赛。筹资7万元于11月27日至12月5日为348名在职和退休职工进行身体检查，275户公路职工先后于5月和10月拿到经济适用住房钥匙，职工住房条件有了明显提升。全年接待职工来信来访50人次，及时以口头或书面形式对来访者作了解释和答复，缓解了系统行业内部矛盾，稳定了职工队伍。

（审核：韩　丹/撰稿：徐德军）

规划建设

【概况】　2011年度，全州规划建设和住房保障工作在州委、州政府正确领导下，在省住房和城乡建设厅业务指导下，深入学习实践科学发展观，认真贯彻全省住房和城乡建设工作会、州第七次党代会精神，全面落实年初《政府工作报告》的安排部署，牢牢把握“跳起摸高、跨越发展”工作基调，紧紧围绕提速增量、提质增效“双提升”战略，坚持民生优先，突出重点，强化措施，扎实推进新型城镇化、住房保障、建筑业管理、城乡环境综合治理等重点工作，全州城乡规划建设住房保障工作取得了明显成效。

【新型城镇化建设】　城镇规划有新成果。11月8日，国务院正式批准会理县城为国家级历史文化名城，为四川省第8个、全国第118个国家级历史文化名城；《凉山州安宁河谷地区跨越式发展城镇体系规划》编制完成并经州政府同意，于4月印发17个县市和州级相关部门；《凉山州“十二五”城镇发展专项规划》、《凉山州“十二五”基础测绘规划》于5月通过州规划办组织审查；《西昌市城市总体规划》、《越西县城市总体规划》于12月9日通过省住建厅组织评审；会理县、德昌县县域新村建设总体规划通过省住建厅组织评审，并批准实施；宁南、越西、会东、雷波等县县域新村建设总体规划编制完成，并指导各县市开展了城市风貌设计；指导开展334个彝家新寨、118个安宁新居和7个藏区新村规划编制；参与西昌市建设生态田园城市规划、南山等三片区详细规划、邛海湿地三期、海门镇、海河天街、一环路唐城等重要项目规划设计，为重点建设项目出谋划策；参与审查了邛海观光步道二期规划方案，西昌梦里水乡建设规划方案；审查并通过《喜德县城中心街风貌改造规划》、《会东县旧城改造规划方案》、《宁南县城控制性详细规划》、《盐源县城控制性详细规划》，对《越西县城市总体规划》、《越西县城滨河路规划》、《越西县城控制性详细规划》提供了编制意见，为各县城加快建设和发展提供了规划基础。着力基础先行、综合配套，加强城市道路、停车场、供水、燃气、电力通信、公园绿地、休闲广场、生活污水和垃圾处理设施等基础设施和学校、医院、文化广场、避难场所等公共服务设施的规划建设，推进基本公共服务向城乡结合部和农村延伸，全面提升城市生产、消费、就业、服务功能。全年完成城镇基础设施建设投资4.5亿元、村镇建设投资6.8亿元。新增城镇建成区3.5平方公里。10月在西昌成功举办全省推进新型城镇化建设工作会。

【保障性安居工程】　年初5个调研组分赴各市县开展保障性住房建设情况调研，摸清了全州保障性住房建设存在的困难和问题。3月份召开全州保障性安居工程暨住房城乡建设工作会议，对全州2011年及“十二五”期间保障性安居工程工作进行了安排部署。把全年目标任务分解落实到全州17个县市，并与各县市政府签订了目标责任书，纳入政府的年度工作目标进行考核，实行督查督办。加强督查。州政府于5月、7月、9月、10月抽调相关部门负责人组成督查组深入全州17个县市进行专项督查，对保障性安居工程建设工作起到了有力的促进作用。制定《凉山州保障性安居工程“十二五”规划》，积极与凉山州“十二五”供地规划相衔接，早计划早安排，确保不因土地报批问题影响保障性安居工程项目开工建设。全年全州保障性安居工程共计筹资8.21亿元，投入保障性住房建设5.97亿元，棚户区改造建设2.24亿元。各县市按要求办理项目的前期开工手续，严格执行基本建设程序，强化施工现场管理，加强质量安全监管，加大保障性安居工程质量执法处罚力度和竣工验收工作，做到不漏一个项目。开创“凉山州保障性安居工程项目信息公开专栏”，规范公开全州17个县市所有保障性安居工程项目基本信息和工程进度，做到统一、规范、全面、及时，既解决了大部分县市无法找到网上公开平台的难题，同时也更有利于全州保障性安居工程项目信息及时全面的公开。截至年末，全州保障性安居工程已开工建设项目44个、1.74万套，总体开工比例为190.5%。其中，保障性住房建设 6744 套（其中回购解决 360 套），开工比例 120%；棚户区改造开工 1.07 万户，开工比例为 261%。保障性安居工程基本建成 3052 套，建成率达 31.47%，竣工 3755 套，竣工率达 38.72%，发放租赁补贴 1.18 万户。全年完成农村危房改造 3 万户，春节前后完成 3.86 万户。配合州扶贫办，对大凉山综合扶贫开发彝家新寨 334 个村 2.56 万户的建设实施督导，完成 12.79 万人的住房建设。

【建设行业监管】 加强房地产市场管理。认真贯彻国务院《关于进一步做好房地产市场调控工作有关问题的通知》、省政府《关于进一步贯彻落实房地产市场调控政策的通知》等一系列调控政策，重点落实西昌市的房地产市场调控。西昌市房地产市场运行平稳，商品房销售均价较 2010 年上涨 4%，涨幅控制在调控目标之内，房价上涨过快的情况得到遏制。房地产开发企业销售商品房实行明码标价、“一房一价”，并报相关部门备案。西昌市建立商品房价格会审机制，对 3 家商品房销售价格上涨过快的企业进行约谈，促使其调低价格，防止商品房价格上涨过快的情况。全年办理售后房改政策性住房买卖、抵押准入审核 507 件，办结率 100%。2011 年全州完成房地产开发投资 22.66 亿元。坚持把工程质量安全监督放在首位，落实安全生产责任和预防保证措施，深入开展“质量安全年”、“百日安全生产”、“安全生产月”活动，确保建设工程质量和安全。全州受监工程 1372 个、面积 791.1 万平方米，其中新开工工程 1021 个、面积 673 万平方米，报建率达 100%，一次交工合格率 100%。全州全年共有 3 个项目被省厅评为结构优质工程，有 2 个工地被评为省安全标准化工地，有 32 个项目列为标准化工地创建项目，其中有 2 个项目被省建设厅评为省级文明标化工地。全年全州建设系统共组织大检查 2 次，检查在建工程项目 287 项，下发隐患整改通知 130 余份，发现和消除隐患 60 余项，安全隐患整改合格率 100%；全年未发生重大安全生产事故，无人员伤亡情况。全年培训特种作业人员 1267 人，并取得建设部颁发的上岗证书。共完成工地现场检测 1000 余批次、样品检测 8 万余组，实现检测收入 1160 万元。完成委托检测样品质量周报 38 期。加强勘察设计、工程造价和招投标管理。审查 134 个建设工程共 222.3 万平方米的初步设计，同比增长 53.41%；完成 43 个单位 88.8 万平方米建筑施工图审查备案，同比增长 53.41%。加强建设工程造价管理，共办理州属工程竣工结算确认 17 个、面积 9.6 万平方米、结算金额 1.67 亿元；办理州属工程项目施工合同备案 50 个、面积 28.5 万平方米、合同金额 6.75 亿元。加强建设工程招投标管理，共完成招投标监管项目 83 个、报建 83 个，报建率 100%、招标率 100%，招投标工程总投资 13.08 亿元，总面积 74.02 万平方米；妥善处理招投标案件 7 件。加强科技与建筑节能管理。加大墙改基金征收力度，完成 27 家建设单位 299.4 万墙改基金征收，同比增长 100.13%。大力推广散装水泥，全年推广散装水泥 196 万吨、同比增加 34.98 万吨，散装率达到 58.2%，完成目标任务数的 187.7%；征收散装水泥专项基金 166 万元。完善建筑节能规划。组织编写《凉山州可再生能源建筑应用示范城市实施方案》，报住建部评审；《凉山州可再生能源建筑应用专项规划（2012—2015）》于 4 月经州政府批准实施。切实加强建筑业管理。办理入凉备案建筑企业 45 家、监理企业 13 家、造价咨询企业 2 家、单项备案 51 个、担保公司 4 家；办理建造师（员）注册及证章发放 384 人；全年收取农民工工资保证金 47 笔、2006 万元，退返 46 笔、1261 万元，截至年底农民工工资专户已存储 1.04 亿元；开展建筑机械租赁市场培训，全州 20 家建筑机械租赁企业获得行业确认证书；强化效能建设，办结各类行政审批事项 186 件，现场办结率、按时办结率、群众满意率均为 100%，其中办理施工许可项目 48 个、面积 62.24 万平方米、产值 10.27 亿元。全州建筑业实现产值 40.8 亿元。

【环境综合治理】 深入开展治理“五乱”。一是堵疏结合，治理摊点乱摆。2011 年，全州开展各类整治摊点乱摆行动 180 次，清理和规范流动商贩及越门占道经营 2.17 万处。二是整顿交通，规范车辆停放。全州新增机动车专用停车场 49 个。重拳出击对车辆乱停放现象进行治理，共处罚乱停车 4.74 万辆。三是综合执法，治理垃圾乱扔。在城区主要街道、重要管理节点依照“三乱”处罚标准对行人、机动车驾乘人员、临街门市进行处罚。累计处罚 1000 余人次，处罚金额近 10 万元。全州组织 138.81 万人次参与清洁卫生行动，共清理卫生死角垃圾 14.75 万吨。四是多管齐下，遏制广告乱贴现象。拆除清理违章设置的小广告和店招店牌 5317 个，清除“牛皮癣”13.93 万处。将非法小广告的治理从街头、墙头向源头延伸，对雇用、指使他人实施违法行为的人员由公安机关依法打击。全年共治安拘留涉案人员 14 人。五是强化监管，严防工地乱象。全年共处罚抛洒建筑垃圾车辆 1577 台次，治理施工现场扬尘污染 22.39 万处，清理和规范施工现场材料乱堆放 5.47 万吨。全州完成风貌塑造项目 290 个，打造特色街道 15 条，改造特色农房 2.73 万户，清理建筑立面 64.30 万平方米，新增绿化面积 264.19 万平方米，改造城中村 17 处，改造背街小巷 60 条，改造城乡结合部 65.64 万平方米，拆除裙房卡口 1.31 万平方米，治理沿公道夹道建房 253 处。全州新建、改建、扩建垃圾处理场 37 个，新增垃圾处理能力 312.5 吨/日，新增垃圾处理中转设施 1106 个，新增垃圾桶、果皮箱 1.83 万个，新增环卫车辆 239 台，新建、改建、扩建污水处理厂 8 个，新增污水处理能力 7515 吨/日，新建改建扩建市场 29 个，新增市场摊位 3183 个，新建改造公厕 100 个。整合州、市县主流媒体资源，利用州电视台“今晚 8：00”、市电视台“第一目击”、《月城新报》“晒一晒”、《都市凉山》“看不惯”等栏目集中深度宣传城乡环境综合治理。全年州、市县媒体刊发各类稿件 220 余篇。利用各县市城市中心区和进出口道路的 50 个大型 LED 显示屏、滚动屏和滚轴灯箱设置宣传广告 20 余条。另外，督促各县市完成了全省城乡环境综合治理“96198”热线宣传牌的设立工作。通过组织开展“志愿者服务”、“文明劝导”和“义务保洁”等群众性实践活动。全年全州组织群众性志愿者活动及主题宣传活动 1693 次，参与群众近 3 万人次，劝导不文明行为近 60 万人次。

【自身建设】 抓思想建设，扎实推进学习型党组织建设。认真落实中央《关于推进学习型党组织建设的意见》，制定《党组中心组 2011 年理论学习实施意见》，对学习内容、学习时间进行具体安排。着力抓好十七大和十七届四中、五中、六中全会，中央纪委六次全会、省纪委九届七次全会、州委六届十三次全会、州第七次党代会精神的学习贯彻，全年举行集体学习 12 次，邀请州法制局、州委党校专家作专题讲座 3 次；党组成员共撰写理论文章或调研文章 19 篇。切实加强建设系统干部业务培训，全年组织干部业务培训 12 次。抓作风建设，切实增强干部队伍服务意识。认真落实省委“四个特别”要求，坚持钢班子带铁队伍，大力深化“四好”活动。大力推行“一线工作法”，每个班子成员全年深入各县市检查指导工作都在 3 个月以上。清理行政审批事项 17 项，行政处罚事项 332 项，行政征收事项 2 项，其他行政权力事项 4 项。严格首问责任制、服务承诺制、责任追究制等制度的落实，努力提升服务质量，机关工作人员在接待服务对象时主动、热情、周到。抓好政务公开，将公开重点由一般政务公开向热点、难点问题公开深化，做到办事条件、办事依据、办事期限、服务标准、监督体系、办理结果“六公开”。深入开展创先争优和“领导挂点、部门包村、干部帮户”等活动，带头深入基层、解决问题、服务群众，全体党员干部共结对帮扶困难群众 37 户 148 人，捐赠衣物 485 件。为特木里镇勒吉村、日且村和苏呷村 3 所村小学校在校学生捐赠价值 3 万余元的服装 301 套。抓廉政建设，有效促进领导干部廉洁自律。认真落实中央《关于加强领导干部反腐倡廉教育的意见》，以理想信念教育和党性党风党纪教育为重点，多种途径开展示范教育、警示教育和岗位廉政教育，全年开展重点领域、重点领导干部反腐倡廉专题教育培训 12 次，提高了系统干部职工廉政、依法行政意识和业务能力，构筑了坚固的廉政道德防线。大力推进领导干部日常教育监督方式方法创新，认真落实对党员干部的苗头性问题早发现、早提醒、早纠正“三早”机制，不断增强教育监督的针对性和实效性。认真贯彻落实《党内监督条例》和《廉政准则》，严格遵守《关于党员领导干部报告个人事项的规定》及“八个禁止”、“五十二个不准”和“建设系统十不准”，党组成员向全体党员和干部职工公开进行廉政承诺、自觉接受监督，全局上下形成开展党风廉政建设工作的良好局面。抓行风建设，牢固树立建设行业新风气。落实省纠风办《关于对部分具有行政执法职能的部门进行重点评议的通知》、省住房和城乡建设厅《关于 2011 年纠风工作的实施意见》，自 6 月以来在全州建设系统内部集中开展了民主评议政风行风工作。通过深入开展民主评议，共征求到各类意见建议 49 条，内容涉及住房保障、廉政建设、信息公开、队伍建设和服务意识等 8 个方面。经多次召开专题会议剖析、研究，逐项制定了整改方案，落实了整改责任领导、责任单位和责任人，严格限期整改。纠风工作极大地推进了建设系统政风行风建设，进一步转变思想观念，提高服务质量和行政效能。通过集中开展整改落实情况满意度测评，发放满意度测评表 50 份，经过统计，对州局开展行风政风工作表示满意的达 100%。

（审核：伍帮江/撰稿：兰青云）

住房公积金管理

【概况】 2011年，凉山州住房公积金管理中心认真贯彻执行国务院《住房公积金管理条例》、《四川省住房公积金缴存管理办法》、《贷款管理办法》、《提取管理办法》等住房公积金法律法规和政策，不断扩大住房公积金缴存覆盖面，积极调整住房公积金缴存人的缴存工资基数和比例，合规发放住房公积金个人住房贷款，努力满足干部职工的提取需求，不断扩大住房公积金使用率，规范住房公积金的使用行为，尽力支持住房保障和解决干部职工的住房困难问题。完善各项规章制度，健全工作目标管理考核制度。经全州住房公积金专项检查，实现了全州住房公积金管理资金安全，无挤占挪用行为，无违规发放住房公积金贷款行为，无违规转存住房公积金行为，无违规购买国债行为，无骗提骗贷住房公积金行为。全面和超额完成州政府和省住建厅下达的各项工作目标任务，荣获全省住房公积金管理一等奖。

【住房公积金缴存】 凉山州住房公积金管理中心把全面执行住房公积金制度，提高到“保障和改善民生”，推动住房公积金制度发展，落实职工住房公积金权益的高度来认识，把建立住房公积金缴存制度，扩大住房公积金缴存覆盖面作为惠及广大干部职工切身利益的大事来抓，努力把实现好、维护好、发展好人民群众的利益落实到工作中。通过凉山州住房公积金网站、简报、报纸、电台、广场宣传方式，大力宣传《住房公积金管理条例》、《四川省住房公积金缴存管理办法》，宣传扩大覆盖面对维护职工利益的好处；及时向州管委会和社会报告各县市政府和州级机关单位调整住房公积金缴存工资基数和缴存比例的动态，州中心向州级单位和各县市政府通报全州各县市和州级单位的缴存工资基数和缴存比例，动员未建立住房公积金制度的国有企业、国有控股企业为职工缴存住房公积金，会理县管理部深入到单位宣传住房公积金缴存政策，盐源县管理部将住房公积金法规和政策宣传，通过电视专题访谈方式，向干部职工介绍；德昌县管理部将住房公积金管理情况专题报告县委、县政府，州中心将全州住房公积金缴存使用计划执行情况向社会公报。通过努力，2011年度全州新增缴存单位132个，人数7613人，超额完成州政府下达目标任务数的148.6%。管理中心抓住全州干部职工工资收入增长和州、县市财政增收的机遇，及时向州、县市党委、政府通报各地住房公积金缴存工资基数和缴存比例执行情况，在全州干部职工实施地方津补贴或绩效工资，公务员和事业单位职工工资增长的条件下，动员各县市政府调整住房公积金缴存工资基数和缴存比例，得到各市县党委政府的重视和支持。全年有西昌市、德昌县、会理县、会东县、普格县、木里县、越西县、昭觉县，在保持缴存比例为12%的基础上，将公务员地方津补贴、事业单位绩效工资纳入缴存住房公积金的工资基数计算，大幅增加了干部职工的月缴存金额。按基础工资乘系数的方法计算缴存工资基数的有：州级单位按2.3倍计算，盐源县和冕宁县按1.7倍计算，布拖县按1.6倍计算，雷波县按1.5倍计算，金阳、喜德、美姑、宁南、甘洛5县均按基础工资计算。缴存比例均为12%。2011年全州住房公积金归集完成14.89亿元，超额州政府下达目标任务数的48.9%，全州住房公积金归集总额达到64.8亿元，归集余额49.96亿元。

【住房公积金使用】 住房公积金作为住房储金，其作用是：职工按规定提取和办理住房公积金个人贷款购买、建造、大修自住住房。为了支持干部职工改善住房条件，全州加大了住房公积金提取和贷款支持住房保障的力度。积极支持职工合规提取住房公积金。住房公积金管理机构严格按照《住房公积金管理条例》和《四川省住房公积金提取管理办法》规定，支持职工在购买、建造住房、离退休、终止劳动关系、出境定居、偿还贷款等条件下提取使用住房公积金，维护了职工使用住房公积金的权益，2011年度全州共提取住房公积金5.41亿元，较上年同期增长43.09%。积极发放住房公积金个人住房贷款，支持干部职工购买、建造住房。严格按照《住房公积金管理条例》、《四川省住房公积金贷款管理办法》规定，在职工家庭购买住房和建造经济适用住房时，给予办理住房公积金个人住房贷款，并从贷款条件、贷款额度、贷款时限给予政策支持。采取了对各县超限额贷款，通过州中心审批方式，按凉山州最高额度批准，支持职工家庭合理购房需求；加大对州级单位建设改善型经济适用房的个人住房贷款，采取集中审批、快速办理、及时发放，保证建房单位的资金使用；对会理、金阳、盐源、宁南、雷波等县在西昌或本县建设改善型经济适用住房的贷款需求，给予资金保障；对职工因购买首套自住住房（包括二套房）已全额支付房款后再申请贷款的，允许将贷款转入职工个人账户。由于采取灵活多样，求真务实的工作方法，切实发挥住房公积金的保障作用。2011年全州发放住房公积金个人住房贷款4.49亿元，超额州政府下达目标任务数的12.26%，全州住房公积金贷款总额已达34.97亿元，余额19.69亿元。

【住房公积金管理】　住房公积金是广大干部职工的工资性收入，是改善干部职工住房条件的重要资金来源。凉山州住房公积金管理中心及各县市的住房公积金管理机构，是州政府直属的住房公积金管理机构，负责着全州17个县市和州级各单位16.36万人的住房公积金管理的运作，管好用好住房公积金，完善管理制度，落实管理措施，规范运作是住房公积金管理部门的责任所在。凉山州住房公积金管理中心严格按照国家住房公积金管理法规和政策，实行“管委会决策、中心运作、银行存储、财政监督”的原则进行管理。2011年凉山州住房公积金管理部门的主要措施和效果是加强管委会民主决策和管理。州住房公积金管理委员会于2011年8月4日召开全体会议。会议听取了州住房公积金管理中心《关于2010年度住房公积金管理工作情况总结的报告》、《关于2010年度住房公积金归集、使用计划执行情况及增值收益分配方案的报告》、《关于2011年度凉山州住房公积金管理工作的安排意见》。会议审议了《关于州邮政储蓄银行开设住房公积金账户的建议》。管委会参会成员对州住房公积金管理提出建议性意见和建议，管委会主任、副州长许正模从充分发挥管委会的民主决策、科学决策作用，抓好资金安全工作，坚持发展为第一要务，加强管理规范运作四个方面对全州住房公积金管理提出了具体要求。根据省住建厅、省纠风办、省财政厅、省审计厅、人行成都分行、省银监会《关于开展住房公积金专项检查的通知》要求，在州政府安排组织下，由州财政局牵头，各县市财政、纠风、审计部门参与对住房公积金归集、提取、贷款、收支情况进行全面检查。各县市检查组查阅了总账、银行账目，核实了定期存款和银行账户资金。审查提取、贷款办理的档案资料。检查结果表明：全州住房公积金管理账账相符、账实相符、账款相符。无违规挤占挪用住房公积金行为，无违规发放住房公积金贷款行为，无违规购买国债行为，无违规转存住房公积金行为，无骗提骗贷住房公积金行为。加强运营管理，提高综合效益。为了管好用好住房公积金，保证管理资金保值增值，在国家金融政策许可范围内，在保证职工提取需求和贷款需求的条件下，指导各县市分支机构合理的存储存量资金，及时为缴存职工结算利息，加强贷款应还款的本息催收，保证住房公积金运营的效益最大化，保证缴存职工利息收入的计算入账。2011年全州住房公积金实现收益率1.06%，为职工结息8909.19万元，较上年同期增加结息金额4571.04万元，综合费率38.5%，提取廉租住房补充金2500万元。防范运营风险，保证资金安全。为了防范住房公积金运营风险、管理风险，管理部严格贯彻执行省政府提出的住房公积金“四不准”，即“不准挪用住房公积金、不准经商办企业、不准从事除按规定购买国债之外的其他投资业务、不准提供任何担保”。从严审查购房行为真实性，严格合规审批住房公积金个人住房贷款，规范提取行为，防止骗提骗贷行为发生；加强资金管理，严格资金调配和使用，禁止挤占挪用；采取短信、书面通知、约谈、纪律约束和提起诉讼等方式催收逾期贷款，保证住房公积金资金安全。2011年度住房公积金逾期率控制在0.013‰，较省住建厅控制标准3‰，低2.98‰。累计提取住房公积金风险准备金1969万元。

（审核：陈德琳／撰稿：李光杰）

环境保护

【概况】　2011年的凉山州环境保护工作，深入贯彻落实科学发展观，紧紧围绕“建设美丽富饶文明和谐新凉山”的总体目标，牢记“可持续发展战略”，坚持工业强州、生态立州、开放兴州，着力强化了对重点流域、重点区域、重点行业、重点企业的环境监管，全面开展建设项目环境管理整治、重金属污染综合整治、违法排污企业整治、环境安全隐患整治、工业园区环境规范化整治、城乡环境综合整治，实现了主要污染物总量减排、省人民政府挂牌污染源限期治理、生态文明示范创建、改善人居环境质量、保障城乡饮用水安全等各项环保工作目标，竭力打造了水清、天蓝、地干净的宜居安康环境，切实保障了人民群众的环境权益和环境安全，在全州GDP突破千亿元大关、年均增长14.5%的情况下，环境质量仍保持了良好状况，为推进全域凉山跨越式发展，认真履行了人民政府环境保护行政主管部门的职能、职责，全面完成了上级交给的各项任务。

【环保宣教】　把环境保护宣传教育作为“一把手”工程，加强宣传教育工作。突出以“6·5”世界环境日宣传为重点，围绕“保护生态文明，共享绿色未来”的“6·5”世界环境日宣传主题和“保护生态凉山 共建绿色家园”的凉山州宣传主题，全方位、多层次地开展世界环境日的宣传纪念活动，共发放宣传资料20万余册张，调查问卷1万份，制作发放图文并茂、内容丰富、独具凉山特色的1万册彝汉双语宣传画册和5万张彝汉双语宣传年历；电视、电台、报纸杂志共编发环境宣传活动新闻800余条；开展环保文艺演出15（场）次；制作大型户外宣传广告牌18个，制作宣传展板100余块，悬挂宣传横幅200余条；制作宣传光碟100张；参加宣传活动20余万人次；州、县电视台播放“环境保护与经济发展”电视辩论赛半决赛和决赛、环保专题片、警示片持续一周，直接受宣教人数达200余万人。有效提高全州各族干部、群众环境保护意识。全州投入宣传教育经费100万元。开展环境普法工作，开展清理行政职能工作，共清理行政许可6项、行政征收4项、行政处罚154项；聘请四川元航律师事务所为常年法律顾问，对环境法律文书进行规范化检查，对出台的规范性文件进行法律层面的把关，对环保工作中涉及的法律事务积极提供法律服务。完成州级和17个县市环保专网设备的安装验收工作，州级和17个县、市环保专网的构建工作及部分环统设备的接收工作；加快推进国控重点污染源自动监控系统建设，强力保证国控重点污染源企业主要污染物监控数据及时、安全、稳定传入州重点污染源监控平台、省环境信息中心和环保部污染源监控中心。

【新污染源防治】　州环保局审批建设项目112个，其中报告书项目34个，报告表项目78个，总投资37.3亿元，环保投资1.46亿元，占总投资4%；省环保厅审批凉山州建设项目38个，总投资153亿元，环保投资6.5亿元，占总投资4.2%；环保竣工验收项目32个，总投资7.1亿元。为了掌握建设项目“三同时”执行情况，督促建设单位落实环评要求，州局下发《关于进一步加强建设项目竣工环境保护验收工作的通知》，开展执法检查；实行建设项目环保“三同时”监管责任制，建立环评审批部门与环境监察部门联动机制，发布《关于加强环境影响评价机构管理工作的公告》，从环评机构管理、环评文件审查、考核等方面对环评机构进行管理，进一步规范凉山州的环境影响评价从业行为，使环境影响评价行业的健康有序。

【老污染源治理】　主要污染物总量减排。制定了《凉山州“十二五”主要污染物总量减排工作方案》，严控“两高”行业和产能过剩行业的过快增长，严格执行国家关于水泥、钢铁、电力等重点行业的环境准入和排放标准，淘汰落后产能；把主要污染物排放总量控制指标作为新、改、扩建项目立项和环境影响评价审批的前置条件，采取新项目审批与老项目改造治理、搬迁、产业升级相结合，做到增产不增污或增产减污；加大对减排企业的环境执法和环境监测力度，确保治污设施正常运行和污染物稳定达标排放，完成了省下达的年度主要污染物总量减排目标任务；上报水污染物结构减排项目24个、大气污染物结构减排项目6个、大气污染物工程减排项目1个，共减排化学需氧量900吨、氨氮3吨、二氧化硫6200吨、氮氧化物120吨。西昌市供排水公司小庙污水处理厂（5万吨/日）、邛海污水处理厂（1万吨/日）运行稳定。省人民政府挂牌污染源限期治理。凉山宏源锌业、鸿运矿业有限责任公司选矿厂、金沙矿业有限公司、泰和通矿业有限公司四家企业，被省人民政府列为2011年度限期整治工业企业，通过完善环保设施、提高循环用水率等有效措施，实现了污染物稳定达标排放，全部通过了省级验收。开展国控、省控河流断面和107家涉重金属企业季度督查工作，将清洁生产审核作为涉重金属企业污染防治的重要抓手。《凉山州重金属污染综合防治“十二五”规划》，各县市环保部门完成《重金属污染综合防治工作方案》。康铜、合力锌业和西昌重啤集团以及56家涉重金属企业开展清洁生产审核和培训工作。其中，被列入2011年州人民政府目标考核的康铜等3家重点企业已完成清洁生产审核工作，56家涉重金属企业除关停和倒闭企业外，其余46家也完成了清洁生产审核报告的编制工作。

【环境风险防范】　完成2011年度全州固体废物申报登记工作，印发《凉山州2011年危险废物规范化管理督查工作方案》，在全州范围内开展工业和医疗危险废物产生单位、危险废物持证经营单位的危险废物规范化管理督查考核工作；组织全州17个县、市环保局及危废产生企业的危废管理人员，参加省环保厅举办的危险废物和化学品环境管理培训，提高危险废物管理水平。根据《危险废物环境管理制度》规定，为依法跨区域转移、利用和处置危险废物提供服务；指导、帮助和协调收储了德昌千里马水泥厂和普格铁马水泥厂的 C137 核子秤 3 枚，核发了宁南县人民医院等医疗卫生的 III、IV 类射线装置的许可证 16 份，协助西昌钢钒有限公司 22 枚 C137 核子秤放射源和测厚仪等射线装置的购买、运输和安装，全年共批复了冕宁 220 千伏输变电工程等 8 份电磁波环境影响评价报告。开展了稀土企业环保核查、汞污染源调查、持久性有机污染物调查和科技标准执行与调整工作。检查稀土企业 25 家，下达限期整改通知书 12 份，关闭 1 家非法洗选项目，核查上报环保部稀土企业 12 家（冕宁 10 家，德昌 2 家）。调查结果显示：2011 年度全州调查的 14 家企业废水中汞排放量为 0.671 千克，废气中汞排放量为 61.942 千克。全面开展了持久性有机污染物调查工作，按技术操作指南全州共排查出 17 家企业和单位，其中：12 家造纸企业、1 家钢铁企业、2 家殡仪馆、2 家垃圾处理厂，都已上报省环保厅并通过了国家审核；调查结果显示：全州 2011 年度共排放二噁英 3325.6 毫克；完成了西昌邛海湿地作为环保科普基地的申报工作，配合省环保厅，指导各县、市环保部门进行了环境各项标准的执行和调整工作。

【生态环境保护】 完成会理县“省级生态县”、22 个省级生态乡镇的技术核查、命名和 113 个州级生态村的检查、验收、命名及西昌市州级生态村检查验收工作；完成省环保厅和西南督查中心对美姑大风顶国家级自然保护区人为活动实地核查报告、省环保厅下达的 2010 年度生态环境质量评价报告调查统计、200 多个农村生活污水治理情况的调查、凉山州 10 个自然保护区的情况调查；协助省环保厅进行了德昌县、宁南县、甘洛县、越西县、会东县等 33 个生态乡镇的规划审查；按时申报了国家生态补助资金项目 1 个（50 万元）、省级农村生态补助资金项目 7 个（254 万元）、2012 年省级农村生态补助资金项目 11 个（378.3 万元）。

【环境监察】 州环保局与州发改委、州经信委、州监察局、州司法局、州住房城乡建设局、州工商局、州安全生产监管局和西昌电业局共同制定了《2011 年凉山州整治违法排污企业保障群众健康环保专项行动工作方案》，联合开展为期 7 个月的“环保专项行动”：共出动执法人员 4200 人次，检查企业 1600 家次，对检查中涉嫌违法、违规的企业下达限期整改决定书 100 多份，立案 20 多起，处罚违法企业 20 余家；通过拉网排查，共清理出涉重金属排放企业 99 家，对在检查中发现问题的西昌瑞康钛业有限公司、会东新光铜厂、甘洛县新锐公司、冕宁县安宁电冶厂等 30 多家企业，均按照相关规定下达了责令停止生产通知书和限期整改决定书；开展了沿江、沿河化工石化企业环境污染隐患排查整治，对重要江河干流和主要支流沿线的排污企业、相对集中的工业园区和集中式饮用水水源地保护区的企业进行了全面排查，对检查出的德昌县环洁有限责任公司等 42 家存在环保治理设施运行不正常或缺少环保制度及应急预案等问题的企业分别下达了整改要求，并督促企业落实了整改措施；对涉危化品和危险废物的重点单位进行了检查，对检查中存在问题的西昌市汇源气体有限公司、四川合力锌业股份有限公司等 4 家公司下达了限期整改通知；按环评文件及批复要求，建立和完善了建设项目环境监察档案，加强建设项目“三同时”现场环境监管；开展川滇两省联合环境监察 11 次，分别对 2010 年联合监察溪洛渡水电站中发现的 5 个环境问题的整改情况、泸沽湖周边的建设项目环评及“三同时”制度执行情况进行现场检查，对存在问题的建设项目实施了限期整改；开展了排污申报和排污费征收工作，全年共申报企业 317 户，已征收解缴排污费 2132.81 万元。全州环保部门组织开展环境应急演练，建立快速反应机制，不断强化环境应急管理，建立信访投诉和污染纠纷处理长效机制、领导信访接待制和信访处理责任制，有效保障了群众信访渠道的畅通。截至 12 月，全州共接到污染投诉 40 件，其中省级以上污染投诉 19 件，州级污染投诉 21 件，已办结 38 件，2 件正在办理中。回复了人大、政协提案 5 份，回复率达 100%，满意率达 100%。

【环境监测】 开展对金沙江、安宁河、冕宁南河、冕宁孙水河、甘洛尼日河、甘洛河、会理城河、会东大桥河等地表水和全州城市和 385 个乡镇集中式饮用水源地的水质监测，监测数据显示全州主要水体和饮用水源地水质状况良好，省控断面水质达标率为 100%；开展重金属污染专项监测和每 2 个月对全州 56 家重金属排放企业的监督性监测，全面掌握重点企业的污染物排放、周边地表水和地下水及土壤的环境状况，建立了完整的污染基础信息档案和相关数据库；全年完成 14 家国控、8 家省控重点污染源的每季度监督性监测、邛海 4 个省控湖泊水质监测和入湖河流监测、重点污染源在线监测设施有效性审核的每季度比对监测、32 家项目竣工环保验收和污染整治验收监测、95 家建设项目环评监测和委托监测、365 天西昌市城区环境空气质量监测、跨界水域（金沙江、泸沽湖）水质监测；编制了凉山州“十一五”期间《环境质量报告书》（2006—2010 年版），在全省 26 个单位开展的“十一五”优秀环境质量报告书评选中获得三等奖；组织参加了四川省第一届监测技术大比武活动，在 24 个参赛队伍中排名第五，获得团体三等奖、个人重金属分析二等奖和个人综合项目三等奖。

【党风廉政建设及行政效能建设】　局党组按照“标本兼治、综合治理、惩防并举、注重预防”的方针，把党风廉政建设和反腐败工作列入重要的议事日程，作为保障环保事业不断发展的大事来抓，学习贯彻《党内监督条例》、《廉政准则》，抓好领导干部述职述廉、民主生活会、“三项谈话”制度、个人重大事项报告制度的执行，出台了《凉山州环保局 2011 年反腐倡廉工作要点》，签订了党风廉政建设承诺书，落实“一把手”负总责、分管领导各负其责的领导机制，局领导班子成员及局机关各科室、直属单位主要负责人履行“一岗双责”；进一步完善责任分解、责任考核、责任追究、责任制度“四位一体”的工作机制；加强党的建设，开展“四个一”活动：党政主要领导带头讲一节廉政党课、进行一次反腐倡廉理论学习、纪检组每月开展一次廉政教育、组织党员干部观看一组警示教育专题片；局党组组织专题学习，中心组集中学习，开展中国特色社会主义理论体系、党性、党风、党纪教育，对容易出现腐败问题的重点岗位人员进行示范教育、警示教育和岗位廉政教育，进一步提高全局党员干部拒腐防变意识和能力；结合“创先争优”暨“改进思想作风，提高党性修养”学习教育活动，深入实行“四始终、四检验”，开展“四比四创”活动，着力解决“六大问题”，切实转变机关作风，提高行政效能。全年未出现违反党纪政纪法纪的事件。

【环保目标责任制】　年初，州人民政府与 17 个县、市人民政府签订环境保护工作目标责任书，制定《凉山州 2011 年环境保护工作目标责任书考核细则》（下称考核细则），客观、公正地评价各县、市 2011 年度环境保护工作目标任务的完成情况，准确、有效地开展考核工作。评出一等奖 2 个、二等奖 4 个、三等奖 6 个、优秀奖 5 个，州人民政府予以表彰。

【城市环境综合整治定量考核】　城市环境综合整治定量核考，是防治环境污染，改善环境质量的一项重要工作，主要对环境质量等四个大项指标进行考核。在全省 14 个县级城市环境综合整治定量核考中，西昌市环境质量、污染控制、环境建设、环境管理四个大项指标的考核结果总分，名列全省前茅。

【教育扶贫】　按照州委、州人民政府的统一部署，继续开展对布拖县补尔乡的定点教育扶贫工作。继续实行“一把手”责任制，由 1 名局班子成员具体抓，定期不定期到教育扶贫点上了解情况，解决问题。开展“领导挂点、部门包村、干部帮户”活动，继续在补尔乡移民新村开展彝区健康文明新生活运动的宣传教育活动，局机关干部、职工积极踊跃向该村捐资捐物，以点带面，使补尔乡广大彝族群众的生活生产习惯有了改变，生活环境得到改善。2010—2011 年度，州环保局再次被州委、州人民政府授予“百乡教育扶贫工作先进集体”称号。

【行政办公及后勤管理】　进一步完善和规范办文、办会、办事程序，提高协调和服务水平，确保政令畅通和机关高效运转。根据《中华人民共和国档案法》及其实施办法和《环境保护档案管理办法》，制定了《凉山州环境保护局档案管理办法》，规定州环保局办公室负责本级机关环境保护档案建设和管理，对局内设各科、室、直属单位及下级环境保护行政主管部门的档案管理进行业务指导；实行“四同步”规范化文档管理：环境保护档案工作实行下达环境保护任务与提出环境保护文件材料的形成、积累、整理和归档要求同步；检查环境保护工作进度与检查环境保护文件材料的形成、积累、整理和归档同步；鉴定、验收环境保护科技成果与鉴定、验收环境保护科技文件材料的立卷和归档同步；上报登记和评审奖励环境保护科技成果与档案管理机构出具证明材料同步，逐步实现全州环保系统档案管理网络化；制定了《凉山州环境保护局印章管理办法》、《凉山州环境保护局车辆管理制度》、《凉山州环境保护局聘用人员管理办法》，后勤事务管理日趋规范化、制度化。

（审核：吉伍木牛/撰稿：唐坤伦）

邮　政

【概况】　2011年凉山邮政紧紧围绕融入地方一手抓美丽富饶文明和谐的安宁河建设，一手抓大凉山扶贫攻坚和藏区、彝区民生工程的总体思路，抓住机遇，加大投入，细研市场，细分产品，细化区域，强化宣传，注重激励，加快发展，全面完成2011年各项工作目标。凉山邮政在州委、州政府和四川省邮政公司的正确领导下，圆满完成省公司下达的年度预算任务。

【领导班子】　2011年12月，新一届凉山州邮政局领导班子由党委书记、局长许波；党委成员、副局长、速递物流公司总经理高宁；副局长、党委成员、工会主席谢宝先；党委成员、副局长、西昌邮区中心局局长、纪委书记邓伟组成。

【经营】　2011年全州业务收入完成省公司年度预算的104.10%，列全省第11位；同比增长20.91%，增幅列全省第10位；超省公司预算4.1个百分点；2011年，凉山邮政在全省继续保持为二类局。

【改革】　专业改革初步完成。根据省公司专业化经营机构设置调整的规定，州局设立7个专业局，函件广告局、报刊发行局、投递局、集邮公司、电子商务局、代理业务局、机要通信分局，同时对7个专业局领导进行了选拔聘任，县局设立专业经营中心，全州专业化经营改革初步完成。

【管理】　人力资源管理不断加强。一是完成了对部分局四级副人员的考察工作，完成了两个县局副局长的考察、公示、任命工作，另有两人被省公司安排到县局副局长岗位挂职锻炼。二是完成全省薪酬集中发放工作，完成优秀劳务工转聘工作。三是编制《州局各部门（公司）员工岗位职责（暂行）》、《州局各部门（公司）领导、县市局领导岗位职责（暂行）》。四是提前完成远程教育培训，全州学习竞赛活动做到宣传动员率100%、生产人员注册率100%、网上学习率100%、积分达标率100%。本次竞赛全州共有916名生产人员参加，大家共同克服困难，既完成生产任务，又完成学习竞赛。五是技能鉴定工作，截至11月，共有47人参加鉴定，43人合格，合格率为91%。财务管理不断深化。一是完成注资邮储银行的房屋、土地资产评估及确权办证工作，编制下达2011年收支差额预算。二是圆满完成量收二期系统上线和企业成本核算工作，继续做好损益核算工作，企业成本核算工作再上新台阶。三是加强国拨资金使用和核算管理，做好基建工作，完成了一期到三期共82个网点从立项到转增资产，前后达五年时间的维修改造工作。

【服务】　一是营投和服务工作。全年州局共收到用户各类投诉37件，其中省公司转来28件，各类邮件催查函28件，已全部查处答复，全州没有发生重大邮政通信服务质量问题。二是业务考察工作。2011年对全州“铸盾”、“排雷”行动进行了安排部署，对部分县局“排雷”行动、“管理年回头看”、“投递网建设”进行了检查验收，巩固了管理成果。各局两岗履职工作有所加强，视检业务范围覆盖面环比有所提高，部分局视检质量明显提高。三是网路运行工作。优化趟车及区内干线汽车邮路网，降低了运行成本。加强与铁路部门间的沟通协作，实现降本增效。积极配合省公司运邮列车的换挂工作，减轻成昆线长期以来的运邮压力。

【安全】　一是召开邮银协调会，和邮储银行商定金库超限及押运钞安全等问题；按季度召开安全生产联席会，对反映出的安全问题进行梳理并整改。二是对全州邮政金融网点进行安全评估，找到隐患和整改点。三是对全州有条件的ATM机进行防震防撬改造，对部分网点的监控进行增补。四是强化检查监督，严格落实各项安全保卫制度。

【文化活动和送温暖活动】　元旦、春节期间全州邮政共慰问困难职工（含劳务工、内退人员、离退休人员）、困难劳模和一线职工329人次，发放送温暖慰问金10.07万元。巩固建家成果，小家建设呈现新局面。

【纪检监察】　积极组织开展预防小金库知识有奖竞答活动，全州四级副以上领导人员及重点岗位人员共计113人参加了网络或纸质答题。积极开展规范经营，健康发展储蓄短信业务清理活动效能监察项目工作，强化了从源头预防和治理腐败。邀请州检察院预防职务犯罪处罗处长到州邮政局进行题为《珍惜邮政事业，远离职务犯罪》的学习讲座，进一步提高了全体四级副以上领导人员预防职务犯罪意识。完成昭觉等7个县局党风廉政建设检查工作。

【审计工作】　开展用户欠费专项资金审计调查工作；完成82个西部邮政普遍服务网点、2个灾后重建网点的审计工作；开展发票管理专项审计调查，在发票管理专项审计调查工作中查出3张从外单位取得的假发票，同时安排了通过网上审核发票真伪的工作，对下一步加强发票管理起到了积极的作用。

【党务工作】　在凉山州委举行纪念建党90周年表彰先进集体、先进个人的大会上，州邮政局一人被凉山州委授予“优秀党务工作者”称号；在州国资委召开的纪念建党90周年表彰大会上，州局党委被国资委党委授予“先进基层党组织”称号和“党风廉政建设责任制工作先进单位”称号，并被命名为共产党员示范单位；开展工作效能工作，让县局根据工作给州局各部门评分，州局职能部门还开展到基层体验工作的活动，通过这些活动增强了上级为基层着想，后台为前台服务的意识。认真开展为民服务创先争优活动，第一阶段做到了亮身份、亮标准、亮承诺的要求。

（审核：许　波／撰稿：廖晓蓉）

电　信

【概况】　2011年是中国电信凉山分公司经营发展实现一片红，规模效益取得重大突破，企业全面健康发展的一年。中国电信凉山分公司带领公司干部员工，坚定不移以科学发展观为指导，深入贯彻省公司战略策略，深化“两情系一转变”治企理念；全体干部员工信心高涨、全面完成年度工作目标，规模效益发展不断取得新的突破，企业发展迈上新的台阶，连续6年完成省公司下达的任务指标。2011年，公司成本管控取得前所未有的成效；网络支撑能力进一步增强，联动效率明显提高；服务管理夯实基础，客户服务能力得到改善；市县一体化和运营机制变革初见成效；“两情系一转变”治企理念得到进一步深化。

【经营发展】　公司以超常跨越的战略气魄，全速推进规模发展，取得了连续六年超额完成省公司下达经营收入目标任务的良好成绩，全年业务能力显著增强，移动用户增长率达101.57%，全省排名第一。公司规模效益发展取得重大突破，在2011年第二届“跨越杯”劳动竞赛中，公司又荣获全省评比综合完成二等奖、客户经营一等奖，宽带、校园、农村发展及行业应用突破分别荣获三等奖；号百业务提前一个季度完成全年经营目标任务，天翼视讯、移动彩铃等高价值号百增值业务收入完成率、号百声讯业务指标在全省排名第一。中国电信凉山分公司成为全州技术密集型企业的代表，成为全州发展最快的企业之一。

【网络建设】　公司加快光进铜退，重点语音端口、数据端口的新建和改造，持续推进FTTH小区（区域）的新建和改造。提速移动网基站建设、扩容、室内覆盖；传输网完成州到县波分扩容、MSTP扩容；系统实施IP城域网优化提速。宽带全程质量工作深入推进，光接入网资源数据指标达标进一步优化，数据准确率、及时率进一步提升，关键指标均达到或超过省公司考核值。2011年公司主动创新运维管理模式，提高运维支撑效率，确保网络信息安全，持续优化完善基础管理，强化落地执行，逐步解决制约维护支撑中存在的困难和瓶颈。结合实际探索建立市县一体支撑体系，在团队建设、机制保障、制度流程、考核激励等方面逐步完善，在宽带提质提速、全程质量保障、网络优化等专项工作以及政企支撑体系建设、光网支撑体系建设中发挥了重要作用。在“超越行动”、“WLAN专项整治”、“校园专项优化”等专项网优工作得到省公司好评。承接省公司针对不同场景的无线网络安全的维护攻坚项目，总结完善重大活动保障、大型会议保障、校园话务梳忙等精典案例，为全省提供了值得借鉴的基础数据和经验。

【服务质量】　坚持用户至上、用心服务的服务理念，持续推进落实“五个一”服务举措。建立全州服务品质管理团队，将服务事后结果管控转变为包括生产运营全过程的管理，贯彻基于“六全”的客户服务要求，快速提升服务品质。持续开展装维包区竞赛活动，有效解决处理不及时、排障不彻底、反复催单反复报障等问题；充分发挥本地神秘客户测评和护航客户监督作用，及时改进服务短板，提升服务效率；强力推进宽带测速工作，全年共完成用户测速5.4万户，整治近8000户；建立完善投诉升级预警机制，加大一线授权，减少客户越级投诉，强化服务缺陷改进机制的落实，通过投诉处理、投诉关联、投诉分析等挖掘服务缺陷，增强服务自愈能力；综调服务围绕工单管控，提升预约及时率、整体预约率及装机履约率，取得了较好效果。各项服务指标持续改善，整体服务质量和客户满意度得到提升。

【企业建设】 扎实推动州县分公司组织体系调整和运营机制变革，突出销售服务主体作用，有效激发一线活力。年内完成了州、县分公司组织机构和职能职责的优化调整，实现组织单元规范、管理链条扁平化，完成生产班组、农村支局优化调整，开展了标杆班组和农村支局分类评比，通过划小核算单元，逐步建立认领责任制。全州组织架构和岗位优化调整后，管理人员下沉销售服务一线，引导优秀员工充实到了生产一线，员工结构和管理层级得到优化，一线力量得到充实，发展活力进一步增强。人力资源管理全面推广实施“四位一体”改革，建立优化基于岗位价值、与市场接轨的新型薪酬体系，构建公平、公开的职业发展机制，干部领导力建设初见成效，员工管理调配合理，人工成本配置有效，全年人工成本较上年同期增长 28. 23%，员工的工资福利稳中有升。加强员工培训和能力提升，重点能力提升培训开班 18 个，员工转岗培训 7 期，受培面达 200 余人次。党群工作扎实推进，离退休服务工作和谐有序。财务工作深化转型，务实推进价值管理，支撑企业规模效益发展，提升资源全过程统筹管理能力，提高风险防控水平。采购中心紧紧围绕公司经营目标，全力支撑和服务业务发展，较好地完成了各项目标任务。审计工作深度融入客户服务、对外合作、内控评估、重大工程建设、任期审计等方面，进一步提高了规范管理和风险防控水平。纪检监察强化惩防体系建设，有力确保干部员工队伍的健康成长、文化风气的健康向上、生产经营的健康发展。安全保卫工作适应新形势要求，有效打击盗窃通信设施犯罪，建立起打防并举、重在防范的长效机制。工会在组织劳动竞赛、推动民主管理、构建和谐劳动关系等方面取得了新的成效。法律事务、安全生产、信访维稳、危机公关、后勤服务支撑等工作扎实推进，有力促进了企业和谐、队伍稳定，为经营发展提供了强有力支撑。2011 年，总经理柳国云荣获四川省杰出企业家称号，公司荣获四川省优秀诚信企业称号；同时，公司涌现出一大批先进典型，全年荣获省、州级集体荣誉称号共 39 个，荣获集团、省、州先进个人 61 个。

（审核：柳国云/撰稿：戴卫平）

移动通信

【概况】 中国移动通信集团四川有限公司凉山分公司（以下简称凉山移动）自 1999 年 7 月成立以来，始终履行创无线通信世界，做信息社会栋梁的企业使命，按照高位求进、快速发展的要求，勇于开拓、敢于创新，在网络建设维护、用户规模拓展、精神文明建设、党风廉政建设、组织机构调整等方面取得了一定成绩。公司现有员工 1100 多人，下设 6 个综合职能部门，6 个业务职能部门，21 个县市分公司，6 个营销中心。公司拥有“全球通”、“神州行”、“动感地带”三大品牌，号段 134、135、136、137、138、139、150、151、152、157、158、159、147、182、183、187、188 已家喻户晓。2011 年，公司实现上网用户数 200 万户，完成运营收入 10 亿元。

【网络建设】 为圆满完成年度各项工作任务，凉山移动不断夯实 2G 网络基础，加快 3G 网络建设，加强网络维护优化管理，做好通信保障工作，全面启动信息化项目，致力于打造全社会公认的卓越网络。2011 年，公司新建基站 400 多个，新建传输 1300 多皮长公里，累计建设基站 2400 多个，载频总数达到 2. 1 万多块，光缆总长度达到 2. 1 万多皮长公里。在完成对全州 3733 个行政村 100% 移动网络覆盖的基础上，公司继续实现对全州自然村的覆盖，2011 年完成 150 个村通基站建设，解决 181 个自然村的覆盖问题，使得 30818 个自然村覆盖率达到 69%。全年，公司启动应急通信保障 18 次，为卫星发射、重大节假日、大中型水电站建设施工、“‘6·17’冕宁泥石流”抢险、部队演习提供通信保障，通信实力再次获得社会各界肯定。

【客户服务】 秉承沟通从心开始的服务理念，凉山移动以感恩于心，服务于行为主题，切实履行“十项服务举措”，提升服务质量，维护消费者权益，用行动成就卓越，用责任铸就辉煌。公司致力为全社会提供卓越服务，新增“多点触控多媒体显示设备”，引导用户感受移动信息化应用；与四川省机场有限公司合作，建立青山机场机票订购移动客户体验厅，针对移动中高端用户，提供个性化增值服务。同时，公司不断优化火车站、飞机场VIP贵宾厅服务团队，规范服务技能，完善贵宾厅管理，推行差异化服务理念，以更加高效、更加优质、更加人性化的服务，为移动用户提供更加便捷的移动信息生活。

【党建工作】 凉山移动始终将精神文明建设贯穿到生产经营和企业管理的各个环节，深入学习实践科学发展观，扎实推进创先争优活动，争当全省移动通信科学发展的排头兵。公司注重党组织建设，不断发展新党员，并组织新老党员赴彝海结盟地旧址学习党史；注重理论学习，广泛开展保持共产党员先进性教育、党委中心组学习、因为有我——争先创优基层一线先进事迹报告会、倾听一线的声音事迹报告会等实践活动。公司坚持开展纪检监察队伍建设，不断推进惩防体系建设，落实双廉责任制、“三重一大”决策制度，推动集体科学决策，健全反腐倡廉制度，推进惩防体系建设。连续多年，公司党委被州国资委评为党风廉政先进集体。

【社会责任】 秉承正德厚生、臻于至善的核心价值观，凉山移动积极承担社会责任，倾情倾力回报社会。公司积极响应国家号召，推行“绿色服务”，拓展电子化营销服务渠道，推进基站节能试点项目，贯彻落实节能减排工作。公司积极捐资助学，启动书海工程·凉山移动共青书屋项目，开展金秋助学活动，以绵薄之力为凉山教育事业作贡献。13年来，公司积极组织大量人力、物力，为驻西昌演习部队提供优质网络通信服务，支持现代军事演习。公司还坚持开展对驻西昌部队、演习部队的慰问活动，用实际行动彰显军民鱼水一家亲的时代精神。同时，公司连续13年开展大兴乡敬老院定点帮扶工作，每逢节日慰问贫困老党员、困难群众。为此，公司连续多年被凉山州委、州政府评为百乡教育扶贫工程先进集体一等奖。截至2011年，公司共获得5项国家级、20项省级、53项州级、19项市级荣誉称号，先后受到中华全国总工会、国务院国资委、中央文明委的表彰，连续十年被四川移动评为先进单位。

（审核：周荷英/撰稿：李　坤）

联合网络通信

【概况】 中国联合网络通信有限公司（简称中国联通）是2009年1月6日经国务院批准在原中国网通和原中国联通的基础上合并成立的国有控股的特大型电信企业。2011年在世界500强中国企业中位列第45位，在全球企业500强中排名第370位。中国联通凉山州分公司（简称凉山联通）是中国联通在四川省凉山州的分支机构，下设1个西昌城区业务部、16个县级业务部，在全州各乡、镇、村设有营销网络。截至2011年，资产规模达到7.3亿元人民币，员工总数358人，移动用户已达25万户，固网用户近10万户。同时，在全州建有上千个移动通信基站，光缆累计达到7000皮长公里，移动网络覆盖了全州所有17个县市，县城覆盖率达100%，乡镇点覆盖率达95%，经济发达和重要乡镇点覆盖率达100%，省级以上旅游名胜点覆盖率达100%。凉山联通充分发挥WCDMA技术优势和全业务经营优势，面向政府、金融、媒体、大中小型企业提供包括移动办公、物联网、监测监控、位置服务和电子商务五大类行业应用。目前移动办公、移动执法、汽车信息化、智能公交、股票机、远程定损、无线抄表、位置服务、无线数传、监测监控、集团炫铃、集团短信、集团V网等信息化解决方案广泛应用于各行各业，为广大集团行业用户提供了优质、快捷、安全、高效的服务。凉山联通秉承以客户为中心，用服务促发展的服务理念，以为用户提供优质通信服务及促进社会和谐为己任，倾力做到消费请客户放心，服务让社会满意，不断提升客户感知、提升达标水平、提升服务效能。凉山联通正在加快移动通信网络建设步伐，加大固定宽带网络建设力度，积极推进固定和移动网络的宽带化，竭诚为广大用户提供全方位、高品质的宽带通信和信息服务。面向未来，凉山联通将以客户感知和市场需求为导向，以宽带移动互联网业务为重点，进一步拓宽发展领域、提升服务水平，加快有效发展，努力实现股东价值最大化及企业价值最大化，为凉山地区社会经济发展作出更大的贡献。

【基础管理】 面对高速发展的通信事业，凉山联通紧紧围绕全面落实科学发展观，坚定信心，振奋精神，以市场为导向，以客户为中心，坚持诚信经营、坚持艰苦奋斗，以预算管理为主线，发挥融合优势，创新经营，建设精品网络，提高网络质量和服务水平，塑造差异化竞争优势，为公司实现快速发展奠定坚实的基础的指导思想，以“七有”要求为核心，强化基础管理，修订各项标准、制度、流程，抓好ISO 9000的贯标，做好内控体系建设，完善物资管理，严格成本管控，强化绩效管理，规范后台管理，从而夯实了基础管理，提升了公司运营效率和执行力。

【网络建设与维护】 在注重业务发展的同时，公司以满足客户需求、促进客户感知为目标，不断提升网络支撑能力。网络建设上，继2010年完成WCDMA网三、四期基站的建设与开通，有效保障西昌市及全州16县用户享用3G业务；完成2011年GSM网预安排工程及2011年GSM网的建设与开通；完成IP城域网新建及优化扩容工程建设；完成核心网机房RNC、BSC的扩容工程建设；完成各区域内接入工程新建及扩容工作。网络维护上，全年未发生重大故障，各项考核指标均达标，其中作业计划完成率≥80%，实际为96%；大客户业务考核响应及时率≥99%，实际为100%；考核电路开通及时率100%，实际为100%。中国联通四川省分公司对公司的通信事业高度重视，在公司网络建设、技术支撑、资源调拨等方面给予了大力支持，尤其是在WCDMA第三代移动通信网络建设上，充分考虑了西昌市作为中国优秀旅游城市、国家卫生城市在政治、经济和区位上的特殊性，对公司的WCDMA第三代移动通信网络给予了超前部署和特殊支持。在省公司及州委、州政府的大力支持下，公司经过几个月的艰苦奋战，迅速完成了WCDMA第三代移动通信网络第一期、二期、三期、四期网络工程的建设和开通任务，从而将全球应用范围最广泛，开通国家最多，市场份额最高，终端最丰富，技术最成熟的WCDMA第三代移动通信网络成功开通。

【客户服务】 抓服务质量管理、VIP维系管理、客服热线及投诉管理、俱乐部活动、服务自评自愈活动，切实改善客户感知，全力提升服务水平。全年无一件重大、升级投诉事件发生。3月，分公司还获得州消保委员授予的2009—2010年凉山州诚信服务示范单位称号。4月，分公司客服部被省分公司授予2010年度双满意优秀班组、学习型班组荣誉称号。集团对分公司满意度测评数据，凉山2G满意度为76.9分，3G满意度63.8分，均高于全省均值，且排名全省第五。2011年度按照省分公司要求，分公司自评项目共计有24项，如：漏话提示使用自评、宽带修障自评、CCIP系统使用自评等，其中一线体验活动开展活动共计4项。查找营业厅、客服热线、网厅等重要渠道和宽带、固话、融合、3G等重点业务的流程、业务规则和系统支撑等深层次服务短板问题，采取措施提升服务。分公司客户服务KPI指标考核均高于全省平均分，且7个月考核排名居全省第一。通过严、实、细的管理，投诉处理、客户维系等多项工作在省分公司月度服务质量考核中排名前列，得到省分公司肯定，同时为提高分公司绩效考核、促进收入增长做出贡献。2011年全州全网拍照会员用户共15316户，截至12月，2G VIP客户离网率0.31%，3G VIP客户离网率0.22%，会员收入贡献率占全网收入的34%。3GVIP拍照客户保有率85%，3GVIP拍照客户平均流量283.9M/户；3GVIP户均流量239.22M/户，各项指标均高于省分公司基准值。全年，分公司累计发展特约商家76家（含连锁商家）。截至12月积分应用率达到57%，提前完成了省分下发的全年任务。全年开展了“沃的下午茶”、“兵临城下”、“冬季送温馨家政”、“3G时代，WO的精彩，争做3G达人”、便捷服务、流量提升、APRS主动精准续约服务等活动，并细化和规范各项关怀服务于日常工作中，提高客户的使用感知和对公司的黏稠度。对存在的流程规范、服务短板等问题及时与责任部门梳理规范、整改提升，全年渠道服务满意度达90%以上，投诉客户满意度91%以上。

【文明单位建设】 按照集团公司党组统一要求，分公司确定了以融合创造新优势、3G实现新发展这一学习实践活动载体为基础，组织实施以创建先进党组织，争当发展排头兵为主题的创先争优工程。其主要内涵是，在深化改革融合的过程中，在促进科学发展的进程中，充分发挥党组织的政治核心与战斗堡垒作用，充分发挥全体党员的先锋模范作用。通过弘扬先进标杆、树立模范典型、加强基层组织建设、提高党员素质，使改革重组后的凉山联通不断焕发新优势、实现新发展。凉山联通以创建“四好”领导班子活动为载体，加强各级干部队伍建设。以争创“四强”党组织为载体，加强基层组织建设。以争当“四优”党员为载体，发挥党员先锋模范作用。以“建设学习型党组织”活动为载体，增强应对复杂局面的能力。以“教育扶贫”活动为载体，加强与地方的沟通与互动。根据上级公司统一部署，分公司持续开展双满意工程工作。全年组织了班组文化建设、员工关怀、总经理接待日、员工培训、员工健康体检、兴趣活动小组等活动。分公司员工积极参与，员工满意度达到90%以上。为提升服务满意度，分公司结合实际开展了一线窗口服务明星评选、服务自评自愈、行风建设等活动。对存在的流程规范、服务短板等问题及时与责任部门梳理规范、整改提升，全年渠道服务满意度达90%以上，投诉客户满意度91%以上。2011年，分公司开展迎春文艺汇演、纪念“五四”运动演讲比赛、“兵临城下”乒乓球比赛、“我为3G添光彩，青春闪耀”论坛活动、纪念建党90周年活动等各类文体活动，同时公司申报省级文明单位称号，并获得了诚信单位、消费者信得过单位、劳动保障诚信单位等荣誉称号。

（审核：杨文迪/撰稿：古娅梅）

县市概况

City and town profile

西昌市

【概况】 2011年，全市面积2655平方公里。辖37个镇（乡）、6个街道办事处。年末户籍总人口62.54万人，其中农业人口42.76万人，占68.37%；非农业人口19.78万人，占31.63%。男性人口31.89万人，占总人口的50.99%。男女性别比（以女性人口为100）为104.03%。少数民族人口13.79万人，占总人口的22.05%。

2011年西昌市经济社会发展主要指标

项　目	单位	实 绩	同比增减
地区生产总值（GDP）	亿元	296.79	19.5%
人均GDP	元	41010	24.1%
第一产业增加值	亿元	30.33	4.4%
第二产业增加值	亿元	152.04	32.0%
工业增加值	亿元	123.14	30.8%
第三产业增加值	亿元	114.42	10.5%
民营经济增加值	亿元	149.94	24.0%
粮食总产量	万吨	30.84	2.19%
肉类总产量	万吨	8.11	-1.9%
社会消费品零售总额	亿元	126.27	18.4%
全社会固定资产完成投资	亿元	263.2	28.2%
地方财政一般预算收入	亿元	18.21	27.1%
地方财政一般预算支出	亿元	33.35	37.6%
年末金融机构存款余额	亿元	321.8	12.0%
年末金融机构贷款余额	亿元	237.5	18.1%
城镇居民可支配收入	元	20341	15.6%

续上表

项　目	单位	实 绩	同比增减
农民人均纯收入	元	7707	23.6%
建成区绿化覆盖率	%	38.52	—
生活垃圾无害化处理率	%	99.33	5.21 个百分点
普通高校在校生数	人	14235	7.76%
中小学在校生数	人	122500	0.41%
广播综合覆盖率	%	100	持平
电视综合覆盖率	%	99	持平
新型农村合作医疗制度参合率	%	95.02	0.62 个百分点
新型农村养老保险参保率	%	97.41	2011 年开始启动
城镇化率	%	52.68	4.4%

【环境卫生】　对全市的街道、人行道、广场、公共场所等每天实行两次大普扫，全天保洁。对环卫处管理的29座公厕、1800个果皮箱、140个垃圾桶、15座垃圾房、14个垃圾中转站、16个垃圾斗等环卫设施实行规范化管理，定期检查维护。2011年，环卫清扫保洁街道277条，日清扫保洁面积552万平方米，日清扫垃圾450多吨。同时利用省州奖励资金160万元购置大型清扫车1台、高压电瓶冲洗车4台、电动三轮收集车4台。投资20余万元在湿地公园二期安装果皮箱200个；投资125.8万元新购垃圾转运车2台、垃圾垂直压缩站设备1套；投资36.4万元购置移动厕所4座；投资60万元新建航天路一环路口、宁远桥两座带垃圾中转站公厕，建筑面积150平方米。

【工业经济】　全市实现工业增加值123.14亿元，比上年增长30.8%，工业对经济的贡献率达到58.18%。全市规模以上企业达64户，规模以上工业增加值累计增速38.8%，较上年提高6.7%；规模以上工业企业利税总额60.92亿元，同比增长49.42%。全年完成重点工业项目31个，完成投资21.8亿元。基本形成钒钛、有色金属、食品医药、清洁能源、装备制造“五大产业集群”，经久工业园区评为四川省成长型特色产业园区，成凉园区评为四川省农产品加工示范基地、四川省成长型特色产业园区，全力打造太和园区循环经济示范园区。三大园区入驻企业123户，在建项目21个，新增规模以上企业18户。华润集团、中国水电八局、中冶实久、沃尔玛、百胜集团等一批国内、国际500强企业入驻西昌。攀钢西昌钒钛、西昌烟厂技改扩能、瑞康钛业等重大项目竣工投产，官地电站、重钢西昌矿业300万吨技改扩能等重大项目即将竣工。

【新农村建设】　完成经久合营二期、黄水双龙、太和小麻柳等12个新村、1946户新建民居；投入2300万元，实施两期高速公路沿线13个乡镇、4901户改扩建工程；总投资10亿元在西郊尤家屯、海滨村、高枧中所、团结村高起点、高标准打造大规模、大体量新农村综合体示范工程，5000余户新村民居正在建设中；投入350万元，请中规院编制《新农村建设总体规划（2011—2020）》，覆盖全市37个乡镇、231个行政村、1700个自然村落；投入1500余万元，委托海南雅克设计机构编制全市到2015年的241个新村聚集点建设控规、修规，以及10个以上新农村综合体建设规划。

【民生工程】　全年民生工程投入突破10亿元。教育方面，投入2.5亿元实施46个项目。完成西昌阳光学校二期、西昌现代职业技术学校一期建设，实施川兴中学、市民中、二中等学校“七个一”工程，升级改造公办幼儿园、搬迁重建礼州幼儿园，筹建蓝天幼儿园和邛海幼儿园，建设月华中学宿舍、七中教学楼等32个校舍安全工程。2011年，全市高考本科上线人数2068人，本科上线率32%，普通高校本专科共录取5081人。卫生方面，2011年末全市共有医院、卫生院61个，卫生防疫、防治机构4个，妇幼保健机构2个，乡镇卫生院37个，村医疗机构426个。其中，市医院被确立为公立医院改革试点单位。市医院医技大楼、市精神病院门诊综合楼、巴汝卫生员业务楼、8个卫生院国债项目等一批工程已经完工，市中医院搬迁、市疾控中心等筹建项目相继启动。初级卫生保健网络基本建立，基本药物制度实现全覆盖，基层医疗机构药品价格下降18.8%。居民健康档案初步建立。现已建立城市居民健康档案16.2万份，建档率81.43%；建立农村居民健康档案39.8万份，建档率95.68%。社会保障方面，在全省率先启动新型农村养老保险试点，参保率达96.9%，列全省第一。新型农村合作医疗参保率95%，较上年增加1.37%。启动城镇居民养老保险试点工作，农村低保提高到月均51元，城乡低保户达14983户。发放城乡医疗救助302.2万元。建设经济适用房849套、廉租房699套，启动1308套公租房、3140套棚户区改造，发放廉租房租赁补贴244万元，廉租住房保障率达100%。推行70岁以上老年人免费乘坐公交车。就业促进方面，城镇新增就业2815人，下岗和失地农民再就业445人，农民工实用技术培训5432人，城镇登记失业率控制在3.9%以内。

【旅游业】 2011年，接待国内旅游者1233万人次，较上年增长22.81%，其中一日游人数832万人次，较上年增长26%。接待入境旅游人数684人次，全年旅游总收入60.8亿元，较上年增长20.87%，旅游外汇收入89.93万元，较上年增长29.3%。其中春节、火把节、国庆节、彝族年分别接待游客103.38万人次、136.02万人次、71.03万人次、46.85万人次，同比分别增长12.75%、19.61%、35.99%、32.73%，实现旅游收入分别为22575.98万元、25459.5万元、17890.92万元、13383.76万元，同比分别增长12.44%、20.03%、31.96%、31.44%。

【湿地公园】 梦里水乡是邛海湿地的二期工程，南连观鸟岛湿地，北至海河，东连邛海海岸线，西至滨海路，建设面积173.34公顷，总投资1.65亿元（其中征地拆迁1.31亿元，工程投资3400万元）。工程2月18日开工，6月29日竣工开园。自然湿地恢复区占湿地工程建设的85%以上，通过清淤疏浚、“三退三还”，将千亩房屋、鱼塘、田地还原为水面、浅滩，湿地和特色各异的81个小岛，培育了千余亩水生、湿生植物、花草，形成了沉水植物—浮叶植物—挺水植物—湿生乔木—陆生乔木合理配置的自然生态立体景观和生态屏障，增强了邛海水体修复能力。通过观鸟岛和梦里水乡的湿地建设，邛海水域面积从不足27平方公里增加到29平方公里。

【领导人】 州委副书记、市委书记：赵世勇；市人大常委会主任：罗开莲（彝族，女）；市长：李 俊；市政协主席：李永华。

（审核：赖文江/撰稿：王 勇）

德昌县

【概况】 2011年，德昌县深入实施“一六五”经济社会统筹协调发展战略，突出抓好工业强县、农业振兴、旅游突破、城市提升、投资拉动、环境创优、工作争先七个重点，倾力打造富裕德昌、花园德昌、宜居德昌、平安德昌，圆满完成了“十一五”规划的目标任务，成功创建全国科普示范县、国家级农业标准化示范区先进县、国家农村绿色能源示范县、省级绿化模范县、省级园林县城、州级文明县城、省级计划生育优质服务先进县。

【综合经济】 国民经济持续快速增长，综合实力进一步增强。全县地区生产总值455051万元，比2010年增长13.0%，其中，第一产业增加值117186万元、增长4.4%，第二产业增加值204338万元、增长22.0%，第三产业增加值133527万元、增长9.0%。人均GDP达到21244元，比2010年增加3622元，增长9.5%。经济结构略有调整，一、二、三产业占GDP的比重，由2010年的28.1∶40.5∶31.4发展为25.8∶44.9∶29.3。民营经济发展迅猛，全年实现增加值285762万元，增长16.3%；占GDP的比重为62.8%，比2010年提高1.9个百分点；对经济增长的贡献率达70.6%，比2010年增长0.4个百分点。民营经济当年完成税收总额9027万元，比2010年增加1522万元，增长20.3%。全年一般预算总收入达45731万元，比2010年增长22.6%，其中一般预算地方财政收入（一般预算）34068万元，增长31.0%；人均地方财政收入1658元，比2010年增加377元，增长29.4%。全年财政支出102306万元，比2010年增长31.6%。全年居民消费价格总指数同比上升4.4%，其中，食品价格上升10.1%，肉禽及其制品上升13.0%；全年商品零售价格上升4.6%。

【农业】　县委、县政府认真落实各项强农惠农政策，大力实施助农增收工程，强化农业基础设施建设，加快现代农业发展步伐。全年农林牧渔服务业总产值（现价）达到193794万元，比2010年增加23971万元，增长14.1%。其中农业产值100565万元，比2010年增加18041万元，增长21.86%；林业产值4687万元，比2010年增加620万元，增长15.2%；畜牧业产值80763万元，比2010年增加4437万元，增长5.8%；渔业产值4768万元，比2010年增加672万元，增长16.4%；服务产值3011万元，比2010年增加201万元，增长7.2%。全县农村经济总收入169158万元，增长17.5%。六大支柱产业收入不断增强。烤烟产量35.6万担，烟农收入3.2亿元；蚕桑产茧4.0万担、桑葚2000吨，蚕农收入6145万元；蔬菜种植10.4万亩，菜农收入3.4亿元；林果产量6.0万吨，果农收入2.2亿元；肉类总产3.43万吨；劳务输出4.06万人，劳务收入4.72亿元。认真执行“粮食直补”政策，稳定粮食作物播种面积，全年播种面积达17646公顷，比2010年增长0.7%，粮食总产量达97378吨，比2010年增加2666吨，增长2.8%。其他主要农作物产量如下：油料产量780吨，比2010年增长3.9%；烟叶产量达35.6万担；糖料产量1.43万吨；全年水果产量1654吨，比2010年增长8.3%。以实施天然林保护和退耕还林（桑）工程为重点，加大投入，植树造林、护林防火、病虫害防治等森林资源保护管理工作得到了有效加强。全县全年完成造林面积550公顷，比2010年增长9.8%。全年森林管护面积132835公顷，森林病虫害发生率为0.2%，监测率、防治率均达到100%。大力扩大种草养畜、肉羊圈养规模，积极推广科技措施，提高牲畜出栏率，发展畜牧加工企业，推进产业化经营。全年出栏肉猪29.68万头；牛出栏1.94万头，增长0.7%；羊出栏9.92万只，增长0.9%；家禽出栏354.9万只，增长0.9%。肉类总产量达34301吨。全年水产品产量6003吨，比2010年增加320吨，增长5.6%。全县农田有效灌溉面积8060公顷，比2010年增加85公顷，增长0.8%；全年化肥施用量（折纯）11929吨；年末农业机械总动力17.9万千瓦，较2010年增长10.2%；农村用电量为3096万千瓦时，增长7.3%；全年农用塑料薄膜使用量达874吨，地膜覆盖面积14099公顷。

【工业和建筑业】　在环境立县、工业强县战略的逐步实施以及引资力度的不断加大，为工业经济发展创造了新的契机。在水电开发热潮的带动下，年销售收入超过2000万元的冶炼企业不断入驻落户。全县工业总产值62.27亿元，比2010年增长43.8%；其中规模以上工业企业完成产值54.28亿元，同比增长49.8%。德昌风电开发进入新阶段，麻栗风电一期建设工程竣工投产，德昌安宁河风电场成为四川首座风力发电场。风电场二、三、四期工程项目进展顺利。在规模以上企业主要工业产品产量中：复合肥产量5.51万吨（折纯），比2010年增长3.7%；机制糖2978吨，减少28.0%；石墨电极产量5.51万吨，增长35.5%，工业硅产量5.3万吨，增长9.8%。工业企业效益全面提升，总体水平提高。32户规模以上工业企业全年实现销售收入46.89亿元，比2010年增长44.1%；工业产品产销率98.34%，比2010年减少0.17个百分点；当年实现工业增加值18.48亿元，同比增长23.2%；全年利税总额8.35亿元，增长65.8%，其中：利润总额6.47亿元，增长60.9%。全县建筑业生产稳步增长，全社会建筑业生产完成增加值5.92亿元，比2010年增长23.8%。

【固定资产投资】　重点项目和基础设施建设取得新的成绩。完成108国道改造，修通螺髻山进山公路，建成东干道、香城大道，架通自来水厂从螺髻山老鹰沟取水的输水管道使县城居民结束喝安宁河水的历史。全年全社会完成固定资产投资总额23.41亿元，比2010年增长22.3%，其中，基本建设投资14.41亿元，更新改造投资5.60亿元，其他投资3.40亿元。招商引资成效显著，全年引进项目28个，签约项目15个，协议引进资金52.5亿元，实际到位资金20.3亿元。

【国内贸易和对外经济】　城乡居民收入不断增加，全县消费品市场繁荣、购销活跃。全年社会消费品零售总额达14.38亿元，比2010年增长17.2%。批发和零售业实现增加值2.46亿元，比2010年增长12.7%；住宿和餐饮业实现增加值1.31亿元，比2010年增长15.6%。从城乡结构看，农村市场零售额增速低于城镇。城镇市场零售额10.07亿元，农村市场零售额4.32亿元，分别比2010年增长18.2%、15.0%。对外贸易不断增长，全年出口总额（包括转口贸易）524万美元，比2010年增加65万美元，同比增长14.2%。

【交通运输、邮电、旅游】　交通运输整体发展势头良好，运输能力不断增强，道路质量明显改善。全年公路旅客周转量1.93亿人公里，比2010年增长20.6%；公路货物周转量4.99亿吨公里，增长19.2%。2011年年末，境内公路总里程1340公里，其中等级公路920公里；年内新增油路5公里。建成通村公路17.4公里、农村客运站点5个，境内铁路总里程65公里。全县年末民用汽车拥有量5128辆，比2010年增长14.8%。全年邮政业务总量1023万元，比2010年增长11.8%；电信业务总量6838万元，增长13.7%。年末本地固定电话用户数达2.93万户，比2010年增长2.2%，其中城市用户4798户，增加1.2%；农村用户2.45万户，增加9.7%；全县固定电话普及率46.5%。年末移动电话用户数达8.12万户，比2010年增加9.7%；年末互联网用户达5806户，增加658户，增长12.7%。旅游业发展不断增强，成功举办第四届啤酒节和樱桃节、第二届桑葚节、首届傈僳风情冲浪节和石榴花节；成功引入川旅集团合作开发螺髻山旅游项目。生态农业观光、旅游基础设施建设取得明显突破。旅游总收入达2.13亿元，比2010年增长21.7%，旅游人次达65.32万人次，比2010年增长13.0%。

【金融和保险业】 认真落实国家货币政策，狠抓信贷结构的合理调整和资金的有效投入，努力改进金融服务，稳定金融秩序。金融机构各项存款余额31.41亿元，比年初增加3.75亿元，增长13.6%；各项贷款余额12.60亿元，比年初增加2.58亿元，增长25.7%。保险事业稳定发展，保费收入持续增加，受益群体不断扩大。全年保险机构保费收入1.09亿元，比2010年增长15.5%；全年处理各种赔案支付金额1578万元，比2010年增长11.2%。

【教育】 坚持落实教育优先发展的战略地位，在实施四川省民族地区教育发展十年行动计划和“普高”规划的同时，努力加大投入，有力地推动了全县教育事业向前发展。2011年，全县各类学校在校学生30445人，其中，中学在校学生9613人，小学在校学生2.08万人。实施校园安全工程，小学学龄儿童入学率达100%，初中阶段入学率达98.7%，初中毕业生升高中阶段学生比例92.1%。

【文化、卫生、体育】 成功申报傈僳族刺绣等9项省级和13项州级非物质文化遗产保护名录。《德昌县志》（1991—2006）顺利出版发行。全县有电影放映单位1个，公共图书馆1个，文化馆1个，累计新建农家书屋118家。“村村通”工程得到巩固和发展，县内有卫星广播电视接收站98座，电视人口覆盖率99.2%，广播人口覆盖率98.2%。地方内部刊物《德昌观察》全年出版45期，共印14.49万份。举办各种文艺活动，群众文化生活丰富多彩，中老年群众业余艺术团表演活跃，群众性文化活动广泛开展，放映电影2800余场次。启动医药卫生体制改革试点工作，实施基层医疗单位基本药物制度，县乡村三级卫生医疗网络基本形成，公共卫生服务体系基本健全。疾病防治工作得到有效加强，广泛开展爱国卫生运动，全县未发生“二号病”和甲型H1N1流感。采取一系列治本措施，降低了血吸虫病的感染率和结核病的发病率。新农合参合率达95.2%，县医院、中医院成功创建二甲医院，创建省级农村中医先进县。严格执行计划生育基本国策，新建村级计生服务室83个。年末全县有卫生机构37个（不含诊所），其中医院2个；卫生机构实有床位922张，其中医院679张；卫生技术人员495人，其中执业医师和助理医师273人。

【环境保护】 环境污染得到一定控制，工业“三废”治理比2010年有所好转，各企业现有专职环保人员126人，年内对32户企业工业污染排放及处理利用情况进行了监测，32户企业全年工业废水排放量83.3万吨；工业废水处理量71.2万吨，工业用水重复利用率达到85.5%；全年工业废气排放量386120万标立方米；工业固体废物产生量7.30万吨，综合利用7.23万吨，综合利用率99.1%。节能降耗工作取得一定成效。2011年，万元GDP综合能耗为1.0280吨标煤，比2010年下降7.8%，其中规模以上工业万元增加值综合能耗为2.3053吨标煤，下降12.8%。

【人口】 继续坚持人口、经济、社会、环境和资源协调发展的国策，生育政策稳定落实，人口自然增长率在控制目标之内。全县计划生育率94.66%。全县年末户籍总人口205147人（公安人口统计），全年净增人口1357人，比2010年增加1.5%。全县全年出生人口2754人，出生率13.4‰；死亡人口1435人，死亡率7.0‰；人口自然增长率6.4‰。年末人口密度90人/平方公里。2011年12月，德昌县成功创建“省级计划生育优质服务先进县”。

【人民生活和社会保障】 城镇居民收入和农民人均纯

收入呈稳步增长势头，生活条件继续改善。城镇居民可支配收入17399元，比2010年增长18.3%，增加2689元；农村居民年人均纯收入7611元，增长22.1%，增加1376元。劳动结构有所调整，职工收入稳定增长，城镇单位在岗职工年平均货币工资收入38470元，比2010年增长10.5%。城乡居民储蓄存款余额稳定增长，年末余额达217488万元，比年初余额增加39712万元，增长22.3%；年人均储蓄存款余额达10602元，比2010年增加1845元，增长21.1%。2011年全县参加基本养老保险的人数达9258人，其中退休人数3049人，当期征缴养老保险基金6862万元；为离退休人员发放养老金4085万元，养老金足额发放率和社会化发放率均保持100%。年内继续实施城镇职工基本医疗保险和新型农村合作医疗保险。农房保险从每户补助10元提高到20元，参保7500余户。累计建成扶贫新村16个，减少贫困人口2万人。实施保障性安居工程，建成廉租房300套、在建228套，经济适用房422套。继续落实城镇、农村最低生活保障制度，纳入保障的城镇居民2961人、农村居民8088人，农村“五保户”统筹供养1088人，集中供养262人，全县孤儿纳入财政抚育、每人每月600元，城镇低保3044人，农村低保12085人，城乡医疗救助全面推进。启动了失地农民基本养老保险，全年累计发放保障金660万元。

【领导人】 县委书记：刘明书（11月调离）、王顺云（11月接任）；县人大常委会主任：刘光祥；县政府县长：苏正清（彝）；县政协主席：徐启萍（女）。

（审核：周　雯/撰稿：罗　艳）

会理县

【概况】 2011年，全县面积4527平方公里，辖6个工业（生态农业）园、50个乡镇。年末人口总数458517人。出生人口2449人，出生率5.36‰，同比下降0.07个千分点；死亡人口2062人，死亡率4.5‰，同比上升0.5个千分点。人口自然增长率0.85‰，同比下降0.34个千分点；符合政策生育率95.94%。

【经济概况】 全年全县实现地区生产总值167.71亿元，同比增长12.6%。其中：第一产业实现增加值29.22亿元，增长4.4%；第二产业实现增加值101.98亿元，增长17.1%；第三产业实现增加值36.5亿元，增长9%。产业结构日趋合理，三次产业比重由2010年的20.1∶55.8∶24.1调整到2011年的17.4∶60.8∶21.8，二、三产业占GDP比重比2010年提高了2.7个百分点。人均国内生产总值38857元，同比增加9027元，增长30.3%。

【灾后恢复重建】 按照调整后的《攀西“8·30”地震会理灾后恢复重建实施规划》，全面完成农房及辅助用房、城镇居民住房、公共服务设施、基础设施维修加固及重建任务，基本完成城镇、产业、生态等恢复重建；已完成政府性投资25.7亿元，占规划投资26.88亿元的95.61%。规划重建项目7个大类107个子项目，完工97个，占项目总数的90.65%，三年重建任务基本完成。

【农业及支柱产业】 全县实现农林牧渔业产值48.54亿元，增长5.1%。粮食总产达到29.54万吨，增长2.5%；烤烟达到34012吨，下降6.5%；石榴总产26.77万吨，增长13.3%。畜牧业产值19.05亿元，下降0.8%；肉类总产量9.76万吨，下降2.2%；大牲畜存栏30.54万头，增长4.6%，其中：牛存栏25.75万头，生猪存栏84.29万头，羊存栏85.46万头。对全县302万亩森林和8.1万亩退耕还林进行常年管护。麻风树、印楝、华山松、核桃等经济林木种植面积78.2万亩，林业产值2.08亿元、增长6.5%；森林覆盖率达52.1%。省级生态县创建高分通过专家组技术核查。

【工业强县】 大力实施工业强县战略，全年实现工业增加值91.39亿元，增长15.9%。71户规模以上工业企业实现总产值234.95亿元，增长83.5%；实现销售收入209.73亿元，增长70.4%；产品销售率达97.1%；实现利润17.09亿元，下降4.6%。规模以上工业企业主要产品产量：铁矿石（成品矿）完成4016万吨，增长40.5%；原煤完成45.11万吨，增长17.3%；铜选矿含铜5万吨，增长1.6%；铅选矿含铅0.59万吨，下降39.2%；锌选矿含锌3.48万吨，增长39.8%；发电量2.19亿千瓦时，增长23%；水泥完成5.51万吨，下降61.2%。

【商贸物流】 全年全社会消费品零售总额29.15亿

元，增长18.2%。从行业看，批发零售总额为6011万元，增长23.9%；零售业21.3亿元，增长20.8%；餐饮业零售总额7.07亿元，增长10.5%；住宿业零售总额为1784万元，增长10.7%。全县实现家电下乡销售额9373万元，销售量3.14万台，同比分别增长1.65倍和67.9%。

【民营经济】　年末全县民营经济总户数11506户，民营经济增加值99.65亿元，同比增长15.3%，增速高于公有制经济2.7个百分点，占GDP的比重为59.4%，同比提高了2.2个百分点。对GDP增长的贡献率达到69.5%，拉动GDP增长8.8个百分点。民营经济税收5.08亿元，增长13.3%。

【招商引资、固定资产投资】　成功举办千年名城·财富会理2011巴蜀画派名家画会理作品展暨招商推介会。全年外来投资履约项目23个，到位资金25.18亿元，增长72.47%。全社会固定资产投资总额52.07亿元，增长16.9%；2011年施工项目90个，新开工项目57个。

【财政、金融、保险业】　全年全县完成财政一般预算总收入18.55亿元，增长31.5%。其中地方一般预算收入11.51亿元，增长26.3%。截至12月末，全县金融机构存款余额83.02亿元，增长17.7%；金融机构贷款余额41.43亿元，增长12.8%。保险机构保费收入1.3亿元，增长3.3%；各种赔案支付金额3989万元，增长26.4%。

【交通运输、邮电、旅游】　全年全县公路通车里程达4363公里，公路旅客周转量2.60亿人公里，同比增长8.8%；公路货物周转量4.18亿吨公里，增长6.1%。全年邮电业务收入1.43亿元，增长16.5%；邮政业务总量0.25亿元，增长69.1%。年末固定电话用户数4.7万户、移动电话用户数20.83万户、国际互联网用户1.3万户；固定电话普及率10.2%。全年旅游人数88万人次，增长15.8%；旅游总收入1.5亿元，增长25%。

【教育、科技】　小学学龄儿童入学率100%，巩固率99.5%。初中入学率103.4%，巩固率98.8%。全县高考本科上线378人，同比增加98人。成功创建四川省科普示范县；凉山矿业《多金属铜矿选矿工艺技术攻关》和《快速烟叶编杆机研制与推广应用》项目分别荣获州科技进步一、二等奖；争取到新农村示范片农业科技园区建设技术集成项目——《现代烟草农业“节本增效”综合配套技术与石榴标准化生产技术》，项目资金100万元；争取到州科技重点项目5项，项目资金80万元；有烤烟、石榴、畜牧等农村专业技术协会300余个，其中：烤烟生产专业合作社182个、石榴生产专业合作社76个；培训农村人员8940人，劳务输出4.36万人；建设科普示范乡镇17个、科普村49个、科技示范户11049户、科普示范学校10所。

【文化、卫生、体育】　有各类娱乐场所44家、体育场馆2个、国家级标准文化馆1个、国家三级图书馆1个、乡文化站42个；全县广播覆盖率达90%，电视覆盖率达98%；第三次全国文物普查登记不可移动文物165处；会理被国务院列为国家历史文化名城。医疗卫生体制改革稳步推进，全县拥有卫生机构504个、床位1205张；卫生技术人员1643人；参加新型农村合作医疗人数37.62万人，增长5%，新农合参合率98.1%。深入实施《全民健身计划纲要》，全县成立了18个单项体育协会，年内组织比赛90余次。

【就业和社会保障】　全年全县实现城镇新增就业2422人；再就业638人；失业率1.88%；技能培训6165人。“五大保险”参保人数9.86万人，征缴保险基金2.41亿元，其中：参加基本失业保险参保7750人，征缴失业保险480万元；参加基本养老保险2.28万人，征缴养老保险基金1.18亿元；参加工伤保险1.74万人，征缴工伤保险基金535万元；参加基本医疗保险2.53万人，征缴医疗保险基金4717万元；参加生育保险2.53万人，征缴生育保险基金295万元。

【领导人】　州委常委、县委书记、县人大常委会主任：胡坤（11月止）；县委书记：李宁一（11月起）；县人大常委会主任：花定明（12月起）；县长：李宁一（11月止）、王显晖（12月起）；县政协主席：付正友（11月止）、张顺银（12月起）。

（审核：李美桦　刘承理/撰稿：张　望）

会东县

【概况】　2011年，全县辖区面积3227平方公里，其中耕地3.2万公顷，比2010年增0.51%，森林覆盖率45%。辖53个乡（镇），318个村，7个社区。年末总人口412340人，其中男性220402人，占53.45%，女性191938人，占46.55%；共有29个民族。全年共出生2983人，死亡2050人。人口出生率7.36‰，同比下降0.46个千分点；人口自然增长率2.3‰，同比下降0.27个千分点。全县生产总值97.18亿元，增7.2%，其中：第一产业增加值28.21亿元，增4.4%；第二产业增加值50.39亿元，增8.3%；规模以上工业增加值55.96亿元，增21.55%；第三产业增加值18.58亿元，增8.8%。全县粮食总产量26.64万吨，增2.6%。肉类总产量8.6万吨，降1.44%；“四畜”存栏183.23万头（只），出栏144.81万头（只）。社会消费品零售总额24.33亿元，增16.9%。全社会固定资产完成投资16.25亿元，降29.74%，其中：基本建设投资13.08亿元，增加38.74%；更新改造完成0.23亿元，减少91.56%；农村私人投资2.46亿元，全年工业项目建成投产1个，新增固定资产12.78万元。县财政总收入9.31亿元，增8.25%；一般预算收入7.02亿元，增7.58%；一般预算支出15.25亿元，增11.19%。全县金融机构各项存款余额41.94亿元，增19.19%，各项贷款余额13.95亿元，增4.98%。城镇居民人均可支配收入15882元，增15.12%。农民人均纯收入8277元，增25.18%。

【农业】　立足绿色特色资源优势，用抓工业的思路抓农业，支柱产业不断发展壮大，成为全国产粮大县、生猪调出大县、无公害肉羊产地县、退牧还草重点县、华山松子第一生产大县，全省优质烤烟生产基地县、优质蚕茧生产基地县，州级现代畜牧业试点县。2011年实现农业增加值28.21万元，增4.4%。

【工业】　大力实施工业强县战略，立足资源上项目，延伸产业链提升附加值，促进了黑色金属发展壮大，有色金属全面发展，非金属产业实现突破，建材产业迅速崛起。2011年，全部工业实现增加值50.39万元，增8.3%。其中：规上工业企业达到30家，工业对GDP的贡献率达50%以上，对县域经济的支撑作用明显。

【第三产业】　积极引导三产健康发展，拓展发展领域，提升发展水平。2011年第三产业实现增加值18.57万元，增8.8%，对GDP的贡献率达30.8%。个体工商户达到8075户、私营企业275家。扎实推进“万村千乡”市场工程和家电、汽车、摩托车下乡工程，建设农家店303个。金融业稳步发展，金融机构各项存款余额达22.24万元，增20.92%，贷款余额为13.95万元，增4.98%。招商选资、招大引强成绩突出，共签约招商引资项目36个，累计到位资金36.81万元，有力助推了县域经济的快速发展。

【市政设施建设】　修改完善《会东县城市总体规划》，编制各类建设规划186个。城区面积拓展到4.06平方公里，新建广场1个、住宅小区4个，新增街道15条、公共绿地46万平方米，城镇人口达10.65万人，城镇化率达29.35%。参鱼河河堤景观及节制闸、县城自来水厂、供水管网改造等一批城市重大基础设施建设顺利推进。严格执行经营性土地和工业用地招拍挂制度，先后出让商业用地2宗，面积60.47亩，收益1.9亿元。深入实施城乡环境综合治理，成功创建州级卫生县城。

【基础设施建设】　水利基础设施不断完善，新增节水灌面8.54万亩、有效灌面3.35万亩；交通网络体系不断完善，投资4.98亿元完成976.23公里通乡油路续建、改建和通村公路建设，全县公路总里程增至2726.37公里，建成会东县新客运中心和13个乡镇客运站，金东大桥建设全面启动。县内河流水电开发全面推进，形成了以220千伏、110千伏线路为支柱，35千伏线路为骨架的覆盖全县的电力网络，经济社会加速发展的能源基础更加牢固。通信设施不断完备，手机用户达4.6万户，互联网用户9600余户，有线电视入网用户3.2万户。

【生态环境建设】　全面实施林业发展规划，累计完成天保工程造林4.2万亩，巩固扩大7.5万亩退耕还林成果，天然林保护和成片造林工程步伐加快，林业富民工程顺利启动，森林管护成效明显。清洁能源不断推广，新建农村户用沼气池10667口。积极开展污染源普查、环境综合整治，圆满完成节能减排任务。《会东生态县建设规划》通过省级评审并启动实施。

【社会事业】 科教兴县进程加快，创建全国科普示范县，科技对经济增长贡献率达42%。“十年行动计划”深入实施，和文中学全面动工建设，“两基”成果不断巩固，高中教育得到强化，教育投入逐年增加，免除义务教育学生学杂费9194万元，补助贫困学生生活费3079万元。文体基础设施不断夯实，群众性文体活动广泛开展。医疗卫生体制改革稳步推进，医疗服务水平逐步提高，县区乡村四级防保网络不断完善，看病难、看病贵问题得到有效缓解。大力实施扶贫攻坚和彝区健康文明新生活运动。累计投入1亿元，改善了2.9万贫困人口的生产生活条件，贫困人口由2006年的4.7万人下降至1.8万人。累计完成新村扶贫工程17个、农村危房改造619户、“彝区三房”改造82户，改善了2万余人的居住问题。着力实施新村建设工程，捆绑投入资金6.5亿元，完成9000余户川滇特色民居风貌打造；启动实施新云乡新发村、热水村等6个聚居30户以上新村示范点建设。累计实现城镇新增就业5809人，下岗失业人员和失地农民再就业1353人，返乡农民工转移就业1.32万人；为4222名困难企业职工发放岗位补贴560.72万元；新建、改建农村敬老院5所，五保户集中供养率达33%，成功创建省级敬老模范县。累计发放城乡低保、医疗救助7550万元。新农合、城镇低保、医保、城乡医疗救助实现全域覆盖，新农合参合率达95.79%，征收“五大保险”金3.11亿元。建成150套廉租住房、698套经济适用房，住房困难问题得到缓解。计划生育工作成效明显，人口自然增长率控制在5‰以内，符合政策生育率保持在93%以上，成功创建省级计划生育优质服务县。

【领导人】 县委书记：王和相（11月止）、袁文林（12月起）；县人大常委会主任：海兴开（11月止）、吴贤位（12月起）；县长：袁文林（11月止）、张伟（12月起）；县政协主席：徐树（11月止）、冯祥明（12月起）。

（审核：刘芙蕖/撰稿：钱雪燕）

宁南县

【概况】 2011年，全县辖区面积1667平方公里，辖25个乡镇、125个村、819个村民小组。年降水759.8毫米，年平均气温18.7℃，年总日照时数2327.6小时。年末总人口18.74万人，城镇化率25.7%，人口自然增长率6.57‰。实现地区生产总值33.93亿元，增16.6%。其中，第一产业增加值10.09亿元，增4.4%；第二产业增加值13.91亿元，增32.6%；第三产业增加值9.93亿元，增12%。全县固定资产完成投资28.01亿元，增41.1%。地方财政一般预算收入2.63亿元，增30.1%；社会消费品零售总额10.36亿元，增17.4%；农民人均纯收入6799元，增23.3%；城镇居民人均可支配收入15798元，增15.61%。居民消费价格指数105.4%；城镇登记失业率控制在4%以内；城镇化率32%。

【农村经济】 大力实施农业产业结构调整，科学引导糖业全面退出，着力发展蚕桑、烤烟、畜牧、林业、冬季马铃薯“五大富民工程”。全年实现农林牧渔业增加值10.09亿元，增4.4%。播种粮食作物27.6万亩，增2.3%；产量8.18万吨，增4.1%。种植马铃薯6.7万亩，增24.7%；产量2.07万吨，增24.7%。烟叶种植面积7.3万亩，增29.8%；烟叶产量1.1万吨，增29.8%。蔬菜瓜果类17.84万吨，增16.1%。“四畜”出栏40.58万头（只），实现肉类总产2.61万吨。养蚕22.5万张，增10.4%；蚕茧产量1万吨，增11.22%；蚕农收入3亿元。大力实施劳务开发“双百”工程，全年农村劳动力转移就业总人数达4万人，劳务总收入6亿元。

【工业经济】 全县工业经济以加快转变经济发展方式为主线，加快推进四川省茧丝绸产业化经营基地、攀西地区冶金初级产品供应基地和国家西电东送骨干水电能源供应基地建设，深化“服务企业增信心、服务发展增后劲”活动，有效推动了全县工业经济平稳较快发展。2011年，全县有规模以上工业企业21户，其中，缫丝企业4户，有色金属企业6户，黑色金属1户，建材企业5户，电力企业3户，电冶企业2户。全年规模以上工业企业效益良好，工业经济质效进一步提升，主营业务收入、利润总额、利税总额分别达29.6亿元、2.46亿元、2.54亿元，同比分别增长87.3%、51.8%、58.4%。

【新农村建设】 全县新村建设以集中新建中心村、民居改扩建和基础设施建设为重点，实施完成涉及7个乡镇、4832户农户的21个新村建设，总投资3.2亿元。一是完善松新镇上游村8社、新华乡巫土村1社新建点的附属设施；建设完成披砂镇后山村9社和景星乡天鹤村3社的移民安置点，共有972户农户搬入新居。二是完成松新镇、幸福乡、披砂镇、景星乡、葫芦口镇、西瑶乡等乡镇17个村3860户的民居改扩建工程（民居风貌塑造和室内装潢）。三是深入实施基础设施建设。全年新修通村公路93公里，硬化村内道路255公里，新建沼气池2600口，新建垃圾池80个，建成"1+6"村级活动中心21个，建成大型太阳能提灌站1座，新修和整治水渠共110公里，建设机耕道30公里，建设现代烟草农业基地等高标准农田3万亩，绿化植树86万株。

【城市建设】 紧紧围绕建设老城区、开发新城区的发展战略，高速度推进，高标准建设，高水平打造，推动宁南县城市开发建设取得新突破，城市面貌大变样，宁南形象大改变，城市品位和城市化水平显著提升。2006—2011年，累计投资7.9亿元，同步推进旧城区改造和新城区开发建设，城区规划面积从2.5平方公里增加到5.2平方公里。旧城区改造累计投资4.3亿元，完成主要街道硬化及人行道改造，黄桷树商业广场、休闲体育运动公园改扩建、披惠商住小区和日月星辰商业广场A、B区建成并投入使用。日月星辰商业广场C区、四大班子老办公区正在有序推进。新城区开发累计投资3.6亿元，建成金沙大道、南丝路、宁府路西延伸段、水碾西路等"三横五纵"主干道路；音乐公园、音乐广场建成并投入使用；一、二期850套廉租房建成投入使用，三、四期共1640套廉租房建设全面开工。

【社会事业】 一是坚持教育优先发展战略，进一步巩固"两基"成果，全面落实农村义务教育。2011年，全县共有中学6所，九年一贯制学校2所，小学103所（含教学点），在校义务教育阶段学生达到2.48万人，高中在校学生2795人。全年为义务教育阶段学生提供公用经费1237.3万元，免教科书费210.58万元，为寄宿制学生6565人提供生活补助599.5万元。二是深入推进医疗卫生体制改革，规范和整顿医疗服务收费和药品购销秩序，积极探索新农合支付方式改革，有效解决人民群众看病难、看病贵的问题。2011年，全县有卫生机构29个，病床数672张，卫生技术人员552人。全年医疗机构门诊人数为57万人次，增13%；住院人次2.6万人次，增29%；医疗业务总收入6347万元，增53%。新型农村合作医疗取得新进展，全县参加新型农村合作医疗参合率达99.6%。投资6000余万元的县医院住院大楼、门诊大楼已投入使用。三是加强城乡公益性文体设施建设，广泛开展全民健身运动，推动文体事业大发展。投资470万元启动25个乡镇文化站建设，建成农家书屋125个，在全州率先实现行政村农家书屋全覆盖。县图书馆投资110万元，藏书达4万余册。广播电视覆盖率达92%。实施电影"2131"放映工程，全年放映1731场次。

【社会保障】 全县城镇新增就业619人，下岗失业人员再就业182人，就业困难对象再就业42人，"零就业"家庭实现了至少有1人再就业的目标。基本养老保险覆盖面达到6718人，基本养老保险基金收入4743万元；城镇职工医疗保险参保人数10142人，征缴城镇职工医疗保险费2108万元，支出1832万元；失业保险参保人数3602人，征缴失业保险基金215万元，支出367万元。城乡居民社会养老保险参保人数达88329人（其中，城镇居民493人，农村居民87836人），参保率占应参保人员的88.2%，共征缴费用1695.47万元。

【白鹤滩电站前期工作】 一是积极配合三峡公司、华东院认真开展前期相关工作，抽调54人组建了22个实物指标调查小组，基本完成白鹤滩电站库区涉及的13个乡镇，36个村的人房外业调查工作；调查土地3.53万亩，零星林木3628万株。二是积极协调华东设计院做好移民安置规划，开展电站枢纽区、围堰区移民安置点选址和规划工作。三是投资10亿元的29.4公里白鹤滩电站高线进场专用公路开工建设。四是积极支持白鹤滩电站施工区营地、移民安置区水源点、还建公路等工程建设，并与三峡公司合作做好库区产业发展规划编制工作。

【领导人】 县委书记：张硕；县人大常委会主任：张硕（12月止）、吴同林（12月起）；县长：王昱辉（11月止）、代兵（12月起）；县政协主席：余顺全（12月止）、罗定山（12月起）。

（审核：朱正英/撰稿：邹　英）

普格县

【概况】 2011年，全县面积1918平方公里，其中耕地20.50万亩。辖34个乡（镇）。年末总人口17.6万人，有21个民族，其中彝族141967人，占全县总人口的80.7%，汉族32775人，占全县总人口的18.6%，人口自然增长率8.66%。

【农村经济】 全年实现农业总产值9.71亿元，增4.4%；第一产业实现增加值5.89亿元，增5.4%；粮食总产量7.61万吨，增1.8%；产烟20.26万担，实现烟农收入1.81亿元；产茧1.37万担，产值1836万元，增46.9%；产马铃薯21.38万吨，产值1.24亿元，增3.1%；实现肉类总产量1.57万吨，畜牧业产值4.15亿元。

【工业经济】 全年实现规模以上工业总产值17.36亿元，增32.5%，增加值增长18.2%，实现利润总额6082万元，增42.6%。电力总装机10.4万千瓦，年发电量3.72亿千瓦时。豪吉集团出口鸡精2.08万吨，实现出口交货值2.2亿元，增22.2%。

【旅游业】 全年共接待游客210.8万人次，增25.8%；实现旅游综合收入3.39亿元，增29.9%。完成社会消费品零售总额5.48亿元，同比增长15.4%。第三产业增加值5.89亿元，同比增长14.4%。

【基础设施建设】 全年完成县城主干道、县城至民中道路改建工程、县城管网和防洪沟改造、粮食局片区和县电影院旧城改造工程前期拆迁工作；启动县城垃圾处理场建设。新建通乡通村油路和公路26条100公里。新建农家书屋70个。安装“村村通”设备1.55万套。新建沼气池500口，供水站19处，智能密集型烤房1120座，改善灌面1.2万亩，完成农业综合开发土地治理0.5万亩。完成退耕还林9.3万亩，工程造林1万亩，绿化植树100万余株，水土流失治理5平方公里。

【社会事业】 全年投入资金2477万元，完成校安工程、四川省十年行动计划、中小学校舍维修改造工程、农村教师周转房建设试点工程等15个项目，建设学校12所，改扩建校舍面积1.58万平方米。全县有中小学114所（其中完全小学53所，初级中学3所，高中1所，九年一贯制学校2所），职教中心1所，公办和民办幼儿园15所。有小学在校生2.47万人，初中在校生4146人，高中在校1246人。新型农村合作医疗参合数达12.49万人，其中民政代缴的五保户、特困户共1.77万人，参合率达91.47%，增1.06%。

【民生工程】 全年新增就业682人，城镇登记失业率控制在3%以内。“五大保险”参保人数1.9万人，城镇居民医疗保障参保人数3943人，城镇低保对象4094人纳入医保。累计发放养老金387.95万元，支付职工及城镇居民医疗费用87.8万元，支付工伤保险24人，工伤保险医疗费103.7万元，全年参加生育保险女职工1780人，支付女职工生育保险46人，生育费35.9万元。新建廉租住房100套。城镇居民人均可支配收入1.59万元，年均增长10.1%；农民人均纯收入4230元，年均增长13.6%。

【领导人】 县委书记：刘长猛；县人大常委会主任：海来日古；县长：沙英；县政协主席：张凌。

（审核：王　莉/撰稿：陈思洁）

布拖县

【概况】 2011年，全县辖区面积1685平方公里，辖3个镇、27个乡、190个村、1028个村民小组，总人口17.66万人，有彝族、汉族、苗族等13个民族，其中，彝族人口占94.7%。人口出生率15.04‰，人口自然增长率9.47‰以内，符合政策生育率达92.41%以上。

【经济概况】 全年完成地区生产总值19.43亿元，增长16.9%。其中第一产业增加值5亿元、增长4.2%；第二产业增加值10.16亿元、增长28.3%；第三产业增加值4.27亿元、增长11%。实现民营经济增加值10.49亿元、增长21.7%。完成全社会固定资产投资8.61亿元、增长16.5%。完成财政一般预算总收入1.38亿元、增长51.6%，其中地方财政一般预算收入8325万元、增长48.4%。城镇居民人均可支配收入达到1.61万元、

增长14.21%，农民人均纯收入达到3575元、增长18.11%。放映优秀电影2384场次，观众达11.92万人次。经济总量居全州第13位，在全州17个县市经济发展综合目标考核中居第11位。

【产业结构】 实施“工业强县”战略，推进“一区、两线、四基地”建设，水电、矿业两大支柱产业初具规模，工业经济逆势攀升。联补、洛古电站建成投产，全县电力装机容量突破30万千瓦；建成五洲、奔诚等洗选项目，原矿洗选能力达到日处理3700吨；实施附子加工扩能技改，完成中药饮片GMP认证，建成苦荞加工项目。完成第二产业增加值10.16亿元，是2006年的5.36倍，年均增长39.9%。粮食、畜禽生产能力保持稳定，粮食总产量达到7.3万吨、年均增长2%，肉类总产量达到1.7万吨、年均增长4%。特色农业稳步发展，马铃薯、附子、白杨、青花椒、肉牛羊和烤烟等产业加快推进，种薯基地县、白杨大县和“中国附子第一县”建设取得成效。第三产业快速发展，以民族文化开发为重点，以商贸物流配送中心建设为突破，文化旅游、商贸流通、交通运输等现代服务业加快发展。完成社会消费品零售总额2.61亿元。2011年产业结构实现了从“一、二、三”到“二、一、三”的转型升级；三次产业结构进一步优化，由2006年的42.7∶29.3∶28调整为2011年的26.7∶51.1∶22.2。

【社会事业】 深入实施“民族地区教育发展十年行动计划”，投入各类资金9000万元，实施农村中小学校基础设施工程，“两基”攻坚顺利通过省州评估、验收，免费义务教育全面实现，学前教育、职业教育和高中阶段教育得到加强。投入3000万元，实施县医院、乡镇卫生院、妇幼保健站、计生指导站等公共卫生服务均等化项目，城乡医疗基础设施进一步改善，新型农村合作医疗制度全面建立，年均参合率在96.3%，农村卫生网底建设得到加强，城乡卫生服务体系不断健全。稳定现行生育政策，实施计划生育奖励扶助政策和“少生快富”工程，人口自然增长率控制在10‰以内。广播电视“无线覆盖”和“村村通”工程顺利实施，乡镇综合文化站、农村书屋和农民体育健身场地建设顺利推进，精神文明创建有序开展，人民群众精神文化生活更加丰富。对外宣传工作力度进一步加大，民族文化繁荣发展，被命名为“中国彝族火把节之乡”和“中国文化艺术之乡”，银饰手工技艺和口弦被列入国家级非物质文化遗产名录库，传统舞蹈“朵洛荷”在首届非遗节上荣获“太阳鸟金奖”；与央视等媒体合作播出《布拖彝族火把节》等专题片，极大地提升了对外形象。民兵预备役、征兵、双拥、优抚等工作取得新成绩。应急管理、防灾减灾体系进一步完善。完成第六次全国人口普查，编撰出版第二轮《布拖县志》。人事、工商、质监、农机、气象、档案、语言文字、老龄、残疾人、妇女儿童、外事侨务、对台事务等各项工作取得较大进步。

【推进改革】 加大重点领域和关键环节的改革力度，组建县国投公司，投融资体制改革取得成效，国有企业改革、集体林权制度改革、农村综合改革、财政体制改革、医药卫生体制改革扎实推进，乡镇机构改革、政府机构改革全面完成。不断深化行政审批制度改革，建成行政审批电子监察系统，审批环节、办事程序进一步简化、优化。积极创新资源开发模式，推进优势资源向优势项目、优势企业集中，资源配置效率和利用水平明显提高。着力强化开放合作，切实加大招商引资力度，以参加“西博会”、成凉区域合作、“火把节”等招商活动为契机，主动“走出去”寻求产业合作，爱冶日窝河、交际河流域水电开发项目成功签约并跟踪落地。五年累计签约项目11个、签约资金27.66亿元，进一步增强了县域经济发展活力。

【城乡变化】 大力推进城乡基础设施建设，为加快发展打下了坚实基础。着力实施县医院迁建、环城路扩建、布拖大桥重建、市政广场和“全球眼”监控系统等一大批城市基础设施建设项目，持续开展城乡环境综合治理，推进城乡风貌打造，搞好绿化、亮化，配齐垃圾箱、停车点等设施，城乡面貌焕然一新，人居环境明显改善。加快推进交通建设，完成6条通乡油路，建成4个乡镇客运站点，公路总里程由2006年的980公里增加到1285公里，油路里程由2006年的16公里增加到87公里。继续实施农村饮水安全、农田水利基本建设、中小河流治理、农网完善等一大批农村基础设施项目，农村生产生活条件有效改善。深入推进天然林保护、退耕还林工程，加大水土流失综合治理力度，全县森林覆盖率达到30%。

【群众受益】 落实惠民政策，整合项目资金4.5亿元，持续开展“八大扶贫工程”和“十项民生工程”。累计改造“三房”18070户，全面完成“三房”改造任务；完成异地扶贫搬迁1145户、5600人；建成新农村示范点2个，启动彝家新寨36个，建成新寨5个，1052户、5260人入住；解决2.1万绝对贫困人口的温饱问题，改善3.4万低收入人口的生产生活条件；解决2个乡、23个村、1.3万人的用电问题和3.1万人的饮水安全问题。廉租住房、经济适用房等保障性安居工程顺利推进。积极促进就业和再就业，启动城镇居民基本医疗保险、城镇居民和新型农村社会养老保险，城乡低保、五保供养按标施保、应保尽保，贫困人口基本生活得到保障，社会保障能力逐年提高。实施阿布洛哈村惠民专项行动，住房难、行路难、饮水难、用电难、就医难、子女入学难等问题得到有效解决。彝区健康文明新生活运动蓬勃开展，群众思想观念、行为习惯和生活方式较大转变。城乡居民收入较大增加，家庭财产普遍增多。2011年，实现城镇居民人均可支配收入1.61万元、农民人均纯收入3575元，分别比2006年增加7663元、1850元。

【社会和谐】　加快依法治县进程，普法教育深入推进，司法保障体系不断完善。加强维稳能力建设，推进“保稳定”向“创稳定、促和谐”转变。加强和改进信访工作，畅通群众利益诉求表达渠道，及时化解社会矛盾纠纷。扎实推进“平安布拖”创建，健全社会治安防控体系，治安突出问题有效整治。高度重视安全生产，加强食品药品安全监管，及时消除事故隐患，有效遏制重特大事故发生。整顿和规范市场经济秩序各项行动持久开展，强化企业周边环境整治，对扰乱企业正常生产秩序的现象进行集中治理，营造了安定、和谐、有序的社会环境。取非常之策，行非常之举，全民动员，全社会参与，大打禁毒防艾人民战争。持久开展治理利用特殊人群贩毒专项行动，禁毒“摘帽”攻坚有效推进，累计缴获海洛因256.9千克，清理遣返涉毒特殊群体120批次、638人，强制收戒吸毒人员1376人；打掉特殊人群运贩毒团伙7个，抓获涉嫌幕后操纵者38人，逮捕34人；受理特殊人群运贩毒案件472件、577人，逮捕575人；建立社区集中戒毒场所70个，建立民间禁毒“支部加协会”190个。深入开展艾滋病防治工作，在全州率先启动HIV大筛查，大力实施国家“十一五”重大科研艾滋病防治专项，分级管理体系、分块管理机制和“人盯人”工作模式初步形成，防艾机制不断健全，防艾网络不断完善。

【领导人】　县委书记：沙文；县人大常委会主任：乃古科且；县长：卢史体；县政协主席：王金秀。

（审核：谢　勇/撰稿：沙马阿木）

2011年布拖县经济社会发展主要指标

项　目	单位	实绩	比2010年增长（%）
地区生产总值	亿元	19.4388	16.9
第一产业增加值	亿元	5.0077	4.2
第二产业增加值	亿元	10.161	28.3
规模以上工业增加值	亿元	6.8	32
第三产业增加值	亿元	4.2701	11
民营经济增加值	亿元	10.4902	21.7
粮食总产量	万吨	7.2203	1.44
肉类总产量	万吨	1.5196	-1.39
社会消费品零售总额	亿元	2.6188	10.8
全社会固定资产完成投资	亿元	8.6108	16.5
地方财政一般预算收入	亿元	0.8325	48.4
地方财政一般预算支出	亿元	7.3965	17.5
年末金融机构存款余额	亿元	12.38	21.5

续上表

项　目	单位	实绩	比 2010 年增长（%）
年末金融机构贷款余额	亿元	1.39	17
城镇居民人均可支配收入	元	16109	14.21
农民人均纯收入	元	3575	18.11
中小学在校生数	人	28903	—
广播综合覆盖率	%	94	—
电视综合覆盖率	%	92	—
新型农村合作医疗制度参合率	%	96.3	—

注：除以上指标外，各地根据实际情况可作适当增减。

昭觉县

【概况】　2011 年，全县面积 2699 平方公里，辖 47 个乡（镇），268 个行政村，836 个农牧服务社，年末总人口 29.18 万人，其中彝族占 97.84%。

【经济】　全年全县地区生产总值 17.29 亿元，增长 11.5%；财政一般预算收入 7824 万元，增长 40.8%；规模以上工业增加值 2.56 亿元，增长 22.2%；全社会固定资产投资完成 8.61 亿元，增长 43.9%；社会消费品零售总额 3.86 亿元，增长 14.3%；城镇居民人均可支配收入 14873 元，增长 15.32%；农民人均纯收入 3750 元，增长 19.3%。2006—2011 年，累计签约招商引资项目 17 项，实际引进资金 10.2 亿元。

【农业】　全年实现农业总产值 11.38 亿元，增长 4.5%。粮食总产量 10.72 万吨，增长 2.12%，其中：马铃薯鲜薯产量达 43.5 万吨，实现鲜薯销售收入 4.3 亿元。“四畜”存栏 89.66 万头（只），增长速度 3.86%；“四畜”出栏 66.98 万头（只），下降 0.69%；肉类总产量 3.16 万吨，下降 1.45 %。到 2011 年末，累计建成畜牧科技示范园区 144 个、实施退牧还草 65 万亩、种植“三棵树”1393 万株，增加林业产业基地 13 万亩，森林覆盖率达 40.9%。以马铃薯、畜牧养殖、“三棵树”为重点，苦荞麦、玉米、反季节蔬菜为补充的农业产业体系初步形成，产业规模逐步壮大。

【健康文明新生活运动】　以“板凳工程”为切入点，广泛开展“讲文明、尚科学、改陋习、树新风”活动。截至 2011 年末，累计投入资金 1761.5 万元，其中募集各类社会捐赠款物 418.5 万元、项目资金 1343 万元，发放板凳 14.6 万条、床 5000 张、棉被 6134 床。通过健康文明新生活运动的开展，农村群众的现代文明意识明显增强、人居环境明显改善、生活质量明显提高，达到了城乡社会文明和谐程度明显提升的阶段性目标。

【改善民生】　全年城镇登记失业率控制在 4% 以内，新型农村合作医疗的参合人数 20.95 万人，农村群众参合率 95.9%，住房公积金缴存比例提高到 12%。2006—2011 年，累计投入各类扶贫专项资金 3 亿元，完成“三房”改造 21956 户、移民扶贫 318 户、生态移民 942 户、新村建设 65 个；发放养老保险金 9799 万元、救助金 1470.4 万元、低保金 9989.2 万元、五保供养金 1534.5 万元、房屋租赁补贴 189 万元、住房贷款 8799.5 万元；提供就业岗位 2086 个。

【商贸旅游】　全县共有各类交通运输车辆 2839 台、餐饮娱乐和商品零售店铺 405 家；接待游客 96 万人次，实现旅游收入 6700 万元；金融机构发放支农再贷款 1350 万元。交通运输业、餐饮娱乐业、商品零售业等传统服务行业不断巩固，通信、金融、旅游等现代服务行业快速发展。

【城乡建设】　新建集中供水点 52 处、移动“村通”基站 7 个，解决安全饮水 4.14 万人，架设输电线路 655.09 公里，水电装机容量达 3.21 万千瓦，移动通信网络覆盖全县所有乡镇，城镇化水平达 18.5%。2006—

2011年，累计建设通乡油路17条132.5公里、通村公路72条563.8公里，大桥1座、中桥4座、小桥3座、便民桥50座，新建和改造城区道路5条2.7公里；新建集中供水点126处，安装饮水管道2027公里，解决5.1万人的饮水安全问题；架设输电线路362公里，解决3342户农村群众的用电问题；建成移动“村通”基站50个、改善型经济适用房2.3万平方米、廉租房1.7万平方米；实施县城供水管网一期改造和饮用水源补水工程建设、34个彝家新寨和新农村百村示范点建设；对西昌至昭觉县城公路两侧的15个村实施风貌打造。

【社会事业】 全县7～12周岁正常适龄儿童入学率99.3%，人口自然增长率控制在9.4‰，国标数字电视正式进入住户，电视频道增加到50套，广播和电视覆盖率分别达61%和67%，举办中国·昭觉第二届彝族服饰文化节，乡镇中心校和农村中学实现无危房。2006—2011年，累计投入资金1.4亿元，新建、扩建、危改学校224所13.1万平方米；考聘教师613名充实到基层教育教学第一线，补贴寄宿制学生生活费639万元；投入3275万元，新建县医院住院部大楼和麻风病康复病院，新建、扩建、改造片区医院7个、乡镇卫生院40个、村卫生室45个；建设乡镇文化站31个、农家书屋192个。

【工业】 全县共有水力发电、矿冶、建材等工业企业和农产品加工企业32家，其中规模以上工业企业8家，实现销售收入6.84亿元，实现利润576万元。凉山跨克苦荞麦加工企业建成试产，达普电站、竹核四级电站扩容及竹核金鑫水泥厂100万吨水泥生产线建设稳步推进，鲜宜思矿泉水厂投入生产，华能风电引进入驻，工业经济整体水平得到提升。

【维稳工作】 全力推进“清网行动”，抓获各类上网逃犯70名，其中故意杀人逃犯10名，逃犯自首率52%，逃犯下降90.5%，以人民调解、行政调解、司法调解为主要内容的矛盾纠纷大调解格局基本形成。另外，加强物价监管调控，积极开展食品药品、农资市场和安全生产专项整治，认真开展信访积案化解活动，社会稳控形势不断好转。

【领导人】 县委书记：子克拉格；县人大常委会主任：贾尔体；县政府县长：杨昌林；县政协主席：吉觉古史。

（审核：刘昌烈/撰稿：朱文峰）

金阳县

【概况】 2011年，全县面积1588.23平方公里，其中耕地1.59万公顷，比2010年（下同）增0.63%。辖4个镇、30个乡、179个村（居委会）、808个村（居）民小组。年末总人口18.56万人，增3.83%，其中：彝族14.83万人，占总人口（下同）的79.90%，增4.44%；汉族3.58万人，占19.29%，增1.4%；藏族、回族、满族、白族、苗族、羌族、侗族、布依族、景颇族等民族1500人，占0.81%，增3.23%。男性人口9.55万人，占51.44%，增3.8%；女性人口9.01万人，占48.56%，增3.8%；男女性别比106∶100。全年出生人口2215人，出生率13.45‰；死亡人口448人，死亡率2.72‰；人口自然增长率10.73‰，降1.55个千分点。

【经济概况】 全年全县地区生产总值21.78亿元，同比增9%，其中：第一产业增加值5.23亿元，增4.4%；第二产业增加值11.54亿元，增11.5%；第三产业增加值5.01亿元，增9.1%。三次产业对经济增长的贡献率分别为13.3%、61.6%和25.1%，一、二、三次产业占生产总值的比重由2010年的27.1∶48.1∶24.8调整为24∶53∶23。全县地方财政收入1.79亿元，增70.48%，其中县级一般预算收入（不含基金收入）1.36亿元，增57.55%。县级财政支出10.16亿元，增53.42%，其中：农业支出1.55亿元，增99.7%；教育支出1.59亿元，增34.75%；社会保障和就业支出1.2亿元，增70.6%；医疗卫生支出9636万元，增93.19%。全年完成全社会固定资产投资10亿元，增40.8%，其中：基本建设投资8.2亿元，增22.5%；更新改造投资1.54亿元，增47.4%；农村项目投资1.56亿元，增42.1%。城镇基本建设新增固定资产3.53亿元，增10%。全县社会消费品零售总额4.18亿元，增16.1%，其中：从城乡结构分县消费品市场零售额2.38亿元、增11.5%，县以下消费品市场零售额1.79亿元、增22.8%；按行业结构批发零售业4.21亿元、增8.8%，零售业3.9亿元、增16.3%，餐饮业2599万元、增12.2%，住宿业159万元、增15.6%。金融机构各项存款余额16.92亿元，增79.3%，其中城乡居民储蓄存款余额7.05亿元，增134.9%；各项贷款余额2.26亿元，增26.3%。全县在岗职工年均工资4.19万元，增16.8%，城镇居民可支配收入1.56万元，增9.9%；年末城镇居民人均住房面积27.01平方米，持平；城镇化率6.94%，增0.01个百分点。农村居民人均纯收入3543元，增13.1%，农村居民人均可支配收入3475元，增11.5%；年末农村居民人均住房面积20.8平方米，增0.07%。

【工业经济】 全年按照水电先行、矿业主导、农特长效工业发展思路，保持工业经济快速增长。全年完成工业总产值15.1亿元，增33.98%；规模以上企业完成工业增加值8.6亿元，增6.9%。工业对全县地区生产总值的贡献率为34.4%，占地区生产总值的比重为43.6%，拉动地区生产总值增长3.1个百分点。全年规模以上工业销售收入15.1亿元，增33.98%；实现利润1.02亿元，增104.3%；工业产品产销率100%。

【民营经济】 全年全县民营经济从业人员2288人，增5.5%；注册资金3027万元，增13.5%。实现增加值9.16亿元，增10.8%，其中：第一产业增加值1.85亿元，增4.38%；第二产业增加值5.36亿元，增14.89%；第三产业增加值1.94亿元，增8%。上缴税金4371万元，增108.6%。民营经济占地区生产总值的比重为41.99%，对经济增长的贡献率达49.17%，拉动地区生产总值增长4.4个百分点。

【农业及农村经济】 全年实现农林牧业总产值8.96亿元，增长13.89%；农村居民人均纯收入3543元，增13.05%。全县种植业生产稳中有增，粮食总产量6.8万吨，增2.6%；油料产量190吨、麻类产量14吨、烟叶产量66吨、魔芋产量5036吨，均分别与2010年持平；水果产量3600吨，增1.17%；蔬菜产量3.7万吨，增8.2%；甘蔗产量8940吨，持平。农村居民人均有粮394千克，减1.5%；实现农业产值4.24亿元，增18.78%，占农林牧总产值的47.32%。养殖业发展平稳，牲畜出栏41.37万头（只），降0.51%，其中：肥猪15.36万头，降2.95%；肉牛1.78万头，增0.94%；羊24.23万只，增0.93%。全年肉类总产量1.95万吨，降1.44%，其中：猪肉1.17万吨，增2.96%；牛肉1936吨，增0.94%；羊肉5093吨，增1.01%；禽肉产量793吨，增1.28%；禽蛋产量933吨，增9.76%；蚕茧产量65吨，持平；水产品20吨，降37.5%。养殖业产值3.95亿元，增13.46%，占农林牧总产值的44.04%。全年成片造林8.15万亩，降19.99%。四旁零星植树518万株，增6.8%，林产品仍是农民增收支柱之一。全年生产核桃8300吨，增长3.69倍；花椒4690吨，增63.39%；生漆85.2吨，降12.3%；板栗产量14吨，降22.2%；油桐391吨，降2.59%。实现林业产值0.57亿元，降6.59%，占农林牧总产值的6.3%。

【交通、邮电】 2011年末，全县34个乡镇、127个村（居）委会通公路，通公路村比2010年增长5.8%，占村（居）委会总数的70.95%，公路总里程1535公里，增30.08%。完成旅客周转量1100万人公里，增4.89%；货物周转量1329万吨公里，增0.83%。全年完成邮政业务总量185万元，增34.06%。年末固定电话用户5944户，增5.07%；移动电话用户4.87万户，增35.28%。国际互联网用户2565户，增32.22%。实现电信主营业务收入2768万元，增15.09%。

【社会事业】 全年教育事业稳步发展，基础教育数量、质量、结构明显提升，特别是国家、凉山州实施“两免一补（免学费、免书本费、补助生活费）”和“四川省民族地区十年行动计划”以及普及九年义务教育政策后，境内入学率逐步上升，教学质量稳步提高。年末全县有中心小学39所，普通中学7所；有小学专任教师945人、减1.66%，中学专任教师340人、增9.63%；小学在校生2.4万人、增1.27%，中学在校生5879人、增0.32%；在校生巩固率98.1%，升0.07个百分点；学龄儿童入学率92.6%，增2个百分点；小升初升学率92.38%，九年义务教育义务教育率91.49%，初中毕业生升学率11.8%，高中毕业生升学率83.8%。卫生事业全面推进，加快医疗急救体系、疾病预防控制和乡镇卫生院建设，年末全县有乡镇卫生院及以上医疗机构35个、病床539张，每万人拥有病床29.04张，医疗卫生技术人员336人，每万人拥有医护服务人员18.1人。实际参加新型农村合作医疗的农民13.92万人，占全县农业人口的80.6%。加强广播电视基础设施建设，促进广播电视事业健康发展。年末有调频转播发射台65座、调频发射机66部；电视转播发射台1座、电视发射机164部。有线广播电视用户3350户，552个自然村通广播电视，广播电视人口综合覆盖率69.54%。

【社会保障】 全年全县参加基本养老保险职工1470人，持平；参加城镇基本医疗保险职工1.03万人，增22.05%；参加失业保险职工2470人，增2.92%。基本养老金社会化发放率100%；领取城镇居民最低生活保障人员2868人，增5.13%；领取农村居民最低生活保障人员1.85万人，增1.63%。

【领导人】 县委书记：毛德忠（10月离任）、阿比合几（11月到任）；县人大常委会主任：罗志东（12月离任）、勒尔伍哈（12月到任）；县长：阿比合几（11月离任）、毛正文（11月代理县长，12月任职）；县政协主席：白热且（12月离任）、谭福宣（12月到任）。

（审核：陈　军/撰稿：杨堵且　杨　平）

雷波县

【概况】 全县辖区面积2932平方公里，其中：耕地面积1.63万公顷，与2010年同期持平；播种面积3.51万公顷，森林面积16.87万公顷。辖45个乡，4个镇，8个社区，281个村，1230个村民小组。年末总人口25.61万人，比2010年增加1468人，同比增长0.6%。其中：男性13.28万人，女性12.33万人。少数民族13.92万人，占总人口的54.4%。人口出生率15‰，死亡率6‰；自然增长率9‰。县内年平均气温为13.9℃，比2010年降低了0.1℃，年日照时数为1250.3小时，比2010年增加了201.2小时，年平均降水量487.7毫米，比2010年减少了177.7毫米。全年全县完成生产总值（GDP）达37.61亿元，同比增长20.0%（可比价）；规模以上工业增加值达15.14亿元，同比增长36.7%；固定资产投资总额53亿元，同比增长10%；社会消费品零售总额6.46亿元，同比增长17.8%；城镇居民人均可支配收入1.49万元，农民人均纯收入3923元。一、二、三产业结构从2006年的37:35:28调整为21.8:56.4:21.8，经济结构进一步趋于合理。经济总量由2006年的全州第10位上升到全州第7位，迈入了全州二类县前列。

【财政金融】 全年全县财政总收入达到3.14亿元，比2010年增长53.5%，比2006年增长4.8倍；地方财政一般预算收入达到2.43亿元，比2010年增长41%，比2006年增长4倍；一般预算支出8.6亿元，比2010年增长8%，比2006年增长2.9倍。公共财政建设步伐加快，支出结构进一步优化，重点向农业、扶贫、教育、卫生、科技、社会保障、救灾救济等行业和领域倾斜，保证了公务员津补贴、教育卫生及其他事业单位绩效工资的发放。金融机构对地方经济社会发展支持力度加大，银政银企合作融洽，金融运行平稳。2011年末全社会金融机构各项存款余额24亿元，同比增长20.6%，比2006年增长3.2倍；各项贷款余额6亿元，同比增长15.6%，比2006年增长1.7倍。五年来，累计发放住房公积金贷款8748万元。

【工业经济】 地方中小水电开发建设10座电站，装机达34万千瓦，正在陆续投产发电。磷化工已有两条百万吨级的生产线落户工业园区，其中：洋丰公司110万吨磷铵项目已达标达产、施可丰公司100万吨磷复肥项目一期工程已基本建成。矿业生产大幅提高，磷矿原矿外运外销突破200万吨，实现矿业税费5476万元；建成锦新、西川等千吨级铅锌磷矿洗选厂，提高了原矿产品的附加值；完成了磷矿、铅锌矿、铝土矿等专项规划区的详查普查工作和找矿服务，为加快推进资源就地转化加工提供了保障。

【农业及农村经济】 农业总产值达到12亿元，粮食总产量达到9.43万吨，肉类总产量达到2.35万吨。脐橙、茶叶、竹笋、核桃、莼菜、青花椒、白魔芋、芭蕉芋猪、小凉山土鸡等富民支柱产业正朝着多元化方向加快发展。新建脐橙基地7000亩；从2007年起，连续5年放开竹笋的采摘经营，采笋区群众累计增加收入1亿元以上；核桃产业异军突起，种植面积已达到31万亩，年产值超过1亿元。绿色品牌创建成效显著，获得中国优质脐橙第一县和国家级农业标准化优质脐橙示范区称号，雷波脐橙、雷波芭蕉芋猪、小凉山土鸡在国家商标局成功注册国家地理标识证明商标。

【旅游业】 全年的旅游人数达32.8万人，年均增长9.8%；旅游收入从2006年6800万元增长到2011年的1.73亿元，年均增长21%。坚持规划先行，按照国家级AAAA景区标准完成了“两湖”及黄琅古镇的旅游

规划。加强管理保护，完成了马湖景区打桩定界，实行了马湖景区门票收费。加大旅游宣传促销，连续4年举办火把节、孟获文化旅游节等节庆活动，向外展示和推销雷波旅游。加大旅游投入，完成了金龟岛孟获殿的维修整治和马湖省级地质公园建设；2011年，整合投入资金1000万元，实施龙洞湾民居点及星级厕所等基础设施建设，全面启动了马湖景区旅游开发。

【溪洛渡建设】 坚持建设溪洛渡、发展新雷波主题，把移民、复建工作牢牢抓在手上，为国家重点工程提供优质服务，确保了电站建设、移民工作顺利开展。溪洛渡水电站大坝浇筑已至500米高程，机电设备调试已安装完成；溪洛渡库区S307线、县乡公路、集镇等专业复建项目陆续开工建设，正在加快推进；溪洛渡、向家坝水电站库区移民搬迁正在有序推进。

【交通电力建设】 溪洛渡水电站对外交通渡口乡至五指山隧洞、黄桷堡23号公路至白铁坝连接公路的建成，以及雷大路县城至马湖段42公里水泥路的改造，彻底改善了东出雷波、南至云南永善方向和进入马湖景区的交通条件。五年来，共建设通乡油路19条140公里，通村公路171条812.3公里，进一步提高了县内通达能力。全面建成美姑拉马至城郊220千伏输变电工程，结束了雷波长期以来孤网运行、拉闸停电的状态；先后建成县城至顺河工业园区、至西宁河电源点2条110千伏输变电线路，保障了工业园区用电需求和中小水电开发电力输送需要。

【基础设施】 农田水利基本建设扎实推进，累计投入资金5000万元，改造中低产田土2000亩，新增有效灌面1.2万亩，恢复改善灌面6.7万亩，解决了5.6万农村人口饮水安全，治理水土流失面积103平方公里，农业综合生产能力进一步提高。全面完成县城西环路片区、城区供水管网等基础设施改造建设；基本完成雷波中学扩建、县医院综合大楼、县室内体育馆等公共服务设施建设；相继建成一批乡镇文化站、农村书屋、农民体育健身工程等基层文体活动载体。扩面实施了农村电网改造、移动通信村通工程、广播电视村村通等工程，基本实现乡乡通电话，广播、电视覆盖率分别达到76%和89%，新建沼气池9700口。深入实施城乡环境综合治理、大力开展公路沿线民居风貌塑造，城乡环境面貌进一步改变。

【招商引资】 依托水能、矿产等优势资源，积极地走出去和引进来，以百日招商活动和西博会为契机，主攻大客商，寻求大项目，大招商，招大商，借力发展成效明显，对外交流与合作进一步加强。五年共签约项目39个，启动项目34个，协议引资80.7亿元，实际完成投资52.7亿元。湖北洋丰、山东施可丰、四川新都化工等多家国内知名企业已在雷波注册公司投资开发项目，一大批对雷波经济社会发展有着深远影响的项目相继启动。

【改革创新】 全面完成了基层兽医体制改革、基本药物制度改革、林权制度改革、电力体制改革、事业单位岗位设置改革、新一轮政府机构改革等工作，完成国有企业改制工作10户。创新工作推进机制，实行县级重点项目领导联系制度、重点工业企业领导联系制度、重点工作领导联系制度，确保重点项目、重点工作亘点推进。地方中小水电开发5%资源入股、优势资源配置给优势企业、资源就地转化加工等资源开发模式不断完善创新。开展矿业秩序整治，促进了资源的合理开发与利用。

【民营经济】 高度重视民营经济发展，努力营造爱商、护商、亲商的政务环境，民营经济发展迅速。至2011年，全县民营经济增加值完成18.4亿元，同比增长30.8%，较2006年增长6.8倍，年均增速47%；民营企业缴纳税收1.15亿元，较2006年增长10.9倍，全面开发开放的格局初步形成。

【民生工程】 全面落实种粮补贴、综合补贴、农机补贴、能繁母猪补贴、退耕还林补助等惠民政策，五年共兑现支农惠农资金4.3亿元。切实抓好教育“两免一补”、新型农村合作医疗、农村公路、农村能源、农村安全饮水、农网改造等民生工程，五年间共投入民生工程资金9.93亿元。加大综合扶贫开发力度，扎实推进“八大扶贫”工程，完成农村“三房”改造6932户、新村建设91个、新农村百村示范村6个，建设彝家新寨42个，五年间累计投入综合扶贫开发资金2.74亿元。多方筹集资金，彻底改变了箐口乡苗寨、卡哈洛乡大火地村（原康复村）两个全县最弱势群体的生产生活条件；已完成拉咪乡阿合哈洛村全州首个高寒山区牧民新村建设。

【社会保障】 社会保险覆盖面不断扩大，全县各类保险参保人数达2.37万人。深入实施城镇居民基本医疗保险、新型农村合作医疗保险，城乡医疗保险实现了全覆盖。启动实施了新型城镇居民和新型农村社会养老保险，城乡社会养老保险面进一步扩大。2011年，城市医疗救助381人、74.2万元，农村医疗救助1219人、375万元，并实施了贫困重度残疾人生活护理补贴；全县共纳入城乡五保供养对象756人；纳入城市低保4016人，人均每月补助152元；纳入农村低保3.75万人，人均每月补助67.4元，城乡低保基本实现了应保尽保。五年来，累计开展职业技能培训5248人次、劳务用工培训4301人次。全县城镇新增就业人员3851人，城镇登记失业率为4.2%。

【社会事业】 “两基”攻坚成果进一步巩固提高，民族教育、农村寄宿制教育加快发展，高中教育、职业教育得到加强。医疗卫生事业发展迅速，基本建成了县、乡、村三级医疗卫生体系，重大传染病、重点疾病、地方病得到有效控制。文化市场秩序进一步规范，群众性文体活动广泛开展。人口自然增长率7.44‰，符合政策生育率96.7%，被评为省级计划生育优质服务先进县。组织实施科技推广项目23个，科技支撑作用明显增强。地质灾害防治、救灾防灾应急管理取得实效。圆满完成了第二次经济普查工作、第六次全国人口普查、第一次全国污染源普查、第二次土地规划修编等普查调查工作，基本完成了《雷波县志》第二轮修编。

【社会治安综合治理】 “五五”普法深入开展，人民群众法制意识进一步增强。严厉打击各类刑事犯罪，始终保持对各种违法犯罪活动的高压态势；进一步清理整治无序流动人员，打击整治杀人骗赔专项行动取得阶段性成果；加强社会治安综合治理，强力整治各类社会治安突出问题，扎实推进平安创建活动，顺利通过省级平安县验收。加大安全监管和专项整治力度，事故件数、死亡人数、受伤人数等主要指标均控制在上级下达的指标范围内，安全生产形势进一步好转。做好信访维稳工作，妥善解决了一大批疑难信访案件，群众反映强烈的热点、难点问题得到有效化解；溪洛渡移民总体保持稳定态势，县内安置移民未发生群体性聚集上访事件。统计、审计、粮食、物价、气象、档案、史志、老龄、残疾人、外事侨务、民族宗教、语言文字、妇女儿童、红十字会、工商市场管理、食品药品监管及质量技术监督等社会管理工作取得了新的成效。

【领导人】 县委书记：蒋若枫（11月止）、毛德忠（11月起）；县人大常委会主任：勒格说莫（12月止）、宋云（12月起）；县政府县长：陆开华（6月止）、王荣华（6月起任代理县长、12月起任县长）；县政协主席：涂太恩（12月止）、杨光平（12月起）。

（审核：王同友/撰稿：王巧奇）

美姑县

【概况】 美姑县位于凉山彝族自治州东北部，全县面积2573平方公里，2011年完成成片造林12.26万亩，封山育林5.7万亩，植树629.7万株，全县森林覆盖率达到50%，实现了森林面积和蓄积的双增长，连续实现32年无重大森林火灾；全县生产总值达15.4亿元，增长10.1%，全县固定资产投资完成9.06亿元、增长17.3%，地方财政一般预算收入完成1.02亿元，增长60%，实现社会消费品零售总额3.3亿元、增长13.1%，城镇居民人均可支配收入1.51万元、增长11.3%，农民人均纯收入3455元，增长18.08%；年末总人口245887人，人口出生率12.4‰，人口自然增长率7.5‰；全县辖36个乡（镇）、3个街道办事处。

【特色农业】 现代农业扎实推进，农业基础进一步做实、做大。全年共完成农作物播种面积42.3万亩，其中粮食作物播种面积39.291亩，粮食总产量8.34万吨，同比增长5.9%；优质马铃薯产量4.40万吨、加工外销1.56万吨，商品化率61%；优质苦荞麦产量1.10万吨；种植优质特色烟叶9000亩、烟叶收入收购2万担，烟农收入1597万元，肉类产量3.35万吨，同比增长5%；种植优质马铃薯15.2万亩、无公害蔬菜1万亩；建成标准化优质脐橙基地1000亩、优质苦荞基地8.38万亩、苦荞米基地300亩；全县种植核桃300万株、白杨150万株、花椒30万株。实现林业总产值1.6亿元，同比增长3.75%；畜牧建设进一步做优，全县“四畜”存栏93.21万头（只、匹），出栏60.29万头（只），实现畜牧业产值5.2亿元；建立3个养殖专业合作社。

【工业经济】 招商引资高位增加、园区建设加快推进、技改扩能全面提升，坚持走高载能、低电价、低污染的工业发展道路。坚持一园一主业、一园一特色的发展定位，加快推进拉木阿觉工业园区规划343.44公顷，完善工业集中区配套设施建设；推进美姑河上游流域水能资源开发，瓦基铜矿开发，引资35亿元，发展磷化工主导产业，并延伸产加销为一体的产业链，着力构建磷化工循环产业集群，培育新的工业经济增长点。

【基础设施建设】 基础设施建设突出交通网络建设，全面实施通达工程、畅通工程、乡（镇）客运站及“百村吊桥”工程，加快推进通乡油路、通村公路建设。建成通乡油路32公里、通村公路36公里；加快小城镇建设，整体推进9个中心乡（镇）基础设施建设，提高综合承载能力；完成竹核—拉木阿觉35千伏线路工程的可研批复工作，年内已开工建设；完成瓦侯—拉木阿觉110千伏送变电线路工程项目，“三战一线”可研评审工作；完成175个村新一轮农网升级改造；解决18.163万人用电问题。

【扶贫攻坚】 扶贫攻坚以改善全县贫困群众基本生产生活条件为中心任务，以推进交通水利和新村建设基础设施建设为重点，整合资源，大力实施“八大扶贫工程”，全年完成793户“三房”改造；完成“四小”工程31个，以扶持产业发展为突破口，完成5000亩马铃薯示范片和200户美姑山羊扶贫工程，切实改善贫困地区生产生活条件。

【民生工程】 坚持把民生事业摆在更加突出位置，以就业促进、扶贫解困、教育助学、百姓安居等十项民生工程为重点，着力保障和改善民生。全年组织和参加各种技能培训1.62万人，转移输出农村劳动力3823人、实现劳务收入3.06亿元。新增城镇就业303人，下岗失业人员再就业101人，城镇登记失业率控制在4.5%以内；加快完善基本养老、医疗、工伤、失业保险覆盖城乡的社会保障体系，全县纳入城乡低保4.92万人、五保供养1941人，发放城乡低保金2623.38万元、五保供养金346.47万元，实现应保尽保；全年城乡医疗救助3.74万人次，列支救助资金714.35万元，切实解决困难群众看病难的问题；扎实推进“挂包帮”活动，全年全县参加活动的县直部门有81个、干部职工2258人，落实项目56，投入214万元，用于贫困群众购买生活必需品，落实项目资金4583万余元。

【公安、司法】 以信息、监控、治安三大网络建设为重点，大力实施“天网工程”，全县共立刑事案件48起，侦破47起，查破治安案件402起，查破涉毒违法犯罪案件285起，缴获毒品海洛因44.5克及1357个零包；建立健全民间纠纷分析评估预警机制，整合人民调解、行政调解、司法调解手段；建立完善县、乡（镇）、村三级大调解工作体系，及时化解各类社会矛盾，共排查各类矛盾纠纷965件，成功调解924件，调解成功率95.87%。

【教育、卫生、广播电视、文化】 巩固“两基”成果，适龄儿童入学率96.7%，中小学生在校人数34303人，比2010年增加1756人，同比增长4.2%，初中阶段入学率99.537%；加强基层医疗卫生服务体系建设，全县共参加新农合的达20.02万人，参合率95.47%；广播电视蓬勃发展，全县292个行政村，覆盖278个，覆盖率95.2%；启动32个乡镇综合文化站项目，配送图书83万余册，切实满足农民日益增长的精神文化需求；共整理翻译文献44卷，整理翻译未出版文献10余卷，彝族“克智”被国务院列入第二批《国际级非物质文化遗产代表作名录》，《凉山彝族毕摩文献》被列入《中国档案文献遗产名录》。

【城乡环境整治与彝区新生活运动】 城乡环境整治围绕清洁化、秩序化、优美化、制度化目标，坚持治理与建设并进，大力整治“六乱”现象，深入开展“七进”活动，扎实推进“五十百千示范工程”，加强城镇风貌塑造和环卫设施建设，对公路沿线6个乡（镇）进行风貌整治，建立健全城乡环境综合治理常态化机制，改善发展环境和人居质量；以“板凳工程”为切入点，编制印发2万册《美姑县彝区健康文明新生活运动宣传册》，举办彝区健康文明新生活运动杯演讲比赛，举办讲文明、尚科学、改陋习、树新风等主题文艺汇演，各级行政机关、事企业单位干部职工捐赠“一桌四凳”9437套、板凳3.62万条，共计价值约722.9万元生活物资。

【领导人】 县委书记：曲木克古（彝族）；县人大常委会主任：熊志华（彝族）；县长：蔡光阳（彝族）；县政协主席：吉古尔石（彝族）。

（审核：孙学元/撰稿：吉比阿达）

甘洛县

【概况】　甘洛县位于四川省南部，凉山彝族自治州北部，素有凉山北大门之称，是典型的高山峡谷地貌特征县。县政府设在新市坝镇，距省会成都320千米。2011年，全县辖21个乡、7个镇、3个居民委员会，面积2155.94平方千米，森林覆盖率34.86%。年末总人口215318人，增1.43%；人口出生率14.05‰，人口自然增长率9.87‰，是国家扶贫开发工作重点县，也是中国黑苦荞之乡。

【农业经济】　全年甘洛县认真贯彻落实各项支农惠农政策，加大对农业扶持力度，进一步巩固和强化农业基础地位，促进农业增产、增效，农民增收。全年农林牧渔业总产值达到75487万元，较2010年增长16.9%，其中：农业产值31390万元，较2010年增长7.2%；畜牧业产值42641万元，较2010年增长25.8%。农林牧渔业实现增加值44553万元，较2010年增长4.4%（可比价）。肉类总产量20655吨，比2010年减少264吨，减少1.26%。

【工业经济向好发展】　全年全部工业实现增加值16.93亿元，比2010年同期增长20%（可比价）；规模以上工业增加值增速达20.9%。

【项目建设】　全年紧紧抓住国家扩大内需和中纪委定点帮扶等历史机遇，积极争取国家项目资金，强力推进项目建设，为县域经济发展注入强大动力。全年完成固定资产投资20亿元，较2010年增长9.1%。县职业技术学校、县妇幼保健院综合大楼、县医院门诊大楼、县救灾物资仓库等一大批项目相继建成投入使用；总投资3320万元的县医院综合大楼、总投资3300万元的碧桂园民族寄宿制学校等一批重大、重点项目正在抓紧建设。

【社会事业】　“两基”攻坚成果不断巩固，职业教育进一步发展，教育监控与评估机制不断健全完善，素质教育全面推进，教学质量进一步提高。加强教育资金投入，投入国家财政性教育经费1.76亿元，较2010年同期增长21.67%，占全县财政支出的18.2%。继续落实“两免一补”政策，实施“民族地区十年教育行动计划”。全县有学校115所，其中：小学99所，九年一贯制学校2所，高中1所，职业技术学校1所。全县义务教育阶段在校学生3.37万人，其中小学在校2.60万人，初中在校7666人。全年小学招生4543人，其中女2145人，少数民族4160人；初中阶段招生2890人，其中女1170人，少数民族学生2187人；高一新招生578人，高三毕业425人。全县学龄儿童入学率为99.62%；初中阶段入学率98.84%，升学率77.78%。高中阶段入学率46.46%，高中升学率达83.3%。职业技术学校毕业生267人，较2010年增长154.3%，在校生1045人，较2010年增长24.1%。在园幼儿人数2410人，较2010年的2206人增加204人，增长9.2%。全县有广播站1个，广播节目人口覆盖率达78%；电视差转台1个，直播卫星接收机1.29万台，有线电视节目35套，闭路电视总户数7000户，电视节目的覆盖率为92%。放映“2131”农村公益电影2874场次。甘洛举重队成绩显著，在2011年全国举重锦标赛中获得56公斤级3枚金牌；在巴黎世界锦标赛获得56公斤级3枚银牌；在全国举重冠军赛中获得56公斤级3枚银牌；在中西部举重锦标赛中获得铜牌4枚。篮球队在石棉县举行的大渡河流域杯篮球赛上获得女子第一名、男子第二名。全县有等级运动员5名，其中健将级运动员2名。等级裁判员29人，其中二级裁判员11人，少数民族13人。少年体校在校学生184人。全县卫生机构31个，其中：有县医院1个、县妇幼保健院1个、乡镇卫生院28个。医院、卫生院床位511张，其中：医院240张、卫生院251张、妇幼保健站20张。全县有卫生技术人员403人，其中：执业医师145名、执业助理医师54名、注册护士118名、药师（士）19名、检验技师（士）22名、影像技师（士）14人，有卫生防疫人员23人。继续加强对艾滋病等重点传染性疾病的防控工作，公共卫生服务水平和突发性公共卫生事件应急能力进一步提高。深入开展新型农村合作医疗工作，全县参合农民17.02万人。

【改革开放不断深入】　政府机构改革全面完成，机关行政效能、工作效率和服务水平进一步提升；农业综合改革、企业改制、集体林权制度改革等重点领域和关键环节改革取得显著成效。抓住农村金融体制改革契机，筹建县级融资平台。构建全方位、宽领域、多层次开放格局，切实强化政府服务职能，进一步完善投资软硬环境。加大招商引资和内引外联力度，坚持走出去、引进来，加强企业回访，推动签约项目落地。招商引资到位资金39.97亿元。

【民生工程惠及民生】　大力实施扶贫解困、大小凉山综合扶贫开发彝区新村建设、大凉山综合扶贫开发彝家新寨建设、新农村百村示范、农村危房改造、贫困人口搬迁、劳务扶贫等民生工程。全县人均生产总值1.32万元。农民人均纯收入3444元，较2010年增加560元，增长19.4%。城镇居民人均可支配收入为1.53万元，较2010年增加1713元，增长12.7%。全县参加养老保险4344人，比2010年增长6.5%；参加基本医疗保险1.49万人，较2010年增长10.6%；参加新型医疗合作农民17.02万人，较2010年增长5.8%，参加失业保险4235人，较2010年增长28.4%。认真落实再就业优惠政策，加大再就业培训力度，实现就业和再就业585人，年末城镇登记失业人员726人。加强劳务输出，共向省内外输出劳务2.49万人，其中：省内1.81万人、省外输出6770人。城镇低保人员实现了应保尽保，全县纳入低保2147人，涉及1044户，发放低保金579万元；全县农村低保纳入1.67万户3.71万人，发放低保金2738万元；全县“五保”人员2029人，发放五保补助金423万元；实施城乡医疗救助7504人次，发放救助资金741万元。

【可持续发展成效明显】　切实加强生态建设，实施天保工程森林管护150万亩，完成人工植树造林3.5万亩、封山育林4万亩，巩固退耕还林成果9.3万亩，全县森林覆盖率达到34.86%。严格耕地和基本农田保护，深入开展土地卫片执法检查，县级土地利用总体规划通过州级评审。总投资3000万元的石漠化综合治理项目启动实施，总投资1692万元的赤普沟、乐日沟地质环境恢复项目加快推进。草原生态补助奖励机制项目全面推进。严格执行环境影响评价和“三同时”制度，切实做好工业节能和公共机构节能工作。

【抗灾救灾，以人为本】　县内发生的“6·17”凉红电站特大洪灾，13名施工人员被困洞内。灾情发生后，省、州、县各级党委、政府高度重视，第一时间整合优势抢险救援力量，全面开展抢险救援工作，各驰援单位先后共投入挖掘机3台、装载机2台、推土机1台、各类车辆21辆、各型水泵26台、电缆5000米，投入抢险资金227.4万元，累计安装通风管道1260米，架设电缆线1990米、照明线路1480米，铺设排水管道1400多米，抽排水5.6万立方米、清淤1.2万立方米。县委、县政府举全县之力，不惜一切代价，进行攻坚冲刺，平均每天投入资金达20余万元，抽调人数最多时达400人。在省州党委、政府的坚强领导下，在全县上下的合力攻坚下，在各方力量的大力支援下，经过连续近11天的全面搜救，成功营救1人，搜寻到10具遇难人员遗体，失踪2人。在全力救援的同时，始终坚持以人为本，做深做细有关善后工作，有力确保了社会稳定。

【领导人】　县委书记：薛文贵（藏族）；县人大常委会主任：何廷云（彝族）；县政府县长：刘若尘；县政协主席：梁学祥。

（审核：吉里列布　易昌龙/撰稿：魏　国）

越西县

【概况】　2011年，全县面积2256.56平方公里，其中耕地20263.92公顷；辖40个乡镇，289个村，968个村民小组。年末总人口32.76万人，比2010年增长2.68%，其中：男16.74万人，女16.02万人，男女性别比为104.5:100。农业人口29.96万人，占总人口91.44%，非农业人口2.80万人，占总人口8.56%。新出生人口3506人，人口自然增长率8.12‰。

【经济概况】　全县生产总值28.68亿元，增长25.06%。其中：第一产业增加值8.32亿元，增长12.74%；第二产业增加值12.09亿元，增长42.83%；第三产业增加值8.27亿元，增长16.65%。全社会固定资产投资完成14.08亿元，增长56.92%；社会消费品零售总额9.76亿元，增长15.11%。全年财政一般预算总收入4.43亿元，其中，地方一般预算收入完成1.74亿元，增长38.52%；地方一般预算支出10.6亿元，增长29.74%。年末金融机构存款余额23.44亿元，增长37.74%；贷款余额5.82亿元，增长21.59%。在建招商引资项目13个、到位资金7.5亿元，新签约项目15个、协议引资27.69亿元。城镇居民人均可支配收入1.51万元，增长14.81%；农民人均纯收入3955元，增长18.09%。

【农业】 农村经济稳健发展，全县粮食种植45.13万亩，产量12.54万吨，增长2.46%；油菜15万亩，产量2.70万吨，增长35.90%；烤烟5.3万亩，产量10.63万担；蔬菜4.95万亩，产量5.5万吨，实现产值5436万元；马铃薯17万亩，创产值3.58亿元；发展无公害蔬菜3.8万亩、苹果1.6万亩。畜牧业总产值6.2亿元，生猪出栏33.29万头、牛出栏2.14万头、羊出栏16.89万只、家禽出栏43.64万只；禽蛋产量970吨，奶产量12吨；全社会畜牧业投资额2386.00万元，肉类总产量达3.37万吨。实施良种补贴26万亩、288.47万元，发放农机购机补贴131万元，农机总动力6.62万千瓦，增长7.3%，完成机耕面积12.36万亩次，发放农机加油卡264张，退耕还林荒山配套造林2000亩。捆绑投入1208.95万元，实施村级公益事业建设一事一议财政奖补试点项目。农村剩余劳动力转移输出4.91万人，实现劳务收入4.0亿元。

【工业经济】 规模以上工业增加值可比价增速27.6%，增长17%；眉山巨能、浙江宏扬等一批实力强劲的集团公司入驻越西。乃托水泥和凉山索玛两大企业形成年产水泥160万吨、磷肥9万吨、硫酸3万吨、锌锭2万吨的生产能力，全县水能装机12.89万千瓦。乃托工业集中区企业销售收入12.25亿元，税收7800万元。

【基础设施】 完成总投资12亿元的城市项目建设。投资1.5亿元，完成滨河公园建设，以及音乐喷泉等景观景点设施建设。投资300万元，实施县城主要街道建筑亮化建设装饰。投入资金230余万元，完成了城南路建设和地下管网、管线的配套建设。加快旧城街道的改造步伐，投资475万元，对旧城区四条老街全长1300米的道路进行改造。启动新水厂建设组织和筹备工作，铺设管网8.2公里，完成总投资600万元。总投资2400万元的越西县城市生活垃圾填埋场投入试生产，群众来访接待中心竣工验收，政务服务中心综合办公大楼正式开工建设，文昌大酒店及商业城、清华缘等房地产开发项目建设稳步推进。305.66亩土地拍卖实现收益3.42亿元。开挖渠道20.96公里，土壤改良3800亩，开发改造中低产田0.57万亩。新建沼气1300口，推广沼液浸种5.3万亩。

【社会事业】 成功举办文昌故里·中国越西第二届油菜花节、魅力越西红歌唱响凉山纪念建党90周年红歌县歌比赛。《越西文昌故里张亚子传奇》连环画出版发行，越西县文化市场综合文化执法大队正式成立。完成了200家农家书屋申报和28家农家书屋的图书发送工作，广播电视总体接受覆盖入户数达到2.58万户。全县在校学生54053人，初中入学率96.98%，小学入学率99.38%。寄宿制生活补助资金780万元，惠及中小学生9000名。国家基本药物制度稳步实施，药品零差率销售在所有乡镇卫生院全部实行，全县22.54万人参加新型农村合作医疗，参合率为92.6%。县一医院成功创建二级甲等综合医院，各级医疗机构接受门诊病人7.88万人次，急诊3810人次，住院1.92万人次。人口出生率12.13‰，符合政策生育率91.33%，综合节育率为90.87%，完成了50个村级人口计生活动室建设。1.1万人纳入城镇居民基本医疗保险，参保率达96%。新增城镇就业1046人，下岗失业人员和失地无业农民实现再就业235人，失业率4.1%。对全县1359名在职事业人员兑现绩效工资。启动越西党史编写工作，完成《中共越西地下组织始末》、《越西县历史大事记(2006—2011年)》的编写，开辟党史教育课堂，覆盖师生、干部4758人次。

【民生工程】 拼盘投资近6亿元开展“十项民生工程”。完成农村危房改造1263户，改善3200名贫困人口的生产生活条件。供养农村五保对象832人，发放供养金149.76万元。将6677人纳入城镇低保，43688人纳入农村低保，累积发放城市低保金1732.8万元、农村低保金3159.4万元。实施城市医疗救助544人次102万元，农村医疗救助2219人次476.3万元。投资430万元完成50套廉租住房和城北安置房建设，发放廉租住房补贴204.77万元。投资2.29亿元，实施37个村彝家新寨建设，解决2824户14120人的居住困难。投资1560万元，完成滨河路沿线7个村1383户风貌塑造。投资495万元，启动越西县中心敬老院建设。认真实施农村安全饮水工程，解决1140户5095人的饮水困难。完成村道建设14.32公里，解决4883人的通行困难。加强政务服务网络建设，建成乡镇便民服务中心40个，村级（社区）便民服务代办点203个。

【社会治安】 发扬传统，坚定信念，执法为民主题教育实践活动和警民亲活动深入开展。初步建立大调解协调中心、调解室367个，覆盖全县各村组各单位；受理各类民间纠纷 1181 件，调解成功率为 90%；“六五”普法工作正式启动，普法宣传教育覆盖干部群众 20 余万人。公安机关刑事案件立案 187 起，侦破 80 起，刑事拘留 118 人、逮捕 108 人；查处各类治安行政案件 780 起、各类交通违法行为 1.05 万起，排查各类火灾隐患 174 处，“清网行动”中抓获各类上网逃犯 94 人。检察院受理各类刑事案件 86 件 114 人，审查后提起公诉 70 件 93 人。人民法院受理各类案件 646 件，审结 644 件（其中，刑事案审结 74 件、民商事案审结 570 件），结案率为 99.8%。

【“6·17”抗洪救灾】 6 月 17 日，越西县突降暴雨，引发洪水、泥石流灾害，全县共有 28 个乡镇受灾。成昆铁路越西境内铁西至普雄段共发生水害 18 处，白果段到白石岩间 K355 + 230 – 450 处路基被冲空 220 米，导致成昆线部分区段中断行车，5631 名旅客受阻。越西县委、县政府立即启动应急预案，派出公安干警、武警官兵开展治安维护和抢险救灾；全县受灾 7.01 万人（转移 1415 人），造成直接经济损失 2.36 亿元；紧急转移安置人口 1482 人，下拨重建资金 321.5 万元。

【领导人】 县委书记：袁洪；县人大常委会主任：邹向志；县长：肖正权；县政协主席：谢宇光。

（审核：马进臣/撰稿：陈光平）

喜德县

【概况】 2011 年，全县面积 2206 平方公里，其中耕地 2.319 万公顷。森林覆盖率 38.68%。辖 24 个乡镇，年末总人口 212433 人。人口出生率 11.83%；死亡率 2.41%；人口自然增长率 9.42%，计划生育率 87.2%。

【农业】 农业总产值实现 79616 万元。农业增加值 48287 万元，增长 4.5%。全年粮食总产量再创历史新高，达到 84123 吨，比 2010 年增产 1317 吨，增长 1.6%。农业方面，完成土地治理中低产田 0.5 万亩；马铃薯高产高效示范基地 2 万亩；农村户用沼气池 1300 口。林业方面，以天然林保护和退耕还林两大工程为重点，全年造林面积 1787 公顷，补植补造 693 公顷。天然林保护工程全年管护面积为 25853 公顷。花椒产量 867 吨，增长 19.8%；核桃产量 1020 吨；板栗 55 吨。畜牧业方面，全年出栏肉猪 162204 头，同比下降 30.%；羊出栏 114.77 万只，增长 1.1%；牛出栏 13733 头，增长 0.8%；家禽出栏 1135237 只，增长 4.5%；其他大牲畜 2604 头，增长 0.8%。全年肉类总产量达 18951 吨，同比下降 1.4%。农田水利方面，进一步加强土地治理、沟渠、机耕道等农田基础设施建设。年末累计农田有效灌溉面积 2387 公顷；全县发电总量 10340 万千瓦时，同比下降 23.6%；全县水电总装机容量 38360 千瓦，增长 0.7%；全年农用化肥施用量（折纯）3280 吨；年末农业机械总动力 7.82 万千瓦，增长 14.2%。农机化管理服务方面，全年检修拖拉机、耕整机等耕作机械 1230 台套，组织投入大中型拖拉机 2357 台次、微型耕整机和其他农业机械 2780 台次，完成机耕作业 8.5 万亩；完成机收面积 9.3 万亩。

【工业】 实现工业增加值 61500 万元，同比增长 22.0%，对经济增长的贡献率为 54.4%，拉动经济增长 6.8 个百分点，占地区生产总值的比重达 35.7%。规模以上工业增加值增长 24.6%。产品销售率 107 84%。规模以上工业主要产品产量中，铁矿石原矿产量 79.58 万吨，增长 43.43%；生铁产量 5.54 万吨，同比下降 28.15%；发电量 4800 万千瓦时，同比下降 21 31%；水泥 11.86 万吨，同比增长 38.88%；铁合金 1.45 万吨，同比下降 15.7%；饮料酒 2600 吨，增长 8.33%。

【旅游业】 进一步完善旅游开发总体规划，继续加大旅游资源宣传工作力度，积极拓宽旅游市场，以阳光温泉大酒店为龙头，带动县域第三产业发展。全年接待游客 42.7 万人次，比 2010 年同期增加 11.9 万人。旅游业总产值 5348 万元，增加值达 2800 万元。

【基础设施】 全县通乡通村公路建设进展顺利，年末全县公路总里程达 1176 公里，实现 24 个乡（镇）全部通公路，其中通油路的 16 个乡（镇），通乡油路（水泥路）177 公里。170 个村中 159 个村通公路，里程达 780 公里，通村油路（水泥路）54 公里，覆盖 12 个村；客运线路 15 条 141.2 公里，新建县级三级客运中心站 1 座和农村乡镇客运站 9 座；专线公路建设 16.5 公里；邮电通信业持续快速增长，服务领域不断扩大。年末国际互联网上网用户数 2207 户，增加 67 户。年末邮电固定电话用户达 6721 户，村村通（无线固定）电话 2918

户，C网用户7026户。年末移动电话用户1.8万户，全县建基站60座。

【扶贫开发】 扶贫开发深入推进，县委、县政府高度重视扶贫工作，结合实际，深入落实统筹型、捆绑式扶贫开发机制。全年投入各类扶贫资金11324万元，同比增长204.2%。其中省财政扶贫资金2599万元，州财政扶贫资金774万元，县财政扶贫资金1050万元，社会扶贫资金292万元，以工代赈资金1152万元，其他资金4337万元，信贷资金1120万元。资金分别用于种植业、养殖业、人畜饮水工程、社会事业、加工业、基础设施、扫盲、道路、林业等项目。到年末，全县年收入在2300元以下的贫困人口有61248人。

【社会事业】 年末全县有各级各类学校135所；其中小学126所，普通中学9所。在校学生36250人，其中小学在校学生28262人，中学在校学生7998人。学龄儿童入学率达99.93%。全面完成广播电视安全播出网络管理系统工程；完成电视光纤干线改造165千米；全县有线电视用户10075户，电视综合人口覆盖率47.8%；广播综合人口覆盖率27.8%。全年共派104名运动员参加各种比赛，获9枚金牌，8枚银牌，8枚铜牌。2011年，县业余体校被省体育局命名为“四川省县级业余训练重点单位”。年末有卫生机构211个，其中国有31个，私营178个，其他2个。有卫生技术人员380人，病床位336张。全县参加基本养老保险人数3202人，养老金足额发放率和社会化发放率均保持100%。新型农村合作医疗参合人数168525人；城镇职工基本医疗保险参保人数6888人；城镇居民基本医疗保险参保人数7553人。失业保险参保人数3617人。城镇登记失业人数361人，登记率为4.07%。加大社会福利与救助力度，城镇最低生活保障面扩大，共纳入保障2097户4385人，累计发放保障金1079.6万元；农村居民最低生活保障11970户37600人，累计发放保障金2778.3万元。“五保”对象901人，累计发放救助金162.18万元；抚恤补助对象217人，累计发放补助金116.78万元。

【领导人】 县委书记：蔡军（10月止）、曲木伍牛（10月起）；县人大常委会主任：乃保拉力（10月止）、杨开华（10月起）；县长：曲木伍牛（10月止）、卓雪梅（10月起）；县政协主席：吉额瓦各（10月止）、宋国平（10月起）。

（审核：尼里牟甘/撰稿：吉力有坡）

2011年喜德县经济社会发展主要指标

项　目	单位	实绩	同比增减
地区生产总值	亿元	17.22	12.5%
第一产业增加值	亿元	4.83	4.3%
第二产业增加值	亿元	7.33	21.8%
规模以上增加值	亿元	6.15	22.0%
第三产业增加值	亿元	5.06	9.4%
民营经济增加值	亿元	10.28	15.7%
粮食总产量	万吨	8.41	1.6%
肉类总产量	万吨	1.90	-1.4%
社会消费品零售总额	亿元	4.15	16.0%
全社会固定资产完成投资	亿元	5.04	28.3%
地方财政一般预算收入	亿元	0.93	28.2%
地方财政一般预算支出	亿元	0.82	37.4%
年末金融机构存款余额	亿元	13.47	14.8%
年末金融机构贷款余额	亿元	2.25	14.8%

续上表

项　目	单位	实绩	同比增减
保费收入	亿元	0.16	—
城镇居民人均可支配收入	元	14010	14.1%
农民人均纯收入	元	3719	16.1%
普通中学在校生数	人	7998	—
小学在校生数	人	28262	—
学龄儿童入学率	%	99.93	—
广播综合覆盖率	%	27.8	0.2个百分点
电视综合覆盖率	%	47.8	0.2个百分点
新型农村合作医疗制度参合率	%	79.33	2.4个百分点

冕宁县

【概况】　2011年，全县面积4421平方公里，其中耕地1.71万公顷。森林覆盖率56.7%。辖6镇32乡、232个村（社区）。年末总人口37.8万人，人口出生率11.38‰，人口自然增长率7.52‰。全县地区生产总值66.52亿元，增15.7%。其中：第一产业增加值13.91亿元，增4.4%；第二产业增加值35.48亿元，增25.5%；第三产业增加值17.13亿元，增9.3%。民营经济增加值41.58亿元，增18.4%。粮食总产量16.52万吨，增2.14%；肉类总产量4.59万吨。社会消费品零售总额22.67亿元，增16.62%。全社会固定资产投资27.11亿元，增12.4%。财政总收入6.37亿元，增55.8%，其中地方财政一般预算收入完成3.77亿元，增37.2%；财政一般预算支出13.88亿元，增33.7%。金融机构各项存款余额48.83亿元，比年初增34.6%；各项贷款余额12.5亿元，比年初增14.9%。普通小学在校生4.23万人，中学在校生1.76万人，考入大专院校1139人。有公共图书馆1个、文化馆1个、文物保护机构1个。有卫生机构46个，病床位923张，卫生技术人员615人。

【工业经济】　规模以上工业企业36户，完成工业增加值24.4亿元，以水能、电冶、稀土、建材、黑色有色、特色农副产品加工5大产业集群为主的县域工业经济发展格局得到强化。四川江铜公司于6月获得国家发改委许可，启动牦牛坪稀土矿区综合开发项目，累计完成投资9亿元，尾矿库、排土场和洗选厂等项目的前期工作有序推进。磁性材料、抛光材料、贮氢材料等产业链条初步形成，为建成中国稀土高新产业基地提供了有力保障。随着年产200万吨嘉华锦屏水泥生产线、投资3.6亿元的锡城矿业滑石粉项目、川佳60万立方米商品混凝土项目竣工投产，花岗石产业上档升级，后山—泸沽—漫水湾—沙坝建材产业走廊基本形成。黑色有色产业逐步扩大，锦宁矿业公司铁、锡洗选分离生产线建成投产，沙坝铜选厂建成即将投产。水能电冶产业蓬勃发展，装机1.8万千瓦的三合电站即将建成，拖乌110千伏送变电工程等27个电力电网项目建设进度加快，新增装机2.98万千瓦及2座110千伏变电站。

【现代农业】　实现农业增加值13.91亿元。粮食生产稳步增长，种植面积达50.86万亩，总产量16.52万吨，增2.14%。畜牧产业快速发展，肉类产量4.59万吨。烤烟生产稳步回升，种植烟叶5.62万亩，产烟18万担，收购16万担，烟农收入1.4亿元。特色产业粗具规模，投产桑4000万株，产茧2.31万担，蚕农收入3000万元；建成核桃基地5万亩；板栗基地0.98万亩；花椒（青花椒）4.5万亩；年产马铃薯鲜薯17.25万吨。劳务经济增长迅速，转移输出农村劳动力5.8万人，实现劳务收入3亿元。成功申报中央财政小型农田水利重点县，连续三年累计投入1.2亿元实施“五小水利工程”建设。完成河边河堤防治理工程，启动孙水河堤防建设。在14个烤烟种植乡镇开展烟基配套工程、烤房群建设工程。在先锋、回坪、曹古等乡开展农业综合开发和土地开发项目，农业基础设施日趋完善，农业综合生产能力显著提高。

【基础设施建设】 强化道路建设，投资5000万元的108国道菩马段、泸漫段黑化全面完成；总投资6亿元的省道乾冕路S215线改造项目前期工作全面启动；棉锦大桥建成通车；棉锦7.3公里通乡油路、花果等6条16.8公里通村通畅公路、詹家村等35条257.8公里通村通达公路工程及梳妆台大桥全面开工。进一步完善高速公路功能，雅西高速公路灵山景区A级服务站即将开工，彝海出口车辆检测中心完成前期工作。优化城镇功能，新建沙坝、复兴等6个乡镇农贸市场。

【旅游业】 旅游开发彰显特色。引进道隧集团投资16.3亿元综合开发灵山景区，总体规划通过评审，基础设施“七通一平”开工；投资1亿元的灵山寺庙各类配套工程正在加快建设；红色旅游设施综合项目顺利通过省州验收；复兴樱桃节和漫水湾黄金梨采摘节进一步拉动城乡消费，全县景区景点人气指数不断提升。2011年接待游客65.5万人次，实现旅游综合收入2.62亿元，比2006年增长73.5%，年均增长14.7%。

【社会事业】 投入计生事业费2613万元，发放各种奖扶资金589万元，成功创建州级计生优质服务县。稳步推进殡葬制度改革，投资800多万元的殡仪馆已初步建成。加快发展文化体育事业，建成乡镇文化站33个、农家书屋167个。彝区健康文明新生活运动稳步推进。藏族民歌《赶马调》列入国家级“非物质文化遗产名录”。妇女儿童“两纲”监测工作通过国检。就业增收成效显著，共实施农业、牧业、卫生、工业等科技项目27项，城镇新增就业人员1412人，下岗失业人员和失地无业农民再就业265人，为377名灵活就业困难对象发放社保补贴95万元。健全社会保障体系，认真开展保障性安居工程，建成廉租房、经济适用房94套，启动林业棚户区改造340套，城镇人均居住水平提高到28平方米。开工建设县救灾物资储备库和应急避难场所。投入扶贫资金4597万元，重点实施了21个乡镇2511户的“三房”改造等八大扶贫工程，改善了3550人低收入人口的生产生活条件。积极协调省电力公司争取资金对泸宁、里庄等无电地区电网进行改造，投资2200万元的35千伏变电站工程完成招投标即将实施，并将逐年实施投资8000多万元的10千伏输变电线路工程。

【抗灾自救】 2011年6月16日，彝海、曹古发生山洪灾害，造成受灾人口1912户、8680人，因灾死亡6人，失踪12人，受伤3人，农作物受灾584公顷，倒塌房屋361间，损坏房屋409户、1567间，直接经济损失2.47亿元。灾后重建共投入2333.3万元，完成农房重建268户，完成道路交通、水利防洪、电力、村级活动室、学校以及绿化配套设施建设。

【领导人】 县委书记：赵勇；县人大常委会主任：范启发（2月代理止）、郑国松（3月起）；县长：陈建生（2月代理，3月起）；县政协主席：郑国松（2月止）、吴拉布（3月起）。

（审核：王大钊/撰稿：洛世琼）

盐源县

【概况】 2011年，全县辖区面积8398.6平方公里，辖34个乡（镇），总人口35.6万人，有汉族、彝族、蒙古族、藏族等14个常住民族。盐源历史悠久、文化深厚、资源丰富、发展势头强劲，发展潜力巨大，享有“金盆宝地”、“苹果之乡”、“神仙居住的地方”、“香格里拉的源头”、“母系氏族的家园”等美誉。全年全县完成GDP 66.3亿元，增长19.1%，总量位居全州第五，增速位居全州第三。完成财政一般预算总收入8.91亿元，增长26.9%；完成地方财政一般预算收入6.21亿元，增长27.8%。财政收入总量位居全州第四，税收收入位居全州第三。完成社会固定资产投资31.2亿元，增长16.1%。实现农民人均纯收入4998元，增长19.23%。

【农业】 坚持“农业立县”战略，坚持“龙头牵引、基地示范、科技支撑、品牌带动”的农业产业化发展思路，着力建设农业“八大基地、十大产业”，强力推进农业品牌创建，培育壮大龙头企业，积极发展农民专合组织，农业产业助农增收效益明显。苹果、辣椒、马铃薯、玉米、核桃、花椒、大棚蔬菜种植和商品猪牛羊、生态鸡养殖等产业基地化、专业化、合作化程度不断提高，农业总产值20亿元，农业增加值12.78亿元，增

速4.4%；实现粮食总产18.3万吨，增速1.89%。2011年荣获“四川省‘三农’工作先进县”称号。立足农业发展现状，积极优化产业结构，巩固提升高原苹果、优质马铃薯、蛋白玉米等传统产业；培育打造优质烤烟、巨星辣椒、果园生态鸡、良种核桃等新兴产业，做大做强农业“八大基地、十大产业”。2011年，发展高原苹果21.95万亩，产量3.2亿千克、产值6.4亿元；种植马铃薯25.2万亩，产量4.26亿千克、产值4.26亿元；种植蛋白玉米20万亩，产量0.86亿千克、产值1.72亿元；种植巨星辣椒7.03万亩，产量1.12亿千克、产值2.35亿元；培育生态核桃30万亩，产量800万千克、产值1.28亿元；发展花椒12万亩，产量1460万千克、产值1.23亿元；合同种烟9万亩，收购烟叶26.98万担，烟农收入2.29亿元；“四畜”出栏88.03万头（只），肉类总产量4.72万吨、产值6.11亿元；养殖果园生态鸡600万只，产值2.1亿元；建设蔬菜、食用菌日光温室大棚1400个，产值4200万元。全县“八大基地、十大产业”初具规模，助农增收人均达450元以上。按照“品牌兴农、品牌富农”的思路，努力打造具有市场竞争力的知名品牌和名牌产品，以品牌建设促进产业大发展。“盐源苹果”地理标志证明商标注册成功，“国家级优质苹果标准化示范区”通过国家质检总局验收，盐源苹果“国家地理标志保护产品”获国家质检总局批准，“盐源浓缩苹果汁”取得农业部绿色食品AA级认证。“盐源雅坪辣椒”地理标志证明商标注册成功。“盐源马铃薯”取得国家级无公害农产品标志认证，盐源县被评为“四川省优势特色效益农业马铃薯基地”，世富农业生产的“润盐”牌马铃薯淀粉商标获国家工商总局注册。“盐源早核桃”被四川省林木良种审定委员会认定为优良品种。高原牛羊、生态鸡等农产品也相继取得国家级无公害农产品认证。把培育龙头企业作为调整优化产业结构、增加农民收入的重要抓手，从政策上优惠、资金上倾斜、服务上优化，宝清、钰峰果汁加工，世富马铃薯加工等本土大型农产品加工企业相续建成投产。充分发挥产业和服务优势，加大招商引资力度，成功引进了韩国事凯易辣椒深加工、上海圣元花椒生物药深加工、重庆树上鲜花椒深加工、海南五指山林化工等项目落户盐源。全县已有规模以上大型农产品加工企业8家，其中省级龙头企业1家，州级龙头企业6家，形成了“一个基地、一项产业、一个龙头企业”的良好局面。打破地域和行政区划限制，探索生产方式转变，促进产业向集中连片、适度规模转变。在双河、干海、梅雨、下海四个乡镇集中连片规划2个烤烟新区单元，在棉桠、白乌等乡镇集中连片建立马铃薯标准化示范基地3.5万亩。积极支持引导农民专业合作组织、协会发展，发挥中介服务组织联系龙头企业和基地农户的桥梁、纽带作用，进一步拓宽农产品销售渠道，在流通环节上创效益。目前全县有苹果、核桃、辣椒、大棚蔬菜、马铃薯产业等专合组织43个，组织成员户达2045户，成员户均年增收达1.4万元，辐射带动区域内农户户均年增收6300元。全县农机总动力达到29.06万千瓦，机耕35万亩，机收9.03万亩，机电灌溉面积31万亩，机脱10.2万吨，植保39万亩，农机运输7413万吨公里，农产品初加工20.5万吨，主要农作物耕种收综合机械化水平达35%。

【工业】 坚持“工业强县”战略，全年全县工业总产值突破百亿元，工业增加值突破50亿元，工业对GDP增长的贡献率达56.89%，二产在三次产业中的比重历史性地超过了50%。规模以上工业企业达31户。截至2011年，全县已竣工电站31座，总装机容量20.497万千瓦；总投资38.34亿元的25座中小水电项目开发正加快推进。2011年生产铁矿石原矿210万吨、精矿87万吨，实现利润4.08亿元，并大力实施后备矿山开发、100万吨洗选厂、黄草坪尾矿库、投资2亿元烂纸厂、大杉树矿段综合开发利用和原尾矿库改造扩建建设。拟投资3亿元的兴洋实业有限公司30万吨还原铁及机具铸造第一条生产线已点火试产；重晶石深加工、马角石铜矿开发、硅微粉深加工等重点项目建设加速推进。西钢精煤公司完成9万吨扩能技改，并已通过质量标准化建设验收，资源储量759万吨，2011年生产原煤42.07万吨，完成工业产值2.08亿元，销售产值完成2.27亿元，实现利润1.17亿元；森宇集团褐煤开发、川威集团煤矸石火力发电、太阳能、风能发电等项目获得积极进展；煤炭资源整合步伐进一步加快。金冠水泥有限责任公司生产水泥35.95万吨，实现工业总产值2.241亿元，销售产值2.07亿元，实现利润112万元；韩国事凯易辣椒深加工、上海圣元花椒生物药深加工、重庆树上鲜花椒深加工等项目已建成投产。苹果分级包装储运物流中心修建工程已启动，总投资9000万元，占地70亩，建成后年产纸箱400万个，冷库建设库容设计1万吨。

【旅游业】 坚持旅游精品发展战略，全年第三产业增加值达到11.4亿元。以泸沽湖旅游开发为龙头的旅游产业态势喜人，泸沽湖景区已成功创建为国家AAAA级景区，“两府一馆一中心”，鸟觉路、草海路、左右环湖路，格萨古村落、生态停车场、污水处理厂、景区大门等旅游基础设施建设全面完成。保护与开发并重的泸沽湖旅游“五个一”工程已启动实施，大型摩梭风情歌舞集《心中的泸沽湖》在第三届凉山州民族艺术节上荣获一等奖，并在成都锦城艺术宫首度公演，取得圆满成功。泸沽湖摩梭甲搓舞和走婚习俗、转山转海节等已成功申报为国家级、省级非物质文化遗产。全年共接待游客93.6万人次，实现旅游收入3.2亿元。

【基础设施建设】　全县公路通乡率达74%，通村率达81%，形成了以县城为中心、以乡镇为节点、辐射到村到组的农村道路网络，公路总里程达到3800多公里。成功将西昌至泸沽湖高速公路列入《四川省高速公路路网规划》，自筹资金完成工程可行性研究报告，并在十二届西博会上成功推介。小高山隧道项目已完成《工程预可行性研究报告》编制及评审。金河大桥至平川路面改扩建工程即将启动招投标。泸亚路路基工程已全面完成，即将启动路面工程招投标。2011年州下达的建设里程134.2公里的通村公路已全面开工。将龙塘水库成功列入四川省“十二五”水利规划、西南五省重点水源工程近期建设规划和全国“十二五”大中型水库建设规划，项目前期工作积极推进。老沟水库工程相关规划设计已顺利通过水规总院评审，即将启动建设。服务大项目取得阶段性成果，圆满完成了官地、锦屏库区移民搬迁等工作，为官地、锦屏电站顺利下闸蓄水提供了保障。全年蓄、引、提水量为12.79亿立方米，灌溉面积22.88千公顷，有效灌溉面积15.08千公顷。建成县自来水公司1个，年供水量120万吨，建成卫城、梅雨、树河、白乌、金河等乡镇供水站13处，建成茅坪、大园子、顺河等村级供水站34处，解决15.56万人的饮水安全。建成110千伏变电站1座，容量6.3万千伏安，35千伏变电站10座，总容量7.735万千伏安。在甘塘埝、盐井河、夹坝河、泸沽湖、马坝河、清水河等地实施小流域水土保持项目，采用拦沙坝、沉沙凼、排洪沟等工程措施和种植经果林、水保林、种草等生物措施治理水土流失面积35.5平方公里。治理树瓦河、巫木河、平川河、盐源河、白乌河、清水河等河道56公里，清淤28万立方米，修建堤防37.2公里。

【城乡建设】　泸沽湖大道工程拆迁安置工作全面结束，主体工程完成招投标，已进场施工。润盐大道已完成相关前期工作，一期工程即将竣工。月湖公园棚户区改造工程拆迁补偿、土地招拍挂等工作积极推进。县城“两园一街”已启动规划设计。深入开展城乡环境综合整治，完成县城8条旧街改造、3条主要街道风貌塑造工程，实施S307和S216公路沿线15个乡镇近5000户民居风貌打造工程，县城生活垃圾场新建工程开工在即。

【教育】　2011年有学校189所，其中：普通高中2所，职业高中1所，初级中学8所，九年制学校3所，小学156所（含教学点86个），教师进修学校1所，幼儿园18所（含民办幼儿园17所）。全县共有各级各类学生81336人，有教职工3085人。“十一五”期间，全县预算内教育拨款达8.3亿元，征收教育费附加3102万元、地方教育费附加979万元，全额用于教育事业发展。捆绑投入各类资金3792万元，有效化解“普九”债务。全面实施农村中小学远程教育工程，现代远程教育覆盖率和小学和初中教学仪器设备配备率均达100%。全县中小学基础设施齐全，功能完备，育人环境得到全面优化。2011年，硬上省本科线人数291人，600分以上4人。在全州率先实施贫困家庭子女上高中奖免政策，免除农民、城镇普通居民、国企下岗职工子女高中学费，资助奖励高考上一本、二本的优秀贫困学生及教师，对考上一本、二本的贫困大学生分别给予1万元和5000元的资助。2007年以来，受助高中学生25218人，受助贫困大学生666人，获奖教师467人次，资助奖励金额达1271.4万元。大力实施县级部门联系学校制度、县级领导对口帮扶贫困学生政策，教育保障体系日趋完善。2011年，全县“两基”工作通过国家级“两基”检查验收。

【医疗卫生】　2011年，全县拥有各级医疗机构334个，其中国有医疗卫生机构42个，民营医疗机构2个，村卫生室290个；床位512张；医疗卫生职工619人，其中执业（助理）医师280人，卫生技术人员占总人数的91%，其中高级职称占5%。每千人中有卫生技术人员数1.77人，每千人有注册护士0.59人。全县参合人数已达31.66万人，参合率99.69%，累计受益人次达36.56万人次，共报销医药费用1.39亿元。全年全县医疗机构（门诊部以上）诊疗152万人次，住院手术

1310台次，出院病人3.47万人次。法定报告传染病发病率为374.35/10万，孕产妇死亡52.1/10万，5岁以下儿童死亡率、婴儿死亡率、新生儿死亡率分别为13.37‰、9.9‰、9.7‰。孕妇产前检查率达到45.59%、产后访视率63.02%、住院分娩率63.03%。

【文体事业】　完成32个乡镇文化站及全县247个村1.69万套直播卫星“村村通”工程建设；全县广播覆盖率90.1%，电视覆盖率91%；大力实施业余体校建设和全民健身工程，五年来共向体育院校输送80余名体育专业人才，多次在国家、省、州运动会上取得优异成绩。

【新农村建设】　完成棉桠乡木邦营村、白乌镇长坪子村等新农村建设和卫城镇大堰沟村生态田园民居工程建设。以白乌镇宝清村和泸沽湖镇海门村为试点，惠及16个乡镇26个村2000户群众的彝家新寨建设项目即将竣工。

【领导人】　县委书记、县人大常委会主任：周乃祥；县委副书记、县长：张振国（8月调离）、瓦西亚夫（11月代理县长，12月任县长）；县政协主席：刘联贵。

（审核：宁建国　罗朝蓉/撰稿：谭必刚　马金华　沈东林）

木里藏族自治县

【概况】　木里县辖3个镇、26个乡（含5个自治乡）、113个行政村、1个居委会，县政府驻乔瓦镇。年末总人口13.72万人，其中非农业人口1.62万人，占总人口的11.88%；少数民族人口11.09万人，占总人口的80.78%；男女性别比为104∶100，人口出生率10.3‰，死亡率4.34‰，自然增长率6.06‰，境内居住有藏族、汉族、彝族、苗族、蒙古族、纳西族、壮族、布依族、傈僳族、回族、白族、羌族、土家族、满族、锡伯族、傣族、瑶族、朝鲜族等18个民族。

【经济发展】　全年全县生产总值完成19.69亿元，同比增长16.1%，其中第一产业增加值4.00亿元，同比增长4.4%；第二产业增加值9.88亿元，同比增长29.6%；第三产业增加值3.87亿元，同比增长23.0%；三次产业结构比为20.3∶50.2∶29.5。地方财政一般预算收入完成2.53亿元，同比增长36.33%；全社会固定资产投资完成55.01亿元，同比增长30.7%；社会消费品零售总额4.10亿元，同比增长15.7%；居民消费价格指数为104%；城镇居民人均可支配收入1.57万元，同比增长13.14%；农民人均纯收入3540元，同北增长16.26%。

【藏区维稳、工业强县】　认真落实部署维稳，维护无毒净土县、全国藏区最稳定县的荣誉，建设稳定的藏区环境。全面贯彻实施工业强县的战略，全年全县实现工业增加值38723万元，较2010年同期增长23.0%，占GDP比重为19.7%，拉动经济增长3.7个百分点。

【教育发展】　以“两基”迎国检、教育督导评估迎省检工作作为重点，狠抓落实全县教育工作。继续对义务阶段学生实行“两免一补”策族，全年投入1711.7万元生均公用经费，惠及2.02万名学生，享受寄宿制生活补助的学生1.19万人，补助资金789.6万元，同时投入1386万元资金对8769名家庭困难学生及残疾学生进行资助。

【社会保障】　城镇1928户家庭发放最低生活保障资金1407.1万元，进行医疗救助2981人次，救助资金196.3万元，为11270户农村居民家庭发放最低生活保障金3619.7万元，进行医疗救助8258人次，支出623.7万元。参加基本医疗保险、养老保险和失业保险的职工人数分别为6859人、3630人、3714人。巩固并完善新农合制度，参合人数达到11.2万人，参合率98.53%，居全凉山州第二。实现城镇新增就业145人，下岗职工再就业112人，转移输出农村劳动力1.7万人。

【交通先行】　牢固树立交通先行工作理念，大力推进“人字、三纵加水运”交通骨架建设，完成S216线工程审评，完成通乡桥梁续建工程一座，甲波水洛河大桥建设接近尾声，完成912林场至卡拉乡田镇公路建设50.7公里，新建牦牛坪、沙湾、后所、鸭咀牧民新村4个客源站点，农村公路网络建设状况进一步得到改善。

【藏区重大项目】　4月19日，四川省凉山州木里藏区重大项目开工典礼在木里县乔瓦镇核桃湾组廉租房建设工地举行。木里县委书记熊正林和县长宋平作了讲话。此次项目开工将为木里藏区跨越发展和长治久安、全面小康建设打下坚实基础，加快木里建设作出贡献。

【非物质文化遗产】 木里县非物质文化遗产：传统舞蹈——纳西族“金佐措”，传统手工技艺——藏族手皮制品制作技艺、擦窝制作技艺，民俗——苗族服饰列入第三批四川省非物质文化遗产名录；传统手工技艺——藏族牛羊毛手工编织技艺（藏族毛纺织品编织技艺），民俗——彝族服饰（呷咪服饰）列入第一批、第二批省级非物质文化遗产扩展项目名录。

【三岔沟古遗址】 2011 年 6 月中旬，在木里县乔瓦镇娃日瓦村达瓦组发现三岔沟古遗址。8 月 8 日，省州文物主管部门派专家实地勘察、确认，三岔沟有战国至西汉时期的古遗址，将为研究中国西南民族地区的古史和古民族提供宝贵的考古资料。10 月中旬，古遗址发掘工作领导小组成员和工作班子在木里乔瓦镇娃日瓦村正式启动古遗址发掘工作。并协定：一是省州文物主管部门派出考古队与县文广共同实施古遗址的发掘工作；二是发掘工作所需的费用和与文物有关的费用由县文广局承担，与研究有关的费用由州博物馆承担；三是出土文物归木里县；四是研究成果由省考古院、州博物馆、木里县文广局三家署名发表。

【领导人】 县委书记：熊正林（藏族，7 月止）、张振国（8 月起）；县人大常委会主任：杨乔包（蒙古族）；县长：宋平（藏族，7 月止）、伍松（藏族，7 月起代理县长，12 月起任县长）；县政协主席：易永德（11 月止）、杨克组（藏族，12 月起）。

（审核：邓洪明/撰稿：曾英奎）

审核人撰稿人名单

Auditor and copywriter list

单 位	审核人	撰稿人
大事记	余 民 尹克发	周宗利 曾科技 何梅
州委办	龙 伟	郑宏杨
纪检监察	李东明	王建春
组织部	杨国敏	杨 华
宣传部	王国强	刘 斌
政法委	徐志全	徐华智
统战部	鲁绒日丁	秦 莉
直工委	杨太荣	王 佳
编 办	周旭东	周旭东
政研室	邹宝奎 王泽辉	江阿支
保密局	邱发春	刘 忠
群众工作局	杨成华	张志杨
文明办	李小雄	杨 斌
外宣办	陈甫林	阿俄小沙
史志办	尹克发	何 梅
老干局	杨国敏	王人伟
烟草办	伍 斌	陈玉芳
接待办	王建蜀	樊飞雄
党 校	吴锦屏	马尚萍
凉山报社	龙德华	宋兴龙
人大办	钟承先	赵忠恺

政府办	陈　军	刘建康
民政局	罗剑平	杨洪忠
发改委	李宏伟	高学飞
人社局	罗卫平	程　勇　陈　梅
民宗委	何跃清	沈卫国
外侨办	姚云成	王　团
法制办	艾裕双	潘　义
移民局	康　曦	王孔福
扶贫办	黄玉超	陈娣军
安监局	卢　强	王德美
语　委	摩瑟磁火	林　燕
台　办	王学谦	何　瑛
档案局	何加宏	梁永昭
政务中心	高静平	黄轶炜
政协办	杨洪清	陈耿毅　海　兰
凉山军分区	崔　伟	谭守平
武警凉山州支队	桂甲传	张永安
武警凉山州森林支队	齐兴彬　刘永则　李宏彬	薛晓波
公安消防	许满凯	尚朋朋
人民防空	张国清	刘国勇
民　革	肖　春	王才英　陈　波
民　盟	贺新宇	李　龙
民　建	仰　协	张武霞
九三学社	熊仿秋	于泽军
工商联	刘昌全	邹学琼
工　会	王　英	吉峨拉哈
团　委	何建梅	黄晓波
妇　联	安荣会	吴邦华
科　协	赵增明	宋永国
文　联	倮伍拉且	沈　英
残　联	张瓦哈	王小键　杨　宓
社科联	哈小华	吴　伟
法　院	冯　成	张　黎

检察院	米　滨	陈德刚
公安局	李启元	魏江汇
司法局	卢立武	官玉华　王　芳
经　委	杨跃发	蒋　卫
平川铁矿	陈　宁	杨国平
西昌烟厂	罗永杰	庞　军
西昌电力公司	韩亚能	文春梅
西昌电业局	陈　斌	叶久德
大桥水电开发公司	马　伦	邓邦辉
新钢业	杨希茂	张靖松
经久工业园区	陈　旭　高　勇	孙旺宅
农　办	宋福猛	钟　健
农业局（农业机械）	王　正	何　洋
林业局	周　斌	毛昌伟
畜牧局	杨光富	罗　飚　王　芳
水务局	张之栋	吕庆昆
商务局	肖友呷	宋心华
招商引资局	李云会	张洪俊
供销合作社	杨富勇	雪　莉
烟草公司	张　英	徐　莹
旅游局	游开军	刘树源
邛泸管理局	陈　林	沙宏伟
螺髻山管理局	日海补杰惹	曾尚文
泸沽湖管理局	杨　辉	邓武军
财政局	邓　激	郑榜学　刘　晓
国税局	丁正扬	彭红玲　李　明
地税局	郭书川	陈禹祥
人　行	吴　彬　阿都建林	李　惠　吴　琳
银监分局	谭　娟	刘　勇
农　行	辜立荣	朱育胜
工商行	王凤鸣	徐兴兵
建　行	周　浩	邹　翔
中国银行	叶晓荣	陈德辉

农发行	张　康	白晋德　夏　伟
商业银行	王大清	谌李琼
农村信用社	杨忠廷	向泽菊
财保公司	胡　山	姜　涛
中国人寿	和绍华	卢俊杰
平安财保	张权武	吴纪华
民生寿保	谢献平	何　娟
西昌金信村镇银行	梁文英	梁文英
国资委	蔡　军	杨本益
工商局	罗　刚	丁跃兴　肖　燕
国土局	张东升	拉　鹏
审计局	伍皎辉	张保权
统计局	贺雪梅	税洪昌
国调队	李天寿	李木比者
技术监督局	李世斌	万正祥
药监局	岳雄华	邓　勇
科技局	周大海	王永坚
防震减灾局	环江红	邓永兵
气象局	王发荣	胥德梅
教育局	蒲　涛	陈燕美
西昌学院	陈小虎	黄　亮
民干校	王林国	时长日黑
卫　校	张荆辉	朱　艳
农　校	马小合	章　勇
民师校	马友兴	高贵生
职业技术学校	高　勇	田成平
文化广电局	付　荣	何明强
卫生局	苏　杰	蔡寅宗
一医院	曹力生	方　俊
二医院	李列平	杨正萍
中西结合医院	朱　林	杨林波
卫生执法所	杨　萍	吴　虹
计生委	尔古史体	沙马快吉

体育局	吉觉作哈	赵　兴
交通局	陈　俭	何　莉
公路局	韩　丹	徐德军
规划建设局	伍帮江	兰青云
住房公积金	陈德琳	李光杰
环保局	吉伍木牛	唐坤伦
邮政局	许　波	廖晓蓉
电信公司	柳国云	戴卫平
移动公司	周荷英	李　坤
联通公司	杨文迪	古娅梅
西昌市	赖文江	王　勇
德昌县	周　雯	罗　艳
会理县	李美桦　刘承理	张　望
会东县	刘芙蕖	钱雪燕
宁南县	朱正英	邹　英
普格县	王　莉	陈思洁
布拖县	谢　勇	沙马阿木
昭觉县	刘昌烈	朱文峰
金阳县	陈　军	杨堵且　杨　平
雷波县	王同友	王巧奇
美姑县	孙学元	吉比阿达
甘洛县	吉里列布　易昌龙	魏　国
越西县	马进臣	陈光平
喜德县	尼里牟甘	吉力有坡
冕宁县	王大钊	洛世琼
盐源县	宁建国　罗朝蓉	谭必刚　马金华　沈东林
木里县	邓洪明	曾英奎

（领导调研照片由李伟、冷文浩、钟源、海来阿平、王云、古道伦、阿克鸠射、贾巴尔且、俄木尔坡、杨家勇、王仁江、唐有吉、州政府网站、州庆办等提供）

索 引

Index

A

B

C

D

E

F

G

H

J

K

L

Q

R

S

T

W

Y

Z

中国农业银行与中国移动通信集团联合推出“惠农通”业务

农行凉山分行行长范承在四川华润鸭嘴河布西电站施工现场调研

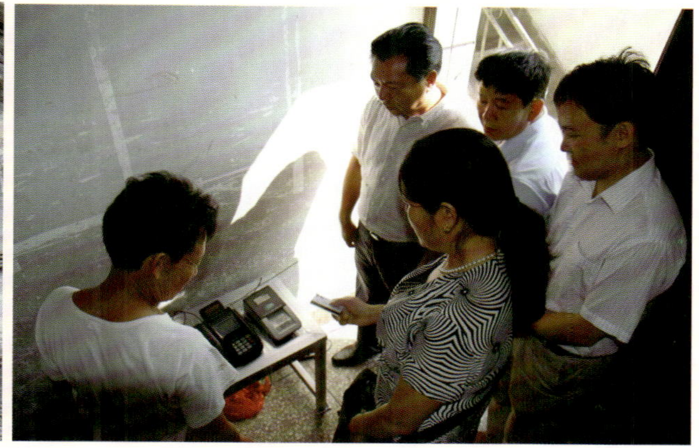

农行四川省分行和凉山分行领导深入农村助农取款点实地了解情况

农行员工深入彝族村寨向彝族群众讲解假币识别等知识

农行员工向广大群众赠送新春挂历和发放金融知识、服务“三农”新产品宣传资料

省委书记、省人大常委会主任刘奇葆考察邛海湿地梦里水乡

州、市领导在邛海湿地梦里水乡检查工作

观鸟岛湿地公园入口

邛海水鸟

邛海晚霞

梦里水乡美景

梦里水乡湿地

青龙寺青河滩小景

小渔村

月色风情小镇

泸山千年九龙汉柏

泸山经塔

“神八”太空育种交接仪式

全州烟草系统专卖技能赛场（真假烟鉴别）

科研人员在田间进行小区品比试验

“清甜香”遍洒大凉山

产业支撑新村建设

道路进烟田

凉—津烟草合作园区

烟农丰收忙

烟基工程建设

优质烟叶示范基地

中国电信集团公司副总经理杨杰向对口扶贫县盐源、木里捐款

州公司总经理柳国云获“四川省杰出企业家”荣誉称号

州公司领导班子

拓展对外合作，促进双轮驱动

开启移动互联网ITV应用航程

忠实客户为中国电信规模效益发展保驾护航

中国电信实施创新服务双领先战略

共产党员电信服务进社区

信息化乡镇建设助推农民致富

新春联谊晚会

总经理刘克安

副总经理邓荣

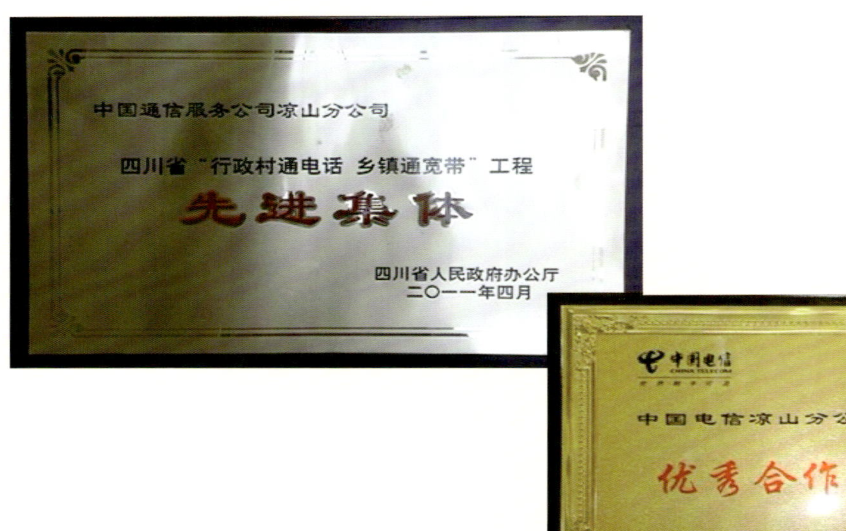

抗震救灾施工现场

维护现场

建设银行支持凉山抗旱救灾捐款仪式

建设银行四川省分行与凉山州政府签订金融战略合作协议

建设银行少数民族地区大学生成才计划助学金发卡仪式

建行支持大型水电项目锦屏电站工程建设

副州长杨卉到州商业银行贷款企业调研

凉山州商业银行开业庆典

凉山州商业银行小企业信贷中心隆重开业

凉山州商业银行金凉山财富中心正式启动

金凉山卡开卡仪式

金融知识宣传

凉山州商业银行与国家开发银行四川省分行开展微贷款业务合作

副省长黄小祥和州委书记翟占一为凉山州农村信用联社股份有限公司授牌

凉山州农村信用联社第一届董事会

省、州领导为凉山州农村信用联社股份有限公司成立仪式剪彩

凉山州农村信用联社股份有限公司隆重开业

凉山州农村信用联社首个金融联络点揭牌

自编自演舞蹈《彝寨欢歌》亮相全国农村信用联社服务“三农”支持中小企业发展颁奖晚会

现代化流动汽车银行驶入田间地头开展金融服务

工作人员热心为群众讲解人民币防伪知识

州公司总经理胡山前往宁南松林乡查勘灾情，一线指挥理赔工作

宁南支公司员工在竹寿镇向农户理赔

木里支公司理赔工作人员前往出险现场

盐源支公司彝族农保员向农户进行农险理赔

客户节期间，公司理赔人员向出险客户开展“四个一”送温暖活动

省委常委、省委组织部部长柯尊平到农校考察

计算机实训操作

农民工技能培训

劳务扶贫培训

院长曹力生

中华医学会儿科分会主任委员桂永浩向州一医院赠送书籍

医院领导班子

新门诊大楼

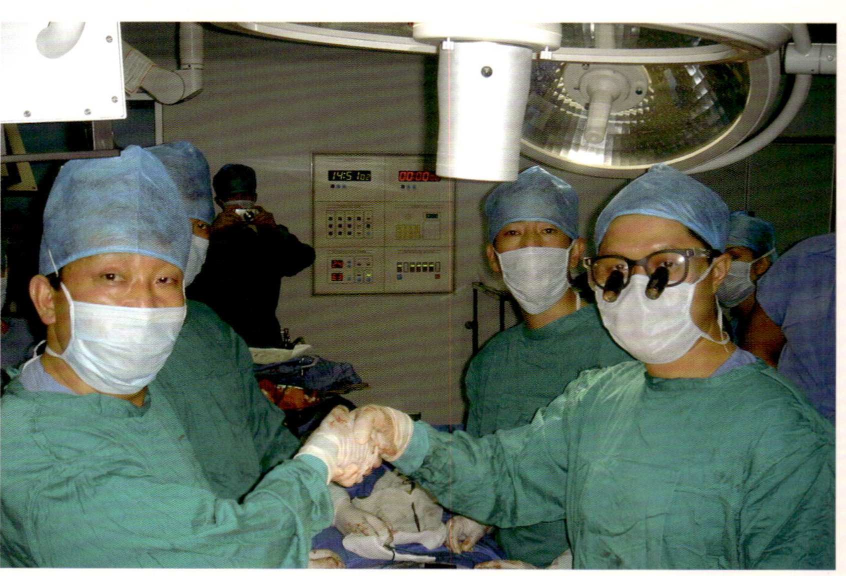

北京大学人民医院陈彧教授指导州一医院完成四川省民族地区首例非体外循环冠脉搭桥

迎接三乙评审检查

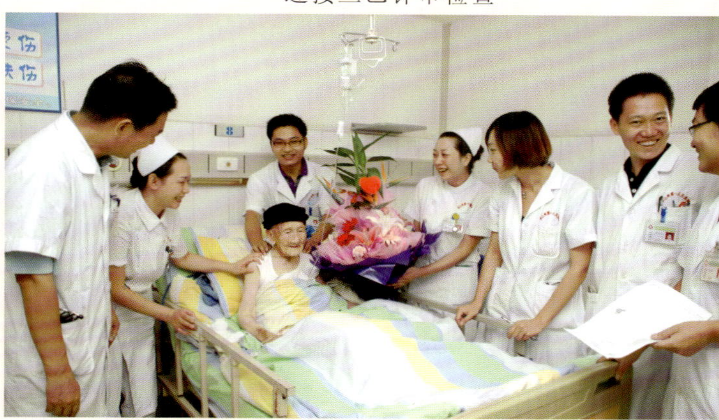
为住院百岁老人祝寿

院内优美环境

长安分院门诊楼

国家民委教育科技司司长田联刚到州民中考察

副州长施遐到州民中调研

校党委书记、校长曲木史日

学生文体活动

北校区主教学楼

五处承建工程西昌市城南大道

人工造林

华山松林

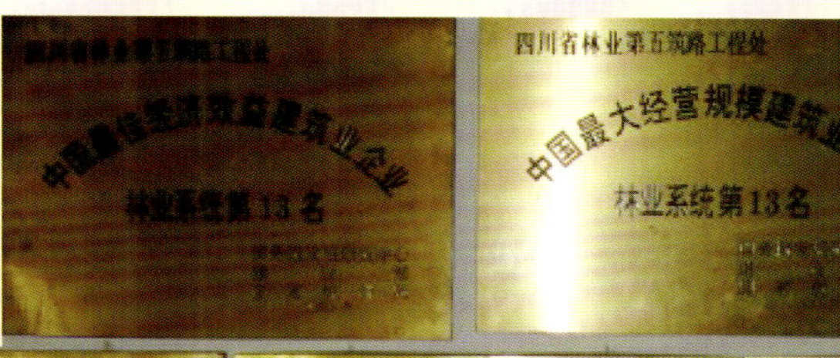

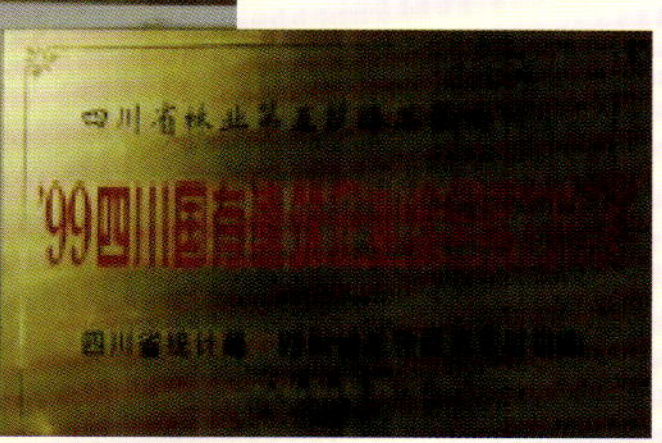

大桥水库灌区一期工程漫水湾枢纽工程

栖息在大桥水库的黑鹳

库区风光

大桥水库灌区安宁河谷田园风光

漫水湾闸坝枢纽

大桥电厂

大桥水库灌区一期工程主干渠西昌蚕种场支渠

公司所在地西昌市航天大道二段

大桥水库

四川省冶金地质勘查局与凉山州战略合作协议签署仪式

副局长刘荣、院长王小春陪同州国土资源局局长张邛林考察太和项目

项目监审专家与项目技术人员在野外交流

钻探编录现场

宁南跑马铅锌矿选厂车间

钻探施工现场

矿山露天采场

州领导检查指导工作

党委副书记、矿长吴半农

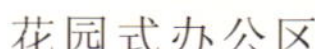
花园式办公区

厂区

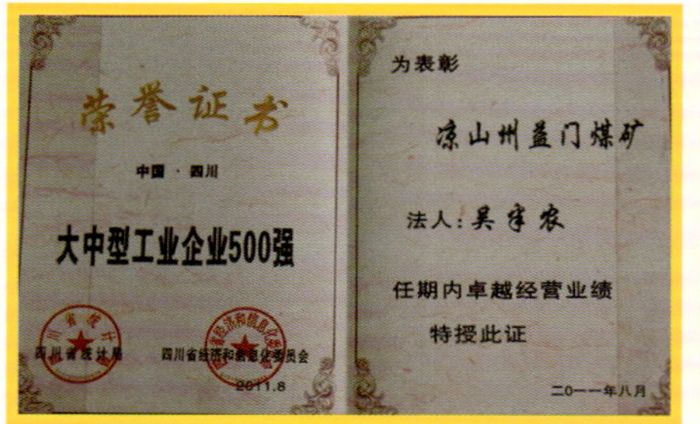
荣誉证书
中国·四川
大中型工业企业500强
四川省统计局　四川省经济和信息化委员会
2011.8

为表彰
凉山州益门煤矿
法人：吴半农
任期内卓越经营业绩
特授此证
二〇一一年八月

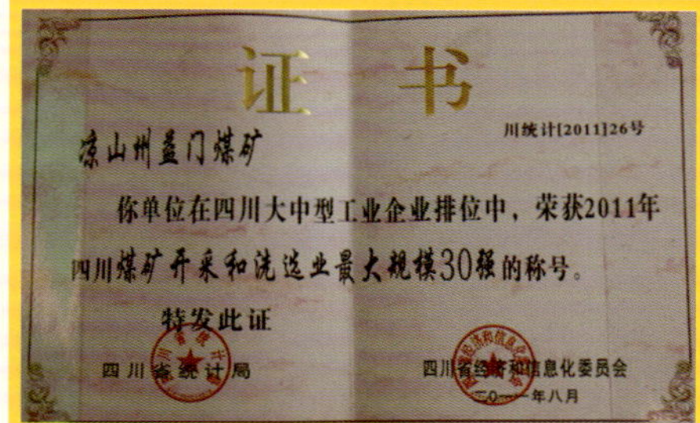
证　书
川统计[2011]26号
凉山州益门煤矿
你单位在四川大中型工业企业排位中，荣获2011年四川煤矿开采和洗选业最大规模30强的称号。
特发此证
四川省统计局　四川省经济和信息化委员会
二〇一一年八月

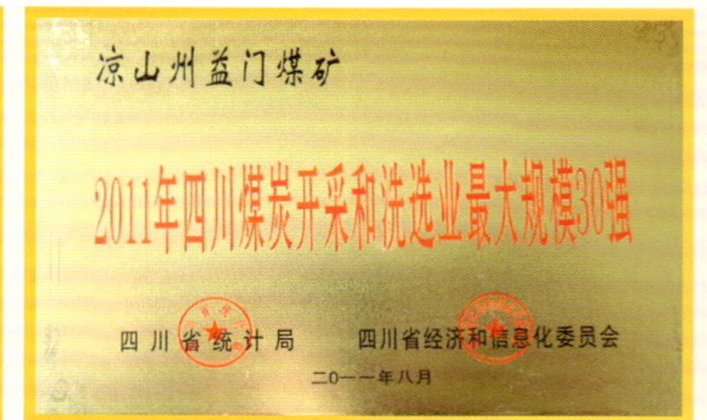
凉山州益门煤矿
2011年四川煤炭开采和洗选业最大规模30强
四川省统计局　四川省经济和信息化委员会
二〇一一年八月

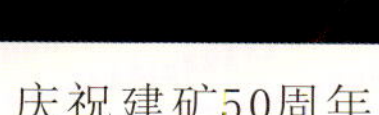

庆祝建矿50周年

西昌煤疗经济适用房

庆祝建党90周年文艺演出

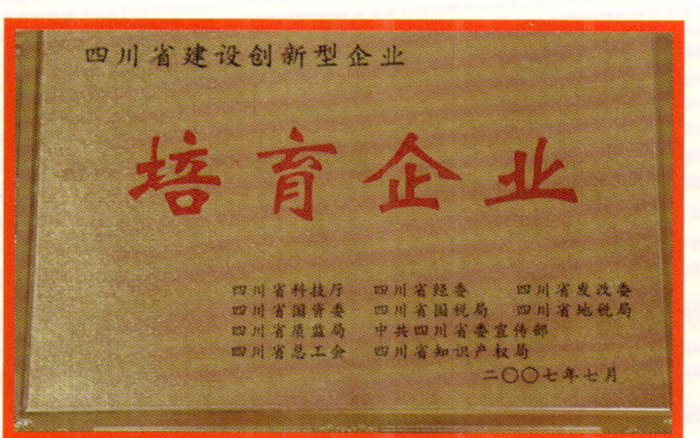

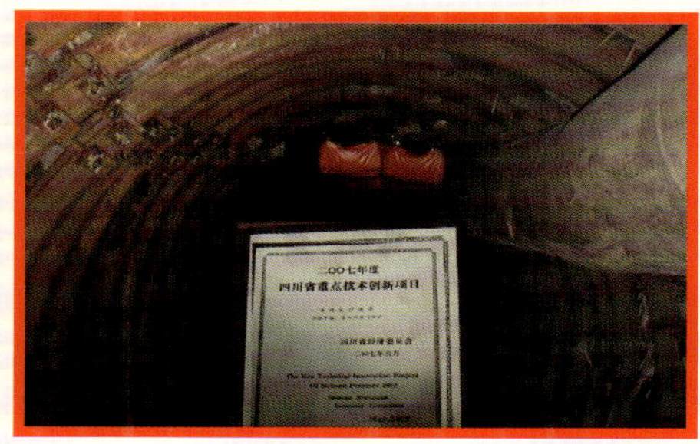
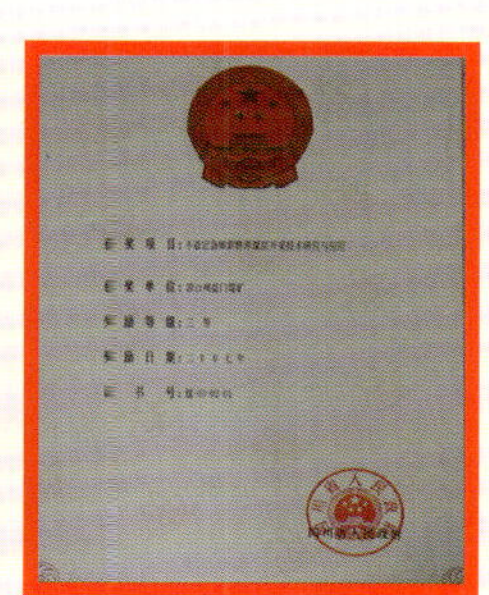

四川省会东铅锌矿企业圆满完成改制

监狱搬迁西昌

攀西监狱改扩建工程奠基仪式

“百名亲人探囚子，千丝温情促改造”活动

“警民亲”活动启动仪式

攀西监狱改扩建工程鸟瞰图

江西省副省长洪礼和到公司考察

州委书记翟占一率相关部门到稀土公司调研

州委常委、州政府常务副州长滕中平到稀土公司调研

公司董事长张胜义在牦牛坪稀土矿区接受中国主流媒体采访

公司工会会员代表大会

钕铁硼项目开工仪式

园区党工委书记张应全

园区管委会主任王翼

园区领导班子

名优特产石榴

烤烟

村级活动室

新村新貌

州委书记翟占一、州长张支铁在园区调研

会锌铅锌公司电解锌项目奠基仪式

 马鞍坪公司铜选厂

州委办等单位领导到一幼调研

州教育局领导与师生共庆“六一”儿童节

参加建党90周年文艺演出

“十二五”礼仪教育课题开题

教学活动选入全省优质课录制

参加州少儿国学诵读大赛颁奖晚会

县委书记赵勇、县长陈建生在林业局局长吉格木加子陪同下调研核桃产业

局长吉格木加子带队巡护森林

局领导规划森林保护工作

局机关党员重温入党誓词

冕宁紫瓤1号核桃

喜摘花椒

放生野生动物

低效林高枝嫁接改良成功

退耕还林示范片

低产核桃林改良后挂果

华山松飞播林

州委书记翟占一在园区检查工作

州委常委、州国资委党委书记胡坤在园区检查工作

冕宁稀土高新产业园区

四川江铜稀土有限责任公司高新材料深加工区

冕宁县茂源稀土科技有限公司

川威总部大厦

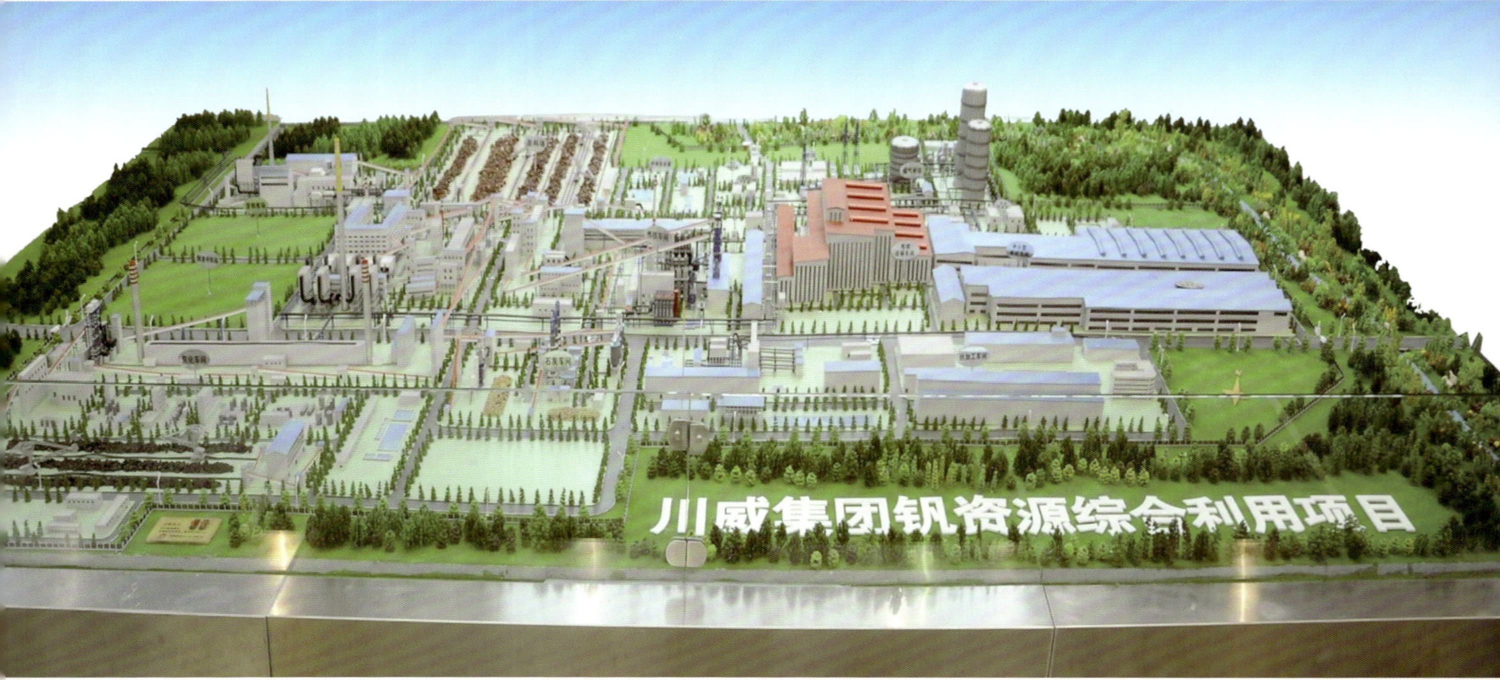

川威钒钛基地

新连界新川威

全国非公有制企业
党建强 发展强
双强百佳党组织
全国党建研究会非公有制经济组织党建研究专业委员会
新华网 半月谈杂志社
《非公有制企业党建》杂志 中国非公企业党建网
二〇一一年八月

TOP 500
中国民营企业制造业500强
CHINA TOP 500 PRIVATE MANUFACTURING ENTERPRISES
2011
四川省川威集团有限公司
第 36 位

TOP 500
中国民营企业500强
CHINA TOP 500 PRIVATE ENTERPRISES
2011
四川省川威集团有限公司
第 52 位

大渡河深溪沟水电站大坝

瀑布沟大坝

俯瞰瀑布沟大坝

瀑布沟水电站全貌

瀑布沟五号机转子安装

瀑布沟溢洪道泄洪

瀑布沟主厂房

深溪沟水电站首台机转轮成功吊装

刘汉先生与喀麦隆流离失所孤儿合影

四川汉龙青年就业创业基金捐赠仪式

汉龙集团新建成的刘汉希望小学

汉龙集团捐建广汉市图书馆奠基仪式

成都市中心城区餐厨垃圾无害化处理项目效果图

汉龙集团捐建的图书馆

汉龙集团名下的武都电站

木里河干流梯级开发平面布置图

州长罗凉清到木里河立洲电站调研

中国华电集团公司副总经理程念高到木里河公司检查工作

中国华电集团公司总经理助理、华电四川公司总经理杨清廷检查俄公堡电站闸首工程

州人大常委会副主任熊正林一行到木里河公司调研

立洲1号交通洞洞口临时建筑设施

移民新居

公司援建的唐央乡华电希望小学揭牌仪式

公司开展“情暖木里，共建和谐”捐资助学活动

全国政协副主席厉无畏莅临公司视察

战略合作签字仪式

豪威酒店茶楼

豪威酒店客房

大型原矿堆料场

公司投资建设35千伏变电站

机械化作业场

生产车间

兴隆矿业

在建的新选厂

公司办公楼

建设中的生产车间

公司一角

车间远景

建设中的尾矿库隧洞

跨西攀高速公路尾矿输送管道

炸药库

成品花岗岩石　　花岗岩矿山

道砟石成品

花岗岩矿山

安装制砂设备

花岗岩破碎设备

砂石产品输送机

西部矿业集团有限公司董事长汪海涛在公司总经理马立江陪同下调研

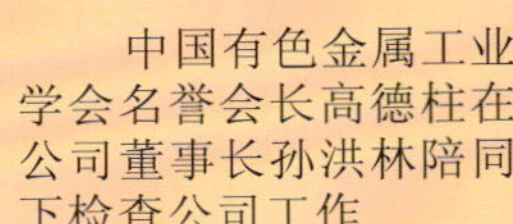

中国有色金属工业学会名誉会长高德柱在公司董事长孙洪林陪同下检查公司工作

副州长唐浩在会东县委书记袁文林的陪同下检查大梁矿业公司

西部矿业股份有限公司副总裁、矿山事业部总经理到大梁矿业公司指导工作

选矿厂生产车间

公司矿山外景

省银监局副局长程铿到西昌金信村镇银行指导检查工作

州、市领导出席西昌金信村镇银行开业庆典

西昌市市长李俊与西昌金信村镇银行董事长李德锋签署银政合作协议

副州长许正模和大连银行监事长李卓然为西昌金信村镇银行揭牌

行长梁文英领取“四川省生产性服务业示范企业”奖牌

大连银行为西昌市教育系统捐赠电脑等教学设备

银行客户经理深入农户养殖场进行贷前调查

员工街头宣讲金融知识

食博会上观众品尝公司送展的香园梨

香园梨

食博会上展览的产品

公司参加颁奖会

纯低温余热发电站

公司预热器

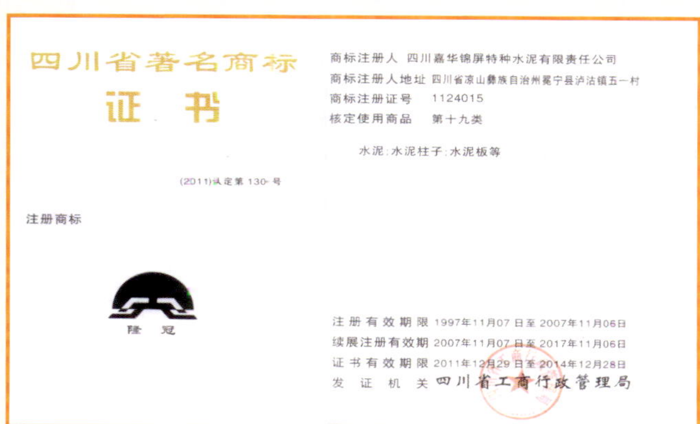

四川省著名商标

证 书

商标注册人 四川嘉华锦屏特种水泥有限责任公司

商标注册人地址 四川省凉山彝族自治州冕宁县泸沽镇五一村

商标注册证号 1124015

核定使用商品 第十九类

水泥;水泥柱子;水泥板等

(2011)认定第130号

注册商标

隆冠

注册有效期限 1997年11月07日至2007年11月06日

续展注册有效期 2007年11月07日至2017年11月06日

证书有效期限 2011年12月29日至2014年12月28日

发证机关 四川省工商行政管理局

SICHUAN FAMOUS BRAND PRODUCT

四川名牌

证 书

授予 四川锦屏水泥有限责任公司

隆冠牌普通硅酸盐水泥

四川名牌产品称号

证书编号 NO. 9359

四川省人民政府

有效年限 2009-2011

二零零九年

回转窑

中央控制室

县领导调研大棚蔬菜

县领导调研经果林工程

县领导检查维稳综治工作

检查组深入乔瓦镇检查工作

州委书记翟占一在永裕公司调研

董事长余作红、总经理余作旗、常务副总经理黄中斌研究西洛河流域水电开发建设

董事长余作红在建设工地上

河口水电站

小兴场一级水电站

省、州领导到公司考察

驻州省人大代表到公司视察

中铝公司党组成员、副总经理、云铜集团董事长刘才明，云铜集团总经理杨超等领导在选矿车间调研

中铝公司领导张程忠在公司检查工作

计价元素白银　　计价元素黄金

钴精矿

钼精矿

铁精矿

铜精矿

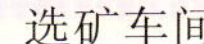
选矿车间

副州长唐浩在公司检查工作

省运管局局长邱小发在公司检查工作

西昌至成都首发式

西成高速通车首位旅客

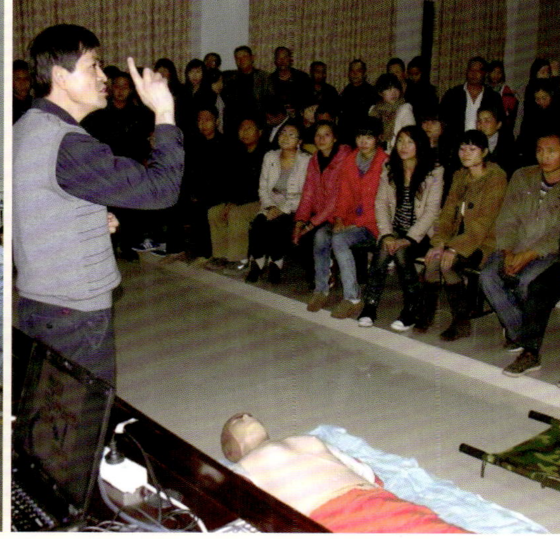

事故应急演练和急救知识培训

州委书记翟占一在公司调研

公司领导向州县领导介绍公司产品

县委书记赵勇在公司调研

厂区

180生产线

生产区

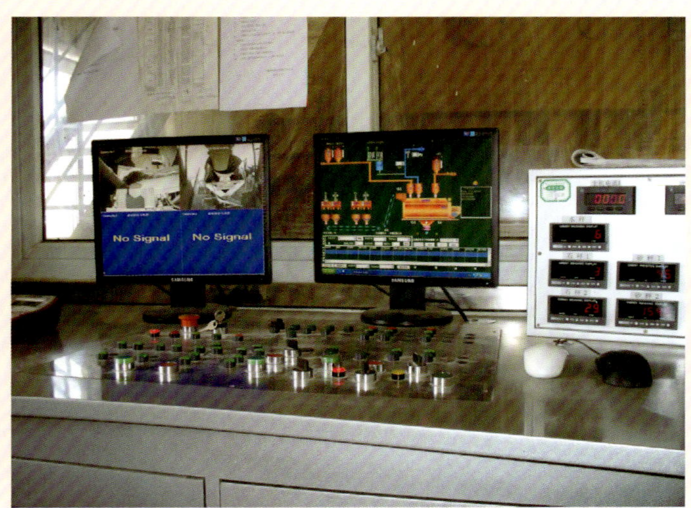

计算机操控系统

泵车

泸沽湖假日酒店大门

酒店一角

假日酒店夜景

摩梭风情晚会

酒店祖母宴客堂

别墅套房

会议室

农业部副部长牛盾到公司检查无公害养殖

邛海捕鱼

邛海养殖大丰收

公司党支部书记、总经理江勇

公司总经理向巴汝小学捐赠学习用品

总经理在感恩活动中致辞

公司管理层

建党90周年党支部活动

公司员工与小区业主同庆中秋、国庆

献爱心活动

公司外景

带钢生产线

棒材生产线

五氧化二钒

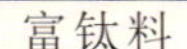

富钛料

高纯钛白

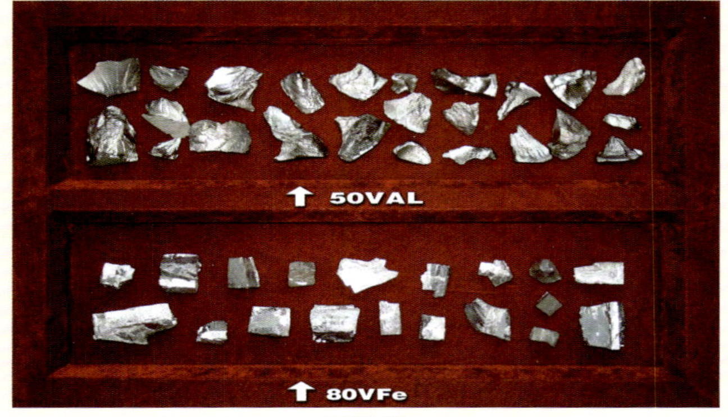

80钒铁

非颜料钛白

偏钛酸

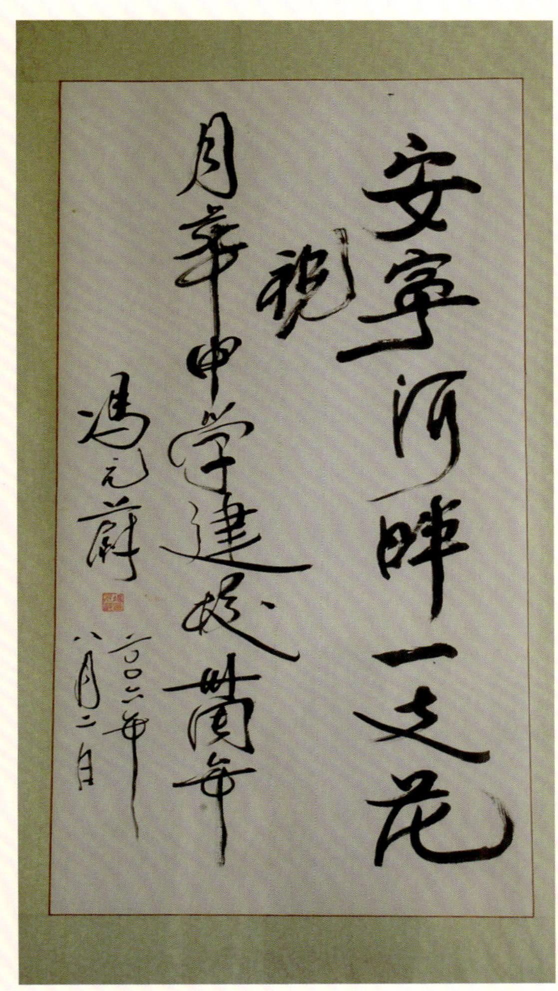

省委老领导冯元蔚为学校题词

学校综合大楼

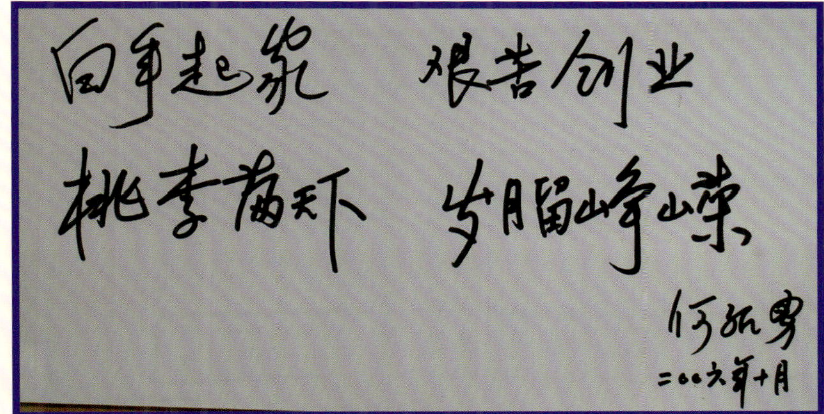

省教育厅副厅长何绍勇为学校题词

公司办公楼

酒厂

3200双叠网高强瓦楞纸生产线

包装箱生产车间

发电机组

公司大门

雷管生产厂全景

公司重庆总部大楼

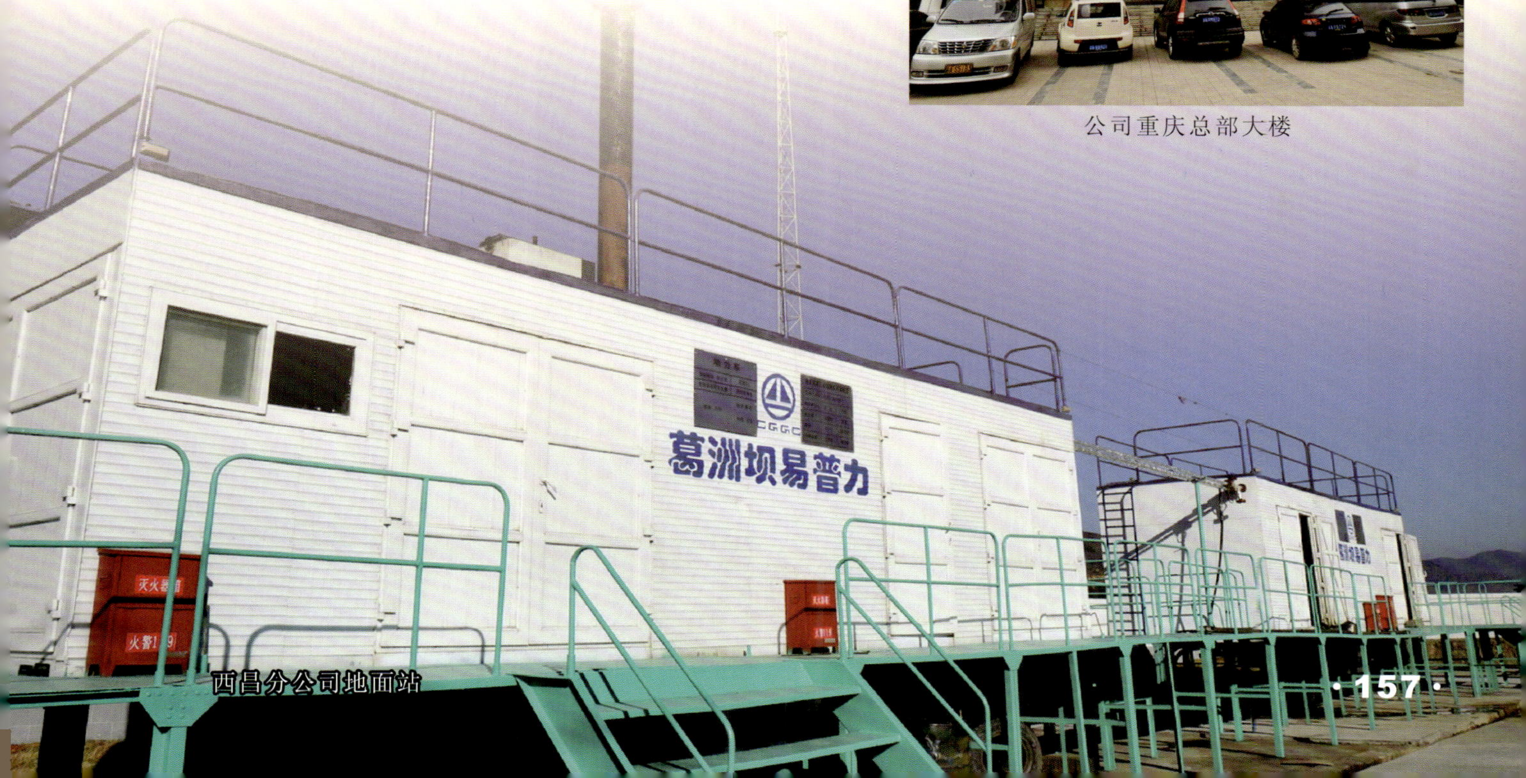

西昌分公司地面站

西昌市公安局副局长、市保安公司总经理赵义华出席第三届全国先进保安服务公司先进保安员表彰大会

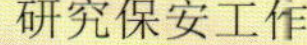

研究保安工作

西昌市公安局副局长、市保安公司总经理赵义华

王氏骨科专科医院大楼

王氏骨科住院大楼效果图

医院领导班子

外国友人向医院赠送锦旗

向地震灾区人民献爱心

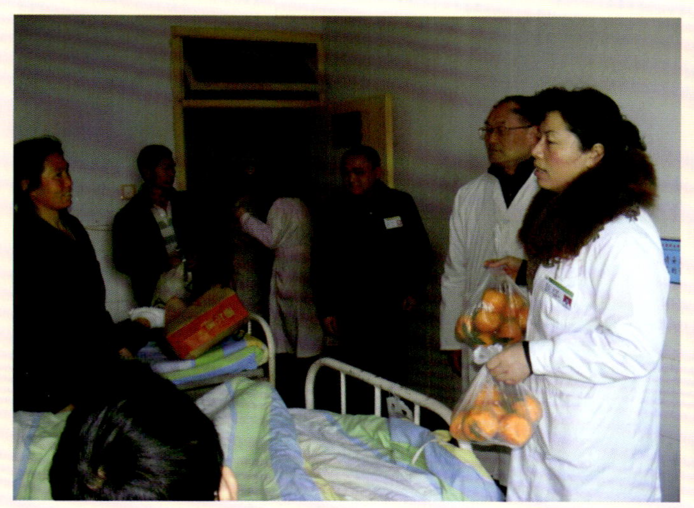

医院领导为患者送去祝福

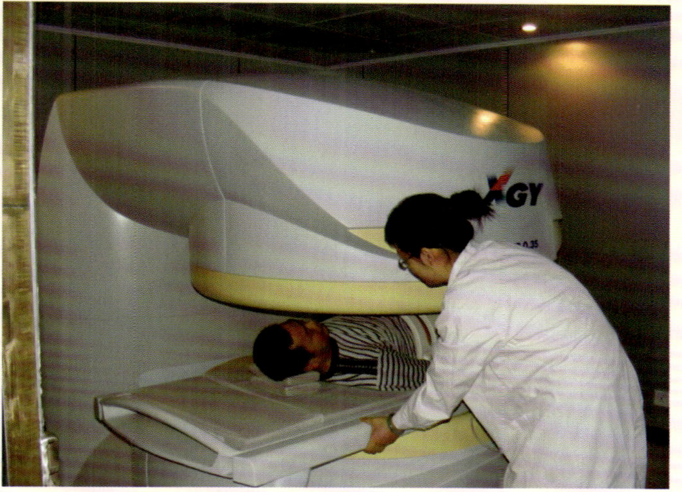

优质服务

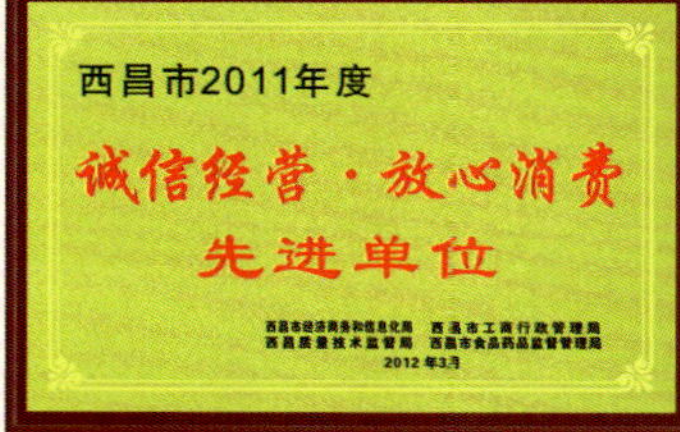

培训会

公司承办西昌市娱乐行业禁毒大会

公司参加西昌市红歌会获一等奖

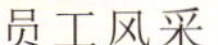

员工风采

孔亮火锅大厅

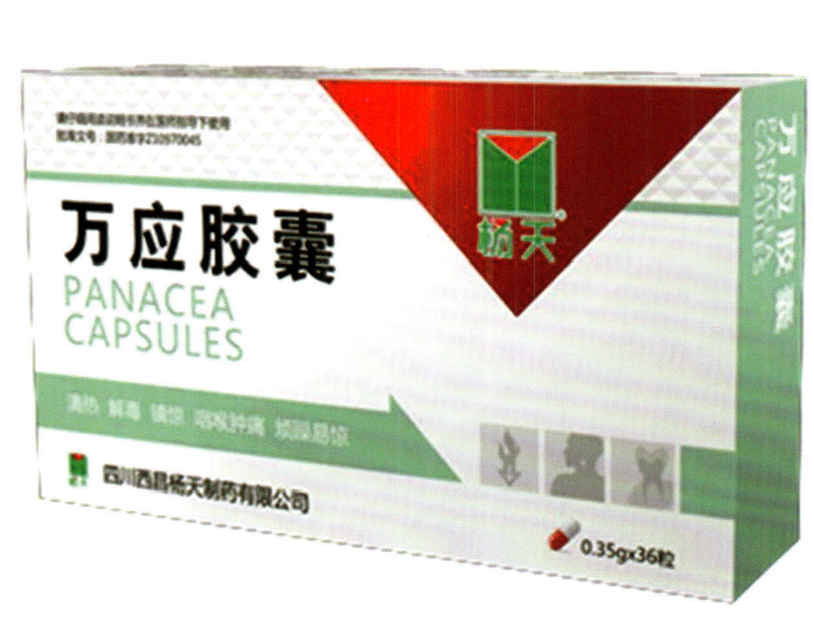
杨天
万应胶囊
PANACEA
CAPSULES
四川西昌杨天制药有限公司
0.35gx36粒

好医生药业集团生产基地

好医生药业集团美洲大蠊养殖

国药准字Z51021834
好医生®
康复新液
好医生
康复新液
100ml
好医生
康复新液
四川好医生攀西药业有限责任公司
SiChuan Gooddoctor PanXi Pharmaceutical Co.,LTD

好医生®（儿童装）
抗感颗粒
国药准字：Z20023030
好医生
（儿童装）
抗感颗粒
国药准字Z20023030
好医生
（儿童装）
抗感颗粒
5g×9袋
四川佳能达攀西药业有限公司
用于外感风热引起的感冒

运吉
野生
白茶
WHITE TEA
净含量：120g
产地：四川 · 雷波
制造商：西昌运吉食品厂

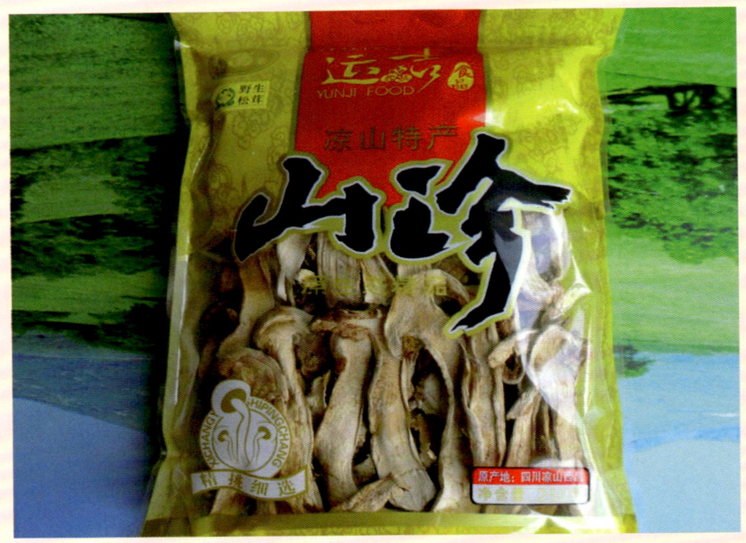
运吉
YUNJI FOOD
凉山特产
山珍
野生松茸
精挑细选
原产地：四川凉山

运吉
YUNJI FOOD
凉山特产
珍珠黑苦荞茶
PEARLBLACK
bitter buckwheat tea
净含量：300克

运吉
YUNJI FOOD
马湖莼菜
馬湖山水

运吉
YUNJI FOOD
橄榄茶（余甘子）
运吉

运吉
YUNJI FOOD
山珍荟萃
LIANGSHANSHANZHEN 凉山特产
西昌运吉食品厂
运吉
山珍荟萃

金勇 KAM YUNG
攀枝花市银江金勇工贸有限公司
Yin jiang jinyong industry and trade co;ltd.
太阳能路灯庭院灯、草坪灯
太阳能杀虫灯

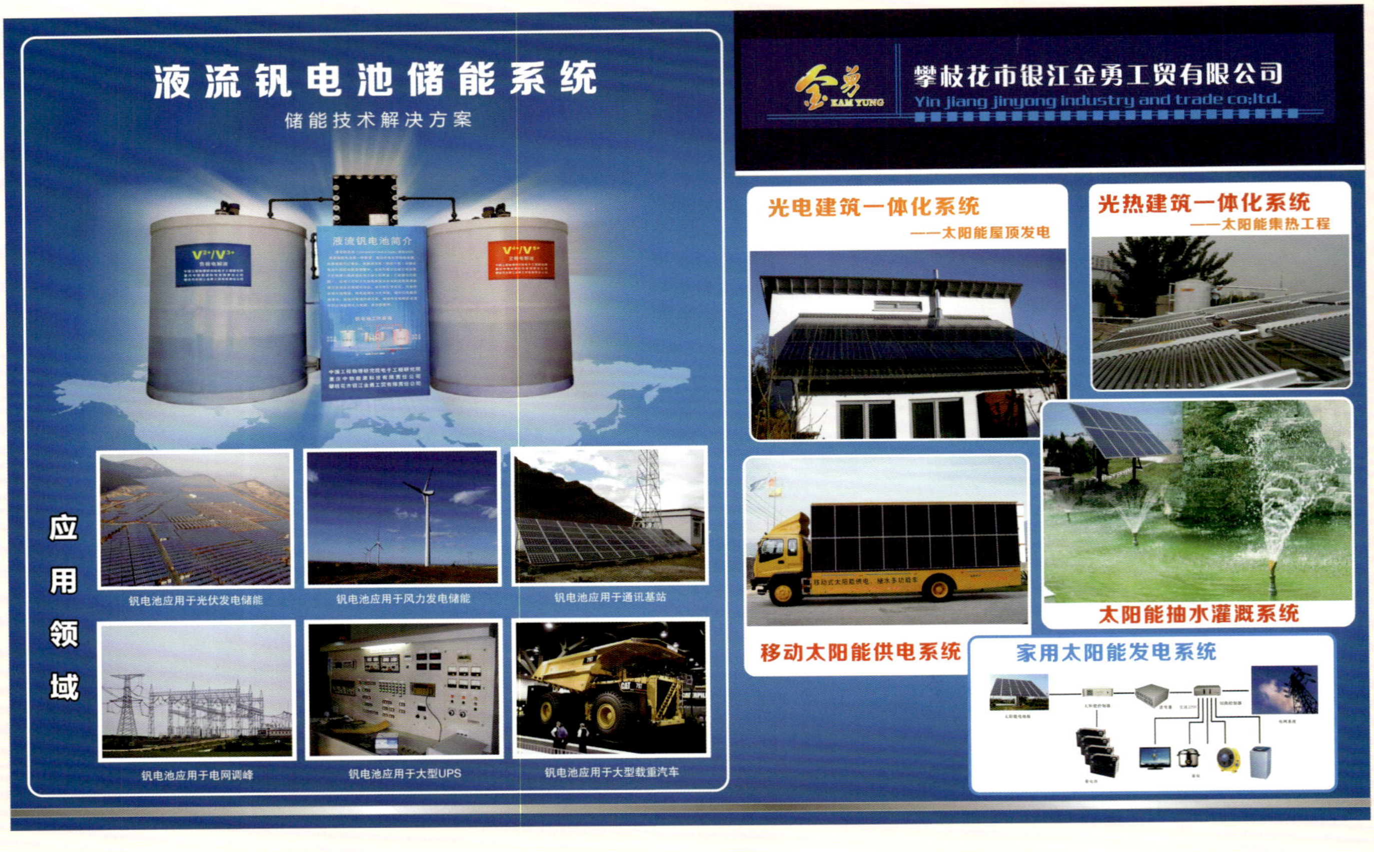

公司系列产品

火把液
凉山有好酒
喝出大品牌
热烈祝贺我州火把液酒业荣获"四川名牌"和"四川省著名商标"